# CONTABILIDADE BÁSICA

www.editorasaraiva.com.br

PAULO VICECONTI
SILVÉRIO DAS NEVES

Apêndice com Resolução dos Testes de Fixação

# CONTABILIDADE BÁSICA

18ª EDIÇÃO

REVISADA E ATUALIZADA

saraiva uni

saraiva EDUCAÇÃO | saraiva uni

Av. Paulista, 901, Edifício CYK, 4º andar
Bela Vista – SP – CEP 01310-100

SAC | sac.sets@saraivaeducacao.com.br

**Direção executiva** Flávia Alves Bravin
**Direção editorial** Renata Pascual Müller
**gerência editorial** Rita de Cássia S. Puoço
**coordenação editorial** Fernando Alves
**edição** Ana Laura Valerio
Neto Bach
Thiago Fraga
**Produção editorial** Alline Garcia Bullara
Amanda Mota Loyola
Daniela Nogueira Secondo
Estela Janiski Zumbano
**serviços editoriais** Juliana Bojczuk Fermino

**Revisão** Rosângela Barbosa
**Diagramação** Join Bureau
**Capa** Aero Comunicação
**Adaptação da 4ª tiragem** Camilla Felix Cianelli Chaves
**Impressão e acabamento** Gráfica Paym

303.681.018.002

**ISBN 978-85-472-2090-7**

**DADOS INTERNACIONAIS DE CATALOGAÇÃO NA PUBLICAÇÃO (CIP)**
**ANGÉLICA ILACQUA CRB-8/7057**

V679c
18. ed.
Viceconti, Paulo Eduardo Vilchez, 1948-
Contabilidade básica / Paulo Viceconti, Silvério das Neves. – 18. ed. rev. e atual. – São Paulo: Saraiva, 2018.

ISBN 978-85-472-2090-7

1. Contabilidade. I. Neves, Silvério das, 1953-. II. Título.

CDD: 657
CDU: 657

Índices para catálogo sistemático:
1. Contabilidade



**18ª edição**
1ª tiragem: 2018
2ª tiragem: 2019
3ª tiragem: 2022
4ª tiragem: 2023



CL 651586 Editar 6433 CAE 622357

# Dedicatória

Nossos agradecimentos:

- a nossas esposas, cujo apoio e compreensão foram fundamentais para a elaboração deste livro;
- a André, Andressa, Cláudia, Fábio, Karina e Paulo, nossos filhos, e a Lucas, Maria Luísa, Rafael e Thomas, nossos netos, razões últimas de nossa existência.

Este livro é dedicado aos nossos alunos, cujas demonstrações de apreço pelo trabalho desenvolvido em sala de aula constituíram a motivação primeira para a sua consecução.

Os autores

# Sobre os autores

## Paulo Eduardo Vilchez Viceconti

Mestre em Administração de Empresas pela Escola de Administração de Empresas da Fundação Getulio Vargas em São Paulo (EAESP – FGV), graduado em Economia pela Universidade de São Paulo (USP) e técnico de contabilidade formado na Fundação Escola de Comércio Álvares Penteado (FECAP).

Auditor Fiscal na Receita Federal do Brasil de 1970 a 1998. Atualmente aposentado, foi componente da Assessoria de Estudos Econômicos do Gabinete do Ministro da Fazenda em São Paulo no período de 1979 a 1984, onde efetuou estudos sobre grau de concentração do setor industrial do Brasil e sobre o mercado de seguros naquele período. Integrou a Divisão de Tributação e da Arrecadação da Superintendência Regional da Receita Federal em São Paulo, bem como o grupo de trabalho de instalação da Delegacia de Instituições Financeiras na mesma Região Fiscal. Ministrou aulas e desenvolveu trabalhos junto à Escola de Administração Fazendária em São Paulo e Brasília (ESAF). Ministrou aulas, em 2015, sobre as alterações da Lei nº 12.973/2014 e da Instrução Normativa nº 1.515/2014 da Receita Federal do Brasil no Imposto de Renda das Pessoas Jurídicas (IRPJ), na Contribuição Social sobre o Lucro Líquido (CSLL) e nas contribuições sociais para o PIS e a COFINS nas Delegacias de Blumenau e Joaçaba, ambas na 9ª Região Fiscal.

Foi professor de diversas universidades, entre elas a Fundação Getulio Vargas (FGV), a Pontifícia Universidade Católica (PUC), a Universidade Presbiteriana Mackenzie e as Faculdades Metropolitanas Unidas, todas de São Paulo. Também ministrou aulas de Economia, Contabilidade de Custos e Imposto de Renda das Pessoas Jurídicas em cursinhos de preparação para concursos na área fiscal no período de 1980 a 2003.

Atualmente ministra aulas de Contabilidade Societária e Gestão de Tributos Diretos no curso de Pós-Graduação na FECAP/SP e cursos *in company* em escritórios de advocacia em São Paulo.

Deu inúmeras palestras sobre as novas normas contábeis internacionais em parceria com o Conselho Federal de Contabilidade e outras instituições privadas por todo o Brasil.

É autor das seguintes obras, em coautoria com o Prof. Silvério das Neves: *Contabilidade básica, Contabilidade avançada, Contabilidade de custos, Introdução à economia* e *Imposto de Renda das Pessoas Jurídicas*.

## Silvério das Neves

Possui MBA Executivo em Gestão de Negócios pelo Instituto Nacional de Pós-Graduação (INPG) de São Paulo e graduação em Contabilidade e Administração de Empresas pela Universidade Presbiteriana Mackenzie.

Auditor Fiscal da Receita Federal atualmente aposentado, foi chefe da Divisão de Tributação da Superintendência Regional da Receita Federal em São Paulo, onde colaborou na elaboração dos Regulamentos do Imposto de Renda de 1994 e 1999. Integrou comissão de trabalho especial da Coordenação do Sistema de Tributação (COSIT) de Brasília, onde participou da elaboração de diversos atos normativos e legais. Ministrou aulas e desenvolveu trabalhos junto à Escola de

Administração Fazendária (ESAF) em São Paulo e Brasília. Ministrou aulas de Imposto de Renda das Pessoas Jurídicas e Contabilidade Internacional no ano-calendário de 2009 na Delegacia de Fiscalização da Receita Federal de São Paulo (DEFIS-SP), no ano-calendário de 2011 na Delegacia da Receita Federal de Julgamento de São Paulo (DRJ-SP), em 2014 na Delegacia de Maiores Contribuintes da Receita Federal do Brasil em SP (DEMAC-SP) e em 2015 na DEFIS/SP e na Superintendência Regional da Receita Federal da 8ª Região Fiscal.

Ministra aulas em cursos de Pós-Graduação na FECAP-SP, em Cursos *In Company* na Fundação Getulio Vargas (FVG) e no Instituto Brasileiro de Planejamento e Tributação (IBPT) das matérias de Contabilidade Tributária, Contabilidade Empresarial, Imposto de Renda das Pessoas Jurídicas e Gerenciamento das Contribuições Sociais (PIS, COFINS e CSLL). É coordenador e palestrante nos cursos promovidos pela FOCOFISCAL Treinamento Empresarial Ltda. e sócio da empresa Silnev Consultoria Tributária Ltda.

Além disso, é autor das obras: Contabilidade básica, *Contabilidade avançada, Contabilidade de custos, Introdução à economia, Imposto de Renda das Pessoas Jurídicas, Imposto de Renda Pessoa Jurídica – Teoria e prática* e *Manual prático de apuração do IRPJ, CSLL, PIS e COFINS.*

# Apresentação à 18ª edição

Conforme explicamos na apresentação à 17ª edição, depois de muito tempo, a Receita Federal do Brasil normatizou os procedimentos fiscais adotados com relação às novas normas de contabilidade por meio da edição da Lei nº 12.973/2014. Passaram-se seis anos entre a edição da Lei nº 11.638/2007 (com vigência para 1º de janeiro de 2008), que iniciou o processo da convergência das Normas Brasileiras de Contabilidade para as Internacionais (tema que será abordado no Capítulo 14 do presente livro) e a respectiva regulamentação dos efeitos fiscais.

As disposições da Lei nº 12.973/2014 foram reguladas inicialmente pela IN RFB nº 1.515/2014. Nesse ano, houve a edição da IN RFB nº 1.700/2017 que, apesar de revogar a referida IN, praticamente manteve intacta a maioria de seus dispositivos. A novidade trazida pela IN RFB nº 1.700/2017 foi a regulamentação de outros assuntos que não constavam da IN RFB nº 1.515/2014, tornando-a mais extensa que essa última. Dessa forma, a **primeira modificação** consistiu em eliminar as citações aos artigos da IN RFB nº 1.515/2014 (algumas menções foram preservadas devido ao seu caráter histórico, como o do momento pela opção pela vigência da Lei nº 12.973/2014), substituindo-as pelos artigos da norma atual, a IN RFB nº 1.700/2017.

Em contrapartida, o Conselho Federal de Contabilidade aprovou a NBC TSP ESTRUTURA CONCEITUAL – Estrutura Conceitual para Elaboração e Divulgação de Informação Contábil de Propósito Geral pelas Entidades do Setor Público, na qual foi revogada a Resolução CFC nº 750/1993, que tratava dos Princípios de Contabilidade. Nossa interpretação é de que o Conselho passou a considerar suficientes os princípios estatuídos na Estrutura Conceitual Básica de Contabilidade que foi objeto do Pronunciamento Técnico 00, do Comitê de Pronunciamentos Contábeis, revogando, portanto, a norma anterior. A **segunda modificação** em relação à 17ª edição foi suprimir um subitem da edição anterior, no qual era reproduzido o texto integral da Resolução revogada, bem como dos testes de fixação nela baseados.

Finalmente, o Supremo Tribunal Federal (STF) tomou duas decisões *erga omnes* (aplicam-se a todos os contribuintes e não apenas àquele cujo pleito foi julgado pelo Tribunal) importantes.

A primeira foi a possibilidade de o contribuinte substituído pleitear a restituição do ICMS-Substituição Tributária caso sua margem de valor adicionado efetiva na operação de venda tenha sido menor que a estipulada nas normas legais. A segunda permitiu aos contribuintes excluírem o ICMS da base de cálculo do PIS e da COFINS, o que vem a modificar os valores a serem recolhidos nessas duas contribuições.

Essas duas decisões implicaram em promover mudanças no Capítulo 7 da edição anterior, que trata justamente dos impostos incidentes sobre vendas. Essa foi a **terceira e principal modificação** introduzida nesta edição.

Como sempre, esperamos que esta nova edição seja útil para todos os estudantes e profissionais de Contabilidade.

Os autores

# Apresentação à 17ª edição

Após muito tempo, a Receita Federal do Brasil normatizou os procedimentos fiscais adotados com relação às novas normas de contabilidade por meio da edição da Lei nº 12.973/2014, conversão da MP nº 567/2014, proposta pelo Poder Executivo. Passaram-se seis anos entre a edição da Lei nº 11.638/2007 (com vigência para 1º de janeiro de 2008), que iniciou o processo da convergência das Normas Brasileiras de Contabilidade para as Internacionais (tema que será abordado no Capítulo 14 do presente livro) e a respectiva regulamentação dos efeitos fiscais.

Dentro do espírito que norteia os autores de sempre atualizarem seus livros quando da edição de novas normas que influenciam a contabilidade e a base de cálculo de tributos, resolvemos atualizar nosso livro de Contabilidade Básica para colocá-lo em linha com as alterações introduzidas pela Lei nº 12.973/2014, visto que a obra já continha as novas normas contábeis brasileiras.

Essas alterações consistiram basicamente na utilização de subcontas criadas em relação às novas normas contábeis (novo conceito de receita de vendas, ajuste a valor presente, ajuste a valor justo, teste de recuperabilidade do valor dos ativos, entre outras tantas modificações) e utilizadas para fins fiscais. O objetivo declarado da regulação da Receita Federal foi a de manter a neutralidade tributária, ou seja, manter a tributação similar à que existia antes da introdução das novas normas contábeis.

A criação dessas subcontas implicou em manter basicamente a mesma contabilização para fins tributários que era utilizada antes das novas normas contábeis. Assim, por exemplo, nos Capítulos 4 a 8, mantivemos a contabilização nas operações de compras e vendas de mercadorias, dos descontos incondicionais, das devoluções de vendas e da incidência dos impostos sobre vendas que eram utilizadas antes da edição da Lei nº 12.973/2014, tendo em vista que foram criadas subcontas para manter a sistemática contábil anterior.

Reservamos para um recém-criado Capítulo 9, a exposição do novo conceito contábil de receita e como deve ser reconciliado com a escrituração das subcontas que mantiveram o conceito anterior de receita.

Nos demais capítulos, explicamos como será a tributação de vários conceitos introduzidos pelas novas normas contábeis, tais como o teste de recuperabilidade do valor dos ativos, os ajustes a valor presente, os ajustes a valor justo, o tratamento da equivalência patrimonial etc.

Foram também efetuados ajustes pontuais em determinados capítulos para corrigir pequenos erros que constaram da edição anterior.

Esperamos que essa nova edição seja útil para todos os estudantes e profissionais de Contabilidade.

Os autores

# Apresentação à 16ª edição

Esta é a segunda edição desde o início da parceria dos autores com a Editora Saraiva, sobejamente conhecida do público leitor. Nesse momento, julgamos importante tecer alguns comentários sobre a elaboração de nossas obras.

Os autores foram auditores fiscais da Receita Federal até o ano de 1998, quando se aposentaram. Paralelamente à carreira pública, ambos se tornaram muito conhecidos como professores de cursos preparatórios para concursos públicos, notadamente na área fiscal.

Quem já deu aula em qualquer desses cursos preparatórios sabe a dificuldade de ministrar aulas para um público altamente heterogêneo, uma vez que normalmente os concursos na área fiscal admitem pessoas formadas em qualquer tipo de graduação de nível superior.

Por amarem o que fazem e considerar as aulas como uma espécie de missão que lhes foi confiada, os autores sempre deram o melhor de si na tentativa de levar ao público leigo os conhecimentos básicos de Contabilidade e Economia – matérias reconhecidamente áridas para aqueles que nela não são graduados.

Nossos alunos sempre mostraram um grande apreço por nossas aulas, prestigiando-nos sempre em nossas mudanças de cursos preparatórios. Esse apreço, aliado ao fato de querermos fazer um material adaptado ao nosso modo de dar aula, com muitos exemplos práticos para facilitar o entendimento, acabou nos levando a elaborar várias obras na área.

O processo teve início no já longínquo ano de 1993, quando os autores conheceram Walter Varejão, psicólogo formado pela Universidade de São Paulo (USP), mas que decidiu se devotar à causa da educação e, naquela época, iniciava uma editora própria.

Por muitos anos, nossa parceria foi muito bem-sucedida. Uma editora nanica e dois professores que nunca deram aulas na USP ou na PUC, universidades reconhecidamente de primeira linha, conseguiram o que parecia impossível: até 2010, várias edições de nossos livros, com grande sucesso de vendas.

Acreditamos, inclusive, ter iniciado o mercado altamente promissor de livros específicos para concursos, que hoje tem a presença maciça de outras editoras.

Pouco a pouco, várias universidades também passaram a adotar os nossos livros, atraídas pelo que julgamos o nosso grande diferencial: didática na exposição da teoria, muitos exemplos e casos práticos, além de vários exercícios e testes de fixação.

Não temos certeza do futuro que nos aguarda em nossa parceria com a Editora Saraiva. Mas, uma coisa podemos assegurar ao público leitor: a nossa permanente busca de melhoria no conteúdo técnico e didático de nossos livros, bem como sua constante atualização. Isso é sobremodo importante, nesse momento em que a contabilidade brasileira está convergindo suas normas para as internacionais.

Nosso desejo sincero é que todos os leitores possam extrair ensinamentos úteis da leitura de nossas obras para sua vida profissional.

Um abraço e até breve!

Os autores

# Sumário

# Capítulo 1

# Introdução

## 1.1 ▸ DEFINIÇÃO

A **Contabilidade** é uma ciência que desenvolveu uma metodologia própria com a finalidade de:

a) Controlar o **patrimônio** das ***aziendas***.
b) Apurar o **rédito** (resultado) das atividades das *aziendas*.
c) Prestar informações às pessoas que tenham interesse na avaliação da situação patrimonial e do desempenho dessas entidades.

**Figura 1.1** Diagrama

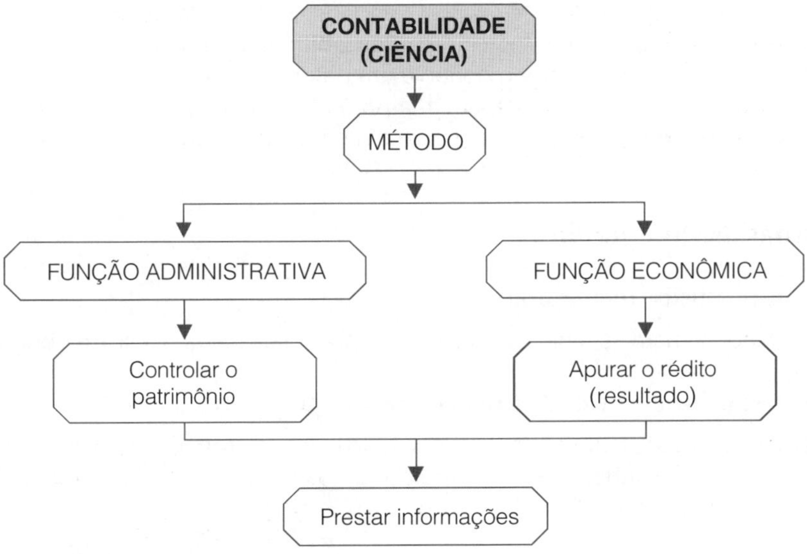

**ATENÇÃO**

A função de prestar informações é de fundamental importância, porque elas são necessárias ao processo de tomada de decisão feito pelos administradores de uma entidade, bem como pelos demais usuários da Contabilidade.

## 1.2 ▸ OBJETO E CAMPO DE APLICAÇÃO DA CONTABILIDADE

O objeto da Contabilidade é o patrimônio da entidade e seu campo de aplicação encontra-se nas *aziendas*.

As *aziendas* representam:

a) "Entidades econômico-administrativas, assim chamadas aquelas que, para atingirem seu objetivo, seja ele econômico, seja social, utilizam bens patrimoniais e necessitam de um órgão administrativo, que pratica atos de natureza econômica necessários a seus fins"; ou
b) "Complexo de obrigações, bens materiais e direitos, representados em valores ou suscetíveis de apreciação econômica, constitutivos de um patrimônio, considerado juntamente com a **pessoa natural ou jurídica** que sobre ele tem poderes de administração e disponibilidade".

Note que o conceito de *azienda* é mais amplo que o conceito de **empresa**. Esta última tem como objetivo vender bens e serviços com a finalidade de lucro (rédito positivo), e será eficiente caso o obtenha em suas atividades. No conceito de *azienda,* inclui-se, além das empresas, as entidades cujo objetivo não é obter lucro, mas simplesmente prestar serviços à comunidade, como as entidades de assistência social, os clubes desportivos, as fundações de caráter cultural etc. Estas entidades também usam a contabilidade porque precisam controlar a evolução de seu patrimônio.

O governo (seja ele federal, estadual ou municipal) também é uma *azienda* cujo objetivo é fornecer bens e serviços à coletividade, sendo o respectivo custeio financiado por meio da tributação, em vez de ser cobrado um preço, como seria no caso de uma empresa, pois o propósito do governo não é ter lucro. Devido às suas peculiaridades, o ramo da Contabilidade que controla e registra o patrimônio do governo denomina-se **Contabilidade Pública**.

Uma pessoa física que administre e controle um patrimônio próprio também é uma *azienda* ou entidade, constituindo, teoricamente, um campo de aplicação da Contabilidade. Entretanto, as pessoas físicas não têm a obrigação legal de efetuar escrituração contábil, ao contrário das pessoas jurídicas.

### 1.2.1 Pessoas físicas e jurídicas

#### 1.2.1.1 Pessoa física (ou natural)

É o ser humano (homem ou mulher) considerado como sujeito de direitos e obrigações.

#### 1.2.1.2 Pessoa jurídica (ser de existência abstrata)

É a unidade jurídica resultante de um agrupamento humano organizado, estável, cujos fins são de utilidade pública ou privada, inteiramente distinta dos indivíduos que a compõem, capaz de possuir e exercitar direitos e contrair obrigações.

**EXEMPLO**

Empresas civis, comerciais ou industriais, entidades (com ou sem fins lucrativos), associações, fundações, governo (municipal, estadual ou federal) etc.

**ATENÇÃO**

1. **Empresas individuais**, para efeito do Imposto de Renda (IR), **são equiparadas às pessoas jurídicas**, sendo:
   a) As firmas individuais.
   b) As pessoas físicas que, em nome individual, explorem, habitual e profissionalmente, qualquer atividade econômica de natureza civil ou comercial, com o fim especulativo de lucro, mediante venda de bens e serviços a terceiros (exceto os profissionais liberais e autônomos).
   c) As pessoas físicas que promoverem a incorporação de prédios em condomínios ou loteamento de terrenos.
2. A Lei Complementar nº 128, de 2008, inseriu os arts. 18-A a 18-C à LC nº 123, de 2006, criando a figura do Microempreendedor Individual (MEI). A Lei nº 12.441, de 2011, institui a Empresa Individual de Responsabilidade Limitada (EIRELI).
3. **Nascimento das pessoas físicas ou jurídicas**:

**Pessoa física**
- **De fato** – mediante o parto
- **Legalmente** – mediante o registro no Cartório Civil de Pessoa Física

**Pessoa jurídica**
- **De fato** – pelos atos praticados pelo comerciante de bens e/ou serviços
- **Legalmente** – mediante o registro nos órgãos competentes

**Quadro 1.1** Órgão competente para o registro

| ÓRGÃO COMPETENTE PARA O REGISTRO |
|---|
| **Empresa:** • **Comercial e/ou industrial** – Junta Comercial. • **Civil (prestadora de serviços)** – Cartório Civil de Pessoas Jurídicas, anexo ao Cartório de Títulos e Documentos. |
| **Alteração contratual** – requer prévio registro da alteração do Contrato Social ou Estatuto Social na Junta Comercial ou no Cartório de Títulos e Documentos. **Motivo do registro** – para que a alteração provoque efeitos legais (exista no campo jurídico). |
| **Nota**: o registro público das pessoas físicas e das empresas mercantis está regulado pelo Novo Código Civil – Lei nº 10.406, de 10 de janeiro de 2002, em seus arts. 9º e 10º (pessoas físicas) e arts. 45 e 46 (pessoas jurídicas). No Capítulo 13, fizemos um compêndio dos principais aspectos contábeis, fiscais e societários do novo Código Civil. |

4. A Lei nº 10.406, de 10 de janeiro de 2002 (Código Civil), substituiu a expressão "pessoa jurídica" por "sociedade". Assim, em seu livro II, Títulos I e II, a referida legislação trata do empresário e das sociedades personificadas e não personificadas. O leitor interessado poderá consultar o Capítulo 13 deste livro para saber mais sobre o tema.

## 1.3 ▸ USUÁRIOS DA CONTABILIDADE

Os usuários da Contabilidade são as pessoas físicas ou jurídicas que tenham interesse na avaliação da situação patrimonial da entidade. São, por exemplo, os acionistas de uma empresa que desejam saber se ela está dando lucro ou prejuízo; as instituições financeiras, que desejam avaliar o patrimônio da entidade para saber se lhe concedem ou não um empréstimo; os administradores da entidade, que desejam avaliar o desenvolvimento das atividades da empresa e seus resultados; e o Fisco, que deseja saber o resultado da sociedade para lançar os tributos que incidem sobre ela.

### 1.3.1 Usuários preferenciais externos

- Acionistas.
- Emprestadores de recursos e credores em geral.
- Integrantes do mercado de capitais – no sentido de que a quantidade, a natureza e a importância da informação fornecida abertamente pela entidade influenciam, mesmo que indiretamente, esse mercado.
- Entre outros.

### 1.3.2 Usuários secundários

- Administradores (de todos os níveis) da entidade.
- Fisco.
- Entre outros.

## 1.4 ▸ FUNÇÃO ADMINISTRATIVA DA CONTABILIDADE: CONTROLAR O PATRIMÔNIO

### 1.4.1 Patrimônio

É um conjunto de **bens, direitos e obrigações** vinculados a uma pessoa física ou jurídica, ou a uma entidade.

#### 1.4.1.1 Bens

É tudo aquilo que pode ser avaliado economicamente e que satisfaz as necessidades humanas. É possível classificar os bens em:

- Tangíveis, corpóreos, concretos ou materiais.
- Intangíveis, incorpóreos, abstratos ou imateriais.

##### 1.4.1.1.1 Bens tangíveis, corpóreos, concretos ou materiais

Tais bens têm por característica a existência física, isto é, existem como **coisa** ou objeto.

**EXEMPLOS**

**Numerários**: dinheiro.

**De venda**: mercadorias em estoque.

**Fixos ou imobilizados** representam os bens duráveis, com vida útil superior a um ano: imóveis, veículos, máquinas, instalações, equipamentos, móveis e utensílios etc.

**De renda**: não destinados aos objetivos da empresa: imóveis destinados a renda ou a aluguel.

**De consumo** não duráveis, ou seja, gastos ou consumidos no processo produtivo e que, depois de consumidos, representam despesas: combustíveis e lubrificantes, material de escritório, material de limpeza etc.

**ATENÇÃO**

Para classificar corretamente um bem, devemos conhecer:

1. A atividade da pessoa jurídica (comercial, industrial ou prestadora de serviços).
2. A especificação técnica do bem.
3. A utilidade dada ao bem, se para venda, consumo ou uso. Caso seja para uso, verificar se representa bem durável ou não.

***Bens intangíveis, incorpóreos, abstratos ou imateriais***

Caracterizam-se por não possuírem existência física. Porém, representam uma aplicação de capital indispensável aos objetivos da empresa, cujo valor reside em direitos de propriedade que são legalmente conferidos aos seus possuidores, como os direitos sobre marcas, patentes, direitos autorais, ponto comercial, fundo de comércio, ações ou quotas do capital de outras empresas etc.

### 1.4.1.2 Direitos[1]

Os direitos são os valores a serem recebidos de terceiros por vendas a prazo[2] ou valores de propriedade[3] da entidade que se encontra em posse[4] de terceiros.

**EXEMPLO**

Duplicatas[5] a receber, clientes, contas a receber, títulos a receber, notas promissórias[6] a receber, dinheiro depositado no banco, aplicações financeiras etc.

[1] Direito é ter a propriedade (ser o legítimo dono) e não ter a posse (não estar usando). Alguns exemplos são os imóveis alugados e o dinheiro depositado no banco.

[2] Vendas a prazo representam os direitos (valores a receber) decorrentes da venda de mercadorias, produtos ou serviços, conforme a atividade da pessoa jurídica.

[3] Propriedade é o direito de usar, gozar e dispor livremente de bens (legítimo dono).

[4] Posse é a detenção de uma coisa, com a finalidade de tirar dela alguma utilidade ou proveito.

[5] Duplicata é o título de crédito cuja quitação prova o pagamento de obrigação oriunda de compra de mercadorias ou de recebimento de serviços. É emitida pelo credor (vendedor da mercadoria ou prestador do serviço) contra o devedor (comprador), para o qual deve ser remetida, a fim de que assine, reconhecendo assim seu débito. Este procedimento é denominado aceite.

[6] Nota promissória é o título de dívida líquida pelo qual uma pessoa se compromete a pagar a outra certa quantia em dinheiro em determinado prazo. Por se tratar de título emitido pelo devedor a favor do credor, dispensa a formalidade do aceite.

#### 1.4.1.3 Obrigações[7]

As obrigações são dívidas ou compromissos de qualquer espécie ou natureza assumidos perante **terceiros,** ou bens de terceiros que se encontram em posse (uso) da entidade.

**EXEMPLO**

Duplicatas a pagar, notas promissórias a pagar, fornecedores, impostos a recolher, contas a pagar, títulos a pagar, contribuições a recolher etc.

### 1.4.2 Composição patrimonial

O **Patrimônio** é dividido em três partes, a saber:

1. **Ativo (A)** – parte positiva, composta de bens e direitos, também denominada Patrimônio Bruto.
2. **Passivo (P)** – parte negativa, composta das obrigações com terceiros.
3. **Patrimônio Líquido (PL) ou Situação Líquida (SL)** – parte diferencial (diferença) entre o Ativo e o Passivo. O Patrimônio Líquido representa a riqueza líquida da entidade que, em última análise, pertence aos sócios ou acionistas (proprietários) e indica a diferença entre o valor dos bens e direitos (Ativo) e o valor das obrigações com terceiros (Passivo). Esta parte diferencial (PL/SL) é que vai medir ou avaliar a situação ou condição econômica e financeira da entidade.

A equação patrimonial estrutura-se da seguinte maneira:

$$PL/SL = A\ (-)\ P$$ [8]

Onde:

PL = Patrimônio Líquido
SL = Situação Líquida
A = Ativo
P = Passivo

**ATENÇÃO**

1. Os valores do Ativo e do Passivo serão, necessariamente, iguais ou maiores que zero:

$$A \geq 0$$
$$P \geq 0$$

2. O valor do Patrimônio Líquido ou Situação Líquida, por representar a situação em que a entidade se encontra, poderá ser igual, maior ou menor que zero:

$$PL/SL \begin{smallmatrix} > \\ = \\ < \end{smallmatrix} 0$$

[7] Obrigação é ter a posse (uso) e não ter a propriedade (ser o legítimo dono). Um exemplo disso é um inquilino que mora em imóvel alugado ou uma instituição bancária que está de posse de bens numerários pertencentes a seus clientes.

[8] O Passivo representa todas as obrigações de curto ou de longo prazo realizadas com terceiros. Essas obrigações são consideradas exigíveis, ou seja, serão cobradas pelos credores na data do seu vencimento, diferentemente do Patrimônio Líquido.

**Quadro 1.2** Representação gráfica do Patrimônio

| PATRIMÔNIO | | | |
|---|---|---|---|
| **Ativo** | | **Passivo + Patrimônio Líquido** | |
| Bens | 2.300,00 | **PASSIVO**<br>Obrigações | 1.100,00 |
| Direitos | 2.800,00 | **PL/SL** | 4.000,00 |
| TOTAL | 5.100,00 | TOTAL | 5.100,00 |

**PL/SL** = A (–) P
**PL/SL** = 5.100,00 – 1.100,00 = 4.000,00

Observe que o total do Ativo é sempre igual ao total do Passivo mais o Patrimônio Líquido. O PL/SL representa a parte diferencial, exibida à direita, porque representa a riqueza líquida da entidade, ou seja, a "obrigação" de devolver esse valor aos sócios em caso de extinção da sociedade.

### 1.4.3 Situações ou estados patrimoniais

1. **Situação favorável (PL + ou SL +)**

Ocorre quando os bens e direitos (Ativo) excedem o valor das obrigações com terceiros (Passivo).

**EXEMPLO**

**Quadro 1.3** Exemplo de situação favorável

| PATRIMÔNIO | | | |
|---|---|---|---|
| **Ativo** | | **Passivo + Patrimônio Líquido** | |
| Bens | 4.000,00 | **PASSIVO**<br>Obrigações | 2.000,00 |
| Direitos | 3.000,00 | **PL/SL**(*) | 5.000,00 |
| TOTAL | 7.000,00 | TOTAL | 7.000,00 |

(*) Situação favorável.

Equações:

a) PL/SL = A (–) P
PL/SL = 7.000 (–) 2.000
**PL/SL = 5.000**

b) A = P + PL
7.000 = 2.000 + 5.000

c) P = A (–) PL
2.000 = 7.000 – 5.000

2. **Situação desfavorável (PL – ou SL –) ou Passivo a descoberto**

Ocorre quando os bens e direitos (Ativo) forem menores que as obrigações com terceiros (Passivo).

EXEMPLO

**Quadro 1.4** Exemplo de situação desfavorável

| PATRIMÔNIO | | | |
|---|---|---|---|
| Ativo | | Passivo + Patrimônio Líquido | |
| Bens | 4.000,00 | **PASSIVO**<br>Obrigações | 8.000,00 |
| Direitos | 3.000,00 | **PL/SL**(*) | (1.000,00) |
| TOTAL | 7.000,00 | TOTAL | 7.000,00 |

(*) Passivo a descoberto.

**Equações**:

a) PL/SL = A (–) P
PL/SL = 7.000 (–) 8.000
**PL/SL = (–) 1.000**

b) A = P + (PL) **(1)**
7.000 = 8.000 + (–1.000)
7.000 = 8.000 (–) 1.000

c) P = A (–) (PL)
8.000 = 7.000 – (–1.000)
8.000 = 7.000 + 1.000

d) P = A + PL **(2)**
8.000 = 7.000 + 1.000

ATENÇÃO

1. Quando a expressão está entre parênteses, significa que seu valor é negativo.
2. A equação da *letra d* utilizou valores absolutos (sem o sinal), tendo em vista que o sinal já foi considerado na fórmula da *letra c*.

3. **Situação nula ou de equilíbrio aparente (A = P, logo PL = 0)**

Ocorre quando os bens e direitos (Ativo) forem iguais às obrigações com terceiros (Passivo). Nessa hipótese, o Patrimônio Líquido será nulo.

EXEMPLO

**Quadro 1.5** Exemplo de situação nula

| PATRIMÔNIO | | | |
|---|---|---|---|
| Ativo | | Passivo + Patrimônio Líquido | |
| Bens | 4.000,00 | **PASSIVO**<br>Obrigações | 7.000,00 |
| Direitos | 3.000,00 | **PL/SL**(*) | –0– |
| TOTAL | 7.000,00 | TOTAL | 7.000,00 |

(*) Situação nula.

**Equações:**

a) PL/SL = A (–) P
PL/SL = 7.000 (–) 7.000
**PL/SL = 0**

b) A = P + PL
onde: PL = 0;
logo: A = P
7.000 = 7.000

4. **Situação plena ou propriedade total dos Ativos (A = PL, logo P = 0)**

Ocorre quando os bens e direitos (Ativo) forem iguais ao Patrimônio Líquido. Nessa hipótese, as obrigações com terceiros (Passivo) serão nulas.

**EXEMPLO**

**Quadro 1.6** Exemplo de situação plena

| PATRIMÔNIO | | | |
|---|---|---|---|
| **Ativo** | | **Passivo + Patrimônio Líquido** | |
| Bens | 5.000,00 | **PASSIVO** | |
| | | Obrigações | –0– |
| Direitos | 2.000,00 | **PL/SL**(*) | 7.000,00 |
| TOTAL | 7.000,00 | TOTAL | 7.000,00 |

(*) Situação plena.

**Equações:**

a) PL/SL = A (–) P
PL/SL = 7.000 (–) 0
**PL/SL = 7.000**

b) A = P + PL
onde: P = 0
logo: A = PL
7.000 = 7.000

**ATENÇÃO**

Essa situação, na prática, dificilmente ocorrerá; pode acontecer, de modo eventual, no início das operações ou das atividades da entidade.

5. **Inexistência de Ativos: P = (PL), logo A = 0**

Ocorre quando as obrigações com terceiros (Passivo) forem iguais ao Patrimônio Líquido Negativo. Nessa hipótese, o Ativo será nulo. Observe a segunda situação – Passivo a descoberto. Caso a entidade decidisse alienar os bens, receber os direitos e pagar as obrigações, o Patrimônio estaria assim representado:

EXEMPLO

**Quadro 1.7** – Exemplo de inexistência de ativos

| PATRIMÔNIO | | | |
|---|---|---|---|
| **Ativo** | | **Passivo + Patrimônio Líquido** | |
| Bens | –0– | **PASSIVO**<br>Obrigações | 1.000,00 |
| Direitos | –0– | **PL/SL**(*) | (1.000,00) |
| TOTAL | –0– | TOTAL | –0– |

(*) O PL negativo é também denominado Passivo a descoberto.

**Equações:**

a) PL = A – P
PL = 0 – 1.000
**PL = (–) 1.000**

b) A = P + PL
A – PL = P
onde: A = 0
logo: – PL = P
– (–1.000) = 1.000

## 1.4.4 Definição de Ativo, Passivo e Patrimônio Líquido segundo a Estrutura Conceitual da Contabilidade (Pronunciamento Técnico CPC 00)

A partir de 1º de janeiro de 2008, com a vigência da Lei nº 11.638/2007 (complementada posteriormente pela Lei nº 11.941/2009), as normas contábeis de nosso país passaram a convergir (se harmonizar) com as normas contábeis internacionais editadas pelo *International Accounting Standards Board* (IASB).

Em decorrência desse processo, foi criado o Comitê de Pronunciamentos Contábeis (CPC), cuja função seria a de editar as novas normas contábeis brasileiras, adaptando-as ao padrão internacional.

O CPC 00 define Ativo como um recurso controlado pela entidade, apresentado na forma de resultado de eventos passados e do qual se espera que fluam futuros benefícios econômicos (sob a forma de receitas ou ganhos). Ou seja, esses recursos seriam os bens e direitos aos quais nos referimos no Subitem 1.4.2.

É interessante notar que o referido pronunciamento define o Ativo como um recurso controlado pela entidade e não necessariamente de propriedade dela. Considera-se o recurso sob essa esfera quando a entidade assume os benefícios e riscos de sua utilização.

Um bem ou direito que não seja de propriedade da entidade, mas do qual ela mantenha a posse, assumindo os riscos e os benefícios de sua utilização, passa a ser considerado como um Ativo. É o caso, por exemplo, do arrendamento mercantil financeiro de um bem que corresponde, em essência, a uma operação de compra e venda disfarçada. Esse bem, embora não seja formalmente de propriedade da entidade, integrará seu Ativo, pois ela está assumindo os riscos e os benefícios de sua utilização por seu prazo de vida útil (mais detalhes serão apresentados no Capítulo 11, Item 11.15).

Outra consequência importante e que diferencia o Ativo de uma despesa é que no primeiro se espera recuperar o valor com sua utilização nas atividades operacionais da sociedade (mercadorias ou em empresa comercial, por exemplo). Já a despesa, como veremos mais adiante, corresponde a um gasto efetuado pela entidade cuja recuperação já foi realizada pela entrada de receitas.

O CPC 00 define Passivo como uma obrigação presente da entidade, derivada de eventos passados, cuja liquidação se espera que resulte na saída de recursos capazes de gerar benefícios econômicos. Percebe-se que a definição de Passivo é a mesma que utilizamos no Subitem 1.4.2, visto que uma entidade somente contrai obrigações com terceiros, a serem pagas no futuro, se espera reaver esse gasto com a entrada de receitas.

O CPC 00 define Patrimônio Líquido como o interesse residual nos Ativos da entidade, depois de deduzidos todos os seus Passivos. Ou seja, é a diferença entre o valor total do Ativo e do Passivo, conforme já definimos no Subitem 1.4.2.

## 1.5 ▸ FUNÇÃO ECONÔMICA DA CONTABILIDADE: APURAR O RESULTADO (RÉDITO)

O **Resultado** é a diferença entre o valor das receitas e o valor das despesas, podendo ser:

a) **Positivo ou Lucro** – ocorre quando o valor das Receitas é superior ao valor das Despesas.
b) **Negativo ou Prejuízo** – ocorre quando o valor das Receitas é inferior ao valor das Despesas.
c) **Nulo** – ocorre quando o valor das Receitas é igual ao valor das Despesas.

### 1.5.1 Receitas

São entradas de elementos para o Ativo da empresa, decorrentes de uma transação com terceiros, na forma de bens ou direitos que provocam **aumento** da situação líquida da entidade, em virtude de não aumentarem o Passivo.

**Quadro 1.8** Receitas

| ESQUEMA | |
|---|---|
| RECEITAS | + Ativo { + Bens e/ou<br>+ Direitos |
| | + PL/SL |

A receita também pode advir de uma redução no valor do Passivo, sem que o Ativo seja diminuído. Por exemplo, a entidade recebe o perdão de uma dívida que tem para com terceiros; o Passivo diminuirá, o Ativo ficará constante e o Patrimônio Líquido aumentará.

### 1.5.2 Despesas

São gastos **incorridos** com terceiros, cujo objetivo é gerar, direta ou indiretamente, receitas. As despesas podem diminuir o Ativo e/ou aumentar o Passivo, mas sempre provocam **diminuições** na Situação Líquida ou Patrimônio Líquido da entidade.

**Quadro 1.9** Despesas

| ESQUEMA | |
|---|---|
| DESPESAS | (–) Ativo e/ou<br>+ Passivo |
| | (–) PL/SL |

### 1.5.3 Custos

A distinção entre custo e despesa pode ser resumida da seguinte forma:

- **Custos** – são gastos relacionados à atividade de produção, ou seja, são os gastos relativos a bens ou serviços utilizados na produção de outros bens e serviços numa empresa industrial ou prestadora de serviços. No caso de empresa comercial, o custo diretamente ligado à venda da mercadoria denomina-se Custo das Mercadorias Vendidas (CMV). O custo transforma-se em despesa quando o produto fabricado é vendido.
- **Despesas** – são gastos com bens e serviços *não* utilizados nas atividades produtivas e consumidos com a finalidade de obtenção de receitas.

**NOTA**

Mais detalhes, consultar o livro *Contabilidade de custos:* um enfoque direto e objetivo, de nossa autoria.

### 1.5.4 Definições de receita e despesa na Estrutura Conceitual da Contabilidade

O já citado Pronunciamento Técnico CPC 00 conceitua receita como aumento nos benefícios econômicos durante o período contábil, sob a forma de entrada de recursos, aumento de ativos ou diminuição de passivos que resultam em aumento do Patrimônio Líquido e que não estejam relacionados à contribuição dos detentores dos instrumentos patrimoniais.

O mesmo pronunciamento define despesas como decréscimos nos benefícios econômicos durante o período contábil, sob a forma de saída de recursos, redução de ativos ou assunção de passivos, que resultam em decréscimo do Patrimônio Líquido e que não estejam relacionados à contribuição dos detentores dos instrumentos patrimoniais.

Como é possível perceber, os conceitos são praticamente os mesmos que utilizamos nos subitens precedentes. Entretanto, alertamos ao leitor que, especificamente, o conceito de receita de vendas e de prestação de serviços sofreram algumas modificações importantes que serão analisadas no Capítulo 10.

**EXEMPLOS**

**Dados:**

**Quadro 1.10** Patrimônio inicial

| PATRIMÔNIO INICIAL DA EMPRESA SUL LTDA. | | | |
|---|---|---|---|
| Ativo | | Passivo + Patrimônio Líquido | |
| Bens | 100,00 | **PASSIVO** | |
| | | Obrigações | 30,00 |
| Direitos | 50,00 | **PL/SL** | 120,00 |
| TOTAL | 150,00 | TOTAL | 150,00 |

**Fatos:**

1. A Empresa Sul Ltda. prestou serviços no valor total de R$ 50,00, recebendo R$ 30,00 em dinheiro e R$ 20,00 a serem recebidos em 30 dias.

**Quadro 1.11** Receita

| ESQUEMA | | |
|---|---|---|
| **RECEITAS**<br>+PL = R$ 50,00 | + Caixa (Bens) | R$ 30,00 |
| | + Direitos | R$ 20,00 |
| | + Ativo | R$ 50,00 |

2. Para prestar os serviços acima, a Empresa Sul Ltda. contratou dois profissionais autônomos, no valor total de R$ 30,00. O primeiro recebeu R$ 10,00 em dinheiro e o segundo vai receber R$ 20,00 em 30 dias.

**Quadro 1.12** Despesas

| ESQUEMA | | |
|---|---|---|
| **DESPESAS**<br>(–) PL = R$ 30,00 | (–) Caixa (Bens) | R$ 10,00 |
| | + Obrigações | R$ 20,00 (P) |
| | | R$ 30,00 |

**Portanto, após os fatos:**

**Quadro 1.13** Novo Patrimônio

| NOVO PATRIMÔNIO DA EMPRESA SUL LTDA. | | | | | | |
|---|---|---|---|---|---|---|
| **Ativo** | | | **Passivo + Patrimônio Líquido** | | | |
| Bens | 100,00 | | **PASSIVO** | | | |
| | +30,00 | | Obrigações | | 30,00 | |
| | (–)10,00 | 120,00 | | | + 20,00 | 50,00 |
| | | | **PL/SL** | | 120,00 | |
| Direitos | 50,00 | | Receitas | + 50,00 | | |
| | + 20,00 | 70,00 | Despesas | (–) 30,00 | 20,00(*) | 140,00 |
| TOTAL | | 190,00 | TOTAL | | | 190,00 |

(*) Lucro apurado nas operações.

## 1.6 ▸ ATOS E FATOS ADMINISTRATIVOS

Os **atos administrativos** *não* provocam alterações nos elementos do Patrimônio ou do Resultado, portanto, não pertencem ao campo da Contabilidade.

**EXEMPLO**

Digitar ou datilografar cartas ou orçamentos, atender a telefonemas, contratar pessoal etc.

Os **fatos administrativos** provocam alterações nos elementos do Patrimônio ou do Resultado, portanto, pertencem ao campo da Contabilidade. Por essa razão, também são denominados **fatos contábeis**.

Os fatos administrativos ou contábeis classificam-se em:

- Fatos Permutativos ou Compensativos.
- Fatos Modificativos: aumentativos e diminutivos.
- Fatos Mistos ou Compostos: aumentativos e diminutivos.

### 1.6.1 Fatos permutativos ou compensativos

Os **fatos permutativos ou compensativos** não provocam alterações no **valor** do Patrimônio Líquido (PL) ou da Situação Líquida (SL), mas podem modificar a composição dos demais elementos patrimoniais.

As contas envolvidas são:
- 1ª) (–) A e + A
- 2ª) + A e + P
- 3ª) (–) A e (–) P
- 4ª) + PL e (–) PL

**EXEMPLOS**

a) **A compra de uma máquina à vista (em dinheiro) no valor de R$ 10.000,00.**
Há apenas uma permuta: deixa de existir o dinheiro no caixa da empresa (diminuição do Ativo), fato que é compensado pela aquisição da máquina (aumento do Ativo). Não há alteração do Patrimônio Líquido.

**Quadro 1.14** Patrimônio após a compra da máquina à vista

| PATRIMÔNIO ANTES DO FATO | | | | PATRIMÔNIO DEPOIS DO FATO | | | |
|---|---|---|---|---|---|---|---|
| Ativo | | Passivo + PL | | Ativo | | Passivo + PL | |
| Caixa | 10.000 | **P** | 10.000 | Bancos | 10.000 | **P** | 10.000 |
| Bancos | 10.000 | | | Móveis | 15.000 | | |
| Móveis | 15.000 | **PL** | 25.000 | Máquina | 10.000 | **PL** | 25.000 |
| Total | 35.000 | Total | 35.000 | Total | 35.000 | Total | 35.000 |

A composição do Ativo foi alterada, sem, entretanto, haver modificação no Patrimônio Líquido.

b) **Compra de uma máquina com financiamento bancário no valor de R$ 10.000,00.**
No caso, há um aumento do Ativo (compra da máquina), que é compensado por aumento igual no Passivo (Empréstimo), deixando inalterado o PL.

**Quadro 1.15** Patrimônio após a compra da máquina por financiamento bancário

| PATRIMÔNIO ANTES DO FATO | | | | PATRIMÔNIO DEPOIS DO FATO | | | |
|---|---|---|---|---|---|---|---|
| **Ativo** | | **Passivo + PL** | | **Ativo** | | **Passivo + PL** | |
| Caixa | 10.000 | **P** | | Caixa | 10.000 | **P** | |
| | | Contas a Pagar | 10.000 | Bancos | 10.000 | Contas a Pagar | 10.000 |
| Bancos | 10.000 | | | Móveis | 15.000 | Empréstimos | 10.000 |
| Móveis | 15.000 | **PL** | 25.000 | Máquinas | 10.000 | **PL** | 25.000 |
| Total | 35.000 | Total | 35.000 | Total | 45.000 | Total | 45.000 |

c) **Pagamento de Contas a Pagar (em dinheiro) no valor de R$ 10.000,00.**

Nesse caso, há uma diminuição do Ativo (deixa de existir o dinheiro em caixa), compensado por igual diminuição do Passivo.

**Quadro 1.16** Patrimônio após o pagamento de Contas a Pagar

| PATRIMÔNIO ANTES DO FATO | | | | PATRIMÔNIO DEPOIS DO FATO | | | |
|---|---|---|---|---|---|---|---|
| **Ativo** | | **Passivo + PL** | | **Ativo** | | **Passivo + PL** | |
| Caixa | 10.000 | **P** | | Bancos | 10.000 | **PL** | 25.000 |
| Bancos | 10.000 | Contas a Pagar | 10.000 | Móveis | 15.000 | | |
| Móveis | 15.000 | **PL** | 25.000 | | | | |
| Total | 35.000 | Total | 35.000 | Total | 25.000 | Total | 25.000 |

d) **Aumento de capital com incorporação de reservas ou de lucros acumulados.**

Há apenas uma transferência entre contas do Patrimônio Líquido, cujo valor permanece inalterado. Para mais detalhes sobre este tipo de transação, consultar o Capítulo 11.

**Quadro 1.17** Patrimônio após a incorporação de reservas ou de lucros acumulados

| PATRIMÔNIO ANTES DO FATO | | | | PATRIMÔNIO DEPOIS DO FATO | | | |
|---|---|---|---|---|---|---|---|
| **Ativo** | | **Passivo + PL** | | **Ativo** | | **Passivo + PL** | |
| Caixa | 10.000 | **P** | | Caixa | 10.000 | **P** | |
| | | Contas a Pagar | 10.000 | | | Contas a Pagar | 10.000 |
| Bancos | 10.000 | **PL** | | Bancos | 10.000 | **PL** | |
| | | Capital 15.000 | | | | Capital | 25.000 |
| Móveis | 15.000 | Reservas 10.000 | 25.000 | Móveis | 15.000 | | |
| Total | 35.000 | Total | 35.000 | Total | 35.000 | Total | 35.000 |

### 1.6.2 Fatos modificativos

Os **fatos modificativos** são os que provocam alterações no **valor** do Patrimônio Líquido (PL) ou da Situação Líquida (SL), provocando aumento ou redução de valor idêntico no Passivo Exigível ou no Ativo. Estes fatos podem ser:

- **Aumentativos** quando provocam acréscimos no valor do Patrimônio Líquido.
- **Diminutivos** quando provocam reduções no valor do Patrimônio Líquido.

**Contas envolvidas**

**Fatos modificativos aumentativos:**
a) + A e + PL
b) (–) P e + PL

**Fatos modificativos diminutivos:**
c) (–) A e (–) PL
d) + P e (–) PL

**EXEMPLOS**

- **Aumentativos:**
  - Receitas de aluguel.
  - Receitas de juros.
  - Aumento de capital com recursos provenientes dos proprietários.
- **Diminutivos:**
  - Despesas de salários.
  - Despesas financeiras.
  - Distribuição de lucros aos sócios ou acionistas.

Quem leu atentamente o Item 1.5 sobre receitas e despesas compreendeu que o ingresso de receitas é fato contábil aumentativo, pois aumenta o valor do Ativo e do PL simultaneamente. Já a ocorrência de despesas é fato contábil diminutivo, pois implica a redução do PL.

Há, entretanto, fatos contábeis modificativos que independem de receitas e despesas. Por exemplo, se os sócios decidem aumentar o capital da empresa em R$ 10.000,00, integralizando o aumento em dinheiro, haverá aumento do Ativo (mais dinheiro em Caixa) e aumento do PL, sem que tenha havido o ingresso de receita.

**Quadro 1.18** Patrimônio após aumento de capital

| PATRIMÔNIO ANTES DO FATO | | | | PATRIMÔNIO DEPOIS DO FATO | | | |
|---|---|---|---|---|---|---|---|
| Ativo | | Passivo + PL | | Ativo | | Passivo + PL | |
| Caixa | 10.000 | **P** | | Caixa | 20.000 | **P** | |
| | | Contas a Pagar | 10.000 | | | Contas a Pagar | 10.000 |
| Bancos | 10.000 | **PL** | | Bancos | 10.000 | **PL** | |
| Móveis | 15.000 | Capital | 25.000 | Móveis | 15.000 | Capital | 35.000 |
| Total | 35.000 | Total | 35.000 | Total | 45.000 | Total | 45.000 |

### 1.6.3 Fatos mistos ou compostos

Os fatos mistos ou compostos combinam fatos permutativos com fatos modificativos. Logo, podem ser:

- Os **aumentativos** combinam fatos permutativos com fatos modificativos aumentativos;
- Os **diminutivos** combinam fatos permutativos com fatos modificativos diminutivos.

**Contas envolvidas**

**Fatos mistos ou compostos aumentativos**:
1) + A e (–) A
   + A e + PL
2) (–) A e (–) P
   (–) P e + PL

**Fatos mistos ou compostos diminutivos**:
1) (–) A e (–) P
   (–) A e (–) PL
2) (–) A e + A
   (–) A e (–) PL

**EXEMPLOS**

1. **Fatos mistos aumentativos**
   a) Venda à vista de mercadorias em estoque por um preço superior a seu custo, portanto, com lucro. Há uma permuta entre o valor da mercadoria em estoque e o dinheiro em caixa, mas o valor do dinheiro recebido é superior ao valor da mercadoria em estoque e esta diferença (lucro) aumenta o PL.

**Quadro 1.19** Patrimônio após a venda à vista de mercadorias em estoque com lucro

| PATRIMÔNIO ANTES DO FATO | | | | PATRIMÔNIO DEPOIS DO FATO (venda de mercadoria com lucro de 5.000) | | | |
|---|---|---|---|---|---|---|---|
| **Ativo** | | **Passivo + PL** | | **Ativo** | | **Passivo + PL** | |
| Caixa | 10.000 | **P** | | Caixa | 30.000 | **P** | |
| Mercadorias | 15.000 | Fornecedores | 10.000 | | | Fornecedores | 10.000 |
| Móveis | 10.000 | **PL** | 25.000 | Móveis | 10.000 | **PL** | 30.000 |
| Total | 35.000 | Total | 35.000 | Total | 40.000 | Total | 40.000 |

   b) Recebimento de duplicatas com juros.
   c) Pagamento de duplicatas com desconto.

2. **Fatos mistos diminutivos**
   a) Venda à vista de mercadorias com prejuízo.

**Quadro 1.20** Patrimônio após a venda à vista de mercadorias em estoque com prejuízo

| PATRIMÔNIO ANTES DO FATO | | | | PATRIMÔNIO DEPOIS DO FATO (venda de mercadoria com prejuízo de 5.000) | | | |
|---|---|---|---|---|---|---|---|
| **Ativo** | | **Passivo + PL** | | **Ativo** | | **Passivo + PL** | |
| Caixa | 10.000 | **P** | | Caixa | 20.000 | **P** | |
| Mercadorias | 15.000 | Fornecedores | 10.000 | Móveis | 10.000 | Fornecedores | 10.000 |
| Móveis | 10.000 | **PL** | 25.000 | | | **PL** | 20.000 |
| Total | 35.000 | Total | 35.000 | Total | 30.000 | Total | 30.000 |

b) Pagamento de duplicatas com juros.
c) Recebimento de duplicatas com desconto.

## EXERCÍCIO DE FIXAÇÃO

**1. Elabore o Patrimônio das empresas (A, B e C) abaixo. A seguir, identifique a situação e a equação patrimonial.**

**A** – Aplicações em Fundos de curto prazo[9] .......... 2.600,00
Dinheiro em Bancos .......... 800,00
Máquinas .......... 600,00
Veículos .......... 800,00
Contas a Pagar .......... 600,00
Impostos a Pagar .......... 1.000,00

**B** – Duplicatas a Receber .......... 800,00
Aplicações em RDB[10] .......... 400,00
Dinheiro .......... 200,00
Imóveis .......... 600,00
Cafezais .......... 800,00
Duplicatas a Pagar .......... 1.400,00
Impostos a Recolher .......... 1.400,00

**C** – Caixa e Bancos .......... 800,00
Contas a Receber .......... 400,00
Mercadorias em Estoque .......... 400,00
Máquinas .......... 600,00
Pomares .......... 400,00
Fornecedores .......... 1.800,00
Obrigações a Pagar .......... 400,00
Contas a Pagar .......... 200,00
Empréstimos a Pagar .......... 600,00

---

[9] Fundos de curto prazo representam uma modalidade de aplicação financeira que torna disponível para o investidor realizar o resgate no dia seguinte ao da aplicação.

[10] Recibo de Depósito Bancário (RDB) é um depósito a prazo fixo que rende juros para o aplicador.

**Resolução:**

| PATRIMÔNIO DA EMPRESA "A" | | | |
|---|---|---|---|
| **Ativo** | | **Passivo + PL** | |
| Aplicações em fundo | 2.600,00 | **PASSIVO** | |
| | | Contas a Pagar | 600,00 |
| Dinheiro em banco | 800,00 | Impostos a pagar | 1.000,00 |
| | | **Total** | 1.600,00 |
| Máquinas | 600,00 | **PL/SL** | |
| | | (4.800,00 – 1.600,00) 3.200,00 | |
| Veículos | 800,00 | **Situação Favorável** | |
| TOTAL | 4.800,00 | TOTAL | 4.800,00 |

Situação favorável: A > P = R$ 4.800,00 > R$ 1.600,00

**Equação:**

| A | = | P | + | PL |
|---|---|---|---|---|
| 4.800,00 | = | 1.600,00 | + | 3.200,00 |

| PATRIMÔNIO DA EMPRESA "B" | | | |
|---|---|---|---|
| **Ativo** | | **Passivo + PL** | |
| Duplicatas a receber | 800,00 | **PASSIVO** | |
| | | Duplicatas a pagar | 1.400,00 |
| Aplicações em RDB | 400,00 | Impostos a recolher | 1.400,00 |
| Dinheiro | 200,00 | **Total** | 2.800,00 |
| Imóveis | 600,00 | **PL/SL** | |
| | | (2.800,00 – 2.800,00) | – 0 – |
| Cafezais | 800,00 | **Situação Nula** | |
| TOTAL | 2.800,00 | TOTAL | 2.800,00 |

**Equação:**

| A | = | P | |
|---|---|---|---|
| 2.800,00 | = | 2.800,00 | ⇒ PL = 0 |

| PATRIMÔNIO DA EMPRESA "C" | | | |
|---|---|---|---|
| **Ativo** | | **Passivo + PL** | |
| Caixa e bancos | 800,00 | **PASSIVO** | |
| | | Fornecedores | 1.800,00 |
| Contas a receber | 400,00 | Obrigações a pagar | 400,00 |
| | | Contas a Pagar | 200,00 |
| Mercadorias em estoque | 400,00 | Empréstimos a pagar | 600,00 |
| | | **Total** | 3.000,00 |
| Máquinas | 600,00 | **PL/SL** | |
| | | (2.600,00 – 3.000,00) | (400,00) |
| Pomares | 400,00 | **Passivo a descoberto** | |
| TOTAL | 2.600,00 | TOTAL | 2.600,00 |

Passivo a descoberto: A < P —> R$ 2.600,00 < R$ 3.000,00 —> PL (–)

**Equação:**

| A | = | P | + | (PL) |
|---|---|---|---|---|
| 2.600,00 | = | 3.000,00 | + | (400,00) |
| 2.600,00 | = | 3.000,00 | – | 400,00 |

**2. A Floricultura Flores do Sol Ltda. iniciou suas atividades em 2 de janeiro de 20X1.**

02-01 – Integralização do Capital Social, em dinheiro: R$ 150,00.
05-01 – Compra de flores e sementes de Flores Lindas Ltda.: R$ 48,00, à vista.
07-01 – Compra de plantas e vasos de Flores Brancas Ltda.: R$18,00, à vista
13-01 – Compra de flores naturais de Flores Lindas Ltda.: duplicata de R$ 42,00, a prazo.
15-01 – Venda de dois pacotes de sementes que custaram R$ 24,00: R$ 36,00, à vista.
23-01 – Pagamento de Bento Santos por despesas de entrega: R$ 6,00.
27-01 – Compra de móveis e utensílios: R$ 60,00, à vista.
31-01 – Pagamento de parte da dívida assumida no dia 13.01: R$ 12,00.

Assim:

a) Demonstre o Patrimônio da empresa, após cada uma das operações.
b) Identifique a equação patrimonial.
c) Identifique a situação patrimonial.
d) Classifique o fato contábil que representa.

**Resolução:**

a)

| 2.1) PATRIMÔNIO DE 02.01.20X1 | | | |
|---|---|---|---|
| **Ativo** | | **Passivo + PL** | |
| Caixa | 150,00 | **PASSIVO** | |
| | | Obrigações | – 0 – |
| | | **PL/SL** | |
| | | Capital social | 150,00 |
| TOTAL | 150,00 | TOTAL | 150,00 |

b) Equação: A = PL
150,00 = 150,00
P = 0

c) Situação plena.

d) Fato modificativo aumentativo.

---

a)

| 2.1) PATRIMÔNIO DE 05.01.20X1 | | | |
|---|---|---|---|
| **Ativo** | | **Passivo + PL** | |
| Caixa | 102,00 | **PASSIVO** | |
| | | Obrigações | – 0 – |
| Mercadorias em estoque | 48,00 | **PL/SL** | |
| | | Capital social | 150,00 |
| TOTAL | 150,00 | TOTAL | 150,00 |

b) Equação: A = PL
150,00 = 150,00
P = 0

c) Situação plena.

d) Fato permutativo.

---

a)

| 2.1) PATRIMÔNIO DE 07.01.20X1 | | | |
|---|---|---|---|
| **Ativo** | | **Passivo + PL** | |
| Caixa | 84,00 | **PASSIVO**<br>Obrigações | – 0 – |
| Mercadorias em estoque | 66,00 | **PL/SL**<br>Capital social | 150,00 |
| TOTAL | 150,00 | TOTAL | 150,00 |

b) Equação: A = PL
150,00 = 150,00
P = 0

c) Situação plena.

d) Fato permutativo.

---

a)

| 2.1) PATRIMÔNIO DE 13.01.20X1 | | | |
|---|---|---|---|
| **Ativo** | | **Passivo + PL** | |
| Caixa | 84,00 | **PASSIVO**<br>Obrigações | 42,00 |
| Mercadorias em estoque | 108,00 | **PL/SL**<br>Capital social | 150,00 |
| TOTAL | 192,00 | TOTAL | 192,00 |

b) Equação: A = P + PL
192,00 = 42,00 + 150,00 A > P = 192,00 > 42,00
P = 0

c) Situação favorável.

d) Fato permutativo.

---

a)

| 2.1) PATRIMÔNIO DE 15.01.20X1 | | | |
|---|---|---|---|
| **Ativo** | | **Passivo + PL** | |
| Caixa | 120,00 | **PASSIVO**<br>Obrigações<br>Duplicatas a pagar | 42,00 |
| Mercadorias em estoque | 84,00 | **PL/SL**<br>Capital social<br>Lucro(*)<br>PL | 150,00<br>12,00<br>162,00 |
| TOTAL | 204,00 | TOTAL | 204,00 |

(*) Receitas: .................... R$ 36,00
Despesas: .................... R$ (24,00)
(=) Lucro: .................... R$ 12,00

b) Equação: A = P + PL
204,00 = 42,00 + 162,00
c) Situação favorável
A > P = 204,00 > 42,00
d) Fato misto aumentativo.

---

a)

| 2.1) PATRIMÔNIO DE 23.01.20X1 | | | |
|---|---|---|---|
| **Ativo** | | **Passivo + PL** | |
| Caixa | 114,00 | **PASSIVO** | |
| | | Obrigações | |
| | | Duplicatas a pagar | 42,00 |
| Mercadorias em estoque | 84,00 | **PL/SL** | |
| | | Capital social | 150,00 |
| | | Lucro(*) | 6,00 |
| | | PL | 156,00 |
| TOTAL | 198,00 | TOTAL | 198,00 |

(*) Receitas: ........ R$ 36,00
Despesas: ........ R$ (30,00) ⇒ (R$ 24,00 + R$ 6,00)
(=)Lucro: ........ R$ 6,00

b) Equação: A = P + PL
198,00 = 42,00 + 156,00
c) Situação favorável
A > P = 198,00 > 42,00
d) Fato modificativo diminutivo.

| 2.1) PATRIMÔNIO DE 27.01.20X1 | | | |
|---|---|---|---|
| **Ativo** | | **Passivo + PL** | |
| Caixa | 54,00 | **PASSIVO** | |
| | | Obrigações | |
| Mercadorias em estoque | 84,00 | Duplicatas a pagar | 42,00 |
| | | **PL/SL** | |
| Móveis e utensílios | 60,00 | Capital social | 150,00 |
| | | Lucro(*) | 6,00 |
| | | PL | 156,00 |
| TOTAL | 198,00 | TOTAL | 198,00 |

(*) Valor transportado do dia 23.01.20X1.

b) Equação: A = P + PL
198,00 = 42,00 + 156,00

c) Situação favorável
A > P = 198,00 > 42,00

d) Fato permutativo.

---

a)

| 2.1) PATRIMÔNIO DE 31.01.20X1 | | | |
|---|---|---|---|
| **Ativo** | | **Passivo + PL** | |
| Caixa | 42,00 | **PASSIVO** | |
| | | Obrigações | |
| Mercadorias em estoque | 84,00 | Duplicatas a pagar | 30,00 |
| | | **PL/SL** | |
| Móveis e utensílios | 60,00 | Capital social | 150,00 |
| | | Lucro(*) | 6,00 |
| | | PL | 156,00 |
| TOTAL | 186,00 | TOTAL | 186,00 |

(*) Valor transportado do dia 27.01.20X1.

b) Equação: A = P + PL
186,00 = 30,00 + 156,00

c) Situação favorável
A > P = 186,00 > 30,00

d) Fato permutativo.

## 1.7 ▸ CONCEITOS IMPORTANTES[11]

### 1.7.1 Gestão

A gestão é o conjunto de acontecimentos verificados na entidade, sejam eles fatos contábeis ou administrativos.

A gestão pode ser medida por **períodos de tempo** denominados **períodos administrativos**. Em todas as entidades, a gestão é dividida em duas partes: uma de caráter econômico e outra de natureza técnica ou administrativa. Esses dois aspectos da gestão se manifestam de acordo com a finalidade das entidades.

A **Gestão Técnica** está relacionada ao aspecto técnico da consecução do objetivo social, como a produção de bens, industriais ou de serviços, nas entidades prestadoras de serviços.

A **Gestão Administrativa** dirige todo o pessoal envolvido na busca dos objetivos sociais. A **Gestão Econômica** está relacionada à aplicação dos recursos colocados à disposição da sociedade por acionistas e terceiros para atingir os objetivos sociais da entidade *de forma a auferir lucro, ou seja, aumentar o Patrimônio Líquido da empresa.*

Por exemplo, nas empresas com fins econômicos, o aspecto econômico é predominante, enquanto menos significativo será nas entidades com fins sociais.

---

11 Consultar a terminologia contábil aplicada às empresas industriais no livro *Contabilidade avançada*, de nossa autoria.

### 1.7.2 Rédito

O termo rédito é mais amplo que resultado, e nas entidades sem fins lucrativos, representa o *superávit* ou o *déficit* de suas atividades sociais. É o resultado da atividade econômica das entidades com fins lucrativos e provoca variação patrimonial, aumentativa ou diminutiva.

### 1.7.3 Regime de caixa

Na apuração dos resultados (rédito) do exercício, o **regime de caixa** ocorre quando são considerados apenas os pagamentos e recebimentos efetuados no período contábil.

### 1.7.4 Regime de competência

O **regime de competência** acontece quando, na apuração dos resultados (rédito) do exercício, são consideradas as receitas e despesas nas datas a que se referirem, independentemente de seus recebimentos ou pagamentos.

### 1.7.5 Exercício social ou período contábil

O **exercício social** ou **período contábil** é o espaço de tempo (12 meses) findo no qual as pessoas jurídicas apuram os seus resultados. Ele pode coincidir, ou não, com o ano-calendário, de acordo com o que dispuser o estatuto ou o contrato social. Perante a legislação do IR, é chamado de **período de apuração da base de cálculo do imposto devido** e, nesse caso, pode ser trimestral ou anual.

### 1.7.6 Período de apuração

O **período de apuração** é o espaço de tempo utilizado pela legislação tributária para determinar a base de cálculo do tributo a ser apurado.

## 1.8 ▸ DIFERENÇA ENTRE CONCEITOS DE CAPITAL E PATRIMÔNIO LÍQUIDO

O Capital de uma empresa, por ocasião de sua constituição, consiste na importância total que os sócios aplicaram na sociedade. Assim, por exemplo, numa sociedade anônima, os sócios subscrevem (prometem adquirir) ações da companhia, fato que implica um comprometimento deles em integralizar (entregar a importância correspondente) o capital subscrito, entregando à sociedade a importância correspondente ao valor das ações.

Na constituição da sociedade, o valor inicial do Capital coincide com o valor do Patrimônio Líquido. A partir daí, o valor do Capital não necessariamente coincide com o do Patrimônio Líquido, porque este último incorpora todas as variações patrimoniais decorrentes da entrada de receitas e da ocorrência de despesas da sociedade.

Assim, por exemplo, se uma sociedade apresenta lucro em seu primeiro ano de atividade, o valor do PL corresponde à soma do Capital Inicial com a do lucro obtido no ano. Entretanto, o Capital da sociedade ainda é o Capital Inicial. Se a sociedade utilizar esse lucro para aumentar o Capital, os valores do Capital e do PL serão novamente coincidentes.

Faremos, agora, um resumo dos principais conceitos de capital:

1. **Capital Nominal[12], Capital Social ou Capital** – é o investimento inicial na sociedade feito pelos sócios, acrescido dos aumentos de capital realizados por meio das reservas de lucros da sociedade e de novos aportes de capital obtidos pelos sócios, e diminuído dos

[12] O professor A. Lopes Sá, em seu *Dicionário de Contabilidade*, define Capital Nominal como o capital registrado por uma firma individual, e Capital Social como o capital registrado por uma sociedade. Em nossa definição, Capital Nominal e Capital Social são sinônimos.

decréscimos de capital decorrentes de eventuais saídas de sócios da empresa ou da absorção de prejuízos sofridos pela sociedade.

2. **Capital Próprio** – corresponde ao conceito de Patrimônio Líquido. Define-se como a diferença entre o total de ativos da sociedade e o total das obrigações para com terceiros. Apenas coincide com o valor do Capital Nominal por ocasião da constituição da sociedade e quando todos os lucros e/ou prejuízos são incorporados ou compensados com o Capital (fato muito raro).
3. **Capital de Terceiros** – corresponde ao conceito de Passivo (P): é o total das obrigações da sociedade para com terceiros.
4. **Capital Total à disposição da sociedade** – corresponde ao total do Passivo mais o Patrimônio Líquido: representa o total de recursos que foram colocados à disposição da sociedade por terceiros (P) ou pelos sócios (PL), para que a sociedade adquirisse os bens e direitos que constituem o seu Ativo (Patrimônio Bruto).
5. **Capital Subscrito** – é o montante que os sócios prometeram entregar à sociedade em troca da propriedade das ações ou de suas quotas.
6. **Capital Integralizado ou Capital Realizado** – é o valor que os sócios efetivamente entregaram à sociedade. Pode ser um valor menor que o Capital Subscrito.
7. **Capital a Integralizar ou Capital a Realizar** – corresponde à diferença entre o Capital Subscrito (promessa de entrega) e o Capital Integralizado (entrega efetiva).

**NOTA**

A Lei nº 6.404, de 15 de dezembro de 1976, das sociedades por ações, em seu art. 106, estabelece a obrigação de os acionistas integralizarem o valor do capital social.

**EXEMPLOS**

Três pessoas resolvem abrir uma sociedade por quotas de responsabilidade limitada e concordam em entregar cada um R$ 1 milhão a título de subscrição das quotas dessa sociedade. Desse modo, o Capital Subscrito corresponde a R$ 3 milhões (3 × R$ 1 milhão).

Entretanto, cada sócio entrega efetivamente à sociedade, em dinheiro, o valor de R$ 700 mil. Assim, o Capital Integralizado corresponde a R$ 2,1 milhão (3 × R$ 700 mil) e o Capital a Integralizar corresponde a R$ 900 mil (R$ 3 milhões – R$ 2,1 milhões).

No final do ano, a sociedade apura um lucro de R$ 300 mil. O Patrimônio Líquido corresponderá ao Capital Integralizado mais o Lucro do ano e será igual a R$ 2,4 milhões. Ele condiz, também, ao Capital Próprio da empresa.

O Balanço da sociedade no final do ano será apresentado da seguinte forma:

**Quadro 1.21** Balanço (valores em R$ 1.000,00)

| Ativo | | Passivo + PL | | |
|---|---|---|---|---|
| Bens e/ou direitos | 2.400 | **PASSIVO** | 0 | |
| | | **PATRIMÔNIO LÍQUIDO** | | |
| | | Capital subscrito | 3.000 | |
| | | (–) Capital a integralizar | (900) | |
| | | (=) Capital integralizado | 2.100 | |
| | | Lucro | 300 | 2.400 |

Caso o Passivo dessa sociedade corresponda, por exemplo, a R$ 1,2 milhão, este valor corresponderá ao capital de terceiros.

O Total do Passivo mais o Patrimônio Líquido será, então:

P + PL = R$ 1.200.000,00 + R$ 2.400.000,00 = **R$ 3.600.000,00**

Esse valor corresponderá ao capital total à disposição da empresa, utilizado para adquirir os bens e direitos que ela possui. Neste caso, o valor do Ativo também será R$ 3.600.000,00.

## CASO PRÁTICO

Antônio e João abrem uma empresa de prestação de serviços, cada um contribuindo com R$ 15.000,00 de capital para a constituição da sociedade. Com parte desse valor, compram um pequeno escritório de R$ 30.000,00, pagando R$ 12.000,00 à vista e financiando a longo prazo o restante. Adquirem, também, móveis e utensílios de R$ 10.000,00 e contratam funcionários.

Nesse momento, o Balanço Patrimonial da entidade corresponde a:

| ATIVO | | PASSIVO | |
|---|---|---|---|
| Numerário | 8.000,00 | Empréstimo a Longo Prazo | 18.000,00 |
| Móveis e Utensílios | 10.000,00 | **PATRIMÔNIO LÍQUIDO** | |
| Imóvel | 30.000,00 | Capital | 30.000,00 |
| TOTAL | **48.000,00** | TOTAL | **48.000,00** |

Nesse momento, o conceito de Patrimônio Líquido se confunde com o de Capital, pois ocorreram somente fatos permutativos desde a constituição da sociedade.

No decorrer do exercício, a sociedade auferiu receitas de R$ 40.000,00 e incorreu em despesas de R$ 33.000,00 – todas as transações foram recebidas e pagas à vista. Seu lucro foi, portanto, de R$ 7.000,00.

O Balanço Patrimonial no final do exercício será:

| ATIVO | | PASSIVO | |
|---|---|---|---|
| Numerário | 15.000,00 | Empréstimo a Longo Prazo | 18.000,00 |
| Móveis e Utensílios | 10.000,00 | **PATRIMÔNIO LÍQUIDO** | |
| Imóvel | 30.000,00 | Capital | 30.000,00 |
| | | Lucros acumulados | 7.000,00 |
| TOTAL | **55.000,00** | TOTAL | **55.000,00** |

Observe que o numerário aumentou de R$ 8.000,00 para R$ 15.000,00, pois as receitas superaram as despesas em R$ 7.000,00 (lembre-se de que todas as transações foram efetuadas à vista) e que o Patrimônio Líquido, em decorrência, também aumentou em R$ 7.000,00 (de R$ 30.000,00 para R$ 37.000,00).

Nesse caso, a situação líquida da empresa (bens + direitos – obrigações) já não se confunde mais com o capital inicial, uma vez que ocorreram fatos modificativos (receitas e despesas).

**NOTA**

Os artigos 7º e 10º, da Lei nº 6.404/1976 (Sociedades por Ações) determinam que o capital social poderá ser formado com contribuições em dinheiro, bens ou direitos. Quando a integralização for efetuada em crédito, o subscritor ou acionista responderá pela solvência do devedor.

## 1.9 ▸ A NATUREZA DO PATRIMÔNIO LÍQUIDO

É importante ter bem claro, nesse momento, que o Patrimônio Líquido não significa bens e direitos, nem tampouco obrigações, mas apenas a **diferença** entre eles. Ou seja, o Patrimônio Líquido tem um caráter abstrato e representa a **riqueza líquida** da entidade. Se a sociedade encerrar suas atividades, o processo de liquidação consistirá em vender os bens e direitos do Ativo e pagar as obrigações do Passivo. Se os valores patrimoniais forem avaliados com justeza, os sócios receberão a riqueza líquida da sociedade, ou seja, o Patrimônio Líquido.

As contas do Patrimônio Líquido representam a origem dos recursos que o compõem. Assim, a conta Capital representa os recursos aportados pelos sócios para constituição da sociedade. A conta de Lucros ou Prejuízos Acumulados representa os acréscimos ou decréscimos do Patrimônio Líquido em função da relação da sociedade com terceiros, com a entrada de receitas e a ocorrência de despesas.

## TESTES DE FIXAÇÃO

**1.** A Contabilidade registra:

a) Os fenômenos econômicos que afetam o Patrimônio das *aziendas*, provocados ou consentidos pela administração.

b) Os fenômenos econômicos e não econômicos que afetam o Patrimônio das *aziendas*, provocados, consentidos ou não pela administração.

c) Os fenômenos econômicos e não econômicos que afetam o Patrimônio das *aziendas* provocados/consentidos pela administração.

d) Os fenômenos econômicos que afetam o Patrimônio das *aziendas*, provocados, consentidos ou não pela administração.

e) Os fenômenos financeiros decorrentes de vendas e compras a prazo.

**2.** De acordo com a corrente doutrinária hoje dominante, o objeto e o campo de aplicação da contabilidade são, respectivamente:

a) O crédito e as organizações.

b) As contas da *azienda* e o seu Patrimônio.

c) O controle dos valores patrimoniais e a administração financeira das empresas.

d) O Patrimônio e a *azienda*.

e) As entidades sem fins lucrativos e seus objetivos sociais.

**3.** De todas, a mais importante finalidade da Contabilidade é:

a) Servir de base para a apuração e a tributação do Imposto de Renda.

b) Possibilidade de cumprimento das exigências da legislação comercial.

c) Ter conseguido um refinamento na linguagem e nos procedimentos adotados.

d) Constituir instrumento essencial nas funções de planejamento e controle para a empresa.

e) Servir de base para a distribuição de lucros aos administradores.

**4.** O campo de aplicação e o objeto da Contabilidade:
a) Confundem-se.
b) São distintos, pois o primeiro é o Patrimônio e o segundo é a *azienda*.
c) Podem ser dissociados, pois o primeiro independe da existência do segundo.
d) São distintos, pois o primeiro é a *azienda* e o segundo é o Patrimônio.
e) São a avaliação dos Ativos da entidade e a mensuração do Lucro.

**5.** Na maioria das empresas comerciais, o Ativo suplanta o Passivo (Obrigações). Assim, a representação mais comum do Patrimônio de uma empresa comercial assume a forma:
a) Passivo + Ativo = Patrimônio Líquido.
b) Ativo + Patrimônio Líquido = Passivo.
c) Ativo = Passivo + Patrimônio Líquido.
d) Ativo Imobilizado + Ativo Circulante = Passivo.
e) Ativo + Situação Líquida = Passivo.

**6.** Diz-se que a situação líquida é negativa quando o ativo total é:
a) Maior que o Patrimônio Líquido.
b) Maior que o Passivo.
c) Negativo.
d) Igual ao Passivo.
e) Menor que o Passivo.

**7.** Assinale a alternativa que indica situação patrimonial inconcebível:
a) Situação Líquida igual ao Ativo.
b) Situação Líquida maior que o Ativo.
c) Situação Líquida menor que o Ativo.
d) Situação Líquida maior que o Passivo.
e) Situação Líquida menor que o Passivo.

**8.** Há aumento no Patrimônio Líquido:
a) Na compra de mercadorias a prazo.
b) No recebimento de duplicatas a receber.
c) No recebimento de duplicatas com juros.
d) No pagamento de Obrigações em dinheiro.
e) Na compra, à vista, de móveis e utensílios.

**9.** É função econômica da Contabilidade:
a) Apurar lucro ou prejuízo.
b) Controlar o patrimônio.
c) Evitar erros e fraudes.
d) Efetuar o registro dos fatos contábeis.
e) Verificar a autenticidade das operações.

**10.** A palavra *azienda* é comumente usada na Contabilidade como sinônimo de fazenda, na acepção de:
a) Conjunto de bens e haveres.
b) Mercadorias.
c) Finanças públicas.
d) Grande propriedade rural.
e) Patrimônio, considerado juntamente com a pessoa que tem sobre ele poderes de administração e disponibilidade.

**11.** Caso o Passivo de uma empresa seja de R$ 19.650,00 e o Patrimônio Líquido de R$ 9.850,00, o valor do seu Capital Próprio será de:
a) R$ 29.500,00.
b) Zero.
c) R$ 9.800,00.
d) R$ 9.850,00.
e) R$ 19.650,00.

**12.** Um examinador, ao preparar uma questão para prova, não se deu conta de que colocara alternativas que, embora diferentemente redigidas, tinham a mesma significação conceitual. A questão estava assim formulada:

Surge o Passivo a Descoberto quando:
1. O valor do Ativo excede o valor do Passivo.
2. O valor do Passivo é menor que o valor do Ativo.
3. O valor do Ativo é menor que o valor do Passivo.
4. Os bens e direitos superam as obrigações.
5. A Situação Líquida tem valor negativo.

As alternativas com significação idêntica são as de nº:
a) 1/2/4 e 3/5.
b) 1/3 e 2/5.
c) 1/2/3 e 4/5.
d) 1/2 e 4/5.
e) 1/3/5 e 2/4.

**13.** A situação patrimonial em que os recursos aplicados no Ativo são originários parte de riqueza própria e parte de capital de terceiros, é representada pela equação:
a) A = PL, portanto P = zero.
b) A = P, portanto PL = zero.
c) A > P, portanto PL > zero.
d) A < P, portanto PL < zero.
e) P = (–) PL, portanto A = zero.

**14.** Considerando: **CP** = Capital Próprio; **CTe** = Capital de Terceiros; **CN** = Capital Nominal; **CTo** = Capital Total à disposição da empresa; **PL** = Patrimônio Líquido; **SLp** = Situação Líquida positiva; e **A** = Ativo, pode-se afirmar que **CTo** é igual a:
a) CP + CTe (–) SLp.
b) A + CTe.
c) CP + CTe.
d) A (–) SLp.
e) CP + CTe + CN.

**15.** A firma ABC foi registrada e obteve R$ 500,00 dos sócios, na forma de Capital; R$ 300,00 de terceiros, na forma de empréstimos e R$ 150,00 de terceiros, na forma de rendimentos. Aplicou esses recursos, sendo R$ 450,00 em bens para revender; R$ 180,00 em caderneta de poupança; R$ 240,00 em empréstimos concedidos; e o restante em despesas. Com essa gestão, pode-se afirmar que a empresa ainda tem um Patrimônio Bruto e um Patrimônio Líquido, respectivamente, de:
a) R$ 870,00 e R$ 570,00.
b) R$ 690,00 e R$ 570,00.

c) R$ 950,00 e R$ 500,00.
d) R$ 870,00 e R$ 500,00.
e) R$ 950,00 e R$ 650,00.

**16.** Em uma empresa, o recebimento de juros (sobre adiantamento feito a empregado) sem o recebimento do principal correspondente é um fato contábil:
a) Misto aumentativo.
b) Modificativo aumentativo.
c) Permutativo.
d) Misto diminutivo.
e) Modificativo diminutivo.

**17.** No pagamento de uma obrigação tributária já registrada em seu Passivo, a empresa ultrapassou o prazo de vencimento, tendo de resgatá-la com os respectivos acréscimos legais cabíveis. Essa operação caracteriza-se como um fato contábil:
a) Permutativo.
b) Misto diminutivo.
c) Misto aumentativo.
d) Modificativo aumentativo.
e) Modificativo diminutivo.

**18.** Dados:

| EMPRESA | ATIVO | PASSIVO |
|---|---|---|
| A | 1.000,00 | 400,00 |
| B | 800,00 | 600,00 |
| C | 500,00 | 600,00 |

Aplique a teoria das equações do Patrimônio e responda:
a) A empresa **A** revela Situação Líquida negativa.
b) A empresa **B** revela Situação Líquida negativa de R$ 200,00.
c) A empresa **C** revela Situação Líquida negativa de R$ 100,00.
d) A empresa **C** revela Situação Líquida positiva de R$ 200,00.
e) A empresa **A** revela Situação Líquida positiva igual a R$ 400,00.

**19.** Identificar a única operação ocorrida com a Empresa SILPA entre dois momentos ($M_1$ e $M_2$) sucessivos.

| ATIVO | R$ | | PASSIVO + PL | R$ | |
|---|---|---|---|---|---|
| | M1 | M2 | | M1 | M2 |
| Caixa | 200 | 320 | Fornecedores | 400 | 400 |
| Clientes | – | 40 | Patrimônio Líquido | | |
| Mercadorias | 800 | 600 | Capital | 1.000 | 1.000 |
| Máquinas | 400 | 400 | Prejuízo | – | (40) |
| | 1.400 | 1.360 | | 1.400 | 1.360 |

a) Redução do Capital Social.
b) Venda de mercadorias, à vista, com lucro.
c) Venda de mercadorias, parte à vista e parte a prazo, com prejuízo.
d) Venda de mercadorias, parte à vista e parte a prazo, com lucro.
e) n.d.a.

**20.** A Cia. SILPA adquire R$ 160,00 de mercadorias, pagando, em moeda corrente, 50% com desconto de 20% e aceitando, pelo restante, uma duplicata. O Ativo da firma:
a) Aumentou em R$ 96,00.
b) Aumentou em R$ 160,00.
c) Aumentou em R$ 80,00.
d) Não aumentou nem diminuiu.
e) n.d.a.

**21.** O Patrimônio Líquido da Cia. SILPA, em determinado momento, está representado por: Numerário – R$ 100,00; Bens de Venda – R$ 700,00; Bens de Uso – R$ 500,00; Dívidas para com terceiros – R$ 400,00; Bens de Renda – 100,00; Direitos – R$ 200,00. Seu Patrimônio Líquido é de:
a) R$ 1.200,00.
b) R$ 1.300,00.
c) R$ 1.800,00.
d) R$ 2.000,00.
e) n.d.a.

**22.** O Patrimônio da empresa SILPA é constituído por: Máquinas – R$ 600,00; Nota Promissória de sua emissão – R$ 500,00; Duplicatas de seu aceite – R$ 1.500,00; Fornecedores – R$ 400,00; Estoques – R$ 3.000,00; Bancos – R$ 200,00; Caixa – R$ 100,00.
Sabendo que o lucro corresponde a 20% do capital de terceiros, determine o valor do Capital Social:
a) R$ 1.500,00.
b) R$ 1.020,00.
c) R$ 3.900,00.
d) R$ 480,00.
e) R$ 2.400,00.

**23.** Assinale a alternativa incorreta:
a) Patrimônio é um conjunto de bens, direitos e obrigações.
b) Os bens se dividem em tangíveis e intangíveis.
c) As alternativas **A** e **B** estão corretas.
d) As receitas aumentam o Patrimônio Líquido e as despesas o diminuem.
e) Patrimônio é um conjunto de bens e direitos.

**24.** Assinale a alternativa incorreta:
a) Direitos representam valores a receber por vendas a prazo.
b) Obrigações representam dívidas ou compromissos perante terceiros.
c) Resultado é a diferença entre o valor das receitas e o valor das despesas.
d) A pessoa física ou natural é o ser humano (o homem ou a mulher), enquanto a pessoa jurídica é o ser de existência abstrata que nasce da reunião de duas ou mais pessoas físicas ou jurídicas.
e) Todas as alternativas estão incorretas.

**25.** Relacione a primeira coluna com a segunda:

| **Primeira coluna** | **Segunda coluna** |
|---|---|
| 1. Permutativo | ( ) Venda com lucro |
| 2. Modificativo aumentativo | ( ) Venda com prejuízo |
| 3. Modificativo diminutivo | ( ) Venda sem lucro e sem prejuízo |
| 4. Misto aumentativo | ( ) Aumento de capital efetuado, pelos sócios, em dinheiro |
| 5. Misto diminutivo | ( ) Despesas de salários |

O preenchimento correto, respectivamente, dos parênteses está contido na alternativa:

a) 4 – 5 – 1 – 2 e 3.
b) 3 – 2 – 1 – 5 e 4.
c) 1 – 2 – 3 – 4 e 5.
d) 5 – 4 – 3 – 2 e 1.
e) n.d.a.

**GABARITO**

| | | | | |
|---|---|---|---|---|
| 1. D | 2. D | 3. D | 4. D | 5. C |
| 6. E | 7. B | 8. C | 9. A | 10. E |
| 11. D | 12. A | 13. C | 14. C | 15. A |
| 16. B | 17. B | 18. C | 19. C | 20. A |
| 21. A | 22. B | 23. E | 24. E | 25. A |

# Capítulo 2

# Escrituração contábil

A Contabilidade, para registrar suas operações, adota o **Método das Partidas Dobradas**.

## 2.1 ▸ PARTIDAS DOBRADAS

A essência deste método, universalmente aceito, é que o registro de qualquer operação implica que um débito em uma ou mais contas deve corresponder a um crédito equivalente, em uma ou mais contas, de forma que a soma dos valores debitados seja sempre igual à soma dos valores creditados, ou, simplificando:

**Não há débito sem crédito correspondente**
**Débito = crédito *ou* origens = aplicações**

## 2.2 ▸ TEORIA DAS CONTAS

Na literatura, várias escolas, ao longo dos séculos, foram criadas pela necessidade de mudança da sociedade, entre as quais podemos destacar: Barroco, Classicismo, Romantismo, Parnasianismo, Simbolismo, Modernismo etc.

Na Contabilidade, não poderia ser diferente. Ao longo dos anos, existiram várias escolas que se especializaram nos estudos contábeis, notadamente na teoria das contas, entre as quais podemos destacar:

- Personalista.
- Materialista.
- Patrimonialista.

### 2.2.1 Teoria Personalista

Na **Teoria Personalista**, cada conta assume a configuração de uma **pessoa** no seu relacionamento com a empresa ou entidade. Assim, caixa, bancos, duplicatas a receber, fornecedores, capital, receitas e despesas representam pessoas com as quais a entidade mantém relacionamento de débito e crédito.

Posto isso, podemos concluir que as Obrigações (P) e o Patrimônio Líquido (PL) são pessoas credoras (representam aquelas pessoas que têm a receber da sociedade), enquanto os bens e direitos são pessoas devedoras em relação à entidade.

A origem dessa teoria remonta ao tempo da Idade Média, no comércio das cidades italianas Gênova e Veneza por meio do Mar Mediterrâneo. Naquela época, não existia o conceito de pessoa jurídica tal como conhecemos atualmente, e o mercador era considerado o proprietário dos bens que adquiria e comerciava. Assim, por exemplo, o dinheiro que ele entregava ao banqueiro como depósito seria o correspondente do moderno título Bancos Conta Movimento. A importância que ele devia ao outro mercador que lhe devia a prazo correspondia, atualmente, à conta Fornecedores, e assim por diante.

Segundo esta teoria, as contas se classificam em:

**Contas dos**
- **Agentes Consignatários** – representam os bens da empresa;
- **Agentes Correspondentes** – representam os direitos e as obrigações da entidade perante terceiros;
- **Proprietários** – são as contas do Patrimônio Líquido e suas variações, inclusive as receitas e despesas.

### 2.2.2 Teoria Materialista

Na **Teoria Materialista**, as contas representam relações materiais e se classificam em dois grandes grupos:

- **Contas Integrais** – representam bens, direitos e PE.
- **Contas Diferenciais** – representam as contas do Patrimônio Líquido (PL) e suas variações, inclusive as receitas e despesas.

O Patrimônio é constituído pelas contas materiais ou integrais, ou seja, as representativas dos bens, dos direitos e das obrigações. As contas de PL representam a diferença entre os bens, os direitos e as obrigações, sendo, portanto, contas diferenciais.

### 2.2.3 Teoria Patrimonialista

Na **Teoria Patrimonialista**, entende-se que o Patrimônio é o objeto a ser administrado. Dessa forma, esta teoria separa as contas que representam a **situação estática** (Patrimônio ou A = PE + PL) das contas que representam a dinâmica da situação (receitas e despesas):

- **Contas Patrimoniais** – representam a situação estática, ou seja, o patrimônio: bens, direitos, PE e PL.
- **Contas de Resultado** – representam a situação dinâmica, ou seja, as contas que alteram o Patrimônio Líquido: receitas e despesas.

Conforme analisado no Capítulo 1, as mudanças (dinâmicas) ocorridas no Patrimônio Líquido, em função da relação da entidade com terceiros, assumem a forma de receitas (que aumentam o PL) e de despesas (que diminuem o PL).

## 2.3 ▸ CONTAS

As contas representam registros de débitos e créditos da mesma natureza ou espécie, identificadas por nomes (títulos) que qualificam elementos patrimoniais (bens, direitos, obrigações, PL, receitas e despesas).

**Quadro 2.1** Modelo de conta completa

<table>
<tr><th colspan="4">NOME DA CONTA:<br>GRUPO A QUE PERTENCE:</th><th colspan="3">CÓDIGO DA CONTA:<br>EXERCÍCIO DE:</th></tr>
<tr><th rowspan="2">Data</th><th rowspan="2">Histórico</th><th rowspan="2">Contrapartida</th><th rowspan="2">Débito</th><th rowspan="2">Crédito</th><th colspan="2">Saldo</th></tr>
<tr><th>D/C</th><th>R$</th></tr>
<tr><td></td><td></td><td></td><td></td><td></td><td></td><td></td></tr>
<tr><td></td><td></td><td></td><td></td><td></td><td></td><td></td></tr>
</table>

- Elementos Mínimos da conta completa:
  - Nome (título) da conta.
  - Data da operação.
  - Histórico da operação.
  - Débito (valor).
  - Crédito (valor).
  - Saldo (valor).

- Modelo de conta resumida (razonete) ou conta em forma de T:

**Nome da Conta**

| VALORES ESCRITURADOS A DÉBITO | VALORES ESCRITURADOS A CRÉDITO |
|---|---|
| SALDO DEVEDOR | SALDO CREDOR |

- Exemplo de utilização de razonete

**Nome da Conta**

| 1.800,00 | 800,00 |
|---|---|
| **1.000,00** | |

↓

**saldo devedor**

**Nome da Conta**

| 2.300,00 | 2.800,00 |
|---|---|
| | **500,00** |

↓

**saldo credor**

- Elementos mínimos da conta resumida:
  - Nome (título) da conta
  - Débito
  - Crédito
  - Saldo

Os débitos são, por convenção, registrados no lado **esquerdo** do razonete, e os créditos, no lado **direito.**

> **NOTA**
>
> Nos exemplos que serão desenvolvidos nesta obra, utilizaremos contas resumidas (razonetes).

## 2.4 ▸ DÉBITO, CRÉDITO E SALDO

O **débito** representa a situação de dívida de responsabilidade da conta. As contas que representam **bens**, **direitos**, **despesas** e **custos** têm saldo devedor.

O **crédito** representa a situação de direito de haver da conta. As contas que representam Obrigações (P), PL e receitas têm saldo credor.

O **saldo** de uma conta representa a diferença entre o valor do débito e do crédito. Os saldos podem ser devedor, credor ou nulo.

a) **Devedor** – quando o valor do débito for superior ao do crédito (D > C).
b) **Credor** – quando o valor do crédito for superior ao do débito (D < C).
c) **Nulo** – quando o valor do débito for igual ao do crédito (D = C).

### 2.4.1 Justificativa dos saldos das contas

Embora pareça paradoxal, é simples e fácil justificar as definições dos saldos quando as comparamos com os conceitos apresentados na Teoria Personalista e com o estudo do Patrimônio, abordado no Capítulo 2. Para tanto, voltaremos nossos estudos para aqueles conceitos.

**Quadro 2.2** Balanço Patrimonial

| BALANÇO PATRIMONIAL | | | |
|---|---|---|---|
| Patrimônio | | | |
| Ativo | | Passivo + PL | |
| Bens | 800,00 (D) | **PASSIVO**<br>Fornecedores | 400,00 (C) |
| Direitos | 1.200,00 (D) | **PL/SL**<br>+ Receitas (C)<br>(–) Despesas (D) | 1.600,00 (C) |
| TOTAL | 2.000,00 (D) | TOTAL | 2.000,00 (C) |

onde: **(D) – saldo devedor**
**(C) – saldo credor**

Observando atentamente o Patrimônio acima, chegamos às seguintes conclusões:

1. Os fornecedores (credores da empresa) têm R$ 400,00 a receber, portanto, seu saldo é credor.
2. Os sócios ou acionistas (credores da empresa) têm R$ 1.600,00 a receber (valor do PL), portanto, seu saldo é credor.
3. Os recursos necessários aos pagamentos dos valores acima estão no Ativo, que, nesta hipótese, deve R$ 2.000,00, ou seja, R$ 400,00 para as Obrigações com terceiros (P) e R$ 1.600,00 para os sócios ou acionistas (PL).

**Portanto:**

a) As contas de Ativo têm saldo devedor.
b) As contas de Passivo têm saldo credor.
c) As contas de Patrimônio Líquido têm saldo credor.[1]

Relativamente às receitas e despesas, poderíamos comentar que:

4. As receitas provocam aumento no valor do PL que, normalmente, possui saldo credor. Logo, as receitas somente podem ter saldo credor.
5. As despesas, por sua vez, diminuem o valor do PL, que, normalmente, possui saldo credor. Logo, as despesas somente podem ter saldo devedor.

## 2.4.2 Lançamento contábil – mecanismo do débito e do crédito

O lançamento contábil refere-se ao registro dos fatos contábeis (aqueles que provocam mudanças na composição do Patrimônio ou do resultado da empresa) nos livros de escrituração comercial da empresa – livros **Diário** e **Razão**, que serão analisados no Capítulo 3.

O lançamento é feito nas contas que registram o Patrimônio da sociedade, e podem ser pertencentes ao grupo do Ativo, do Passivo ou do PL.

As contas de Ativo, por terem saldo devedor, são aumentadas de valor por débito e diminuídas por crédito.

**EXEMPLOS**

Recebimento de duplicata de emissão da empresa em dinheiro; entra dinheiro em Caixa, esta conta é aumentada, logo deverá ser debitada; o valor de Duplicatas a Receber é diminuído pelo recebimento do título, logo a respectiva conta será creditada.

As contas de Passivo e do PL, por apresentarem saldo credor, são aumentadas de valor por crédito e diminuídas por débito.

1. Compra de mercadorias a prazo: a conta Mercadorias deve ser debitada, pois é conta de Ativo e foi aumentada; a conta Fornecedores deve ser creditada, pois é conta de Passivo e foi aumentada.
2. Integralização de capital pelos sócios, em dinheiro: a conta Caixa deve ser debitada, pois é conta de Ativo e foi aumentada; a conta Capital Social deve ser creditada, pois é conta de PL e foi aumentada.
3. Pagamento a fornecedores em dinheiro: a conta Caixa deve ser creditada, pois é conta de Ativo e foi diminuída; a conta Fornecedores deve ser debitada, pois é conta do Passivo e foi diminuída.

As contas relativas às receitas e despesas, por afetarem diretamente o PL, são, respectivamente, creditadas (porque aumentam o PL) e debitadas (porque diminuem o PL).

1. Pagamento de juros relativo a empréstimo bancário: debita-se a conta Despesa de Juros, porque a ocorrência da despesa diminui o PL, e credita-se Bancos Conta Movimento, porque o saldo bancário da empresa diminuiu (conta de Ativo diminui por crédito).

[1] Existem contas retificadoras do Ativo e do Patrimônio Líquido que serão estudadas no Capítulo 11; tais contas apresentam, respectivamente, saldos **credores** e **devedores**, ou seja, o inverso das contas normais.

2. Recebimento em dinheiro de receita de aluguel relativa à linha telefônica de propriedade da empresa: credita-se a conta Receitas de Aluguel, porque a receita aumentou o PL, e debita-se Caixa, pelo aumento no seu saldo.

**Quadro 2.3** Resumo do mecanismo de débito e crédito

| QUADRO-RESUMO DO MECANISMO DO DÉBITO E CRÉDITO | | | |
|---|---|---|---|
| Natureza | | Para o saldo | |
| Das contas | Do saldo | Aumentar | Diminuir |
| Ativo = Bens e Direitos | **D** | D | C |
| Passivo = Obrigações com terceiros | **C** | C | D |
| Patrimônio Líquido | **C** | C | D |
| Receitas | **C** | C | D |
| Despesas e Custos | **D** | D | C |
| Contas retificadoras do ativo | **C** | C | D |
| Contas retificadoras do Passivo/PL | **D** | D | C |

Dado um fato contábil, deveremos seguir alguns passos, sequencialmente, para efetuar um lançamento.

## EXEMPLOS

1. **Fato:** depósito em dinheiro efetuado em conta-corrente bancária no valor total de R$ 20.000,00.

▶ **Lançamento Contábil**

**1º passo** – identificar as contas envolvidas no fato:
Caixa (valor em dinheiro)
Bancos (depósito)

**2º passo** – identificar a natureza das contas, ou seja, a que grupo pertencem: Ativo (A); Passivo (P); PL; Receitas (R); ou Despesas (D); no caso:
Caixa – conta do Ativo (A)
Bancos – conta do Ativo (A)

**3º passo** – identificar o que o fato provoca sobre os saldos das contas, ou seja, se o saldo aumentará ou diminuirá; no caso:
Caixa (A) o saldo diminuirá (–)
Bancos (A) o saldo aumentará (+)

**4º passo** – efetuar o lançamento contábil segundo o método das partidas dobradas, com a utilização do Quadro 2.3, da seguinte forma:
**Débito** – Aplicação do recurso
**Crédito** – Origem do recurso

**NOTA**

A conta que receberá o primeiro registro será a conta devedora, que indicará a aplicação do recurso efetuado pela entidade ou empresa, e o segundo registro será efetuado na conta credora, que indicará a origem do recurso aplicado.

O estudante poderá, também, lançar mão do seguinte raciocínio: quem recebe recursos é debitado, e quem paga é creditado.

Isso posto, temos o seguinte registro a realizar:

**CAIXA (A) (–) e BANCOS (A) +**

Utilizando o quadro (mecanismo do débito e crédito), faríamos o seguinte lançamento:

D (débito) BANCOS
C (crédito) CAIXA 20.000,00

Note que, no exemplo acima, a conta BANCOS tem saldo devedor. Eis que surge uma grande dúvida: quando depositamos dinheiro no Banco, em nosso extrato, o lançamento aparece a crédito. Então, o que fizemos estaria errado?

Para provar nossas assertivas, vamos contabilizar o mesmo fato acima na instituição bancária que recebeu o depósito, seguindo os mesmos passos antes especificados:

**1º passo** – identificar as contas envolvidas no banco:
CAIXA e CONTA-CORRENTE DO CLIENTE.

**2º passo** – identificar a natureza das contas:
CAIXA (A) e CONTA-CORRENTE DO CLIENTE (P).

**3º passo** – identificar o que o fato provoca sobre o saldo das contas (aumento ou diminuição):
CAIXA (A) = o saldo aumentou (o banco recebeu o dinheiro).
C/C CLIENTE (P) = seu saldo também aumentou, ou seja, as dívidas do banco para com o cliente aumentaram.

**4º passo** – efetuar o lançamento contábil, segundo o método das partidas dobradas:
D – CAIXA
C – C/C CLIENTES (BANCOS) 20.000,00

Observe que, na instituição bancária, o lançamento aparece a crédito, ou seja, representa uma dívida ou obrigação do banco para com o seu cliente. Portanto, seu saldo como conta do Passivo é realmente credor. Porém, na empresa, o lançamento representa um direito em relação ao banco, ou seja, conta do Ativo, cujo saldo é devedor. Logo, os lançamentos acima estão corretos – tanto na empresa depositante quanto no banco.

Realizado o lançamento acima no Livro Diário, imediatamente, deveremos registrá-lo em contas (razonetes) no Livro Razão, com a finalidade de determinar seu saldo (necessário à apuração do resultado do exercício e à elaboração do Balanço Patrimonial).

Tendo em vista que, em todos os lançamentos, o valor do débito é exatamente igual ao valor do crédito, a soma de todas as contas com saldo devedor deve corresponder à soma de todas as contas com saldo credor, sob pena de algum lançamento ter sido efetuado incorretamente. Para verificar a correção dos lançamentos é feito um **Balancete de Verificação**, cuja finalidade é averiguar se a soma dos débitos é igual à soma dos créditos.

### 2.4.3 Explicação complementar sobre a natureza do débito e do crédito

Uma das grandes dificuldades no ensino da Contabilidade é convencer os alunos de que as contas de Ativo (parte positiva do Patrimônio) são aumentadas por débito.

Isso porque a palavra débito tem uma conotação negativa, de dívida, e há certa dificuldade de entender o porquê de as contas do Ativo, sendo a parte positiva do Patrimônio, deverem para a entidade.

Como já foi explicado nos Subitens 2.2.1 e 2.4.1, a razão é que a Contabilidade se desenvolveu muito na Idade Média com o aumento do comércio das cidades italianas por meio do Mar Mediterrâneo.

O mercador associava o que chamaríamos de embrião da conta moderna a pessoas. Desse modo, se ele depositava dinheiro no banco, ele anotava, em sua escrituração, que o Banqueiro Fulano lhe devia. Se entregava mercadorias a seu almoxarife, ele anotava que Beltrano lhe devia. Da mesma forma procedia com as vendas que efetuava a prazo, anotando que Sicrano (o comprador) lhe devia.

Em virtude desse costume, repetido ao longo do tempo, nasceu a convenção de que as contas de Ativo aumentam por débito.

Pela razão contrária, as contas do Passivo têm saldo credor. Note que o fornecedor ou o banco fornecem crédito para a entidade. Então, do ponto de vista deles, eles são credores. O mercador, ao tomar dinheiro do banco ou do fornecedor, anotava que Fulano ou Beltrano tinham um crédito em relação a ele.

Quanto ao PL, ou seja, a riqueza líquida da entidade, o mercador a considerava como um crédito a seu favor. Isto é, se ele liquidasse seus bens e direitos e pagasse as obrigações, teria um crédito a seu favor que corresponderia à diferença positiva entre o Ativo e o Passivo.

Modernamente, com o desenvolvimento do conceito de entidade (ou *azienda*), a Ciência Contábil postula que o Patrimônio da entidade não deve ser confundido com o Patrimônio dos sócios ou acionistas. Porém, o costume do lançamento fez com que as contas de PL aumentassem por crédito, como se fossem uma "obrigação" da sociedade para com os sócios.

## 2.5 ▸ BALANCETE DE VERIFICAÇÃO

O Balancete de Verificação é elaborado com base nos saldos de todas as contas Livro do razão (razonetes). Segundo o método das partidas dobradas, cada débito corresponde a um crédito de igual valor, de forma que, apurando-se os saldos das contas do Livro razão em determinado momento, a soma dos saldos devedores deve, obrigatoriamente, ser igual à soma dos saldos credores.

O principal objetivo do Balancete de Verificação é o de testar (verificar) se o método das partidas dobradas foi respeitado. Portanto, o único erro de escrituração é a troca de saldos (devedores por credores e vice-versa).

**Quadro 2.4** Balancete de Verificação

| ESQUEMA<br>BALANCETE DE VERIFICAÇÃO EM __ /__ /20X_ | | |
|---|---|---|
| Contas | Saldos | |
| | Devedores | Credores |
| | | |
| Totais | 0,00 | 0,00 |

## 2.6 ▸ TRANSFERÊNCIA DOS SALDOS DAS CONTAS DE RESULTADO PARA A CONTA DE APURAÇÃO DO RESULTADO DO EXERCÍCIO (ARE)

No final do período, as contas de resultado serão encerradas contra uma conta denominada **Apuração do Resultado do Exercício (ARE)** em que, como o próprio nome indica, será apurado o resultado, isto é, se a empresa teve lucro, prejuízo ou resultado nulo em suas atividades em determinado exercício social.

As contas relativas às receitas, por possuírem saldo credor, serão encerradas debitando-se a respectiva conta pelo valor do saldo (portanto, tornando o saldo nulo e *encerrando* a conta) e creditando-se a conta ARE.

**EXEMPLO**

| Receitas de Aluguel | |
|---|---|
| (1) 20.000,00 | 20.000,00 (s) |

| ARE | |
|---|---|
| | 20.000,00 (1) |

As contas de despesas, por apresentarem saldo devedor, serão encerradas creditando-se a conta respectiva e debitando-se a conta ARE pelo valor do seu saldo.

| Despesas de Juros | |
|---|---|
| (s) 12.000,00 | 12.000,00 (2) |

| ARE | |
|---|---|
| (2) 12.000,00 | 20.000,00 (1) |
| | 8.000,00 (CB) |

O saldo final da conta ARE, se credor, significará que as receitas foram maiores que as despesas e, portanto, a empresa obteve lucro em suas atividades. Se devedor, significará que as despesas foram superiores às receitas e a empresa teve prejuízo. Se as receitas forem iguais às despesas, o saldo da conta ARE será nulo.

### 2.6.1 Contribuição Social sobre o Lucro Líquido (CSLL) e Imposto sobre a Renda das Pessoas Jurídicas (IRPJ)

A legislação brasileira prevê dois tributos que incidem sobre o lucro das pessoas jurídicas: a **Contribuição Social sobre o Lucro Líquido (CSLL)** e o **Imposto sobre a Renda das Pessoas Jurídicas (IRPJ)**.

Como o fato gerador desses tributos é anterior ao seu vencimento, a obrigação da pessoa jurídica, relativa ao seu pagamento, é classificada no Passivo da entidade.

A contrapartida das obrigações para pagamento da CSLL e do IRPJ constituem despesas que reduzirão o Lucro Líquido auferido pela pessoa jurídica no exercício.

As bases de cálculo desses dois tributos correspondem ao valor do Lucro Líquido do Exercício (antes do cômputo dos mesmos), com os ajustes previstos nas respectivas legislações. Por se tratar de matéria complexa, não analisaremos aqui como apurá-las, remetendo o leitor interessado tanto ao nosso livro *Contabilidade avançada* quanto ao de *Curso prático de Imposto de Renda Pessoa Jurídica*, onde poderá encontrar subsídios para o assunto.

Todavia, faremos um exemplo simplificado, supondo inexistência de ajustes nas bases de cálculo, de como se apuram e contabilizam essas duas importantes obrigações tributárias.

## EXEMPLOS

- Lucro Líquido do Exercício antes da CSLL e do IRPJ R$ 8.000,00
- Alíquota da CSLL = 9%
- Alíquota do IRPJ = 15%

a) **Provisão para CSLL**

Lucro líquido ............................................. R$ 8.000,00
(x) Alíquota ............................................. 9%
(=) CSLL ............................................. R$ 720,00

b) **Provisão para IRPJ**

Lucro líquido ............................................. R$ 8.000,00
(x) Alíquota ............................................. 15%
(=) IRPJ ............................................. R$ 1.200,00

c) **Contabilização**

1. Despesa com CSLL
   Provisão para CSLL .............................. 720,00

2. Despesa com IRPJ
   Provisão para IRPJ .............................. 1.200,00

3. ARE
   Diversos .............................................. 1.920,00
   Despesas com CSLL ............................ 720,00
   Despesas com IRPJ .............................. 1.200,00

- **Razonetes**

| ARE | |
|---|---|
| (3) 1.920,00 | 8.000,00 (s) |
| | 6.080,00 (s) |

| Despesa com CSLL | |
|---|---|
| (1) 720,00 | 720,00 (3) |

| Despesa com IRPJ | |
|---|---|
| (2) 1.200,00 | 1.200,00 (3) |

| Provisão para CSLL | |
|---|---|
| | 720,00 (1) |

| Provisão para IRPJ | |
|---|---|
| | 1.200,00 (2) |

#### 2.6.1.1 Base de cálculo do Imposto de Renda (IR)

A base de cálculo do IRPJ, determinada segundo a legislação vigente na data da ocorrência do fato gerador, é o **Lucro Real**, **Presumido** ou **Arbitrado**, correspondente ao período de apuração.

Lucro Real corresponde ao resultado apurado pela contabilidade (lucro ou prejuízo) do período de apuração antes do IR devidamente ajustado, segundo determinações legais da legislação específica do referido tributo.

Lucro Presumido ou Arbitrado são bases de cálculo determinadas mediante a aplicação de percentuais definidos na legislação sobre o valor da receita bruta do período de apuração, portanto, sem a necessidade de utilizar registros contábeis da empresa.

O imposto devido será determinado mediante a aplicação da alíquota e do adicional do IRPJ, se houver, sobre a base de cálculo apurada segundo um dos métodos apresentados (Lucro Real, Presumido ou Arbitrado).

A CSLL também é apurada de forma similar ao IRPJ, segundo a forma de tributação adotada pela pessoa jurídica.

O leitor interessado no tema poderá consultar o livro *Contabilidade avançada* ou o livro *Curso prático de Imposto de Renda Pessoa Jurídica*, de nossa autoria, onde é efetuada uma exposição detalhada do assunto.

## 2.7 TRANSFERÊNCIA DO SALDO DA CONTA ARE PARA A CONTA PATRIMONIAL LUCROS OU PREJUÍZOS ACUMULADOS

A conta ARE, por sua vez, será encerrada contra uma conta denominada **Lucros ou Prejuízos Acumulados** que é uma conta patrimonial onde fica acumulado o resultado do exercício.

**EXEMPLOS**

1. Saldo credor da conta ARE.

| ARE | |
|---|---|
| (1) 8.000,00 | **8.000,00 (LLE)** |

| Lucros ou Prejuízos Acumulados | |
|---|---|
| | 8.000,00 (1) |

2. Saldo devedor da conta ARE.

| ARE | |
|---|---|
| **(PLE) 5.000,00** | 5.000,00 (2) |

| Lucros ou Prejuízos Acumulados | |
|---|---|
| (2) 5.000,00 | |

**LLE = Lucro Líquido do Exercício**
**PLE = Prejuízo Líquido do Exercício**

Para que se tenha uma ideia mais concreta do processo de apuração do resultado e de sua transferência para Lucros ou Prejuízos Acumulados, apresentaremos alguns exercícios de fixação a seguir. O primeiro deles é o mesmo exemplo da Floricultura Flores do Sol Ltda., apresentado no Capítulo 1, onde se apresentaram as modificações introduzidas no Patrimônio pelos fatos contábeis por meio da montagem de balanços sucessivos. Nosso objetivo é mostrar que o lançamento contábil é uma forma a se atingir o mesmo resultado apresentado pelos balanços sucessivos, porém de maneira mais prática e eficiente.

## EXERCÍCIO DE FIXAÇÃO

**1. A Floricultura Flores do Sol Ltda. iniciou suas atividades em 2 de janeiro de 20X1. Contabilize as operações do mês de janeiro de 20X0.**

02.01 – Integralização do Capital Social, em dinheiro: R$ 150,00.
05.01 – Compra de flores e sementes de Flores Lindas Ltda.: R$ 48,00, à vista.
07.01 – Compra de plantas e vasos de Flores Brancas Ltda.: R$18,00, à vista
13.01 – Compra de flores naturais de Flores Lindas Ltda.: duplicata de R$ 42,00, a prazo.
15.01 – Venda de dois pacotes de sementes que custaram R$ 24,00: R$ 36,00, à vista.
23.01 – Pagamento de Bento Santos por despesas de entrega: R$ 6,00.
27.01 – Compra de móveis e utensílios: R$ 60,00, à vista.
31.01 – Pagamento de parte da dívida assumida no dia 13 de janeiro: R$ 12,00.

| PASSOS E CLASSIFICAÇÃO DOS FATOS | | | |
|---|---|---|---|
| Data | 1) Contas envolvidas nos fatos | 2) Natureza das contas | 3) Saldo + ou (–) |
| 02-01 | Caixa<br>Capital Social | Ativo<br>PL | +<br>+ |
| 05-01 | Mercadorias em estoque<br>Caixa | Ativo<br>Ativo | +<br>(–) |
| 07-01 | Caixa<br>Mercadorias Em Estoque | Ativo<br>Ativo | (–)<br>+ |
| 13-01 | Mercadorias em estoque<br>Duplicatas a pagar (ou fornecedores) | Ativo<br>Passivo | +<br>+ |
| 15-01 | PELA VENDA À VISTA<br>Caixa<br>Receita de vendas<br>PELO CUSTO DAS MERCADORIAS<br>Mercadorias em estoque<br>Custo das mercadorias vendidas | Ativo<br>Receita<br>Ativo<br>Custos | +<br>+<br>(–)<br>+ |
| 23-01 | Caixa<br>Despesas de fretes | Ativo<br>Despesas | (–)<br>+ |
| 27-01 | Caixa<br>Móveis e utensílios | Ativo<br>Ativo | (–)<br>+ |
| 31-01 | Caixa<br>Duplicatas a pagar (fornecedores) | Ativo<br>Passivo | (–)<br>(–) |

- Contabilização dos fatos

▶ Lançamentos contábeis

| | | |
|---|---|---|
| 1. | D – Caixa<br>C – Capital Social | 150,00 |
| 2. | D – Mercadorias em estoque<br>C – Caixa | 48,00 |
| 3. | D – Mercadorias em Estoque<br>C – Caixa | 18,00 |
| 4. | D – Mercadorias em Estoque<br>C – Duplicatas a pagar | 42,00 |
| 5. | D – Caixa<br>C – Receita de vendas | 36,00 |
| $5_1$. | D – Custo das Mercadorias Vendidas (CMV)<br>C – Mercadorias em Estoque | 24,00 |
| 6. | D – Despesas de frete<br>C – Caixa | 6,00 |
| 7. | D – Móveis e Utensílios<br>C – Caixa | 60,00 |
| 8. | D – Duplicatas a Pagar<br>C – Caixa | 12,00 |

Pela apuração do resultado do período

| | | |
|---|---|---|
| 9. | Transferência das receitas para o resultado<br>D – Receita de vendas<br>C – Apuração do Resultado do Exercício (ARE) | 36,00 |
| 10. | Transferência das despesas e custos para o resultado<br>D – Apuração do Resultado do Exercício (ARE) | 30,00 |
| | C – Diversos | |
| | C – Custo das Mercadorias Vendidas (CMV) | 24,00 |
| | C – Despesas de Fretes | 6,00 |
| 11. | Transferência do resultado do período para lucros acumulados<br>D – ARE<br>C – Lucros Acumulados | 6,00 |

- **Razonetes**

**Caixa**

| D | C |
|---|---|
| (1) 150,00 | 48,00 (2) |
| (5) 136,00 | 18,00 (3) |
| | 6,00 (6) |
| | 60,00 (7) |
| | 12,00 (8) |
| (s) 186,00 | 144,00 (s) |
| **(s) 42,00** | |

**Mercadorias em Estoque**

| D | C |
|---|---|
| (2) 48,00 | 24,00 (5.1) |
| (3) 18,00 | |
| (4) 42,00 | |
| (s) 108,00 | 24,00 (s) |
| **(s) 84,00** | |

**Móveis e Utensílios**

| D | C |
|---|---|
| (7) 60,00 | |
| **(s) 60,00** | |

**Duplicatas a Pagar**

| D | C |
|---|---|
| (8) 12,00 | 42,00 (4) |
| | **30,00 (s)** |

**Capital Social**

| D | C |
|---|---|
| | 150,00 (1) |

**Lucros Acumulados**

| D | C |
|---|---|
| | 6,00 (11) |

**Receita de Vendas**

| D | C |
|---|---|
| (9) 36,00 | 36,00 (5) |

**Custo das Mercadorias Vendidas (CMV)**

| D | C |
|---|---|
| (5.1) 24,00 | 24,00 (10) |

**Despesas de Fretes**

| D | C |
|---|---|
| (6) 6,00 | 6,00 (10) |

**Apuração do Resultado do Exercício (ARE)**

| D | C |
|---|---|
| (10) 30,00 | 36,00 (9) |
| (11) 6,00 | 6,00 (s) |

| FLORICULTURA FLORES DO SOL LTDA.<br>BALANÇO PATRIMONIAL EM 31.01.20X0 | | | |
|---|---|---|---|
| **Ativo** | | **Passivo + PL** | |
| Caixa | 42,00 | **PASSIVO** | |
| | | Duplicatas a Pagar | 30,00 |
| Mercadorias em Estoque | 84,00 | **PL/SL** | |
| Móveis e Utensílios | 60,00 | Capital Social | 150,00 |
| | | Lucros Acumulados | 6,00 |
| | | **PL** | 156,00 |
| TOTAL | 186,00 | TOTAL | 186,00 |

**⚠ ATENÇÃO**

1. Observe o Exercício de Fixação, do Capítulo 1, em que o resultado é exatamente o mesmo.
2. Nos dois próximos exemplos, efetuaremos os lançamentos contábeis de forma direta (sem apresentar os passos mencionados anteriormente).

**2. Os dados abaixo constituem os saldos das contas do razão da Cia. SILPA, em 30 de novembro de 20X0.**

Caixa – R$ 22.000,00; Terrenos – R$ 16.000,00; Contas a Pagar – R$ 8.000,00; Capital – R$ 20.000,00; Lucros Acumulados – R$ 1.720,00; Receita de Serviços – R$ 15.800,00; Despesas de Salários – R$ 6.000,00; Despesas de Publicidade – R$ 720,00; Despesas de Aluguéis – R$ 800,00.

Durante o mês de dezembro de 20X0, foram efetuadas as seguintes operações:

1. Despesas de juros – R$ 40,00, a pagar em janeiro de 20X1.
2. Despesas de salários – R$ 6.000,00, a pagar em janeiro de 20X1.
3. Pagamento de despesas de publicidade – R$ 100,00.
4. Receitas de serviços – R$ 5.000,00, a receber em janeiro de 20X1.

Com base nos dados fornecidos anteriormente, pede-se:

- Levantar o Balancete de Verificação em 30 de novembro de 20X0.
- Abrir os razonetes com os saldos das contas em 30 de novembro de 20X0.
- Registrar as operações do mês de dezembro de 20X0.
- Levantar o Balancete de Verificação em 31 de dezembro de 20X0.
- Apurar o Resultado do Exercício de 20X0.
- Levantar o Balanço Patrimonial em 31 de dezembro de 20X0.

**Resolução:**

- Balancete de Verificação da Cia. SILPA em 30 de novembro de 20X0.

| CONTAS | SALDOS (R$) | |
|---|---|---|
| | Devedores | Credores |
| Caixa | 22.000,00 | – |
| Terrenos | 16.000,00 | – |
| Contas a Pagar | – | 8.000,00 |
| Capital | – | 20.000,00 |
| Lucros Acumulados | – | 1.720,00 |
| Receita de Serviços | – | 15.800,00 |
| Despesas de Salários | 6.000,00 | – |
| Despesas de Publicidade | 720,00 | – |
| Despesas de Aluguéis | 800,00 | – |
| Totais | 45.520,00 | 45.520,00 |

- Contabilização das operações do mês de dezembro de 20X0.

1. D – Despesas de juros
   C – Juros a pagar 40,00

2. D – Despesas de salários
   C – Salários a pagar 6.000,00

3. D – Despesas de publicidade
   C – Caixa 100,00

4. D – Clientes
   C – Receita de serviços 5.000,00

- Balancete de Verificação da Cia. SILPA em 31 de dezembro de 20X0.

| CONTAS | SALDOS (R$) | |
|---|---|---|
| | Devedores | Credores |
| Caixa | 21.900,00 | – |
| Clientes | 5.000,00 | – |
| Terrenos | 16.000,00 | – |
| Contas a Pagar | – | 8.000,00 |
| Juros a Pagar | – | 40,00 |
| Salários a Pagar | – | 6.000,00 |
| Capital | – | 20.000,00 |
| Lucros Acumulados | – | 1.720,00 |
| Receitas de Serviços | – | 20.800,00 |
| Despesas de Salários | 12.000,00 | – |
| Despesas de Publicidade | 820,00 | – |
| Despesas de Aluguéis | 800,00 | – |
| Despesas de Juros | 40,00 | – |
| Totais | 56.560,00 | 56.560,00 |

- Apuração do Resultado do Exercício de 20X0.

5. Transferência das Receitas para o Resultado do Exercício de 20X0
   D – Receitas de Serviços
   C – Apuração do Resultado do Exercício (ARE/20X0) 20.800,00

6. Transferência das Despesas para o Resultado do Exercício de 20X0
   D – ARE/20X0 13.660,00
   C – Despesas de Salários 12.000,00
   C – Despesas de Publicidade 820,00
   C – Despesas de Aluguéis 800,00
   C – Despesas de juros 40,00

7. Transferência do Resultado do Exercício de 20X0 para Lucros Acumulados
   D – Apuração do Resultado do Exercício (ARE/20X0)
   C – Lucros Acumulados 7.140,00

- **Razonetes**

| Caixa | |
|---|---|
| (s) 22.000,00 | 100,00 (3) |
| **(s) 21.900,00** | |

| Clientes | |
|---|---|
| (4) 5.000,00 | |

| Terrenos | |
|---|---|
| **(s) 16.000,00** | |

| Contas a Pagar | |
|---|---|
| | 8.000,00 (s) |

| Juros a Pagar | |
|---|---|
| | 40,00 (1) |

| Salários a Pagar | |
|---|---|
| | 6.000,00 (2) |

| Capital | |
|---|---|
| | 20.000,00 (s) |

| Lucros Acumulados | |
|---|---|
| | 1.720,00 (s) |
| | 7.140,00 (7) |
| | **8.860,00 (s)** |

| Receitas de Serviços | |
|---|---|
| | 15.800,00 (s)<br>5.000,00 (4) |
| (5) 20.800,00 | **20.800,00 (s)** |

| Despesas de Salários | |
|---|---|
| 6.000,00<br>(2) 6.000,00 | |
| **(s) 12.000,00** | 12.000,00 (6) |

| Despesas de Publicidade | |
|---|---|
| (s) 720,00<br>(3) 100,00 | |
| **(s) 820,00** | 820,00 (6) |

| Despesas de Aluguéis | |
|---|---|
| **(s) 800,00** | 800,00 (6) |

| Despesas de Juros | |
|---|---|
| (1) 40,00 | 40,00 (6) |

| ARE/20X0 | |
|---|---|
| (6) 13.660,00 | 20.800,00 (5) |
| (7) 7.140,00 | **7.140,00 (s)** |

- Balanço Patrimonial em 31 de dezembro de 20X1.

| CIA. SILPA | | | |
|---|---|---|---|
| **Ativo** | | **Passivo + PL** | |
| Caixa | 21.900,00 | **PASSIVO** | |
| | | Contas a Pagar | 8.000,00 |
| | | Juros a Pagar | 40,00 |
| Clientes | 5.000,00 | Salários a Pagar | 6.000,00 |
| | | | **14.040,00** |
| Terrenos | 16.000,00 | **PL/SL** | |
| | | Capital Social | 20.000,00 |
| | | Lucros Acumulados | 8.860,00 |
| | | | **28.860,00** |
| TOTAL | **42.900,00** | TOTAL | **42.900,00** |

**3. Os saldos das contas do razão da Cia. PASIL Ltda.**

Em 30 de novembro de 20X0, eram:

Caixa – R$ 260,00; Equipamentos – R$ 840,00; Contas a Receber – R$ 420,00; Veículos – R$ 240,00; Móveis e Utensílios – R$ 168,00; Fornecedores – R$ 48,00; Contas a Pagar – R$ 200,00; Títulos a Pagar – R$ 120,00; Capital – R$ 1.040,00; Despesas com Energia Elétrica – R$ 392,00; Despesas de Pessoal – R$ 528,00; Dividendos a Pagar – R$ 200,00; Receitas de Serviços – R$ 1.240,00.

Durante o mês de dezembro de 20X0, ocorreram as seguintes operações:

1. Recebimento de receitas de serviços ........ 60,00
2. Pagamento de despesas de manutenção de veículos ........ 120,00
3. Pagamento de despesas de impostos ........ 56,00
4. Recebimento de contas a receber ........ 200,00
5. Pagamento de dividendos aos acionistas ........ 180,00
6. Compra, a prazo, de móveis e utensílios ........ 400,00
7. Pagamento de despesas de manutenção de equipamentos ........ 48,00
8. Recebimento de receitas de serviços ........ 80,00
9. Recebimento de contas a receber ........ 160,00
10. Pagamento de salários ........ 200,00
11. Pagamento da conta de energia elétrica ........ 40,00

Com base nos dados fornecidos anteriormente, pede-se:

- Balancete de Verificação em 30 de novembro de 20X0;
- Razonetes com os saldos de 30 de novembro de 20X0;
- Registro das operações de dezembro de 20X0;
- Balancete de Verificação em 31 de dezembro de 20X0;
- Apuração do Resultado do Exercício em 31 de dezembro de 20X0;
- Balanço Patrimonial em 31 de dezembro de 20X0.

**Resolução:**

- Balancete de Verificação da Cia. PASIL em 30 de novembro de 20X0.

| CONTAS | SALDOS (R$) | |
|---|---|---|
| | Devedores | Credores |
| Caixa | 260,00 | – |
| Equipamentos | 840,00 | – |
| Contas a Receber | 420,00 | – |
| Veículos | 240,00 | – |
| Móveis e Utensílios | 168,00 | – |
| Fornecedores | – | 48,00 |
| Contas a Pagar | – | 200,00 |
| Títulos a Pagar | – | 120,00 |
| Capital | – | 1.040,00 |
| Despesas de Energia Elétrica | 392,00 | – |
| Despesas de Pessoal | 528,00 | – |
| Dividendos a Pagar | – | 200,00 |
| Receitas de Serviços | – | 1.240,00 |
| Totais | 2.848,00 | 2.848,00 |

- Contabilização das operações de dezembro de 20X0.

1. D – Caixa
   C – Receitas de Serviços 60,00

2. D – Despesas de Manutenção
   C – Caixa 120,00

3. D – Despesas de Impostos
   C – Caixa 56,00

4. D – Caixa
   C – Contas a Receber 200,00

5. D – Dividendos a Pagar
   C – Caixa 180,00

6. D – Móveis e Utensílios
   C – Contas a Pagar 400,00

7. D – Despesas de Manutenção
   C – Caixa 48,00

8. D – Caixa
   C – Receitas de Serviços 80,00

9. D – Caixa
   C – Contas a Receber 160,00

10. D – Despesas de Pessoal
    C – Caixa 200,00

11. D – Despesas de Energia Elétrica
    C – Caixa 40,00

- Balancete de Verificação da Cia. PASIL em 31.12.20X0

| CONTAS | SALDOS (R$) | |
|---|---|---|
| | Devedores | Credores |
| Caixa | 116,00 | – |
| Contas a Receber | 60,00 | – |
| Equipamentos | 840,00 | – |
| Veículos | 240,00 | – |
| Móveis e Utensílios | 568,00 | – |
| Fornecedores | – | 48,00 |
| Contas a Pagar | – | 600,00 |
| Títulos a Pagar | – | 120,00 |
| Dividendos a Pagar | – | 20,00 |
| Capital | – | 1.040,00 |
| Despesas de Energia Elétrica | 432,00 | – |
| Despesas de Pessoal | 728,00 | – |
| Despesas de Manutenção | 168,00 | – |
| Despesas de Impostos | 56,00 | – |
| Receitas de Serviços | – | 1.380,00 |
| Totais | 3.208,00 | 3.208,00 |

- Apuração do Resultado do Exercício de 20X0:

12. Transferência das Receitas para o Resultado do Exercício de 20X0.
D – Receitas de Serviços
C – Apuração do Resultado do Exercício (ARE/20X0) 1.380,00

13. Transferência das Despesas para o Resultado do Exercício de 20X0

| | |
|---|---|
| D – ARE/20X0 | 1.384,00 |
| C – Despesas de Salários | 432,00 |
| C – Despesas de Publicidade | 728,00 |
| C – Despesas de Aluguéis | 168,00 |
| C – Despesas a juros | 56,00 |

14. Transferência do Resultado do Exercício de 20X0 para Prejuízos Acumulados
D – Prejuízos Acumulados
C – Apuração do Resultado do Exercício (ARE/20X0) 4,00

- **Razonetes**

| Caixa | |
|---|---|
| (s) 260,00 | 120,00 (2) |
| (1) 60,00 | 56,00 (3) |
| (4) 200,00 | 180,00 (5) |
| (8) 80,00 | 48,00 (7) |
| (9) 160,00 | 200,00 (10) |
| | 40,00 (11) |
| (s) 760,00 | 644,00 (s) |
| **(s) 116,00** | |

| Equipamentos | |
|---|---|
| **(s) 840,00** | |

| Contas a Receber | |
|---|---|
| (s) 420,00 | 200,00 (4) |
| | 160,00 (9) |
| (s) 420,00 | 360,00 (s) |
| **(s) 60,00** | |

| Veículos | |
|---|---|
| **(s) 240,00** | |

| Móveis e Utensílios | |
|---|---|
| (s) 168,00 | |
| (6) 400,00 | |
| **(s) 568,00** | |

| Fornecedores | |
|---|---|
| | **48,00 (s)** |

| Contas a Pagar | |
|---|---|
| | 200,00 (s) |
| | 400,00 (6) |
| | **600,00 (s)** |

| Títulos a Pagar | |
|---|---|
| | **120,00 (s)** |

| Dividendos a Pagar | |
|---|---|
| (5) 180,00 | 200,00 (s) |
| | **20,00 (s)** |

| Capital | |
|---|---|
| | **1.040,00 (s)** |

| Prejuízos Acumulados | |
|---|---|
| (14) 4,00 | |

| Despesas de Energia Elétrica | |
|---|---|
| (s) 392,00<br>(11) 40,00 | |
| **(s) 432,00** | 432,00 (13) |

| Despesas de Pessoal | |
|---|---|
| (s) 528,00<br>(10) 200,00 | |
| **(s) 728,00** | 728,00 (13) |

| Despesas de Manutenção | |
|---|---|
| (2) 120,00<br>(7) 48,00 | |
| **(s) 168,00** | 168,00 (13) |

| Despesas de Impostos | |
|---|---|
| (3) 56,00 | 56,00 (13) |

| Receitas de Serviços | |
|---|---|
| | 1.240,00 (s) |
| | 60,00 (1)<br>80,00 (8) |
| (12) 1.380,00 | **1.380,00 (s)** |

| ARE/20X0 | |
|---|---|
| (13) 1.384,00 | 1.380,00 (12) |
| **(s) 4,00** | 4,00 (14) |

- Balanço Patrimonial da Cia. PASIL em 31 de dezembro de 20X0.

| CIA. PASIL | | | |
|---|---|---|---|
| **Ativo** | | **Passivo + PL** | |
| Caixa | 116,00 | **PASSIVO** | |
| | | Fornecedores | 48,00 |
| Contas a Receber | 60,00 | Contas a Pagar | 600,00 |
| | | Títulos a Pagar | 120,00 |
| | | Dividendos a Pagar | 20,00 |
| Equipamentos | 840,00 | | **788,00** |
| | | **PL/SL** | |
| Veículos | 240,00 | Capital | 1.040,00 |
| | | (–) Prejuízo Acumulado | (4,00) |
| Móveis e Utensílios | 568,00 | | **1.036,00** |
| TOTAL | **1.824,00** | TOTAL | **1.824,00** |

## 2.8 ▸ A CONTA PATRIMONIAL LUCROS OU PREJUÍZOS ACUMULADOS

A conta patrimonial Lucros ou Prejuízos Acumulados pode ser representada da seguinte forma:

| Lucros ou Prejuízos Acumulados (LPA) | |
|---|---|
| Saldo Devedor | Saldo Credor |
| ↓ | ↓ |
| **Prejuízos Acumulados** | **Lucros Acumulados** |
| ↓ | ↓ |
| Conta *Redutora* do PL | Conta do PL |

Quando a entidade incorre em prejuízo em determinado exercício, a conta ARE apresenta saldo devedor. Ao se encerrar a conta ARE contra a conta Lucros ou Prejuízos Acumulados, esta deve ser debitada.

Caso contrário, se a conta ARE apresenta saldo credor, ao encerrá-la contra a conta Lucros ou Prejuízos Acumulados, esta é creditada. Quando esta conta apresenta saldo credor, isso significa que a entidade auferiu lucros. Esses lucros podem ter duas destinações: distribuídos aos sócios (na forma de dividendos, se for uma sociedade por ações) ou retidos na sociedade sob a forma de reserva de lucros.

É importante ressaltar, como será analisado com mais detalhes no Capítulo 12, que os lucros não distribuídos pelas sociedades anônimas não podem permanecer na conta Lucros Acumulados, mas devem ser transferidos para contas representativas de reservas de lucros, que nada mais são que lucros retidos que têm destinação específica.

Por exemplo, a Reserva de Lucros para Expansão é uma conta que significa que os valores lá colocados serão destinados à consecução de investimentos da entidade, isto é, serão aplicados na compra de máquinas e equipamentos que permitirão a expansão de suas atividades operacionais.

Mais detalhes podem ser consultados no Subitem 14.3.5.2, do Capítulo 14, deste livro.

### TESTES DE FIXAÇÃO

**1.** Em relação ao texto abaixo, assinale a afirmativa **falsa**.
O princípio basilar do Método das Partidas Dobradas – não há débito sem crédito correspondente – permite que se chegue às seguintes conclusões:
a) A soma dos débitos é sempre igual à soma dos créditos.
b) A soma dos saldos devedores é sempre igual à soma dos saldos credores.
c) A soma das despesas (débito) é sempre igual à soma das receitas (crédito).
d) Um débito ou mais de um débito, em uma ou mais contas, deve corresponder a um crédito equivalente em uma ou mais contas.
e) O total do Ativo será igual à soma do Passivo com o Patrimônio Líquido.

**2.** Segundo a Teoria Personalista, as contas são classificadas em:
a) Contas integrais e contas diferenciais.
b) Contas dos proprietários, contas de agentes consignatários e contas dos agentes correspondentes.
c) Contas dos proprietários e contas dos agentes secundários.
d) Contas patrimoniais e contas de resultado.
e) Contas patrimoniais, contas de agentes consignatários e contas de agentes correspondentes.

3. Aumentam os saldos das contas do Patrimônio Líquido, Ativo e Passivo, os lançamentos nela efetuados que representem, pela ordem:
   a) Crédito, débito e crédito.
   b) Débito, débito e crédito.
   c) Crédito, crédito e débito.
   d) Débito, crédito e débito.
   e) Crédito, crédito e crédito.

4. Assinale a alternativa que contém contas cujos saldos no Balanço Patrimonial são devedores:
   a) Fornecedores e honorários a pagar.
   b) Capital Social subscrito e ICMS a recolher.
   c) Lucros acumulados e Contas a Pagar.
   d) Duplicatas a receber e móveis e utensílios.
   e) Duplicatas a pagar e aluguéis a pagar.

5. No levantamento de Balanço para apuração do resultado do período, as contas de:
   a) Custos e despesas são debitadas em contrapartida de uma conta transitória de resultado.
   b) Receitas são creditadas em contrapartida de uma conta transitória de resultado.
   c) Custos e despesas são creditadas em contrapartida de uma conta transitória de resultado.
   d) Receitas são creditadas em contrapartida de conta de Lucros ou Prejuízos Acumulados.
   e) Receitas são creditadas e as de despesas e custos são debitadas em contrapartida de uma conta transitória de resultado.

6. Assinale a opção que identifica, pelos números de ordem, exclusivamente contas que têm saldo de natureza devedora, constantes da relação a seguir:
   1. **Caixa**
   2. **Duplicatas a Pagar**
   3. **Duplicatas a Receber**
   4. **Duplicatas Descontadas**
   5. **Imóveis de Uso**
   6. **Máquinas**
   7. **Móveis e Utensílios**
   8. **Notas Promissórias a Pagar**
   9. **Despesas de Salários**
   10. **Veículos de Uso**

   a) 1, 3, 5, 7 e 9.
   b) 2, 4, 6, 8 e 10.
   c) 1, 2, 3, 4 e 5.
   d) 6, 7, 8, 9 e 10.
   e) 3, 4, 5, 6 e 7.

7. Assinale a alternativa que contém a assertiva correta.
   a) Salários a pagar é conta de despesa, pois representa a parte dos salários que ainda não foi paga.
   b) Fornecedores tem saldo credor, porque representa um débito da empresa.
   c) Clientes tem saldo devedor, porque representa um débito da empresa.
   d) Fornecedores representa uma dívida da empresa, por isso é uma conta de saldo devedor.
   e) Clientes representa um direito da empresa, por isso é uma conta de saldo credor.

**8.** O Balancete de Verificação do razão tem como principal finalidade:
a) Demonstrar o crédito apurado.
b) Demonstrar a exatidão da equação do Patrimônio.
c) Evidenciar o Patrimônio Líquido da entidade.
d) Colocar em destaque o Ativo Líquido da entidade.
e) Relacionar as contas de acordo com seus respectivos saldos e verificar a igualdade entre a soma dos saldos devedores e credores.

**9.** Do Balanço Patrimonial de uma empresa, foram extraídos os seguintes dados:

| | |
|---|---|
| **Patrimônio Líquido** | **R$ 150.000,00** |
| **Mercadorias** | **R$ 150.000,00** |
| **Fornecedores** | **R$ 50.000,00** |

Os dados faltantes são os relativos a Capital, Lucros ou Prejuízos Acumulados e outros Ativos, e têm, respectivamente, os seguintes valores (considere que os valores entre parênteses se referem a prejuízos):

a) R$ 150.000,00; zero e zero;
b) R$ 150.000,00; (R$ 50.000,00) e zero;
c) R$ 150.000,00; R$ 50.000,00 e R$ 50.000,00;
d) R$ 100.000,00; R$ 50.000,00 e R$ 50.000,00;
e) R$ 150.000,00; (R$ 50.000,00) e R$ 50.000,00.

**10.** Assinale abaixo o lançamento **errado**, considerando que todos os históricos estão corretos:

a) D – Caixa
C – Bancos Conta Movimento
Valor de nosso depósito bancário nesta data 15.000,00

b) D – Veículos
C – Bancos Conta Movimento
Nossa aquisição nesta data, paga em cheque 15.000,00

c) D – Despesa de juros
C – Caixa
Para pagamento de juros nesta data 15.000,00

d) D – Caixa
C – Clientes 15.000,00
Pelo recebimento de créditos nesta data

e) D – Mercadorias
C – Fornecedores 15.000,00
Pela compra a prazo nesta data

**11.** As primeiras operações da empresa Comercial FAKA LTDA foram:
I. 12.01.20X2: Integralização, em moeda corrente, do capital social de R$ 50.000,00.
II. 13.01.20X2: Pagamento de R$ 2.000,00 à vista, referente à despesa com a constituição da empresa;
III. 15.01.20X2: Aquisição de uma loja por R$ 90.000,00 sendo R$ 20.000,00 em dinheiro e R$ 70.000,00 para pagamento em 15.04.20X2.
IV. 24.01.20X2: Compra de móveis e utensílios, à vista, por R$ 20.000,00.
V. 29.01.20X2: Compra, a prazo, de mercadorias para revenda, no montante de R$ 200.000,00.

No balancete levantado após a última operação, o somatório dos saldos devedores das contas importou:

a) R$ 360.000,00.
b) R$ 300.000,00.
c) R$ 322.000,00.
d) R$ 318.000,00.
e) R$ 320.000,00.

**12.** Classifique as contas abaixo relacionadas, quanto à natureza e quanto ao saldo, assinalando a seguir a opção correspondente.

**1. Caixa**
**2. Receita de Juros**
**3. Dividendos a Pagar**
**4. Vendas**
**5. Capital Social**
**6. Salários**
**7. Despesas de Comissões**
**8. Contas a Receber**
**9. Lucros Acumulados**
**10. Clientes**

A relação acima contém:

a) Quatro contas patrimoniais e seis de resultado, sendo cinco de saldo devedor e cinco de saldo credor.
b) Cinco contas patrimoniais e cinco de resultado, sendo cinco de saldo devedor e cinco de saldo credor.
c) Seis contas patrimoniais e quatro de resultado, sendo seis de saldo devedor e quatro de saldo credor.
d) Cinco contas patrimoniais e cinco de resultado, sendo quatro de saldo devedor e seis de saldo credor.
e) Seis contas patrimoniais e quatro de resultado, sendo cinco contas de saldo devedor e cinco de saldo credor.

**13.** Assinale a alternativa correta:

a) As contas do Ativo aumentam por crédito.
b) As contas do Patrimônio Líquido aumentam por débito.
c) As contas de receitas diminuem por crédito.
d) As contas do Ativo diminuem por débito.
e) As contas do Passivo diminuem por débito.

**14.** Os saldos das contas Caixa e Bancos no dia 1º de maio de 20X0 eram, respectivamente, de R$ 7.000,00 e R$ 74.000,00.

Sabendo-se que, no período:

- Foram feitos saques em conta-corrente bancária no valor de R$ 58.000,00, em dinheiro.
- Foram feitos depósitos bancários no montante de R$ 50.000,00.
- Não foram feitos outros créditos na conta Caixa.
- No dia 31 de maio de 20X0, o saldo da conta Caixa era de R$ 15.000,00.

Pode-se afirmar que os valores total de débitos feitos no período à conta Caixa e saldo da conta Bancos eram, em 31 de maio de 20X0, respectivamente, de:

a) R$ 7.000,00 e R$ 66.000,00.
b) R$ 15.000,00 e R$ 66.000,00.
c) R$ 50.000,00 e R$ 50.000,00.
d) R$ 58.000,00 e R$ 66.000,00.
e) R$ 58.000,00 e R$ 50.000,00.

**15.** Indique o item que contém o lançamento contábil de um dos fatos contábeis descritos:

**I. Compra de material de consumo, a prazo.**
**II. Apropriação de consumo de energia elétrica.**
**III. Pagamento de duplicata com juros de mora.**
**IV. Pagamento de salários do período anterior.**

a) D – Despesas de salários
C – Caixa
b) D – Despesas de energia elétrica
C – Contas a Pagar
c) D – Caixa
C – Receitas de Juros
d) D – Duplicatas a pagar
C – Caixa
e) D – Caixa
C – Salários a pagar

**16.** Observe o lançamento abaixo:

| | |
|---|---|
| D – Duplicatas a Pagar | 100.000,00 |
| C – Bancos | 98.000,00 |
| C – Descontos obtidos | 2.000,00 |

O lançamento contábil acima representa:

a) Alienação de bens a prazo.
b) Alienação de bens a prazo, com desconto.
c) Aquisição de bens a prazo.
d) Aquisição de bens com desconto.
e) Pagamento de dívidas com desconto.

**17.** Uma empresa que adquiriu um carro para seu próprio uso, pagando uma entrada de 20% e aceitando duplicatas no valor de R$ 20.000,00, deverá fazer o seguinte lançamento contábil:

| | | |
|---|---|---|
| a) | D – Caixa | 5.000,00 |
| | D – Veículos | 20.000,00 |
| | C – Duplicatas a Pagar | 25.000,00 |
| b) | D – Veículos | 25.000,00 |
| | C – Caixa | 5.000,00 |
| | C – Duplicatas a Pagar | 20.000,00 |
| c) | D – Caixa | 4.000,00 |
| | D – Veículos | 16.000,00 |
| | C – Duplicatas a Pagar | 20.000,00 |
| d) | D – Veículos | 24.000,00 |
| | C – Caixa | 4.000,00 |
| | C – Duplicatas a Pagar | 20.000,00 |
| e) | D – Veículos | 20.000,00 |
| | C – Caixa | 4.000,00 |
| | C – Duplicatas a Pagar | 16.000,00 |

**18.** A emissão de um cheque no valor de R$ 500,00 para pagamento de uma duplicata, com juros de 25%, deve receber o seguinte lançamento contábil:

a) D – Duplicatas a Pagar 400,00
D – Juros Passivos 100,00
C – Bancos Conta Movimento 500,00

b) D – Duplicatas a Pagar 600,00
C – Bancos Conta Movimento 500,00
C – Despesas de Juros 100,00

c) D – Duplicatas a Pagar 500,00
D – Despesas de Juros 125,00
C – Bancos Conta Movimento 625,00

d) D – Bancos Conta Movimento 500,00
C – Duplicatas a Pagar 400,00
C – Juros Passivos 100,00

e) D – Bancos Conta Movimento 500,00
C – Despesas de Juros 100,00
C – Duplicatas a Pagar 600,00

**19.** Determinado cliente pagou duplicata de seu aceite no valor de R$ 80.000,00, adicionado de juros de mora de R$ 4.000,00. Assinale a opção que contém o lançamento contábil, na **emitente** da duplicata, considerando-se que sua liquidação foi feita por meio de cobrança bancária.

a) D – Bancos Conta Movimento 80.000,00
D – Receita de Juros 4.000,00
C – Duplicatas a Receber 84.000,00

b) D – Bancos Conta Movimento 84.000,00
C – Duplicatas a Receber 80.000,00
C – Receita de Juros 4.000,00

c) D – Duplicatas a Receber 84.000,00
C – Bancos Conta Movimento 80.000,00
C – Receita de Juros 4.000,00

d) D – Duplicatas a Receber 80.000,00
D – Receita de Juros 4.000,00
C – Bancos Conta Movimento 84.000,00

e) D – Duplicatas a Receber 84.000,00
C – Duplicatas Descontadas 80.000,00
C – Receita de Juros 4.000,00

**20.** O lançamento:
D – Lucros ou Prejuízos Acumulados (LPA)
C – Resultado do Exercício

Indica ter apurado, no exercício, resultado:
a) Positivo, transferido para a conta Lucros Acumulados.
b) Negativo, absorvido pela conta Resultado do Exercício.
c) Negativo, transferido para a conta Lucros ou Prejuízos Acumulados.
d) Positivo, absorvendo saldo da conta Lucros Acumulados.
e) Nulo.

**GABARITO**

| | | | | |
|---|---|---|---|---|
| 1. C | 2. B | 3. A | 4. D | 5. C |
| 6. A | 7. B | 8. E | 9. D | 10. A |
| 11. E | 12. E | 13. E | 14. D | 15. B |
| 16. E | 17. B | 18. A | 19. B | 20. C |

# Capítulo 3

# Técnicas contábeis

As **técnicas contábeis** são um conjunto de procedimentos utilizados pela contabilidade para registrar ou levantar os fatos contábeis. As principais são:

1. Escrituração.
2. Demonstrações Contábeis ou Financeiras.
3. Análise das Demonstrações Contábeis ou Financeiras.
4. Auditoria.

## 3.1 ▸ ESCRITURAÇÃO

**Escrituração** é a técnica contábil utilizada para registro dos fatos administrativos (contábeis) ocorridos na entidade. O registro de cada fato administrativo chama-se **lançamento**. Os lançamentos são efetuados nos livros contábeis como: Livro Diário, Livro Razão etc. A escrituração pode, então, ser definida como um conjunto de lançamentos.

**Figura 3.1** Processo contábil

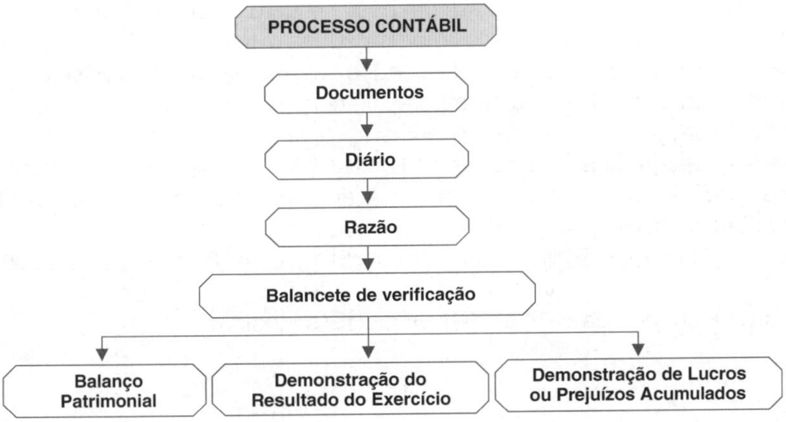

**ATENÇÃO**

1. Todo lançamento tem nos documentos os elementos de comprovação da ocorrência dos fatos contábeis correspondentes.
2. De posse dos documentos, a próxima etapa é registrar os fatos no Livro Diário.
3. Registrados os fatos no Livro Diário, transcrevem-se os lançamentos para o Livro Razão.
4. Em seguida, elabora-se o Balancete de Verificação, para constatar a igualdade entre o total dos saldos devedores e o total dos saldos credores.
5. Constatada a igualdade contábil por meio do Balancete de Verificação, a contabilidade está em condições de gerar os relatórios básicos:
   **Demonstração do Resultado do Exercício, Balanço Patrimonial e Demonstração de Lucros ou Prejuízos Acumulados.**

### 3.1.1 Processos de escrituração

a) Manual (escrituração manuscrita).
b) Semimecanizada (efetuada em máquina de escrever comum com ou sem dispositivos apropriados ao processo).
c) Mecanizada (efetuada em máquina de contabilidade apropriada ao processo de escrituração).
d) Eletrônico (com a utilização de computadores).

Atualmente, a maior parte das sociedades utiliza o sistema eletrônico para efetuar a escrituração contábil. Nesse sistema, uma pessoa de posse dos documentos que embasam os fatos contábeis digita o lançamento a débito e a crédito das contas envolvidas e o sistema informatizado escritura automaticamente o Diário e a Razão.

#### 3.1.1.1 Escrituração Contábil Digital (ECD)

A partir de 1º de janeiro de 2014, as pessoas jurídicas listadas a seguir foram obrigadas a elaborar a **Escrituração Contábil Digital (ECD)** e entregá-la no ambiente Sistema Público de Escrituração Digital (SPED), para a Receita Federal do Brasil, nos termos da Instrução Normativa RFB nº 1.252, de 1º de março de 2012.

I. As pessoas jurídicas sujeitas à tributação do Imposto sobre a Renda com base no Lucro Real.
II. As pessoas jurídicas tributadas com base no lucro presumido, que distribuírem, a título de lucros, sem incidência do Imposto sobre o Imposto de Renda Retido na Fonte (IRRF), parcela dos lucros ou dividendos superior ao valor da base de cálculo do Imposto, diminuída de todos os impostos e contribuições a que estiver sujeita.
III. As pessoas jurídicas imunes e isentas.
IV. As pessoas jurídicas imunes e isentas que, em relação aos fatos ocorridos no ano-calendário, tenham sido obrigadas à apresentação da Escrituração Fiscal Digital das Contribuições.
V. As Sociedades em Conta de Participação (SCP), como livros auxiliares do sócio ostensivo.

Fica facultada a entrega da ECD às demais pessoas jurídicas.

A ECD compreenderá a versão digital dos seguintes livros:

I. Livro Diário e seus auxiliares, se houver.
II. Livro Razão e seus auxiliares, se houver.
III. Livro Balancetes Diários, Balanços e fichas de lançamento comprobatórias dos assentamentos neles transcritos.

Os livros contábeis e documentos deverão ser assinados digitalmente, utilizando-se de certificado de segurança mínima tipo A3, emitido por entidade credenciada pela Infraestrutura de Chaves Públicas Brasileira (ICP-Brasil), a fim de garantir a autoria, a autenticidade, a integridade e a validade jurídica do documento digital.

#### 3.1.1.2 Escrituração Contábil Fiscal (ECF)

A **Escrituração Contábil Fiscal (ECF)** é uma obrigação imposta às pessoas jurídicas estabelecidas no Brasil, que veio substituir a antiga Declaração de Informações da Pessoa Jurídica.

O contribuinte deverá informar, na ECF, todas as operações que influenciam a composição da base de cálculo e o valor devido do Imposto sobre a Renda das Pessoas Jurídicas (IRPJ) e da Contribuição Social sobre o Lucro Líquido (CSLL).

A ECF será transmitida anualmente ao Sistema Público de Escrituração Digital (SPED) até o último dia útil do mês de setembro de 2015 (ano-calendário de 2014) e junho de 2016 (ano-calendário de 2015).

A obrigatoriedade da entrega da ECF não se aplica:

1. Às pessoas jurídicas optantes pelo Regime Especial Unificado de Arrecadação de Tributos e Contribuições devidos pelas Microempresas e Empresas de Pequeno Porte (Simples Nacional estabelecido pela Lei Complementar nº 123/2006)
2. Às pessoas jurídicas inativas.
3. Às pessoas jurídicas imunes e isentas que, em relação aos fatos ocorridos no ano-calendário, não tenham sido obrigadas à apresentação da Escrituração Fiscal Digital da Contribuição para o PIS/PASEP, da Contribuição para o Financiamento da Seguridade Social (COFINS) e da Contribuição Previdenciária sobre a Receita (EFD – Contribuições) nos termos da Instrução Normativa RFB nº 1.252, de 1º de março de 2012.

### 3.1.2 Lançamento contábil

O **lançamento contábil** é o registro de um fato contábil representado pelas partidas dobradas. A partida devedora representa a aplicação do recurso e a credora representa sua origem.

#### 3.1.2.1 Elementos essenciais do lançamento

- Local e data do registro.
- Conta(s) debitada(s).
- Conta(s) creditada(s).
- Histórico da operação.
- Valor da operação.
- Encerramento do lançamento.

**EXEMPLOS**

Compra de um caminhão à vista, no dia 23 de junho de 20X0, da Cia. SDN, conforme nota fiscal nº 28, no valor de R$ 40.000,00.

| | | |
|---|---|---|
| Data: | 23 de junho de 20X0 | |
| Conta debitada: | Veículos | R$ 40.000,00 |
| Conta creditada: | Caixa | R$ 40.000,00 |

**Lançamento:**
São Paulo, 23 de junho de 20X0
D – Veículos
C – Caixa 40.000,00

Compra de um veículo, conforme nota fiscal nº 28 da Cia SDN.

Em 8 de março de 20X0, foram compradas duas máquinas de escrever por R$ 700,00 a prazo, aceitando-se uma duplicata com vencimento para 15 de julho de 20X0, conforme nota fiscal nº 007, da Casa de Máquinas PVSN.

| | | |
|---|---|---|
| Data: | 8 de março 20X0 | |
| D – Conta debitada: | Móveis e Utensílios | R$ 700,00 |
| C – Conta creditada: | Duplicatas a Pagar | R$ 700,00 |

**Lançamento:**
São Paulo, 8 de março de 20X0
D – Móveis e Utensílios
C – Duplicatas a Pagar 700,00

Compra de duas máquinas de escrever, conforme nota fiscal nº 007, Casa de Máquinas PVSN.

### 3.1.2.2 Fórmulas de lançamento

Há quatro fórmulas para o registro dos fatos contábeis, a saber:

1. **Simples** – uma conta debitada e uma conta creditada.

**EXEMPLO**

Recebimento, em dinheiro, de duplicatas no valor de R$ 5.000,00 a receber.

**Contabilização:**
D – Caixa
C – Duplicatas a Receber 5.000,00

2. **Composta** – uma conta debitada e mais de uma conta creditada.

**EXEMPLO**

Recebimento em dinheiro de duplicatas no valor de R$ 5.000,00 a receber, mais 10% de juros devido ao atraso no pagamento efetuado pelo cliente.

**Contabilização:**

| | |
|---|---|
| D – Caixa | 5.500,00 |
| C – Duplicatas a receber | 5.000,00 |
| C – Juros Ativos (receita de juros) | 500,00 |

3. **Composta** – mais de uma conta debitada e uma conta creditada.

**EXEMPLO**

Pagamento a fornecedores, em dinheiro, no valor de R$ 5.000,00, mais juros de 10% devido ao atraso no pagamento.

**Contabilização:**

| | |
|---|---|
| D – Fornecedores | 5.000,00 |
| D – Juros Passivos (despesas de juros) | 500,00 |
| C – Caixa | 5.500,00 |

4. **Complexa** – mais de uma conta debitada e mais de uma conta creditada.

**EXEMPLO**

Venda no valor de R$ 20.000,00, mais IPI à alíquota de 20%, sendo 50% à vista e 50% a prazo.

**Contabilização:**

| | | |
|---|---|---|
| D – Caixa | 12.000,00 | |
| D – Duplicatas a Receber | 12.000,00 | 24.000,00 |
| C – Receita de Vendas | 20.000,00 | |
| C – IPI a Recolher | 4.000,00 | 24.000,00 |

### 3.1.3 Quadro sinótico da classificação dos livros de escrituração

- Quanto à Finalidade
  - Obrigatórios
    - Pelo Novo Código Civil
      - Diário (art. 1.180)
    - Por Leis Fiscais
      - Todos os livros fiscais determinados pela legislação federal, estadual e municipal (ver 2ª nota)
    - Pela Lei nº 6.404/1976 das Sociedades Anônimas
      - Atas de Assembleias Gerais
      - Atas e Pareceres do Conselho Fiscal
      - Atas das Reuniões da Diretoria
      - Presença dos Acionistas
      - Registros de Ações Nominativas
      - Transferências de Ações Nominativas
  - Facultativos
    - Razão, Caixa, Contas-Correntes, Bancos, Fornecedores, Representantes, Registro de Vencimentos, Controle de Estoques, Identificação de bens etc.
- Quanto à Natureza
  - Cronológicos
    - Ordem cronológica exclusiva
      - Diário
    - Ordem cronológica secundária
      - Todos os demais livros que, embora sistemáticos, obedeçam à ordem cronológica
  - Sistemáticos
    - Todos os livros, com exceção do Diário, são primordialmente sistemáticos e secundariamente cronológicos
- Quanto à Utilidade
  - Principais
    - Diário e Razão (ver 1ª nota)
  - Auxiliares
    - Todos os outros livros citados

**NOTAS**

1. **Livro Razão**: é de escrituração obrigatória para os contribuintes sujeitos à tributação do Imposto de Renda (IR) com base no Lucro Real (art. 18 da Lei nº 8.218/1991).

2. **Principais Livros Fiscais:**
   - Registro de Entradas
   - Registro de Saídas
   - Registro de Apuração do ICMS
   - Registro de Apuração do IPI
   - Registro de Inventário
   - Registro de Utilização de Documentos Fiscais e Termos de Ocorrência
   - Registro de Controle da Produção e Estoque

3. **Registro de Duplicatas**:
   Instituído pela Lei nº 5.474/1968, art. 19, será considerado como:
   - **Livro especial**, enquanto mantido, exclusivamente, para a finalidade da lei que estabeleceu a exigência de sua escrituração pelas empresas que realizam operações de compra e venda mercantil, com emissão de faturas e respectivas duplicatas;

   ou

   - **Livro auxiliar de escrituração comercial**, nos casos de utilização para fins de escrituração resumida do Livro Diário.

4. Assim como o livro Registro de Duplicatas, qualquer livro fiscal ou auxiliar da contabilidade poderá ser utilizado para fins de escrituração resumida do livro Diário. Para tanto, deverá ser autenticado na repartição competente (Cartório de Títulos e Documentos ou Junta Comercial).

### 3.1.4 Escrituração do Livro Diário e do Livro Razão

Embora o Livro Diário seja o único obrigatório pela legislação comercial, o Conselho Federal de Contabilidade, por meio da edição da ITG 2000, que trata de escrituração contábil e que foi aprovada pela Resolução CFC nº 1.130, de 18 de março de 2001, considera que o Livro Razão é de escrituração obrigatória. Essa Resolução está transcrita no Subitem 3.1.5, apresentado a seguir.

Esses livros devem obedecer a **formalidades intrínsecas** (internas) e **extrínsecas** (externas). As formalidades intrínsecas dizem respeito à forma como deve ser efetuado o lançamento contábil:

a) Em idioma e em moeda corrente nacionais.
b Em forma contábil.
c) Em ordem cronológica de dia, mês e ano.
d) Com ausência de espaços em branco, entrelinhas, borrões, rasuras ou emendas.
e) Com base em documentos de origem externa ou interna ou, na sua falta, em elementos que comprovem ou evidenciem fatos contábeis.

A escrituração em forma contábil de que trata a *letra b* deve conter, no mínimo:

a) Data do registro contábil, ou seja, a data em que o fato contábil ocorreu.
b) Conta devedora.

c) Conta credora.
d) Histórico que represente a essência econômica da transação ou o código de histórico padronizado, neste caso baseado em tabela auxiliar inclusa em livro próprio.
e) Valor do registro contábil.
f) Informação que permita identificar, de forma unívoca, todos os registros que integram um mesmo lançamento contábil.

O registro contábil deve conter, em ordem sequencial, o número de identificação do lançamento relacionado ao respectivo documento de origem externa ou interna ou, na sua falta, em elementos que comprovem ou evidenciem fatos contábeis. A terminologia utilizada no registro contábil deve expressar a essência econômica da transação.

As formalidades extrínsecas dos livros contábeis em forma não digital são:

a) Encadernados.
b) Folhas numeradas sequencialmente.
c) Termo de abertura e encerramento assinados pelo titular ou representante legal da entidade e pelo profissional da contabilidade regularmente habilitado no Conselho Regional de Contabilidade.

As formalidades extrínsecas dos livros contábeis em forma digital são:

a) Assinados digitalmente pela entidade e pelo profissional da contabilidade regularmente habilitado.
b) Autenticados no registro público competente.

### 3.1.5 Resolução nº 1.330/2011 que trata das normas da escrituração contábil

A Resolução nº 1.330/2011 corresponde à edição da ITG 2000 (R1). Isso significa que essa ITG já sofreu uma primeira revisão.

**Objetivo**

1. Esta interpretação estabelece critérios e procedimentos a serem adotados pela entidade para a escrituração contábil de seus fatos patrimoniais, por meio de qualquer processo, bem como a guarda e a manutenção da documentação e de arquivos contábeis e a responsabilidade do profissional da contabilidade.

**Alcance**

2. Esta interpretação deve ser adotada por todas as entidades, independentemente da natureza e do porte, na elaboração da escrituração contábil, observadas as exigências da legislação e de outras normas aplicáveis, se houver.

**Formalidades da escrituração contábil**

3. A escrituração contábil deve ser realizada com observância aos Princípios de Contabilidade.
4. O nível de detalhamento da escrituração contábil deve estar alinhado às necessidades de informação de seus usuários. Nesse sentido, essa interpretação não estabelece o nível de detalhe ou mesmo sugere um plano de contas a ser observado. O detalhamento dos registros contábeis é diretamente proporcional à complexidade das operações da entidade e dos requisitos de informação a ela aplicáveis e, exceto nos casos em que uma autoridade reguladora assim o requeira, não devem necessariamente *observar um padrão predefinido.*

5. A escrituração contábil deve ser executada:
   a) Em idioma e em moeda corrente nacionais.
   b) Em forma contábil.
   c) Em ordem cronológica de dia, mês e ano.
   d) Com ausência de espaços em branco, entrelinhas, borrões, rasuras ou emendas.
   e) Com base em documentos de origem externa ou interna ou, na sua falta, em elementos que comprovem ou evidenciem fatos contábeis.
6. A escrituração em forma contábil de que trata o Item 5 deve conter, no mínimo:
   a) Data do registro contábil, ou seja, a data em que o fato contábil ocorreu.
   b) Conta devedora.
   c) Conta credora.
   d) Histórico que represente a essência econômica da transação ou o código de histórico padronizado, neste caso com base em tabela auxiliar inclusa em livros próprios.
   e) Valor do registro contábil.
   f) Informação que permita identificar, de forma unívoca, todos os registros que integram um mesmo lançamento contábil.
7. O registro contábil deve conter o número de identificação do lançamento em ordem sequencial relacionado ao respectivo documento de origem externa ou interna ou, na sua falta, em elementos que comprovem ou evidenciem fatos contábeis.
8. A terminologia utilizada no registro contábil deve expressar a essência econômica da transação.
9. Os livros contábeis obrigatórios, entre eles o Livro Diário e o Livro Razão, em forma não digital, devem revestir-se de formalidades extrínsecas, tais como:
   a) Encadernados.
   b) Folhas numeradas sequencialmente.
   c) Termo de abertura e de encerramento assinados pelo titular ou representante legal da entidade e pelo profissional da contabilidade regularmente habilitado no Conselho Regional de Contabilidade.
10. Os livros contábeis obrigatórios, entre eles o Livro Diário e o Livro Razão, em forma digital, devem revestir-se de formalidades extrínsecas, tais como:
    a) Assinados digitalmente pela entidade e pelo profissional da contabilidade regularmente habilitado;
    b) Quando exigível por legislação específica, serem autenticados no registro público ou entidade competente.
11. Admite-se o uso de códigos e/ou abreviaturas, nos históricos dos lançamentos, desde que permanentes e uniformes, devendo constar o significado dos códigos e/ou abreviaturas no Livro Diário ou em registro especial revestido das formalidades extrínsecas de que tratam os itens 9 e 10.
12. A escrituração contábil e a emissão de relatórios, peças, análises, demonstrativos de demonstrações contábeis são de atribuição e de responsabilidade exclusivas do profissional da contabilidade legalmente habilitado.
13. As demonstrações contábeis devem ser transcritas no Livro Diário, completando-se com as assinaturas do titular ou de representante legal da entidade e do profissional da contabilidade legalmente habilitado.

**Livro Diário e Livro Razão**

14. No Livro Diário devem ser lançadas, em ordem cronológica, com individualização, clareza e referência ao documento probante, todas as operações ocorridas e quaisquer outros fatos que provoquem variações patrimoniais.
15. Quando o Livro Diário e o Livro Razão forem gerados por processo que utilize fichas ou folhas soltas, deve ser adotado o registro "Balancetes Diários e Balanços".
16. No caso de a entidade adotar processo eletrônico ou mecanizado para sua escrituração contábil, os formulários de folhas soltas, devem ser numerados mecânica ou tipograficamente e encadernados em forma de livro.
17. Em caso de escrituração contábil em forma digital, não há necessidade de impressão e encadernação em forma de livro, porém o arquivo magnético autenticado pelo registro público competente deve ser mantido pela entidade.
18. Os registros auxiliares, quando adotados, devem obedecer aos preceitos gerais da escrituração contábil.
19. A entidade é responsável pelo registro público de livros contábeis em órgão competente e por averbações exigidas pela legislação de recuperação judicial, sendo atribuição do profissional de contabilidade a comunicação formal dessas exigências à entidade.

**Escrituração contábil de filial**

20. A entidade que tiver unidade operacional ou de negócios, quer como filial, agência, sucursal ou assemelhada, e que optar por sistema de escrituração descentralizado, deve ter registros contábeis que permitam a identificação das transações de cada uma dessas unidades.
21. A escrituração de todas as unidades deve integrar um único sistema contábil.
22. A opção por escrituração descentralizada fica a critério da entidade.
23. Na escrituração descentralizada, deve ser observado o mesmo grau de detalhamento dos registros contábeis da matriz.
24. As contas recíprocas relativas às transações entre matriz e unidades, bem como entre estas, devem ser eliminadas quando da elaboração das demonstrações contábeis da entidade.
25. As despesas e as receitas que não possam ser atribuídas às unidades devem ser registradas na matriz e distribuídas para as unidades de acordo com critérios da administração da entidade.

**Documentação contábil**

26. Documentação contábil é aquela que comprova os fatos que originam lançamentos *na escrituração da entidade e compreende todos os documentos, livros, papéis, registros e outras peças*, de origem interna ou externa, que apoiem ou componham a escrituração.
27. A documentação contábil é hábil quando revestida das características intrínsecas ou extrínsecas essenciais, definidas na legislação, na técnica contábil ou aceitas pelos "usos e costumes".
28. Os documentos em papel podem ser digitalizados e armazenados em meio magnético, desde que assinados pelo responsável pela entidade e pelo profissional da contabilidade regularmente habilitado, devendo ser submetidos ao registro público competente.

**Contas de compensação**

29. Contas de compensação constituem sistema próprio para controle e registro dos fatos relevantes que resultam em assunção de direitos e obrigações da entidade cujos efeitos materializar-se-ão no futuro e que possam se traduzir em modificações no patrimônio da entidade.

30. Exceto quando de uso mandatório por ato de órgão regulador, a escrituração das contas de compensação não é obrigatória. Nos casos em que não forem utilizadas, a entidade deve assegurar-se de que possui outros mecanismos que permitam acumular as informações que de outra maneira estariam controladas nas contas de compensação.

**Retificação de lançamento contábil**

31. Retificação de lançamento é o processo técnico de correção de registro realizado com erro na escrituração contábil da entidade e pode ser feito por meio de:
    a) Estorno.
    b) Transferência.
    c) Complementação
32. Em qualquer das formas citadas no Item 31, o histórico do lançamento deve precisar *o motivo da retificação, a data e a localização do lançamento de origem.*
33. O estorno consiste em lançamento inverso àquele feito erroneamente, anulando-o totalmente.
34. Lançamento de transferência é aquele que promove a regularização de conta indevidamente debitada ou creditada, por meio da transposição do registro para a conta adequada.
35. Lançamento de complementação é aquele que vem posteriormente complementar, aumentando ou reduzindo o valor anteriormente registrado.
36. Os lançamentos realizados fora da época devida devem consignar, nos seus históricos, as datas efetivas das ocorrências e a razão do registro extemporâneo.

## 3.1.6 Contabilidade não centralizada

A legislação do IR faculta às pessoas jurídicas que possuem filiais, sucursais ou agências manter contabilidade não centralizada, desde que incorporem na escrituração da matriz, ao final de cada mês, os resultados de cada uma delas.

### 3.1.6.1 Escrituração das Sociedades Anônimas

A escrituração da companhia deve ser mantida em registros permanentes, com obediência aos preceitos da legislação comercial e da Lei das S/As (Lei nº 6.404/1976) e aos princípios de Contabilidade geralmente aceitos, devendo observar métodos ou critérios contábeis uniformes no tempo e registrar as mutações patrimoniais segundo o regime de competência (veja análise da escrituração conceitual da Contabilidade e dos princípios contábeis no Item 10.2, Capítulo 10).

### 3.1.6.2 Padrão Internacional de Contabilidade

Com o advento da Lei nº 11.638, de 2007, parcialmente alterada pela Lei nº 11.941, de 2009 (conversão da MP nº 449, de 2008), o Brasil adaptou a legislação contábil nacional às normas e aos padrões internacionais de Contabilidade. Posteriormente, o Conselho Federal de Contabilidade (CFC), por meio da Resolução CFC nº 1.159, de 2009, estabeleceu, em seu Item nº 2, que as definições da mencionada legislação devem ser observadas por todas as empresas obrigadas a obedecer à Lei das S/As, compreendendo não apenas as sociedades por ações, mas também as demais empresas, inclusive as constituídas sob a forma de empresas limitadas, independentemente da sistemática de tributação do IR por elas adotada.

Assim, com o propósito de disponibilizar ao leitor o conteúdo das referidas leis, foi elaborado, no Capítulo 14 deste livro, um resumo das principais alterações provocadas pela legislação em comento. No Capítulo 15 também foi elaborado um resumo das novas normas introduzidas pelo

Comitê de Pronunciamentos Contábeis (CPC), órgão que tem por objetivo produzir e uniformizar regras e demais informações contábeis, levando em conta a convergência da Contabilidade brasileira aos padrões internacionais.[1]

### 3.1.7 Partidas mensais

Admite-se a escrituração resumida no Diário, por totais que não excedam ao período de um mês, relativamente a contas cujas operações sejam numerosas ou realizadas fora da sede do estabelecimento, desde que utilizados livros auxiliares para registro individualizado e conservados os documentos que permitam sua perfeita verificação.

### 3.1.8 Técnica de correção dos erros de escrituração

O processo técnico de correção de um registro contábil realizado com erro na escrituração das Entidades é denominado **Retificação de Lançamento**.

São formas de retificação:

a) O estorno.
b) A transferência.
c) A complementação.

O **estorno** consiste em efetuar um lançamento inverso àquele feito erroneamente, anulando-o total ou parcialmente.

A **transferência** é o lançamento que promove a regularização da conta indevidamente debitada ou creditada, por meio da transposição do valor para a conta adequada.

A **complementação** é efetuada por meio de lançamento que, posteriormente, complementa, aumentando ou reduzindo, o valor anteriormente registrado.

**NOTA**

Os lançamentos realizados fora da época devida deverão registrar, nos históricos, as datas efetivas da ocorrência e a razão do atraso.

**EXEMPLOS**

1. **Valor lançado a maior.**
   **Correção**: Lançamento inverso estornando a diferença. Exemplo: Compra de mercadorias, à vista, por R$ 500,00.

   **Lançamento**:
   São Paulo, 30 de junho de 20X0
   D – Mercadorias em estoque
   C – Caixa 560,00
   Compra de mercadorias, conforme NF nº 28, da Cia. SDN

[1] Mais informações no livro *Contabilidade avançada*, de nossa autoria.

**Erro**: Lançamento a maior de 60,00
**Correção**: Lançamento inverso estornando a diferença.

D – Caixa
C – Mercadorias em estoque 60,00
Estorno parcial do lançamento acima, referente a valor lançado a maior.

2. **Valor Lançado a Menor.**
**Correção**: Lançamento complementar.
**Exemplo**: Venda de mercadorias, à vista, por R$ 5.000,00.

**Lançamento**:
São Paulo, 30 de junho de 20X0
D – Caixa
C – Receita de vendas 500,00
Histórico

**Erro**: Lançamento a menor de 4.500,00
**Correção**: Lançamento complementar 4.500,00

D – Caixa
C – Receita de vendas 4.500,00
Complemento do lançamento anterior, por valor lançado a menor.

3. **Inversão de Contas.**
**Correção**: Dois lançamentos – o primeiro para cancelar o lançamento errado e o segundo para o registro correto.
**Exemplo**: Compra de um veículo por R$ 8.000,00 com pagamento em dinheiro.

**Lançamento**:
São Paulo, 30 de junho de 20X0
D – Caixa
C – Veículos 8.000,00
Histórico

**Erro**: Inversão de Contas
**Correção**: Dois lançamentos.

1º) Para cancelar o lançamento errado:
D – Veículos
C – Caixa 8.000,00
Estorno do lançamento anterior, por inversão de contas

2º) Pelo registro correto:
D – Veículos
C – Caixa 8.000,00
Histórico

4. **Troca de Contas.**
**Correção**: Lançamento de acerto.
**Exemplo**: Compra de mercadorias, à vista, por R$ 2.000,00.

**Lançamento**:
São Paulo, 30 de junho de 20X0
D – Compras brutas
C – Fornecedores 2.000,00
Histórico

**Erro**: Registro da conta Fornecedores na compra à vista.
**Correção**: Debitar Fornecedores e creditar Caixa.

**Lançamento**:
São Paulo, 30 de junho de 20X0
D – Fornecedores
C – Caixa 2.000,00
Valor indevidamente creditado à primeira conta, que ora regularizamos.

5. **Erro no Histórico.**
Erro descoberto a tempo.
**Correção**: Uso da palavra DIGO ou outra apropriada para a ressalva.

**Exemplo**: Compra de um veículo, à vista, pela N.F. nº 2323, da Cia. SDN, no valor de R$ 23.000,00.

**Lançamento**:
São Paulo, 20 de junho de 20X0
D – Veículos
C – Caixa 23.000,00
Compra de um veículo conforme NF nº 2838, DIGO, nº 2323, da Cia. SDN.

6. **Omissão de Lançamento.**
**Correção**: Fazer o lançamento, o mais rápido possível, mencionando no histórico a data em que o fato ocorreu.

**Exemplo**: No dia 7 de junho de 20X0, verificamos que não contabilizamos o salário do professor, pago em 31 de maio de 20X0, no valor de R$ 400,00.

**Correção**: Fazer o lançamento no dia 7 de junho de 20X0, mencionando no histórico que o pagamento foi efetuado no dia 30 de maio de 20X0.

**Lançamento**:
São Paulo, 7 de junho de 20X0
D – Despesas de salário
C – Caixa 400,00
Salários, pagos em 30 de maio de 20X0, que ora regularizamos.

7. **Duplicidade de Lançamento.**
**Correção**: Estorno do último lançamento efetuado.

### 3.1.9 Código Civil

Examine no Subitem 13.19, do Capítulo 13, deste livro, a disposição do Código Civil – Lei nº 10.406, de 10 de janeiro de 2002, arts. 1.177 a 1.195, que trata do contabilista e outros auxiliares, bem como da escrituração contábil.

## 3.2 ▸ DEMONSTRAÇÕES CONTÁBEIS

As **Demonstrações Contábeis** representam peças em forma técnica que evidenciam fatos patrimoniais ocorridos em determinada gestão administrativa. As demonstrações elencadas na Lei das Sociedades Anônimas (S/A) atualmente, tendo em vista as modificações efetuadas pelas Leis nº 11.368/2007 e 11.941/2009, são:

- BP (Balanço Patrimonial).
- DRE (Demonstração do Resultado do Exercício).
- DLPA (Demonstração de Lucros ou Prejuízos Acumulados).
- DMPL (Demonstração das Mutações do Patrimônio Líquido).
- DFC (Demonstração dos Fluxos de Caixa).
- DVA (Demonstração do Valor Adicionado), apenas para companhias abertas.
- NE (Notas Explicativas às Demonstrações Contábeis).

Faremos uma rápida apresentação dessas demonstrações, com o objetivo de dar uma visão do todo ao leitor, com a ressalva de que uma análise mais aprofundada será efetuada no Capítulo 12.

### 3.2.1 Balanço Patrimonial

**Balanço Patrimonial** é a demonstração que tem por objetivo expressar os elementos financeiros e patrimoniais de uma entidade, por meio da apresentação ordenada de suas aplicações de recursos (Ativo) e da origem desses recursos (Passivo).

No Balanço Patrimonial, os elementos do Patrimônio serão agrupados de modo a facilitar o conhecimento e a análise da situação financeira das entidades.

Seguindo essa orientação, as contas do Ativo devem ser apresentadas na ordem decrescente de liquidez,[2] enquanto as contas do Passivo devem obedecer à ordem decrescente das exigibilidades.

2 **Liquidez** é a capacidade do Ativo de ser convertido em moeda corrente. Assim um bem ou direito, quanto mais próximo estiver de se transformar em dinheiro, maior liquidez possuirá.

Portanto, de acordo com a legislação comercial e fiscal, atualmente, a estrutura do Balanço Patrimonial, qualquer que seja a natureza da empresa, é a seguinte (os números entre parênteses referem-se às notas que se encontram na sequência do demonstrativo):

#### 3.2.1.1 Ativo

- **Ativo Circulante**

  O **Ativo Circulante (AC)** compreende as disponibilidades, os direitos realizáveis no curso do exercício social (1) subsequente e as aplicações de recursos em despesas do exercício seguinte. Este grupo pode ser decomposto da seguinte forma:

  a) Disponibilidades (caixa, bancos e aplicações de liquidez imediata).

  b) Investimentos temporários (aplicações em letras de câmbio, depósitos a prazo fixo, RDB, CDB etc., ou mesmo em debêntures ou ações destinadas a ser revendidas até o término do exercício seguinte).

  c) Contas a receber (clientes, duplicatas a receber etc.).

  d) Estoques (mercadorias, matérias-primas, produtos, material de consumo etc.).

  e) Despesas antecipadas (prêmios de seguro, despesas financeiras etc.).

  f) Outros créditos (adiantamento a empregados etc.);

- **Ativo Não Circulante (ANC)**

  ▸ **Ativo Realizável a Longo Prazo**

  O Ativo Realizável a Longo Prazo (ARLP) compreende os direitos realizáveis após o término do exercício seguinte, assim como os derivados de vendas, adiantamentos ou empréstimos a sociedades coligadas ou controladas, diretores, acionistas ou participantes no lucro da companhia, que não constituírem negócios usuais na exploração do objeto da companhia. Na empresa em que o ciclo operacional (2) tiver duração maior que o exercício social, a classificação no circulante ou longo prazo terá por base o prazo desse ciclo.

  Classificam-se também neste grupo as Obrigações ou Depósitos Compulsórios.

  ▸ **Investimentos**

  O **Ativo Investimentos** compreende as participações permanentes em outras sociedades (inclusive quando decorrentes de incentivos fiscais) e os direitos de qualquer natureza não classificáveis no Ativo Circulante, que não se destinam à manutenção da atividade da companhia ou da empresa, inclusive:

  a) Imóveis não necessários à manutenção da atividade explorada pela empresa e não destinados à revenda.

  b) Florestas destinadas à proteção do solo ou à preservação do ambiente, sem que se destinem à manutenção das atividades da empresa.

  ▸ **Imobilizado**

  O **Ativo Imobilizado** compreende os direitos que tenham por objeto bens corpóreos destinados à manutenção das atividades da companhia e da empresa, ou exercidos com essa finalidade, inclusive os decorrentes de operações que transfiram para a companhia os benefícios, riscos e o controle de tais bens. Exemplo: móveis e utensílios, imóveis, veículos, máquinas e equipamentos, jazidas minerais etc.

  Classificam-se também neste subgrupo as florestas destinadas à exploração dos respectivos frutos e as que se destinam ao corte para comercialização, consumo ou industrialização.

- **Intangível**

  O **Ativo Intangível** compreende os direitos que tenham por objeto bens incorpóreos destinados à manutenção da companhia ou exercidos com essa finalidade, tais como o fundo de comércio, marcas e patentes adquiridas.

### 3.2.1.2 Passivo

- **Passivo Circulante**

  O **Passivo Circulante (PC)** compreende as obrigações da companhia, inclusive financiamentos para aquisição de direitos do Ativo Não Circulante quando vencerem no exercício seguinte.
- **Passivo Não Circulante (PNC)**
  - **Passivo Exigível a Longo Prazo**

    O **Passivo Exigível a Longo Prazo (PELP)** compreende as obrigações da companhia, inclusive financiamento para aquisição de direitos do Ativo Permanente, quando vencerem em prazo superior ao exercício seguinte. Na empresa em que o ciclo operacional (2) tiver duração maior que o exercício social, a classificação no circulante ou longo prazo terá por base a duração desse ciclo.

  - **Resultado Diferido**

    Receitas Diferidas

    (–) Custos e Despesas Diferidas

- **Patrimônio Líquido**
  - **Capital Social**

    O **Capital Social** compreende o montante do capital subscrito e, por dedução (3), a parcela ainda não integralizada ou não realizada.

  - **Reservas de Capital**

    As **Reservas de Capital** compreendem as contas que registrarem:

    a) A contribuição do subscritor de ações que ultrapassar o valor nominal e a parte do preço de emissão das ações sem valor nominal que ultrapassar a importância destinada à formação do Capital Social, inclusive nos casos de conversão em ações de debêntures ou partes beneficiárias.

    b) O produto da alienação de partes beneficiárias e bônus de subscrição.

  - **Reservas de Lucros**

    As **Reservas de Lucros** compreendem as contas constituídas pela apropriação de lucros da companhia, tais como: Reserva Legal, Reservas Estatutárias, Reservas para Planos de Investimentos, Reserva para Contingências, Reserva de Lucros a Realizar, Reserva Especial de Lucros para Dividendos Obrigatórios não Distribuídos e Reserva de Incentivos Fiscais (Doações, Subvenções para Investimentos e Prêmios na Emissão de Debêntures).

  - **Lucros ou Prejuízos Acumulados (4)**
  - **(–) Ações em Tesouraria**

NOTAS

1. O **exercício social** terá a duração de um ano e a data do término será fixada no estatuto (art. 175 da Lei nº 6.404/1976).
2. **Ciclo Operacional** representa a aplicação de recursos na atividade da entidade até a formação dos estoques que, mediante venda, voltarão a ser valores disponíveis. O ciclo de longo prazo somente ocorrerá nas entidades em que o processo produtivo é demorado, como: construção naval, de equipamentos de grande porte, construção civil pesada etc.
3. **Contas Retificadoras** – são contas retificadoras do Patrimônio Líquido:
   a) Capital Social a Realizar (ou a integralizar).
   b) Ações em Tesouraria.
   c) Dividendos Distribuídos Antecipadamente.
4. Na conta **Lucros ou Prejuízos Acumulados (LPA)** do Balanço Patrimonial:
   a) das Sociedades Anônimas, somente poderá existir saldo negativo, ou seja, prejuízo que representa uma conta retificadora do Patrimônio Líquido, porque essas sociedades devem destinar integralmente o resultado positivo (lucro), apurado no ano-calendário, para a distribuição de dividendos ou para a constituição de reservas de lucros.
   b) dos demais tipos de sociedade, inclusive nas sociedades limitadas, poderá constar saldo positivo – lucro – ou saldo negativo – prejuízo – tendo em vista que essas sociedades não são obrigadas a destinar integralmente os resultados positivos apurados no ano-calendário.
5. A partir da data da edição da Medida Provisória nº 449, de 2008 (convertida na Lei nº 11.941, de 2009) os grupos Ativo Diferido e Resultado de Exercícios Futuros do Balanço Patrimonial (BP) foram extintos. Entretanto, os saldos existentes em 31 de dezembro de 2008 nesses grupos ainda poderão constar nos Balanços Patrimoniais encerrados a partir do ano-calendário de 2009, porque as sociedades que os constituíram podem optar por mantê-los com essas denominações até a sua completa utilização, ou seja, até o cômputo final dos valores correspondentes em contas do resultado do exercício.

### 3.2.2 Demonstração do Resultado do Exercício

O objetivo da **Demonstração do Resultado do Exercício** é fornecer o resultado líquido do exercício, decompondo-o entre os seus elementos constitutivos, ou seja, as receitas e despesas do exercício, apuradas segundo o regime de competência.

É apresentada de forma dedutiva (vertical), iniciando-se com a receita bruta de vendas e serviços, da qual são diminuídas as deduções da receita bruta, bem como os custos correspondentes, originando o Resultado Bruto. Em seguida, são deduzidas as despesas operacionais e somadas e/ou deduzidas as demais receitas e despesas, apurando-se o Resultado do Exercício antes da CSLL. Deduzida deste resultado o valor da referida contribuição, obtém-se o Resultado antes do IRPJ.

Finalmente, é deduzido o valor da Provisão para o IR e das Participações nos Lucros, chegando-se, assim, ao Resultado Final, que será denominado Lucro ou Prejuízo Líquido do Exercício.

### 3.2.3 Demonstração do Resultado Abrangente

A **Demonstração do Resultado Abrangente** foi incluída por meio do Pronunciamento Técnico CPC 26. Ela compreende o resultado do exercício e os outros resultados abrangentes. Devido à sua complexidade, remetemos o leitor ao Capítulo 12, Subitem 12.4.2, onde esta demonstração será analisada com detalhes.

### 3.2.4 Demonstração de Lucros ou Prejuízos Acumulados (DLPA)

A **Demonstração de Lucros ou Prejuízos Acumulados (DLPA)** tem por objetivo demonstrar a movimentação da conta Lucros ou Prejuízos Acumulados, revelando os eventos que influenciaram a modificação do seu saldo. Essa demonstração deve, também, revelar o dividendo por ação do capital realizado.

### 3.2.5 Demonstração das Mutações do Patrimônio Líquido (DMPL)

A DLPA poderá ser incluída na **Demonstração das Mutações do Patrimônio Líquido (DMPL)** quando esta última demonstração for elaborada e publicada pela companhia. A Instrução da Comissão de Valores Mobiliários (CVM) nº 59, de 1986, tornou obrigatória a DMPL para as companhias abertas (S/A de Capital Aberto). A DLPA e a DMPL serão detalhadas no Capítulo 12.

### 3.2.6 Demonstração dos Fluxos de Caixa (DFC)

A **Demonstração dos Fluxos de Caixa (DFC)** tem por finalidade evidenciar quais foram os fatores que provocaram a variação do Disponível da sociedade de um exercício para o outro.

Disponível é uma conta sintética que reúne a conta Caixa (bens numerários), Bancos com Movimento (contas correntes bancárias) e aplicações financeiras de liquidez imediata. A variação do Disponível provém das atividades operacionais da empresa (lucro transformado em Disponível), das atividades de financiamento e das atividades de investimento.

Ela não é obrigatória para sociedades por ações de capital fechado com patrimônio líquido inferior a R$ 2.000.000,00. Essa demonstração será detalhada no Capítulo 12.

### 3.2.7 Demonstração do Valor Adicionado (DVA)

A **Demonstração do Valor Adicionado (DVA)** é obrigatória apenas para companhias abertas. Seu objetivo é mostrar a riqueza criada pela sociedade que adquire bens e serviços de terceiros (riqueza criada por terceiros) e adiciona valor a esses insumos, o que corresponde ao seu valor de produção e de vendas.

A diferença entre o valor das vendas e o valor dos insumos adquiridos para efetuar as vendas é denominada valor adicionado e corresponde à riqueza criada pela sociedade. Observe que essa riqueza criada é um valor maior que o lucro, porque com ela são pagos os funcionários, os tributos e os juros aos financiadores da empresa (distribuição da riqueza). Mais detalhes serão apresentados no Capítulo 12.

## 3.3 ANÁLISE DAS DEMONSTRAÇÕES CONTÁBEIS OU FINANCEIRAS

A **Análise das Demonstrações Contábeis ou Financeiras** é o estudo da situação financeira e patrimonial de uma empresa ou entidade, por meio da decomposição de elementos e de levantamentos de dados que consistem em relações diversas, com o objetivo de conhecer a realidade de uma administração sob determinado ponto de vista.

**NOTA**

Para a exposição completa deste assunto, consultar o livro *Contabilidade avançada*, de nossa autoria.

## 3.4 ▸ AUDITORIA

A **auditoria** tem por objetivo a revisão, a perícia, a intervenção ou o exame de contas de toda uma escrita, periódica ou constante, eventual ou definitiva, objetivando determinar se obedece à escrituração conceitual da Contabilidade e aos princípios contábeis,[3] se cumpre os preceitos legais traçados para cada caso específico e se está baseada em documentos idôneos.

### TESTES DE FIXAÇÃO

**1.** O Método das Partidas Dobradas utiliza, nos lançamentos:
a) Uma fórmula.
b) Duas fórmulas.
c) Três fórmulas.
d) Quatro fórmulas.
e) Cinco fórmulas.

**2.** Observe o seguinte lançamento:

| | |
|---|---|
| D – Financiamentos bancários | 100.000,00 |
| D – Juros passivos | 10.000,00 |
| C – Caixa | 110.000,00 |

No Método das Partidas Dobradas, o lançamento acima é de:
a) Segunda fórmula.
b) Primeira fórmula.
c) Pagamento de financiamento bancário com acréscimo de juros.
d) Quarta fórmula.
e) Recebimento de duplicatas com desconto.

**3.** A conta Caixa recebeu lançamentos relativos a:

| | |
|---|---|
| 1. Vendas à vista | R$ 2.500,00 |
| 2. Pagamento de salários | R$ 800,00 |
| 3. Pagamento a fornecedores | R$ 1.600,00 |
| 4. Recebimento de duplicatas | R$ 4.000,00 |
| 5. Depósitos bancários | R$ 5.000,00 |

Sabendo-se que o saldo inicial era de R$ 500,00 e o saldo final de R$ 100,00, pode-se afirmar que o registro ausente é:

| | |
|---|---|
| a) Vendas a prazo | R$ 400,00 |
| b) Vendas à vista | R$ 500,00 |

[3] A escritura conceitual da contabilidade e os princípios contábeis são analisados no Capítulo 10.

c) Compras a prazo R$ 400,00
d) Compras e Vendas a prazo R$ 1.000,00
e) Despesas gerais incorridas R$ 400,00

**4.** Após todos os ajustes, o Balancete de Verificação da Cia. SILPA, em 31 de dezembro de 20X0, apresentou os seguintes dados:

| CONTAS | SALDOS (R$) | |
|---|---|---|
| | Devedores | Credores |
| Bancos Conta Movimento | 120.000,00 | – |
| Caixa | 20.000,00 | – |
| Capital | – | 200.000,00 |
| Custo das Mercadorias Vendidas | 680.000,00 | – |
| Depreciação Acumulada | – | 15.000,00 |
| Despesas Gerais | 220.000,00 | – |
| Duplicatas a Pagar | – | 50.000,00 |
| Duplicatas a Receber | 80.000,00 | – |
| Equipamentos | 60.000,00 | – |
| Lucros Acumulados | – | 30.000,00 |
| Mercadorias | 40.000,00 | – |
| Receitas de Vendas | – | 910.000,00 |
| Salários a Pagar | – | 15.000,00 |
| Totais | 1.220.000,00 | 1.220.000,00 |

No Balanço de encerramento, o Patrimônio Líquido totaliza:
a) R$ 245.000,00.
b) R$ 240.000,00.
c) R$ 230.000,00.
d) R$ 220.000,00.
e) R$ 200.000,00.

**5.** A empresa PASIL comprou mercadorias a prazo, no valor de R$ 50.000,00, e fez o seguinte lançamento:

D – Mercadorias
C – Clientes 50.000,00
Pelo valor das compras a prazo nesta data

Evidentemente o lançamento está errado. Assinale o que deve ser feito para corrigi-lo (o lançamento de correção será também de R$ 50.000,00):
a) Debitar mercadorias e creditar fornecedores.
b) Debitar clientes e creditar mercadorias.
c) Debitar fornecedores e creditar mercadorias.
d) Debitar clientes e creditar fornecedores.
e) Debitar fornecedores e creditar clientes.

6. O saldo credor da conta Caixa:
a) É inadmissível numa escrituração regular e correta.
b) Pode ocorrer nos casos de fornecimento de vales a empregados.
c) Pode ocorrer nos casos de omissão de escrituração de compras à vista.
d) Pode ocorrer nos casos de lançamento em duplicidade de vendas à vista.
e) Pode ocorrer nos casos de desfalques de dinheiro sofridos pela empresa.

7. Caracterizam o Livro Diário todos os atributos abaixo, exceto:
a) Registro de todos os fatos administrativos.
b) Autenticação e registro no órgão competente.
c) Ordem cronológica de escrituração.
d) Escrituração em partidas mensais.
e) Obrigatoriedade.

8. As técnicas que a Contabilidade utiliza para alcançar os seus objetivos são:
a) Escrituração, planejamento, coordenação e controle.
b) Escrituração, balanços, inventários e orçamentos.
c) Contabilização, auditoria, controle e análise de balanços.
d) Auditoria, análise de balanços, planejamento e controle.
e) Auditoria, escrituração, análise de balanços e demonstrações contábeis.

**Observe os dados abaixo para responder às Questões 9 e 10:**

Emissão de cheque no valor de R$ 1.000,00 para pagamento de uma duplicata, com juros de 25%.

9. Deve receber o seguinte lançamento contábil:

| | | |
|---|---|---|
| a) | D – Duplicatas a Pagar | 800,00 |
| | D – Juros Passivos | 200,00 |
| | C – Bancos Conta Movimento | 1.000,00 |
| b) | D – Duplicatas a Pagar | 1.250,00 |
| | C – Bancos Conta Movimento | 1.000,00 |
| | C – Despesa de Juros | 250,00 |
| c) | D – Duplicatas a Pagar | 1.000,00 |
| | D – Despesa de Juros | 250,00 |
| | C – Bancos Conta Movimento | 1.250,00 |
| d) | D – Bancos Conta Movimento | 1.000,00 |
| | C – Duplicatas a Pagar | 800,00 |
| | C – Juros Passivos | 200,00 |
| e) | D – Bancos Conta Movimento | |
| | C – Duplicatas a Pagar | 1.200,00 |

**10.** O lançamento que corresponde aos dados apresentados representa:
a) Fato permutativo.
b) Fato modificativo aumentativo.
c) Fato modificativo diminutivo.
d) Fato misto aumentativo.
e) Fato misto diminutivo.

**11.** A aquisição de mercadorias a prazo teve o seguinte registro contábil:

D – Mercadorias
C – Caixa 1.200,00

Na regularização desse registro encontramos o seguinte lançamento:

a) D – Mercadorias
C – Caixa 2.400,00

b) D – Caixa
C – Mercadoria 1.200,00

c) D – Caixa
C – Fornecedores 1.200,00

d) D – Caixa
C – Mercadorias 2.400,00

e) D – Fornecedores
C – Mercadorias 1.200,00

**12.** A escrituração do Livro Diário com as operações registradas em rigorosa ordem cronológica de dia, mês e ano atende a uma:
a) Formalidade extrínseca prevista para os livros obrigatórios.
b) Exigência de natureza contratual.
c) Formalidade intrínseca prevista para os livros obrigatórios.
d) Formalidade extrínseca prevista para os livros facultativos.
e) Formalidade intrínseca prevista para os livros facultativos.

**13.** O lançamento de terceira fórmula, no Livro Diário, assume a seguinte forma:

a) Local e data
Conta Devedora
Contas Credoras
Histórico e valor

b) Local e data
Contas Credoras
Conta Devedora
Histórico e valor

c) Local e data
D – Conta Credora
C – Conta Devedora
Histórico e valor

d) Local e data
D – Contas Devedoras
C – Conta Credora
Histórico e valor

e) Local e data
D – Conta Devedora
C – Conta Credora
Histórico e valor

**14.** Assinale a alternativa **incorreta**:

a) São considerados formalidades extrínsecas do Livro Diário os termos de abertura e encerramento lavrados por ocasião de seu registro.
b) Resultado é o valor da receita deduzido dos custos sobre vendas e despesas a ela correspondentes.
c) Para se apurar contabilmente o lucro antes do Imposto de Renda, debitam-se as contas de receita e creditam-se as contas de despesa/CMV, tendo como contrapartida a conta Resultado do Exercício para esses lançamentos.
d) A escrituração e a emissão de relatórios, peças, análises, mapas demonstrativos e Demonstrações Contábeis são de atribuição exclusiva do contabilista.
e) A escrituração do Livro Diário não precisa obrigatoriamente seguir a rigorosa ordem cronológica, desde que todas as transações realizadas estejam lançadas com os valores corretos.

**15.**
1. Adiantamentos de clientes
2. Bancos
3. Caixa
4. Duplicatas a pagar
5. Edifícios de uso
6. Fornecedores
7. Máquinas fabris
8. Mercadorias em estoque
9. Nota promissória de sua emissão
10. Receitas de vendas
11. Salários a pagar
12. Terrenos

Levando-se em conta os dados fornecidos, assinale a opção que indica, pelos números de ordem, exclusivamente contas que se classificam no Ativo.

a) 1 – 2 – 3 e 5.
b) 5 – 8 e 12.
c) 1 – 5 – 7 e 12.
d) 1 – 2 – 5 e 8.
e) 2 – 4 – 7 e 8.

**Observe os dados a seguir para responder às Questões 16 e 17:**

| BALANCETE | | |
|---|---|---|
| CONTAS | Saldos (R$) | |
| | Devedores | Credores |
| Capital | – | 12.000,00 |
| Depósitos Bancários | 10.000,00 | – |
| Despesas de Aluguéis | 6.000,00 | – |
| Despesas de Impostos | 4.000,00 | – |
| Receita de Juros | – | 2.000,00 |
| Receita de Serviços | – | 6.000,00 |
| Totais | 20.000,00 | 20.000,00 |

O Balancete foi submetido a uma auditoria externa e os seguintes erros foram encontrados:

1. Um cheque no valor de R$ 2.000,00 foi emitido para pagar aluguéis e foi contabilizado. Porém, esses aluguéis já tinham sido pagos e o cheque deverá ser estornado.
2. O contador registrou R$ 1.000,00 como despesas de aluguéis quando, na realidade, tratava-se de despesa de impostos.
3. O banco havia lançado R$ 1.000,00 de juros favoráveis à empresa. Contudo, em seguida, o banco estornou esse crédito. O contador da empresa, todavia, ainda não procedeu a esse lançamento de anulação.

**16.** Os lançamentos contábeis dos estornos a fazer são os seguintes:

a) D – Bancos . 3.000,00
D – Despesas de aluguéis 3.000,00
C – Receita de juros 1.000,00
C – Depósitos bancários 5.000,00

b) D – Contas a Pagar 8.000,00
C – Receita de juros 1.000,00
C – Despesas de impostos 1.000,00
C – Depósitos bancários 3.000,00
C – Receita de juros 1.000,00
C – Depósitos bancários 2.000,00

c) D – Depósitos bancários 1.000,00
D – Despesas de impostos 1.000,00
D – Receita de juros 1.000,00
C – Despesas de aluguéis 3.000,00

d) D – Depósitos bancários 2.000,00
D – Despesas de impostos 4.000,00
C – Receita de juros 1.000,00
C – Despesas de aluguéis 3.000,00
C – Aluguéis a restituir 1.000,00

e) D – Despesas de impostos 1.000,00
D – Despesas de aluguéis 1.000,00
D – Receita de juros 1.000,00
C – Despesas de aluguéis 1.000,00
C – Bancos c/ movimento 2.000,00

**17.** A soma do Balancete, que resultar após os lançamentos de correções, será:
a) R$ 20.000,00.
b) R$ 19.000,00.
c) R$ 21.000,00.
d) R$ 22.000,00
e) R$ 18.000,00.

**18.** Determinada empresa fez o seguinte registro contábil referente a empréstimo bancário tomado:

D – Despesas de juros 200,00
D – Empréstimos bancários 2.000,00
C – Bancos Conta Movimento 2.200,00

Os registros contábeis de retificação do lançamento são:

a) D – Bancos Conta Movimento 2.200,00
C – Despesas de juros 200,00
C – Empréstimos bancários 2.000,00

D – Bancos Conta Movimento 2.000,00
D – Despesas de juros 200,00
C – Empréstimos bancários 2.200,00

b) D – Bancos Conta Movimento 2.200,00
C – Despesas de juros 200,00
C – Empréstimos bancários 2.000,00

c) D – Bancos Conta Movimento 2.200,00
C – Empréstimos bancários 2.200,00
D – Despesas de juros 200,00
C – Bancos Conta Movimento 200,00

d) D – Despesa de juros 200,00
C – Bancos Conta Movimento 200,00
D – Empréstimos bancários 2.000,00
C – Bancos Conta Movimento 2.000,00

e) D – Bancos Conta Movimento 2.000,00
D – Despesas de juros 200,00
C – Empréstimos bancários 2.200,00

**19.** A Cia. SILPA adquire R$ 400,00 de mercadorias, pagando 60% em moeda corrente com desconto de 10%, e aceitando uma duplicata pelo valor restante. O Ativo da firma:

a) Aumentou em R$ 184,00.
b) Diminuiu em R$ 160,00.
c) Aumentou em R$ 160,00.
d) Aumentou em R$ 360,00.
e) Não aumentou nem diminuiu (permaneceu o mesmo).

**20.** O Balanço de encerramento do exercício social de determinada empresa apresenta os seguintes saldos:

| ATIVO | R$ | PASSIVO + PL | R$ |
|---|---|---|---|
| Caixa | 240.000,00 | **PASSIVO**<br>Fornecedores | 600.000,00 |
| | | **PATRIMÔNIO LÍQUIDO** | |
| Mercadorias | 960.000,00 | Capital<br>Prejuízos Acumulados | 900.000,00<br>(300.000,00) |
| TOTAL | 1.200.000,00 | TOTAL | 1.200.000,00 |

Os sócios decidiram:

- Aumentar o Capital Social em R$ 600.000,00.
- Amortizar o prejuízo.
- A participação societária permanecerá igual para os sócios originais "A" e "B".
- O aumento de Capital e a amortização de prejuízos seriam feitos em dinheiro.

O lançamento que registra a **integralização do Capital** feita posteriormente ao ato de subscrição e a amortização dos prejuízos, nesta ordem, é:

a) D – Capital 260.000,00
C – Capital a integralizar 200.000,00
C – Prejuízos acumulados 60.000,00

b) D – Caixa 900.000,00
C – Capital a integralizar 600.000,00
C – Prejuízos acumulados 300.000,00

c) D – Caixa 900.000,00
C – Prejuízos acumulados 300.000,00
C – Capital a integralizar 600.000,00

d) D – Caixa
C – Capital a integralizar 900.000,00

e) D – Capital a integralizar
C – Caixa 900.000,00

GABARITO

| | | | | |
|---|---|---|---|---|
| 1. D | 2. C | 3. B | 4. B | 5. D |
| 6. A | 7. D | 8. E | 9. A | 10. E |
| 11. C | 12. C | 13. D | 14. E | 15. B |
| 16. C | 17. B | 18. A | 19. A | 20. B |

# Capítulo 4

# Operações com mercadorias

## 4.1 ▸ INTRODUÇÃO

Neste capítulo e nos próximos quatro, onde serão abordadas as operações com mercadorias, os fatos que alteram compras e vendas e os tributos incidentes sobre vendas e serviços, utilizamos a contabilização prescrita pela Lei nº 12.973 de 2014 para fins tributários.

Nosso objetivo, ao proceder desse modo, foi o de ajudar os profissionais de Contabilidade de nosso país, que, por razões diversas, têm, entre suas atribuições, o dever de calcular os tributos e o de preencher inúmeros documentos relativos às obrigações acessórias impostas pela legislação tributária.

Todos sabemos, entretanto, que as Normas Internacionais de Contabilidade estabelecem forma de escrituração contábil diferente das adotadas pela referida Lei. Essas mesmas normas admitem, por sua vez, a utilização de contas auxiliares para atender à legislação tributária de cada país. Por essa razão, exporemos, primeiramente, a escrituração para fins tributários e, no Capítulo 9, a escrituração para fins societários, explicando como realizar a conciliação entre elas.

## 4.2 ▸ DEFINIÇÕES

**Mercadorias** são bens adquiridos por estabelecimentos comerciais com a finalidade de revenda. Apurar o **Resultado com Mercadorias (RCM)** corresponde a verificar se houve lucro ou prejuízo nas transações de compras e vendas.

Logo,

**RCM** = Receita de Vendas (**V**) **menos** Custo das Mercadorias Vendidas (**CMV**).

Ou, simplificadamente:

$$\mathbf{RCM = V - CMV}$$

Apurar **Vendas**[1] **(V)** é muito simples: basta somar todas as vendas realizadas no período, por meio, por exemplo, das notas fiscais de venda. A dificuldade reside em calcular o **Custo das Mercadorias Vendidas (CMV)**.

Imagine uma empresa que comercializa apenas um único produto, cujas compras são feitas em vários fornecedores que cobram preços diferentes em função da quantidade comprada e de outros fatores. Ao vender a mercadoria, o preço de venda é certo. Mas, e quanto ao preço de custo? Como a empresa pode determinar que a mercadoria vendida (que está no seu estoque) veio deste ou daquele fornecedor uma vez que os preços de compra foram diferentes? Se a empresa vender vários produtos diferentes, será fácil perceber que a situação se complica ainda mais.

No caso de empresas de pequeno porte, geralmente os custos de cada venda não são controlados em decorrência das dificuldades mencionadas. O CMV é calculado apenas no final do período quando é feito um inventário (levantamento físico) das mercadorias em estoque. O inventário, nesse caso, é denominado **inventário periódico,** e a apuração do RCM pode ser feita de duas formas que serão explicadas mais adiante:

a) Conta Mista de Mercadorias.
b) Conta Mercadorias com Função Desdobrada.

Já empresas maiores e mais organizadas procuram controlar os custos de cada venda, mantendo controle de estoque para todo tipo de mercadoria adquirida. Esse controle pode ser realizado por meio da Ficha de Controle de Estoque ou controle eletrônico equivalente, nos quais são anotadas as entradas com seus respectivos custos de aquisição e as saídas, com seus valores determinados por um dos três métodos seguintes:

a) Primeiro que Entra, Primeiro que Sai (PEPS).
b) Último que Entra, Primeiro que Sai (UEPS).
c) Preço Médio Ponderado (PMP).

Nesse caso, trata-se do **inventário permanente**.

O quadro sinótico abaixo resume as formas de apuração do RCM:

- **INVENTÁRIO**
  - **Periódico**
    - Conta Mista de Mercadorias
    - Conta Mercadorias com Função Desdobrada
  - **Permanente**
    - PEPS
    - UEPS
    - PMP (Fixo ou Móvel)
- **RCM pode ser**
  - **LB** = Lucro Bruto
  - **PB** = Prejuízo Bruto

O resultado é bruto, porque representa apenas o resultado com a Conta Mercadorias, sem a dedução das despesas necessárias para sua obtenção.

1 Veja o novo conceito contábil de Receita da Venda de Bens e Serviços no Capítulo 9.

**NOTA**

No Capítulo 5 ao Capítulo 7, trataremos com mais detalhes os valores de compras (custo de aquisição) e os valores que compõe a receita sob a ótica da legislação tributária. O enfoque societário (contábil) da receita será analisado no Capítulo 9.

## 4.3 ▸ INVENTÁRIO PERIÓDICO

O **inventário periódico** ocorre quando os estoques existentes são avaliados por meio de contagem física, na data de encerramento do Balanço. O estoque, assim avaliado, é denominado Estoque Final (EF) e o preço utilizado para sua avaliação é o preço de custo ou de mercado, dos dois o menor, segundo dispõem:

O Inciso II, do art. 183, da Lei nº 6.404, de 15 de dezembro de 1976 (Lei das Sociedades por Ações) – "o custo de aquisição ou produção, deduzido de provisão para ajustá-lo ao valor de mercado, quando este for inferior".

O Pronunciamento Técnico CPC nº 16 define que a avaliação dos estoques seja realizada pelo valor de custo ou pelo valor realizável líquido,[2] dos dois o menor.

Neste Capítulo, utilizaremos apenas o preço de custo de aquisição. A hipótese de que o preço corrente de mercado é menor que o custo de aquisição será analisada no livro *Contabilidade avançada*, de nossa autoria.

### 4.3.1 Conta Mista de Mercadorias

Nos dias atuais, este método não é mais utilizado nos registros contábeis, pois usa apenas uma única conta, a de Mercadorias, para registrar todas as operações com os bens de vendas das empresas comerciais, a saber: RCM, Vendas, Compras, Estoque e CMV. É denominada Conta Mista, pois mescla em sua composição Contas Patrimoniais (Estoque) e de Resultado (RCM).

Exemplificaremos a seguir a contabilização da Conta Mista de Mercadorias.

**EXEMPLOS**

Dado o valor do Estoque Inicial (EI) de 20X0 – R$ 500,00, contabilize as compras a prazo – R$ 2.500,00 e as vendas a prazo – R$ 2.500,00. Sabendo-se que o EF de 20X0 é de R$ 1.200,00, apure o Resultado com Mercadorias na Conta Mista.

1. **Conta Mista como Conta de Resultado (RCM)**

**Livro Diário – Registros**

1. Transferência do EI para Conta Mista de Mercadorias
   D – Conta Mista de Mercadorias
   C – Mercadorias em Estoque (EI) 500,00

---

2 Definido como o preço de venda estimado no curso normal dos negócios, deduzido dos custos estimados para a sua conclusão e dos gastos estimados necessários para a realização da operação de venda. Não deve ser confundido com o valor justo, definido no livro *Contabilidade avançada*, de nossa autoria.

2. Compras a prazo
   D – Conta Mista de Mercadorias
   C – Fornecedores 2.500,00

3. Vendas a prazo
   D – Duplicatas a Receber
   C – Conta Mista de Mercadorias 2.500,00

4. Registro do EF inventariado em 31 de dezembro de 20X0
   D – Mercadorias em Estoque (EF)
   C – Conta Mista de Mercadorias 1.200,00

- **Razonetes**

| Mercadorias em Estoque | |
|---|---|
| **EI 500,00** | 500,00 (1) |
| EF (4) 1.200,00 | |

| Fornecedores | |
|---|---|
| | 2.500,00 (2) |

| Contas Mistas de Mercadorias | |
|---|---|
| EI (1) 500,00<br>C (2) 2.5000,00 | 2.500,00 (3) V |
| **(s) 3.000,00** | **2.500,00 (s)** |
| **(*) 500,00** | 1.200,00 (4) EF |
| | **700,00 (s) (**)** |

| Duplicatas a Receber | |
|---|---|
| (3) 2.500,00 | |

(*) Saldo da Conta Mista (SM).
(**) RCM – Conta Mista como Conta de Resultado.

**Saldo devedor na Conta Mista**

Poderíamos determinar o resultado, partindo do saldo da Conta Mista antes do registro do Estoque Final (SM), utilizando a seguinte fórmula:

**RCM = EF – SM**

RCM = 1.200,00 – 500,00
RCM = 700,00 (Lucro Bruto)

Note que, se o saldo da Conta Mista for maior que o EF, teríamos apurado um prejuízo na operação com mercadorias.

**Saldo credor na Conta Mista**

Se o saldo da Conta Mista for credor, pode-se utilizar a seguinte fórmula:

**RCM = EF + SM**

2. **Conta Mista como Conta Patrimonial (EF)**

Nesse caso, após a apuração do Saldo de Conta Mista (SM), vamos admitir que o saldo final dessa conta deva corresponder ao valor do EF. Nessa hipótese, a diferença entre o SM e o EF representará o RCM que será contabilizado a débito ou crédito (segundo haja lucro ou prejuízo) dessa última conta, tendo como contrapartida o RCM.

**Livro Diário – Registros**

1. Compras a prazo
   D – Conta Mista de Mercadorias
   C – Fornecedores 2.500,00

2. Vendas a prazo
   D – Duplicatas a receber
   C – Conta Mista de Mercadorias 2.500,00

3. A diferença entre o SM (R$ 500,00) e o valor do EF (R$ 1.200,00) deverá ser registrada
   D – Conta Mista de Mercadorias
   C – Resultado com Mercadorias (RCM) 700,00

- **Razonetes**

**Contas Mistas de Mercadorias**

| Débito | Crédito |
|---|---|
| EI (s) 500,00<br>C (1) 2.5000,00 | 2.500,00 (2) V |
| **(s) 3.000,00** | **2.500,00 (s)** |
| **(*) (s) 500,00** | |
| (3) 700,00 | ← **(**)** |
| **EF 1.200,00** | ← **(***)** |

(*) Saldo da Conta Mista.
(**) Ajuste para obter o valor do EF.
(***) Conta Mista = EF (Conta Patrimonial).

**Fornecedores**

| Débito | Crédito |
|---|---|
| | 2.500,00 (1) |

**Duplicatas a Receber**

| Débito | Crédito |
|---|---|
| (2) 2.500,00 | |

**RCM (LB)**

| Débito | Crédito |
|---|---|
| | 700,00 (3) |

**NOTAS**

1. O saldo inicial da Conta Mista, nessa hipótese, corresponderá ao valor do EI e o saldo final corresponderá ao valor do EF, pois, nesse método não existe a Conta Mercadorias em Estoque.
2. Dado o SM, se houver contabilização de impostos incidentes sobre vendas (Imp. s/V), o RCM poderá ser obtido da seguinte forma:

   RCM = EF – SM – Imp. s/V → se SM for devedor
   RCM = EF + SM – Imp. s/V → se SM for credor

   Imp. s/V (Impostos Incidentes sobre Vendas).[3]
3. Na prática, o processo denominado Conta Mista não é de uso recomendável, pois dificulta a obtenção de informações necessárias ao processo de tomada de decisão bem como à elaboração das demonstrações financeiras.

[3] Para saber mais sobre o tema, consulte o Capítulo 7.

### 4.3.2 Conta de Mercadorias com função desdobrada

O lançamento, nessa hipótese, deverá ser efetuado na conta que melhor representar o fato ocorrido, assim, será possível ter as seguintes contas:

- Mercadorias em Estoque
- Compras
- Vendas
- Resultado com Mercadorias (RCM)
- CMV

Caso haja fatos que modifiquem compras e vendas,[4] haverá também lançamentos nas seguintes contas:

- Devolução de Compras
- Abatimentos sobre Compra
- Descontos Incondicionais Obtidos
- Devolução de Vendas
- Abatimentos sobre Vendas
- Descontos Incondicionais Concedidos

Durante o ano-calendário, a Conta de Mercadorias em Estoque representará o valor do EI, pois as mercadorias adquiridas durante o período foram contabilizadas na Conta de Compras. No final do exercício, o EI será encerrado a débito do CMV.

Para apurar o RCM, utilizaremos as seguintes fórmulas, supondo a inexistência de fatos que modifiquem compras e vendas:

**RCM = V – CMV** e **CMV = EI + C – EF**

Onde:

**RCM** = Resultado com Mercadorias
**CMV** = Custo das Mercadorias Vendidas
**V** = Vendas
**EI** = Estoque Inicial
**C** = Compras
**EF** = Estoque Final

**RCM** <
- **LB** = Lucro Bruto
- **PB** = Prejuízo Bruto

Contabilize, utilizando o método desdobrado, as mesmas operações indicadas no Item 4.3.1 (Conta Mista).

[4] Para saber mais sobre o tema, consulte o Capítulo 6.

**Livro Diário – Registros**

1. Compras a Prazo
   D – Compras
   C – Fornecedores 2.500,00

2. Vendas a Prazo
   D – Duplicatas a receber
   C – Receita de Vendas 2.500,00

   Apuração do CMV
   CMV = EI + C – EF
   CMV = 500,00 + 2.500,00 – 1.200,00
   CMV = R$ 1.800,00

3. Transferência do EI e Compras (C) para o Custo das Mercadorias Vendidas (CMV)
   D – CMV. 3.000,00
   C – Mercadorias em Estoque (EI) 500,00
   C – Compras 2.500,00

4. Registro do EF inventariado
   D – Mercadorias em Estoque (EF)
   C – CMV 1.200,00

   Apuração do RCM
   RCM = V – CMV
   RCM = 2.500,00 – 1.800,00 = 700,00
   RCM = R$ 700,00

5. Transferência de Vendas para RCM
   D – Receita de vendas
   C – RCM 2.500,00

6. Transferência do CMV para RCM
   D – RCM
   C – CMV 1.800,00

- **Razonetes**

| **Mercadorias em Estoque** | |
|---|---|
| **EI 500,00** | 500,00 (3) |
| EF (4) 1.200,00 | |

| **Receita de Vendas** | |
|---|---|
| (5) 2.500,00 | 2.500,00 (2) |
| | |

| **Compras** | |
|---|---|
| (1) 2.500,00 | 2.500,00 (3) |
| | |

| Duplicatas a Receber | |
|---|---|
| (2) 2.500,00 | |

| Fornecedores | |
|---|---|
| | 2.500,00 (1) |

| Compras | |
|---|---|
| (6) 1.800,00 | 2.500,00 (5) |
| | **700,00 (s)** |

| CMV | |
|---|---|
| (EI+C) (3) 3.000,00 | 1.200,00 (4) EF |
| **(S) 1.800,00** | 1.800,00 (6) |
| | |

(S) = Saldo.

## 4.4 ▸ INVENTÁRIO PERMANENTE

O **inventário permanente** caracteriza-se pelo controle permanente de estoques por parte da pessoa jurídica, isto é, há um controle sendo realizado a cada operação de compra ou venda.

Para efetuar o controle de estoque utiliza-se a Ficha de Controle de Estoque, sendo uma ficha para cada tipo de produto ou de material. Esse controle é realizado eletronicamente, facilitando sobremaneira a contabilização dos fatos relativos às operações com mercadorias.

### 4.4.1 Processos utilizados no inventário permanente

a) **PEPS** ⇒ Primeiro a Entrar, Primeiro a Sair, ou FIFO ⇒ *First In, First Out.*
b) **UEPS** ⇒ Último a Entrar, Primeiro a Sair, ou LIFO ⇒ *Last In, First Out.*
c) **CPM** ⇒ Custo Médio Ponderado ou **PMP** ⇒ Preço Médio Ponderado.

### 4.4.2 Registro das operações de compras

a) Na Ficha de Controle de Estoque.
O Registro das compras deverá ser efetuado na coluna de Entrada.

b) Na escrituração contábil.
D – Mercadorias em Estoque
C – Caixa, Bancos ou Fornecedores

### 4.4.3 Registro das vendas

Quando a empresa efetua uma operação de venda, é necessário destacar dois preços:

1. **Preço de venda** (preço pelo qual a mercadoria ou produto está sendo vendido).
Este preço não deve ser escriturado na ficha de estoque, apenas na escrituração contábil.
O registro contábil deve ser realizado da seguinte forma:
D – Caixa, Bancos, Duplicatas a Receber ou Clientes (Ativo)
C – Receita de Vendas (ARE)

2. **Preço de custo** (preço pago da mercadoria vendida).
O preço de custo (obtido por um dos três métodos anteriores) deverá ser registrado na coluna de saídas da ficha de estoque e na escrituração contábil da seguinte forma:
D – Custo das Mercadorias Vendidas (CMV)
C – Mercadorias em Estoque

### 4.4.4 Objetivo dos métodos

a) **Primeiro a Entrar, Primeiro a Sair (PEPS)**
Aqui o objetivo é avaliar o EF pelas aquisições mais recentes (últimas) e o CMV pelas aquisições mais antigas (primeiras).

Note que em um processo inflacionário, o PEPS preserva o valor do EF avaliado pelas aquisições mais recentes, mas subavalia o valor do CMV avaliado pelas aquisições mais antigas.

b) **Último a Entrar, Primeiro a Sair (UEPS)**
Seu objetivo é avaliar o EF pelas aquisições mais antigas (primeiras) e o CMV pelas aquisições mais recentes (últimas).

Em um processo inflacionário, o UEPS subavalia o valor do EF avaliado pelas aquisições mais antigas e preserva o valor do CMV avaliado pelas aquisições mais recentes.

**ATENÇÃO**

O método UEPS não é aceito pela legislação do Imposto de Renda (IR) e a utilização do método UEPS (LIFO) também não é admitida pela nova Norma Contábil Internacional (Pronunciamento Técnico CPC nº 16).

c) **Preço Médio Ponderado (PMP)**
O objetivo é avaliar tanto o EF quanto o CMV pela média entre as primeiras e as últimas aquisições.

Em um processo inflacionário, tanto o EF quanto o CMV são avaliados pelo preço médio ponderado. O PMP é obtido por meio da divisão do custo total pelas quantidades existentes no estoque.

**EXEMPLO**

| | | | |
|---|---|---|---|
| Compra: | 160 | unidades × R$ 10,00 cada uma | = R$ 1.600,00 |
| Compra: | 40 | unidades × R$ 20,00 cada uma | = R$ 800,00 |
| Totais: | 200 | unidades ao preço de | = R$ 2.400,00 |

$$\text{Preço Médio Ponderado} = \frac{\text{R\$ 2.400,00}}{\text{200 unidades}} = \text{R\$ 12,00 unidade}$$

O PMP poderá ser móvel (M) ou fixo (F), segundo a forma de saída (baixa) das mercadorias existentes nos estoques. Na parte final deste capítulo, faremos uma exposição do PMPF (Preço Médio Ponderado Fixo).

**ATENÇÃO**

Nos capítulos seguintes, faremos uma exposição mais detalhada dos fatos que alteram compras e vendas, bem como sobre as demonstrações contábeis.

## EXERCÍCIO DE FIXAÇÃO

**1. Dados os saldos das contas do Livro Razão da Comercial PS Ltda. em 30 de novembro de 20X1:**

Caixa – R$ 400,00; Bancos – R$ 700,00; Duplicatas a Receber – R$ 1.200,00; Mercadorias em Estoque – R$ 200,00; Máquinas – R$ 500,00; Fornecedores – R$ 400,00; Contas a Pagar – R$ 200,00; Capital Social – R$ 1.650,00; Lucros Acumulados – R$ 600,00; Compras – R$ 3.100,00; Receita de Vendas – R$ 3.200,00; Receitas de Juros – R$ 110,00; Receita de Descontos – R$ 40,00; Despesas de Juros – R$ 80,00; Despesas de Descontos – R$ 20,00.

**Contabilize as Operações de dezembro de 20X1:**

1. Distribuição de lucros a serem pagos aos sócios – R$ 300,00 em 20X2 (50% sobre o total dos lucros acumulados).
2. Recebimento de duplicatas a receber – R$ 400,00, mais juros de 10% devido ao atraso no pagamento efetuado pelo cliente.
3. Depósito em dinheiro efetuado em conta bancária – R$ 400,00.
4. Compra de mercadorias paga em cheque à vista – R$ 700,00.
5. Venda à vista de mercadorias – R$ 1.500,00, valor recebido em cheque e depositado no banco.
6. Pagamento a fornecedores em cheque – R$ 400,00 menos 10% de desconto devido à antecipação no pagamento.

**Dados:**

1. Estoque Final inventariado em 31 de dezembro de 20X1 – R$ 1.000,00.
2. Taxa para cálculo do IRPJ em 20X1 (hipotética) – 15%.
3. Número de quotas que compõem o capital social realizado – 1.000.

**Pede-se:**

a) Balancete de Verificação – iniciado em 30 de novembro de 20X1.
b) Apuração Extra Contábil – por fórmulas – e contábil (lançamentos no Livro Diário e Razão) do Resultado do Exercício.
c) Apresentar Balanço Patrimonial, Demonstração do Resultado do Exercício (DRE) e Demonstração de Lucros ou Prejuízos Acumulados (DLPA).

**Resolução:**

| COMERCIAL PS LTDA.<br>BALANCETE DE VERIFICAÇÃO EM 30.11.20X1 | | |
|---|---|---|
| CONTAS | Saldos (R$) | |
| | Devedores | Credores |
| Caixa | 400,00 | – |
| Bancos | 700,00 | – |
| Duplicatas a Receber | 1.200,00 | – |
| Mercadorias em Estoque (EI) | 200,00 | – |
| Máquinas | 500,00 | – |
| Fornecedores | – | 400,00 |
| Contas a Pagar | – | 200,00 |
| Capital Social | – | 1.650,00 |
| Lucros Acumulados | – | 600,00 |
| Compras | 3.100,00 | – |
| Receita de Vendas | – | 3.200,00 |
| Receita de Juros | – | 110,00 |
| Receita de Descontos | – | 40,00 |
| Despesas de Juros | 80,00 | – |
| Despesas de Descontos | 20,00 | – |
| Totais | 6.200,00 | 6.200,00 |

**Lançamentos no Livro Diário**

1. D – Lucros Acumulados
   C – Lucros a Pagar (Passivo) 300,00

2. D – Caixa 440,00
   C – Duplicatas a Receber 400,00
   C – Receita de Juros 40,00

3. D – Bancos
   C – Caixa 400,00

4. D – Compras
   C – Bancos 700,00

5. D – Bancos
   C – Receita de Vendas 1.500,00

6. D – Fornecedores 400,00
   C – Bancos 360,00
   C – Receita de Descontos 40,00

| APURAÇÃO DO CMV |
|---|
| CMV = EI + C – EF |
| CMV = 200,00 + 3.800,00 – 1.000,00 |
| CMV = 3.000,00 |

7. Transferência do EI e C para o CMV
   D – CMV 4.000,00
   C – Mercadorias em Estoque (EI) 200,00
   C – Compras 3.800,00

8. Registro do EF inventariado em 31 de dezembro de 20X1
   D – Mercadorias em Estoque (EF)
   C – CMV 1.000,00

| APURAÇÃO DO RCM |
|---|
| RCM = V – CMV |
| RCM = 4.700,00 – 3.000,00 |
| **RCM (LB) = R$ 1.700,00** |

9. Transferência de Vendas para RCM (LB)
   D – Receita de Vendas
   C – RCM (LB) 4.700,00

10. Transferência do CMV para RCM (LB)
    D – RCM (LB)
    C – CMV 3.000,00

| ARE 20X1 = RCM + OR – OD |
|---|
| ARE/20X1 = 1.700,00 + 230,00 – 100,00 |
| **ARE/20X1 = R$ 1.830,00** |

**ARE** = Apuração do Resultado do Exercício
**OR** = Outras Receitas
**OD** = Outras Despesas
**LB** = Lucro Bruto

11. Transferência do RCM para ARE/20X1
    D – RCM (LB)
    C – ARE/20X1 1.700,00

12. Transferência de Outras Receitas (OR) para ARE/20X1
    D – Receita de Juros 150,00
    D – Receita de Descontos 80,00
    C – ARE/20X1 230,00

13. Transferência de Outras Despesas (OD) para ARE/20X1
    D – ARE/20X1 100,00
    C – Despesas de Juros 80,00
    C – Despesas de Descontos 20,00

14. Cálculo do IR de 20X1
    15% × R$ 1.830,00 = R$ 275,00 (valor arredondado para facilitar os cálculos)
    D – ARE/20X1
    C – Provisão para o IR (PIR) 275,00

15. Transferência de ARE/20X1 para Lucros Acumulados (PL)
    D – ARE/20X1
    C – Lucros Acumulados (PL) 1.555,00

- **Razonetes**

| **Caixa** | |
|---|---|
| (s) 400,00 | 400,00 (3) |
| (2) 400,00 | |
| **(s) 840,00** | **400,00 (s)** |
| **(s) 440,00** | |

| **Bancos** | |
|---|---|
| (s) 700,00 | 700,00 (4) |
| (3) 400,00 | 360,00 (6) |
| (5) 1.500,00 | |
| **(s) 2.600,00** | **1.060,00 (s)** |
| **(s) 1.540,00** | |

| **Duplicatas a Receber** | |
|---|---|
| (s) 1.200,00 | 400,00 (2) |
| **(s) 800,00** | |

| **Máquinas** | |
|---|---|
| **(s) 500,00** | |

| **Fornecedores** | |
|---|---|
| (6) 400,00 | **400,00 (s)** |
| | |

| **Contas a Pagar** | |
|---|---|
| | **200,00 (s)** |

| **Capital Social** | |
|---|---|
| | **1.650,00 (s)** |

| **Lucros Acumulados** | |
|---|---|
| (1) 300,00 | **600,00 (s)** |
| | **300,00 (s)** |
| | 1.555,00 (15) |
| | **1.855,00 (s)** |

| **Compras** | |
|---|---|
| (s) 3.100,00 | |
| (4) 700,00 | |
| **(s) 3.800,00** | 3.800,00 (7) |
| | |

| **Mercadorias em Estoque** | |
|---|---|
| EI 200,00 | 200,00 (7) |
| EF (8) 1.000,00 | |

| **Lucros a Pagar** | |
|---|---|
| | 300,00 (1) |

| **Provisão para IR (PIR)** | |
|---|---|
| | 275,00 (14) |

| **Receitas de Vendas** | |
|---|---|
| | 3.200,00 (s) |
| | 1.500,00 (5) |
| (9) 4.700,00 | **4.700,00 (s)** |
| | |

| **Receita de Juros** | |
|---|---|
| | 110,00 (s) |
| | 40,00 (2) |
| (12) 150,00 | **150,00 (s)** |
| | |

| **Receita de Descontos** | |
|---|---|
| | 40,00 (s) |
| | 40,00 (6) |
| (12) 80,00 | **80,00 (s)** |
| | |

| **Despesas de Juros** | |
|---|---|
| **(s) 80,00** | 80,00 (13) |
| | |

| **Despesas de Descontos** | |
|---|---|
| **(s) 20,00** | 20,00 (13) |
| | |

**CMV**

| D | C |
|---|---|
| (7) 4.000,00 | 1.000,00 (8) |
| **(s) 3.000,00** | 3.000,00 (10) |

**RCM (Lb)**

| D | C |
|---|---|
| (10) 3.000,00 | 4.700,00 (9) |
| (11) 1.700,00 | **1.700,00 (s)** |

**ARE/20X1**

| D | C |
|---|---|
| (13) 100,00 | 1.700,00 (11) |
| | 230,00 (12) |
| **(s) 100,00** | **1.930,00 (s)** |
| (14) 275,00 | **1.830,00 (s)** |
| (15) 1.555,00 | **1.555,99 (s)** |

**(s) = Saldo**

| COMERCIAL PS LTDA.<br>BALANÇO PATRIMONIAL ENCERRADO EM 31.12.20X1 | | | |
|---|---|---|---|
| **Ativo** | | **Passivo + Patrimônio Líquido** | |
| Caixa | 440,00 | **PASSIVO** | |
| | | Contas a Pagar | 200,00 |
| Bancos | 1.540,00 | Lucros a Pagar | 300,00 |
| | | Provisão para o IR | 275,00 |
| Duplicatas a Receber | 800,00 | | **775,00** |
| Mercadorias em Estoque | 1.000,00 | **PATRIMÔNIO LÍQUIDO** | |
| | | Capital | 1.650,00 |
| Máquinas | 500,00 | Lucros Acumulados | 1.855,00 |
| | | **PL =** | **3.505,00** |
| TOTAL | **4.280,00** | TOTAL | **4.280,00** |

**DLPA em 31 de dezembro de 20X1**

| | |
|---|---|
| Saldo no Início do Período | 600,00 |
| (–) Lucros Distribuídos | 300,00 |
| (+) Resultado do Exercício de 20X1 | 1.555,00 (*) |
| (=) Saldo no Final do Período | **1.855,00** |

(*) ver Demonstração do Resultado do Exercício.

$$\text{Lucro por Ação} = \frac{\text{Lucro Distribuído}}{\text{NA (n}^{o}\text{ de quotas)}} = \frac{300{,}00}{1.000} = \text{R\$ } 0{,}30$$

**Demonstração do Resultado do Exercício 31 de dezembro de 20X1**

| | | |
|---|---|---|
| Receita de Vendas (V) | | 4.700,00 |
| (–) CMV | | 3.000,00 |
| (=) Lucro Bruto (LB ou RCM) | | 1.700,00 |
| (+) **Outras Receitas** | | |
| Receita de juros | 150,00 | |
| Receita de descontos | 80,00 | 230,00 |
| (–) **Outras Despesas** | | |
| Despesas de Juros | 80,00 | |
| Despesas de Descontos | 20,00 | 100,00 |
| (=) Lucro Antes do IR | | 1.830,00 |
| (–) Provisão para o IR (PIR) | | 275,00 |
| (=) Lucro Líquido do Exercício (LLE) | | 1.555,00 |

$$\text{Lucro por Quota} = \frac{\text{LLE}}{\text{NQ}} = \frac{1.555{,}00}{1.000} = \text{R\$ } 1{,}55$$

**LLE** = Lucro Líquido do Exercício
**NQ** = Número de Quotas do capital social realizado

Observe que a DRE tem por objetivo demonstrar como foi apurado o Resultado (lucro ou prejuízo) do Exercício, e a DLPA tem por objetivo demonstrar a composição do saldo da Conta Lucros ou Prejuízos Acumulados (PL), detalhando o Resultado Acumulado.

| Nº | OPERAÇÃO REALIZADA | QUANTIDADE | PREÇOS | |
|---|---|---|---|---|
| | | | Unitário (R$) | Total (R$) |
| | Saldo Inicial (EI) | 80 | 400,00 | 32.000,00 |
| 01 | Compra a Prazo | 80 | 600,00 | 48.000,00 |
| 02 | Venda a Prazo | 40 | 1.500,00 | 60.000,00 |
| 03 | Venda a Prazo | 80 | 2.000,00 | 160.000,00 |
| 04 | Compra a Prazo | 120 | 700,00 | 84.000,00 |
| 05 | Venda a Prazo | 20 | 1.500,00 | 30.000,00 |

**Pede-se:**

a) Lançamentos na Ficha de Controle de Estoque nos processos PEPS, UEPS e PMP.
b) Lançamentos contábeis das operações acima nos processos PEPS, UEPS e PMP, inclusive os decorrentes da apuração do resultado com a Conta de Mercadorias.
c) Comparação e análise dos três processos – PEPS, UEPS e PMP.

**Livro Diário – Processo PEPS**

1. Pela compra a prazo
   D – Mercadorias em Estoque
   C – Fornecedores 48.000,00

2. Pelo preço de venda
   D – Duplicatas a receber
   C – Receita de Vendas 60.000,00

   i) Pelo preço de custo (ver saída na Ficha de Estoque)
      D – CMV
      C – Mercadorias em Estoque 16.000,00

3. Pelo preço de venda
   D – Duplicatas a receber
   C – Receita de Vendas 160.000,00

   i) Pelo preço de custo (ver saída na Ficha de Estoque)
      D – CMV
      C – Mercadorias em Estoque 40.000,00

4. Pela compra a prazo
   D – Mercadorias em Estoque
   C – Fornecedores 84.000,00

5. Pelo preço de venda
   D – Duplicatas a receber
   C – Receita de Vendas 30.000,00

   i) Pelo preço de CMV
      D – CMV
      C – Mercadorias em Estoque 12.000,00

**Apuração do Resultado com Mercadorias (RCM)**

6. Transferência das Receitas de Vendas para RCM
   D – Receita de Vendas
   C – Resultado com Mercadorias (RCM) 250.000,00

7. Transferência do CMV para RCM
   D – Resultado com Mercadorias (RCM)
   C – CMV 68.000,00

- **Razonetes**

| **Mercadorias em Estoque** | |
|---|---|
| **Ei 32.000,00** | 16.000,00 (2.1) |
| (1) 48.000,00 | 40.000,00 (3.1) |
| (4) 84.000,00 | 12.000,00 (5.1) |
| **(s) 164.000,00** | **68.000,00 (s)** |
| **(s) 96.000,00** | |

| **Duplicatas a Receber** | |
|---|---|
| (2) 60.000,00 | |
| (3) 160.000,00 | |
| (5) 30.000,00 | |
| **(s) 250.000,00** | |

| **Fornecedores** | |
|---|---|
| | 48.000,00 (1) |
| | 84.000,00 (4) |
| | **132.000,00 (s)** |

| **Receita de Vendas** | |
|---|---|
| | 60.000,00 (2) |
| | 160.000,00 (3) |
| | 30.000,00 (5) |
| **(6) 250.000,00** | **250.000,00 (s)** |
| | |

| **CMV** | |
|---|---|
| (2.1) 16.000,00 | |
| (3.1) 40.000,00 | |
| (5.1) 12.000,00 | |
| **(s) 68.000,00** | 68.000,00 (7) |
| | |

| **Resultado com Mercadorias (RCM)** | |
|---|---|
| (7) 68.000,00 | 250.000,00 (6) |
| | **182.000,00 (s)** |

(s) = Saldo.

| FICHA DE CONTROLE DE ESTOQUE – SISTEMA PEPS | | | | | | | | | |
|---|---|---|---|---|---|---|---|---|---|
| ANO | ENTRADAS | | | SAÍDAS | | | SALDO | | |
| Data | Qtd. | Preço Unit. | Preço Total | Qtd. | Preço Unit. | Preço Total | Qtd. | Preço Unit. | Preço Total |
| **ESTOQUE INICIAL (EI)** | | | | | | | **80** | **400,00** | **32.000,00** |
| (1) | 80 | 600,00 | 48.000,00 | | | | 80<br>80<br>160 | 400,00<br>600,00<br>– | 32.000,00<br>48.000,00<br>80.000,00 |
| (2) | | | | 40 | 400,00 | 16.000,00 | 40<br>80<br>120 | 400,00<br>600,00<br>– | 16.000,00<br>48.000,00<br>64.000,00 |
| (3) | | | | 40<br>40<br>80 | 400,00<br>600,00<br>– | 16.000,00<br>24.000,00<br>40.000,00 | 40 | 600,00 | 24.000,00 |
| (4) | 120 | 700,00 | 84.000,00 | | | | 40<br>120<br>160 | 600,00<br>700,00<br>– | 24.000,00<br>84.000,00<br>108.000,00 |
| (5) | | | | 20 | 600,00 | 12.000,00 | 20<br>120<br>140 | 600,00<br>700,00<br>– | 12.000,00<br>84.000,00<br>96.000,00 |
| | | | | | | | | | |
| | | | | | | | | | |
| | | | | | | | | | |
| **TOTAIS** | **200** | **–** | **132.000,00** | **140** | **–** | **68.000,00** | **140** | **–** | **96.000,00** |
| **CUSTO DAS MERCADORIAS VENDIDAS (CMV)** | | | | | | **68.000,00** | | | |

**Livro Diário – Processo UEPS**

1. Pela compra a prazo
   D – Mercadorias em Estoque
   C – Fornecedores 48.000,00

2. Pelo preço de venda
   D – Duplicatas a receber
   C – Receita de Vendas 60.000,00

   i) Pelo preço de custo (ver saída na Ficha de Estoque)
      D – CMV
      C – Mercadorias em Estoque 24.000,00

3. Pelo preço de venda
   D – Duplicatas a receber
   C – Receita de Vendas 160.000,00

i) Pelo preço de custo (ver saída na Ficha de Estoque)
D – CMV
C – Mercadorias em Estoque 40.000,00

4. Pela compra a prazo
D – Mercadorias em Estoque
C – Fornecedores 84.000,00

5. Pelo preço de Venda
D – Duplicatas a receber
C – Receita de Vendas 30.000,00

i) Pelo preço de custo (ver saída na Ficha de Estoque)
Custo (ver saída na Ficha de Estoque)
D – CMV
C – Mercadorias em Estoque 14.000,00

**Apuração do Resultado com Mercadorias (RCM)**

6. Transferência das Receitas de Vendas para RCM
D – Receita de Vendas
C – RCM 250.000,00

7. Transferência do CMV para RCM
D – RCM
C – CMV 78.000,00

- **Razonetes**

| Mercadorias em Estoque | |
|---|---|
| **(s) 32.000,00** | 24.000,00 (2.1) |
| (1) 48.000,00 | 40.000,00 (3.1) |
| (4) 84.000,00 | 14.000,00 (5.1) |
| **(s) 164.000,00** | **78.000,00 (s)** |
| **(s) 86.000,00** | |

| Duplicatas a Receber | |
|---|---|
| (2) 60.000,00 | |
| (3) 160.000,00 | |
| (5) 30.000,00 | |
| **(s) 250.000,00** | |

| Fornecedores | |
|---|---|
| | 48.000,00 (1) |
| | 84.000,00 (4) |
| | **132.000,00 (s)** |

| Receita de Vendas | |
|---|---|
| | 60.000,00 (2) |
| | 160.000,00 (3) |
| | 30.000,00 (5) |
| **(6) 250.000,00** | **250.000,00 (s)** |

| CMV | |
|---|---|
| (2.1) 24.000,00 | |
| (3.1) 40.000,00 | |
| (5.1) 14.000,00 | |
| **(s) 78.000,00** | 78.000,00 (7) |

| Resultado com Mercadorias (RCM) | |
|---|---|
| (7) 78.000,00 | 250.000,00 (6) |
| | **172.000,00 (s)** |

(s) = Saldo.

| FICHA DE CONTROLE DE ESTOQUE – SISTEMA UEPS | | | | | | | | | |
|---|---|---|---|---|---|---|---|---|---|
| ANO | ENTRADAS | | | SAÍDAS | | | SALDO | | |
| Data | Qtd. | Preço Unit. | Preço Total | Qtd. | Preço Unit. | Preço Total | Qtd. | Preço Unit. | Preço Total |
| **ESTOQUE INICIAL (EI)** | | | | | | | **80** | **400,00** | **32.000,00** |
| (1) | 80 | 600,00 | 48.000,00 | | | | 80<br>80<br>160 | 400,00<br>600,00<br>– | 32.000,00<br>48.000,00<br>80.000,00 |
| (2) | | | | 40 | 600,00 | 24.000,00 | 80<br>40<br>120 | 400,00<br>600,00<br>– | 32.000,00<br>24.000,00<br>56.000,00 |
| (3) | | | | 40<br>40<br>80 | 600,00<br>400,00<br>– | 24.000,00<br>16.000,00<br>40.000,00 | 40 | 400,00 | 16.000,00 |
| (4) | 120 | 700,00 | 84.000,00 | | | | 40<br>120<br>160 | 400,00<br>700,00<br>– | 16.000,00<br>84.000,00<br>100.000,00 |
| (5) | | | | 20 | 700,00 | 14.000,00 | 40<br>100<br>140 | 400,00<br>700,00<br>– | 16.000,00<br>70.000,00<br>86.000,00 |
| | | | | | | | | | |
| **TOTAIS** | **200** | **–** | **132.000,00** | **140** | **–** | **78.000,00** | **140** | **–** | **86.000,00** |
| **CMV (CUSTO DAS MERCADORIAS VENDIDAS)** | | | | | | **78.000,00** | | | |

**Livro Diário – Processo PMP – Móvel**

1. Para compra a prazo
   D – Mercadorias em Estoque
   C – Fornecedores 48.000,00

2. Pelo preço de venda
   D – Duplicatas a receber
   C – Receita de Vendas 60.000,00

   i) Pelo preço de custo (ver saída na Ficha de Estoque)
      D – CMV
      C – Mercadorias em Estoque 20.000,00

3. Pelo preço de Venda
   D – Duplicatas a receber
   C – Receita de Vendas 160.000,00

i) pelo preço de custo (ver saída na ficha de estoque)
D – CMV
C – Mercadorias em Estoque 40.000,00

4. Pelo preço de compra
D – Mercadorias em Estoque
C – Fornecedores 84.000,00

5. Pelo preço de venda
D – Duplicatas a receber
C – Receita de Vendas 30.000,00

i) Pelo preço de custo (ver saída na Ficha de Estoque)
D – CMV
C – Mercadorias em Estoque 13.000,00

**Apuração do RCM**

6. Transferência das Receitas de Vendas para RCM
D – Receita de Vendas
C – RCM 250.000,00

7. Transferência do CMV para RCM
D – RCM
C – CMV 73.000,00

- **Razonetes**

| Mercadorias em Estoque | |
|---|---|
| (s) 32.000,00 | 20.000,00 (2.1) |
| (1) 48.000,00 | 40.000,00 (3.1) |
| (4) 84.000,00 | 13.000,00 (5.1) |
| **(s) 164.000,00** | **73.000,00 (s)** |
| **(s) 91.000,00** | |

| Duplicatas a Receber | |
|---|---|
| (2) 60.000,00 | |
| (3) 160.000,00 | |
| (5) 30.000,00 | |
| **(s) 250.000,00** | |

| Fornecedores | |
|---|---|
| | 48.000,00 (1) |
| | 84.000,00 (4) |
| | **132.000,00 (s)** |

| Receita de Vendas | |
|---|---|
| | 60.000,00 (2) |
| | 160.000,00 (3) |
| | 30.000,00 (5) |
| (6) 250.000,00 | **250.000,00 (s)** |

| CMV | |
|---|---|
| (2.1) 20.000,00 | |
| (3.1) 40.000,00 | |
| (5.1) 13.000,00 | |
| **(s) 73.000,00** | 73.000,00 (7) |

| Resultado com Mercadorias (RCM) | |
|---|---|
| (7) 73.000,00 | 250.000,00 (6) |
| | **177.000,00 (s)** |

(s) = Saldo.

| FICHA DE CONTROLE DE ESTOQUE – SISTEMA PMP | | | | | | | | | |
|---|---|---|---|---|---|---|---|---|---|
| ANO | ENTRADAS | | | SAÍDAS | | | SALDO | | |
| Data | Qtd. | Preço Unit. | Preço Total | Qtd. | Preço Unit. | Preço Total | Qtd. | Preço Unit. | Preço Total |
| **ESTOQUE INICIAL (EI)** | | | | | | | **80** | **400,00** | **32.000,00** |
| (1) | 80 | 600,00 | 48.000,00 | | | | 160 | 500,00 | 80.000,00 |
| (2) | | | | 40 | 500,00 | 20.000,00 | 120 | 500,00 | 60.000,00 |
| (3) | | | | 80 | 500,00 | 40.000,00 | 40 | 500,00 | 20.000,00 |
| (4) | 120 | 700,00 | 84.000,00 | | | | 160 | 650,00 | 104.000,00 |
| (5) | | | | 20 | 650,00 | 13.000,00 | 140 | 650,00 | 91.000,00 |
| | | | | | | | | | |
| | | | | | | | | | |
| | | | | | | | | | |
| | | | | | | | | | |
| | | | | | | | | | |
| **TOTAIS** | **200** | **–** | **132.000,00** | **140** | **–** | **73.000,00** | **140** | **–** | **91.000,00** |
| **CMV (CUSTO DAS MERCADORIAS VENDIDAS)** | | | | | | **73.000,00** | | | |

| RESUMO DAS FICHAS DE ESTOQUE | | | | | | |
|---|---|---|---|---|---|---|
| ELEMENTOS | PEPS | | UEPS | | PMP | |
| | Qtd. | Total | Qtd. | Total | Qtd. | Total |
| ESTOQUE INICIAL (EI)<br>+<br>COMPRAS | 80<br>+<br>200 | 32.000,00<br>+<br>132.000,00 | 80<br>+<br>200 | 32.000,00<br>+<br>132.000,00 | 80<br>+<br>200 | 32.000,00<br>+<br>132.000,00 |
| (=) Mercadorias Disponíveis para a venda durante o período | 280 | 164.000,00 | 280 | 164.000,00 | 280 | 164.000,00 |
| (–) ESTOQUE FINAL (EF) | 140 | 96.000,00 | 140 | 86.000,00 | 140 | 91.000,00 |
| (=) CMV | **140** | **68.000,00** | **140** | **78.000,00** | **140** | **73.000,00** |

**NOTAS**

1. Observe que as únicas alterações existentes nos três métodos estão no valor do EF e no valor do CMV. O EI foi mantido igual para facilitar as comparações.
2. No Inventário Periódico, o EF inventariado é avaliado ao preço de custo das últimas unidades adquiridas, partindo do pressuposto de que as primeiras unidades compradas foram vendidas, também, em primeiro lugar. No Inventário Permanente – método PEPS – os pressupostos são idênticos. Logo, os inventários se equivalem, o que nos leva a concluir que o Resultado Final obtido no PEPS do Inventário Permanente é o mesmo obtido no Inventário Periódico.
3. No Inventário Permanente, a cada operação de venda, imediatamente é possível identificar o CMV, enquanto no Inventário Periódico isso é possível apenas no final do exercício, quando da apuração do CMV por meio da contagem física do EF e do uso da fórmula (CMV = EI + C – EF), motivo pelo qual a Conta Compras é utilizada apenas no Inventário Periódico.
4. A soma do valor do EI com o valor das compras representa o valor das mercadorias disponíveis para venda durante o período.
5. Seja qual for o inventário utilizado, Periódico ou Permanente, o valor correspondente ao estoque existente no final do exercício deverá ser registrado em livro fiscal denominado Registro de Inventário.

Para finalizarmos este capítulo, vamos estabelecer algumas relações entre os métodos do Inventário Permanente e comentar outro método denominado Média Ponderada Fixa.

### 4.4.4.1 Comparação entre os métodos de avaliação de estoques

**Quadro 4.1** Comparação entre métodos

| MÉTODOS | VENDAS | CMV | RCM (LB) | EF |
|---|---|---|---|---|
| PEPS | 250.000,00 | 68.000,00 | 182.000,00 | 96.000,00 |
| PMP-M | 250.000,00 | 73.000,00 | 177.000,00 | 91.000,00 |
| UEPS | 250.000,00 | 78.000,00 | 172.000,00 | 86.000,00 |

**Relações importantes**

1. **Entre o EF e o CMV**

   Essa relação é inversamente proporcional, ou seja, quanto menor for o EF, maior será o CMV, e vice-versa. Poderíamos resumi-la no seguinte esquema:

| PEPS | ⇒ | EF + | CMV (–) | LB + |
|---|---|---|---|---|
| UEPS | ⇒ | EF (–) | CMV + | LB (–) |
| PMP-M | ⇒ | EF (M) | CMV (M) | LB (M) |

(M = preços médios)

Note que o Método do Preço Médio Ponderado Móvel avalia os elementos do Patrimônio e do Resultado (EF/CMV/RCM) a preços médios, minimizando os efeitos da inflação.

2. **Entre o CMV e o RCM (LB)**
Essa relação é inversamente proporcional, ou seja, quanto maior for o CMV, menor será o RCM (LB), e vice-versa.

3. **Entre o EF e o RCM (LB)**
Esta relação é **diretamente proporcional**, ou seja, quanto menor for o EF, menor será o RCM (LB), e vice-versa.

Note que a redução indevida ou sem justificativa do valor do EF provoca a diminuição do lucro, com consequências na determinação da base de cálculo do Imposto de Renda das Pessoas Jurídicas (IRPJ) e da Contribuição Social sobre o Lucro Líquido (CSLL), portanto, a empresa estará sujeita a autuação fiscal por parte do Fisco.

### 4.4.4.2 Média Ponderada Fixa (PMP-F)

O método de Preço Médio Ponderado visto neste capítulo corresponde à chamada **Média Ponderada Móvel**. Existe outro método, denominado **Média Ponderada Fixa,** em que o custo médio das compras é apurado para todo o período e se aplica a todas as vendas, independentemente de estas terem sido efetuadas antes ou depois de novos lotes de compras.

Aplicando-se o método da Média Ponderada Fixa aos dados do exemplo deste subitem, ter-se-ia:

| | | | | | |
|---|---|---|---|---|---|
| Saldo inicial | = | 80 unidades | × R$ 400,00 | = | R$ 32.000,00 |
| (+) Compra nº 1 | = | 80 unidades | × R$ 600,00 | = | R$ 48.000,00 |
| (+) Compra nº 2 | = | 120 unidades | × R$ 700,00 | = | R$ 84.000,00 |
| (=) Total | = | 280 unidades | × ? | = | R$ 164.000,00 |

$$\text{Média Ponderada Fixa} = \frac{\text{R\$ } 164.000{,}00}{280 \text{ unidades}} = \text{R\$ } 585{,}7143$$

**Vendas** = 140 unidades
**CMV =** 140 unidades × R$ 585,7143 = R$ 82.000,00
**EF =** 140 unidades × R$ 585,7143 = R$ 82.000,00

Observe que:

a) O CMV da Média Fixa é de R$ 82.000,00 e o da Móvel é de R$ 73.000,00.
b) O EF da Média Fixa é de R$ 82.000,00 e o da Móvel é de R$ 91.000,00.
c) As vendas do mês, na Média Móvel, têm custos unitários diferentes, enquanto, na Fixa, são iguais.
d) As vendas efetuadas entre a compra nº 1 e a nº 2 alteram o valor do custo médio no Método da Média Móvel Ponderada, o que não ocorre na Média Fixa.
e) Em uma conjuntura inflacionária, o RCM é maior na Média Móvel do que na Fixa, visto que, nesta última, o CMV é maior.
f) O Método da Média Fixa é mais simples de calcular que o Método da Média Móvel.

A Secretaria da Receita Federal do Brasil admite, para fins de determinação do lucro tributável pelo IR, o uso tanto da Média Móvel quanto da Fixa (Parecer Normativo nº 06, de 1979, DOU de 2 de fevereiro de 1979).

## NOTAS

1. A legislação do IR permite ainda a avaliação do estoque com base no preço de venda, diminuída a margem de lucro (Art. 295 do Regulamento do Imposto de Renda – RIR/1999).
2. Não será objeto de estudo o custo específico[5] porque sua aplicação é limitada.
3. A nova redação dada ao art. 183 da Lei nº 6.404, de 1976, pelas Leis nº 11.638, de 2007, e nº 11.941, de 2009, segundo a qual, no balanço, os elementos de estoques (inciso II e § 1º letras "a" e "b") serão avaliados a valor justo, não interfere nos critérios de avaliação desses estoques. Continuam, portanto, sendo adotados os atuais critérios de avaliação para fins tributários e contábeis, mencionados neste capítulo. A novidade é que, para fins de constituição de eventual provisão para perdas,[6] agora a comparação será realizada entre o preço de custo e o denominado valor justo.[7] O leitor interessado em mais detalhes deve consultar o Capítulo 14.
4. O leitor interessado poderá consultar ainda o Pronunciamento Técnico nº 16 do Comitê de Pronunciamentos Contábeis (CPC) que trata dos estoques.

[5] Quando as unidades existentes no estoque foram avaliadas pelo preço específico, pago efetivamente por elas. Essa avaliação somente é utilizada em casos especiais em que seja possível identificar fisicamente a unidade vendida, como na venda de veículos novos e usados.

[6] Consultar o livro *Contabilidade avançada*, de nossa autoria.

[7] Considera-se valor justo das matérias-primas e dos bens em almoxarifado o preço pelo qual possam ser repostos, mediante compra no mercado, e dos bens ou direitos destinados à venda, o preço líquido de realização mediante venda no mercado, deduzidos os impostos e demais despesas necessárias para a venda, e a margem de lucro (art. 183, § 1º da Lei nº 6.404/1976).

## TESTES DE FIXAÇÃO

**1.** As mercadorias disponíveis para venda são representadas por:
a) Estoque Inicial – Compras.
b) Estoque Inicial + Compras – Estoque Final.
c) Estoque Inicial + Compras.
d) Estoque Inicial + Compras – Vendas.
e) Estoque Final + Vendas.

**2.** O custo unitário de aquisição de determinado produto é de R$ 400,00. No final do exercício, após ter vendido a metade das 200 unidades adquiridas, com lucro de 30%, certa empresa comercial registrou, como saldo da conta de estoques do referido produto, o valor de: (Nota: desconsidere a existência de saldo inicial.)
a) R$ 80.000,00 credor.
b) R$ 80.000,00 devedor.
c) R$ 40.000,00 credor.
d) R$ 40.000,00 devedor.
e) R$ 28.000,00 credor.

**3.** A Comercial SILPA Ltda. apresentou, no exercício social findo em 31 de dezembro de 20X1, os seguintes resultados:
- Lucro Bruto R$ 60.000,00
- Lucro Operacional R$ 110.000,00
- Lucro Não Operacional R$ 20.000,00
- Lucro Líquido R$ 80.000,00

Posteriormente, o contador da empresa constatou uma subavaliação no estoque de mercadorias para revenda, naquela data, no montante de R$ 6.000,00.

A correção efetuada implicou:

a) Aumento do Lucro Bruto.
b) Diminuição do Lucro Líquido.
c) Diminuição do Lucro Bruto.
d) Aumento do Lucro Bruto e diminuição do Lucro Líquido.
e) Diminuição do Lucro Operacional e aumento do Lucro Não Operacional.

**4.** O saldo da Conta Mercadorias, utilizada para registro dos estoques, das entradas e das saídas de mercadorias, apresentava-se credor, no valor de R$ 43.000,00.

Sabendo-se que o inventário indica a existência de estoques de R$ 27.000,00, pode-se afirmar que o Resultado com Mercadorias (RCM) foi de:

a) R$ 16.000,00 de lucro.
b) R$ 16.000,00 de prejuízo.
c) R$ 27.000,00 de lucro.
d) R$ 43.000,00 de prejuízo.
e) R$ 70.000,00 de lucro.

**5.** Observe os lançamentos descritos a seguir, referentes à empresa PACLANDRESSA:

| | | |
|---|---|---|
| I. | D – Custo das Mercadorias Vendidas | 100.000,00 |
| | C – Mercadorias em Estoque | 20.000,00 |
| | C – Compras | 80.000,00 |
| II. | D – Mercadorias em Estoque | |
| | C – CMV | 15.000,00 |
| III. | D – Receita de vendas | |
| | C – Resultado com Mercadorias | 125.000,00 |

Pode-se afirmar que, no exercício a que se referem estes lançamentos:

a) A companhia apresentou um resultado positivo com mercadorias equivalente a R$ 25.000,00 e adota o Sistema de Inventário Permanente de Estoques.
b) O CMV apurado pela companhia foi de R$ 115.000,00.
c) A companhia apresentou um Lucro Bruto nas operações com mercadorias de R$ 40.000,00 e adota o Sistema de Inventário Periódico para avaliação de seus estoques.
d) O Estoque Final de mercadorias da companhia, no encerramento do exercício, foi de R$ 20.000,00.
e) O total de mercadorias disponíveis para venda no período foi equivalente a R$ 95.000,00.

**6.** A avaliação de bens e direitos do Ativo tem o seguinte tratamento:

a) Os estoques são avaliados pelo preço de mercado, exceto os de mercadorias fungíveis destinadas à venda.
b) Os direitos e títulos de crédito, pelo valor de mercado ou de aquisição, se este for maior.
c) Os direitos referentes a mercadorias, pelo valor de mercado ou de aquisição, se este for menor.
d) Os direitos que tiverem por objeto as mercadorias e matérias-primas, pelo custo de aquisição, ajustado ao valor de mercado, quando este for inferior.
e) As matérias-primas serão avaliadas pelo preço de mercado.

**7.** No balancete levantado para apuração do resultado do exercício, registraram-se os seguintes saldos:

Compras.................................................... R$ 1.200,00
Mercadorias .............................................. R$ 360,00
Receitas de Vendas .................................... R$ 2.600,00

Sabendo-se que o estoque existente, no momento, alcançava o valor de R$ 480,00, pode-se afirmar que:

a) O Lucro Bruto de vendas do período foi de R$ 1.080,00.
b) No período, registrou-se um prejuízo de R$ 1.080,00.
c) O CMV foi de R$ 1.200,00.
d) O CMV foi de R$ 1.400,00.
e) O saldo da conta Mercadorias, no balanço de encerramento do exercício social, é de R$ 480,00.

**8.** Os lançamentos abaixo, efetuados na mesma data,

I. D – Duplicatas a receber
C – Receita de Vendas. 10.000,00

II. D – CMV
C – Mercadorias em Estoque 5.000,00

referem-se a:

a) Venda de mercadorias de uma empresa que adota o sistema de Inventário Permanente de Estoques, com lucro de 100% sobre o Custo da Mercadoria Vendida.
b) Compra de mercadorias a prazo de uma empresa que adota o sistema de Inventário Periódico de Estoques e subsequente venda delas com lucro de 100% sobre o preço de custo.
c) Venda de mercadorias a prazo de uma empresa que adota o sistema de Inventário Periódico de Estoques, não havendo informações suficientes para se determinar a taxa de lucro da operação.
d) Venda de mercadorias a prazo de uma empresa que adota o sistema de Inventário Periódico de Estoques, com lucro de R$ 5.000,00 sobre o Custo da Mercadoria Vendida.
e) Venda de mercadorias de uma empresa que adota o sistema de Inventário Permanente de Estoques, não havendo informações suficientes para se determinar se houve ou não lucro na operação.

**9.** Em janeiro de 20X3, foram feitas vendas totais de mercadorias no valor de R$ 21.000,00, com custo de R$ 16.000,00. As compras no mesmo período foram de R$ 14.000,00. Sabendo-se que o estoque de mercadorias em 1º de janeiro de 20X3 era de R$ 8.000,00, pode-se afirmar que, em 31 de janeiro de 20X3, o valor dos estoques de mercadorias e o valor do Lucro Bruto sobre vendas eram, respectivamente, de:

a) R$ 21.000,00 e 8.000,00.
b) R$ 5.000,00 e 6.000,00.
c) R$ 6.000,00 e 5.000,00.
d) R$ 8.000,00 e 21.000,00.
e) R$ 8.000,00 e 5.000,00.

**10.** No encerramento do exercício social da Cia PVSN, a conta Mercadorias – usada para registro de estoques, compras e vendas de mercadorias – apresentava-se com saldo credor de R$ 48.000,00. Sabendo-se que o Inventário Final foi de R$ 39.000,00, pode-se afirmar que houve, nas vendas do período:

a) Prejuízo de R$ 9.000,00.
b) Lucro de R$ 9.000,00.
c) Prejuízo de R$ 48.000,00.
d) Lucro de R$ 87.000,00.
e) Prejuízo de R$ 87.000,00.

**11.** A Comercial SILPA Ltda. comercializa um único artigo e utiliza o sistema de Inventário Permanente, Média Ponderada Móvel, para controle do estoque. As operações durante 20X2 foram:

- 01.01 – Inventário inicial de 15 unidades a R$ 60,00 cada
- 07.03 – Compra de 30 unidades a R$ 90,00 cada
- 10.05 – Venda de 9 unidades a R$ 110,00 cada
- 18.08 – Compra de 12 unidades a R$ 120,00 cada
- 05.12 – Venda de 23 unidades a R$ 150,00 cada

Desconsiderando-se o ICMS, pode-se afirmar que o CMV e o Lucro Bruto para o exercício social de 20X2 foram, respectivamente, de:

a) R$ 900,00 e R$ 660,00.
b) R$ 1.650,00 e R$ 660,00.
c) R$ 2.250,00 e R$ 1.650,00.
d) R$ 2.790,00 e R$ 1.650,00.
e) R$ 4.440,00 e R$ 1.650,00.

**12.** Com base nos dados da questão anterior, o valor do Estoque Final, em 31 de janeiro de 20X2, foi de:

a) R$ 21.250,00.
b) R$ 2.250,00.
c) R$ 2.070,00.
d) R$ 4.320,00.
e) R$ 1.650,00.

**13.** Foram feitas as seguintes aquisições do produto A.

- 1º de abril de 20X3 – 20 unidades a R$ 15,00 cada uma
- 15 de abril de 20X3 – 25 unidades a R$ 12,00 cada uma
- 15 de maio de 20X3 – 25 unidades a R$ 10,00 cada uma
- 31 de maio de 20X3 – 30 unidades a R$ 10,00 cada uma

Sabendo-se que:

1. Não existia Estoque Inicial.
2. Em 20 de maio de 20X3, foram vendidas 60 unidades ao preço de R$ 20,00 cada uma.
3. Foi desconsiderado o destaque dos impostos sobre compras e vendas.
4. Os cálculos são feitos com duas casas decimais.
5. O estoque é avaliado pelo método PEPS.

Pode-se afirmar que o RCM é de:
a) R$ 1.200,00.
b) R$ 728,57.
c) R$ 471,43.
d) R$ 450,00.
e) R$ 400,00.

**14.** Foram feitas as seguintes aquisições do produto A:
- 31 de janeiro de 20X3 – 30 unidades a R$ 10,00 cada uma
- 15 de fevereiro de 20X3 – 25 unidades a R$ 10,00 cada uma
- 28 de fevereiro de 20X3 – 25 unidades a R$ 12,00 cada uma
- 15 de março de 20X3 – 20 unidades a R$ 15,00 cada uma

Sabendo-se que:
1. Não existia estoque inicial.
2. Em 10 de março de 20X3, foram vendidas 60 unidades ao preço de R$ 20,00 cada uma.
3. Foi desconsiderado o destaque dos impostos sobre compras e vendas.

Pode-se afirmar que o inventário, após a aquisição do dia 15 de março de 20X3, avaliado pelo custo médio ponderado, é de:
a) R$ 400,00.
b) R$ 512,50.
c) R$ 540,00.
d) R$ 600,00.
e) R$ 800,00.

**15.** Uma empresa que possuía saldo inicial de 100 unidades de mercadorias compradas a R$ 2,00 cada uma e 150 unidades a R$ 3,00 cada uma vende 200 unidades a R$ 2,50 cada uma, compra mais 50 unidades a R$ 3,50 cada uma, nessa ordem de datas, terá ao fim do período, um estoque de mercadorias no valor de:
a) R$ 275,00, se trabalhar com o critério PEPS.
b) R$ 325,00, se trabalhar com o critério PMP.
c) R$ 305,00, se trabalhar com o critério UEPS.
d) R$ 200,00, se trabalhar com o critério UEPS.
e) R$ 305,00, se trabalhar com o critério PMP.

**GABARITO**

| | | | | |
|---|---|---|---|---|
| 1. C | 2. D | 3. A | 4. E | 5. C |
| 6. D | 7. E | 8. A | 9. C | 10. D |
| 11. D | 12. B | 13. D | 14. B | 15. E |

# Capítulo 5

# Descontos e abatimentos

## 5.1 ▸ INTRODUÇÃO

O valor do bem adquirido integra o custo de aquisição das mercadorias e das matérias-primas, inclusive os custos adicionais incorridos até que o referido bem esteja em posse do estabelecimento que o adquiriu.

Conforme esclarece o **Pronunciamento Técnico CPC nº 16 – Estoque**, o valor do custo de aquisição das mercadorias e matérias-primas (estoques) deve incluir todos os gastos com a aquisição, tais como:

a) Preço da aquisição.
b) Imposto de Importação e outros tributos.
c) Variação cambial até a data de entrada da mercadoria ou matéria-prima no estabelecimento adquirente.
d) Outros custos suportados pelo comprador, tais como: transporte, seguro manuseio, embalagens e outros atribuíveis à aquisição.
e) As devoluções de compras, os abatimentos sobre compras, os descontos incondicionais obtidos ou descontos comerciais obtidos e outras importâncias semelhantes, deduzidos do custo de aquisição.

**NOTAS**

1. Na hipótese de importação de mercadorias e matérias-primas devem ser computados no custo de aquisição o Imposto de Importação (II), o Imposto sobre Operações Financeiras (IOF) incidente sobre a operação de câmbio, os custos alfandegários, inclusive os gastos com despachantes e demais taxas pagas na referida operação.
2. Os gastos eventualmente realizados com a armazenagem somente devem integrar o custo de aquisição quando forem necessários à efetiva chegada e entrega da mercadoria ou matéria-prima no estabelecimento da empresa adquirente.
3. Ainda segundo o referido Pronunciamento Técnico, serão consideradas despesas (computadas diretamente em conta de Resultado – ARE) todos os demais gastos, inclusive de realocação, variação cambial ou qualquer outro desembolso, quando realizado após a chegada dos referidos bens no estabelecimento da empresa adquirente.

Por sua vez, o art. 289, do Regulamento do Imposto de Renda de 1999 (RIR/1999), ao tratar do assunto em epígrafe, dispõe:

> **Subseção III – Custo dos Bens ou Serviços**
> **Custo de Aquisição**
>
> **Art. 289.** O **custo das mercadorias revendidas e das matérias-primas** utilizadas será determinado com base em registro permanente de estoques ou no valor dos estoques existentes, de acordo com o Livro de Inventário, no fim do período de apuração (Decreto-Lei nº 1.598, de 1977, art. 14).
>
> § 1º O custo de aquisição de mercadorias destinadas à revenda compreenderá os de **transporte e seguro** até o estabelecimento do contribuinte e os **tributos devidos na aquisição ou importação** (Decreto-Lei nº 1.598, de 1977, art. 13).
>
> § 2º Os **gastos com desembaraço aduaneiro** integram o custo de aquisição.
>
> § 3º **Não se incluem no custo os impostos recuperáveis** através de créditos na escrita fiscal. (Grifos nossos)

Neste capítulo, vamos analisar os descontos e abatimentos e sua repercussão na apuração do Resultado com Mercadorias (RCM). Relativamente aos descontos, é importante conhecer a diferença entre os descontos financeiros e os descontos incondicionais e sua consideração na apuração do resultado (bruto e líquido).

Os demais itens que alteram o custo de aquisição das mercadorias e das matérias-primas, inclusive os tributos incidentes sobre as operações de compra e venda, serão analisados nos Capítulos 6 e 7.

## 5.2 ▸ DESCONTOS FINANCEIROS

Os **descontos financeiros** estão ligados ou condicionados ao pagamento ou recebimento de títulos por antecipação. Portanto, podem ser *obtidos* ou *concedidos*.

### 5.2.1 Descontos financeiros obtidos, descontos financeiros ativos ou receita de descontos

**Descontos financeiros obtidos**, **descontos financeiros ativos** ou **receita de descontos** são obtidos na liquidação antecipada de obrigações.

**EXEMPLO**

A contabilização do pagamento em cheque de obrigações a fornecedores no valor total de R$ 60.000,00, menos 10% de desconto devido à antecipação no pagamento será efetuada da forma exposta a seguir.

**Contabilização**

| | |
|---|---|
| D – Fornecedores | 60.000,00 |
| C – Bancos (Banco X) | 54.000,00 |
| C – Descontos Financeiros Obtidos (ARE) | 6.000,00 |

A conta Descontos Financeiros Obtidos (Receita Financeira) deverá ser encerrada a crédito do resultado do exercício da seguinte forma:

**Contabilização**

| | |
|---|---|
| D – Descontos Financeiros Obtidos | |
| C – Apuração do Resultado do Exercício (ARE) | 6.000,00 |

### 5.2.2 Descontos financeiros concedidos, descontos financeiros passivos ou despesa de descontos

**Descontos financeiros concedidos**, **descontos financeiros passivos** ou **despesa de descontos** são concedidos no recebimento antecipado de direitos.

**EXEMPLO**

Contabilize o recebimento em cheques de Duplicatas a Receber no valor total de R$ 45.000,00, menos 10% de desconto devido à antecipação no recebimento.

**Contabilização**

| | |
|---|---|
| D – Bancos (Banco X) | 40.500,00 |
| D – Descontos financeiros recebidos | 4.500,00 |
| C – Duplicatas a Receber (AC) | 45.000,00 |

A conta Descontos Financeiros Concedidos (Despesa Financeira) deverá ser encerrada a débito do resultado do exercício da seguinte forma:

**Contabilização**

| | |
|---|---|
| D – ARE | |
| C – Descontos Financeiros Concedidos | 4.500,00 |

**ATENÇÃO**

Conforme se pode observar, os descontos financeiros são considerados receitas e despesas financeiras, afetando, assim, a ARE, mas não provocando alterações no RCM.

## 5.3 ▸ DESCONTOS INCONDICIONAIS

Os **descontos incondicionais** são parcelas redutoras dos preços de compra e venda, constantes da Nota Fiscal (NF) ou da fatura de serviço e não dependentes de evento posterior à emissão desses documentos.

A receita bruta, na maior parte dos casos, é contabilizada pelo valor total da NF, portanto, líquido dos descontos. É aconselhável, porém, contabilizar tais descontos para obter informações necessárias ao processo de tomada de decisões e também para possibilitar o levantamento adequado da Demonstração do Resultado do Exercício (DRE) para fins da legislação tributária federal (legislação do Imposto sobre a Renda das Pessoas Jurídicas – IRPJ).

**EXEMPLO**

NF ............................................................... R$ 37.500,00
(–) Desconto Incondicional ................................. R$ (7.500,00)
(=) Total da NF ............................................... R$ 30.000,00

Os descontos incondicionais afetam também a base de cálculo dos tributos, ou seja:

**Imposto sobre Circulação de Mercadorias e Serviços (ICMS)** – A base de cálculo é o total da NF (valor da operação). No caso em tela, R$ 30.000,00.

**Imposto sobre Produtos Industrializados (IPI)** – Em função da disposição contida no art. 15 da Lei nº 7.798, de 1989, não era possível excluir da base de cálculo do IPI o montante dos descontos incondicionais concedidos. Porém, em 4 de setembro de 2014, o Supremo Tribunal Federal (STF), no julgamento do Recurso Extraordinário (RE) 567.935, proferiu decisão declarando que o valor dos descontos incondicionais não integra a base de cálculo do IPI.

Na mencionada decisão, o STF declarou inconstitucional o parágrafo 2º do art. 14 da Lei nº 4.502/1964, com redação dada pelo art. 15 da Lei nº 7.798/1989, no tocante à inclusão dos descontos incondicionais na base de cálculo do IPI.

Tendo em vista que o RE 567.935 teve repercussão geral reconhecida, a decisão proveniente desse julgamento deverá ser aplicada pelas instâncias inferiores, em casos idênticos, para autorizar os contribuintes a excluírem o valor dos descontos incondicionais da base de cálculo do IPI. Assim, a partir da referida declaração de inconstitucionalidade,[1] a base de cálculo do IPI, no caso em tela, também será de R$ 30.000,00.

## 5.3.1 Descontos incondicionais obtidos ou descontos comerciais obtidos

**Descontos incondicionais obtidos** ou **descontos comerciais obtidos** são adquiridos no momento da compra da mercadoria e destacados na respectiva NF ou na fatura de serviços.

**EXEMPLO**

Contabilize a operação abaixo (serão desconsiderados os aspectos fiscais, analisados no Capítulo 7).

**NF de Compra a prazo**

| | |
|---|---|
| Valor | R$ 100.000,00 |
| (–) Desconto incondicional | R$ (10.000,00) |
| (=) Total da NF | R$ 90.000,00 |

**Registro do Livro Diário**

1. D – Compras
   C – Fornecedores 100.000,00

[1] O art. 19 da Lei nº 10.522, de 2002, com redação dada pelo art. 21 da Lei nº 12.844, de 2013, dispõe sobre a não interposição de recurso pela Procuradoria da Fazenda Nacional (PFN), ou a desistência do recurso interposto em virtude de jurisprudência pacífica do STF. A Secretaria da Receita Federal do Brasil não constituirá os créditos tributários relativos à jurisprudência pacífica do STF.

2. D – Fornecedores
   C – Descontos Incondicionais Obtidos 10.000,00

Ou, alternativamente, efetue um lançamento único da seguinte forma:

| | |
|---|---|
| D – Compras | 100.000,00 |
| C – Fornecedores | 90.000,00 |
| C – Descontos Incondicionais Obtidos | 10.000,00 |

O saldo da conta Descontos Incondicionais Obtidos deverá ser encerrado a crédito de compras, obtendo, assim, o valor líquido destas.

3. D – Descontos Incondicionais Obtidos
   C – Compras 10.000,00

- **Razonetes**

| Compras | |
|---|---|
| (1) 100.000,00 | 10.000,00 (3) |
| **(s) 90.000,00** | |

| Fornecedores | |
|---|---|
| (2) 10.000,00 | 100.000,00 (1) |
| | **90.000,00 (s)** |

| Descontos Incondicionais Obtidos | |
|---|---|
| (3) 10.000,00 | 10.000,00 (2) |
| | |

## 5.3.2 Descontos incondicionais concedidos ou descontos comerciais concedidos

**Descontos incondicionais concedidos ou descontos comerciais concedidos** são concedidos no momento da venda da mercadoria e destacados na respectiva NF ou na fatura de serviços.

**EXEMPLO**

Contabilize a operação abaixo (serão desconsiderados os aspectos fiscais, analisados no Capítulo 7).

**NF de Venda a Prazo**

| | |
|---|---|
| Valor | R$ 200.000,00 |
| (–) Desconto Incondicional | R$ (20.000,00) |
| (=) Total da NF | R$ 180.000,00 |

**Registro no Livro Diário**

| | |
|---|---|
| 1. D – Duplicatas a Receber | 180.000,00 |
| D – Descontos Incondicionais Concedidos | 20.000,00 |
| C – Receita Operacional Bruta (VB) | 200.000,00 |

> **NOTA**
>
> De forma semelhante ao que foi efetuado com compras, poderíamos efetuar dois lançamentos contábeis distintos, ou seja:
>
> D – Duplicatas a Receber
> C – Receita Operacional Bruta (VB) 200.000,00
>
> D – Descontos Incondicionais concedidos
> C – Duplicatas a Receber 20.000,00

2. Transferência da Receita Bruta (VB) para Receita Líquida (VL)
   D – Receita Operacional Bruta (VB)
   C – Receita Operacional Líquida (VL) 200.000,00

3. Transferência dos Descontos Incondicionais Concedidos para Receita Operacional Líquida
   D – Receita Operacional Líquida (VL)
   C – Descontos Incondicionais Concedidos 20.000,00

- **Razonetes**

| Duplicatas a Receber | |
|---|---|
| (1) 180.000,00 | |

| Receita Operacional Bruta (VB) | |
|---|---|
| (2) 200.000,00 | 200.000,00 (1) |

| Desc. Incondic. Concedidos | |
|---|---|
| (1) 20.000,00 | 20.000,00 (3) |

| Receita Operac. Líquida (VL) | |
|---|---|
| (3) 20.000,00 | 200.000,00 (2) |
| | **180.000,00 (s)** |

(s) = Saldo.

> **NOTA**
>
> Os descontos incondicionais são contratados no ato da operação quando é estabelecido o seu valor. Os motivos do desconto podem ser: cliente especial, quantidade comprada ou vendida, catálogo com os preços aumentados etc.

### 5.3.3 Descontos incondicionais – bonificações

As **bonificações** concedidas em mercadorias, quando constarem na NF dos bens e não dependerem de evento posterior à emissão desse documento, são consideradas como parcelas redutoras da receita bruta de vendas, a título de descontos incondicionais.

Segundo decisões recentes da consulta de órgãos da Receita Federal, por representarem descontos incondicionais, o valor correspondente a tais bonificações podem ser deduzidos da base de cálculo do IRPJ, da Contribuição Social sobre o Lucro Líquido (CSLL), das Contribuições para o Programa de Integração Social (PIS) e para a Contribuição para Financiamento da Seguridade Social (COFINS).

## 5.4 ▸ ABATIMENTOS SOBRE COMPRAS E VENDAS

**Abatimentos sobre compras e vendas** são parcelas redutoras dos preços em função de eventos ocorridos após tais operações. Os descontos podem ocorrer por diferença de tipo, qualidade, quantidade, preço ou qualquer outro fator que esteja em desacordo com o pedido ou com a NF.

Contabilmente, tais abatimentos são considerados:

**Para o vendedor:** Conta Retificadora da Receita Bruta (Vendas Brutas).
**Para o comprador:** Conta Retificadora de Compras.

### 5.4.1 Abatimentos sobre compras – contabilização

a) Se as compras foram efetuadas a prazo:
D – Fornecedores ou Duplicatas a Pagar
C – Abatimentos sobre Compras

b) Se as compras foram realizadas à vista:
D – Caixa ou Bancos Conta Movimento (Disponível)
C – Abatimentos sobre Compras

c) O valor correspondente a esses abatimentos deverá ser encerrado tendo como contrapartida Compras (inventário periódico) ou Mercadorias em Estoque (inventário permanente):
D – Abatimentos sobre Compras
C – Compras ou Mercadorias em Estoque

### 5.4.2 Abatimentos sobre vendas – contabilização

a) Se as vendas foram efetuadas a prazo:
D – Abatimentos sobre Vendas
C – Duplicatas a Receber ou Clientes

b) Se as vendas foram efetuadas à vista:
D – Abatimentos sobre Vendas
C – Caixa ou Bancos (Disponível)

c) Valor correspondente a esses abatimentos deverá ser encerrado tendo como contrapartida a conta de vendas com o objetivo de determinar o seu valor líquido:
D – Vendas Líquidas (VL)
C – Abatimentos sobre Vendas

## 5.5 ▸ REPERCUSSÃO NO RESULTADO

Observe, finalmente, que tanto os descontos incondicionais quanto os abatimentos reduzem o valor das compras e vendas, afetando diretamente o Resultado com a Conta de Mercadorias (RCM) e indiretamente a Apuração do Resultado do Exercício (ARE). Veja a nomenclatura no Capítulo 4:

**CMV = EI + C – EF**
**RCM = V – CMV**
**ARE = RCM + OR – OD**

## 5.6 ▸ DESCONTOS INCONDICIONAIS NAS DEVOLUÇÕES DE COMPRAS E VENDAS

### 5.6.1 Devoluções de compras

As **devoluções de compras** correspondem à anulação de valores registrados anteriormente como compras. O saldo da conta Devolução de Compras deverá ser transferido a crédito da conta Compras ou Mercadorias em Estoque, caso a pessoa jurídica utilize, respectivamente, inventário periódico ou permanente.

**EXEMPLO**

Contabilização

1. Pela devolução de compras
   D – Caixa ou Bancos Conta Movimento ou Fornecedores
   C – Devolução de Compras

2. Pelo desconto incondicional correspondente
   D – Descontos Incondicionais Obtidos
   C – Caixa ou Bancos ou Fornecedores

Ou, alternativamente, efetue um único lançamento da seguinte forma:

D – Caixa ou Bancos Conta Movimento ou Fornecedores
D – Descontos Incondicionais Obtidos
C – Devolução de Compras

### 5.6.2 Devoluções de vendas

As **devoluções de vendas** correspondem à anulação de valores registrados anteriormente como receita bruta no próprio período de apuração. As vendas de períodos de apuração anteriores canceladas deverão ser registradas como Despesas de Vendas (Despesas Operacionais).[2]

O saldo da conta Devolução de Vendas será utilizado para apurar o valor da Receita Operacional Líquida (Vendas Líquidas). Para fins tributários, essa conta é considerada como redutora da Receita Bruta para fins de apuração da Receita Líquida (VL).

[2] Para saber mais, consulte o Capítulo 8.

**EXEMPLO**

Contabilização

1. Pela devolução de vendas
   D – Devolução de Vendas
   C – Caixa ou Bancos ou Duplicatas a Receber

2. Pelo desconto correspondente
   D – Caixa ou Bancos Conta Movimento ou Duplicatas a Receber
   C – Descontos Incondicionais Concedidos

Ou, alternativamente, efetue um único lançamento, da seguinte forma:

D – Devolução de Vendas
C – Caixa ou Bancos ou Duplicatas a Receber
C – Descontos Incondicionais Concedidos

**EXERCÍCIO DE FIXAÇÃO**

**Fornecidos os saldos das seguintes contas em 31 de dezembro de 20X1 em uma empresa que utiliza inventário periódico:**

1. Estoque Inicial (EI) ........ R$ 10.000,00
2. Compras ........ R$ 190.000,00
3. Devoluções de Compras ........ R$ 5.000,00
4. Descontos Incondicionais Obtidos ........ R$ 5.000,00
5. Receita de Vendas ........ R$ 300.000,00
6. Devoluções de Vendas ........ R$ 10.000,00
7. Descontos Incondicionais Concedidos ........ R$ 5.000,00
8. Estoque Final (EF) ........ R$ 23.940,00
9. Saldo de Fornecedores ........ R$ 60.000,00
10. Saldo de Duplicatas a Receber ........ R$ 80.000,00

**Pede-se:**

a) Contabilizar as operações a seguir.
b) Apurar o Resultado Bruto (RCM) em 31 de dezembro de 20X1.
c) Representar na DRE o RCM.

**1ª Operação**

| ELEMENTOS | NOTAS FISCAIS | |
|---|---|---|
| | De Vendas | De Devolução de Vendas |
| Valor Bruto<br>(–) Desconto Incondicional<br>(=) Total da Nota Fiscal | 60.000,00<br>(3.000,00)<br>57.000,00 | 6.000,00<br>(300,00)<br>5.700,00 |
| Não foram considerados os valores dos impostos incidentes sobre vendas. | | |

1. Pela venda a prazo

| | |
|---|---|
| D – Duplicatas a Receber | 57.000,00 |
| D – Descontos Incondicionais Concedidos | 3.000,00 |
| C – Receita de Vendas | 60.000,00 |

2. Pela Devolução de Vendas

| | |
|---|---|
| D – Devolução de Vendas | 6.000,00 |
| C – Duplicatas a Receber | 5.700,00 |
| C – Descontos Incondicionais Concedidos | 300,00 |

**2ª Operação**

| ELEMENTOS | NOTAS FISCAIS | |
|---|---|---|
| | De Compras | De Devolução de Compras |
| Valor Bruto | 28.000,00 | 2.800,00 |
| (–) Desconto Incondicional | (1.400,00) | (140,00) |
| (=) Total da Nota Fiscal | 26.600,00 | 2.660,00 |
| Não foram considerados os valores dos impostos incidentes sobre compras. | | |

3. Pela compra a prazo

| | |
|---|---|
| D – Compras | 28.000,00 |
| C – Descontos Incondicionais Obtidos | 1.400,00 |
| C – Fornecedores | 26.600,00 |

4. Pela Devolução de Compras

| | |
|---|---|
| D – Descontos Incondicionais Obtidos | 140,00 |
| D – Fornecedores | 2.660,00 |
| C – Devoluções de Compras | 2.800,00 |

5. Transferência das devoluções de compras e descontos incondicionais obtidos para compras

| | |
|---|---|
| D – Devoluções de Compras | 7.800,00 |
| D – Descontos Incondicionais Obtidos | 6.260,00 |
| C – Compras | 14.060,00 |

6. Transferência do Estoque Inicial (EI) e Compras para o CMV

| | |
|---|---|
| D – Custo das Mercadorias Vendidas (CMV) | 213.940,00 |
| C – Compras | 203.940,00 |
| C – Mercadorias em Estoque (EI) | 10.000,00 |

7. Registro do Estoque Final (EF)

| | |
|---|---|
| D – Mercadorias em Estoque (EF) | |
| C – Custo das Mercadorias Vendidas (CMV) | 23.940,00 |

8. Transferência das Receitas de Vendas para Vendas Líquidas (VL)

| | |
|---|---|
| D – Receita de Vendas (Vendas Brutas) | |
| C – Vendas Líquidas (VL) | 360.000,00 |

9. Transferência das devoluções de vendas e descontos incondicionais concedidos para Vendas Líquidas (VL)
   D – Vendas Líquidas (VL) 23.700,00
   C – Devoluções de Vendas 16.000,00
   C – Descontos Incondicionais Concedidos 7.700,00

10. Transferência das Vendas Líquidas para Resultado com Mercadorias (RCM)
    D – Vendas Líquidas (VL)
    C – Resultado com Mercadorias (RCM) 336.300,00

11. Transferência do Custo das Mercadorias Vendidas (CMV) para RCM
    D – RCM
    C – Custo das Mercadorias Vendidas (CMV) 190.000,00

- **Razonetes**

| Mercadorias em Estoque | |
|---|---|
| **Ei 10.000,00** | 10.000,00 (6) |
| (7) 23.940,00 | |

| Fornecedores | |
|---|---|
| (4) 2.660,00 | 60.000,00 (s) |
| | 26.600,00 (3) |
| **(s) 2.660,00** | **86.600,00 (s)** |
| | **83.940,00 (s)** |

| Duplicatas a Receber | |
|---|---|
| (s) 80.000,00 | 5.700,00 (2) |
| (1) 57.000,00 | |
| **(s) 137.000,00** | **5.700,00 (s)** |
| **(s) 131.300,00** | |

| Compras | |
|---|---|
| (s) 190.000,00 | |
| (3) 28.000,00 | |
| **(s) 218.000,00** | 14.060,00 (5) |
| **(s) 213.940,00** | 203.940,00 (6) |

| Devoluções de Compras | |
|---|---|
| | 5.000,00 (s) |
| | 2.800,00 (4) |
| (5) 7.800,00 | **7.800,00 (s)** |
| **(5) 6.260,00** | **6.260,00 (s)** |

| Descontos Incond. Obtidos | |
|---|---|
| | **5.000,00 (s)** |
| (4) 140,00 | 1.400,00 (3) |
| **(s) 140,00** | **6.400,00 (s)** |
| **(5) 6.260,00** | **6.260,00 (s)** |

| Receita de Venda | |
|---|---|
| | **300.000,00 (s)** |
| | 60.000,00 (1) |
| (8) 360.000,00 | **360.000,00 (s)** |

| Devoluções de Vendas | |
|---|---|
| (s) 10.000,00 | |
| (2) 6.000,00 | |
| **(s) 16.000,00** | 16.000,00 (9) |

| Descontos Incondic. Concedidos | |
|---|---|
| **(s) 5.000,00** | 300,00 (2) |
| (1) 3.000,00 | |
| **(s) 8.000,00** | **300,00 (s)** |
| **(s) 7.700,00** | **7.700,00 (9)** |

| Vendas Líquidas | | Custos das Mercadorias Vendidas (CMV) | | Resultado com Mercadorias (RCM) | |
|---|---|---|---|---|---|
| (9) 23.700,00 | 360.000,00 (8) | (6) 213.940,00 | 23.940,00 (7) | (11) 190.000,00 | 336.300,00 (10) |
| (10) 336.300,00 | **336.300,00 (s)** | **(s) 190.000,00** | 190.000,00 (11) | | **146.300,00 (s)** |

(s) = Saldo.

| DEMONSTRAÇÃO DO RESULTADO DO EXERCÍCIO 31.12.20X1 | | |
|---|---|---|
| Receita Operacional Bruta (VB) | | 360.000,00 |
| (–) Deduções da Receita Bruta | | |
| Devoluções de Vendas | 16.000,00 | |
| Descontos Incondicionais Concedidos | 7.700,00 | (23.700,00) |
| (=) Receita Operacional Líquida (VL) | | 336.300,00 |
| (–) Custo das Mercadorias Vendidas (CMV) | | (190.000,00) |
| (=) Lucro Operacional Bruto (LB = RCM) | | **146.300,00** |

**NOTA**

1. De forma semelhante ao que foi efetuado com vendas, poderíamos desdobrar a conta Compras em Compras Brutas (CB) e Compras Líquidas (CL). Consulte o Capítulo 6 para saber mais sobre isso.
2. Nos próximos capítulos, será feita uma análise mais profunda sobre os fatos que modificam Compras e Vendas, inclusive os Impostos Incidentes sobre Compras e Vendas.

## TESTES DE FIXAÇÃO

**1.** A empresa Comercial SILPA S.A, pagou ao Banco de Cobrança S/A em 13 de janeiro de 20X1, com cheque sacado contra a sua conta de movimento junto ao Banco Federal S/A, uma duplicata de seu aceite no valor de R$ 7.000,00 referente à aquisição de mercadorias para revenda, fazendo jus a um desconto de 10%, concedido pelo fornecedor no ato do resgate. Posto isso, assinale o lançamento entre os relacionados abaixo (datas e históricos dispensados), aplicável convenientemente ao registro contábil dessa operação.

a) D – Banco de Cobrança S/A – conta Movimento 7.000,00
C – Fornecedores 6.300,00
C – Descontos Obtidos 700,00

b) D – Fornecedores 7.000,00
C – Banco Federal S/A – conta Movimento 6.300,00
C – Descontos Obtidos 700,00

c) D – Fornecedores 7.000,00
C – Banco de Cobrança S/A 6.300,00
C – Descontos Concedidos 700,00

d) D – Fornecedores 7.700,00
C – Banco Federal S/A – conta Movimento 7.000,00
C – Descontos Concedidos 700,00

e) D – Fornecedores 7.000,00
D – Descontos Obtidos 700,00
C – Banco Federal S/A – conta Movimento 7.700,00

**2.** Em relação ao desconto referido na questão anterior, pode-se afirmar que se trata de:

a) Um desconto incondicional concedido sobre vendas efetuadas pela Comercial SILPA S.A.
b) Um desconto incondicional obtido pela Comercial SILPA S.A. em compras por ela efetuadas.
c) Um abatimento sobre compras obtido pela Comercial SILPA S.A. provavelmente em função de defeitos observados na mercadoria adquirida.
d) Um desconto financeiro obtido pela empresa pelo fato de efetuar o pagamento de compras a prazo antes do vencimento.
e) Um desconto incondicional obtido sobre o valor da venda a prazo efetuada pela companhia.

**3.** É incorreto afirmar que:

a) Os descontos incondicionais são excluídos do valor da transação para fins de se determinar a base de cálculo do ICMS.
b) Os descontos incondicionais não dependem de evento posterior à emissão da NF.
c) Os abatimentos são parcelas redutoras dos preços de compra e venda em função de diferença no tipo, qualidade, quantidade, preço ou peso das mercadorias que esteja em desacordo com o pedido ou com a NF.
d) Os descontos financeiros concedidos ocorrem no recebimento antecipado de direitos de crédito contra terceiros.
e) Os descontos financeiros, sejam concedidos ou obtidos, são computados na apuração do Resultado com Mercadorias.

**4.** A Cia. PACLANDRESSA efetuou as seguintes operações no mês de julho de 20X1 (serão desconsiderados os impostos incidentes sobre compras e vendas):

- Adquiriu mercadorias a prazo, cujo valor era de R$ 40.000,00, mas obteve um Desconto Incondicional de R$ 4.000,00.
- Vendeu as citadas mercadorias à vista por R$ 87.000,00, importância sobre a qual concedeu um desconto de R$ 7.000,00 no corpo da NF de venda.
- Pagou antecipadamente a duplicata referente à compra a prazo, obtendo, em função disso, um desconto de R$ 2.000,00 sobre seu valor.
- O adquirente das mercadorias vendidas pela companhia reclamou que houve diferença no tipo do produto entregue, fato que motivou a concessão de um abatimento de R$ 3.000,00 sobre o valor da venda.

Sabendo-se que não havia Estoque Inicial e que o Estoque Final é zero, o Resultado com Mercadorias da empresa nesse mês foi de:

a) R$ 43.000,00.
b) R$ 47.000,00.
c) R$ 41.000,00.
d) R$ 37.000,00.
e) R$ 39.000,00.

**5.** Kafa Comércio de Tecidos S/A iniciou suas atividades no mês de dezembro de 20X1, adquirindo um lote de tecidos à vista no valor de R$ 120.000,00, resultante de uma compra de R$ 140.000,00 com desconto incondicional de R$ 20.000,00. Ocorreram posteriormente os seguintes eventos:

- A empresa conseguiu um abatimento de R$ 10.000,00 sobre a compra acima.
- Vendeu por R$ 100.000,00 a prazo 60% do lote comprado.
- Tendo recebido o pagamento dessa duplicata antes do vencimento, concedeu um desconto de R$ 5.000,00 sobre o seu valor.

O Lucro Bruto da companhia referente a esse mês, no pressuposto de que não ocorreram outras operações com mercadorias, foi de:

a) R$ 34.000,00.
b) R$ 24.000,00.
c) R$ 28.000,00.
d) R$ 19.000,00.
e) R$ 29.000,00.

**6.** A Empresa PVSN Ltda. emite cheque no valor de R$ 54.000,00 para pagamento de obrigações a fornecedores com desconto de 10%, devido à antecipação de pagamento. O lançamento contábil que contempla o fato acima está corretamente grafado na alternativa:

a) D – Fornecedores 60.000,00
C – Bancos Conta Movimento 54.000,00
C – Descontos Financeiros Ativos 6.000,00

b) D – Fornecedores 54.000,00
C – Bancos Conta Movimento 48.600,00
C – Descontos Financeiros Ativos 5.400,00

c) D – Bancos Conta Movimento 60.000,00
C – Fornecedores 54.000,00
C – Descontos Financeiros Ativos 6.000,00

d) D – Bancos Conta Movimento 54.000,00
C – Fornecedores 48.600,00
C – Descontos Financeiros Ativos 5.400,00

e) D – Fornecedores. 60.000,00
C – Bancos Conta Movimento 54.000,00
C – Descontos Financeiros Passivos 6.000,00

**GABARITO**

| 1. B | 2. D | 3. E | 4. C | 5. A | 6. A |
|---|---|---|---|---|---|

# Capítulo 6

# Fatos que modificam compras e vendas

## 6.1 ▸ INTRODUÇÃO

Segundo a legislação fiscal do Regulamento do Imposto de Renda (RIR/1999), a **Receita Bruta das Vendas e Serviços** compreende:[1]

I. O produto da venda de bens nas operações de conta própria.
II. O preço dos serviços vendidos.
III. Resultado auferido em conta alheia.[2]
IV. As receitas da atividade ou objeto principal da pessoa jurídica não compreendidas nos incisos I a III.

O produto da venda de bens corresponde ao preço de venda, sem o cômputo do Imposto sobre Produtos Industrializados (IPI) e do Imposto sobre Circulação de Mercadorias e Serviços (ICMS) – Substituição Tributária.

Em se tratando de exportação de produtos manufaturados nacionais,[3] observa-se que:

a) A receita bruta de vendas corresponderá ao valor expresso em moeda estrangeira, convertido em reais pela taxa de câmbio fixada no boletim de abertura pelo Banco Central do Brasil, para compra, em vigor na data de embarque dos produtos para o exterior, ou seja, a data averbada no Sistema Integrado de Comercio Exterior (SISCOMEX).
b) As diferenças decorrentes de alteração na taxa de câmbio, ocorridas entre a data de fechamento do contrato de câmbio e a data do embarque, serão consideradas como variações monetárias passivas ou ativas, ou seja, como despesas ou receitas financeiras, respectivamente (Portaria nº MF 356, de 1988).

---

1 Redação dada pelo art. 2º da Lei nº 12.973, de 2014.

2 Venda feita por um comerciante por conta e ordem de terceira pessoa.

3 A partir da edição da Medida Provisória nº 1.818, de 25 de março de 1999, convertida na Lei nº 9.816, de 23 de agosto de 1999 e Lei nº 10.305, de 2001, para fins de determinação de base de cálculo dos tributos administrados pela Secretaria da Receita Federal do Brasil, o valor em reais das transferências do e para o exterior será apurado com base na cotação de venda para a moeda, correspondente ao segundo dia útil imediatamente anterior ao da contratação da respectiva operação de câmbio ou, se maior, da operação de câmbio em si.

c) O valor das receitas de vendas nas exportações de serviços auferido pelas pessoas jurídicas, inclusive instituições financeiras e companhias seguradoras, a título de comissões, taxas contratuais, multas e outras receitas vinculadas a operações financeiras ativas, deverá ser convertido, em reais, à taxa de câmbio de compra fixada no boletim de abertura do Banco Central do Brasil (BACEN) na data do reconhecimento da receita correspondente.

A receita deverá ser computada no resultado contábil, conforme dispõem os itens 4.47 e 4.48 da Estrutura Conceitual para a Elaboração e Apresentação das Demonstrações Contábeis, elaborada pelo Comitê de Pronunciamentos Contábeis (CPC) e aprovada pela Comissão de Valores Mobiliários (Resolução CVM nº 675, de 2011) e pelo Conselho Federal de Contabilidade (Resolução CFC nº 1.374, de 2011).[4]

O regulamento do IPI, aprovado pelo Decreto nº 7.212, de 15 de junho de 2010, dispõe:

> **Art. 36**. Considera-se ocorrido o fato gerador (Lei nº 4.502/1964, arts. 2º e 5º, inciso I, alínea d, e Decreto-Lei nº 1.133/1970, art. 1º):
>
> (...) VI – no quarto dia da data da emissão da respectiva nota fiscal, quanto aos produtos que até o dia anterior não tiverem deixado o estabelecimento do contribuinte.

A **Receita Líquida das Vendas e Serviços** corresponde à Receita Bruta diminuída:

a) dos impostos incidentes sobre vendas;
b) das vendas canceladas;
c) dos abatimentos e/ou descontos concedidos incondicionalmente;
d) dos Ajustes a Valor Presente (AVP) a partir da data da entrada em vigor da Lei nº 12.973, de 2014.[5]

No Capítulo 7, faremos um estudo detalhado dos impostos incidentes sobre vendas e serviços. Neste capítulo, trataremos exclusivamente dos demais fatos que modificam ou alteram compras e vendas.

É de vital importância o estudo de tais fatos, pois eles alteram o Resultado Operacional Bruto (Lucro ou Prejuízo Bruto) do período correspondente.

**NOTA**

Consulte no Capítulo 7 e no Capítulo 9 o conceito de receita bruta para fins comerciais (Pronunciamento Técnico CPC nº 30), bem como o novo conceito de receita da venda de bens e serviços, estabelecido pela Lei nº 12.973, de 2014).

## 6.2 ▸ FATOS QUE MODIFICAM COMPRAS

O custo das mercadorias ou matérias-primas adquiridas para revenda ou industrialização compreende:

a) O preço da aquisição, inclusive os gastos com material de embalagem e desembaraço aduaneiro, se houver.

4 Para saber mais sobre o tema, consulte o Capítulo 11.

5 Para saber mais sobre o tema, consulte os Capítulos 10 e 14.

b) O custo do transporte até o estabelecimento do comprador e o respectivo seguro.
c) Os tributos devidos na aquisição ou importação, exceto quando recuperáveis.[6]
d) As devoluções de compras, compras anuladas, devolvidas ou canceladas.
e) Os descontos incondicionais obtidos e/ou abatimentos sobre compras.

**CL = CB + Fr s/c + Seg s/c – CA – Ab s/c**

**CMV = EI + CL – EF**

Sendo: **CB** – Compras Brutas, já excluídos Tributos Recuperáveis
**Fr s/c** – Fretes sobre Compras
**Seg s/c** – Seguros sobre Compras
**CA** – Compras Anuladas ou Devolução de Compras
**Ab s/c** – Abatimentos sobre Compras e/ou Descontos Incondicionais Obtidos
**CMV** – Custo das Mercadorias Vendidas
**EI** – Estoque Inicial
**EF** – Estoque Final
**CL** – Compras Líquidas

Por sua vez, o Pronunciamento Técnico CPC nº 16, que trata dos Estoques, define o custo de aquisição no seu Item nº 11, a seguir reproduzido:

> **11.** O **custo de aquisição** dos estoques compreende o preço de compra, os impostos de importação e outros tributos (exceto os recuperáveis junto ao Fisco), bem como os custos de transporte, seguro, manuseio e outros diretamente atribuíveis à aquisição de produtos acabados, materiais e serviços. Descontos comerciais, abatimentos e outros itens semelhantes devem ser deduzidos na determinação do custo de aquisição. (Nova Redação dada pela Revisão CPC nº 1, de 8 de janeiro de 2010.)

## 6.3 ▸ FATOS QUE MODIFICAM VENDAS

Os **fatos que modificam** ou alteram **Vendas Brutas** (Receita Operacional Bruta) são:

a) As devoluções de vendas, vendas anuladas, devolvidas ou canceladas.
b) Os Descontos Incondicionais Concedidos e/ou abatimentos sobre vendas.
c) Impostos Incidentes sobre Vendas e Serviços (Imposto Sobre Serviços de Qualquer Natureza – ISS, Imposto sobre Circulação de Mercadorias e Serviços – ICMS, Programa de Integração Social – PIS, Contribuição para Financiamento da Seguridade Social – COFINS).

**VL = VB – VA – Ab s/v – Imp s/v**

**RCM = VL – CMV**

Sendo: **VL** – Vendas Líquidas
**VB** – Vendas Brutas (com o ICMS e sem o IPI)
**VA** – Vendas Anuladas ou Devolução de Vendas
**Ab s/v** – Abatimentos sobre Vendas e/ou Descontos Incondicionais Concedidos
**Imp s/v** – Impostos Incidentes sobre Vendas e Serviços[7]
**CMV** – Custo das Mercadorias Vendidas
**RCM** – Resultado com Mercadorias (Lucro ou Prejuízo Bruto)

[6] A recuperação de tributos será analisada no Capítulo 7, Item 7.3.
[7] Para saber mais sobre o tema, consulte o Capítulo 7.

### 6.3.1 Alterações da Lei nº 12.973, de 2014

Da data da entrada em vigor[8] da Lei nº 12.973, de 2014, considera-se como conta redutora da receita bruta para fins de apuração da receita líquida os AVP relativos à avaliação dos créditos do ativo (inciso VIII, art. 183, da Lei nº 6.404, de 1976).[9]

**Nova fórmula: VL = VB – VA – Ab s/v – Imp s/v – AVP**

Sendo: **AVP** – Ajustes a Valor Presente

## 6.4 ▸ DEFINIÇÕES IMPORTANTES

1. **Vendas Anuladas (VA)** – correspondem à anulação de valores registrados como *receita bruta* no próprio período de apuração. *As vendas canceladas de períodos de apuração anteriores deverão ser registradas como Despesas de Vendas (Despesas Operacionais)*, não afetando, portanto, o RCM.[10]
2. **Compras Anuladas (CA)** – correspondem aos valores registrados anteriormente como compras. Podem ser contabilizadas, também, como Devolução de Compras ou Compras Canceladas.
3. **Descontos Incondicionais ou Comerciais Obtidos ou Concedidos** – são parcelas redutoras dos preços de compra e venda, constantes da Nota Fiscal (NF) ou na fatura de serviços, e não dependentes de evento posterior à emissão desses documentos. Esses descontos são concedidos no ato da operação, quando é estabelecido o seu valor[11] (consulte o capítulo anterior).

   **Motivos:**
   - Quantidade comprada ou vendida.
   - Cliente especial.
   - Catálogo com preços aumentados.

4. **Abatimentos sobre compras e vendas** – são concedidos ou obtidos após a operação (compra ou venda) em função de avaria (diferença no tipo, qualidade, preço ou qualquer outro fator) que esteja em desacordo com o pedido ou com a NF. Esses abatimentos são concedidos para evitar a devolução da mercadoria.

**⚠ ATENÇÃO**

Os descontos incondicionais e/ou abatimentos sobre compras e vendas não devem ser confundidos com Descontos Financeiros, concedidos ou obtidos em razão do pagamento ou recebimento de títulos por antecipação. Tais descontos são considerados como despesas ou receitas financeiras e não alteram o Resultado com Mercadorias (RCM).

---

[8] A partir de 1º de janeiro de 2015, exceto para as pessoas jurídicas que fizeram a opção prevista no art. nº 119, da Lei nº 12.973, de 2014, cuja vigência terá início a partir de 1º de janeiro de 2014. Consulte a respeito os arts. 160 a 168 da então vigente Instrução Normativa RFB nº 1.700, de 2017.

[9] Para saber mais sobre o tema, consulte o Capítulo 9.

[10] Para saber mais sobre o tema, consulte o Capítulo 8.

[11] Para saber mais sobre o tema, consulte o Capítulo 5.

5. **Impostos incidentes sobre vendas** – são os que guardam proporcionalidade com o preço de venda ou dos serviços, mesmo quando o respectivo montante integra esse preço.[12] Temos como exemplo o ICMS, o ISS e o IE (Imposto de Exportação). Estão, também, incluídos nessa conceituação:
   a) Taxas que guardam proporcionalidade com o preço de venda.
   b) Parcelas de contribuição para o COFINS e para o PIS, calculadas sobre a receita bruta de vendas de bens ou de serviços.
   c) Quota de contribuição, ou retenção cambial, devida na exportação.

6. **Ajustes a Valor Presente (AVP)** – representam os ajustes realizados em ativos monetários (inciso VIII, art. 183 da Lei nº 6.404/76) em função do valor do dinheiro no tempo. Dessa forma, os valores a serem recebidos em determinado período futuro serão recalculados para se obter o Valor Presente (valor do recebível na data atual).[13]

**NOTAS**

1. As obrigações registradas no Passivo (inciso III, art. 184 da Lei nº 6.404/76), também devem ser avaliadas a Valor Presente. Porém, essa avaliação não interfere no montante da receita bruta e líquida, objeto deste capítulo.
2. O leitor interessado no tema pode consultar o Pronunciamento Técnico do CPC nº 12 que analisa a Avaliação a Valor Presente de Ativos e Passivos. Essa matéria encontra-se disciplinada também nos Capítulos 11 e 14 deste livro, e no livro *Curso prático de Imposto de Renda Pessoas Jurídicas e tributos conexos*, de nossa autoria.

## EXERCÍCIO DE FIXAÇÃO

**Dados:**

Mês de setembro de 20X1.

a)

| NOTAS FISCAIS DE: | VENDAS | COMPRAS |
|---|---|---|
| Valor Bruto | 40.000,00 | 20.000,00 |
| (–) Desconto Incondicional | (5.000,00) | (5.000,00) |
| (=) Total da NF | 35.000,00 | 15.000,00 |
| ICMS Destacado | 6.300,00 | 2.700,00 |

b)

| NOTAS FISCAIS DE: | DEVOLUÇÃO DE | |
|---|---|---|
| | Vendas | Compras |
| Valor Bruto | 4.000,00 | 2.000,00 |
| (–) Desconto Incondicional | (500,00) | (500,00) |
| (=) Total da NF | 3.500,00 | 1.500,00 |
| ICMS Destacado | 630,00 | 270,00 |

[12] Para saber mais sobre o tema, consulte o Capítulo 7.

[13] Para saber mais sobre o tema, consulte o Capítulo 9.

c) Abatimentos concedidos após a operação para evitar a devolução das mercadorias.
   Abatimento sobre vendas ........ R$ 395,00
   Abatimento sobre compras ........ R$ 500,00
d) Fretes (municipal) sobre compras a pagar em 30 dias ........ R$ 230,00
e) Seguro sobre compra a pagar em 30 dias ........ R$ 200,00
f) COFINS sobre a receita bruta ........ R$ 945,00
g) PIS incidente sobre a receita bruta ........ R$ 205,00
h) Estoque Inicial (EI) de setembro de 20X1 ........ R$ 4.000,00
i) Estoque Final (EF) de setembro de 20X1 ........ R$ 4.400,00

**NOTA**

Considerar Compras e Vendas, bem como as respectivas devoluções, como efetuadas a prazo.

**Pede-se:**

a) Contabilizar os fatos acima.

b) Apurar { Compras Líquidas (CL), Vendas Líquidas (VL), Custo das Mercadorias Vendidas (CMV) e Resultado com Mercadorias (RCM).

**Contabilização**

1.

| | |
|---|---|
| D – Clientes | 35.000,00 |
| D – Abatimentos sobre Vendas (Descontos Incondicionais) | 5.000,00 |
| C – Vendas Brutas (VB) | 40.000,00 |

2.

| | |
|---|---|
| D – ICMS sobre Vendas (Despesas de ICMS) | |
| C – ICMS a Recolher | 6.300,00 |

3.

| | |
|---|---|
| D – Compras Brutas (CB) | 17.300,00 |
| D – ICMS a Recuperar | 2.700,00 |
| C – Fornecedores | 15.000,00 |
| C – Abatimentos sobre Compras (Descontos Incondicionais) | 5.000,00 |

4.

| | |
|---|---|
| D – Devolução de Vendas (VA) | 4.000,00 |
| C – Abatimentos sobre Vendas (Descontos Incondicionais) | 500,00 |
| C – Clientes | 3.500,00 |

5.
D – ICMS a Recuperar
C – ICMS sobre Vendas (Despesa de ICMS) 630,00

6.
D – Fornecedores 1.500,00
D – Abatimentos sobre Compras
(Descontos Incondicionais) 500,00
C – Devolução de Compras (CA) 1.730,00
C – ICMS a Recolher 270,00

7.
D – Abatimentos sobre Vendas
C – Clientes 395,00

8.
D – Fornecedores
C – Abatimentos sobre Compras 500,00

9.
D – Fretes sobre Compras
C – Fornecedores 230,00

10.
D – Seguros sobre Compras
C – Fornecedores 200,00

11.
D – COFINS – Dedução da Receita Bruta
C – COFINS a Recolher 945,00

12.
D – PIS – Dedução da Receita Bruta
C – PIS a Recolher 205,00

**Apuração de Compras Líquidas (CL)**
CL = CB + Fr s/c + Seg s/c – CA – Abat s/c
CL = 17.300,00 + 230,00 + 200,00 – 1.730,00 – 5.000,00
CL = R$ 11.000,00

13.
D – Compras Líquidas (CL) 17.730,00
C – Compras Brutas (CB) 17.300,00
C – Fretes sobre Compras (Fr s/c) 230,00
C – Seguros sobre Compras (Seg s/c) 200,00

14.
D – Devolução de Compras (CA) 1.730,00
D – Abatimentos sobre Compras (Abat s/c) 5.000,00
C – Compras Líquidas (CL) 6.730,00

**Apuração de Vendas Líquidas (VL)**
VL= VB – VA – Ab s/v – Imp s/v (*)
VL = 40.000,00 – 4.000,00 – 4.895,00 – 6.820,00 (*)
**VL = R$ 24.285,00**

(*)

| **Imp. s/ Vendas** | **R$** |
|---|---|
| ICMS sobre Vendas | 5.670,00 |
| COFINS | 945,00 |
| PIS | 205,00 |
| (=) Imp. sobre Vendas | R$ 6.820,00 |

15.

| | |
|---|---|
| D – Vendas Brutas (VB) | |
| C – Vendas Líquidas (VL) | 40.000,00 |

16.

| | |
|---|---|
| D – Vendas Líquidas (VL) | 15.715,00 |
| C – Devolução de Vendas (VA) | 4.000,00 |
| C – Abatimentos sobre Vendas | 4.895,00 |
| C – ICMS sobre Vendas | 5.670,00 |
| C – COFINS – Dedução da Receita Bruta | 945,00 |
| C – PIS – Dedução da Receita Bruta | 205,00 |

**Apuração do Custo das Mercadorias Vendidas (CMV)**
CMV = EI + CL – EF
CMV = 4.000,00 + 11.000,00 – 4.400,00
**CMV = R$ 10.600,00**

17.

| | |
|---|---|
| D – Custo das Mercadorias Vendidas (CMV) | 15.000,00 |
| C – Mercadorias em Estoque (EI) | 4.000,00 |
| C – Compras Líquidas (CL) | 11.000,00 |

18.

| | |
|---|---|
| D – Mercadorias em Estoque (EF) | |
| C – Custo das Mercadorias Vendidas (CMV) | 4.400,00 |

**Apuração do Resultado com Mercadorias (RCM)**
RCM = VL – CMV
RCM = 24.285,00 – 10.600,00
**RCM (LB) = R$ 13.685,00**

19.

| | |
|---|---|
| D – Vendas Líquidas (VL) | |
| C – Resultado com Mercadorias (RCM) | 24.285,00 |

20.

| | |
|---|---|
| D – Resultado com Mercadorias (RCM) | |
| C – Custo das Mercadorias Vendidas (CMV) | 10.600,00 |
| D – ICMS a Recolher | |
| C – ICMS a Recuperar | 3.330,00 |

| DEMONSTRAÇÃO DO RESULTADO DO EXERCÍCIO | | |
|---|---|---|
| Receita Operacional Bruta (VB) | | 40.000,00 |
| (–) Deduções da Receita Bruta | | |
| • Devoluções e Abatimentos | 8.895,00 | |
| • Impostos Incidentes sobre Vendas | 6.820,00 | (15.715,00) |
| (=) Receita Operacional Líquida (VL) | | 24.285,00 |
| (–) Custo das Mercadorias Vendidas (CMV) | | (10.600,00) |
| (=) Lucro Operacional Bruto (LB = RCM) | | 13.685,00 |

- **Razonetes**

| Compras Brutas | |
|---|---|
| (3) 17.300,00 | 17.300,00 (13) |

| Compras Anuladas (CA) ou Devolução de Compras | |
|---|---|
| (14) 1.730,00 | 1.730,00 (6) |

| Abatimentos Sobre Compras | |
|---|---|
| (6) 500,00 | 5.000,00 (3) |
| | 500,00 (8) |
| **(s) 500,00** | **5.500,00 (s)** |
| (14) 5.000,00 | **5.000,00 (s)** |

| Seguros Sobre Compras | |
|---|---|
| (10) 200,00 | 200,00 (13) |

| Duplicatas a Receber | |
|---|---|
| (9) 230,00 | 230,00 (13) |

| Compras Líquidas | |
|---|---|
| (13) 17.730,00 | 6.730,00 (14) |
| **(s) 11.000,00** | 11.000,00 (17) |

| Vendas Brutas (VB) | |
|---|---|
| (15) 40.000,00 | 40.000,00 (1) |

| Vendas Anuladas (VA) ou Devolução de Vendas | |
|---|---|
| (4) 4.000,00 | 4.000,00 (16) |

| Abatimento sobre Vendas e/ou Desc. Inc. Concedidos | |
|---|---|
| (1) 5.000,00 | 500,00 (4) |
| (7) 395,00 | |
| **(s) 5.395,00** | **500,00 (s)** |
| **(s) 4.895,00** | 4.895,00 (16) |

| ICMS Sobre Vendas (Despesas de ICMS) | |
|---|---|
| (2) 6.300,00 | 630,00 (5) |
| **(s) 5.6700,00** | 5.670,00 (16) |

| COFINS – Dedução da Receita Bruta | |
|---|---|
| (11) 945,00 | 945,00 (16) |

| PIS – Dedução da Receita Bruta | |
|---|---|
| (12) 205,00 | 205,00 (16) |

| Vendas Líquidas (VL) | |
|---|---|
| (16) 15.715,00 | 40.000,00 (15) |
| (19) 24.285,00 | **24.285,00 (s)** |

| Custo das Mercadorias Vendidas (CMV) | |
|---|---|
| (17) 15.000,00 | 4.400,00 (18) |
| **(s) 10.600,00** | 10.600,00 (20) |

| Resultado com Mercadorias (RCM) | |
|---|---|
| (20) 10.600,00 | 24.285,00 (19) |
| | **13.685,00 (s)** |

| Fornecedores | |
|---|---|
| (6) 1.500,00 | 15.000,00 (3) |
| (8) 500,00 | 230,00 (9) |
| | 200,00 (10) |
| **(s) 2.000,00** | **15.430,00 (s)** |
| | **13.430,00 (s)** |

| Clientes | |
|---|---|
| (1) 35.000,00 | 3.500,00 (4) |
| | 395,00 (7) |
| **(s) 35.000,00** | **3.895,00 (s)** |
| **(s) 31.105,00** | |

| COFINS a Recolher | |
|---|---|
| | 630,00 (11) |

| PIS a Recolher | |
|---|---|
| | 205,00 (12) |

| ICMS a Recolher | |
|---|---|
| | 6.300,00 (2) |
| | 270,00 (6) |
| (21) 3.330,00 | **6.570,00 (s)** |
| | **3.240,00 (s)** |

| ICMS a Recuperar | |
|---|---|
| (3) 2.700,00 | |
| (5) 630,00 | |
| **(s) 3.330,00** | 3.330,00 (21) |

| Mercadorias em Estoque | |
|---|---|
| **EI 4.000,00** | 4.000,00 (17) |
| EF (18) 4.400,00 | |

(s) = Saldo.

**NOTA**

As contas ICMS a Recuperar e ICMS a Recolher poderão ser substituídas por conta única denominada C/C de ICMS (Conta-Corrente de ICMS). Porém, o saldo dessa conta deverá constar no Ativo Circulante (AC), caso apresente saldo devedor como ICMS a Recuperar, ou no Passivo Circulante (PC), caso apresente saldo credor como ICMS a Recolher.

## TESTES DE FIXAÇÃO

**1.** A empresa Comercial SILPA S/A, no exercício corrente, apresentou os seguintes dados, extraídos de sua contabilidade:

**Contas**

| | |
|---|---|
| Compras Brutas | R$ 85.000,00 |
| Vendas Brutas | R$ 177.000,00 |
| Impostos incidentes sobre vendas | R$ 42.000,00 |
| Devoluções de compras | R$ 9.000,00 |
| Devoluções de vendas | R$ 12.000,00 |
| Abatimentos sobre Vendas | R$ 5.000,00 |
| Abatimentos sobre Compras | R$ 2.000,00 |
| Estoque Inicial de mercadorias | R$ 11.000,00 |
| Estoque Final de mercadorias | R$ 23.000,00 |
| Fretes sobre Compras | R$ 7.500,00 |
| Seguros sobre Compras | R$ 3.500,00 |
| Descontos Incondicionais sobre Compras | R$ 5.000,00 |
| Descontos Incondicionais sobre Vendas | R$ 13.000,00 |

Assim, o Lucro Bruto (Resultado com Mercadorias – RCM) no exercício foi de:
a) R$ 48.000,00.
b) R$ 30.000,00.
c) R$ 45.000,00.
d) R$ 37.000,00.
e) R$ 13.000,00.

**2.** Uma empresa efetua vendas com margem de lucro constante de 30% sobre o preço de venda. Conseguiu, com essa política, obter um Lucro Bruto de R$ 150.000,00 em determinado exercício. Sabe-se que:

I. Não houve cancelamento ou devoluções de vendas durante o exercício.
II. O ICMS incidente sobre vendas foi calculado mediante aplicação da alíquota de 14%.
III. Uma parte dos clientes, representando 40% do valor total de suas vendas, pagou as duplicatas de sua responsabilidade antecipadamente, para usufruírem do desconto de 2% concedido nesses casos.

Desse modo, chega-se à conclusão de que a Receita Líquida de Vendas do exercício foi de:
a) R$ 420.000,00.
b) R$ 426.000,00.
c) R$ 430.000,00.
d) R$ 496.000,00.
e) R$ 500.000,00.

**3.** Os dados abaixo foram extraídos do balancete final, em 31 de dezembro de 20X1, da empresa SILPA Comércio e Serviços S/A, antes do encerramento das contas de resultado.

| **Contas** | |
|---|---|
| Receita da Revenda de Mercadorias | R$ 40.000,00 |
| Receita da Prestação de Serviços | R$ 12.000,00 |
| Vendas Canceladas. | R$ 3.000,00 |
| ICMS sobre Vendas e Serviços | R$ 10.000,00 |
| Demais Impostos sobre Vendas e Serviços | R$ 2.000,00 |
| Receitas Financeiras | R$ 4.000,00 |
| Encargos Financeiros | R$ 6.000,00 |
| Receita da Venda de Imobilizado | R$ 100.000,00 |

A soma algébrica dos valores entre os relacionados acima, que devem ser considerados na apuração da Receita Operacional Líquida é:
a) R$ 39.000,00.
b) R$ 40.000,00.
c) R$ 40.100,00.
d) R$ 46.100,00.
e) R$ 37.000,00.

**4.** Abaixo estão as operações com mercadorias realizadas pela empresa Comercial SILPA S/A, no mês de julho de 20X1.

- Compra, em 23 de julho de 20X1, de dez ventiladores VELOZ para revenda, sendo:

| **Dados** | |
|---|---|
| Mercadoria (ventiladores) | R$ 6.000,00 |
| (+) IPI | R$ 300,00 |
| Valor da NF | R$ 6.300,00 |

ICMS destacado na NF ........................................ R$ 1.020,00

Despesas Complementares (pagas pela adquirente):
Frete ........................................ R$ 420,00
Seguro ........................................ R$ 100,00

- Venda, em 29 de julho de 20X1, dos 10 (dez) ventiladores adquiridos em 23 de julho de 20X1, a saber:
  Valor da Venda ........................................ R$ 9.000,00
  ICMS destacado na NF ........................................ R$ 2.250,00
  Outros Tributos sobre a Venda ........................................ R$ 220,00

- Despesas com a venda de responsabilidade da Comercial SILPA S/A (da loja para a casa do cliente)
  Frete ........................................ R$ 180,00
  Seguro ........................................ R$ 140,00

O Lucro Bruto referente a essas operações, segundo os registros contábeis corretamente formulados, foi de:

a) R$ 2.700,00.
b) R$ 1.250,00.
c) R$ 930,00.
d) R$ 730,00.
e) R$ 410,00.

**5.** Determinada empresa adquiriu, em 20X1, mercadorias para revenda no total de R$ 400.000,00. Durante o período, a receita de vendas alcançou R$ 700.000,00. Sabendo-se que o Estoque Final (EF) era de R$ 30.000,00, o Estoque Inicial (EI) de R$ 20.000,00 e que no período registraram-se devoluções de compra de R$ 10.000,00 e de vendas de R$ 25.000,00, pode-se afirmar que o Custo das Mercadorias Vendidas e o valor das mercadorias disponíveis para venda, no período, foram, respectivamente, de:

a) R$ 390.000,00 e R$ 420.000,00.
b) R$ 380.000,00 e R$ 410.000,00.
c) R$ 380.000,00 e R$ 390.000,00.
d) R$ 310.000,00 e R$ 340.000,00.
e) R$ 295.000,00 e R$ 325.000,00.

**6.** Um comerciante adquiriu, a prazo, 100 pares de calçados do fabricante, que emitiu, para cobertura da operação, NF com os seguintes dados:

| ELEMENTOS | VALORES |
|---|---|
| 100 pares de calçados a R$ 20,00 | 2.000,00 |
| IPI – 12% | 240,00 |
| Total da Nota | 2.240,00 |
| ICMS de 17% (incluído no valor da nota) | 340,00 |

Sabendo-se que o comprador é contribuinte do ICMS, mas não de IPI, o contabilista de sua empresa deverá registrar a compra com o seguinte lançamento:

a) D – Compras
   C – Fornecedores 2.240,00

b) D – Compras 2.000,00
D – Conta-Corrente – IPI 240,00
D – Conta-Corrente – ICMS 340,00
C – Fornecedores 2.580,00

c) D – Compras 1.660,00
D – Conta-Corrente – IPI 240,00
D – Conta-Corrente – ICMS 340,00
C – Fornecedores 2.240,00

d) D – Compras 2.000,00
D – Conta-Corrente – IPI 240,00
C – Fornecedores 2.240,00

e) D – Compras 1.900,00
D – Conta-Corrente – ICMS 340,00
C – Fornecedores 2.240,00

**Para responder da Questão 7 à Questão 10, observe os dados abaixo:**

A Comercial SILPA Ltda. apurou seu Resultado Comercial utilizando o Inventário Periódico, os Saldos das Contas do Livro Razão em 1º de dezembro de 20X1, entre outros, no qual acusam os seguintes valores:

**Contas**

| | |
|---|---|
| Mercadorias em Estoque (EI) | R$ 5.000,00 |
| Receita de Venda | R$ 126.000,00 |
| ICMS sobre Vendas | R$ 21.420,00 |
| PIS sobre Receita Bruta | R$ 945,00 |
| COFINS sobre Receita Bruta | R$ 630,00 |
| Devolução de Vendas | R$ 2.000,00 |
| Abatimentos sobre Vendas | R$ 1.000,00 |
| Fretes sobre Compras | R$ 500,00 |
| Compras Brutas | R$ 80.000,00 |
| Devolução de Compras | R$ 2.000,00 |
| Abatimento sobre Compras | R$ 500,00 |
| Seguros sobre Compras | R$ 800,00 |

**Operações realizadas em dezembro de 20X1:**

05-12 – Compra a prazo de mercadorias para revenda, no valor de R$ 4.000,00, mais IPI à alíquota de 10% e ICMS em destaque à alíquota de 15%.

08-12 – Devolução de compras referentes a mercadorias para revenda relativa à compra do dia 05/12 no valor de R$ 400,00, mais o IPI à alíquota de 10% e ICMS em destaque à alíquota de 15%.

12-12 – Venda a Prazo de Mercadorias, no valor de R$ 8.000,00, com ICMS em destaque à alíquota de 15%.

23-12 – Devolução de vendas, relativas ao dia 12-12, no valor de R$ 500,00, com ICMS em destaque à alíquota de 15%.

A saída de mercadorias do estabelecimento é tributável pelo ICMS (empresa não contribuinte do IPI, por se tratar de atividade exclusivamente comercial). Os demais tributos incidentes sobre vendas são:

**PIS Receita Bruta – R$ 48,75**
**COFINS Receita Bruta – R$ 225,00**

O EF Inventariado (contagem física do estoque) acusou em 31 de dezembro de 20X1, a importância de R$ 15.000,00.

**7.** O Valor total da Receita Operacional Bruta da Comercial SILPA Ltda., em 31 de dezembro de 20X1, é de:
a) R$ 80.000,00.
b) R$ 104.000,00.
c) R$ 120.000,00.
d) R$ 133.500,00.
e) R$ 134.000,00.

**8.** O valor da Receita Operacional Líquida da Comercial SILPA Ltda., em 31 de dezembro de 20X1, é de:
a) R$ 106.106,25.
b) R$ 106.961,25.
c) R$ 107.175,00.
d) R$ 108.130,00.
e) R$ 109.630,00.

**9.** O valor do Custo das Mercadorias Vendidas da Comercial SILPA Ltda., em 31 de dezembro de 20X1, é de:
a) R$ 60.000,00.
b) R$ 67.148,00.
c) R$ 70.000,00.
d) R$ 72.220,00.
e) R$ 82.148,00.

**10.** O Lucro Bruto (Resultado com Mercadorias) da Comercial SILPA Ltda., em 31 de dezembro de 20X1 é de:
a) R$ 30.000,25.
b) R$ 31.980,00.
c) R$ 33.886,25.
d) R$ 35.982,25.
e) R$ 48.130,00.

**GABARITO**

| 1. D | 2. C | 3. E | 4. D | 5. B |
|---|---|---|---|---|
| 6. E | 7. E | 8. A | 9. D | 10. C |

# Capítulo 7

# Tributos incidentes sobre compras e vendas

## 7.1 ▸ INTRODUÇÃO

A Receita Líquida das Vendas e Serviços corresponde à Receita Bruta (Vendas Brutas) diminuída das Vendas Anuladas (Devolução de Vendas), dos Abatimentos sobre Vendas e/ou Descontos Incondicionais Concedidos e dos Impostos Incidentes sobre Vendas. A partir da data de vigência da Lei nº 12.973, de 2014, será ainda necessário deduzir da Receita Bruta, para fins de obtenção da Receita Líquida, a importância correspondente ao Ajuste a Valor Presente das contas do ativo que geraram a Receita Bruta.[1]

Neste capítulo, estudaremos especificamente os Impostos incidentes sobre vendas e serviços.

## 7.2 ▸ TRIBUTOS INCIDENTES SOBRE VENDAS E SERVIÇOS

Os **tributos incidentes sobre vendas e serviços** guardam proporcionalidade com o preço da venda ou dos serviços, mesmo quando o respectivo montante integre esse preço (tributo calculado por dentro).

São considerados despesas operacionais, redutoras da Receita Bruta para fins de apuração da Receita Líquida, como:

a) Imposto sobre Circulação de Mercadorias e Prestação de Serviços de Transporte Interestadual e Intermunicipal e de Comunicações (ICMS).
b) Imposto sobre Serviços de Qualquer Natureza (ISS).
c) Imposto de Exportação (IE).
d) Contribuição para Financiamento da Seguridade Social (COFINS) na parcela incidente sobre a Receita Bruta de Vendas e Serviços.
e) Programa de Integração Social (PIS), na parcela incidente sobre a Receita Bruta de Vendas e Serviços.
f) Taxas que guardam proporcionalidade com o preço de venda e a quota de contribuição, ou retenção cambial, devida na exportação, entre outros.

---

[1] Para saber mais sobre o tema, consulte o Capítulo 9.

> **ATENÇÃO**
>
> O Imposto sobre Produtos Industrializados (IPI) não constitui despesa nem receita. Seu controle será efetuado por meio de contas patrimoniais (vide contabilização no Subitem 7.5.2).

## 7.3 ▸ TRIBUTOS SOBRE VENDAS CUMULATIVOS E NÃO CUMULATIVOS

Os tributos sobre vendas podem ser de dois tipos: **cumulativos** ou **não cumulativos**.

Os tributos sobre vendas são cumulativos quando cobrados em todos os estágios da cadeia produtiva com base no valor de venda em cada estágio. Incidem não somente sobre o valor da venda do agente econômico, mas também sobre os anteriores na cadeia produtiva, e, por essa razão, são denominados **tributos em cascata**.

Os tributos sobre vendas são não cumulativos quando cobrados em todos os estágios da cadeia produtiva, mas não sobre o valor das vendas, e, sim, sobre o valor agregado em cada etapa da cadeia.

Suponhamos que haja três estágios na cadeia produtiva de um produto X, representados pelas empresas A, B e C. Na primeira etapa, a empresa A não adquire insumos de nenhuma outra sociedade e produz R$ 100,00, que serão vendidos à B, que os utilizará integralmente em produtos de sua fabricação, os quais serão vendidos à C por R$ 200,00. Esta última, por sua vez, utiliza todos os insumos comprados da empresa B para fabricar produtos que serão vendidos aos consumidores por R$ 400,00. O fluxograma abaixo ilustra esse ciclo produtivo:

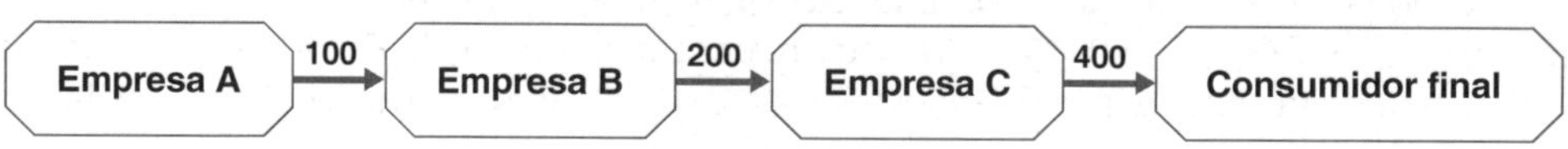


Caso o governo instituísse um tributo de 10% sobre o valor das vendas, a arrecadação na sistemática cumulativa seria R$ 70,00:

Empresa A – 10% × R$ 100,00 = R$ 10,00
Empresa B – 10% × R$ 200,00 = R$ 20,00
Empresa C – 10% × R$ 400,00 = R$ 40,00
Total arrecadado do imposto = **R$ 70,00**

Caso o governo instituísse o mesmo tributo de 10% na cadeia produtiva, a arrecadação somente seria R$ 40,00, porque cada produtor teria direito a deduzir de sua obrigação tributária (débito do imposto) o valor já pago na etapa anterior. Essa dedução é denominada **crédito de imposto**.

Empresa A – 10% × R$ 100,00 = R$ 10,00 (–) R$ 0,00 = R$ 10,00
Empresa B – 10% × R$ 200,00 = R$ 20,00 (–) R$ 10,00 = R$ 10,00
Empresa C – 10% × R$ 400,00 = R$ 40,00 (–) R$ 20,00 = R$ 20,00
Total arrecadado do imposto = **R$ 40,00**

Os impostos sobre vendas são, normalmente, repassados ao comprador dos bens. O **contribuinte de direito** é o produtor/vendedor, e o **contribuinte de fato** é o comprador. Observamos que, na sistemática não cumulativa, o contribuinte de direito pode deduzir o imposto que ele pagou na aquisição do bem como contribuinte de fato.

É possível verificar também que a mesma arrecadação seria obtida se cada produtor fosse tributado pelo valor que ele adicionou à produção, ou seja, o seu valor de venda menos o valor de suas compras.

Empresa A – R$ 100,00 – R$ 0,00 = R$ 100,00 × 10% = R$ 10,00
Empresa B – R$ 200,00 – R$ 100,00 = R$ 100,00 × 10% = R$ 10,00
Empresa C – R$ 400,00 – R$ 200,00 = R$ 200,00 × 10% = R$ 20,00
Total arrecadado do imposto ........................................ = **R$ 40,00**

No Brasil, há dois impostos não cumulativos: o ICMS, de competência estadual, e o IPI, de competência federal. O primeiro incide sobre a circulação de mercadorias em geral e alguns tipos de serviço, como energia elétrica e telecomunicações. O segundo incide apenas sobre produtos industrializados.

Há também duas contribuições que incidem sobre vendas: a COFINS e o PIS. Ambos de competência federal, podem assumir as duas modalidades de incidência: cumulativa ou não cumulativa.

No caso de tributos não cumulativos, conforme já explicado, o adquirente do bem pode se creditar do imposto pago na etapa anterior. A utilização desse crédito para diminuir o valor a ser pago quando a mercadoria é vendida é denominada **recuperação de impostos**.

Portanto, os tributos cumulativos não são recuperáveis, e seu valor integra o custo de aquisição da mercadoria. Já os tributos não cumulativos são recuperáveis, e seu valor não integra o custo de aquisição da mercadoria, conforme será explicado no item subsequente.

**Quadro 7.1** Hipóteses de recuperação de impostos (ICMS e IPI)

| OPERAÇÕES: | IMPOSTO A RECUPERAR |
|---|---|
| • Compras para comercialização ou revenda | ICMS |
| • Compras para industrialização ou transformação | ICMS e IPI |
| • Lei Complementar nº 87/1996 e suas alterações:<br>– entrada de energia elétrica utilizada no processo industrial. | ICMS |
| • Bens destinados ao Ativo Não Circulante – Imobilizado<br>(entradas a partir de 1º.01.2011). | ICMS<br>(parcelado em 48 meses) |
| **DIREITO AO CRÉDITO IMPOSTO** | |
| Para que haja direito ao crédito do ICMS, é necessário que as saídas sejam tributadas e que a mercadoria ou serviço adquirido não seja alheio à atividade do estabelecimento. Se houver crédito pela entrada de mercadorias e posteriormente ocorrer venda com isenção a empresa compradora deverá efetuar o estorno do crédito (arts. 20, 21 e 33 da Lei Complementar nº 87/1996, alterada pela Lei Complementar nº 102/2000). | |

## 7.3.1 Alterações da Lei Complementar nº 87/1996

A **Lei Complementar nº 87**, de 13 de setembro de 1996, dispôs, em seu art. 20, que a entrada de mercadoria destinada a uso ou consumo do estabelecimento comprador ou que venha a compor o seu Ativo Permanente[2] gera direito a crédito (recuperação) do ICMS incidente na aquisição. O art. 33 da mesma Lei estabeleceu que somente teriam direito ao crédito:

[2] Atualmente Ativo Não Circulante (ANC), composto do Ativo Realizável a Longo Prazo (ARLP), Investimentos, Imobilizado e Intangível.

a) As mercadorias destinadas ao uso ou consumo do estabelecimento, nele entradas a partir de 1º de janeiro de 1999.
b) As mercadorias destinadas ao antigo Ativo Permanente (atualmente Ativo Não Circulante) do estabelecimento, nele entradas a partir de sua vigência (1º de novembro de 1996).

## 7.3.2 Alterações da Lei Complementar nº 92/1997

A **Lei Complementar nº 92**, de 23 de dezembro de 1997, dispôs, em seu art. 2º, que o início da vigência do direito ao crédito do ICMS relativo à aquisição de mercadorias destinadas ao uso e consumo, passaria para 1º de janeiro de 2000 em substituição a 1º de janeiro de 1998. Dessa forma, ficou mantida a vedação ao crédito na aquisição de tais bens até 31 de dezembro de 1999.

## 7.3.3 Alterações da Lei Complementar nº 99/1999

A **Lei Complementar nº 99**, de 20 de dezembro de 1999, dispôs, em seu art. 1º, que o início da vigência do direito ao crédito do ICMS relativo à aquisição de mercadorias destinadas ao uso e consumo, passa para 1º de janeiro 2003. Dessa forma, ficou mantida a vedação ao crédito na aquisição de tais bens até 31 de dezembro de 2002.

## 7.3.4 Alterações da Lei Complementar nº 102/2000

### 7.3.4.1 Novos critérios para crédito do ICMS

A **Lei Complementar Federal nº 102**, de 2000, estabeleceu novos critérios para a apropriação de créditos do ICMS na entrada de bens com destino ao Ativo Permanente (atualmente Ativo Não Circulante) na entrada de energia elétrica e no recebimento dos serviços de comunicação pelo estabelecimento.

*Bens do Ativo Permanente (atualmente Ativo Não Circulante)*

Pelos novos critérios de apropriação de crédito do ICMS, decorrentes da entrada de bens destinados ao antigo Ativo Permanente (atualmente Ativo Não Circulante) do estabelecimento, deverão ser observados os seguintes procedimentos:

a) na entrada do bem – o crédito do ICMS, feito anteriormente pelo valor integral destacado na Nota Fiscal (NF), passaria a ser feito à razão de 1/48 avos por mês, devendo a 1ª fração ser apropriada no mês em que ocorresse a entrada do bem no estabelecimento.
b) nas saídas ou prestações – o crédito do ICMS passar a ser admitido somente em relação à proporção das saídas ou prestações tributadas (débito do imposto) sobre o total das operações de saídas ou prestações efetuadas no mesmo período.
c) na alienação do bem antes de decorrido o prazo de quatro anos contado da data de sua aquisição – o crédito passa a não ser admitido a partir da data de alienação, referente à fração que corresponder ao restante do quadriênio.

**EXEMPLOS**

Dados hipotéticos da Cia. Omega para o ano-calendário de 20X0:

a) ICMS a Recuperar de aquisição de equipamento: R$ 36.000,00.
b) Data da aquisição do equipamento: fevereiro de 20X0.
c) Saídas tributadas de fevereiro de 20X0: R$ 80.000,00.

d) Saídas isentas de fevereiro de 20X0: R$ 40.000,00.
e) Total de saídas: R$ 120.000,00.

Valor do ICMS a ser creditado em fevereiro de 20X0:
**R$ 500,00** [(R$ 36.000,00 × 1/48) × (R$ 80.000,00 / R$ 120.000,00)]

*Energia elétrica*

A entrada de **energia elétrica** no estabelecimento somente dará direito a crédito do ICMS:

a) quando for objeto de operação de saída de energia elétrica;
b) quando for consumida no processo de industrialização;
c) quando seu consumo resultar em operação de saída ou prestação para o exterior, na proporção desta sobre as saídas ou prestações totais;
d) a partir de 1° de janeiro de 2003, nas demais hipóteses.

*Serviços de comunicação*

Somente dará direito a crédito do ICMS o recebimento de **serviços de comunicação** utilizados pelo estabelecimento:

a) ao qual tenham sido prestados na execução de serviços da mesma natureza;
b) quando sua utilização resulta em operação de saída ou prestação para o exterior, na proporção desta sobre as saídas ou prestações totais;
c) a partir de 1° de janeiro de 2003, nas demais hipóteses.

#### 7.3.4.2 Comunicado CAT nº 93/2000 – Vigência da Lei Complementar nº 102/2000

O **comunicado nº 93**, de 2000, da Coordenadoria de Administração Tributária (CAT), da Secretaria da Fazenda do Estado de São Paulo, estabeleceu que as novas normas da **Lei Complementar nº 102**, de 2000, entrariam em vigor a partir de 1° de janeiro de 2001, para os fatos geradores ocorridos no referido estado.

### 7.3.5 Alterações da Lei Complementar nº 114/2002

A **Lei Complementar nº 114**, de 16 de dezembro de 2002, dispôs em seu art. 1°, que o início de vigência do direito ao crédito do ICMS relativo à aquisição de mercadorias destinadas ao uso e consumo, bem como o crédito integral pelas entradas de energia elétrica e recebimento de serviços de comunicação passa para 1° de janeiro de 2007 em substituição a 1° de janeiro de 2003. Essa lei também dispôs que:

a) o ICMS incide sobre mercadorias ou bens importados, ainda que por pessoa física ou jurídica que não seja contribuinte habitual do imposto;
b) o ICMS integre a sua própria base de cálculo, nas importações de bens, mercadorias e serviços do exterior;
c) o ICMS pago antecipadamente, por Substituição Tributária (ST), seja calculado com base no preço praticado no mercado, em condições de livre concorrência.

### 7.3.6 Alterações da Lei Complementar nº 122/2006

Mais uma vez os estados pressionaram a União, e a **Lei Complementar nº 122**, de 2006, vem para adiar a data de início da vigência dos créditos de mercadorias utilizadas para uso e consumo do estabelecimento adquirente, do crédito integral da energia elétrica e do recebimento de serviços de comunicação, para 1º de janeiro de 2011.

### 7.3.7 Alterações da Lei Complementar nº 138/2010

Com a **Lei Complementar nº 138**, de 2010, a data de início da vigência dos créditos de mercadorias utilizadas para uso e consumo do estabelecimento adquirente, bem como do crédito integral da energia elétrica e do recebimento dos serviços de comunicação, foi adiada novamente para 1º de janeiro de 2020.

## 7.4 ▸ CONTABILIZAÇÃO DOS IMPOSTOS RECUPERÁVEIS

### 7.4.1 ICMS recuperável

#### 7.4.1.1 Nas operações de compras

As compras (valor das mercadorias) devem ser contabilizadas com a diminuição do ICMS, destacado na respectiva NF.

#### 7.4.1.2 Nas operações de vendas

As vendas devem ser contabilizadas pelo valor total e o ICMS deve ser contabilizado à parte, como despesa operacional redutora da receita bruta, para fins de apuração da receita líquida.

### 7.4.2 IPI recuperável

O IPI sendo cobrado à parte dos preços de compra e venda também deve ser contabilizado à parte dos respectivos preços. Portanto, **quando recuperável,** o referido tributo não constitui despesa nem receita, devendo ser escriturado conforme demonstrado nos exercícios a seguir.

**NOTA**

Nos exemplos de contabilização dos Itens 7.4 a 7.6 **não** utilizaremos a nova sistemática das contribuições ao PIS e à COFINS não cumulativas, cuja contabilização será abordada no Item 7.8 – PIS, COFINS cumulativos, e no Item 7.9 – PIS e COFINS não cumulativos.

**CASO PRÁTICO**

**NF de Compra a prazo**

| | |
|---|---|
| Valor Bruto | R$ 2.500,00 |
| (–) Desconto Incondicional Obtido | R$ (500,00) |
| (=) Total da Nota Fiscal | R$ 2.000,00 |
| ICMS Destacado | R$ 360,00 |

**Contabilização**

| | | |
|---|---|---|
| 1. | D – Compras Brutas (CB) | 2.140,00 |
| | D – ICMS a Recuperar | 360,00 |
| | C – Fornecedores | 2.000,00 |
| | C – Descontos Incondicionais Obtidos | 500,00 |

NF de venda a prazo

| | | |
|---|---|---|
| Valor Bruto | R$ | 6.000,00 |
| (–) Desconto Incondicional Concedido | R$ | (1.000,00) |
| (=) Total da Nota Fiscal | R$ | 5.000,00 |
| ICMS Destacado | R$ | 900,00 |

| | | |
|---|---|---|
| 2. | D – Duplicatas a Receber | 5.000,00 |
| | D – Descontos Incondicionais Concedidos | 1.000,00 |
| | C – Vendas Brutas | 6.000,00 |
| 3. | D – ICMS sobre Vendas (Despesas de ICMS) | |
| | C – ICMS a Recolher | 900,00 |

**Apuração da Receita Líquida (VL)**

| | | |
|---|---|---|
| 4. | D – Vendas Brutas (VB) | |
| | C – Vendas Líquidas (VL) | 6.000,00 |
| 5. | D – Vendas Líquidas (VL) | 1.900,00 |
| | C – Descontos Incondicionais Concedidos | 1.000,00 |
| | C – ICMS sobre Vendas | 900,00 |

Note que as NFs são idênticas às do Subitem 7.4.1, diferindo apenas no IPI. Portanto, vamos contabilizar apenas este tributo.

**⚠ ATENÇÃO**

1. O IPI incidia sobre o valor total da operação, que compreendia o preço do produto, acrescido do valor do frete e das demais despesas acessórias cobradas ou debitadas pelo contribuinte ao comprador ou destinatário. Os descontos, ainda que incondicionais, não podiam ser deduzidos do valor da operação (Lei nº 7.798 de 10 de julho de 1989). Nos dados do exercício, o IPI incidiu sobre o Valor das Vendas e das Devoluções de Vendas, diminuído do montante do Desconto Incondicional incidente sobre essas operações em função do julgamento pelo Supremo Tribunal Federal (STF) do Recurso Extraordinário (RE) 567.935, onde foi proferida decisão declarando que o valor dos descontos incondicionais não integra a base de cálculo do IPI. O RE 567.935 teve repercussão geral reconhecida e, portanto, a decisão proveniente desse julgamento deverá ser aplicada pelas instâncias inferiores, em casos idênticos, para autorizar os contribuintes a excluírem o valor dos descontos incondicionais da base de cálculo do IPI. Consultar a respeito do assunto nota específica realizada no Subitem 5.3, Capítulo 5.
2. O ICMS incide sobre o valor bruto menos o Desconto Incondicional Obtido.

**IPI Recuperável nas Compras**

6. D – IPI a Recuperar
   C – Fornecedores 200,00

**IPI nas Operações de Vendas**

7. D – Duplicatas a Receber
   C – IPI a Recolher 500,00

**Apuração do ICMS**

8. D – ICMS a Recolher
   C – ICMS a Recuperar 360,00

**Apuração do IPI**

9. D – IPI a Recolher
   C – IPI a Recuperar 200,00

**Apuração de Compras Líquidas (CL)**

10. D – Compras Líquidas (CL)
    C – Compras Brutas (CB) 2.140,00

11. D – Descontos Incondicionais Obtidos
    C – Compras Líquidas (CL) 500,00

- **Razonetes**

**Compras Brutas**

| | |
|---|---|
| (1) 2.140,00 | 2.140,00 (10) |

**ICMS a Recuperar**

| | |
|---|---|
| (1) 360,00 | 360,00 (8) |

**Descontos Incondicionais Obtidos**

| | |
|---|---|
| (11) 500,00 | 500,00 (1) |

**Fornecedores**

| | |
|---|---|
| | 2.000,00 (1) |
| | 200,00 (6) |
| | **2.200,00 (s)** |

**Duplicatas a Receber**

| | |
|---|---|
| (2) 5.000,00 | |
| (7) 500,00 | |
| **(s) 5.500,00** | |

**Descontos Incondicionais Concedidos**

| | |
|---|---|
| (2) 1.000,00 | 1.000,00 (5) |

**Vendas Brutas (VB) ou Receita Bruta de Vendas (VB)**

| | |
|---|---|
| (4) 6.000,00 | 6.000,00 (2) |

**ICMS sobre Vendas (Despesas de ICMS)**

| | |
|---|---|
| (3) 900,00 | 900,00 (5) |

**Vendas Líquidas (VL) ou Receita Líquida de Vendas**

| | |
|---|---|
| (5) 1.900,00 | 6.000,00 (4) |
| | **4.100,00 (s)** |

| ICMS a Recolher | |
|---|---|
| (8) 360,00 | 900,00 (3) |
| | **540,00 (s)** |

| IPI a Recuperar | |
|---|---|
| (6) 200,00 | 200,00 (9) |
| | |

| IPI a Recolher | |
|---|---|
| (9) 200,00 | 500,00 (7) |
| | **300,00 (s)** |

| Compras Líquidas (CL) | |
|---|---|
| (10) 2.140,00 | 500,00 (11) |
| **(2) 1.640,00** | |

(s) = Saldo.

A demonstração de resultado, na parte referente a vendas, ficaria assim:

| | | |
|---|---|---|
| Vendas Brutas | | 6.000,00 |
| (–) Deduções de Vendas | | |
| • Descontos Incondicionais Concedidos | 1.000,00 | |
| • ICMS sobre Vendas. | 900,00 | (1.900,00) |
| (=) Vendas Líquidas | | 4.100,00 |

Essa forma de escriturar o IPI nas vendas está de acordo com o disposto no art. 279, § único, do Regulamento do Imposto sobre a Renda aprovado pelo Decreto nº 3.000, de 26 de março de 1999, que estatui não integrarem a receita bruta das vendas os impostos não cumulativos cobrados, destacadamente, do comprador ou contratante.

Entretanto, é possível também contabilizar de forma diferente o IPI sobre vendas, fazendo que passe a figurar na conta de resultado, conforme será explicado no subitem seguinte, onde também será exposta outra forma de contabilizar o ICMS e o IPI recuperáveis.

### 7.4.3 Outra forma de contabilizar o ICMS e o IPI nas compras e vendas

**Utilizar as contas:**

a) Conta-Corrente de ICMS (C/C de ICMS) e Conta-Corrente de IPI (C/C de IPI) no lugar das contas ICMS a Recuperar, ICMS a Recolher, IPI a Recuperar e IPI a Recolher, respectivamente.
b) ICMS sobre Compras e IPI sobre Compras que deverão ser encerradas contra a conta de Compras.
c) Faturamento Bruto, para designar o montante das vendas realizadas acrescido do valor do IPI sobre elas incidente.
d) IPI sobre Vendas ou IPI Faturado, correspondente à parcela do IPI incidente sobre as vendas contido no Faturamento Bruto.

**CASO PRÁTICO**

| ELEMENTOS | NOTA FISCAL DE | |
|---|---|---|
| | Compra a Prazo | Venda a Prazo |
| Valor Bruto | 2.500,00 | 6.000,00 |
| (–) Desconto Incondicional | (500,00) | (1.000,00) |
| (+) IPI (10%) | 200,00 | 500,00 |
| (=) Total da Nota Fiscal | 2.200,00 | 5.500,00 |
| ICMS Destacado (2) | 360,00 | 900,00 |

**Contabilização**

a) **NF de Compra a Prazo**

1. D – Compras Brutas
   C – Fornecedores (2.500,00 + 200,00) 2.700,00

2. D – C/C de IPI
   C – IPI sobre Compras 200,00

3. D – C/C de ICMS
   C – ICMS sobre Compras 360,00

4. Transferência do ICMS e do IPI sobre Compras para Compras Brutas
   D – IPI sobre Compras 200,00
   D – ICMS sobre Compras 360,00
   C – Compras Brutas 560,00

5. D – Fornecedores
   C – Descontos Incondicionais Obtidos 500,00

b) **Apuração de Compras Líquidas (CL)**

6. D – Compras Líquidas (CL)
   C – Compras Brutas (CB) 2.140,00

7. D – Descontos Incondicionais Obtidos
   C – Compras Líquidas (CL) 500,00

c) **NF de Vendas a Prazo**

8. D – Duplicatas a Receber
   C – Faturamento Bruto (6.000,00 + 500,00) 6.500,00

9. D – IPI sobre Vendas (IPI Faturado)
   C – C/C de IPI 500,00

10. D – Descontos Incondicionais Concedidos
    C – Duplicatas a Receber 1.000,00

11. D – ICMS sobre Vendas (ARE)
    C – C/C de ICMS 900,00

d) **Apuração de Vendas Brutas (VB)**

12. D – Faturamento Bruto
    C – Vendas Brutas (VB) 6.500,00

13. D – Vendas Brutas
    C – IPI sobre Vendas (IPI Faturado) 500,00

e) **Apuração de Vendas Líquidas (VL)**

14. D – Vendas Brutas (VL)
    C – Vendas Líquidas (VL) 6.000,00

| 15. | | |
|---|---|---|
| | D – Vendas Líquidas (VL) | 1.900,00 |
| | C – Descontos Incondicionais Concedidos | 1.000,00 |
| | C – ICMS sobre Vendas | 900,00 |

- **Razonetes**

**Compras Brutas (CB)**

| Débito | Crédito |
|---|---|
| (1) 2.700,00 | 560,00 (4) |
| **(s) 2.190,00** | 2.190,00 (6) |

**IPI sobre Compras**

| Débito | Crédito |
|---|---|
| (4) 200,00 | 200,00 (2) |

**ICMS sobre Compras**

| Débito | Crédito |
|---|---|
| (4) 360,00 | 360,00 (3) |

**Fornecedores**

| Débito | Crédito |
|---|---|
| (5) 500,00 | 2.700,00 (1) |
| | **2.200,00 (s)** |

**C/C de IPI**

| Débito | Crédito |
|---|---|
| (2) 200,00 | 500,00 (9) |
| | **300,00 (s)** |

↓ **PC**

**C/C de ICMS**

| Débito | Crédito |
|---|---|
| (3) 360,00 | 900,00 (11) |
| | **540,00 (s)** |

↓ **PC**

**Descontos Incondicionais Obtidos**

| Débito | Crédito |
|---|---|
| (7) 500,00 | 500,00 (5) |

**Compras Líquidas (CL)**

| Débito | Crédito |
|---|---|
| (6) 2.140,00 | 500,00 (7) |
| **(s) 1.640,00** | |

**Duplicatas a Receber**

| Débito | Crédito |
|---|---|
| (8) 6.500,00 | 1.000,00 (10) |
| **(s) 5.500,00** | |

**Faturamento Bruto**

| Débito | Crédito |
|---|---|
| (12) 6.500,00 | 6.500,00 (8) |

**Descontos Incondicionais Concedidos**

| Débito | Crédito |
|---|---|
| (10) 1.000,00 | 1.000,00 (15) |

**IPI sobre Vendas ou IPI Faturado**

| Débito | Crédito |
|---|---|
| (9) 500,00 | 500,00 (13) |

**ICMS sobre Vendas**

| Débito | Crédito |
|---|---|
| (11) 900,00 | 900,00 (15) |

**Vendas Brutas**

| Débito | Crédito |
|---|---|
| (13) 500,00 | 6.500,00 (12) |
| (14) 6.000,00 | **6.000,00 (s)** |

**Vendas Líquidas (VL)**

| Débito | Crédito |
|---|---|
| (15) 1.900,00 | 6.000,00 (14) |
| | **4.100,00 (s)** |

(s) = Saldo.

**PC** – Passivo Circulante (IPI a Recolher e ICMS a Recolher)

Nessa hipótese, as vendas poderão ser representadas da seguinte forma na Demonstração do Resultado do Exercício:

**Demonstração do Resultado do Exercício**

| | | |
|---|---|---|
| Faturamento Bruto | | 6.500,00 |
| (–) IPI sobre Vendas ou IPI Faturado | | (500,00) |
| (=) Receita Operacional Bruta (VB) | | 6.000,00 |
| (–) Deduções da Receita Bruta: | | |
| Devoluções e Abatimentos | 1.000,00 | |
| Impostos Incidentes sobre Vendas | 900,00 | (1.900,00) |
| (=) Receita Operacional Líquida (VL) | | 4.100,00 |

NOTA

1. As vendas canceladas, na hipótese de se referirem a vendas contabilizadas em exercício anterior ao da devolução, deverão ser consideradas como despesas operacionais (despesas de vendas) do exercício em que ocorreram e não como deduções da receita bruta.[3]

   **Contabilização**

   D – Perdas com Devolução de Vendas (Despesas Operacionais)
   C – Duplicatas a Receber

2. O ICMS é um imposto que integra a sua própria base de cálculo (imposto por dentro), ou seja, no preço de venda ou compra já está embutido o valor do ICMS destacado. Logo, sua alíquota efetiva é superior à nominal (veja o Subitem 7.4.4).

### 7.4.4 ICMS – Imposto calculado por dentro

O **ICMS** é um imposto que integra sua própria base de cálculo (**imposto calculado por dentro**), ou seja, no preço de compra ou de venda do bem ou do serviço já está embutido o valor do ICMS destacado. Assim, sua alíquota efetiva é superior à alíquota nominal. Observe o quadro a seguir:

**Quadro 7.2** Imposto calculado por dentro e por fora

| ALÍQUOTA DO ICMS NOMINAL IMPOSTO POR DENTRO *(COM A SUA INCLUSÃO NA BASE DE CÁLCULO)* | ALÍQUOTA DO ICMS EFETIVA (REAL), CASO O IMPOSTO FOSSE CALCULADO POR FORA *(SEM A SUA INCLUSÃO NA BASE DE CÁLCULO)* |
|---|---|
| 7% | 7,527% |
| 12% | 13,636% |
| 17% | 20,482% |
| 18% | 21,951% |
| 25% | 33,333% |

Veja o exemplo do cálculo do ICMS por dentro (aplicando alíquota nominal) ou por fora (aplicando alíquota efetiva):

Suponha uma mercadoria cujo preço, já incluído o ICMS calculado à alíquota de 18%, seja R$ 100,00.

- Preço de venda (incluso ICMS) = R$ 100,00
- ICMS = 18% do preço de venda (cálculo por dentro) = R$ 18,00
- Preço de venda menos ICMS = R$ 100,00 – R$ 18,00 = R$ 82,00
- Alíquota do ICMS, calculado sobre o preço de venda sem ICMS (calculado por fora) = 21,951% = [(R$ 18,00 ÷ R$ 82,00) × 100].
- R$ 18,00 = 21,951% × R$ 82,00.

[3] Para saber mais sobre o tema, consulte o Capítulo 8.

## CASO PRÁTICO

1. **Mercadorias para revenda**

Suponha que a empresa tenha adquirido mercadoria para revenda cujo valor total da NF seja de R$ 2.000,00. Nesse montante já estará incluído o ICMS destacado no valor de R$ 360,00 (18%). A contabilização correspondente seria:

| | |
|---|---|
| D – Mercadorias em Estoque (R$ 2.000,00 – R$ 360,00) | 1.640,00 |
| D – ICMS a Recuperar (ou C/C de ICMS) | 360,00 |
| C – Fornecedores | 2.000,00 |

Caso a empresa venda a mercadoria com margem de lucro de 100% sobre o preço de custo, o cálculo do valor de venda será efetuado da seguinte forma:

I. Cálculo do valor da venda

- R$ 1.640,00 + 100% = **R$ 3.280,00**, o valor correspondente representa 82% do preço de venda, porque falta incluir o montante do ICMS incidente sobre o valor total da operação.
- **82%** = 100% – 18%
- **Valor da venda** = $\frac{\text{R\$ 3.280,00}}{82\%}$ = **R$ 4.000,00**

II. Nota Fiscal de Venda

Valor da Nota Fiscal de venda ........................................................R$ 4.000,00
ICMS Destacado (18%)........................................................................R$ 720,00

III. **Cálculo da Alíquota Real** (%) = $\frac{\text{R\$ 720,00}}{\text{R\$ 280,00}} \times 100$ = **21,951%**

IV. **R$ 720,00** = 21,951% × R$ 3.280,00 (aplicando a alíquota efetiva)

2. **Conta de energia elétrica**

Sobre o gasto com energia elétrica, as alíquotas do ICMS, de forma similar ao IPI, são seletivas em função da essencialidade. Assim, o seu percentual é variável de acordo com o volume do gasto realizado pelo contribuinte. As alíquotas do ICMS sobre o consumo de energia elétrica são:

| ALÍQUOTAS DE ICMS PARA CONTAS RESIDENCIAIS | |
|---|---|
| **Consumo de Kwh** | **Alíquotas** |
| De 0 a 90 Kwh | Isenta |
| De 91 a 200 Kwh | 12% |
| Acima de 200 Kwh | 25% |
| **ALÍQUOTAS PARA ATIVIDADES ESPECIAIS** | |
| Transporte público eletrificado de passageiros | 12% |
| Propriedade rural (conforme art. 52, V, d – RICMS/2000) | 12% |

**NOTA**

Nas atividades industriais e comerciais, a alíquota do ICMS é de 18%.

Em nosso exemplo, utilizamos a alíquota nominal máxima de 25%. Assim, supondo que o valor gasto com a conta de energia elétrica, sem computar o montante do ICMS incidente sobre a operação, seja de R$ 1.125,00, o cálculo do ICMS (e do valor a ser cobrado pelo referido consumo) será:

- **Conta de energia elétrica** – valor sem o ICMS: **R$ 1.125,00**
- Esse valor representa **75%** (100% – 25%) do montante a ser cobrado, pois não está computado o valor do ICMS.
- Valor da conta **com o ICMS** = $\frac{\text{R\$ 1.125,00}}{75\%}$ = **R$ 1.500,00**
- Valor total a ser cobrado............R$ 1.500,00
- ICMS Destacado (25%)............R$ 375,00
- **Alíquota real (%)** = $\frac{\text{R\$ 375,00}}{\text{R\$ 1.125,00}} \times 100$ = **33,333%**
- **R$ 375,00** = 33,333% × R$ 1.125,00 (utilizando alíquota efetiva)

## 7.5 ICMS E IPI NÃO RECUPERÁVEIS

Quando a empresa não recupera o ICMS e/ou o IPI, o custo das aquisições incluirá os impostos **não recuperáveis**. Nessa hipótese, tais tributos representarão custo de aquisição (compra).

**Quadro 7.3** Esquema

| ESQUEMA | |
|---|---|
| ICMS e IPI | **Recuperáveis** |
| | Devem ser destacados (separados) do custo de aquisição e contabilizados em contas do Ativo como crédito do imposto correspondente (direito de recuperar). |
| | **Não recuperáveis** |
| | Incorporam-se ao custo de aquisição (custo de compra). |

**NOTA**

De acordo com a Lei Complementar nº 138, de 2010, até 31 de dezembro de 2019, nas aquisições para uso e consumo, **não** existe recuperação de ICMS e de IPI (observe os cálculos nos subitens a seguir).

### 7.5.1 Saídas para uso e consumo

Nas **saídas** (operações de vendas) **para uso e consumo**, o valor do ICMS incidirá sobre o valor total da NF incluindo o montante do IPI. Essa previsão está contida no art. nº 155, § 2º, XI, da Constituição Federal de 1988, transcrito a seguir.

**Quadro 7.4** Seção IV

| SEÇÃO IV |
|---|
| **Dos impostos dos Estados e do Distrito Federal** |
| "**Art. 155.** Compete aos Estados e ao Distrito Federal instituir impostos sobre:<br>I. ...........................................................................................<br>II. Operações relativas à circulação de mercadorias e sobre prestações de serviços de transporte interestadual e intermunicipal e de comunicação **(ICMS)**, ainda que as operações e as prestações se iniciem no exterior;"<br><br>**§ 2º O imposto previsto no inciso II atenderá o seguinte:**<br>XI. **Não compreenderá em sua base de cálculo** o montante do IPI, quando a operação realizada entre contribuintes e relativa **a produtos destinados à industrialização ou à comercialização**, configure fato gerador dos dois impostos;"<br><br>(Grifos nossos). |

Nas operações de venda de bens para uso e consumo da pessoa jurídica compradora, como os bens não são destinados à industrialização ou comercialização, o valor do IPI integrará a base de cálculo do ICMS.

**EXEMPLO**

Observe a **NF de venda para uso e consumo:**

| | | |
|---|---|---|
| Valor | R$ | 80.000,00 |
| (+) IPI (alíquota de 25%) | R$ | 20.000,00 |
| (=) Total da NF | R$ | 100.000,00 |
| ICMS Destacado (18%) | R$ | 18.000,00 |

Note que a base de cálculo do ICMS foi o valor total da NF (R$ 100.000,00) – nesse montante está incluído o valor do IPI.

## 7.5.2 Fórmulas para o cálculo da operação

Quando o ICMS incide sobre o valor total da NF, incluindo o valor do IPI, os cálculos da operação de saída – venda de bens para uso e consumo – devem ser efetuados de acordo com os procedimentos expostos a seguir.

Como o IPI faz base de cálculo para o ICMS, este indicará sobre o preço de venda (PV) mais o valor do IPI. Designando-se a alíquota do ICMS pela letra **a**, teremos (o símbolo * significa multiplicação):

ICMS = a*(PV + IPI)
ICMS = a*PV + a*IPI

O IPI é calculado multiplicando-se o preço de venda (PV) por sua alíquota (**b**):

IPI = b*PV

Logo:

$$ICMS = a*PV + a*b*PV$$
$$ICMS = a*(1 + b)*PV$$

O custo da mercadoria sem os impostos é denominado **C**. Portanto:

$$PV = C + ICMS$$
$$PV = C + a*(1 + b)*PV \quad C = PV - a*(1 + b)*PV$$
$$C = PV\,[1 - a*(1 + b)]$$
$$PV = \frac{C}{1 - a*(1 + b)}$$

## CASO PRÁTICO

**Dados:**

C = custo da mercadoria antes dos impostos = R$ 441,00
a = alíquota do ICMS = 18%
b = alíquota do IPI = 20%

$$PV = \frac{R\$\ 441{,}00}{1 - (0{,}18*1{,}2)}$$

$$PV = \frac{R\$\ 441{,}00}{0{,}784} = \mathbf{R\$\ 562{,}50}$$

O IPI corresponderia a:
IPI = **R$ 112,50** (20% × R$ 562,50)

E o ICMS corresponderia a:
ICMS = **R$ 121,50** [18% × (R$ 562,50 + R$ 112,50)]

A NF seria emitida com os seguintes valores:

| | |
|---|---|
| Valor da Operação (R$ 441,00 + R$ 121,50) | R$ 562,50 |
| (+) Valor do IPI (0,20 × R$ 562,50) | R$ 112,50 |
| (=) Total da NF | **R$ 675,00** |
| ICMS Destacado (0,18 × R$ 675,00) | R$ 121,50 |

## NOTA

Caso fosse fornecido o valor da operação com o ICMS incluso (N = R$ 562,50), os cálculos utilizariam as seguintes fórmulas:

**IPI** = b*PV
**ICMS** = [a + (a*b) **PV**]
**N** = **R$ 562,50** (valor da operação com ICMS incluso)
**IPI** = **R$ 112,50** (0,20 × R$ 562,50)
**ICMS** = **R$ 121,50** [0,18 + (0,18 × 0,20)] × R$ 562,50
**TNF = R$ 675,00** (R$ 562,50 + R$ 112,50)
**ICMS = R$ 121,50** (0,18 × R$ 675,00)

**ATENÇÃO**

1. Nas aquisições para uso e consumo, o valor total das NFs, incluindo os impostos que houver, representará custo de compra (observe a contabilização nos Subitens 7.5.3 e 7.5.4);
2. Nas aquisições dos Subitens 7.5.3 e 7.5.4 (compra para uso e consumo), o valor do ICMS incide sobre o valor total da NF, nele incluído o valor do IPI, em obediência ao art. nº 155, § 2º, inciso XI da Constituição Federal de 1988.

### 7.5.3 Compra de bens para o Ativo Não Circulante – ANC (Imobilizado)

**EXEMPLOS**

1. A empresa SILPA Consultoria Tributária Ltda. (empresa não contribuinte do ICMS por ser exclusivamente prestadora de serviços) adquiriu, a prazo, bens para o Ativo Imobilizado da sociedade PVSN Equipamentos Industriais Ltda., por meio da seguinte NF:

   **NF nº 1.430**

   | | |
   |---|---|
   | Valor Bruto | R$ 10.000,00 |
   | (+) IPI (8%) | R$ 800,00 |
   | (=) Total da Nota | R$ 10.800,00 |
   | ICMS Destacado | R$ 1.944,00 |

   **Contabilização**

   D – Máquinas e Equipamentos
   C – Contas a Pagar 10.800,00

   Note que a empresa adquirente, por ser exclusivamente prestadora de serviços, não é contribuinte do IPI e do ICMS. Nessa hipótese, os impostos correspondentes à aquisição (IPI e ICMS) integraram o custo de aquisição das Máquinas e Equipamentos.

   Se a empresa adquirente fosse comercial ou industrial, haveria recuperação do ICMS correspondente à referida aquisição, conforme demonstrado no exemplo a seguir.

2. A Empresa Comercial Ramos Ltda. adquire, a prazo, bens para o Ativo Imobilizado (máquinas) da sociedade PVSN Equipamentos Industriais Ltda., por meio da seguinte NF:

   **Nota Fiscal nº 1.728**

   | | |
   |---|---|
   | Valor Bruto | R$ 28.000,00 |
   | (+) IPI (8%) | R$ 2.240,00 |
   | (=) Total da Nota | R$ 30.240,00 |
   | ICMS Destacado | R$ 5.443,20 |

**Contabilização**

| | |
|---|---|
| D – Máquinas e Equipamentos(*) | 24.796,80 |
| D – ICMS a Recuperar(**) | 5.443,20 |
| C – Contas a Pagar | 30.240,00 |

(*) R$ 30.240,00 – R$ 5.443,20
(**) Recuperar em 48 meses

### 7.5.4 Compra a prazo de material de escritório para uso nas atividades comerciais da empresa

**EXEMPLO**

**NF de Compra**

| | |
|---|---|
| Valor Bruto | R$ 8.000,00 |
| (+) IPI (25%) | R$ 2.000,00 |
| (=) Total da Nota Fiscal | R$ 10.000,00 |
| ICMS Destacado (*) | R$ 1.800,00 |

**Contabilização**

| | |
|---|---|
| D – Estoque de Material de Escritório | |
| C – Contas a Pagar | 10.000,00 |

(*) A parcela do IPI deve ser incluída na base de cálculo do ICMS quando o produto for destinado a uso e consumo do adquirente, ainda que este seja contribuinte do imposto.

## 7.6 ICMS E IPI NAS DEVOLUÇÕES DE COMPRAS E VENDAS

### 7.6.1 Devolução de compras

A **devolução de compras** representa uma saída de mercadorias registrada em Livro Fiscal denominado Registro de Saídas. Nessa hipótese, haverá o débito (dívida do imposto correspondente).

**EXEMPLO**

**NF de Devolução de Compras (a Prazo)**

| | |
|---|---|
| Valor Bruto | R$ 2.500,00 |
| (–) Desconto Incondicional | R$ (500,00) |
| (+) IPI (10%) | R$ 200,00 |
| (=) Total da NF | R$ 2.200,00 |
| ICMS Destacado | R$ 360,00 |

**Contabilização**

a) **Supondo Empresa comercial contribuinte do ICMS**

| | |
|---|---|
| D – Fornecedores | 2.200,00 |
| D – Descontos Incondicionais Obtidos | 500,00 |
| C – Devolução de Compras (2.500,00 + 200,00 – 360,00) | 2.340,00 |
| C – ICMS a Recolher (C/C de ICMS) | 360,00 |

b) **Supondo Empresa industrial contribuinte do ICMS e do IPI**

| | |
|---|---|
| D – Fornecedores | 2.200,00 |
| D – Descontos Incondicionais Obtidos | 500,00 |
| C – Devolução de Compras | 2.140,00 |
| C – IPI a Recolher (C/C de IPI) | 200,00 |
| C – ICMS a Recolher (C/C de ICMS) | 360,00 |

## 7.6.2 Devolução de vendas

**Devolução de vendas** representa uma entrada de mercadorias registrada em Livro Fiscal denominado Registro de Entradas. Nessa hipótese, haverá o crédito (direito de recuperar) do imposto correspondente.

**EXEMPLO**

**NF de Devolução de Vendas (a Prazo)**

| | | |
|---|---|---|
| Valor Bruto | R$ | 6.000,00 |
| (–) Desconto Incondicional | R$ | (1.000,00) |
| (+) IPI (10%) | R$ | 500,00 |
| (=) Total da Nota Fiscal | R$ | 5.500,00 |
| ICMS Destacado | R$ | 900,00 |

**Contabilização**

| | |
|---|---|
| D – Devolução de Vendas | 6.000,00 |
| D – IPI a Recuperar (C/C de IPI) | 500,00 |
| C – Duplicatas a Receber | 5.500,00 |
| C – Descontos Incondicionais Concedidos | 1.000,00 |

| | |
|---|---|
| D – ICMS a Recuperar (C/C de ICMS) | |
| C – ICMS sobre Vendas (Despesa de ICMS) | 900,00 |

ATENÇÃO

Ao final de cada mês, a empresa efetuará a apuração do imposto (a recolher ou recuperar) nos Livros Fiscais denominados **Registro de Apuração do ICMS** e/ou **Registro de Apuração do IPI**. Na contabilidade, efetuará a transferência dos saldos das contas IPI/ICMS a Recolher para IPI/ICMS a Recuperar (no caso de existência de crédito – Imposto a Recuperar) ou de IPI/ICMS a Recuperar para IPI/ICMS a Recolher (no caso da existência de débito – Imposto a Recolher), da seguinte forma:

| A) APURAÇÃO DO IPI | B) APURAÇÃO DO ICMS |
|---|---|
| D – IPI a Recolher<br>C – IPI a Recuperar | D – ICMS a Recolher<br>C – ICMS a Recuperar |

NOTA

Os lançamentos acima são desnecessários quando a empresa utiliza as contas C/C de ICMS e/ou C/C de IPI. Assim, serão necessários apenas caso a empresa utilize as contas: IPI a Recuperar, IPI a Recolher e ICMS a Recuperar, ICMS a Recolher.

## 7.7 ▸ SUBSTITUIÇÃO TRIBUTÁRIA (ST)

### 7.7.1 Principais definições

A **Substituição Tributária (ST)** ocorre quando uma terceira pessoa, não contribuinte, é investida por lei como sujeito passivo da obrigação tributária principal, devendo satisfazer a prestação tributária.

No processo de ST, podemos destacar os seguintes intervenientes:

a) **Substituto** – pessoa que substitui outra, ou seja, toma o lugar da outra, no caso, o substituído. O substituto tem a obrigação legal de cobrar e recolher, antecipadamente, o tributo que somente seria devido no futuro pelo substituído, quando a venda dos bens ou serviços fosse realizada.

b) **Substituído** – pessoa que foi substituída, ou seja, a pessoa cuja obrigação tributária principal foi satisfeita (paga antecipadamente) pelo substituto. Portanto, quando o substituído realizar as operações subsequentes estará dispensado da apuração e do recolhimento do tributo, tendo em vista que o tributo incidente sobre esta operação já foi pago de forma antecipada pelo substituto.

### 7.7.2 Operacionalização

Na legislação tributária é cada vez maior o número de operações e tributos nas quais os governos (municipais, estaduais e federal) procuram **antecipar o recebimento** dos impostos e das contribuições mediante arrecadação pela modalidade da ST. Quando a ST é ampliada para muitos setores, os impostos sobre vendas que incidem sobre o valor adicionado perdem sua característica multifásica (incidência em todas as etapas da cadeia produtiva) e passam a ter um caráter nitidamente monofásico (incidência em apenas uma etapa, para facilitar o trabalho do Fisco, que terá menos empresas para fiscalizar).

Dessa forma, o substituto cobra e recolhe antecipadamente o tributo que somente seria pago pelo substituído quando este efetivasse a venda dos produtos ou serviços aos seus clientes. O cálculo do imposto devido pelo substituído é feito com base no preço de venda a varejo, quando conhecido, ou com base numa margem de valor adicionado estabelecida pelo Estado com base em pesquisa, que poderá ser promovido pela Secretaria da Fazenda ou, a seu critério, por entidade representativa do setor que realiza operações ou prestações sujeitas à ST. Por exemplo, as montadoras de veículos comunicam seu preço a varejo para a administração tributária estadual. Logo, esse é o preço pelo qual se calculará o imposto relativo à ST. Em caso de preços a varejo não definidos pelo produtor, é estabelecida uma margem de valor agregado, para efeito de base de cálculo do ICMS do substituído, a ser recolhido pelo substituto, com base em pesquisas de preços efetuadas por institutos idôneos, nomeados pela Secretaria da Fazenda Estadual.

Como a margem de valor agregado é calculada por uma média, alguns contribuintes saem ganhando quando sua margem é maior que a média (passam a pagar menos tributo), e outros saem perdendo, quando ela é menor.

Na ST, as operações posteriores, realizadas pelos contribuintes substituídos, não serão tributadas, conforme já explicado. O Fisco estadual, entretanto, não permite a restituição ou a cobrança complementar quando, nas operações ou prestações seguintes, a cobrança do tributo se realizar por importância superior ou inferior àquela estabelecida com base na margem de valor agregado, o que tem provocado várias críticas por parte dos contribuintes prejudicados com a modificação.

### 7.7.3 Contabilização

Entendemos que o tributo pago antecipadamente pelo substituído deverá ser contabilizado como Despesa Antecipada no Ativo Circulante (AC) ou no Ativo Realizável a Longo Prazo (ARLP) e somente deverá compor a apuração do resultado do exercício quando os produtos forem efetivamente vendidos pelo substituído. Para facilitar o entendimento dessa operação, observe o caso prático a seguir:

**CASO PRÁTICO**

1. Substituto: estabelecimento industrial fabricante de produtos.
2. Substituído: estabelecimento comercial que revenderá os produtos adquiridos.
3. Alíquota do ICMS nas operações: 18%.
4. Índice hipotético de Valor Agregado na Substituição Tributária (IVA-ST): 65,10%.
5. ICMS-ST: A NF emitida pelo estabelecimento industrial (substituto), bem como os cálculos do ICMS cobrado por ST encontram-se adiante especificados.

| Nº | ELEMENTOS | VALORES (R$) |
|---|---|---|
| 01 | Valor da Operação | 50.000,00 |
| 02 | (+) Valor do IPI (5% × R$ 50.000,00) | 2.500,00 |
| 03 | Base de Cálculo da Substituição Tributária | 52.500,00 |
| 04 | IVA-ST (65,10% × R$ 52.500,00) | 34.177,50 |
| 05 | Base de Cálculo do ICMS-ST | 86.677,50 |
| Nº | CÁLCULOS | |
| 01 | **ICMS Operação Própria** (18% × R$ 50.000,00) | 9.000,00 |
| 02 | **ICMS-ST** (18% × R$ 86.677,50) | 15.601,95 |
| 03 | **ICMS-ST Retido** (R$ 15.601,95 – R$ 9.000,00) | 6.601,95 |

Observe adiante a NF emitida pelo estabelecimento industrial fabricante (substituto) para o estabelecimento revendedor (substituído).

| ELEMENTOS | VALORES (R$) |
|---|---|
| Valor de Aquisição dos Produtos .................................... | 50.000,00 |
| (+) IPI (Alíquota de 5%) .................................................. | 2.500,00 |
| (+) ICMS-ST (Substituição Tributária) .............................. | 6.601,95 |
| Total da NF........................................................................ | 59.101,95 |

**Registros contábeis no estabelecimento industrial (substituto)**

1. Operação de Venda
   D – Duplicatas a Receber 59.101,95
   C – Receita Operacional Bruta 50.000,00
   C – IPI a Recolher (ou C/C de IPI) 2.500,00
   C – ICMS-ST a Recolher 6.601,95

2. ICMS Próprio contido na Operação de Venda
   D – ICMS sobre Vendas (Resultado)
   C – ICMS a Recolher (ou C/C de ICMS) 9.000,00
   Valor do ICMS próprio contido na operação de venda

| DEMONSTRAÇÃO DO RESULTADO DO EXERCÍCIO (SUBSTITUTO) | |
|---|---|
| **Elementos** | **Valores (R$)** |
| Receita Operacional Bruta (Vendas Brutas) | 50.000,00 |
| (–) Deduções da Receita Bruta | |
| ICMS sobre Vendas (ICMS das Operações Próprias) | 9.000,00 |
| Receita Operacional Líquida (Vendas Líquidas) | **41.000,00** |

**Registros contábeis no estabelecimento comercial adquirente (substituído)**

1. Operação de Compra
   D – Mercadorias em Estoque (ou Compras) 43.500,00
   D – ICMS – Despesa Antecipada – AC (*) 15.601,95
   C – Fornecedores 59.101,95

**(*) R$ 6.601,95 + R$ 9.000,00 (ICMS ST + ICMS Próprio)**

2. Operação de Venda
   D – Duplicatas a Receber
   C – Receita de Vendas (Resultado) 70.000,00

3. ICMS sobre a Operação de Vendas
   D – ICMS sobre Vendas (Resultado)
   C – ICMS – Despesa Antecipada (AC) 5.601,95

4. Pelo Custo das Mercadorias Vendidas (CMV)
   D – Custo das Mercadorias Vendidas (CMV)
   C – Mercadorias em Estoque (*) 43.500,00

| DEMONSTRAÇÃO DO RESULTADO DO EXERCÍCIO (SUBSTITUÍDO) | |
|---|---|
| **Elementos** | **Valores (R$)** |
| Receita Operacional Bruta (Vendas Brutas) | 70.000,00 |
| (–) Deduções da Receita Bruta | |
| ICMS sobre Vendas (ICMS-ST) | 15.601,95 |
| (=) Receita Operacional Líquida (Vendas Líquidas) | **54.398,05** |
| (–) Custo das Mercadorias Vendidas (CMV) | **(*) 43.500,00** |
| (=) Lucro Operacional Bruto (Lucro Bruto) | **10.898,05** |

(*) Suposição de que todas as mercadorias compradas tenham sido vendidas e que não existe Estoque Inicial (EI) e Estoque Final (EF). O Custo das Mercadorias Vendidas (CMV) apurado pelo Inventário Permanente foi calculado diminuindo-se o ICMS Próprio contido na operação do custo, sem o ICMS-ST: R$ 52.500,00 – R$ 9.000,00 = **R$ 43.500,00**.

## NOTAS

1. A diferença de R$ 3.001,95 no valor do ICMS [R$ 15.601,95 – R$ 12.600,00 (18% × R$ 70.000,00)] refere-se à diferença entre a base de cálculo do ICMS-ST, cobrado pelo substituto (R$ 86.677,50) e o preço efetivo de vendas praticado pelo substituído (R$ 70.000,00). O ICMS incidente sobre essa diferença representa o valor cobrado a maior pelo estado, a saber: R$ 3.001,95 (18% × R$ 16.677,50). Nessa hipótese, o substituído perdeu com a ST. Se o valor da operação de vendas fosse superior a R$ 86.677,50, a empresa substituída obteria ganho na operação com o ICMS-ST.
2. Entendemos que a contabilização:
   a) como Compras ou Mercadorias em Estoque do valor total constante da NF de aquisição (R$ 59.101,95), incluindo o valor do ICMS-ST, não é correta, pois a empresa substituída, nessa hipótese, poderia tomar créditos das contribuições não cumulativas para o PIS e para a COFINS sobre o referido montante, quando a Receita Federal já esclareceu que sobre o valor do ICMS-ST não é permitido o crédito das mencionadas contribuições;
   b) pela sistemática de débitos e créditos, como se não houvesse a ST, com posterior reconhecimento do ganho ou da perda com relação ao ICMS-ST, em decorrência da venda por valor superior ou inferior ao IVA (Índice de Valor Agregado) utilizado para o cálculo do ICMS-ST, não está correta, pois tais fatos não são característicos das operações de ST.

**Registros contábeis na inexistência de ST**

Caso a operação esteja sujeita à incidência normal do ICMS (supondo **inexistência de ST**) a NF de compra traria o ICMS destacado de R$ 9.000,00 (18% × R$ 50.000,00) e não traria a cobrança do ICMS-ST. Observe abaixo os dados da NF de compra.

| NOTA FISCAL DE COMPRA DE MERCADORIAS | VALORES (R$) |
|---|---|
| Valor de Aquisição ........................................................ | 50.000,00 |
| (+) IPI (Alíquota de 5%) .................................................. | 2.500,00 |
| **(=) Total da Nota Fiscal** .................................................. | **52.500,00** |
| ICMS Destacado (18% × R$ 50.000,00) ........................... | 9.000,00 |

Assim, os registros contábeis seriam:

1. Operação de Compra
   D – Mercadorias em Estoque (ou Compras) 43.500,00(*)
   D – ICMS a Recuperar ou C/C de ICMS 9.000,00
   C – Fornecedores 52.500,00

**(*) R$ 52.500,00 – R$ 9.000,00**

2. Operação de Venda
   D – Duplicatas a Receber
   C – Receita de Vendas (Resultado) 70.000,00

3. ICMS sobre a Operação de Vendas
   D – ICMS sobre Vendas (Resultado)
   C – ICMS a Recolher ou (C/C de ICMS) 12.600,00(*)

**(*) R$ 12.600,00 = (18% × R$ 70.000,00)**

Nessa hipótese, a Demonstração do Resultado do Exercício seria representada da seguinte forma:

| DEMONSTRAÇÃO DO RESULTADO DO EXERCÍCIO | |
|---|---|
| ELEMENTOS | Valores (R$) |
| Receita Operacional Bruta (Vendas Brutas) | 70.000,00 |
| (–) Deduções da Receita Bruta | |
| ICMS sobre Vendas | 12.600,00 |
| (=) Receita Operacional Líquida (Vendas Líquidas) | **57.400,00** |
| (–) Custo das Mercadorias Vendidas (CMV) | (*) **43.500,00** |
| (=) Lucro Operacional Bruto (Lucro Bruto) | **13.900,00** |

**(*)** Suposição de que todas as mercadorias compradas tenham sido vendidas e que não existe EI e EF. O CMV apurado pelo Inventário Permanente foi calculado diminuindo-se o ICMS destacado na NF de Compra: R$ 52.500,00 – R$ 9.000,00 = **R$ 43.500,00**.

NOTA

1. O valor do ICMS a ser recolhido, nessa hipótese, seria de: R$ 12.600,00 – R$ 9.000,00 = **R$ 3.600,00**.
2. Note que a única diferença entre o resultado apurado pela modalidade normal de tributação do ICMS e pela modalidade de ST tratada nos subitens anteriores é de: R$ 15.601,95 – 12.600,00 = **R$ 3.001,95**.
3. Como já informamos anteriormente, essa importância refere-se ao acréscimo do ICMS-ST cobrado a maior por meio do cálculo da ST, ou seja: R$ 86.677,50 – R$ 70.000,00 = **R$ 16.677,50**. Logo: R$ 6.601,95 – R$ 3.600,00 = **R$ 3.001,95**.
4. Utilizando-se a hipótese da ST (subitens anteriores) a empresa recolheu **R$ 6.601,95** (valor do ICMS-ST, retido na fonte). Nessa hipótese, efetuou-se um recolhimento a maior de: R$ 6.601,95 – R$ 3.600,00 = **R$ 3.001,95**, se comparado ao procedimento normal de apuração do mencionado tributo.
5. Consulte no subitem 7.19.1, deste capítulo, sobre a recente decisão do Supremo Tribunal Federal (STF) referente ao ICMS pago a maior na ST.

## 7.8 CONTRIBUIÇÕES AO PIS E À COFINS

### 7.8.1 Aspectos constitucionais

O art. 149 da Constituição Federal (CF) de 1988 determina que **compete exclusivamente à União instituir contribuições sociais**, de intervenção no domínio econômico e de interesse das categorias profissionais ou econômicas, como instrumento de sua atuação nas respectivas áreas, **observado o disposto nos arts. 146, III, 150, I e III**, e sem prejuízo do previsto no **art. 195, § 6º**, relativamente às contribuições a que alude o dispositivo.

Em síntese, os mencionados arts. da CF de 1998 determinam que:

a) A seguridade social será financiada por toda a sociedade, de forma direta ou indireta, nos termos da lei, mediante recursos do governo e do empregador, da empresa e da entidade a ela equiparada, incidentes sobre a receita ou sobre o faturamento e sobre o lucro.
b) Cabe à lei complementar estabelecer normas gerais em matéria de legislação tributária, especialmente no que se refere à definição de tributos e de suas espécies, base de cálculo e contribuintes, bem como obrigação, lançamento, crédito, prescrição e decadência.
c) É vedado à União, aos Estados, ao Distrito Federal e aos municípios exigir tributos sem lei que o estabeleçam (princípio da legalidade) e cobrar tributos em relação a fatos geradores ocorridos antes do início da vigência da lei e antes de decorridos 90 dias da data em que haja sido publicada a lei que os instituiu ou aumentou, não se aplicando às contribuições sociais o disposto no art. 150, b da CF de 1988 (princípio da anterioridade).
d) As contribuições sociais e de intervenção no domínio econômico não incidirão sobre receitas decorrentes de exportação.

### 7.8.2 Modalidades de contribuições

Em relação às contribuições ao PIS/PASEP e à COFINS, as principais **modalidades de contribuições** são:

a) Faturamento/Receita Bruta – regime cumulativo.
b) Faturamento/Receita Bruta – regime não cumulativo.
c) Regimes especiais.

## NOTAS

1. **Incidência Monofásica** – ocorre quando as contribuições incidem apenas em uma etapa da cadeia produtiva.
2. **Incidência Cumulativa** – ocorre quando as contribuições incidem em todas as etapas da cadeia produtiva, em cascata.
3. **Incidência não Cumulativa** – ocorre quando se abate em cada operação o montante das contribuições cobradas nas operações anteriores. A não cumulatividade das contribuições ao PIS e à COFINS é realizada por intermédio de créditos calculados sobre os insumos, os bens e as despesas adquiridas/utilizadas na fabricação, produção ou comercialização dos bens e/ou serviços.
4. **Substituição Tributária (ST)** – quando uma terceira pessoa, não contribuinte, é investida por lei como sujeito passivo da obrigação tributária principal, devendo satisfazer o pagamento do tributo devido pelos substituídos.
5. **Alíquotas Diferenciadas** – representam alíquotas com percentuais diferenciados das alíquotas normais em razão, normalmente, de regime de substituição tributária em que é necessário se arrecadar o valor das contribuições totais relativas a todas as etapas do processo produtivo em apenas uma etapa da cadeia produtiva.
6. **Regimes Especiais –** a característica comum é determinada diferenciação em relação à apuração da base de cálculo e/ou alíquota. A maioria dos regimes especiais se refere à incidência especial em relação ao tipo de receita, e não a pessoas jurídicas, devendo a pessoa jurídica calcular, ainda, a Contribuição para o PIS/PASEP e para a COFINS no regime de incidência não cumulativa ou cumulativa, conforme o caso, sobre o valor das demais receitas. De modo geral, os regimes especiais podem ser subdivididos em:
   a) **Base de Cálculo e Alíquotas Diferenciadas** para as instituições financeiras, entidades sem fins lucrativos e pessoas jurídicas de direito público interno.
   b) **Base de Cálculo Diferenciada.**
   c) **ST** (Cigarros, Veículos etc).
   d) **Alíquotas Diferenciadas** – se subdividem em:
      - **Alíquotas Concentradas** (combustíveis, querosene de avião, produtos farmacêuticos, veículos e pneus novos de borracha, bebidas, embalagens, biodiesel).
      - **Alíquotas Reduzidas** (nafta petroquímica, papel imune destinado à impressão de periódicos, produtos hortícolas e frutas, aeronaves, suas partes e peças, sêmens e embriões, Zona Franca de Manaus, concessionários de veículos, fertilizantes, defensivos agrícolas e outros, gás natural canalizado, carvão mineral, produtos químicos e farmacêuticos, livros, combustíveis, bebidas e embalagens, programa de inclusão digital).
7. **Receitas Financeiras – Contribuições não cumulativas** – o Poder Executivo poderá reduzir e restabelecer as alíquotas da Contribuição para o PIS/PASEP e da COFINS incidentes sobre as receitas financeiras auferidas pelas pessoas jurídicas sujeitas ao regime de não cumulatividade das referidas contribuições nas hipóteses que fixar. De acordo com o Decreto nº 5.442, de 2005, estão reduzidas a 0 (zero) as alíquotas da Contribuição para o PIS/PASEP e da COFINS incidentes sobre as receitas financeiras. A redução não se aplica à receita de juros sobre capital próprio. Veja no Item 7.9 as alterações provocadas para a incidência cumulativa pela Lei nº 11.941/09, no Subitem 7.9.1.
8. Em relação às Receitas Financeiras, o Decreto nº 8.426, de 2015, dispôs que:
   a) a partir de 1º de julho de 2015, as alíquotas do PIS e da COFINS sobre receitas financeiras, inclusive decorrentes de operações realizadas para fins de *hedge*, auferidas pelas pessoas jurídicas sujeitas ao regime de apuração não cumulativa das referidas contribuições, serão de 0,65% e 4%, respectivamente. Aplica-se tal tributação inclusive às pessoas jurídicas que tenham apenas parte de suas receitas submetidas ao regime de apuração não cumulativa da Contribuição para o PIS/PASEP e da COFINS. Ficam mantidas em 1,65% e 7,6%, respectivamente, as alíquotas da Contribuição para o PIS/PASEP e para a COFINS aplicáveis às receitas de juros sobre o capital próprio.

b) Ficam mantidas em 0 (zero) as alíquotas das contribuições incidentes sobre receitas financeiras decorrentes de variações monetárias, em função da taxa de câmbio, de:
- operações de exportação de bens e serviços para o exterior;
- obrigações contraídas pela pessoa jurídica, inclusive empréstimos e financiamentos.

c) Ficam também mantidas em 0 (zero) as alíquotas das contribuições incidentes sobre receitas financeiras decorrentes de operações de cobertura (*hedge*) realizadas em bolsa de valores, de mercadorias e de futuros ou no mercado de balcão organizado, destinadas exclusivamente à proteção contra riscos inerentes às oscilações de preço ou de taxas quando, cumulativamente, o objeto do contrato negociado:
- estiver relacionado com as atividades operacionais da pessoa jurídica;
- destinar-se à proteção de direitos ou obrigações da pessoa jurídica.

**⚠ ATENÇÃO**

Existem liminares obtidas em mandado de segurança contra a mencionada tributação implementada por Decreto. Segundo os autores dessa tese, o parágrafo 1º do art. 153 da Constituição Federal de 1988 elenca as exceções de tributos que podem ser definidos por Decreto, entre eles, o Imposto de Importação e Exportação, o IPI e o IOF. O PIS e a COFINS não estão entre as exceções mencionadas. Portanto, abrir mão desse fato é abrir mão do princípio da legalidade para a cobrança dos mencionados tributos.

### 7.8.2.1 PIS – Folha de Pagamento ou de Salários

#### *Contribuintes*

São **contribuintes** do PIS – Folha de Pagamento ou de Salários:

a) Templos de qualquer culto.
b) Partidos políticos.
c) Instituições de educação e de assistência social que prestem os serviços para os quais tenham sido instituídas e os coloquem à disposição da população em geral, em caráter complementar às atividades do Estado, sem fins lucrativos.
d) Instituições de caráter filantrópico, recreativo, cultural, científico e associações que prestem serviços para os quais tenham sido instituídas e os coloquem à disposição do grupo de pessoas a quem se destinam, sem fins lucrativos.
e) Sindicatos, federações e confederações.
f) Serviços sociais autônomos, criados ou autorizados por lei.
g) Conselhos de fiscalização de profissões regulamentadas.
h) Fundações de direito privado e fundações públicas instituídas ou mantidas pelo poder público.
i) Condomínios de proprietários de imóveis residenciais ou comerciais.
j) Organização das Cooperativas Brasileiras (OCB) e Organizações Estaduais de Cooperativas previstas no art. 105 e seu § 1º da Lei nº 5.764, de 16 de dezembro de 1971.
k) Cooperativas que fizerem uso das exclusões previstas no art. 15 da MP nº 2.158-35, de 2001.

**NOTAS**

1. As entidades que contribuem para o PIS/PASEP – Folha de Pagamento ou de Salários estão isentas da COFINS sobre receitas relativas às suas atividades próprias (atividades fins).
2. As cooperativas mencionadas na letra k, além de contribuírem sobre o faturamento (receita bruta), contribuirão também para o PIS/PASEP incidente sobre a folha de salários.

***Base de cálculo – Folha de Pagamento ou de Salários***

A **base de cálculo** é o total da folha de pagamento mensal de seus empregados. Entende-se por folha de pagamento mensal o somatório dos rendimentos do trabalho assalariado de qualquer natureza, como salários, gratificações, comissões, adicional de função, ajuda de custo, aviso prévio trabalhado, adicional de férias, quinquênios, adicional noturno, horas extras, 13º salário, repouso semanal remunerado e diárias superiores a 50% do salário.

Não integram a base de cálculo o salário-família, o aviso prévio indenizado, o Fundo de Garantia do Tempo de Serviço (FGTS) pago diretamente ao empregado na rescisão contratual e a indenização por dispensa, desde que dentro dos limites legais.

## 7.8.3 Fato gerador e contribuintes

### 7.8.3.1 Fato gerador

O **PIS/PASEP** tem como **fatos geradores**:

a) O auferimento de receita pela pessoa jurídica de direito privado e as que lhe são equiparadas pela legislação do Imposto de Renda (IR).
b) A folha de pagamento ou de salários das entidades relacionadas no art. 13 da MP nº 2.158-35, de 2001, e das cooperativas que excluírem da receita quaisquer dos itens enumerados em seu art. 15.
c) As receitas correntes arrecadadas e as transferências correntes e de capital recebidas pelas pessoas jurídicas de direito público interno, exceto as fundações públicas.
d) As importações, a partir de 1º de agosto de 2004.

A **COFINS** tem como **fato gerador** o auferimento de receita pela pessoa jurídica de direito privado, inclusive as que são a ela equiparadas pela legislação do IR e as importações, a partir de 1º agosto de 2004.

**NOTAS**

1. As fundações públicas, diferentemente das demais pessoas jurídicas de direito público interno, contribuem para o PIS/PASEP com base na folha mensal de salário.
2. De agora em diante, como nosso objetivo é ensinar Contabilidade Comercial, vamos analisar somente o PIS.

### 7.8.3.2 Contribuintes

Os **contribuintes** são as pessoas jurídicas de direito privado e as que lhes são equiparadas pela legislação do IR, inclusive as empresas públicas, as sociedades de economia mista e suas subsidiárias.

**NOTA**

As pessoas jurídicas relacionadas no art. 13 da MP nº 2.158-35, de 2001, estão sujeitas ao PIS/PASEP – Folha de Salários, sendo isentas da COFINS em relação às receitas decorrentes de suas atividades próprias (atividades fins).

### 7.8.4 Prazo de vencimento

O **prazo de recolhimento** tanto para o PIS quanto para a COFINS é até o dia 25 do mês subsequente ao da apuração. Observe que se o dia 25 não for dia útil, o contribuinte deverá antecipar o pagamento para o primeiro dia útil anterior ao vencimento.

### 7.8.5 Declarações para a Receita Federal

As contribuições ao PIS/PASEP e à COFINS deverão ser informadas à Secretaria da Receita Federal do Brasil por intermédio da EFD-Contribuições, que deverá ser utilizada pelas pessoas jurídicas obrigadas ao Sistema Público de Escrituração Digital (SPED), instituído pelo Decreto nº 6.022, de 22 de janeiro de 2007.

A EFD-Contribuições trata de arquivo digital instituído no SPED, a ser utilizado pelas pessoas jurídicas de direito privado na escrituração da contribuição para o PIS/PASEP e para a COFINS, nos regimes de apuração não cumulativo e/ou cumulativo, com base no conjunto de documentos e operações representativos das receitas auferidas, bem como dos custos, despesas, encargos e aquisições geradores de créditos da não cumulatividade.

Com o advento da Lei nº 12.546, de 2011, arts. 7º e 8º, a EFD-Contribuições passou a contemplar também a escrituração digital da Contribuição Previdenciária sobre a Receita Bruta, incidente nos setores de serviços e indústrias, no auferimento de receitas referentes aos serviços e produtos nela relacionados.

### 7.8.6 Plano da exposição

Nesta exposição, trataremos especificamente das contribuições ao PIS e à COFINS na sistemática da cumulatividade e da não cumulatividade. O leitor interessado nas demais modalidades das contribuições sociais deverá consultar o livro *Curso prático de Imposto de Renda Pessoa Jurídica*, de nossa autoria.

## 7.9 ▸ CONTRIBUIÇÕES SOCIAIS CUMULATIVAS

### 7.9.1 Base de cálculo

As contribuições para o PIS e a COFINS, devidas pelas pessoas jurídicas de direito privado, serão calculadas com base em sua receita bruta ou faturamento. A partir da vigência da Lei nº 9.718, de 27 de novembro de 1998, entende-se por receita bruta ou faturamento a totalidade das receitas auferidas pela pessoa jurídica, sendo irrelevantes o tipo de atividade por ela exercida e a classificação contábil adotada para as receitas. Logo, o conceito de receita bruta ou faturamento adotado pela referida lei é mais amplo que o conceito estrito de faturamento, que corresponderia somente à venda de mercadorias e serviços.

O objetivo do Poder Executivo, ao introduzir essa modificação na legislação, foi o de evitar ações junto ao Poder Judiciário, como as efetuadas pelas instituições financeiras (alegavam que os juros por elas cobrados não faziam parte de seu faturamento) e pelas empresas construtoras (alegavam que imóveis não eram mercadorias e sua venda não constituía faturamento).

Em 9 de novembro de 2005, o STF decidiu considerar inconstitucional a incidência dessas contribuições sobre o total das receitas, uma vez que a Emenda Constitucional nº 20, de 15 de dezembro de 1998, que previu a possibilidade dessa incidência, foi promulgada posteriormente à Lei nº 9.718/1998. Essa decisão, todavia, não teve efeito *erga omnes* (para todos) e as pessoas jurídicas que quiserem se beneficiar dessa não incidência terão que procurar seu direito junto ao Poder Judiciário.

O Conselho de Contribuintes, por sua vez, vem dando ganho de causa na área administrativa para as empresas sujeitas à sistemática cumulativa que questionam o alargamento da base de cálculo.

Recentemente, o inciso XII da Lei nº 11.941, de 27 de maio de 2009, revogou expressamente o parágrafo 1º do art. 3º da Lei nº 9.718, de 1998, que determinava o alargamento da base de cálculo das contribuições cumulativas, incluindo receitas não decorrentes das atividades principais da empresa. Assim, a base de cálculo das mencionadas contribuições passou a alcançar somente as receitas oriundas das atividades principais da pessoa jurídica, consignadas no art. 12 do Decreto-Lei nº 1.598, de 1977, com redação dada pelo art. 2º da Lei nº 12.973, de 2014.

## 7.9.2 Exclusões da base de cálculo

Excluem-se da receita bruta para determinar a base de cálculo das contribuições:

a) as vendas canceladas, os descontos incondicionais concedidos, o IPI e o ICMS, quando cobrado pelo vendedor dos bens ou prestador dos serviços na condição de substituto tributário;
b) as reversões de provisões e recuperações de créditos, baixados como perda, que não representem ingresso de novas receitas, o resultado positivo da avaliação de investimentos pelo valor do Patrimônio Líquido e os lucros e dividendos derivados de investimentos avaliados pelo custo de aquisição, que tenham sido computados como receita;
c) as receitas decorrentes da venda de bens do Ativo Não Circulante, classificado como Imobilizado, Intangível e Investimentos;
d) a receita reconhecida pela construção, recuperação, ampliação ou melhoramento da infraestrutura, cuja contrapartida seja ativo intangível representativo do direito de exploração, no caso de contratos de concessão de serviços públicos;
d) das receitas isentas, não alcançadas pela incidência das contribuições ou sujeitas à alíquota zero.

**NOTAS**

1. O valor das vendas canceladas deverá ser excluído da base de cálculo das contribuições cumulativas, ainda que a devolução ocorra no mês ou meses subsequentes ao da venda (receita).
2. O ICMS integra a base de cálculo das contribuições, exceto no caso de substituição tributária, quanto o substituto pode deduzir a parcela correspondente ao substituído. Há, entretanto, um processo correndo no STF para excluir o ICMS da base de cálculo das contribuições sociais (PIS e COFINS).

## 7.9.3 Contribuintes

Estão sujeitas à incidência cumulativa do PIS e da COFINS as **pessoas jurídicas tributadas com base no lucro presumido ou arbitrado** e as listadas nos incisos VII a XXX do art. 10 da Lei nº 10.833/2003.

Independentemente da forma de apuração do lucro pelo IR, são contribuintes pela sistemática cumulativa das contribuições:

a) Instituições financeiras e assemelhadas.
b) Operadoras de planos de assistência à saúde.
c) Empresas particulares que explorem serviços de vigilância e de transportes de valores.
d) As sociedades cooperativas, exceto as de produção agropecuária e as de consumo.

## 7.9.4 Contabilização e alíquota

### 7.9.4.1 Contabilização

As contribuições cumulativas ao PIS e à COFINS deverão ser contabilizadas como impostos incidentes sobre vendas, ou seja, despesa operacional redutora da receita bruta para fins de apuração da receita líquida.

### 7.9.4.2 Alíquota

As alíquotas das contribuições ao PIS e à COFINS **cumulativas** a serem aplicadas sobre a base de cálculo são as seguintes:

a) **PIS:** 0,65%.
b) **COFINS:** 3% para as pessoas jurídicas em geral.
c) **Instituições financeiras e assemelhadas:** a alíquota da COFINS corresponderá a 3% até o mês de agosto de 2003 e 4% a partir do mês de setembro de 2003.

**NOTA**

As alíquotas das contribuições ao **PIS** e à **COFINS não cumulativas** são de 1,65% para o PIS e 7,6% para a COFINS (consulte o Item 7.10).

**CASO PRÁTICO**

Dados relativos ao mês de fevereiro de 20X0:

| | | |
|---|---|---|
| Faturamento Operacional Bruto (IPI incluso) | R$ | 3.168.000,00 |
| Descontos Incondicionais Concedidos | R$ | 72.000,00 |
| Devoluções de Vendas | R$ | 144.000,00 |
| IPI contido no Faturamento | R$ | 273.600,00 |
| Variações Monetárias Ativas | R$ | 36.000,00 |
| Receita de Aluguel de Bens do Ativo Fixo | R$ | 72.000,00 |
| Receita de Juros | R$ | 21.600,00 |
| Ganhos de Capital na venda de bens e direitos | R$ | 108.000,00 |
| Resultado Positivo na Equivalência Patrimonial | R$ | 144.000,00 |

**Base de cálculo das contribuições cumulativas**

| | |
|---|---|
| Faturamento Operacional Bruto (IPI incluso) | R$ 3.168.000,00 |
| (–) IPI contido no Faturamento | R$ (273.600,00) |
| (=) Receita Bruta de Vendas | R$ 2.894.400,00 |
| (–) Devoluções de Vendas | R$ (144.000,00) |
| (–) Descontos Incondicionais Concedidos | R$ (72.000,00) |
| (=) **Base de Cálculo** | **R$ 2.678.400,00** |

**Cálculo da contribuição para a COFINS**

**COFINS: R$ 80.352,00** (3% × R$ 2.678.400,00)

**Contabilização**

| | |
|---|---|
| D – COFINS Dedução da Receita Bruta | |
| C – COFINS a Recolher | 80.352,00 |

**Cálculo e contabilização da contribuição para o PIS**

**PIS: R$ 17.409,60** (0,65% × R$ 2.808.000,00)

**Contabilização**

| | |
|---|---|
| D – PIS Dedução da Receita Bruta | |
| C – PIS a Recolher | 17.409,60 |

## 7.10 ▸ CONTRIBUIÇÕES SOCIAIS NÃO CUMULATIVAS

A finalidade da sistemática de incidência não cumulativa das contribuições ao PIS e à COFINS é torná-las tributos não cumulativos, à semelhança do IPI e do ICMS, mediante a instituição de créditos fiscais sobre a aquisição de insumos e sobre outros valores definidos nos atos legais mencionados, ou seja, Leis nº 10.637, de 2002, 10.833, de 2003, parcialmente alterada pela Lei nº 10.685, de 2004, e alterações posteriores. Assim, a pessoa jurídica poderá recuperar o valor do PIS e da COFINS pago como contribuinte de fato na compra de produtos fabricados por terceiros que venham a ser utilizados na produção de bens e serviços. O objetivo seria o de reduzir os custos das empresas, evitando a incidência em cascata das contribuições.

### 7.10.1 Incidência somente para pessoa jurídica tributada pelo Lucro Real

São contribuintes na sistemática não cumulativa **as pessoas jurídicas tributadas com base no Lucro Real**, exceto as pessoas jurídicas mencionadas no Subitem 7.9.3 e imunes.

### 7.10.2 Base de cálculo

A base de cálculo das contribuições ao PIS e à COFINS abrange o total das receitas auferidas pela pessoa jurídica, independentemente de sua denominação ou classificação contábil (redação dada pela Lei nº 12.973, de 2014), valendo também as exclusões gerais mencionadas no Subitem 7.9.2, exceto as vendas canceladas que no regime da não cumulatividade serão deduzidas como crédito das contribuições sociais.

Para fins de determinação da base de cálculo, podem ser excluídos do total das receitas auferidas, quando o tenham integrado, os valores (Lei nº 10.637, de 2002, art. 1º, §3º e Lei nº 10.833, de 2003, art. 1º, § 3º; IN SRF nº 247, de 2002, art. 24):

a) das receitas isentas ou não alcançadas pela incidência da contribuição ou sujeitas à alíquota 0 (zero);
b) dos descontos incondicionais concedidos;
c) do IPI;
d) do ICMS, quando destacado em nota fiscal e cobrado pelo vendedor dos bens ou prestador dos serviços na condição de substituto tributário;
e) das reversões de provisões e das recuperações de créditos baixados como perdas, que não representem ingresso de novas receitas;
f) dos resultados positivos da avaliação de investimentos pelo valor do patrimônio líquido;
g) dos lucros e dividendos derivados de investimentos avaliados pelo custo de aquisição, que tenham sido computados como receita;
h) das receitas de vendas de bens do Ativo Não Circulante, classificado como investimentos, imobilizado e intangível (venda de bens de capital – bens fixos);
i) das receitas de revenda de bens em que a contribuição já foi recolhida pelo substituto tributário;
j) decorrentes de transferência onerosa a outros contribuintes do ICMS de créditos desse tributo originados de operações de exportação, conforme o disposto no inciso II do § 1º do art. 25 da Lei Complementar nº 87, de 1996.

**NOTA**

1. Relativamente ao Item j da relação acima o inciso VII do art. 117 da Lei nº 12.973, de 2014, revogou, a partir de janeiro de 2015, o inciso V do § 2º do art. 3º da Lei nº 9.718, de 1998, que correspondia à exclusão na base de cálculo do PIS e da COFINS da receita decorrente da transferência onerosa a outros contribuintes do ICMS de créditos de ICMS originados de operações de exportação. Entendemos que o objetivo do referido ato legal foi o de imputar tributação das contribuições sociais (PIS e COFINS) sobre a transferência onerosa a outros contribuintes dos mencionados créditos de ICMS.
2. As vendas canceladas não constituem exclusão da receita bruta para o cálculo das contribuições, mas darão direito a crédito por ocasião de sua entrada no estabelecimento do contribuinte (ver Subitem 7.10.4).
3. Com a adoção das Normas Internacionais de Contabilidade, as empresas passaram a reconhecer novos tipos de receitas que, apesar de promoverem modificações no Patrimônio Líquido do Balanço Patrimonial, não integram a base de cálculo das contribuições sociais (PIS e COFINS), a saber:
   a) Ganhos relativos a avaliação de Ativos e Passivos com base no valor justo.
   b) Receitas financeiras decorrentes dos Ajustes a Valor Presente (inciso VIII, art. 183, da Lei nº 6.404, de 1976).
   c) A receita reconhecida pela construção, recuperação, ampliação ou melhoramento da infraestrutura, cuja contrapartida seja ativo intangível representativo do direito de exploração, no caso de contratos de concessão de serviços públicos.
   d) Receitas de subvenções para investimento, inclusive mediante isenção ou redução de impostos, concedidas como estímulo à implantação ou expansão de empreendimentos econômicos e de doações realizadas pelo Poder Público.
   e) Receitas relativas ao valor do imposto que deixar de ser pago em virtude de isenções e reduções de que tratam as alíneas a, b, c e e do § 1º do art. 19 do Decreto-Lei nº 1.598, de 1977.
   f) Receitas relativas ao reconhecimento do prêmio na emissão de debêntures.

### 7.10.3 Alíquotas das contribuições ao PIS e à COFINS

A alíquota das contribuições não cumulativas são:

a) 1,65% para o PIS.
b) 7,6% para a COFINS.

Independentemente das referidas alíquotas mencionadas, existem situações de alíquotas zero (benefícios fiscais) e alíquotas diferenciadas (incidência monofásica).

Como as antigas alíquotas eram de 0,65% para o PIS e 3% para a COFINS, as pessoas jurídicas sujeitas às contribuições não cumulativas sofreram uma majoração de aproximadamente 154% no valor das alíquotas das mencionadas contribuições.

### 7.10.4 Créditos

Os créditos devem ser determinados mediante a aplicação das alíquotas de 1,65% e 7,6%, respectivamente, sobre os valores:

a) das aquisições efetuadas no mês, de pessoas jurídicas domiciliadas no país;
   a.1) de bens para revenda, exceto o álcool para fins carburantes, as mercadorias e os produtos sujeitos à substituição tributária e à incidência monofásica das referidas contribuições;
   a.2) de bens e serviços, utilizados como insumo na prestação de serviços e na fabricação ou produção de bens ou produtos destinados à venda, inclusive combustíveis e lubrificantes.

b) dos encargos, despesas e dos custos incorridos no mês, pagos ou creditados a pessoas jurídicas domiciliadas no país, relativos a:
   b.1) energia elétrica e energia térmica (inclusive sob a forma de vapor a partir de 15 de junho de 2007) consumida nos estabelecimentos da pessoa jurídica;
   b.2) aluguéis de prédios, máquinas e equipamentos, pagos à pessoa jurídica, utilizados nas atividades da empresa;
   b.3) o valor das contraprestações de operações de arrendamento mercantil de pessoas jurídicas, exceto daquelas optantes pelo Sistema Integrado de Pagamento de Impostos e Contribuições das Microempresas e Empresas de Pequeno Porte (Simples Nacional);
   b.4) armazenagem de mercadoria e frete na operação de venda, nos casos dos itens "a.1" e "a.2" (bens para revenda e produtos destinados à venda), quando o ônus for suportado pelo vendedor;
   b.5) vale-transporte, vale-refeição ou vale-alimentação, fardamento ou uniforme fornecidos aos empregados por pessoa jurídica que explore as atividades de prestação de serviços de limpeza, conservação e manutenção (incluído pela Lei nº 11.198, de 8 de janeiro de 2009).

c) dos encargos de depreciação e amortização, incorridos no mês, relativos a:
   c.1) máquinas, equipamentos e outros bens incorporados ao ativo imobilizado, adquiridos ou fabricados para locação a terceiros, para utilização na produção de bens destinados à venda ou na prestação de serviços;

c.2) edificações e benfeitorias em imóveis próprios ou de terceiros, utilizados nas atividades da empresa;

c.3) bens incorporados ao ativo intangível, adquiridos para utilização na produção de bens destinados à venda ou na prestação de serviços.

d) relativos aos bens recebidos em devolução no mês, cuja receita de venda tenha integrado o faturamento do mês ou de mês anterior, e **tenha sido tributada pela sistemática da não cumulatividade**.

**NOTAS**

1. A partir de 1º de maio de 2004, o direito de crédito aplica-se, também, em relação aos bens e serviços adquiridos de pessoas físicas e jurídicas residentes ou domiciliadas no exterior.
2. O IPI não recuperável e o ICMS integram o valor dos bens e serviços para fins de cálculo do crédito (veja exemplo no subitem seguinte).
3. No cálculo dos créditos poderão ser computados os Ajustes a Valor Presente de que tratam o inciso III, art. 184, da Lei nº 6.404, de 1976.
4. Sobre o disposto na letra c anterior, consulte o Subitens 7.10.4.2 e 7.12.1.

### 7.10.4.1 Crédito sobre o valor do ICMS e do IPI

Crédito das contribuições sociais (PIS e COFINS) nas compras de bens para revenda ou de insumos utilizados na atividade de prestação de serviços e/ou industrialização. O ICMS e o IPI integram a base de cálculo dos bens adquiridos para revenda e dos bens e serviços utilizados como insumos na fabricação de produtos destinados à venda ou na prestação de serviços, para fins de cálculo dos créditos das mencionadas contribuições.

O **IPI não recuperável** e o **ICMS** integram o valor das aquisições de bens e serviços para efeito de cálculo dos créditos das contribuições para o PIS e para a COFINS. Observe, a seguir, o pronunciamento da Receita Federal do Brasil, no livro de Perguntas e Respostas publicado no site da entidade.

| FONTE: PERGUNTÃO PESSOA JURÍDICA DE 2005 A 2009 DA SRF |
|---|
| **Perguntas** nº 444 de 2005, nº 890 de 2006, nº 53 em 2007 a 2013 e nº 43 em 2014 e 2015: O ICMS e o IPI integram os valores dos bens adquiridos para revenda e dos bens e serviços utilizados como insumo na fabricação de produtos destinados à venda ou na prestação de serviços para efeitos de cálculo do **crédito**, na forma dos incisos I e II do art. 3. da Lei nº 10.637, de 2002, e incisos I e II do art. 3º da Lei nº 10.833, de 2003 **(PIS e COFINS)**? |
| **Resposta:** O **IPI não recuperável** e o **ICMS** integram o valor das aquisições de bens e serviços para efeito de cálculo do crédito do PIS/PASEP e da COFINS. Para efeito de cálculo do crédito da Contribuição para o PIS/PASEP não cumulativa e da COFINS não cumulativa, o **IPI não recuperável** integra o valor do custo dos bens, e o **ICMS**, quando embutido no preço constante da nota fiscal de aquisição, integra o valor do custo de aquisição de bens e serviços. O **IPI** incidente na aquisição, **quando recuperável, não integra** o valor do custo dos bens, **para efeito de cálculo dos créditos das contribuições não cumulativas.** |

Observe adiante a **NF de aquisição** a prazo **de bens**:

| | |
|---|---|
| Valor | R$ 100.000,00 |
| (+) IPI (10%) | R$ 10.000,00 |
| (=) Total da NF | R$ 110.000,00 |
| ICMS Destacado (18%) | R$ 18.000,00 |

## CASO PRÁTICO

**1ª hipótese – Aquisição de mercadorias para revenda**

Caso a NF representasse a **aquisição de mercadorias para revenda** ou para utilização como insumos na prestação de serviços, a empresa **não recuperaria o IPI** na mencionada aquisição. Nessa hipótese, os créditos do ICMS e das contribuições não cumulativas ao PIS e à COFINS, bem como o registro contábil da operação, seriam realizados da seguinte forma:

**Créditos**

| | | | |
|---|---|---|---|
| PIS | R$ | 1.815,00 | (1,65% × R$ 110.000,00) |
| COFINS | R$ | 8.360,00 | (7,6% × R$110.000,00) |
| ICMS | R$ | 18.000,00 | (18% × R$ 100.000,00) |
| (=) Valor total dos créditos | **R$** | **28.175,00** | |
| (+) Valor das compras (Mercadorias) | R$ | 81.825,00 | |
| (=) Total da NF | **R$** | **110.000,00** | |

**Contabilização**

| | |
|---|---|
| D – PIS a Recuperar (AC) | 1.815,00 |
| D – COFINS a Recuperar (AC) | 8.360,00 |
| D – ICMS a Recuperar (AC) | 18.000,00 |
| D – Compras ou Mercadorias em Estoque (AC) | 81.825,00 |
| C – Fornecedores | 110.000,00 |

**2ª Hipótese – Aquisição de insumos para produção**

Caso a NF representasse a aquisição de matéria-prima (insumos para fabricação de produtos destinados a venda), a empresa recuperaria o IPI na mencionada aquisição. Nessa hipótese, os créditos do ICMS e das contribuições ao PIS e à COFINS, bem como o registro contábil da operação, seriam realizados da seguinte forma:

**Créditos**

| | | | |
|---|---|---|---|
| PIS | R$ | 1.650,00 | (1,65% × R$ 100.000,00) |
| COFINS | R$ | 7.600,00 | (7,6% × R$ 100.000,00) |
| ICMS | R$ | 18.000,00 | (18% × R$ 100.000,00) |
| IPI (Insumo de produção) | R$ | 10.000,00 | |
| (=) Valor total dos créditos | **R$** | **37.250,00** | |
| (+) Valor das compras (Mercadorias) | R$ | 72.750,00 | |
| (=) Total da NF | **R$** | **110.000,00** | |

**Contabilização**

| | |
|---|---|
| D – PIS a Recuperar (AC) | 1.650,00 |
| D – COFINS a Recuperar (AC) | 7.600,00 |
| D – IPI a Recuperar (AC) | 10.000,00 |
| D – ICMS a Recuperar (AC) | 18.000,00 |
| D – Compras ou Mercadorias em Estoque (AC) | 72.750,00 |
| C – Fornecedores | 110.000,00 |

NOTA

1. **AC** (Ativo Circulante).
2. Utilização das contas: **Compras** (Inventário Periódico), **Mercadorias em Estoque** (Inventário Permanente).

**O crédito não aproveitado em determinado mês, por exceder o valor das contribuições devidas, poderá sê-lo nos meses subsequentes, sem incidência de atualização monetária e juros.**

### 7.10.4.2 Crédito sobre aquisição de imobilizado – PIS e COFINS

O crédito apurado com base nos bens fixos ou imobilizados poderá ser calculado em relação à depreciação e amortização ou em relação à aquisição desses bens. Em qualquer hipótese, o crédito total a ser utilizado terá sempre o mesmo valor. A diferença reside no prazo em que os créditos serão descontados. Basicamente, temos os seguintes prazos:

- Depreciação mensal (prazo em função da taxa de depreciação).
- 48 meses (pela aquisição do bem).
- 24 meses (pela aquisição do bem).
- 12 meses (pela aquisição do bem).
- Montante integral, no mês de aquisição do bem.

CASO PRÁTICO

Veja abaixo hipóteses para o cálculo do crédito.

**Dados**:
1. Valor do bem adquirido: R$ 12.000.000,00.
2. Taxa anual de depreciação: 10% ao ano.
3. Prazo da depreciação: 10 anos ou 120 meses.

a) **Cálculo do crédito pela Depreciação Mensal**
Base de Cálculo Mensal ........................ R$ 100.000,00 (R$ 12.000.000,00 ÷ 120)
Créditos Mensais: PIS .......................... R$ 1.650,00 (1,65% × R$ 100.000,00)
COFINS ................................................ R$ 7.600,00 (7,6% × R$ 100.000,00)

b) **Cálculo do crédito pela aquisição do bem no prazo de 12 meses**
Base de Cálculo Mensal ........................ R$ 1.000.000,00 (R$ 12.000.000,00 ÷ 12 meses)
PIS ....................................................... R$ 16.500,00 (1,65% × R$ 1.000.000,00)
COFINS ................................................ R$ 76.000,00 (7,6% × R$ 1.000.000,00)

c) **Hipótese de crédito integral na aquisição do bem**
Base de Cálculo Mensal ........................ R$ 12.000.000,00
PIS ....................................................... R$ 198.000,00 (1,65% × R$ 12.000.000,00)
COFINS ................................................ R$ 912.000,00 (7,6% × R$ 12.000.000,00)

### 7.10.5 Estoques de abertura

A pessoa jurídica que, tributada com base no lucro presumido ou optante pelo Simples, passar a ser tributada com base no Lucro Real, na hipótese de sujeitar-se à incidência não cumulativa da contribuição para o PIS/PASEP e a COFINS, faz jus a crédito presumido relativo ao **estoque de abertura**. Essa presunção consiste em calcular os créditos (PIS/PASEP e COFINS) relativos aos bens adquiridos para revenda ou para serem utilizados como insumos na prestação de serviços e na produção ou fabricação de bens ou produtos destinados a venda, em estoque na data de início da incidência não cumulativa dessas contribuições.

O montante do crédito presumido, nessa hipótese, será igual ao resultado da aplicação dos percentuais de 0,65% e 3% sobre o valor do estoque, inclusive de produtos acabados e em elaboração.

O crédito presumido calculado na forma acima deve ser utilizado em 12 parcelas mensais, iguais e sucessivas, para os fatos geradores ocorridos a partir da data de início da incidência não cumulativa dessas contribuições.

Os bens recebidos em devolução, tributados pela sistemática da cumulatividade das contribuições, são considerados como integrantes do estoque de abertura, devendo o crédito ser utilizado em 12 parcelas mensais, iguais e sucessivas a partir da data da devolução.

**CASO PRÁTICO**

A Cia. Monte Azul optou por ser tributada com base no Lucro Real em 20X2, sendo que, em 20X1, sua opção fora pelo lucro presumido.

O valor de seu estoque de mercadorias em 31 de dezembro de 20X1 era R$ 240.000,00.

**Dados**

Crédito do PIS: ........................................................ R$ 1.560,00 (0,65% × R$ 240.000,00)
Parcela mensal: ........................................................ R$ 130,00 (R$ 1.560,00/12)
Crédito da COFINS: .................................................. R$ 7.200,00 (3% × R$ 240.000,00)
Parcela mensal: ........................................................ R$ 600,00 (R$ 7.200,00/12)

### 7.10.6 Conceito de insumos para fins tributários

Os **insumos** representam os valores:

a) Utilizados na fabricação ou produção de bens destinados à venda:
   - de matérias-primas, produtos intermediários, material de embalagem e quaisquer outros bens que sofram alterações, como o desgaste, o dano ou a perda de propriedades físicas ou químicas, em função da ação diretamente exercida sobre o produto em fabricação, desde que não estejam incluídas no ativo imobilizado;
   - de serviços prestados por pessoa jurídica domiciliada no país, aplicados ou consumidos na produção ou fabricação do produto.

b) Utilizados na prestação de serviços:
- de bens aplicados ou consumidos na prestação de serviços, desde que não estejam incluídos no ativo imobilizado;
- de serviços prestados por pessoa jurídica domiciliada no país, aplicados ou consumidos na prestação do serviço.

A Câmara Superior da 3ª Seção do Conselho Administrativo de Recursos Fiscais (CARF) decidiu que os insumos passíveis de crédito de PIS e COFINS são produtos e serviços inerentes à produção, mesmo que não sejam consumidos durante o processo produtivo. O conceito de "insumo" para esses tributos, segundo os conselheiros, não é tão amplo como o da legislação do Imposto de Renda (IRPJ) nem tão restrito como o do IPI. O CARF é a última instância administrativa para discussão de autuações da Receita Federal do Brasil.

Alguns conselheiros também esclareceram que, apesar do conceito dado a insumo, não há como evitar a análise de cada caso especificamente, pois o processo produtivo é bastante distinto entre as empresas.

Essa decisão vai contra o entendimento atual da Receita Federal, que só admite que as empresas apropriem créditos em relação ao que é empregado e consumido diretamente na produção dos bens ou na prestação dos serviços. Além disso, tramita no Superior Tribunal de Justiça (STJ) processo repetitivo questionando o conceito da Receita Federal.

## 7.11 ▸ CONTABILIZAÇÃO DOS CRÉDITOS

O valor dos créditos **não constitui receita bruta da pessoa jurídica**, servindo somente para dedução do valor devido da contribuição. Entendemos que o valor do crédito correspondente deverá ser deduzido do valor a ser contabilizado na conta que lhe deu origem, de forma similar ao que ocorre com o ICMS e o IPI recuperáveis.

### 7.11.1 Posição do Instituto Brasileiro dos Auditores Independentes do Brasil (IBRACON)

Veja no Item 7.12 o teor completo da Interpretação Técnica (IT) nº 01, de 2004, do Instituto Brasileiro dos Auditores Independentes do Brasil (IBRACON), que trata da contabilização das contribuições não cumulativas para o PIS e a COFINS.

**CASO PRÁTICO**

Observe os dados abaixo:

| DADOS DE EMPRESA COMERCIAL SILPA DE ABRIL DE 20X0 | | |
|---|---|---|
| Nº | Elementos | Valores (R$) |
| 01 | Receita Bruta de Vendas | 6.300.000,00 |
| 02 | Receitas de Aluguéis de Bens do Imobilizado | 75.000,00 |
| 03 | Devolução de Vendas | 525.000,00 |
| 04 | Compras de Mercadorias | 3.150.000,00 |
| 05 | Aluguéis do mês a serem pagos a pessoa jurídica | 157.500,00 |
| 06 | Gastos com Arrendamento Mercantil | 10.500,00 |
| 07 | Depreciação do mês sobre bens utilizados em vendas | 105.000,00 |
| 08 | Saldo do ICMS a Recuperar em 31.03.20X0 | 513.750,00 |

**Dados adicionais**

I. A empresa é contribuinte do IR com base no Lucro Real.
II. As compras, as vendas e as devoluções (operações realizadas a prazo) estão sujeitas ao ICMS à alíquota de 18% (recuperável).
III. Os custos, as despesas e os encargos são os incorridos no mês de abril de 20X0.
IV. Contraprestação de Arrendamento Mercantil incorrida no mês de abril de 20X0.
V. A receita Aluguel de Bens de Capital (Fixos) do mês de abril de 20X0 no valor total de R$ 75.000,00.

**Pede-se:**

1. Valor do PIS e da COFINS (não cumulativos) devidos em 30 de abril de 20X0.
2. Contabilização:
   a) das compras a prazo do mês de abril de 20X0;
   b) da depreciação do mês de abril de 20X0;
   c) dos aluguéis do mês de abril de 20X0;
   d) das receitas Aluguel de Bens de Capital (Fixos) do mês no valor de R$ 75.000,00;
3. Apuração do ICMS de abril de 20X0.

**NOTA**

Adotaremos a forma de contabilizar o crédito das contribuições ao PIS e à COFINS na forma preconizada na IT nº 01, de 2004, do IBRACON (consulte o Item 7.12).

| CÁLCULO DO PIS NÃO CUMULATIVO – ABRIL DE 20X0 | | |
|---|---|---|
| **Elementos** | **Valores (R$)** | **Valores (R$)** |
| 1) **Débitos:** | | |
| • Vendas 1,65% × R$ 6.300.000,00 | 103.950,00 | |
| • Receita de Aluguel 1,65% × R$ 75.000,00 | 1.237,50 | **105.187,50** |
| 2) **(–) Créditos:** | | |
| • Devolução de Vendas 1,65% × R$ 525.000,00 | 8.662,50 | |
| • Compras 1,65% × R$ 3.150.000,00 | 51.975,00 | |
| • Aluguéis 1,65% × R$ 157.500,00 | 2.598,75 | |
| • Arrendamento Mercantil 1,65% × R$ 10.500,00 | 173,25 | |
| • Despesas Depreciação 1,65% × R$ 105.000,00 | 1.732,50 | **(65.142,00)** |
| 3) **PIS a Recolher (1-2)** | | **40.045,50** |

| CÁLCULO DA COFINS NÃO CUMULATIVA – ABRIL DE 20X0 | | |
|---|---|---|
| 1) **Débitos:** | | |
| • Vendas 7,60% × R$ 6.300.000,00 | 478.800,00 | |
| • Receita de Aluguel 7,60% × R$ 75.000,00 | 5.700,00 | **484.500,00** |
| 2) **(–) Créditos:** | | |
| • Devolução de Vendas 7,60% × R$ 525.000,00 | 39.900,00 | |
| • Compras 7,60% × R$ 3.150.000,00 | 239.400,00 | |
| • Aluguéis 7,60% × R$ 157.500,00 | 11.970,00 | |
| • Arrendamento Mercantil 7,60% × R$ 10.500,00 | 798,00 | |
| • Despesa de Depreciação 7,60% × R$ 105.000,00 | 7.980,00 | **300.048,00** |
| **(=) COFINS a Recolher (1-2)** | | **184.452,00** |

**Compras de abril de 20X0**

| | | |
|---|---|---|
| Valor total das compras a serem pagas ao fornecedor | R$ | 3.150.000,00 |
| (–) Créditos: | | |
| ICMS sobre compras (18% × R$ 3.150.000,00) | R$ | 567.000,00 |
| PIS sobre compras (1,65% × R$ 3.150.000,00) | R$ | 51.975,00 |
| COFINS sobre Compras (7,60% × R$ 3.150.000,00) | R$ | 239.400,00 |
| (=) Valor da Mercadoria a ser contabilizada no Estoque | **R$** | **2.291.625,00** |

| | |
|---|---|
| 1. D – Mercadorias em Estoque (ou Compras) | 2.291.625,00 |
| D – C/C de ICMS (AC) | 567.000,00 |
| D – PIS a Recuperar (AC) | 51.975,00 |
| D – COFINS a Recuperar (AC) | 239.400,00 |
| C – Fornecedores | 3.150.000,00 |

**Depreciação de abril de 20X0**

| | |
|---|---|
| 2. D – Despesas de Depreciação (ARE) | 95.287,50 |
| D – PIS a Recuperar (AC) | 1.732,50 |
| D – COFINS a Recuperar (AC) | 7.980,00 |
| C – Depreciação Acumulada | 105.000,00 |

**Aluguéis de abril de 20X0**

| | |
|---|---|
| 3. D – Despesas de Aluguéis (ARE) | 142.931,25 |
| D – PIS a Recuperar (AC) | 2.598,75 |
| D – COFINS a Recuperar (AC) | 11.970,00 |
| C – Aluguéis a Pagar (PC) | 157.500,00 |

**Gastos de abril de 20X0 com arrendamento mercantil**

| | |
|---|---|
| 4. D – Despesas de Arrendamento Mercantil (ARE) | 9.528,75 |
| D – PIS a Recuperar (AC) | 173,25 |
| D – COFINS a Recuperar (AC) | 798,00 |
| C – Contas a Pagar (PC) | 10.500,00 |

**Vendas de abril de 20X0**

| | |
|---|---|
| 5. D – Duplicatas a Receber | |
| C – Receita de Vendas | 6.300.000,00 |
| i) D – ICMS sobre Vendas | |
| C – C/C de ICMS | 1.134.000,00 |
| ii) D – PIS Dedução da Receita Bruta | |
| C – PIS a Recolher (PC) | 103.950,00 |
| iii) D – COFINS Dedução da Receita Bruta | |
| C – COFINS a Recolher (PC) | 478.800,00 |

**Devolução de vendas de abril de 20X0**

| | |
|---|---|
| 6. D – Devolução de Vendas | |
| C – Duplicatas a Receber | 525.000,00 |
| i) D – C/C de ICMS | |
| C – ICMS sobre Vendas | 94.500,00 |
| ii) D – PIS a Recuperar (AC) | |
| C – PIS Dedução da Receita Bruta | 8.662,50 |
| ii) D – COFINS a Recuperar (AC) | |
| C – COFINS Dedução da Receita Bruta | 39.900,00 |

**Aluguéis a receber**

| | |
|---|---|
| 7. D – Aluguéis a Receber | |
| C – Receita de Aluguéis (ARE/20X0) | 75.000,00 |
| i) D – PIS – Despesa Operacional | |
| C – PIS a Recolher | 1.237,50 |
| ii) D – COFINS – Despesa Operacional | |
| C – COFINS a Recolher | 5.700,00 |

**Apuração do PIS**

| | |
|---|---|
| 8. D – PIS a Recolher (PC) | |
| C – PIS a Recuperar (AC) | 65.142,00 |

**Apuração da COFINS**

| | |
|---|---|
| 9. D – COFINS a Recolher (PC) | |
| C – COFINS a Recuperar (AC) | 310.548,00 |

**Apuração do ICMS de abril 20X0**

| CÁLCULO DO ICMS DE ABRIL DE 20X0 | | |
|---|---|---|
| **Elementos** | **Valores (R$)** | |
| 1) **Débitos** = Vendas 18% × R$ 6.300.000,00 | | 1.134.000,00 |
| 2) **(–) Crédito** do ICMS sobre:<br>• Devolução de Vendas 18% × R$ 525.000,00<br>• Compras 18% × R$ 3.150.000,00<br>• Saldo credor do ICMS de 31.03.20X0 | <br>94.500,00<br>567.000,00<br>472.500,00 | (1.134.000,00) |
| 3) **Saldo** a Recolher do ICMS no mês de abril de 20X0 | | – 0 – |

| SALDO CREDOR DO ICMS EM ABRIL DE 20X0 | |
|---|---|
| Saldo credor em 31.03.20X0........................................... | R$ 513.750,00 |
| (–) Crédito utilizado no mês de abril de 20X0.................. | R$ (472.500,00) |
| (=) Saldo credor em 30.04.20X0...................................... | R$ 41.250,00 |

- **Razonetes**

| **Mercadorias em Estoque** | |
|---|---|
| **Saldo** | |
| (1) 2.291.625,00 | |

| **Fornecedores** | |
|---|---|
| | 3.150.000,00 (1) |

| **C/C de ICMS** | |
|---|---|
| **(s) 513.750,00** | 1.134.000,00 (5.1) |
| (1) 567.000,00 | |
| (6.1) 94.500,00 | |
| **(s) 1.175.250,00** | **1.134.000,00 (s)** |
| **(s) 41.250,00** | |

| **PIS a Recuperar** | |
|---|---|
| (1) 51.975,00 | |
| (2) 1.732,00 | |
| (3) 2.598,75 | |
| (4) 173,25 | |
| (6.2) 8.662,50 | |
| **(s) 65.142,00** | 65.142,00 (8) |

| **COFINS a Recuperar** | |
|---|---|
| (1) 239.400,00 | |
| (2) 7.980,00 | |
| (3) 11.970,00 | |
| (4) 798,00 | |
| (6.3) 39.900,00 | |
| **(s) 300.048,00** | 300.048,00 (9) |

| **Depreciação Acumulada** | |
|---|---|
| | 105.000,00 (2) |

| **PIS a Recolher** | |
|---|---|
| (8) 65.142,00 | 103.950,00 (5.2) |
| | 1.237,50 (7.1) |
| **(s) 65.142,00** | **105.187,50 (s)** |
| | **40.045,50 (s)** |

| **COFINS a Recolher** | |
|---|---|
| (9) 300.048,00 | 478.800,00 (5.3) |
| | 5.700,00 (7.2) |
| **(s) 300.048,00** | **484.500,00 (s)** |
| | 184.452,00 (s) |

| **Despesas de Depreciação** | |
|---|---|
| (2) 95.287,50 | |

| **Despesas de Aluguéis** | |
|---|---|
| (3) 142.931,25 | |

| **Despesas de Arrendamento Mercantil** | |
|---|---|
| (4) 9.528,75 | |

| **Aluguéis a Pagar** | |
|---|---|
| | 157.500,00 (3) |

**Contas a Pagar**

| | Saldo |
|---|---|
| | 10.500,00 (4) |

**Duplicatas a Receber**

| Saldo | |
|---|---|
| (5) 6.300.000,00 | 525.000,00 (6) |

**Receita de Vendas**

| | |
|---|---|
| (10) 6.300.000,00 | 6.300.000,00 (5) |

**ICMS sobre Vendas**

| | |
|---|---|
| (5.1) 1.134.000,00 | 94.500,00 (5.1) |
| **(s) 1.039.500,00** | 1.039.500,00 (11) |

**PIS Dedução de Receita Bruta**

| | |
|---|---|
| (5.2) 103.950,00 | 8.662,50 (6.2) |
| **(s) 95.287,50** | 95.287,50 (11) |

**COFINS Dedução de Receita Bruta**

| | |
|---|---|
| (5.3) 478.800,00 | 39.900,00 (6.3) |
| **(s) 438.900,00** | 438.900,00 (11) |

**Devolução de Vendas**

| | |
|---|---|
| (6) 525.000,00 | 525.000,00 (11) |

**Vendas Líquidas**

| | |
|---|---|
| (11) 2.098.687,50 | 6.300.000,00 (10) |
| | **4.201.312,50 (s)** |

**Receita de Aluguéis**

| | |
|---|---|
| | 75.000,00 (7) |

**PIS – Despesa Operacional**

| | |
|---|---|
| (7.1) 1.237,50 | |

**COFINS – Despesa Operacional**

| | |
|---|---|
| (7.2) 5.700,00 | |

| DEMONSTRAÇÃO DA RECEITA LÍQUIDA DO MÊS DE ABRIL DE 20X0 | | |
|---|---|---|
| Receita Operacional Bruta (VB) | | 6.300.000,00 |
| (–) Deduções da Receita Bruta: | | |
| • Devolução e Abatimentos | 525.000,00 | |
| • Impostos Incidentes sobre Vendas: | | |
| • PIS + COFINS + ICMS | | |
| • (R$ 95.287,50 + R$ 438.900,00 + R$ 1.039.500,00) | 1.573.687,50 | (2.098.687,50) |
| (=) Receita Operacional Líquida (VL) | | **4.201.312,50** |
| (–) Despesas Operacionais | | |
| PIS – Despesa operacional | R$ 1.237,50 | |
| COFINS – Despesa operacional | R$ 5.700,00 | 6.937,50 |
| (+) Receita de Aluguéis | | 75.000,00 |

## 7.11.2 Decisão do STF

Consulte no subitem 7.19.2, deste capítulo, sobre a recente decisão do Supremo Tribunal Federal (STF) referente à exclusão do ICMS na base de cálculo do PIS e da COFINS.

## 7.12 ▸ INTERPRETAÇÃO TÉCNICA (IT) Nº 01, DE 2004 – IBRACON

### INTERPRETAÇÃO TÉCNICA DO IBRACON Nº 01/04

**Contabilização das contribuições para o Programa de Integração Social (PIS) e para o Financiamento da Seguridade Social (COFINS)**

Em 31 de dezembro de 2002 e em 30 de dezembro de 2003, o governo editou, respectivamente, as Leis nº 10.637 e 10.833, com alterações da Lei nº 10.865/2004 e regulamentações posteriores, as quais introduziram modificações na forma de cálculo das contribuições para o Programa de Integração Social (PIS) e de Formação do Patrimônio do Servidor Público (PASEP), e para o Financiamento da Seguridade Social (COFINS). Em virtude da complexidade do tema e da existência de certos aspectos que têm suscitado dúvidas em sua contabilização, o IBRACON decidiu elaborar esta Interpretação Técnica (IT) contendo uma orientação geral quanto aos principais aspectos contábeis envolvidos após a promulgação das referidas Leis.

Esta IT não pretende discutir os aspectos jurídicos das citadas Leis. As citações a artigos e parágrafos da Lei somente serão feitas para auxiliar na discussão.

**Questão 1**

*Qual a melhor classificação desses tributos na demonstração de resultado a partir da vigência das Leis acima referidas?*

Considerando que:

a) as Leis preveem que o fato gerador desses tributos é o faturamento e, ainda, que o faturamento deve ser entendido como "o total das receitas auferidas pela pessoa jurídica", incluindo as receitas não operacionais, exceto as decorrentes da venda do ativo imobilizado e permanente – a totalidade das contas deste grupo a partir de fevereiro de 2004 – com o que as receitas de todos os grupos de contas do resultado são tributadas;
b) a norma instituiu um sistema de dedução da base de cálculo para diversos itens especificados;
c) o sistema de contabilidade deve manter a consistência e uniformidade na avaliação das operações semelhantes.

Esses tributos devem ser registrados nos diversos grupos de receitas e despesas, a fim de que os correspondentes encargos reflitam a despesa tributária relativa às transações que a geraram e, dessa forma, que a entidade apresente adequadamente a margem bruta, lucro operacional, resultado financeiro e o resultado não operacional gerado em seu negócio. Assim, por exemplo, no caso da receita de venda, o montante do PIS e da COFINS calculado sobre essa receita deve ser demonstrado como dedução de vendas, os **créditos sobre os estoques vendidos como redutor do custo das vendas** e os créditos sobre despesas financeiras decorrentes de empréstimos e financiamentos de pessoa jurídica em conta específica redutora dessas despesas, integrando o resultado operacional.

**Questão 2**

*Ao registrar as aquisições de bens ou mercadorias, devem as entidades segregar esses tributos em conta distinta do ativo?*

De acordo com as normas legais, para o cálculo das contribuições não cumulativas, deverá o contribuinte proceder da seguinte forma: sobre a base de cálculo obtida, já excluída das receitas isentas, sujeitas alíquota zero, não alcançadas pela incidência, será aplicada a alíquota aplicável e, do valor das contribuições apuradas, serão descontados créditos calculados em relação a custos e despesas pagos e incorridos, notadamente em relação a:

a) bens adquiridos para revenda, observadas as exceções previstas em lei;
b) bens e serviços utilizados como insumo na fabricação de produtos destinados a venda ou prestação de serviços, inclusive combustíveis e lubrificantes;
c) aluguéis de prédios, máquinas e equipamentos, pagos a pessoa jurídica, utilizados nas atividades da empresa;
d) despesas financeiras decorrentes de empréstimos e financiamentos de pessoa jurídica (em princípio até o mês de agosto de 2004);
e) encargos de depreciação de máquinas e equipamentos adquiridos para utilização na fabricação de produtos destinados a venda, bem como outros bens incorporados ao ativo imobilizado.

Conforme comentado, as normas instituíram um sistema de crédito em relação aos bens adquiridos para revenda, utilizados na fabricação de produtos etc. Esse crédito somente poderá ser utilizado para reduzir o valor a pagar calculado em relação às receitas, nos termos definidos nas Leis, ou seja, não será ressarcido pelo Fisco, exceto para situações especiais lá definidas. Considerando que estamos analisando sempre uma empresa em marcha, à semelhança da análise conduzida para registro de diferimento de Imposto de Renda, por exemplo, o IBRACON entende que o valor pago nas compras de mercadoria se constitui num crédito do contribuinte que será utilizado como abatimento nos cálculos dessas contribuições sobre receitas.

Assim, os valores dessas contribuições contidos nas aquisições de mercadorias se constituem num ativo da entidade.

É importante enfatizar que somente fará jus aos créditos a pessoa jurídica que produzir receitas sujeitas ao regime não cumulativo, oneradas por contribuições à alíquota de 9,25% ou pelas alíquotas diferenciadas determinadas pela Lei 10.865/2004. Além disso, os créditos serão apurados apenas em relação aos custos, às despesas e aos encargos vinculados à geração de receitas tributadas pelas alíquotas majoradas.

As empresas que apuram seu Imposto de Renda pela sistemática do lucro presumido não farão jus ao crédito, independentemente do tipo de atividade que executem. É que, para esse caso, assim como para o caso das pessoas jurídicas imunes, enquadradas no Simples e nos bancos, as leis excluem do regime não cumulativo não a atividade em si que estas desempenham, mas a própria pessoa jurídica.

Em razão das premissas legais descritas acima, se a empresa possui atividades geradoras de receitas sujeitas ao regime não cumulativo e também cumulativo, não poderá tomar o crédito por ocasião da aquisição dos seus insumos, se acaso, nesse momento, não seja possível identificar se esse estoque será aplicado na produção de bens/serviços cuja receita de venda se sujeita ao regime não cumulativo.

Portanto, em face do mecanismo das leis, para aquelas empresas que têm apenas parte de suas receitas sujeitas à não cumulatividade, somente a partir do momento em que se saiba a destinação dos insumos adquiridos é que será possível tomar os créditos dos insumos empregados.

Ao tomar o crédito do PIS e da COFINS, o mesmo não deverá fazer parte do custo de aquisição dos estoques, principalmente para que o resultado do período esteja de acordo com o regime de competência. Por ser tributo que deixou de ser cumulativo, reveste-se de um direito a ser recuperado quando de seu recolhimento.

Esse crédito somente poderá ser utilizado para reduzir o valor a pagar calculado em relação às receitas nos termos definidos nas leis, ou seja, se não utilizado não será ressarcido pelo Fisco, exceto para situações especiais definidas em lei. Havendo dúvida em relação à sua recuperação, o crédito deverá ser baixado.

**Questão 3**

*Se a entidade, por facilidade ou simplicidade administrativa, registrar a despesa com PIS e COFINS em rubrica própria na demonstração do resultado do exercício, com base no "Demonstrativo de Apuração de Contribuições Sociais (Dacon)", instituído pela Secretaria da Receita Federal, que nesta IT estamos denominando sistema simplificado, deverá tomar alguma providência em relação às diversas contas de resultado que estarão afetadas por esses tributos?*

Se a entidade assim proceder, teremos as seguintes principais questões a considerar:

a) o saldo dos estoques poderia estar aumentado pelo valor do PIS e da COFINS cujos créditos já foram compensados;
b) a receita de vendas não estará deduzida do PIS e da COFINS;
c) o custo das vendas estará aumentado em razão de o valor dos insumos utilizados na fabricação contemplar o PIS e a COFINS pagos na compra;
d) o custo das vendas estará aumentado pelo valor da depreciação dos bens do ativo imobilizado utilizados na produção calculado sem dedução dos tributos.

Assim, cada uma dessas rubricas deverá ser ajustada para retirar delas os efeitos desses tributos, de maneira que o resultado alcançado seja igual àquele apurado pelo sistema não simplificado.

Tomadas essas providências, ainda restaria calcular o valor dos tributos contidos no saldo dos estoques. Esse valor poderá ser calculado por estimativa com base nos itens constantes dos estoques que, de acordo com a legislação, dão direito a crédito. Esse valor será registrado como provisão para reduzir os estoques e, em contrapartida, no custo das vendas.

Para melhor entendimento dos procedimentos aqui indicados, são anexados exemplos a esta IT.

**Questão 4**

*Como deve ser tratado o direito ao desconto correspondente ao estoque de abertura dos bens adquiridos de pessoas jurídicas domiciliadas no País, existentes no início dessa nova sistemática de tributação, cujo valor será utilizado em doze parcelas mensais iguais e sucessivas?*

Observadas as razões anteriormente expostas, o IBRACON entende que o valor apurado em relação ao direito ao desconto para o saldo dos estoques, no início dessa nova sistemática de tributação, deve ser segregado e transferido para conta própria de tributos a compensar. Dependendo das facilidades de cada entidade, estas poderão deduzir o crédito presumido de cada item componente do estoque e outras registrarão em conta global redutora desses estoques. No primeiro caso, a baixa do estoque já será feita considerando o valor líquido, enquanto que no segundo caso haverá necessidade de realizar a conta redutora na mesma proporção dos estoques que lhe deram origem.

**Questão 5**

*Qual a forma de contabilização do crédito, no caso das empresas que estão enquadradas no regime da não cumulatividade e que realizam as operações de exportação de mercadorias, prestação de serviços para pessoas domiciliadas no exterior e vendas à empresa comercial exportadora com o fim específico de exportação, uma vez que essas operações não sofrerão incidência do PIS/COFINS?*

Segundo previsão incluída em lei, as empresas que realizarem as referidas operações, poderão utilizar o crédito do tributo para dedução do valor da contribuição a recolher, decorrente de suas demais operações no mercado interno, ou para compensação com débitos próprios, vencidos ou vincendos, relativos a tributos e contribuições administrados pela Secretaria da Receita Federal, observada a legislação específica aplicável à matéria. Ainda, segundo a norma, as empresas que não conseguirem utilizar o crédito por qualquer dessas formas, até o final de cada trimestre do ano civil, poderão solicitar ressarcimento em dinheiro, também observada a legislação específica aplicável à matéria. Assim, a contabilização deverá ser feita de forma análoga ao descrito na Questão 2.

Por outro lado, cabe destacar que as empresas exportadoras que tributam suas receitas pelo regime cumulativo têm o direito de calcular crédito presumido de IPI para ressarcimento do PIS/ COFINS (Leis nº 9.363/1996 e 10.276/2001), a ser utilizado para dedução de débitos de IPI relativos a períodos subsequentes de apuração, transferidos para outro estabelecimento da pessoa jurídica para dedução de débitos de IPI, sendo que, remanescendo, ao final de cada trimestre-calendário, créditos de IPI passíveis de ressarcimento poderão ser ressarcidos ou utilizados para compensação de débitos próprios relativos a tributos e contribuições administrados pela Receita Federal, conforme IN SRF 600/2005. Essas empresas também possuem um ativo realizável, a ser registrado, no momento em que o crédito for apurado, em contrapartida de conta redutora de custos, por ser, em essência, uma redução do custo de aquisição da matéria-prima.

**Questão 6**

*A legislação antes referida permite que a entidade calcule créditos do PIS e da COFINS sobre os encargos de depreciação de máquinas, equipamentos e outros bens do ativo imobilizado adquiridos para utilização na produção de bens destinados a venda ou na prestação de serviços e sobre edificações e benfeitorias em imóveis próprios ou de terceiros utilizados nas atividades da entidade. Previu a legislação, ainda, que a entidade poderá, opcionalmente, calcular o crédito relativo à aquisição de máquinas e equipamentos destinados ao ativo imobilizado, no prazo de quatro anos. O montante do crédito presumido que será aproveitado à medida da depreciação ou amortização deverá ser transferido do imobilizado para conta específica de impostos a compensar?*

Da mesma forma que o tratamento previsto nesta IT em relação aos estoques, o IBRACON entende que o referido crédito deverá ser transferido para conta de impostos a compensar, pois a entidade pode, nos termos da legislação em vigor, tomar crédito do tributo independentemente da depreciação ou amortização.

Ao optar por efetuar o desconto em um prazo inferior ao prazo em que o item é depreciado, a diferença entre a contribuição calculada sobre a depreciação e o crédito tomado representará uma diferença temporária entre a base contábil e a fiscal.

Semelhante ao Imposto de Renda e à contribuição social, deverá ser registrado um saldo credor do PIS e da COFINS a apropriar.

**Questão 7**

*Como deve ser efetuada a contabilização do PIS e da COFINS nos casos em que a entidade optar pela sua tributação com base no regime de caixa?*

Semelhante ao Imposto de Renda e à contribuição social, as leis que tratam do PIS e da COFINS permitem que algumas receitas sejam tributadas quando de sua realização (regime de caixa), como, por exemplo, nos casos de variação cambial credora em contas de empréstimos e/ou mútuos. Assim, aqui novamente poderá haver uma diferença temporária entre a base contábil e a fiscal e, como comentado na Questão 6, deverá ser registrada a provisão para o pagamento futuro do PIS e da COFINS, considerando, para o caso exemplificado, a taxa de câmbio que serviu de base para o registro de Ativos e Passivos na elaboração das demonstrações contábeis no final do exercício.

São Paulo, 22 de junho de 2004.

Guy Almeida Andrade
Presidente da Diretoria Nacional

José Luiz Ribeiro de Carvalho
Diretor Técnico de Assuntos Emergentes

## EXEMPLOS

**Anexo à Interpretação Técnica do IBRACON nº 01/2004**

Os exemplos A e B estão preparados no pressuposto de a entidade ter controles analíticos sobre todos os itens.

a) O estoque foi adquirido e já realizado no próprio mês:

| ELEMENTOS | VALORES (R$) |
|---|---|
| Valor de Aquisição | 100.000,00 |
| Valores para fins de contabilização: | |
| ICMS a Compensar | 18.000,00 |
| PIS e COFINS a Compensar | 9.250,00 |
| a Estoques | 72.750,00 |
| | 100.000,00 |
| Receita de Venda | 210.000,00 |
| (–) Dedução de Vendas: | |
| ICMS (18%) | (37.800,00) |
| PIS e COFINS | (19.425,00) |
| Custo | (72.750,00) |
| Lucro Bruto | 80.025,00 |
| **Cálculo fiscal do PIS a Recolher** | **Valores (R$)** |
| RV = R$ 210.000,00 × 9,25% | 19.425,00 |
| Crédito = (R$ 100.000,00 × 9,25%) | (9.250,00) |
| PIS e COFINS a Recolher | 10.175,00 |

Como indicado, o estoque nessa hipótese foi efetivamente realizado (adquirido e vendido) dentro do próprio mês. Dessa forma, o valor do PIS e da COFINS foi aproveitado no mesmo período.

b) O estoque foi adquirido, mas apenas 60% foram realizados no próprio mês:

| ELEMENTOS | VALORES (R$) |
|---|---|
| Aquisição | 100.000,00 |
| Valores para fins de contabilização: | |
| ICMS a Compensar | 18.000,00 |
| PIS e COFINS a Compensar | 9.250,00 |
| a Estoques | 72.750,00 |
| (=) Total | 100.000,00 |
| Receita de Venda (60% × R$ 210.000,00) | 126.000,00 |
| (–) Dedução de Vendas: | |
| ICMS (18%) | (22.680,00) |
| PIS e COFINS | (11.655,00) |
| Custo (60% × R$ 72.750,00) | (43.650,00) |
| Lucro Bruto *(60% × R$ 80.025,00) | 48.015,00 |
| **Cálculo Fiscal do PIS a Recolher** | **Valores (R$)** |
| RV = R$ 126.000,00 × 9,25% | 11.655,00 |
| Crédito = (R$ 100.000,00 × 9,25%) | (9.250,00) |
| PIS a Recolher | 2.405,00 |

c) Registro contábil pelo critério simplificado e tomando os mesmos pressupostos do exemplo b.

| APURAÇÃO DO PIS E DA COFINS | Valores (R$) | Alíquota | D/C Valores (R$) |
|---|---|---|---|
| Receita Bruta<br>Compras | 126.000,00<br>100.000,00 | 9,25%<br>9,25% | 11.655,00<br>(9.250,00) |
| PIS e COFINS a Recolher | | | 2.405,00 |

| Contabilização do PIS e da COFINS<br>Elementos | Sistema Simplificado Valores (R$) | Reclassificação da Despesa de PIS e COFINS Valores (R$) | Provisão para Tributos nos Estoques Valores (R$) | Saldo Ajustado Valores (R$) |
|---|---|---|---|---|
| Receita Bruta<br>ICMS<br>PIS e COFINS sobre Vendas | 126.000,00<br>(22.680,00) | <br><br>(11.655,00) | | 126.000,00<br>(22.680,00)<br>(11.655,00) |
| Receita Líquida | 103.320,00 | (11.655,00) | 0,00 | 91.665,00 |
| Custos das Vendas (mercadorias)<br>PIS e COFINS sobre Compras<br>Provisões:<br>PIS e COFINS nos Estoques | (49.200,00) | <br>9.250,00 | <br><br><br>(3.700,00) | (49.200,00)<br>9.250,00<br><br>(3.700,00) |
| Custo das Vendas (mercadorias) | (49.200,00) | 9.250,00 | (3.700,00) | (43.650,00) |
| Lucro Bruto | 54.120,00 | (2.405,00) | (3.700,00) | 48.015,00 |
| Despesa de PIS e COFINS | (2.405,00) | 2.405,00 | (3.700,00) | 48.015,00 |
| Resultado do Exercício | 51.715,00 | 0,00 | (3.700,00) | 48.015,00 |

| PIS e COFINS nos Estoques | Valores (R$) |
|---|---|
| Compras | 100.000,00 |
| ICMS | (18.000,00) |
| Compras Líquidas de ICMS | 82.000,00 |
| Percentual Vendido | 60% |
| Custo das Vendas | (49.200,00) |
| Saldo Final dos Estoques (bruto) | 32.800,00 |
| Alíquota do PIS e da COFINS | 9,25% |
| Provisão: | |
| PIS e COFINS nos Estoques | (3.700,00) |
| Saldo Líquido dos Estoques | 29.100,00 |

### 7.12.1 Depreciação – forma alternativa de contabilizar o crédito

Ao responder à Questão nº 6, sobre o crédito na aquisição de bens de capital ou fixos, da IT nº 01, de 2004, o IBRACON assim se pronunciou:

> Da mesma forma que o tratamento previsto nesta **IT** em relação aos estoques, o IBRACON entende que o referido **crédito deverá ser transferido para conta de impostos a compensar**, pois a entidade pode, nos termos da legislação em vigor, **tomar crédito do tributo independentemente da depreciação ou amortização. Ao optar por efetuar o desconto em um prazo inferior ao prazo em que o item**

**é depreciado**, a diferença entre a contribuição calculada sobre a depreciação e o crédito tomado representará uma diferença temporária entre a base contábil e a fiscal. Semelhante ao Imposto de Renda e contribuição social, deverá ser registrado um saldo credor do PIS e da COFINS a apropriar. (Grifos nossos).

#### 7.12.1.1 Crédito sobre aquisição de bens fixos

Opcionalmente, a empresa poderá calcular o crédito sobre o valor da **aquisição de bens de capital ou fixos (atualmente Ativo Não Circulante Imobilizado)**. O objetivo é reduzir o prazo para utilização dos créditos, visando incentivar a aquisição de determinados bens de capital (fixos). Existem vários prazos para a utilização dos créditos das contribuições sociais (PIS e COFINS) sobre a aquisição de bens fixos, a saber:

a) 48 meses (4 anos) – destinado a quase todas as máquinas e equipamentos do ativo imobilizado, exceto veículos e obras de construção civil. A partir de maio de 2008, todas as máquinas e equipamentos, destinados à produção de bens e serviços, podem ter créditos descontados em 24 meses.
b) 24 meses (2 anos) – destinado a aquisição de máquinas, aparelhos, instrumentos e equipamentos novos, relacionados no art. 9º, do Decreto nº 7.660, de 2011, adquiridos a partir de 1º de outubro de 2004 até 31 de dezembro de 2010. A partir de maio de 2008, todas as máquinas e equipamentos destinados à produção de bens e serviços podem ter créditos descontados em 12 meses.
c) 12 meses (1 ano) – todas as máquinas e equipamentos novos destinados à produção de bens e serviços adquiridos ou recebidos a partir de maio de 2008.
d) Desconto integral no mês de aquisição para os bens de capital destinados à produção ou à fabricação de diversos produtos aprovados pelo Decreto nº 7.660, de 2011, e nos anexos I e II da Lei nº 10.485, de 2002. Fundamentação Legal – Lei nº 11.529, de 2007.

#### 7.12.1.2 Alterações do art. 4º, da Lei nº 12.546, de 2011

Nas hipóteses da **aquisição no mercado interno ou de importação de máquinas e equipamentos** destinados à produção de bens e prestação de serviços, as pessoas jurídicas poderão optar pelo desconto dos créditos do PIS/PASEP e da COFINS de que tratam o inciso III do § 1º art. 3º, da Lei nº 10.637, de 30 de dezembro de 2002, o inciso III do § 1º do art. 3º, da Lei nº 10.833, de 29 de dezembro de 2003, e o § 4º do art. 15, da Lei nº 10.865, de 30 de abril de 2004, no prazo de:

a) 11 meses, no caso de aquisição ocorrida em agosto de 2011.
b) 10 meses, no caso de aquisição ocorrida em setembro de 2011.
c) 9 meses, no caso de aquisição ocorrida em outubro de 2011.
d) 8 meses, no caso de aquisição ocorrida em novembro de 2011.
e) 7 meses, no caso de aquisição ocorrida em dezembro de 2011.
f) 6 meses, no caso de aquisição ocorrida em janeiro de 2012.
g) 5 meses, no caso de aquisição ocorrida em fevereiro de 2012.
h) 4 meses, no caso de aquisição ocorrida em março de 2012.
i) 3 meses, no caso de aquisição ocorrida em abril de 2012.
j) 2 meses, no caso de aquisição ocorrida em maio de 2012.
k) 1 mês, no caso de aquisição ocorrida em junho de 2012.
l) Imediatamente, no caso de aquisição ocorrida a partir de julho de 2012.

Os créditos serão determinados:

- mediante a aplicação dos percentuais 1,65% para o PIS (*caput* do art. 2º, da Lei nº 10.637, de 2002), e 7,6% para a COFINS (*caput* do art. 2º, da Lei nº 10.833, de 2003), sobre o valor correspondente ao custo de aquisição do bem, no caso de aquisição no mercado interno; ou
- na forma prevista no § 3º do art. 15, da Lei nº 10.865, de 2004, no caso de importação (crédito apurado mediante a aplicação das alíquotas de 1,65% para o PIS e 7,6% para a COFINS, conforme *caput* do art. 2º, das Leis nº 10.637, de 2002, e 10.833, de 2003), sobre o valor que serviu de base de cálculo das contribuições (art. 7º da Lei nº 10.865, de 2004), acrescido do valor do IPI vinculado à importação, quando integrante do custo de aquisição.

**NOTAS**

1. O disposto aplica-se aos bens novos adquiridos ou recebidos a partir de 3 de agosto de 2011.
2. O regime de desconto de crédito no prazo de 12 meses continua aplicável aos bens novos adquiridos ou recebidos a partir do mês de maio de 2008 e anteriormente a 3 de agosto de 2011.

**CASO PRÁTICO**

Cálculo dos créditos.

**Dados:**
Valor do bem adquirido: R$ 120.000,00
Taxa anual de depreciação: 10% a.a.
Prazo da Depreciação: 10 anos ou 120 meses

a) Cálculo do crédito pela Depreciação Mensal
Base de Cálculo Mensal ................................ R$ 1.000,00 (R$ 120.000,00 ÷ 120 meses)
Créditos Mensais:
PIS ................................................................ R$ 16,50 (1,65% × R$ 1.000,00)
COFINS .......................................................... R$ 76,00 (7,6% × R$ 1.000,00)

b) Cálculo do crédito pela aquisição do bem no prazo de 12 meses
Base de Cálculo Mensal:
Crédito valor total. ......................................... R$ 10.000,00 (R$ 120.000,00 ÷ 12 meses)
PIS ................................................................ R$ 165,00 (1,65% × R$ 10.000,00)
COFINS .......................................................... R$ 760,00 (7,6% × R$ 10.000,00)

Uma empresa comercial adquire a prazo uma máquina para uso em seu Ativo Não Circulante Imobilizado no valor total de R$ 400.000,00. A aquisição sofre incidência de ICMS de 18% recuperável (em 48 parcelas mensais). Haverá recuperação das contribuições ao PIS e à COFINS: o crédito será recuperado em 24 parcelas, na forma da legislação. Assim, os cálculos seriam efetuados da seguinte forma:

a) ICMS = R$ 72.000,00 (18% × R$ 400.000,00). A parcela correspondente será utilizada em 48 meses, ou seja, R$ 1.500,00 por mês (R$ 72.000,00 ÷ 48 meses). Assim, na data da aquisição R$ 18.000,00 (R$ 1.500,00 × 12 meses) deverão ser classificados no Ativo Circulante (AC) e R$ 54.000,00 (R$ 1.500,00 × 36 meses) no ARLP.

b) PIS = R$ 6.600,00 (1,65% × R$ 400.000,00). O crédito correspondente será utilizado em 24 meses à razão de R$ 275,00 por mês (R$ 6.600,00 ÷ 24 meses). Dessa forma, na data de aquisição, R$ 3.300,00 deverão ser registrados ano AC e R$ 3.300,00 no ARLP.

c) COFINS = R$ 30.400,00 (7,6% × R$ 400.000,00). O crédito também será utilizado em 24 meses à razão de R$ 1.266,66 ao mês (R$ 30.400,00 ÷ 24 meses). Logo, na data da aquisição, R$ 15.200,00 deverão ser registrados no AC e R$ 15.200,00 no ARLP.

O valor a ser contabilizado do Ativo Não Circulante (ANC), como máquinas e equipamentos, será de **R$ 291.000,00** (R$ 400.000,00 – R$ 72.000,00 – R$ 6.600,00 – R$ 30.400,00).

**Contabilização**

| | |
|---|---|
| D – Máquinas e Equipamentos (ANC)* | 291.000,00 |
| D – ICMS a Recuperar – Imobilizado (AC) | 18.000,00 |
| D – ICMS a Recuperar – Imobilizado (ARLP) | 54.000,00 |
| D – PIS a Recuperar – Imobilizado (AC) | 3.300,00 |
| D – PIS a Recuperar – Imobilizado (ARLP) | 3.300,00 |
| D – COFINS a Recuperar – Imobilizado (AC) | 15.200,00 |
| D – COFINS a Recuperar – Imobilizado (ARLP) | 15.200,00 |
| C – Contas a Pagar | 400.000,00 |

(*) ANC (Ativo Não Circulante – Imobilizado)

Mensalmente deverão ser apropriados os créditos e transferidos os valores das contas do ARLP para o AC. Os registros contábeis dessas operações serão efetuados da seguinte forma:

a) ICMS

1. Apropriação mensal do crédito
   D – ICMS a Compensar (AC)
   C – ICMS a Recuperar – Imobilizado (AC) 1.500,00
2. Transferência do ARLP para o AC
   D – ICMS a Recuperar – Imobilizado (AC)
   C – ICMS a Recuperar – Imobilizado (ARLP) 1.500,00

b) PIS

3. Apropriação mensal do crédito
   D – PIS a Compensar (AC)
   C – PIS a Recuperar – Imobilizado (AC) 275,00
4. Transferência do ARLP para o AC
   D – PIS a Recuperar – Imobilizado (AC)
   C – PIS a Recuperar – Imobilizado (ARLP) 275,00

c) COFINS

5. Apropriação mensal do crédito
   D – COFINS a Compensar (AC)
   C – COFINS a Recuperar – Imobilizado (AC) 1.266,66
6. Transferência do ARLP para o AC
   D – COFINS a Recuperar – Imobilizado (AC)
   C – COFINS a Recuperar – Imobilizado (ARLP) 1.266,66

**NOTA**

A contabilização do crédito de ICMS no valor de R$ 72.000,00 (18% de R$ 400.000,00), em 48 parcelas, encontra-se submetida ao fato de que a máquina adquirida para o Ativo Imobilizado produza bens tributados pelo referido imposto. Caso parte da produção seja isenta ou não tributada, deverá ser efetuada uma proporcionalidade entre os bens produzidos – tributados e isentos e/ou imunes – para apurar o valor do crédito de ICMS a ser contabilizado. Observe o exemplo adiante:

| | |
|---|---|
| Mercadorias Tributadas | 80% |
| Mercadorias Isentas | 20% |
| (=) Total da Mercadoria Produzida | **100%** |

Proporcionalidade: limite do crédito de ICMS a recuperar, no valor de R$ 57.600,00 (80% de R$ 72.000,00).

Utilização do crédito: em 48 parcelas mensais no valor de R$ 1.200,00 por parcela (R$ 57.600,00 ÷ 48 parcelas).

## 7.13 ▸ DISPOSIÇÕES REFERENTES À EXPORTAÇÃO

As contribuições não cumulativas ao PIS e à COFINS, à semelhança das antigas, não incidirão sobre:

a) exportações de mercadorias;
b) prestações de serviços ao exterior com pagamento em moeda conversível;
c) vendas à empresa comercial exportadora com a finalidade específica de exportação.

O crédito apurado pela pessoa jurídica (sujeita à sistemática da não cumulatividade) que efetuar essas operações poderá ser deduzido dos débitos apurados em operações no mercado interno ou ser compensado com outros tributos e contribuições, vencidos ou a vencer.

Caso a pessoa jurídica, até o fim de cada trimestre civil, não tenha conseguido utilizar o crédito nas formas especificadas no parágrafo anterior, poderá solicitar o seu ressarcimento em dinheiro, observada a legislação aplicável à matéria.

A empresa exportadora sujeita ao recolhimento das contribuições não cumulativas pela nova regra **não fará jus ao ressarcimento das contribuições por meio do crédito presumido do IPI de que tratam as Leis nº 9.363/1996 e nº 10.276/2001**. Nesse caso, o percentual referido no § 1º do art. 2º, da Lei nº 9.363/1996 será de 4,04% e o índice da fórmula de determinação do fator F, que trata o anexo único da Lei nº 10.276/2001, será 0,03.

O governo, por meio da Lei nº 13.137, de 2015, elevou para 2,1% e 9,65%, respectivamente, as alíquotas de contribuição ao PIS e à COFINS incidentes sobre a importação de mercadorias. As alíquotas anteriores eram de 1,65% e 7,6%, segundo a Lei nº 10.865, de 2004, que foi alterada pela mencionada Lei. Os percentuais são cobrados sobre o valor aduaneiro dos produtos. Com a edição da Lei, as mercadorias importadas pagarão, em regra, 11,75% (soma das duas alíquotas) de PIS e COFINS. O texto da Lei, porém, traz percentuais específicos para alguns tipos de produtos, como medicamentos e pneus. A cobrança com as novas alíquotas teve início no dia 1º de maio de 2015.

O aumento dos tributos evita que produtos fabricados no país paguem mais imposto do que os importados. Essa situação ocorreu, segundo o governo, após uma decisão do STF no ano-calendário de 2013 que declarou inconstitucional a inclusão de ICMS na base de cálculo de PIS e COFINS incidentes sobre a importação.

## 7.14 ▸ DEMAIS TRIBUTOS INCIDENTES SOBRE VENDAS

Os **demais tributos incidentes sobre vendas** deixarão de ser analisados em função de sua utilização restrita.

## 7.15 ▸ REPRESENTAÇÃO DOS IMPOSTOS INCIDENTES SOBRE VENDAS NA DEMONSTRAÇÃO DO RESULTADO DO EXERCÍCIO (DRE) – SEGUNDO A LEGISLAÇÃO TRIBUTÁRIA

**Receita Operacional Bruta (VB)**
(–) Deduções da Receita Bruta:

- Devoluções de Vendas e Abatimentos e Descontos Incondicionais Concedidos
- Impostos Incidentes sobre Vendas [ISS, ICMS, IE, (PIS e COFINS ambos incidentes sobre a Receita Bruta)]
- Ajustes a Valor Presente (Lei nº 12.973, de 2014)

(=) Receita Operacional Líquida (VL)
(–) Custo das Mercadorias dos Produtos e dos Serviços Vendidos (CMV, CPV e CSP)
(=) Resultado Operacional Bruto (LB = Lucro Bruto ou PB = Prejuízo Bruto)
**(–) Despesas Operacionais**
PIS e COFINS – Despesas Operacionais (incidentes sobre outras receitas operacionais)

A representação da Demonstração do Resultado do Exercício (DRE) na forma aqui exposta atende aos dispositivos da legislação tributária prevista nos arts. 279 e 280 do Regulamento do Imposto de Renda de 1999 (RIR/1999) com as alterações introduzidas pela Lei nº 12.973, de 2014, que tratam da Receita Bruta e da Receita Líquida. A Lei nº 12.973, de 2014, dispôs que os Ajustes a Valor Presente integram o montante da Receita Operacional Bruta e dela serão deduzidos com o objetivo de apurar a Receita Operacional Líquida.[4]

## 7.16 ▸ ALTERAÇÕES DO PADRÃO INTERNACIONAL DE CONTABILIDADE

A receita é definida no pronunciamento sobre a Estrutura Conceitual da Contabilidade (ver Capítulo 9) como o aumento nos benefícios econômicos durante o período contábil, sob a forma de entrada de recursos, aumento de Ativos ou diminuição de Passivos que resultam em aumento do Patrimônio Líquido da entidade e que não sejam provenientes de aporte de recursos dos proprietários da entidade. A receita surge no curso das atividades ordinárias da entidade, é designada por uma variedade de nomes, tais como vendas, honorários, juros, dividendos e *royalties*, além de englobar tanto as receitas propriamente ditas como os ganhos.

De acordo com o **Pronunciamento Técnico CPC nº 30**, aprovado pela Deliberação CVM nº 692, de 2012, e Resolução CFC nº 1.412, de 2012, a **receita**:

a) é o ingresso bruto de benefícios econômicos durante o período proveniente das atividades ordinárias da entidade que resultam no aumento do seu Patrimônio Líquido, exceto as contribuições dos proprietários;
b) para fins de divulgação na DRE inclui somente os ingressos originários de suas próprias atividades. As quantias cobradas por conta de terceiros – tais como tributos sobre vendas e tributos sobre valor adicionado – não são benefícios econômicos que fluam para a entidade e, consequentemente, não resultam em aumento do Patrimônio Líquido. Portanto, esses tributos são excluídos da receita, bem como os ingressos brutos por operações efetuadas por agente, por conta de operador.

---

4 Para saber mais sobre o tema, consulte o Capítulo 11.

O mesmo raciocínio é aplicado quanto a valores cobrados por bens e serviços por conta de terceiros, consignações genuínas – que na essência são operações de compra e são tratadas como tais – etc. A divulgação da receita na demonstração do resultado deve ser feita a partir das receitas conforme conceituadas no referido pronunciamento. A entidade deve fazer uso de outras contas de controle interno para fins fiscais e outros, como "Receita Bruta Tributável".

## CASO PRÁTICO

Observe os dados a seguir de venda para industrialização:

| NOTAS FISCAIS A PRAZO DE: | | |
|---|---|---|
| **Elementos** | **Vendas** | **Devolução de Vendas** |
| Valor | 2.000.000,00 | 200.000,00 |
| (+) IPI (15%) | 285.000,00 | 285.000,00 |
| (–) Desconto Incondicional | 100.000,00 | 10.000,00 |
| (=) Valor total da NF | 2.185.000,00 | 218.500,00 |
| ICMS Destacado (18%) | 342.000,00 | 34.200,00 |
| Contribuições não Cumulativas: | | |
| PIS | 31.350,00 | 3.135,00 |
| COFINS | 144.400,00 | 14.440,00 |
| (=) Valor Total | **175.750,00** | **17.575,00** |
| Valor das Contribuições (175.750,00 – 17.575,00) | | **158.175,00** |

**Contabilização**

1. NF de venda a prazo
   D – Duplicatas a Receber 2.185.000,00
   D – Descontos Incondicionais Concedidos 100.000,00
   C – Receita Bruta 2.000.000,00
   C – IPI a Recolher (Passivo) 285.000,00

2. Pelo ICMS sobre vendas
   D – ICMS sobre Vendas (Resultado)
   C – ICMS a Recolher (Passivo) 342.000,00

3. NF de devolução de vendas
   D – Devolução de Vendas 200.000,00
   D – IPI a Recuperar (Ativo Circulante) 28.500,00
   C – Duplicatas a Receber 218.500,00
   C – Descontos Incondicionais Concedidos 10.000,00

4. Pelo ICMS na devolução de vendas
   D – ICMS a Recuperar (Ativo Circulante)
   C – ICMS sobre Vendas (Resultado) 34.200,00

5. PIS sobre a NF de venda
   D – PIS Dedução da Receita Bruta (Resultado)
   C – PIS a Recolher (Passivo Circulante) 31.350,00

6. COFINS sobre a NF de venda
   D – COFINS Dedução da Receita Bruta (Resultado)
   C – COFINS a Recolher (Passivo Circulante) 144.400,00

7. PIS sobre a NF de devolução de vendas
   D – PIS a Recuperar (Ativo Circulante)
   C – PIS Dedução da Receita Bruta (Resultado) 3.135,00

8. COFINS sobre a NF de venda
   D – COFINS a Recuperar (Ativo Circulante)
   C – COFINS Dedução da Receita Bruta (Resultado) 14.440,00

Representação das referidas operações na DRE segundo as disposições tributárias (arts. 279 e 280 do RIR/1999), em conformidade com as disposições constantes no art. 187 da Lei nº 6.404, de 1976 (Lei das Sociedades por Ações):

| DEMONSTRAÇÃO DO RESULTADO DO EXERCÍCIO | | |
|---|---|---|
| **Descrição** | | **Valores (R$)** |
| Receita Operacional Bruta | | 2.000.000,00 |
| (–) Deduções da Receita Bruta: | | |
| Impostos Incidentes sobre Vendas: | | |
| ICMS (R$ 342.000,00 – R$ 34.200,00) | R$ 307.800,00 | |
| PIS e COFINS | R$ 158.175,00 | 465.975,00 |
| Devolução de Vendas | | 200.000,00 |
| Descontos Incondicionais (100.000,00 – 10.000,00) | | 90.000,00 |
| (=) Receita Operacional Líquida | | 1.244.025,00 |

Note que o IPI não integra o valor da Receita Bruta e que o montante da Receita Operacional Líquida correspondente exatamente ao valor da NF de Vendas, deduzido do valor da NF de Devolução de Vendas e do valor do ICMS sobre as Operações de Vendas e Devolução de Vendas. Observe o cálculo a seguir:

- Valor Bruto (R$ 2.000.000,00 – R$ 200.000,00)....................................... R$ 1.800.000,00
- (–) Descontos Incondicionais (R$ 100.000,00 – R$ 10.000,00) .......... R$ 90.000,00
- (=) Subtotal (R$ 1.900.000,00 – R$ 190.000,00)..................................R$ 1.710.000,00
- (+) IPI (R$ 285.000,00 – R$ 28.500,00) ............................................ R$ 256.500,00
- (=) Valor total da NF (R$ 2.185.000,00 – R$ 218.500,00) .................... R$ 1.966.500,00
- ICMS Destacado (R$ 342.000,00 – R$ 34.200,00) ........................... R$ 307.800,00

O valor do ICMS de **R$ 307.800,00** corresponde a 18% sobre R$ 1.710.000,00. Como o ICMS, o PIS e a COFINS (R$ 158.175,00) são tributos calculados por dentro (integram o preço de vendas) o valor da **receita líquida** será:

**R$ 1.244.025,00** (R$ 1.710.000,00 – R$ 307.800,00 – R$ 158.175,00).

Porém, de acordo com as Normas Internacionais de Contabilidade, na DRE a receita bruta deve ser evidenciada sem o cômputo do valor dos tributos (IPI, ICMS, ISS-QN, PIS e COFINS). Dessa forma, a DRE seria apresentada da seguinte forma:

| DEMONSTRAÇÃO DO RESULTADO DO EXERCÍCIO | |
|---|---|
| **Descrição** | **Valores (R$)** |
| Receita Operacional Bruta | (*) 1.482.250,00 |
| (–) Deduções da Receita Bruta: | |
| Devolução de Vendas | (**) 148.225,00 |
| Descontos Incondicionais (100.000,00 – 10.000,00) | 90.000,00 |
| (=) Receita Operacional Líquida | 1.244.025,00 |

**VALORES COMPUTADOS SEM OS TRIBUTOS:**
(*) **R$ 1.482.250,00** = (R$ 2.000.000,00 – R$ 342.000,00 – R$ 175.750,00).
(**) **R$ 148.225,00** = (R$ 200.000,00 – R$ 34.200,00 – R$ 17.575,00).
Os cálculos acima representam os valores brutos (venda e devolução) menos os tributos incidentes sobre tais importâncias. Veja a nota 3 abaixo.

**NOTA**

1. Note que o montante da Receita Operacional Líquida é idêntico, tanto na representação para fins tributários como na representação para fins societários (Lei nº 6.404, de 1976, com as alterações provocadas pela Pronunciamento Técnico do CPC nº 30).
2. A despeito das alterações em comento, provocadas pela legislação contábil internacional, a Secretaria da Receita Federal do Brasil continua a solicitar o preenchimento da **Ficha 06-A** da DIPJ (DRE), até 2014, e a Escrituração Contábil Fiscal a partir de 2015, na forma estabelecida pelos arts. nº 279 e 280 do RIR/1999 com as alterações da Lei nº 12.973, de 2014, ou seja, representar a Receita Bruta com o montante dos tributos que dela façam parte e a exclusão desses tributos do valor da Receita Bruta para fins de apuração da Receita Líquida.
3. Também é prática usual do mercado iniciar a Demonstração de Resultado, elaborada de acordo com as normas contábeis atuais, com o valor da Receita Operacional Líquida, omitindo o valor dos Descontos Incondicionais e da Devolução de Vendas.

## 7.16.1 Forma alternativa de representação na DRE

As empresas poderão manter a forma de contabilização prevista nos arts. 279 e 280 do RIR/1999 com as alterações da Lei nº 12.973, de 2014, e somente quando forem apresentar e/ou publicar as demonstrações contábeis para fins societários devem realizar as alterações para atender as normas societárias da Contabilidade Internacional (Pronunciamento Técnico CPC nº 30). Poderão, ainda, apresentar a DRE numa **forma mista** em que haja destaque da Receita Operacional Bruta para fins tributários e para fins societários.

Utilizando os dados fornecidos no caso prático comentado neste item faremos a evidenciação da DRE na forma mista comentada, possibilitando, dessa maneira, atender as exigências das duas legislações (fiscal e contábil).

| DEMONSTRAÇÃO DO RESULTADO DO EXERCÍCIO (DRE) | |
|---|---|
| **Elementos** | **Valores (R$)** |
| Faturamento Bruto (com IPI incluso) | 2.300.000,00 |
| (–) IPI Faturado | –300.000,00 |
| (=) Receita Operacional Bruta pela legislação tributária | **2.000.000,00** |
| (–) Tributos Incidentes sobre Vendas (ICMS, PIS e COFINS) | –517.750,00 |
| (=) Receita Operacional Bruta pela legislação societária | **1.482.250,00** |
| (–) Devolução de Vendas (valor líquido):<br>(R$ 200.000,000 – R$ 51.775,00 = Tributos s/ Devolução) | –148.225,00 |
| (–) Descontos Incondicionais Concedidos (valor líquido) | –90.000,00 |
| (=) Receita Operacional Líquida | 1.244.025,00 |

**NOTA**

Caso a empresa faça a representação e publicação da DRE apenas na forma exigida pela legislação societária (Pronunciamento Técnico CPC nº 30, representação exposta neste item) seria conveniente inserir nota explicativa às demonstrações financeiras, evidenciando a DRE pela forma estabelecida na legislação tributária (arts. 279 e 280 da RIR/1999 com as alterações da Lei nº 12.973, de 2014, também exposta neste item).

## 7.17 ▸ OUTRAS ALTERAÇÕES E COMENTÁRIOS

### 7.17.1 Alteração na forma de avaliação dos estoques

Se houver **alteração na forma de avaliar os estoques** (método de avaliação de estoques de PEPS para Custo Médio Ponderado Móvel ou Fixo ou vice-versa), o efeito dessa alteração deve ser lançado diretamente no Patrimônio Líquido na conta de Lucros ou Prejuízos Acumulados (LPA), como ajustes de exercícios anteriores para atender as modificações estabelecidas pelo Pronunciamento Técnico do CPC nº 23 que trata das Políticas Contábeis, Mudanças de Estimativa e Retificação de erro. Em decorrência da alteração na forma de avaliação dos estoques, a nova importância deve ser comparada com os estoques de abertura do período, avaliados pelo critério anterior. A diferença apurada representa ajuste de período de apuração anterior a ser contabilizada diretamente na conta de lucros acumulados no PL. O efeito dessa modificação deve ser registrado em nota explicativa às Demonstrações Financeiras com a informação do(s) Exercício(s) Afetado(s), bem como da significância dessa alteração em relação ao patrimônio societário.[5]

### 7.17.2 Tributos nos estoques

Tendo em vista que o ICMS, ISS (QN), PIS e COFINS são tributos calculados "por dentro", portanto, inclusos nos preços de compra e venda dos bens e serviços, o valor a eles correspondentes são tributariamente registrados como receita da venda de bens e serviços para, posteriormente, serem excluídos da receita bruta para fins de apuração da receita líquida, conforme demonstramos neste capítulo.

[5] Para saber mais sobre o tema, consulte o livro *Contabilidade avançada*, de nossa autoria.

Como na aquisição dos bens (mercadorias e insumos) estes tributos quando recuperáveis de imediato não integram o custo de aquisição, existem dois procedimentos antagônicos: o primeiro para fins de apuração da receita bruta para efeitos fiscais (tributos devem ser incluídos no preço de venda) e o segundo para efeito da aquisição das mercadorias ou insumos em que os referidos tributos, quando recuperáveis, também de imediato, não devem compor o preço de custo (preço do estoque).

Tendo em vista as alterações na forma de apresentação desses tributos na DRE, provocadas pelo Pronunciamento Técnico CPC nº 30, podemos inferir outras alterações nas práticas contábeis futuras em decorrência dessa dualidade na avaliação de compras e vendas provocadas pelos referidos tributos.

## 7.18 ▸ REPRESENTAÇÃO DOS TRIBUTOS NA NF

A Lei nº 12.741, de 8 de dezembro de 2012, dispõe que a partir do mês de junho de 2013,[6] nos documentos fiscais ou equivalentes, emitidos por ocasião da venda ao consumidor de mercadorias e serviços, em todo o território nacional, deverá constar a informação do valor aproximado correspondente à totalidade dos tributos federais, estaduais e municipais, cuja incidência influi na formação dos respectivos preços de venda.

A informação poderá constar em painel afixado em local visível no estabelecimento, ou por qualquer outro meio eletrônico ou impresso, de forma a demonstrar o valor ou percentual, ambos aproximados, dos tributos incidentes sobre todas as mercadorias ou serviços postos à venda. As informações a serem prestadas serão elaboradas em termos de percentuais sobre o preço a ser pago, quando se trata de tributo com alíquota *ad valorem,*[7] ou em valores monetários (no caso de alíquota específica). No caso de se utilizar meio eletrônico, este deverá estar disponível ao consumidor no âmbito do estabelecimento comercial.

Nos documentos fiscais deverão ser discriminados os seguintes tributos:

a) Imposto sobre Operações relativas a Circulação de Mercadorias e sobre Prestações de Serviços de Transporte Interestadual e Intermunicipal e de Comunicação **(ICMS)**.
b) Imposto sobre Serviços de Qualquer Natureza **(ISS)**.
c) Imposto sobre Produtos Industrializados **(IPI)**.
d) Imposto sobre Operações de Crédito, Câmbio e Seguro ou Relativas a Títulos ou Valores Mobiliários **(IOF)**.
e) Contribuição Social para o Programa de Integração Social **(PIS)** e para o Programa de Formação do Patrimônio do Servidor Público **(PASEP)**.
f) Contribuição para o Financiamento da Seguridade Social **(COFINS)**.
g) Contribuição de Intervenção no Domínio Econômico, incidente sobre a importação e a comercialização de petróleo e seus derivados, gás natural e seus derivados, e álcool etílico combustível **(CIDE)**.

Serão informados ainda os valores referentes ao **imposto de Importação**, **PIS/PASEP/Importação** e **COFINS/Importação**, na hipótese de produtos cujos insumos ou componentes sejam oriundos de operações de comércio exterior e representem percentual superior a 20% do preço de venda.

---

[6] Posteriormente, a Lei nº 12.868, de 2013 (alterou o art. 5º da Lei nº 12.741, de 2012), estabelecendo que os infratores somente ficariam sujeitos às sanções previstas no Código de Defesa do Consumidor, após decorridos 12 meses do início da vigência da lei. Na prática, este fato provocou dilatação de 12 meses para o comércio e para as empresas prestadoras de serviço da obrigação de informar ao consumidor o valor aproximado dos tributos cuja incidência influa na formação dos preços de venda.

[7] Representa "segundo o valor", ou seja, é a expressão utilizada para a cobrança ou a incidência de imposto que tem como base de cálculo o valor da própria mercadoria ou do objeto sobre o qual recairá a tributação.

## 7.19 ▸ DECISÕES DO SUPERIOR TRIBUNAL DE JUSTIÇA (STJ)

### 7.19.1 ICMS pago a maior na substituição tributária

O Superior Tribunal Federal (STF), em 19/10/2016, decidiu que as **empresas enquadradas no regime de substituição tributária** como contribuintes substituídos têm direito à restituição do Imposto sobre Circulação de Mercadorias e Serviços (ICMS) pago antecipadamente, quando a **base de cálculo efetiva da operação for menor que a presumida.** Ou seja, havendo a possibilidade de se apurar a operação real, é ela que deve prevalecer, e não a presunção. Essa decisão reconheceu, portanto, o direito da parte recorrente em lançar o ICMS pago a maior como crédito em sua escrita fiscal.

A decisão foi modulada da seguinte forma: a partir de agora o entendimento vai ser aplicado para o futuro de forma geral e para todas as empresas. Quanto ao passado, apenas aquelas que ajuizaram ações para discutir a questão serão beneficiadas. Posto isto, as empresas que já ajuizaram a respectiva demanda poderão solicitar ressarcimento dos valores pagos a maior nos últimos cinco anos-calendário.

Com esse julgamento, o STF muda o seu entendimento anterior proferido na Ação Direta de Constitucionalidade nº 1.851, no qual tinha decidido que os estados não têm obrigação de restituir a diferença de ICMS pago a maior, mesmo que ao final se apure que o **valor presumido da mercadoria foi maior do que o real**. No julgamento do dia 19/10/2016, o Supremo afirmou que o contribuinte tem direito de lançar o ICMS pago a maior como crédito em sua escrita fiscal.

**CASO PRÁTICO**

No quadro da parte final do item **7.7 – Substituição Tributária**, neste capítulo, o valor do ICMS-ST presumido tinha sido R$ 15.601,95 usando a margem de valor adicionado especificada pela legislação. Se, na operação efetiva, a margem foi menor e o ICMS real apurado foi de R$ 12.600,00, o contribuinte efetuará o seguinte cálculo:

**ICMS APURADO PELO VALOR**

- **presumido** por substituição tributária ...................... R$ 15.601,95
- **real apurado** (valor efetivo devido) ......................... R$ 12.600,00
- (=) Diferença recolhida a maior ............................. **R$ 3.001,95**

Assim, a empresa realizou um recolhimento a maior no valor de R$ 3.001,95, se comparado com o valor real apurado (procedimento normal de apuração do ICMS) e, dessa forma, tem direito de registrar a referida importância como crédito do tributo (ICMS) em sua escrita fiscal.

### 7.19.2 Exclusão do ICMS na base de cálculo do PIS/COFINS

O Supremo Tribunal Federal (STF) decidiu no mês de março de 2017 que o governo federal **não pode incluir** o Imposto sobre Circulação de Mercadorias e Serviços (ICMS) na base de cálculo das contribuições para o Programa de Integração Social (PIS) e para a Contribuição para o Financiamento da Seguridade Social (COFINS). Os seis ministros que votaram pela desvinculação do ICMS da base de cálculo do PIS e da COFINS avaliaram que o ICMS **não compõe o faturamento ou a receita bruta das empresas**.

A decisão da Suprema Corte terá repercussão geral no Judiciário, ou seja, a partir de agora, as instâncias inferiores da Justiça também terão de seguir essa orientação. Essas contribuições (PIS e COFINS) são tributos pagos por empresas de todos os setores e ajudam a financiar a Previdência Social e o seguro-desemprego.

Em nota, o Ministério da Fazenda informou que a União ingressará com o recurso de embargos de declaração quando o acórdão for publicado, “a fim de que o seu pedido de modulação de efeitos seja apreciado pela Corte”. Nele a União deverá requerer que a decisão do STF tenha efeitos a partir de 2018. Assim, a entrada em vigor da decisão ainda depende da apreciação pelo STF dos recursos que serão apresentados pelo governo, os quais, segundo a imprensa, devem demandar a modulação dos efeitos da decisão, de forma que a exclusão do ICMS da base de cálculo do PIS e da COFINS entre em vigor apenas a partir do ano-calendário de 2018.

### 7.19.2.1 Novos cálculos do PIS e da COFINS

A partir da data da entrada em vigor da referida decisão, o cálculo das contribuições sociais (PIS e COFINS) poderá ser realizado da seguinte forma:

- **CONTRIBUIÇÕES CUMULATIVAS:**

  Fórmula para o caso do PIS e da COFINS (3,65%):

  PV = PL + PV 18% (ICMS) + 82% × 3,65% PV

  Onde:

  **PV** = **Preço de Venda**

  **PL** = **Preço Líquido** de impostos (o preço que o produtor deseja obter livre dos tributos)

  **Desenvolvendo a Fórmula:**

  PV = PL + 18% PV + 2,993% PV

  PV = PL + 20,993% PV

  PL = 79,007% PV

  PV = PL/79,007%

  **Suponha que o produtor queira um PL de R$ 790,07:**

  **PV** = **R$ 1.000,00** (R$ 790,07/79,007%)

  **ICMS** = **R$ 180,00** (18% × R$ 1.000,00)

  PIS + COFINS = 3,65% (R$ 1.000,00 – R$ 180,00)

  **PIS = R$ 5,33** (0,65% × R$ 820,00)

  **COFINS** = **R$ 24,60** (3% × R$ 820,00)

  **PL** = **R$ 790,07** (R$ 1.000,00 – R$ 180,00 – R$ 5,33 – R$ 24,60)

- **CONTRIBUIÇÕES NÃO CUMULATIVAS:**

  Fórmula para o caso do PIS e da COFINS (9,25%):

  PV = PL + PV 18% (ICMS) + 9,25% × 82% PV

  Onde:

  **PV** = **Preço de Venda**

  **PL** = **Preço Líquido** de impostos (o preço que o produtor deseja obter livre dos tributos)

**Desenvolvendo a Fórmula:**

PV = PL + 18% PV + 7,585% PV

PV = PL + 25,585% PV

PL = 74,415% PV

PV = PL/74,415%

**Suponha que o produtor queira um PL de R$ 1.488,30:**

**PV = R$ 2.000,00** (R$ 1.488,30/74,415%)

**ICMS = R$ 360,00** (18% × R$ 2.000,00)

PIS + COFINS = 9,25% (R$ 2.000,00 – R$ 360,00)

**PIS = R$ 27,06** (1,65% × R$ 1.640,00)

**COFINS = R$ 124,64** (7,6% × R$ 1.640,00)

**PL = R$ 1.488,30** (R$ 2.000,00 – R$ 360,00 – R$ 27,06 – R$ 124,64)

### 7.19.2.2 Crédito de PIS e COFINS sobre o ICMS

Após a decisão do STF sobre a exclusão do valor do ICMS na base de cálculo das contribuições sociais (PIS e COFINS), é possível que a Receita Federal do Brasil se pronuncie sobre a vedação do crédito de PIS e COFINS calculado sobre o valor do ICMS contido no valor da aquisição de mercadorias para revenda, insumos para área industrial e de serviços, ativos imobilizados e outras aquisições (consulte a respeito do assunto os subitens 7.10.4.1 e 7.10.4.2, deste capítulo).

## TESTES DE FIXAÇÃO

**Observe os dados abaixo para responder às Questões 1 a 4:**

Dados da Companhia PVSN em 31 de março de 20X0:

Vendas Brutas (VB) – R$ 10.000,00; Vendas Canceladas do Exercício Anterior – R$ 200,00; PIS – Dedução da Receita Bruta – R$ 57,00; Descontos Financeiros Concedidos – R$ 200,00; Comissões sobre Vendas – R$ 500,00; COFINS – Dedução da Receita Bruta – R$ 264,00; IPI sobre Faturamento 1.000,00; Devolução de Vendas – R$ 829,00; Conta-Corrente de ICMS – R$ 1.800,00; Fretes sobre Vendas – R$ 400,00; ICMS sobre Vendas – R$ 1.620,00; Compras Líquidas – R$ 5.000,00; Mercadorias em Estoque (EI) – R$ 1.000,00; Descontos Financeiros Obtidos – R$ 500,00; Mercadorias em Estoque (EF) – R$ 1.770,00; Juros Ativos – R$ 500,00; PIS – Despesa Operacional – R$ 6,00; COFINS – Despesa Operacional – R$ 30,00.

1. O valor das Vendas Líquidas (VL) em 30 de janeiro de 20X0 é de:
   a) R$ 7.230,00.
   b) R$ 4.230,00.
   c) R$ 4.050,00.
   d) R$ 5.850,00.
   e) R$ 6.330,00.

**2.** O valor do Faturamento Bruto em 30 de janeiro de 20X0 é de:
a) R$ 10.000,00.
b) R$ 11.000,00.
c) R$ 9.000,00.
d) R$ 8.380,00.
e) R$ 9.380,00.

**3.** O valor do Custo das Mercadorias Vendidas (CMV) em 30 de janeiro de 20X0 é de:
a) R$ 3.000,00.
b) R$ 4.000,00.
c) R$ 4.230,00.
d) R$ 3.230,00.
e) R$ 5.770,00.

**4.** O valor do Resultado Operacional Bruto em 30 de janeiro de 20X0 é de:
a) R$ 230,00.
b) R$ 1.050,00.
c) R$ 5.770,00.
d) R$ 3.000,00.
e) R$ 1.620,00.

**5.** O recebimento em devolução, no próprio exercício da venda, de mercadorias tributadas pelo ICMS e vendidas a prazo deve ser assim registrado na escrituração da empresa comercial que as recebeu de volta e que adota o sistema de inventário periódico e não utiliza a conta **Mercadorias** como conta mista:

a) D – Devolução de Vendas
C – Clientes

b) D – Devolução de Vendas
D – Conta-Corrente – ICMS
C – Clientes

c) D – Devolução de Vendas
C – Clientes
***e***
D – Conta-Corrente – ICMS
C – a ICMS sobre Vendas

d) D – Clientes
C – Devolução de Vendas
C – Conta-Corrente – ICMS

e) D – Devolução de Vendas
C – Clientes
***e***
D – ICMS sobre Vendas
C – Conta-Corrente – ICMS

**6.** D – Devolução de Vendas 2.500,00
C – Duplicatas a Receber 2.000,00
C – Descontos Incondicionais 500,00
D – C/ Corrente de ICMS
C – ICMS sobre Vendas 300,00

D – Mercadorias em Estoque
C – Custo de Mercadorias Vendidas 1.200,00

D – Comissões a Pagar
C – Despesas de Comissões sobre Vendas 160,00

Em virtude de devolução, dentro do próprio exercício social da venda, de mercadoria entregue em desacordo com o pedido do cliente, a Comercial SILPA S.A. efetuou os registros contábeis acima. Em decorrência, é correto afirmar que o Lucro Bruto da empresa foi alterado em:

a) R$ 340,00.
b) R$ 500,00.
c) R$ 660,00.
d) R$ 1.540,00.
e) R$ 1.700,00.

**7.** Na determinação da Receita Líquida de Vendas, são valores redutores da Receita Bruta de Vendas:

a) ICMS, ISS, IPI, Vendas Canceladas do Exercício Anterior.
b) Vendas Canceladas, Descontos Financeiros Concedidos e Abatimentos sobre Vendas.
c) Vendas canceladas de Períodos Anteriores.
d) Comissões sobre Vendas e Fretes sobre Vendas.
e) PIS-Receita Bruta, COFINS-Receita Bruta e ICMS sobre Vendas.

**8.** A Cia. Comercial PASIL, que é contribuinte do ICMS, mas não é do IPI, comprou à vista, para revender, 200 liquidificadores ao preço unitário de R$ 30,00, com incidência de IPI à alíquota de 20% e de ICMS à alíquota de 18%. Para registrar a operação, o Contador deverá fazer o seguinte lançamento:

a) D – Mercadorias 4.920,00
D – C/C ICMS 1.080,00
C – Disponível 6.000,00

b) D – Mercadorias 3.720,00
D – C/C IPI 1.200,00
D – C/C ICMS 1.080,00
C – Disponível 6.000,00

c) D – Mercadorias 6.000,00
D – C/C IPI 1.200,00
C – Disponível 7.200,00

d) D – Mercadorias 7.200,00
D – C/C de ICMS 1.080,00
C – Disponível 8.280,00

e) D – Mercadorias 6.120,00
D – C/C de ICMS 1.080,00
C – Disponível 7.200,00

**9.** Pelo livro de controle do ICMS, um comerciante apurou o valor de R$ 12.000,00 de ICMS devido pelas vendas efetuadas durante o exercício, e de R$ 9.000,00 de ICMS decorrente das compras efetuadas a seus fornecedores durante o mesmo exercício. Na DRE, o contabilista fará constar:

a) R$ 12.000,00 como Dedução da Receita Bruta de Vendas.
b) R$ 1.212.000,00 como Despesa Operacional.
c) R$ 123.000,00 como Dedução da Receita Bruta de Vendas.
d) R$ 123.000,00 como Despesa Operacional.
e) R$ 129.000,00 como CMV e R$ 3.000,00 como Despesa Operacional.

**10.** A Casa Comercial PSVN Ltda. adquiriu do Atacadista CKF S.A., para revenda, mercadorias no valor de R$ 30.000,00 para pagamento em 30 dias. O vendedor entregou as mercadorias e emitiu a NF/Fatura nº 12.345, na qual destacou o ICMS no valor de R$ 5.400,00. A transação ocorreu dentro do mesmo estado e a alíquota do ICMS é de 18%. Não houve despesas de frete e seguro. O comprador, ao receber as mercadorias, efetuou o respectivo lançamento contábil (data e histórico são desnecessários para o presente fim). Identifique o lançamento correto:

a) D – Fornecedores 30.000,00
C – Mercadorias 24.600,00
C – ICMS a Recuperar 5.400,00

b) D – Fornecedores 35.400,00
C – Mercadorias 30.000,00
C – ICMS a Recuperar 5.400,00

c) D – Mercadorias 24.600,00
D – ICMS a Recuperar 5.400,00
C – Fornecedores 30.000,00

d) D – Mercadorias 30.000,00
D – ICMS a Recuperar 5.400,00
C – Fornecedores 35.400,00

e) D – Mercadorias
C – Clientes 30.000,00

**Observe os dados abaixo para responder às Questões 11 a 15:**

| DADOS DE EMPRESA COMERCIAL SDN DE ABRIL DE 20X0 | | |
|---|---|---|
| Nº | Elementos: | Valores (R$) |
| 01 | Receita Bruta de Vendas | 5.775.000,00 |
| 02 | Devolução de Vendas | 525.000,00 |
| 03 | Compras de mercadorias | 3.150.000,00 |
| 04 | Aluguéis do mês a serem pagos a pessoa jurídica | 262.500,00 |
| 05 | Gastos com Arrendamento Mercantil Operacional | 132.500,00 |
| 06 | Depreciação do mês sobre bens utilizados em vendas | 130.000,00 |
| 07 | Receita de Aluguel do mês de abril de 20X0 | 150.000,00 |
| 08 | Saldo do ICMS a Recuperar (crédito) em 31.03.20X0 | 262.500,00 |

**Dados adicionais:**

1) A empresa é contribuinte do IR com base no Lucro Real.
2) Os custos, despesas e encargos são os incorridos no mês de abril de 20X0.
3) As compras, vendas e devoluções (operações realizadas a prazo) estão sujeitas ao ICMS à alíquota de 18% (recuperável).
4) Estoques existentes em:
   - 31.03.20X0 ........ R$ 93.975,00.
   - 30.04.20X0 ........ R$ 52.600,00.

**11.** O valor a recolher ao PIS no mês de abril de 20X0, é de:
a) R$ 95.287,50.
b) R$ 2.475,00.
c) R$ 29.782,50.
d) R$ 67.980,00.
e) R$ 97.762,50.

**12.** O valor a recolher para a COFINS no mês de abril de 20X0 é de:
a) R$ 450.300,00.
b) R$ 131.100,00.
c) R$ 11.400,00.
d) R$ 321.120,00.
e) R$ 438.900,00.

**13.** O saldo da conta-corrente do ICMS no final do mês de abril de 20X0 é de:
a) R$ 378.000,00 (a recolher).
b) R$ 945.000,00 (a recuperar).
c) R$ 1.039.500,00 (a recolher).
d) R$ 115.500,00 (a recolher).
e) R$ 115.500,00 (a recuperar).

**14.** O valor da Receita Operacional Líquida do mês de abril de 20X0 é de:
a) R$ 1.965.625,00.
b) R$ 2.333.000,00.
c) R$ 1.483.375,00.
d) R$ 5.250.000,00.
e) R$ 3.819.375,00.

**15.** O valor do Lucro Bruto do mês de abril de 20X0 corresponde a:
a) R$ 5.250.000,00.
b) R$ 2.333.000,00.
c) R$ 3.819.375,00.
d) R$ 1.965.625,00.
e) R$ 1.486.375,00.

**Observe os dados abaixo para responder às Questões 16 e 17:**

| DADOS HIPOTÉTICOS RELATIVOS AO MÊS DE ABRIL DE 20X0 | | |
|---|---|---|
| Receita Operacional Bruta (VB) | | R$ 5.300.000,00 |
| (–) Devoluções de Vendas | R$ 210.000,00 | |
| (–) Descontos Incondicionais Concedidos | R$ 90.000,00 | R$ (300.000,00) |
| (=) Subtotal | | R$ 5.000.000,00 |
| (+) Receitas Financeiras | | R$ 200.000,00 |
| (=) Subtotal | | R$ 5.200.000,00 |
| **Nota:** Fatos geradores ocorridos após a publicação da Lei nº 11.941, de 2009. | | |

**16.** O valor do PIS cumulativo devido no mês de abril de 20X0 é de:
a) R$ 32.500,00.
b) R$ 33.000,00.
c) R$ 33.800,00.
d) R$ 33.085,00.
e) R$ 34.450,00.

**17.** O valor da COFINS cumulativa devida no mês de abril de 20X0 é de:
a) R$ 156.000,00.
b) R$ 395.200,00.
c) R$ 34.450,00.
d) R$ 150.000,00.
e) R$ 152.700,00.

**18.** Assinale a alternativa **incorreta**:
a) As regras de incidência das contribuições não cumulativas ao PIS e à COFINS previstas nas Leis nº 10.637/2002, nº 10.833/2003 e nº 10.865/2004 alcançam apenas as pessoas jurídicas tributadas com base no Lucro Real.
b) Estão excluídas da sistemática de não cumulatividade das contribuições ao PIS e à COFINS, prevista nas Leis nº 10.637/2002, nº 10.833/2003 e nº 10.865/2004 as instituições financeiras e assemelhadas, securitizadoras de créditos, operadoras de crédito e operadoras de planos de saúde, bem como as pessoas jurídicas imunes a impostos.
c) Não são alcançadas, pela modalidade de incidência não cumulativa do PIS e da COFINS, as receitas de operadoras de planos de assistência à saúde.
d) As alíquotas do PIS e da COFINS não cumulativas a serem aplicadas sobre à base de cálculo das mencionadas contribuições e aos créditos a serem deduzidos do valor devido são de 1,65% para o PIS e 7,6% para a COFINS.

e) O crédito não aproveitado em determinado mês, por exceder ao valor da contribuição devida com base no faturamento, não poderá ser utilizado nos meses seguintes. Nessa hipótese, a empresa deverá dar baixa do valor correspondente como despesa operacional indedutível na base de cálculo do IR.

**19.** As contas que computam os eventos de estoque, compras e vendas tiveram o seguinte comportamento em setembro:

| CONTAS | VALORES (R$) |
|---|---|
| Vendas | 100.000,00 |
| Compras | 60.000,00 |
| ICMS sobre Vendas | 12.000,00 |
| ICMS sobre Compras | 7.200,00 |
| ICMS a Recolher | 4.800,00 |
| Fretes sobre Compras | 5.000,00 |
| Fretes sobre Vendas | 7.000,00 |
| Estoque Inicial | 30.000,00 |
| Estoque Final | 40.000,00 |

Com base nos valores dados no exemplo, o Lucro Bruto alcançou o valor de:

a) R$ 45.200,00.
b) R$ 47.400,00.
c) R$ 52.400,00.
d) R$ 40.200,00.
e) R$ 33.200,00.

**20.** A empresa Comércio Industrial Ltda. comprou 250 latas de tinta a custo unitário de R$ 120,00, tributadas com IPI de 5% e ICMS de 12%, pagando entrada de 20% e aceitando duas duplicatas mensais de igual valor. A tinta adquirida foi contabilizada conforme sua natureza contábil funcional, com a seguinte destinação:

- 50 latas para consumo interno.
- 100 latas para revender.
- 100 latas para usar como matéria-prima.

Para fins de simplificação, considere que na aquisição para consumo interno o ICMS não incidiu sobre o IPI. Após efetuar o competente lançamento contábil, é correto afirmar que, com essa operação, os estoques da empresa sofreram aumento de valor de:

a) R$ 31.500,00.
b) R$ 30.000,00.
c) R$ 28.020,00.
d) R$ 27.900,00.
e) R$ 26.500,00.

**21.** A Cia. Comercial Venta Bem, companhia sediada no estado de São Paulo, contribuinte do ICMS, mas não do IPI, comprou um lote de 200 unidades de ventiladores, pagando o preço unitário de R$ 200,00. Sobre a transação, incidiram o ICMS, à alíquota de 18%, e o IPI, à alíquota de 10%. Posteriormente, revendeu 60% do lote ao preço unitário de R$ 400,00, com

incidência de ICMS à alíquota de 12%, por se tratar de venda interestadual, da COFINS a 3% e do PIS, a 0,65%. O Lucro Bruto auferido pela empresa, considerando-se apenas essas transações, correspondeu a:
a) R$ 21.320,00.
b) R$ 20.808,00.
c) R$ 19.920,00.
d) R$ 18.408,00.
e) R$ 17.428,00.

Utilize as informações relativas à Cia. ABC, no exercício de início de suas atividades, para responder às Questões 22 a 25:

Total das NFs de compras de mercadorias no período – R$ 600.000,00
Total das NFs de vendas de mercadorias no período – R$ 1.000.000,00
EF de mercadorias – R$ 174.600,00

A companhia está sujeita a ICMS, PIS e COFINS na modalidade de incidência não cumulativa, às alíquotas, respectivamente, de 18%, 1,65% e 7,6%.

**22.** A receita líquida de vendas da companhia, no período, correspondeu a:
a) R$ 727.500,00.
b) R$ 744.000,00.
c) R$ 806.500,00.
d) R$ 820.000,00.
e) R$ 900.000,00.

**23.** O custo das mercadorias vendidas pela companhia, no período, montou a:
a) R$ 251.900,00.
b) R$ 261.900,00.
c) R$ 361.950,00.
d) R$ 436.500,00.
e) R$ 465.600,00.

**24.** O valor do PIS devido sobre vendas no período pela companhia, após a compensação com o valor a recuperar das compras, foi equivalente a:
a) R$ 11.550,00.
b) R$ 9.900,00.
c) R$ 8.250,00.
d) R$ 6.600,00.
e) R$ 6.340,00.

**25.** A companhia deve sobre suas vendas à União, após a compensação com o valor a recuperar decorrente da compra, um montante de COFINS de:
a) R$ 29.200,00.
b) R$ 30.400,00.
c) R$ 38.000,00.
d) R$ 45.600,00.
e) R$ 53.200,00.

**Observe os dados abaixo para responder às Questões 26 a 30:**

| ELEMENTOS | | VALORES (R$) |
|---|---|---|
| Receita Operacional Bruta de Vendas | | 200.000,00 |
| Tributos Incidentes sobre a operação: | | |
| • ICMS | R$ 36.000,00 | |
| • COFINS | R$ 15.200,00 | |
| • PIS | R$ 3.300,00 | 54.500,00 |
| Devolução de Vendas | | 20.000,00 |
| Tributos Incidentes sobre a operação: | | |
| • ICMS | R$ 3.600,00 | |
| • COFINS | R$ 1.520,00 | |
| • PIS | R$ 330,00 | 5.450,00 |

**26.** Com base nos dados apresentados, o valor da Receita Operacional Bruta para fins da legislação tributária (arts. 279 do RIR/1999) monta a:

a) R$ 200.000,00.
b) R$ 180.000,00.
c) R$ 145.500,00.
d) R$ 130.950,00.
e) R$ 78.570,00.

**27.** Com base nos dados apresentados, o valor da Receita Operacional Líquida para fins da legislação tributária (arts. 279 do RIR/1999) monta a:

a) R$ 200.000,00.
b) R$ 180.000,00.
c) R$ 145.500,00.
d) R$ 130.950,00.
e) R$ 54.500,00.

**28.** Com base nos dados apresentados, o valor da Receita Operacional Bruta para fins da legislação societária (Interpretação Técnica CPC nº 30) monta a:

a) R$ 200.000,00.
b) R$ 180.000,00.
c) R$ 145.500,00.
d) R$ 130.950,00.
e) R$ 150.000,00.

**29.** Se o custo das mercadorias adquiridas representasse 40% do valor da Receita Operacional Líquida, os valores do CMV e do Lucro Operacional Bruto seriam, respectivamente:

a) R$ 70.950,00 e R$ 60.000,00.
b) R$ 60.000,00 e R$ 70.950,00.
c) R$ 78.570,00 e R$ 52.380,00.
d) R$ 52.380,00 e R$ 52.380,00.
e) R$ 52.380,00 e R$ 78.570,00.

**30.** Supondo que o montante do Ajuste a Valor Presente fosse de R$ 30.950,00, com base nos dados apresentados, o valor da Receita Operacional Líquida e do Lucro Operacional Bruto para fins da legislação tributária (arts. 279 e 280 do RIR/1999 com as alterações promovidas pela Lei nº 12.973, de 2014) montam, respectivamente, a:

a) R$ 145.500,00 e R$ 47.620,00.
b) R$ 145.500,00 e R$ 78.570,00.
c) R$ 130.950,00 e R$ 47.620,00.
d) R$ 130.950,00 e R$ 52.380,00.
e) R$ 100.000,00 e R$ 60.000,00.

**GABARITO**

| | | | | |
|---|---|---|---|---|
| 1. A | 2. B | 3. C | 4. D | 5. C |
| 6. B | 7. E | 8. E | 9. A | 10. C |
| 11. C | 12. B | 13. D | 14. E | 15. E |
| 16. A | 17. D | 18. E | 19. D | 20. C |
| 21. D | 22. A | 23. B | 24. D | 25. B |
| 26. A | 27. D | 28. D | 29. E | 30. E |

# Capítulo 8

# Operações com mercadorias: considerações finais e casos práticos

## 8.1 ▸ VENDAS CANCELADAS DE PERÍODOS ANTERIORES

As **vendas canceladas de períodos anteriores** não devem afetar a apuração do resultado bruto do período atual. As devoluções de vendas correspondentes a períodos anteriores não têm relação com as vendas efetuadas nesse período e, portanto, não devem ser consideradas como redutoras da receita bruta, mas como despesas operacionais (despesas de vendas) correspondentes ao período em que se efetivou a devolução.[1]

**Contabilização**

1. Pela devolução de vendas do período anterior
   D – Perdas com Devolução de Vendas do Período Anterior (*)
   C – Duplicatas a Receber ou Caixa ou Bancos

2. Pelo ICMS da devolução de vendas do período anterior
   D – ICMS a Recuperar ou C/C de ICMS
   C – Perdas com Devolução de Vendas do Período Anterior (*)

3. Pelo PIS (Programa de Integração Social) não cumulativo
   D – PIS a Recuperar (Ativo Circulante)
   C – Perdas com Devolução de Vendas do Período Anterior (*)

4. Pela COFINS não cumulativa
   D – COFINS a Recuperar
   C – Perdas com Devolução de Vendas do Período Anterior (*)

---

1 As Devoluções de Vendas de Períodos Anteriores também não devem ser contabilizadas como Ajustes de Exercícios Anteriores (§ 1º, art. 186, da Lei nº 6.404/1976), pois não se referem a erros imputáveis a exercícios anteriores, tampouco a mudanças de critérios contábeis. Note que a operação representa fato atribuído ao exercício subsequente.

5. Entrada da mercadoria no estoque (Inventário Permanente)
   D – Mercadorias em Estoque
   C – Perdas com Devolução de Vendas do Período Anterior (*)

(*) Despesas de vendas (despesas operacionais). O saldo da referida conta representa o resultado obtido na operação de vendas do exercício anterior, ora anulado pelo seu computo no período em que foi registrada a "Devolução de Vendas de Período Anterior".

## NOTAS

1. Caso a pessoa jurídica adote o inventário periódico, o lançamento "**V**" não deve ser efetuado, pois, ao final do período atual, quando da contagem física do Estoque Final (EF), será considerada a entrada da mercadoria correspondente à mencionada devolução.
2. O crédito das contribuições ao PIS e à COFINS (letras **III** e **IV**) somente deverá ser constituído se a empresa estiver sujeita ao recolhimento das contribuições pela sistemática da não cumulatividade.[2]

## CASO PRÁTICO

1. Em janeiro de 20X1, a empresa adota o inventário permanente. Veja os dados abaixo:

| 1) NOTAS FISCAIS (NF) DE: | VENDAS | DEVOLUÇÃO DE VENDAS |
|---|---|---|
| Valor | 150.000,00 | 15.000,00 |
| (–) Desconto Incondicional | (10.000,00) | (1.000,00) |
| (+) IPI (10%) | 14.000,00 | 1.400,00 |
| (=) Total da NF | 154.000,00 | 15.400,00 |
| ICMS Destacado | 25.200,00 | 2.520,00 |
| 2) Custo das Mercadorias Vendidas (conforme Ficha de Controle de Estoque – PMPM) | 80.000,00 | 8.000,00 |
| 3) A empresa é contribuinte do ICMS e do IPI | | |
| 4) Mercadorias em Estoque | R$ 200.000,00 | |

Note que o Imposto sobre Produtos Industrializados (IPI) incidiu sobre o valor das vendas e das devoluções de vendas, diminuído do montante do desconto incondicional incidente sobre essas operações em função do julgamento pelo Supremo Tribunal Federal (STF) do Recurso Extraordinário (RE) 567.935, em que foi proferida decisão declarando que o valor dos descontos incondicionais não integra a base de cálculo do IPI. O RE 567.935 teve repercussão geral reconhecida, portanto, a decisão proveniente desse julgamento deverá ser aplicada pelas instâncias inferiores, em casos idênticos, para autorizar os contribuintes a excluírem o valor dos descontos incondicionais da base de cálculo do IPI.[3]

**Pede-se, desconsiderando a incidência do PIS e da COFINS:**

**1ª hipótese** – Contabilizar as operações acima, admitindo que a devolução de vendas corresponda à venda efetuada no próprio período de apuração.

[2] Para saber mais sobre o tema, consulte o Capítulo 7.
[3] Para saber mais sobre o tema, consulte o Subitem 5.3, do Capítulo 5.

**2ª hipótese** – Contabilizar as operações acima, admitindo que a devolução de vendas se refere à venda efetuada no período anterior, ou seja, dezembro de 20X0, tratando-se, portanto, de devolução de venda de períodos de apuração anteriores. Faça a representação na Demonstração do Resultado do Exercício (DRE) nas duas hipóteses.

**Contabilização – 1ª hipótese**

| | |
|---|---|
| 1. D – Duplicatas a Receber | 164.000,00 |
| C – Receita Bruta | 150.000,00 |
| C – C/C de IPI ou IPI a Recolher | 14.000,00 |
| 2. Pelo desconto incondicional concedido | |
| D – Descontos Incondicionais Concedidos | |
| C – Duplicatas a Receber | 10.000,00 |
| 3. Pelo ICMS incidente sobre vendas | |
| D – ICMS sobre Vendas (Despesa ICMS) | |
| C – C/C de ICMS ou ICMS a Recolher | 25.200,00 |
| 4. Pelo Custo das Mercadorias Vendidas (CMV) | |
| D – CMV | |
| C – Mercadorias em Estoque | 80.000,00 |
| 5. Pela devolução de vendas | |
| D – Devolução de Vendas | 15.000,00 |
| D – C/C de IPI (ou IPI a Recuperar) | 1.400,00 |
| C – Duplicatas a Receber | 16.400,00 |
| 6. Pelo desconto incondicional | |
| D – Duplicatas a Receber | |
| C – Descontos Incondicionais Concedidos | 1.000,00 |
| 7. Pelo ICMS sobre a devolução | |
| D – C/C de ICMS ou ICMS a Recuperar | |
| C – ICMS sobre Vendas | 2.520,00 |
| 8. Pelo custo das mercadorias devolvidas | |
| D – Mercadorias em Estoque | |
| C – CMV | 8.000,00 |
| 9. Transferência da Receita Bruta para Receita Líquida | |
| D – Receita Bruta (VB) | |
| C – Receita Líquida (VL) | 150.000,00 |
| 10. Transferência dos Fatos que alteram vendas para Receita Líquida | |
| D – Receita Líquida (VL) | 46.680,00 |
| C – Descontos Incondicionais Concedidos | 9.000,00 |
| C – ICMS sobre Vendas | 22.680,00 |
| C – Devolução de Vendas | 15.000,00 |

11. Transferência da Receita Líquida para LB
    D – Receita Líquida (VL)
    C – LB 103.320,00

12. Transferência do CMV para LB
    D – LB
    C – CMV 72.000,00

| DEMONSTRAÇÃO DO RESULTADO DO EXERCÍCIO 31.01.20X1 | | |
|---|---|---|
| Receita Operacional Bruta (VB) | | 150.000,00 |
| (–) Deduções da Receita Bruta | | |
| Devoluções de Vendas | 15.000,00 | |
| Descontos Incondicionais Concedidos | 9.000,00 | |
| ICMS sobre Vendas | 22.680,00 | (46.680,00) |
| (=) Receita Operacional Líquida | | 103.320,00 |
| (–) Custo das Mercadorias Vendidas | | (72.000,00) |
| (=) Lucro Bruto Operacional (LB) | | 31.320,00 |

- **Razonetes**

**Mercadorias em Estoque**

| Débito | Crédito |
|---|---|
| **(s) 200.000,00** | 80.000,00 (4) |
| (8) 8.000,00 | |
| **(s) 208.000,00** | **80.000,00 (s)** |
| **(s) 128.000,00** | |

**Duplicatas a Receber**

| Débito | Crédito |
|---|---|
| (1) 164.500,00 | 10.000,00 (s) |
| (6) 1.000,00 | 16.450,00 (5) |
| **(s) 165.500,00** | **26.450,00 (s)** |
| **(s) 139.050,00** | |

**C/C de ICMS**

| Débito | Crédito |
|---|---|
| (7) 2.520,00 | 25.200,00 (2) |
| | **22.680,00 (s)** |

**C/C de IPI**

| Débito | Crédito |
|---|---|
| (5) 1.400,00 | 14.000,00 (1) |
| | **12.600,00 (s)** |

**Receita Bruta (RB)**

| Débito | Crédito |
|---|---|
| (9) 150.000,00 | 150.000,00 (1) |

**Desc. Inc. Concedidos**

| Débito | Crédito |
|---|---|
| (2) 10.000,00 | 1.000,00 (6) |
| (s) 9.000,00 | 9.000,00 (10) |

**ICMS sobre Vendas**

| Débito | Crédito |
|---|---|
| (3) 25.200,00 | 2.520,00 (7) |
| **(s) 22.680,00** | 22.680,00 (10) |

**Devolução de Vendas**

| Débito | Crédito |
|---|---|
| (5) 15.000,00 | 15.000,00 (10) |

**Receita Líquida (RL)**

| Débito | Crédito |
|---|---|
| (10) 46.680,00 | 150.000,00 (9) |
| (11) 103.320,00 | **103.320,00 (s)** |

**CMV**

| Débito | Crédito |
|---|---|
| (4) 80.000,00 | 8.000,00 (8) |
| **(s) 72.000,00** | 72.000,00 (12) |

**Lucro Bruto (LB)**

| Débito | Crédito |
|---|---|
| (12) 72.000,00 | 103.320,00 (11) |
| | **31.320,00 (s)** |

(s) = Saldo.

**Contabilização – 2ª hipótese**

1. Pela venda a prazo

| | |
|---|---|
| D – Duplicatas a Receber | 164.000,00 |
| C – Receita Bruta | 150.000,00 |
| C – C/C de IPI ou IPI a Recolher | 14.000,00 |

2. Pelo desconto incondicional concedido

| | |
|---|---|
| D – Descontos Incondicionais Concedidos | |
| C – Duplicatas a Receber | 10.000,00 |

3. Pelo ICMS incidente sobre vendas

| | |
|---|---|
| D – ICMS sobre Vendas (Despesas de ICMS) | |
| C – C/C de ICMS ou ICMS a Recolher | 25.200,00 |

4. Pelo CMV

| | |
|---|---|
| D – CMV | |
| C – Mercadorias em Estoque | 80.000,00 |

5. Pela devolução de vendas de períodos anteriores

| | |
|---|---|
| D – Perdas com Devolução de Vendas do Período Anterior | 15.000,00 |
| D – C/C de IPI ou IPI a Recuperar | 1.400,00 |
| C – Duplicatas a Receber | 16.400,00 |

6. Pelo desconto incondicional de períodos anteriores

| | |
|---|---|
| D – Duplicatas a Receber | |
| C – Perdas com Devolução de Vendas do Período Anterior | 1.000,00 |

7. Pelo ICMS sobre a devolução de períodos anteriores

| | |
|---|---|
| D – C/C de ICMS ou ICMS a Recuperar | |
| C – Perdas com Devolução de Vendas do Período Anterior | 2.520,00 |

8. Pelo custo das mercadorias devolvidas de períodos anteriores

| | |
|---|---|
| D – Mercadorias em Estoque | |
| C – Perdas com Devolução de Vendas do Período Anterior | 8.000,00 |

9. Transferência da Receita Bruta para Receita Líquida

| | |
|---|---|
| D – Receita Bruta (VB) | |
| C – Receita Líquida (VL) | 150.000,00 |

10. Transferência dos fatos que alteram vendas para Receita Líquida

| | |
|---|---|
| D – Receita Líquida (VL) | 35.200,00 |
| C – Descontos Incondicionais Concedidos | 10.000,00 |
| C – ICMS sobre Vendas | 25.200,00 |

11. Transferência da Receita Líquida para LB
    D – Receita Líquida (VL)
    C – LB 114.800,00

12. Transferência do CMV para LB
    D – LB
    C – CMV 80.000,00

| DEMONSTRAÇÃO DO RESULTADO DO EXERCÍCIO 31.01.20X1 | | |
|---|---|---|
| Receita Operacional Bruta (VB) | | 150.000,00 |
| (–) Deduções da Receita Bruta | | |
| Devoluções de Vendas | –o– | |
| Descontos Incondicionais Concedidos | 10.000,00 | |
| ICMS sobre Vendas | 25.200,00 | (35.200,00) |
| (=) Receita Operacional Líquida (VL) | | (114.800,00) |
| (–) Custo das Mercadorias Vendidas | | (80.000,00) |
| (=) Lucro Bruto Operacional (LB) | | 34.800,00 |
| (–) Despesas Operacionais: | | |
| Despesas de Vendas | | |
| Perdas com Devolução de Vendas do Período Anterior | | **3.480,00** |

**ATENÇÃO**

1. Note que o resultado final das operações citadas nas duas hipóteses é exatamente igual, ou seja, R$ 31.320,00 (R$ 34.800,00 – R$ 3.480,00).
2. A diferença no valor do CMV de R$ 8.000,00 (R$ 80.000,00 – R$ 72.000,00) foi computada na conta Perdas com Devoluções de Vendas do Período Anterior (Despesas de Vendas).
3. Feitas essas observações, a Receita Líquida dos dois exemplos anteriores poderia ser comparada da seguinte forma:

**2ª hipótese:**

| | |
|---|---|
| Receita Operacional Líquida (VL) | 114.800,00 |
| (–) Perdas com Devoluções de Vendas do Período Anterior | (3.480,00) |
| (=) Subtotal | 111.320,00 |
| (–) CMV nas Devoluções de Vendas | (8.000,00) |
| (=) Receita Líquida da 1ª hipótese | (*) **103.320,00** |

(*) Valor idêntico a Receita Operacional Líquida (VL) da primeira hipótese: **R$ 103.320,00**.

- **Razonetes**

**Mercadorias em Estoque**

| Débito | Crédito |
|---|---|
| (s) 200.000,00 | 80.000,00 (4) |
| (8) 8.000,00 | |
| **(s) 208.000,00** | **80.000,00 (s)** |
| **(s) 128.000,00** | |

**Duplicatas a Receber**

| Débito | Crédito |
|---|---|
| (1) 164.000,00 | 10.000,00 (2) |
| (6) 1.000,00 | 16.400,00 (5) |
| **(s) 165.000,00** | **26.400,00 (s)** |
| **(s) 138.600,00** | |

**C/C de ICMS**

| Débito | Crédito |
|---|---|
| (7) 2.520,00 | 25.200,00 (3) |
| | **22.680,00 (s)** |

**C/C de IPI**

| | |
|---|---|
| (5) 1.500,00 | 15.000,00 (1) |
| | **13.500,00 (s)** |

**Receita Bruta (VB)**

| | |
|---|---|
| (9) 150.000,00 | 150.000,00 (1) |

**Desc. Inc. Concedidos**

| | |
|---|---|
| (2) 10.000,00 | 10.000,00 (10) |

**ICMS sobre Vendas**

| | |
|---|---|
| (3) 25.200,00 | **25.200,00 (s)** |

**Receita Líquida (VL)**

| | |
|---|---|
| (10) 35.200,00 | 150.000,00 (9) |
| (11) 114.800,00 | **114.800,00 (s)** |

**CMV**

| | |
|---|---|
| (4) 80.000,00 | 80.000,00 (12) |

**Lucro Bruto (LB)**

| | |
|---|---|
| (12) 80.000,00 | 114.800,00 (11) |
| | **34.800,00 (s)** |

**Perdas com Devolução de Vendas – Período Anterior**

| | |
|---|---|
| (5) 15.000,00 | 1.000,00 (6) |
| | 2.520,00 (7) |
| | 8.000,00 (8) |
| **(s) 15.000,00** | **11.520,00 (s)** |
| **(s) 3.480,00** | |

**(s) = Saldo**

2. Contabilize as operações abaixo na sistemática do Inventário Permanente

| NF A PRAZO | | |
|---|---|---|
| **Elementos** | **Vendas** | **Devolução de Vendas** |
| Valor Bruto<br>(–) Desconto Incondicional<br>(=) Valor total da NF<br>ICMS Destacado (18%) | 330.000,00<br>– 30.000,00<br>300.000,00<br>54.000,00 | 33.000,00<br>– 3.000,00<br>30.000,00<br>5.400,00 |
| Custo das Mercadorias Vendidas (CMV) | 120.000,00 | 12.000,00 |
| COFINS a Recolher/Recuperar | 22.800,00 | 2.280,00 |
| PIS a Recolher/Recuperar | 4.950,00 | 495,00 |

**NOTA**

1. As contribuições para o PIS e a COFINS foram calculadas pela sistemática da não cumulatividade, mediante a aplicação das alíquotas de 7,6% e 1,65%, respectivamente, sobre o valor total das NFs de Vendas e de Devolução de Vendas.
2. Os valores relativos ao CMV foram obtidos na Ficha de Controle de Estoques – método do Preço Médio Ponderado Móvel (PMPM).

**Pede-se:**

**1ª hipótese** – contabilizar as operações acima na suposição de que as operações de vendas e devolução de vendas ocorreram no mesmo exercício social.

**2ª hipótese** – contabilizar as operações acima na suposição de que a devolução de vendas refere-se à operação de venda realizada no exercício social anterior.

**Contabilização – 1ª hipótese**

**NF de venda a prazo**

1. Pela venda a prazo
   D – Duplicatas a Receber 300.000,00
   D – Descontos Incondicionais Concedidos (Resultado) 30.000,00
   C – Receita Bruta (Vendas Brutas) 330.000,00

2. D – ICMS sobre Vendas (Resultado)
   C – ICMS a Recolher (C/C de ICMS) 54.000,00

3. D – COFINS – Dedução da Receita Bruta (Resultado)
   C – COFINS a Recolher 22.800,00

4. Pelo PIS incidente sobre vendas
   D – PIS – Dedução da Receita Bruta (Resultado)
   C – PIS a Recolher 4.950,00

5. Pelo CMV
   D – CMV
   C – Mercadorias em Estoque 120.000,00

**NF de devolução de vendas**

6. Pela devolução de vendas
   D – Devolução de Vendas (Resultado) 33.000,00
   C – Duplicatas a Receber 30.000,00
   C – Descontos Incondicionais Concedidos 3.000,00

7. Pelo ICMS sobre a devolução de vendas
   D – ICMS a Recuperar (C/C de ICMS)
   C – ICMS sobre Vendas 5.400,00

8. Pela COFINS sobre a devolução de vendas
   D – COFINS a Recuperar
   C – COFINS – Dedução da Receita 2.280,00

9. Pelo PIS sobre a devolução de vendas
   D – PIS a Recuperar
   C – PIS – Dedução da Receita Bruta 495,00

10. Pelo valor do CMV sobre a devolução de vendas
    D – Mercadorias em Estoque
    C – CMV 12.000,00

| DEMONSTRAÇÃO DO RESULTADO DO EXERCÍCIO (DRE) | | |
|---|---|---|
| **Elementos** | | **Valores (R$)** |
| Receita Operacional Bruta (Vendas Brutas) | | 330.000,00 |
| (–) Deduções da Receita Bruta: | | |
| Devolução de Vendas | R$ 33.000,00 | |
| Desc. Incondicionais Concedidos (R$ 30.000,00 – R$ 3.000,00) | R$ 27.000,00 | |
| ICMS sobre Vendas (R$ 54.000,00 – R$ 5.400,00) | R$ 48.600,00 | |
| COFINS e PIS (R$: 22.800,00 – 2.280,00 + 4.950,00 – 495,00) | R$ 24.975,00 | –133.575,00 |
| (=) Receita Operacional Líquida (Vendas Líquidas) | | **196.425,00** |
| (–) Custo das Mercadorias Vendidas (R$ 120.000,00 – R$ 12.000,00) | | –108.000,00 |
| (=) Lucro Operacional Bruto (Lucro Bruto) | | **88.425,00** |

**Note** que o valor da Receita Operacional Líquida (Vendas Líquidas) correspondente exatamente ao valor líquido da Nota Fiscal de Vendas **deduzido** do valor líquido da Nota Fiscal de Devolução de Vendas e do valor líquido do ICMS sobre Vendas.

**Observe o cálculo a seguir:**

| | | |
|---|---|---|
| Valor Bruto (R$ 330.000,00 – R$ 33.000,00) | R$ | 297.000,00 |
| (–) Descontos Incondicionais (R$ 30.000,00 – R$ 3.000,00) | R$ | 27.000,00 |
| (=) Valor Total da NF (R$ 300.000,00 – R$ 30.000,00) | R$ | 270.000,00 |
| (–) ICMS Destacado (R$ 54.000,00 – R$ 5.400,00) | R$ | – 48.600,00 |
| (–) COFINS e PIS sobre a Receita Bruta (veja cálculo acima) | R$ | – 24.975,00 |
| (=) Receita Operacional Líquida (270.000,00 – 48.600,00 – 24.975,00) | **R$** | **196.425,00** |

O valor do ICMS de **R$ 48.600,00** corresponde a 18% sobre R$ 270.000,00

**NOTA**

Na exemplificação anterior, adotamos a sistemática do Inventário Permanente, ou seja, a empresa possui o controle de estoque e, a cada operação de compra e venda, registra o valor do CMV correspondente às operações de vendas e de devolução de vendas. Caso a empresa utilizasse o Inventário Periódico somente ao final do exercício social (quando do levantamento físico para determinação do valor do EF), seria possível contabilizar o valor do CMV. Nesta hipótese, na apuração do valor do EF, a empresa já teria considerado a entrada dos bens recebidos, provocada pela operação de devolução de vendas.

Assim, a apuração do **CMV** seria realizada somente ao final do exercício social mediante a utilização da fórmula:

**CMV** = Estoque Inicial (EI) + Compras Líquidas (CL) – Estoque Final (EF)

### Contabilização – 2ª hipótese

### NF de venda a prazo

1. Pela Venda a Prazo

| | |
|---|---|
| D – Duplicatas a Receber | 300.000,00 |
| D – Descontos Incondicionais Concedidos | 30.000,00 |
| C – Receita Bruta (Vendas Brutas) | 330.000,00 |

2. Pelo ICMS incidente sobre vendas
   D – ICMS sobre Vendas
   C – ICMS a Recolher (C/C de ICMS) 54.000,00

3. Pela COFINS incidente sobre vendas
   D – COFINS – Dedução da Receita Bruta
   C – COFINS a Recolher 22.800,00

4. Pelo PIS incidente sobre vendas
   D – PIS – Dedução da Receita Bruta
   C – PIS a Recolher 4.950,00

5. Pelo CMV incidente sobre vendas
   D – CMV
   C – Mercadorias em Estoque 120.000,00

**NF de devolução de vendas (relativa a venda de período anterior):**

6. Pela devolução de vendas de período anterior
   D – Devolução de Vendas de Período Anterior (*) 33.000,00
   C – Duplicatas a Receber 30.000,00
   C – Devolução de Vendas de Período Anterior 3.000,00
   (Descontos Incondicionais Concedidos)

7. Pelo ICMS sobre a devolução de vendas
   D – ICMS a Recuperar (C/C de ICMS)
   C – Devolução de Vendas de Período Anterior (*) 5.400,00

8. Pela COFINS incidente sobre devolução de vendas
   D – COFINS a Recuperar
   C – Devolução de Vendas de Período Anterior (*) 2.280,00

9. Pelo PIS incidente sobre devolução de vendas
   D – PIS a Recuperar
   C – Devolução de Vendas de Período Anterior (*) 495,00

10. Pelo valor do CMV sobre a devolução de vendas
   D – Mercadorias em Estoque
   C – Devolução de Vendas de Período Anterior (*) 12.000,00

(*) Despesa de vendas (despesa operacional relativa à devolução de vendas de período anterior). O referido valor seria: R$ 9.825,00 (R$ 33.000,00 – R$ 3.000,00 – R$ 5.400,00 – R$ 2.280,00 – R$ 495,00 – R$ 12.000,00).

Nessa hipótese, a **DRE** seria representada da seguinte forma:

| DEMONSTRAÇÃO DO RESULTADO DO EXERCÍCIO (DRE) | | |
|---|---|---|
| **Elementos** | | **Valores (R$)** |
| Receita Operacional Bruta (Vendas Brutas) | | 330.000,00 |
| (–) Deduções da Receita Bruta: | | |
| Devolução de Vendas | R$ 0,00 | |
| Desc. Incondicionais Concedidos | R$ 30.000,00 | |
| ICMS sobre Vendas | R$ 54.000,00 | |
| COFINS e PIS (R$: 22.800,00 + 4.950,00) | R$ 27.750,00 | – 111.750,00 |
| (=) Receita Operacional Líquida (Vendas Líquidas) | | **218.250,00** |
| (–) Custo das Mercadorias Vendidas (CMV) | | – 120.000,00 |
| (=) Lucro Operacional Bruto (Lucro Bruto) | | **98.250,00** |
| (–) Despesas Operacionais (Devolução de Vendas de Período Anterior) | | – 9.825,00 |
| (=) Resultado | | **88.425,00** |

**Note** que o resultado final foi idêntico ao anterior, ou seja, **R$ 88.425,00**, porém, nesta 2ª hipótese, a operação de **Devolução de Vendas de Período Anterior:**

a) **não afetou** os valores da **Receita Operacional Líquida** (Vendas Líquidas) e do **Lucro Operacional Bruto** (Lucro Bruto), como fez na 1ª hipótese;

b) **alterou** o Resultado do Exercício por representar uma Despesa Operacional (Despesa de Vendas).

## 8.2 ▸ FRETES NAS DEVOLUÇÕES DE COMPRAS E VENDAS

### 8.2.1 Devolução de vendas

Na **devolução de vendas**, o valor do frete correspondente poderá ser assumido tanto pela empresa vendedora (que está recebendo a devolução) como pela empresa compradora (que está efetuando a devolução). O mais comum é que o ônus do frete seja suportado pela empresa vendedora.

Qualquer que seja o caso, o frete correspondente à devolução de vendas é tratado, na empresa que assumiu o ônus, como despesas operacionais (despesas de vendas) do período em que ocorreu, independentemente da data em que as vendas aconteceram.

**Contabilização**

D – Despesas de Fretes (Despesas com Vendas)

C – Caixa ou Bancos ou Fretes a Pagar

### 8.2.2 Devolução de compras

#### 8.2.2.1 Frete correspondente à devolução

Caso a empresa compradora assuma o ônus, ela deverá efetuar o lançamento mencionado no Subitem 8.2.1. Além disso, ela também deve efetuar o procedimento a ser tratado no Subitem 8.2.2.2.

#### 8.2.2.2 Frete correspondente à compra original

Neste subitem, assumiremos que a empresa que está devolvendo sua compra arcou com o ônus do valor do frete na aquisição original da mercadoria.

O valor desse frete está embutido no total de suas compras. Ao devolvê-la, a empresa deve dar baixa não apenas no valor da mercadoria no estoque, mas também deve reconhecer como despesa operacional o respectivo frete pago na aquisição original, visto que esse valor não será ressarcido (restituído) pelo seu fornecedor, tampouco o será pela transportadora que efetuou o serviço.

No caso de inventário periódico, o procedimento é idêntico, creditando-se, porém, a conta Fretes sobre Compras ou diretamente Compras.

## CASO PRÁTICO

Em um caso de devolução total, a Cia. Beta adquiriu, à vista, 40 unidades de uma mercadoria no valor de R$ 10.000,00 (ICMS em destaque: R$ 1.800,00), tendo pago a uma transportadora o frete no valor de R$ 164,00.

1. Contabilização da compra (inventário permanente)

| | |
|---|---|
| D – Mercadorias em Estoque | 8.200,00 |
| D – ICMS a Recuperar (C/C de ICMS) | 1.800,00 |
| C – Disponível | 10.000,00 |

Compra de mercadorias para revenda,
conforme NF nº 228, de KF Mercadorias Ltda.

2. Contabilização do frete sobre a compra

| | |
|---|---|
| D – Mercadorias em Estoque | |
| C – Disponível | 164,00 |

Frete incidente sobre a compra da KF Mercadorias,
conforme NF de serviços nº 430, para Transportadora Silva S/C Ltda.

Ao receber a mercadoria, contatou-se que o lote inteiro do produto estava defeituoso e a respectiva devolução foi efetuada. O novo frete relativo à remessa para a entrega da mercadoria devolvida importará em R$ 170,00. Observe os lançamentos contábeis, a seguir:

3. Devolução da mercadoria

| | |
|---|---|
| D – Fornecedores ou Disponível | 10.000,00 |
| C – Mercadorias em Estoque | 8.200,00 |
| C – ICMS a Recolher (C/C de ICMS) | 1.800,00 |

Devolução de mercadorias adquiridas para a revenda,
conforme NF de devolução nº 23.230.

4. Baixa do frete incorporado ao estoque pela devolução de compras

| | |
|---|---|
| D – Perdas com Fretes (Despesa Operacional) | |
| C – Mercadorias em Estoque | 164,00 |

Baixa do frete incidente sobre a compra por devolução
da mercadoria efetuada conforme NF de devolução nº 23.230.

5. Pelo frete incidente sobre o transporte da mercadoria devolvida ao fornecedor

| | |
|---|---|
| D – Despesas de Fretes (Despesa Operacional) | |
| C – Disponível ou Fretes a Pagar | 170,00 |

## NOTA

Caso o fornecedor KF Mercadorias Ltda. assuma o frete correspondente ao transporte da mercadoria devolvida, o quinto lançamento (Item **V**) deixaria de ser efetuado.

Em um caso de devolução de compras, em que o frete é ressarcido pelo fornecedor, o quarto lançamento (Item IV) será efetuado da seguinte forma:

6. D – Disponível ou Contas a Receber
   C – Mercadorias em Estoque 164,00
   Baixa do frete incidente sobre a compra, por devolução efetuada conforme NF de devolução nº 23.230, valor ressarcido pelo fornecedor KF Mercadorias Ltda.

   Note que, nessa hipótese, não houve perdas a serem computadas na Apuração do Resultado do Exercício (ARE), pois o frete baixado do estoque, correspondente à devolução de compras, foi integralmente ressarcido (pago) pelo fornecedor KF Mercadorias Ltda.

Em um caso de devolução parcial de quatro unidades, ou seja, 10% do lote adquirido, os lançamentos contábeis serão:

7. Pela baixa parcial do Frete
   D – Perdas com Fretes (ARE)
   C – Mercadorias em Estoque (10% sobre R$ 164,00) 16,40

8. Pela baixa parcial da mercadoria
   D – Fornecedores 1.000,00
   C – Mercadorias em Estoque 820,00
   C – ICMS a Recolher (C/C de ICMS) 180,00

Note que sobre o custo das 36 unidades restantes (40 da compra menos 4 da devolução) permanece o valor do frete remanescente, ou seja, R$ 147,60 (R$ 164,00 menos R$ 16,40).

## 8.3 ▸ LANÇAMENTOS DOS FATOS QUE ALTERAM COMPRAS E VENDAS

**Quadro 8.1** Ficha de controle de estoque: inventário permanente

| FICHA DE CONTROLE DE ESTOQUE – INVENTÁRIO PERMANENTE | |
|---|---|
| Entradas | Saídas |
| **DEVEM SER REGISTRADAS:**<br>a) **POSITIVAMENTE**<br>• compras de mercadorias<br>• fretes e seguros sobre compras<br>• embalagens<br><br>b) **NEGATIVAMENTE** (entre parênteses)<br>• devoluções de compras<br>• abatimentos sobre compras e/ou descontos incondicionais obtidos<br>• perdas com fretes sobre compras proporcionais à devolução de vendas | **DEVEM SER REGISTRADAS:**<br>a) **POSITIVAMENTE**<br>• custo das mercadorias vendidas pelo preço de custo, segundo o método adotado (PEPS ou PMP)<br><br>b) **NEGATIVAMENTE** (entre parênteses)<br>• devoluções de vendas (pelo preço de custo, segundo o método adotado) |

**ATENÇÃO**

1. Não devem ser registradas na ficha de controle de estoque:
   - Descontos Incondicionais Concedidos e/ou Abatimentos sobre Vendas
   - Impostos Incidentes sobre Vendas

   **Motivo:** alteram o preço da venda e não o CMV.

2. Consequências

   Utilizando-se os procedimentos acima apontados, o somatório da coluna de entradas na Ficha de controle de estoque corresponderá ao valor de Compras Líquidas (CL), enquanto o da coluna de saídas representará o valor do CMV.

## EXERCÍCIO DE FIXAÇÃO

1. **Inventário permanente da Empresa SILPA Ltda.**

Dados para escrituração da Ficha de Controle de Estoques de Mercadorias (considerar compras e vendas a prazo)

**Saldo inicial**

10 unidades ao preço unitário, líquido de ICMS ........................................ R$ 120,00

1. Compra de 30 unidades ao preço total de ........................................ R$ 5.250,00
   ICMS Destacado na NF de compra ........................................ R$ 1.050,00

2. Venda de 20 unidades por ........................................ R$ 5.400,00
   ICMS Destacado na NF de venda ........................................ R$ 1.080,00

3. Recebidas, em devolução, 5 unidades da venda de nº 2, relativas à compra de nº 1.

4. Devolvidas ao fabricante as 5 unidades acima, correspondentes à compra de nº 1.

5. Compra de 20 unidades ao preço total de ........................................ 3.656,25
   ICMS Destacado na NF de compra ........................................ 731,25

6. Frete Municipal correspondente a essa compra creditada à transportadora ........................................ 400,00

7. Venda de 22 unidades por ........................................ 5.500,00
   ICMS Destacado na NF de venda ........................................ 1.100,00

8. Abatimento concedido sobre a venda nº 7 ........................................ 300,00

9. Compra de 12 unidades ao preço total de ........................................ 3.000,00
   ICMS Destacado na NF de compra ........................................ 600,00

10. Abatimento concedido sobre a compra acima ............................................ 300,00

11. Venda de 10 unidades por ........................................................................ 5.000,00
    ICMS Destacado na NF de venda ............................................................ 1.000,00

**Pede-se:**

a) Ficha de Controle de Estoques, nos processos PEPS e PMPM.
b) Contabilização nos processos PEPS e PMPM, inclusive da apuração do Resultado com a Conta de Mercadorias (RCM).

**⚠ ATENÇÃO**

A Alíquota de ICMS (hipotética) utilizada nas operações de compras, vendas e devoluções foi de 20%.

| INVENTÁRIO PERMANENTE PROCESSO PEPS (PRIMEIRO A ENTRAR/PRIMEIRO A SAIR) | |
|---|---|
| **Cálculos** | **Contabilização** |
| 1) **NF DE COMPRA:**<br>Valor: ........ R\$ 5.250,00<br>ICMS: ........ R\$ 1.050,00<br>Mercadoria em Estoque ........ R\$ 4.200,00<br>Quantidade: ........ 30 unidades | D – Mercadorias em Estoque 4.200,00<br>D – C/C de ICMS 1.050,00<br>C – Fornecedores 5.250,00 |
| 2) **NF DE VENDA:**<br>Valor: ........ R\$ 5.400,00<br>ICMS: ........ R\$ 1.080,00<br>CMV: ........ R\$ 2.600,00(*)<br>Quantidade: ........ 20 unidades<br><br>(*) Ver ficha de estoque a seguir | D – Duplicatas a Receber<br>C – Receita de Vendas 5.400,00<br><br>2.1) D – ICMS sobre Vendas<br>C – C/C de ICMS 1.080,00<br><br>2.2) D – CMV<br>C – Mercadorias em Estoque 2.600,00 |
| 3) **NF DE DEVOLUÇÃO DE VENDAS:**<br>Valor: ........ R\$ 1.350,00<br>ICMS: ........ R\$ 270,00<br>CMV: ........ R\$ 700,00(*)<br>Quantidade: ........ 5 unidades<br><br>(*) Ver ficha de estoque a seguir | D – Devolução de Vendas<br>C – Duplicatas a Receber 1.350,00<br><br>3.1) D – C/C de ICMS<br>C – ICMS sobre Vendas 270,00<br><br>3.2) D – Mercadorias em Estoque<br>C – CMV 700,00 |
| 4) **NF DE DEVOLUÇÃO DE COMPRAS:**<br>Valor: ........ R\$ 875,00<br>(–) ICMS: ........ R\$ 175,00<br>Mercadoria: ........ R\$ 700,00<br>Quantidade: ........ 5 unidades | D – Fornecedores 875,00<br>C – Mercadorias em Estoque 700,00<br>C – C/C de ICMS 175,00 |

(*continua*)

(*continuação*)

| INVENTÁRIO PERMANENTE PROCESSO PEPS (PRIMEIRO A ENTRAR/PRIMEIRO A SAIR) | | |
|---|---|---|
| **Cálculos** | **Contabilização** | |
| 5) **NF DE COMPRA:**<br>Valor: ........ R$ 3.656,25<br>(–) ICMS: ........ R$ 731,25<br>Subtotal: ........ R$ 2.925,00 | D – Mercadorias em Estoque<br>D – C/C de ICMS<br>C – Fornecedores | 2.925,00<br>731,25<br>3.656,25 |
| 6) **Frete:** ........ R$ 400,00<br>Mercadoria: ........ R$ 3.325,00<br>Quantidade: ........ 20 unidades | D – Mercadorias em Estoque<br>(Fr. s/ Compras)<br>C – Fornecedores | 400,00 |
| 7) **NF DE VENDA:**<br>Valor: ........ R$ 5.500,00<br>ICMS: ........ R$ 1.100,00<br>CMV: ........ R$ 3.132,50 (*)<br>Quantidade: ........ 22 unidades<br><br>(*) Ver Ficha de Estoque | D – Duplicatas a Receber<br>C – Receita de Vendas | 5.500,00 |
| | 7.1) D – ICMS sobre Vendas<br>C – C/C de ICMS | 1.100,00 |
| | 7.2) D – CMV<br>C – Mercadorias em Estoque | 3.132,50 |
| 8) **Abatimento concedido sobre a venda acima:** ........ R$ 300,00 | D – Abatimentos sobre Vendas<br>C – Duplicatas a Receber | 300,00 |
| 9) **NF DE COMPRA:**<br>Valor: ........ R$ 3.000,00<br>(–) ICMS: ........ R$ 600,00<br>Mercadoria: ........ R$ 2.400,00<br>Quantidade: ........ 12 unidades | D – Mercadorias em Estoque<br>D – C/C de ICMS<br>C – Fornecedores | 2.400,00<br>600,00<br>3.000,00 |
| 10) **Abatimento:** ........ R$ 300,00<br>Quantidade: ........ 12 unidades | D – Fornecedores<br>C – Mercadorias em Estoque(*)<br>[(*) – Valor dos Abatimentos sobre Compras)] | 300,00 |
| 11) **NF DE VENDA:**<br>Valor: ........ R$ 5.000,00<br>ICMS: ........ R$ 1.000,00<br>CMV: ........ R$ 1.662,50 (*)<br>Quantidade: ........ 10 unidades<br><br>(*) Ver Ficha de Estoque | D – Duplicatas a Receber<br>C – Receita de Vendas | 5.000,00 |
| | 11.1) D – ICMS sobre Vendas<br>C – C/C de ICMS | 1.000,00 |
| | 11.2) D – CMV<br>C – Mercadorias em Estoque | 1.662,50 |
| 12) **Transferência de Receita de Vendas para a Receita Líquida (VL)** | D – Receita de Vendas<br>C – Receita Líquida (VL) | 15.900,00 |
| 13) **Transferência dos Fatos que Alteram Vendas para a Receita Líquida (VL)** | D – Receita Líquida (VL)<br>C – ICMS sobre Vendas<br>C – Devolução de Vendas<br>C – Abatimentos sobre Vendas | 4.560,00<br>2.910,00<br>1.350,00<br>300,00 |
| 14) **Transferência da Receita Líquida para o Lucro Bruto (LB)** | D – Receita Líquida (VL)<br>C – Lucro Bruto (LB) | 11.340,00 |
| 15) **Transferência do CMV para o Lucro Bruto (LB)** | D – LB<br>C – CMV | 6.695,00 |

| EMPRESA SILPA LTDA. – FICHA DE CONTROLE DE ESTOQUE (FCE) | | | | | | | | | |
|---|---|---|---|---|---|---|---|---|---|
| INVENTÁRIO: PERMANENTE<br>MERCADORIA: A | | | | | MÉTODO: PEPS<br>CÓDIGO: 11.23.28 | | | | |
| Data | Entradas | | | Saídas | | | Saldo | | |
| | Qtd | Unitário | Total | Qtd | Unitário | Total | Qtd | Unitário | Total |
| **EI (Estoque Inicial)** | | | | | | | **10** | **120,00** | **1.200,00** |
| (1) | 30 | 140,00 | 4.200,00 | | | | 10<br>30<br>**40** | 120,00<br>140,00<br>– | 1.200,00<br>4.200,00<br>**5.400,00** |
| (2) | | | | 20- [10<br>10<br>**20** | 120,00<br>140,00<br>– | 1.200,00<br>1.400,00<br>**2.600,00** | 20 | 140,00 | 2.800,00 |
| (3) | | | | **Devolução de Vendas**<br>(5) | (140,00) | (700,00) | 25 | 140,00 | 3.500,00 |
| (4) | **Devolução de Compras**<br>(5) | (140,00) | (700,00) | | | | 20 | 140,00 | 2.800,00 |
| (5) (6) | **Compra**<br>**Frete** ................<br>**20** | <br><br>**166,25** | 2.925,00<br>400,00<br>**3.325,00** | | | | 20<br>20<br>**40** | 140,00<br>166,25<br>– | 2.800,00<br>3.325,00<br>**6.125,00** |
| (7) | | | | 22- [20<br>2<br>**22** | 140,00<br>166,25<br>– | 2.800,00<br>332,50<br>**3.132,50** | 18 | 166,25 | 2.992,50 |
| (9)<br>(10) | **Compra**<br>**Abatimento** .......<br>**12** | <br><br>**175,00** | 2.400,00<br>(300,00)<br>**2.100,00** | | | | 18<br>12<br>**30** | 166,25<br>175,00<br>– | 2.992,50<br>2.100,00<br>**5.092,50** |
| (11) | | | | 10 | 166,25 | 1.662,50 | 8<br>12<br>**20** | 166,25<br>175,00<br>– | 1.330,00<br>2.100,00<br>**3.430,00** |
| **TOTAIS** | **57** | **–** | **8.925,00**<br>**(a)** | **47** | **–** | **6.695,00**<br>**(b)** | **20** | **–** | **3.430,00**<br>**(c)** |

**(a)** CL (Compras Líquidas)
**(b)** CMV (Custo das Mercadorias Vendidas)
**(c)** EF (Estoque Final)

| RESUMO DO CONTROLE DE ESTOQUE – MÉTODO PEPS | | |
|---|---|---|
| Elementos | Quantidade | Total (R$) |
| (+) EI (Estoque Inicial) | 10 | 1.200,00 |
| (+) Compras | 57 | 8.925,00 |
| **(=) Mercadorias Disponíveis para Venda** | 67 | 10.125,00 |
| (–) EF (Estoque Final) | (20) | (3.430,00) |
| (=) CMV (Custo das Mercadorias Vendidas) | 47 | 6.695,00 |

**Resultado Bruto**

Vendas Líquidas ........................................ R$ 11.340,00
(–) CMV .................................................... R$ 6.695,00
(=) Lucro Bruto........................................... R$ 4.645,00

- **Razonetes**

| Mercadorias em Estoque | |
|---|---|
| **(Ei) 1.200,00** | 2.600,00 (2.2) |
| (1) 4.200,00 | 700,00 (4) |
| (3.2) 700,00 | 3.132,50 (7.2) |
| (5) 2.925,00 | 300,00 (10) |
| (6) 400,00 | 1.662,50 (11.2) |
| (9) 2.400,00 | |
| **(s) 11.825,00** | **8.395,00 (s)** |
| **(s) 3.430,00** | |

| Fornecedores | |
|---|---|
| (4) 875,00 | 5.250,00 (1) |
| (10) 300,00 | 3.656,25 (5) |
| | 400,00 (6) |
| | 3.000,00 (9) |
| **(s) 1.175,00** | **12.306,25 (s)** |
| | **11.131,25 (s)** |

| Duplicatas a Receber | |
|---|---|
| (2) 5.400,00 | 1.350,00 (3) |
| (7) 5.500,00 | 300,00 (8) |
| (11) 5.000,00 | |
| **(s) 15.900,00** | **1.650,00 (s)** |
| **(s) 14.250,00** | |

| C/C de ICMS | |
|---|---|
| (1) 1.050,00 | 1.080,00 (2.1) |
| (3.1) 270,00 | 175,00 (4) |
| (5) 731,25 | 1.100,00 (7.1) |
| (9) 600,00 | 1.000,00 (11.1) |
| **(s) 2.651,25** | **3.355,00 (s)** |
| | **703,75 (s)** |

| Receitas de Vendas ou Vendas Brutas (VB) | |
|---|---|
| | 5.400,00 (2) |
| | 5.500,00 (7) |
| | 5.000,00 (11) |
| (12) 15.900,00 | **15.900,00 (s)** |

| Devolução de Vendas | |
|---|---|
| (3) 1.350,00 | 1.350,00 (13) |

| Abatimento sobre Vendas | |
|---|---|
| (3) 300,00 | 300,00 (13) |

| ICMS sobre Vendas | |
|---|---|
| (2.1) 1.080,00 | 270,00 (3.1) |
| (7.1) 1.100,00 | |
| (11.1) 1.000,00 | |
| **(s) 3.180,00** | **270,00 (s)** |
| **(s) 2.910,00** | 2.910,00 (13) |

| Receita Líquida (VL) | |
|---|---|
| (13) 4.560,00 | 15.900,00 (12) |
| (14) 11.340,00 | **11.340,00 (s)** |

| Custos das Mercadorias Vendidas (CMV) | |
|---|---|
| (2.2) 2.600,00 | 700,00 (3.2) |
| (7.2) 3.132,50 | |
| (11.2) 1.662,50 | |
| **(s) 7.395,00** | **700,00 (s)** |
| **(s) 6.695,00** | 6.695,00 (15) |

| Lucro Bruto (LB) ou Resultado com Mercadorias (RCM) | |
|---|---|
| (16) 6.695,00 | 11.340,00 (14) |
| | **4.645,00 (s)** |

(s) = Saldo.

| INVENTÁRIO PERMANENTE PROCESSO PMPM<br>(PREÇO MÉDIO PONDERADO MÓVEL) | | |
|---|---|---|
| **Cálculos** | **Contabilização** | |
| 1) **NF DE COMPRA:**<br>Valor: .................... R$ 5.250,00<br>(–) ICMS: .................... R$ 1.050,00<br>D – Mercadoria em Estoque ... R$ 4.200,00<br>Quantidade: .................... 30 unidades | D – Mercadorias em Estoque<br>D – C/C de ICMS<br>C – Fornecedores | 4.200,00<br>1.050,00<br>5.250,00 |
| 2) **NF DE VENDA:**<br>Valor: .................... R$ 5.400,00<br>ICMS: .................... R$ 1.080,00<br>CMV: .................... R$ 2.700,00(*)<br>Quantidade: .................... 20 unidades<br><br>(*) Ver ficha de estoque a seguir | D – Duplicatas a Receber<br>C – Receita de Vendas | <br>5.400,00 |
| | 2.1) D – ICMS sobre Vendas<br>C – C/C de ICMS | <br>1.080,00 |
| | 2.2) D – CMV<br>C – Mercadorias em Estoque | <br>2.700,00 |
| 3) **NF DE DEVOLUÇÃO DE VENDAS:**<br>Valor: .................... R$ 1.350,00<br>ICMS: .................... R$ 270,00<br>CMV: .................... R$ 675,00(*)<br>Quantidade: .................... 5 unidades<br><br>(*) Ver ficha de estoque a seguir | D – Devolução de Vendas<br>C – Duplicatas a Receber | <br>1.350,00 |
| | 3.1) D – C/C de ICMS<br>C – ICMS sobre Vendas | <br>270,00 |
| | 3.2) D – Mercadorias em Estoque<br>C – CMV | <br>675,00 |
| 4) **NF DE DEVOLUÇÃO DE COMPRAS:**<br>Valor: .................... R$ 875,00<br>(–) ICMS: .................... R$ 175,00<br>Mercadoria: .................... R$ 700,00<br>Quantidade: .................... 5 unidades | D – Fornecedores<br>C – Mercadorias em Estoque<br>C – C/C de ICMS | 875,00<br>700,00<br>175,00 |
| 5) **NF DE COMPRA:**<br>Valor: .................... R$ 3.656,25<br>(–) ICMS: .................... R$ 731,25<br>Subtotal: .................... R$ 2.925,00 | D – Mercadorias em Estoque<br>D – C/C de ICMS<br>C – Fornecedores | 2.925,00<br>731,25<br>3.656,25 |
| 6) **Frete:** .................... R$ 400,00<br>Mercadoria: .................... R$ 3.325,00<br>Quantidade: .................... 20 unidades | D – Mercadorias em Estoque<br>(Fr. s/ Compras)<br>C – Fornecedores | <br><br>400,00 |
| 7) **NF DE VENDA:**<br>Valor: .................... R$ 5.500,00<br>ICMS: .................... R$ 1.100,00<br>CMV: .................... R$ 3.300,00(*)<br>Quantidade: .................... 22 unidades<br><br>(*) Ver Ficha de Estoque | D – Duplicatas a Receber<br>C – Receita de Vendas | <br>5.500,00 |
| | 7.1) D – ICMS sobre Vendas<br>C – C/C de ICMS | <br>1.100,00 |
| | 7.2) D – CMV<br>C – Mercadorias em Estoque | <br>3.300,00 |
| 8) **Abatimento concedido sobre a venda acima:** .................... R$ 300,00 | D – Abatimentos sobre Vendas<br>C – Duplicatas a Receber | <br>300,00 |

(*continua*)

(*continuação*)

| INVENTÁRIO PERMANENTE PROCESSO PMPM (PREÇO MÉDIO PONDERADO MÓVEL) | |
|---|---|
| **Cálculos** | **Contabilização** |
| 9) **NF DE COMPRA:**<br>Valor: ................................... R$ 3.000,00<br>(–) ICMS: ............................... R$ 600,00<br>Mercadoria:........................... R$ 2.400,00<br>Quantidade: ......................... 12 unidades | D – Mercadorias em Estoque 2.400,00<br>D – C/C de ICMS 600,00<br>C – Fornecedores 3.000,00 |
| 10) **Abatimento:** ......................... R$ 300,00<br>Quantidade: .......................... 12 unidades | D – Fornecedores<br>C – Mercadorias em Estoque<br>(Ab. s/ Compras) 300,00 |
| 11) **NF DE VENDA:**<br>Valor: ................................... R$ 5.000,00<br>ICMS: ................................... R$ 1.000,00<br>CMV:.................................... R$ 1.600,00(*)<br>Quantidade: ......................... 10 unidades<br><br>(*) Ver Ficha de Estoque | D – Duplicatas a Receber<br>C – Receita de Vendas 5.000,00<br><br>11.1) D – ICMS sobre Vendas<br>C – C/C de ICMS 1.000,00<br><br>11.2) D – CMV<br>C – Mercadorias em Estoque 1.600,00 |
| 12) **Transferência de Receita de Vendas para a Receita Líquida (VL)** | D – Receita de Vendas<br>C – Receita Líquida (VL) 15.900,00 |
| 13) **Transferência dos Fatos que Alteram Vendas para a Receita Líquida (VL)** | D – Receita Líquida (VL) 4.560,00<br>C – ICMS sobre Vendas 2.910,00<br>C – Devolução de Vendas 1.350,00<br>C – Abatimentos sobre Vendas 300,00 |
| 14) **Transferência da Receita Líquida para o Lucro Bruto (LB)** | D – Receita Líquida (VL)<br>C – Lucro Bruto (LB) 11.340,00 |
| 15) **Transferência do CMV para o Lucro Bruto (LB)** | D – LB<br>C – CMV 6.925,00 |

| EMPRESA SILPA LTDA. – FICHA DE CONTROLE DE ESTOQUE (FCE) | | | | | | | | | |
|---|---|---|---|---|---|---|---|---|---|
| INVENTÁRIO: PERMANENTE<br>MERCADORIA: A | | | | | MÉTODO: PMPM<br>CÓDIGO: 11.23.28 | | | | |
| Data | Entradas | | | Saídas | | | Saldo | | |
| | Qtd | Unitário | Total | Qtd | Unitário | Total | Qtd | Unitário | Total |
| **EI (Estoque Inicial)** | | | | | | | **10** | **120,00** | **1.200,00** |
| (1) | 30 | 140,00 | 4.200,00 | | | | 40 | 135,00 | 5.400,00 |
| (2) | | | | 20 | 135,00 | 2.700,00 | 20 | 135,00 | 2.700,00 |
| (3) | | | | **Devolução de Vendas** | | | 25 | 135,00 | 3.375,00 |
| | | | | (5) | (135,00) | (675,00) | | | |
| (4) | **Devolução de Compras** | | | | | | 20 | 133,75 | 2.675,00 |
| | (5) | (140,00) | (700,00) | | | | | | |

(*continua*)

(*continuação*)

| EMPRESA SILPA LTDA. – FICHA DE CONTROLE DE ESTOQUE (FCE) | | | | | | | | | |
|---|---|---|---|---|---|---|---|---|---|
| INVENTÁRIO: PERMANENTE MERCADORIA: A | | | | | MÉTODO: PMPM CÓDIGO: 11.23.28 | | | | |
| Data | Entradas | | | Saídas | | | Saldo | | |
| | Qtd | Unitário | Total | Qtd | Unitário | Total | Qtd | Unitário | Total |
| (5) (6) | **Frete**.................... | | 2.925,00<br>400,00 | | | | 40 | 150,00 | 6.000,00 |
| | 20 | 166,25 | 3.325,00 | | | | | | |
| (7) | | | | 22 | 150,00 | 3.300,00 | 18 | 150,00 | 2.700,00 |
| (9) | **Abatimento**........ | | 2.400,00<br>(300,00) | | | | 30 | 160,00 | 4.800,00 |
| (10) | 12 | 175,00 | 2.100,00 | | | | | | |
| (11) | | | | 10 | 160,00 | 1.600,00 | 20 | 160,00 | 3.200,00 |
| **TOTAIS** | **57** | – | **8.925,00**<br>**(a)** | **47** | – | **6.925,00**<br>**(b)** | **20** | – | **3.200,00**<br>**(c)** |

**(a)** CL (Compras Líquidas)
**(b)** CMV (Custo das Mercadorias Vendidas)
**(c)** EF (Estoque Final)

| RESUMO DO CONTROLE DE ESTOQUE – MÉTODO PMPM | | |
|---|---|---|
| Elementos | Quantidade | Total (R$) |
| (+) EI (Estoque Inicial) | 10 | 1.200,00 |
| (+) Compras | 57 | 8.925,00 |
| **(=) Mercadorias Disponíveis para Venda** | 67 | 10.125,00 |
| (–) EF (Estoque Final) | (20) | (3.200,00) |
| (=) CMV (Custo das Mercadorias Vendidas) | 47 | 6.925,00 |

**Resultado Bruto**

Vendas Líquidas ........................................ R$ 11.340,00
(–) CMV ..................................................... R$ 6.925,00
(=) Lucro Bruto ......................................... R$ 4.415,00

- **Razonetes**

| Mercadorias em Estoque | |
|---|---|
| **(Ei) 1.200,00** | 2.700,00 (2.2) |
| (1) 4.200,00 | 700,00 (4) |
| (3.2) 675,00 | 3.300,00 (7.2) |
| (5) 2.925,00 | 300,00 (10) |
| (6) 400,00 | 1.600,00 (11.2) |
| (9) 2.400,00 | |
| **(s) 11.800,00** | **8.600,00 (s)** |
| **(s) 3.200,00** | |

| Fornecedores | |
|---|---|
| (4) 875,00 | 5.250,00 (1) |
| (10) 300,00 | 3.656,25 (5) |
| | 400,00 (6) |
| | 3.000,00 (9) |
| **(s) 1.175,00** | **12.306,25 (s)** |
| | **11.131,25 (s)** |

| Duplicatas a Receber | |
|---|---|
| (2) 5.400,00 | 1.350,00 (3) |
| (7) 5.500,00 | 300,00 (8) |
| (11) 5.000,00 | |
| **(s) 15.900,00** | **1.650,00 (s)** |
| **(s) 14.250,00** | |

| C/C de ICMS | |
|---|---|
| (1) 1.050,00 | 1.080,00 (2.1) |
| (3.1) 270,00 | 175,00 (4) |
| (5) 731,25 | 1.100,00 (7.1) |
| (9) 600,00 | 1.000,00 (11.1) |
| **(s) 2.651,25** | **3.355,00 (s)** |
| | **703,75 (s)** |

| Receitas de Vendas ou Vendas Brutas (VB) | |
|---|---|
| | 5.400,00 (2) |
| | 5.500,00 (7) |
| | 5.000,00 (11) |
| (12) 15.900,00 | **15.900,00 (s)** |

| Devolução de Vendas | |
|---|---|
| (3) 1.350,00 | 1.350,00 (13) |

| Abatimento sobre Vendas | |
|---|---|
| (3) 300,00 | 300,00 (13) |

| ICMS sobre Vendas | |
|---|---|
| (2.1) 1.080,00 | 270,00 (3.1) |
| (7.1) 1.100,00 | |
| (11.1) 1.000,00 | |
| **(s) 3.180,00** | **270,00 (s)** |
| **(s) 2.910,00** | 2.910,00 (13) |

| Receita Líquida (VL) | |
|---|---|
| (13) 4.560,00 | 15.900,00 (12) |
| (14) 11.340,00 | **11.340,00 (s)** |

| Custos das Mercadorias Vendidas (CMV) | |
|---|---|
| (2.2) 2.700,00 | 675,00 (3.2) |
| (7.2) 3.300,00 | |
| (11.2) 1.600,00 | |
| **(s) 7.600,00** | **675,00 (s)** |
| **(s) 6.925,00** | 6.925,00 (15) |

| Lucro Bruto (LB) ou Resultado com Mercadorias (RCM) | |
|---|---|
| (16) 6.925,00 | 11.340,00 (14) |
| | **4.415,00 (s)** |

(s) = Saldo.

2. **Inventário periódico da Empresa Comercial SILPA Ltda.**

Utilizando os saldos das contas do Livro Razão em 30 de novembro de 20X1, contabilize as operações a seguir:

Caixa – R$ 1.600,00; Bancos – R$ 2.400,00; Duplicatas a Receber – R$ 4.000,00; Mercadorias em Estoque (EI) – R$ 1.200,00; Máquinas – R$ 2.800,00; Fornecedores – R$ 2.000,00; Contas a Pagar – R$ 200,00; Provisão para o Imposto de Renda (IR) – R$ 800,00; Lucros a Pagar – R$ 400,00; Capital Social – R$ 6.000,00; Lucros Acumulados – R$ 2.000,00; Compras Brutas (CB) – R$ 11.600,00; Vendas Brutas (VB) – R$ 12.000,00; Juros Ativos – R$ 400,00; Descontos Financeiros Obtidos – R$ 200,00; Juros Passivos – R$ 280,00; Descontos Financeiros Concedidos – R$ 120,00.

**Operações do mês de dezembro de 20X1**

1. NF de Compra a Prazo de Mercadorias
   Valor Bruto ............ R$ 4.400,00
   (–) Desconto Incondicional ............ R$ 400,00
   (=) Total da NF. ............ R$ 4.000,00
   ICMS Destacado ............ R$ 720,00

2. NF de Venda a Prazo de Mercadorias
   Valor Bruto ............ R$ 8.400,00
   (–) Desconto Incondicional ............ R$ 400,00
   (=) Total da NF ............ R$ 8.000,00
   ICMS Destacado ............ R$ 1.440,00

3. NF de Devolução de Compras
   Valor Bruto ............ R$ 440,00
   (–) Desconto Incondicional ............ R$ 40,00
   (=) Total da NF ............ R$ 400,00
   ICMS Destacado ............ R$ 72,00

4. NF de Devolução de Vendas
   Valor Bruto ............ R$ 840,00
   (–) Desconto Incondicional ............ R$ 40,00
   (=) Total da NF ............ R$ 800,00
   ICMS Destacado ............ R$ 144,00

5. Fretes Municipais sobre Compras a serem pagos em 30 dias ............ R$ 360,00

6. Seguros sobre Compras a serem pagos em 40 dias ............ R$ 240,00

7. Despesas Administrativas, pagas em dinheiro ............ R$ 300,00

8. Despesas de Vendas a serem pagas em 30 dias ............ R$ 100,00

9. Pagamento em cheque do Imposto de Renda (IR) de 20X0 ............ R$ 800,00

10. Pagamento aos sócios dos Lucros a Pagar (em cheque) ............ R$ 400,00

11. Constituição de Reservas de Lucros ............ R$ 1.000,00

12. PIS (Programa de Integração Social) ............ R$ 50,00

13. COFINS (Contribuição para Financiamento da Seguridade Social) ............ R$ 154,00

**Dados**

14. EF inventariado em 31 de dezembro de 20X1
(contagem Física do EF) acusou a importância de ................................R$ 3.452,00

15. Nº de Ações do Capital Social Realizado
1.000 ações ordinárias nominativas.

**Pede-se:**

a) Balancete de Verificação Inicial em 30 de novembro de 20X1.
b) Lançamentos contábeis das operações acima (I – XV).
c) Abertura dos razonetes com os saldos anteriores.
d) Apuração extracontábil (matemática ou por fórmulas) e contábil do Resultado do Exercício de 20X1.
e) Apresentar as seguintes Demonstrações Contábeis em 31 de dezembro de 20X1:
- Balanço Patrimonial (BP).
- Demonstração do Resultado do Exercício (DRE).
- Demonstração de Lucros ou Prejuízos Acumulados (DLPA).

**Resolução**

a) **Empresa Comercial SILPA Ltda – Balancete de Verificação em 30 de novembro de 20X1**

| CONTAS | SALDOS | |
|---|---|---|
| | Devedores | Credores |
| Caixa | 1.600,00 | |
| Bancos | 2.400,00 | – |
| Duplicatas a Receber | 4.000,00 | – |
| Mercadorias em Estoque (EI) | 1.200,00 | – |
| Máquinas | 2.800,00 | – |
| Fornecedores | – | 2.000,00 |
| Contas a Pagar | – | 200,00 |
| Lucros a Pagar | – | 400,00 |
| Provisão para o Imposto de Renda (PIR) | – | 800,00 |
| Capital Social | – | 6.000,00 |
| Lucros Acumulados | – | 2.000,00 |
| Compras Brutas (CB) | 11.600,00 | – |
| Vendas Brutas (VB) | – | 12.000,00 |
| Juros Ativos | – | 400,00 |
| Descontos Financeiros Obtidos | – | 200,00 |
| Juros Passivos | 280,00 | – |
| Descontos Financeiros Concedidos | 120,00 | – |
| **Totais** | **24.000,00** | **24.000,00** |

b) **Lançamentos das Operações do mês de dezembro de 20X1**

1. Compras a Prazo

| | |
|---|---|
| D – Compras Brutas (CB) | 3.680,00 |
| D – ICMS a Recuperar | 720,00 |
| C – Fornecedores | 4.000,00 |
| C – Descontos Incondicionais Obtidos | 400,00 |

2. Vendas a Prazo

| | |
|---|---|
| D – Duplicatas a Receber | 8.000,00 |
| D – Descontos Incondicionais Concedidos | 400,00 |
| C – Vendas Brutas (VB) | 8.400,00 |

i. D – ICMS sobre Vendas
C – ICMS a Recolher 1.440,00

3. Pela Devolução de Compras

| | |
|---|---|
| D – Fornecedores | 400,00 |
| D – Descontos Incondicionais Obtidos | 40,00 |
| C – Devolução de Compras | 368,00 |
| C – ICMS a Recolher | 72,00 |

4. Pela Devolução de Vendas

| | |
|---|---|
| D – Devolução de Vendas | 840,00 |
| C – Duplicatas a Receber | 800,00 |
| C – Descontos Incondicionais Concedidos | 40,00 |

i. D – ICMS a Recuperar
C – ICMS sobre Vendas 144,00

5. Pelos Fretes sobre Compras
D – Fretes sobre Compras
C – Fornecedores 360,00

6. Pelos Seguros sobre Compras
D – Seguros sobre Compras
C – Fornecedores 240,00

7. Pelas Despesas Administrativas
D – Despesas Administrativas
C – Caixa 300,00

8. Pelas Despesas de Vendas
D – Despesas de Vendas
C – Contas a Pagar 100,00

9. Pelo Pagamento do Imposto de Renda de 20X0
D – Provisão para o Imposto de Renda (PIR)
C – Bancos 800,00

10. Pelos Lucros Pagos aos Sócios
D – Lucros a Pagar
C – Bancos 400,00

11. Pela Constituição de Reservas de Lucros
D – Lucros Acumulados
C – Reservas de Lucros 1.000,00

12. Pelo PIS a Recolher
D – Contribuições ao PIS (Dedução da Receita Bruta)
C – PIS a Recolher 50,00

13. Pelo COFINS a Recolher
D – Contribuições à COFINS (Dedução da Receita Bruta)
C – COFINS a Recolher 154,00

| APURAÇÃO DE COMPRAS LÍQUIDAS (CL) | |
|---|---|
| **CL** | (Compras Líquidas) |
| **CB** | (Compras Brutas) |
| **CA** | (Compras Anuladas ou Devolução de Compras) |
| **Abs. s/C** | (Abatimentos sobre Compras e/ou Descontos Incondicionais Obtidos) |
| **Fr. s/C** | (Fretes sobre Compras) |
| **Seg. s/C** | (Seguros sobre Compras) |

**Esquema: CL = CB (–) CA (–) Abs. s/C + Fr. s/C + Seg. s/C**

CL = 15.280,00 – 368,00 – 360,00 + 360,00 + 240,00
**CL = 15.152,00**

| | | |
|---|---|---|
| 14. | D – Compras Líquidas (CL) | 15.880,00 |
| | C – Compras Brutas (CB) | 15.280,00 |
| | C – Fretes sobre Compras (Fr. s/C) | 360,00 |
| | C – Seguros sobre Compras (Seg. s/C) | 240,00 |
| 15. | D – Devolução de Compras (CA) | 368,00 |
| | D – Descontos Incondicionais Obtidos (Ab. s/C) | 360,00 |
| | C – Compras Líquidas (CL) | 728,00 |

| APURAÇÃO DE VENDAS LÍQUIDAS (VL) | |
|---|---|
| **VL** | (Vendas Líquidas) |
| **VB** | (Vendas Brutas) |
| **VA** | (Vendas Anuladas ou Devolução de Vendas) |
| **Abs. s/V** | (Abatimentos sobre Vendas e/ou Descontos Incondicionais Concedidos) |
| **Imp. s/V** | (Impostos sobre Vendas = ICMS + PIS + COFINS) |

**Esquema: VL = VB (–) VA (–) Abs. s/V (–) Imp. s/V**

VL = 20.400,00 – 840,00 – 360,00 – 1.500,00(*)
VL = 17.700,00

(*) 1.500,00 = 1.296,00 + 50,00 + 154,00
Imp. s/V = (ICMS) + (PIS) + (COFINS)

| | | |
|---|---|---|
| 16. | D – Vendas Brutas (VB) | |
| | C – Vendas Líquidas (VL) | 20.400,00 |
| 17. | D – Vendas Líquidas (VL) | 2.700,00 |
| | C – Devolução de Vendas (VA) | 840,00 |
| | C – Descontos Incondicionais Concedidos (Ab. s/V) | 360,00 |
| | C – ICMS sobre Vendas (Imp. s/V) | 1.296,00 |
| | C – Contribuições ao PIS (Imp. s/V) | 50,00 |
| | C – Contribuições à COFINS (Imp. s/V) | 154,00 |

| APURAÇÃO DO CUSTO DAS MERCADORIAS VENDIDAS (CMV) | |
|---|---|
| **CMV** | (Custo das Mercadorias Vendidas) |
| **EI** | (Estoque Inicial de Mercadorias) |
| **CL** | (Compras Líquidas) |
| **EF** | (Estoque Final de Mercadorias) |

**Esquema: CMV = EI + CL (–) EF**

CMV = 1.200,00 + 15.152,00 – 3.452,00
CMV = 12.900,00

| | | |
|---|---|---|
| 18. | D – CMV | 16.352,00 |
| | C – Mercadorias em Estoque (EI) | 1.200,00 |
| | C – Compras Líquidas (CL) | 15.152,00 |
| 19. | D – Mercadorias em Estoque (EF) | |
| | C – CMV | 3.452,00 |

| APURAÇÃO DO LUCRO BRUTO (LB) | |
|---|---|
| **RCM** | (Resultado com Mercadorias) |
| **VL** | (Vendas Líquidas) |
| **CMV** | (Custo das Mercadorias Vendidas) |

**Esquema: RCM = VL (–) CMV**

RCM (LB) = 17.700,00 – 12.900,00
RCM (LB) = 4.800,00

20. D – Vendas Líquidas (VL)
    C – Lucro Bruto (LB) 17.700,00

21. D – Lucro Bruto (LB)
    C – CMV 12.900,00

| APURAÇÃO DO RESULTADO DO EXERCÍCIO (ARE) | |
|---|---|
| **ARE** | (Apuração do Resultado do Exercício) |
| **LB** | (Lucro Bruto) |
| **OR** | (Outras Receitas: Juros Ativos e Descontos Financeiros Obtidos) |
| **OD** | (Outras Despesas: Juros Passivos, Descontos Financeiros Concedidos, Despesas de Vendas e Despesas Administrativas) |

**Esquema: ARE = LB + OR (–) OD**

ARE = 4.800,00 + 600,00(*) – 800,00(**)
ARE = 4.600,00

(*) OR = 600,00 = 400,00 (Juros Ativos) + 200,00 (Descontos Financeiros Obtidos)

(**) OD = 800,00 = 280,00 (Juros Passivos) + 120,00 (Descontos Financeiros Concedidos) + 100,00 (Despesas de Vendas) + 300,00 (Despesas Administrativas)

| | | |
|---|---|---|
| 22. | D – Lucro Bruto (LB) | 4.800,00 |
| | D – Juros Ativos | 400,00 |
| | D – Descontos Financeiros Obtidos | 200,00 |
| | C – ARE/20X1 | 5.400,00 |
| 23. | D – ARE/20X1 | 800,00 |
| | C – Juros Passivos | 280,00 |
| | C – Descontos Financeiros Concedidos | 120,00 |
| | C – Despesas de Vendas | 100,00 |
| | C – Despesas Administrativas | 300,00 |

| PROVISÃO PARA O IMPOSTO DE RENDA (PIR) |
|---|
| 15% sobre R$ 4.600,00 = R$ 690,00 |

24. D – ARE/20X1
    C – Provisão para o Imposto de Renda (PIR) 690,00

25. Transferência do resultado de 20X1 para lucros acumulados
    D – ARE/20X1
    C – Lucros Acumulados 3.910,00

26. Transferência do ICMS a recuperar para ICMS a recolher
    D – ICMS a Recolher
    C – ICMS a Recuperar 864,00

- **Razonetes**

| **Caixa** | |
|---|---|
| **(s) 1.600,00** | 300,00 (9) |
| **(s) 1.300,00** | |

| **Bancos** | |
|---|---|
| (s) 2.400,00 | 800,00 (11) |
| | 400,00 (12) |
| **(s) 2.400,00** | **1.200,00 (s)** |
| **(s) 1.200,00** | |

| **Duplicatas a Receber** | |
|---|---|
| **(s) 4.000,00** | 800,00 (5) |
| (2) 8.000,00 | |
| **(s) 12.000,00** | **800,00 (s)** |
| **(s) 11.200,00** | |

| **Mercadorias em Estoque** | |
|---|---|
| **(s) 1.200,00** | 1.200,00 (20) |
| (21) 3.452,00 | |

| **Máquinas** | |
|---|---|
| **(s) 2.800,00** | |

| **Fornecedores** | |
|---|---|
| (4) 400,00 | **2.000,00 (s)** |
| | 4.000,00 (1) |
| | 360,00 (7) |
| | 240,00 (8) |
| **(s) 400,00** | **6.600,00 (s)** |
| | **6.200,00 (s)** |

| **Contas a Pagar** | |
|---|---|
| | **200,00 (s)** |
| | 100,00 (10) |
| | **300,00 (s)** |

| **Provisão para o Imposto de Renda (PIR)** | |
|---|---|
| (11) 800,00 | **800,00 (s)** |
| | 690,00 (26) |

| **Lucros a Pagar** | |
|---|---|
| (12) 400,00 | **400,00 (s)** |
| | |

| **ICMS a Recuperar** | |
|---|---|
| (1) 720,00 | |
| (6) 144,00 | |
| **(s) 864,00** | 864,00 (28) |
| | |

| **ICMS a Recolher** | |
|---|---|
| | 1.440,00 (3) |
| (28) 864,00 | 72,00 (4) |
| **(s) 864,00** | **1.512,00** |
| | **648,00 (s)** |

| **COFINS a Recolher** | |
|---|---|
| | 154,00 (15) |

**PIS a Recolher**

| Débito | Crédito |
|---|---|
| | 50,00 (14) |

**Capital**

| Débito | Crédito |
|---|---|
| | 6.000,00 (s) |

**Reservas de Lucros**

| Débito | Crédito |
|---|---|
| | 1.000,00 (13) |

**Lucros Acumulados**

| Débito | Crédito |
|---|---|
| (13) 1.000,00 | **2.000,00 (s)** |
| | **1.000,00 (s)** |
| | 3.910,00 (27) |
| | **4.910,00 (s)** |

**Compras Brutas (CB)**

| Débito | Crédito |
|---|---|
| (s) 11.600,00 | |
| (1) 3.680,00 | |
| **(s) 15.280,00** | 15.280,00 (16) |

**Devolução de Compras ou Compras Anuladas (CA)**

| Débito | Crédito |
|---|---|
| (17) 368,00 | 368,00 (4) |

**Descontos Incondicionais Obtidos e/ou Abatimentos sobre Compras (Abs. s/C)**

| Débito | Crédito |
|---|---|
| (4) 40,00 | 400,00 (1) |
| (17) 360,00 | **360,00 (s)** |

**Fretes sobre Compras (Fr. s/C)**

| Débito | Crédito |
|---|---|
| (7) 360,00 | 360,00 (16) |

**Seguros sobre Compras (Seg. s/C)**

| Débito | Crédito |
|---|---|
| (8) 240,00 | 240,00 (16) |

**Compras Líquidas (CL)**

| Débito | Crédito |
|---|---|
| (16) 15.880,00 | 728,00 (17) |
| **(s) 15.152,00** | 15.152,00 (20) |

**Vendas Brutas (VB)**

| Débito | Crédito |
|---|---|
| | **12.000,00 (s)** |
| | 8.400,00 (2) |
| (18) 20.400,00 | **20.400,00 (s)** |

**Devolução de Vendas ou Vendas Anuladas (VA)**

| Débito | Crédito |
|---|---|
| (5) 840,00 | 840,00 (19) |

**Descontos Incondicionais Obtidos e/ou Abatimentos sobre Vendas (Abs. s/V)**

| Débito | Crédito |
|---|---|
| (2) 400,00 | 40,00 (5) |
| **(s) 360,00** | 360,00 (19) |

**Contribuições ao PIS**

| Débito | Crédito |
|---|---|
| (14) 50,00 | 50,00 (19) |

**Contribuições a COFINS**

| Débito | Crédito |
|---|---|
| (15) 154,00 | 154,00 (19) |

**ICMS sobre Vendas**

| Débito | Crédito |
|---|---|
| (3) 1.440,00 | 144,00 (6) |
| **(s) 1.296,00** | 1.296,00 (9) |

**Vendas Líquidas (VL)**

| Débito | Crédito |
|---|---|
| (19) 2.700,00 | 20.400,00 (18) |
| (22) 17.700,00 | **17.700,00 (s)** |

**Custos das Mercadorias Vendidas (CMV)**

| Débito | Crédito |
|---|---|
| (20) 16.352,00 | 3.452,00 (21) |
| **(s) 12.900,00** | 12.900,00 (23) |

**Juros Ativos**

| Débito | Crédito |
|---|---|
| (24) 400,00 | **400,00 (s)** |

**Descontos Financeiros Obtidos**

| Débito | Crédito |
|---|---|
| (24) 200,00 | **200,00 (s)** |

**Juros Passivos**

| Débito | Crédito |
|---|---|
| **(s) 280,00** | 280,00 (25) |

**Descontos Financeiros Concedidos**

| | |
|---|---|
| **(s) 120,00** | 120,00 (25) |
| | |

**Despesas de Vendas**

| | |
|---|---|
| (10) 100,00 | 100,00 (25) |
| | |

**Despesas Administrativas**

| | |
|---|---|
| (9) 300,00 | 300,00 (25) |
| | |

**Resultado com Mercadorias (RCM = LB)**

| | |
|---|---|
| (23) 12.900,00 | 17.700,00 (22) |
| (24) 4.800,00 | **4.800,00 (s)** |
| | |

**Apuração do Resultado do Exercício (ARE/20X1)**

| | |
|---|---|
| (25) 800,00 | 5.400,00 (24) |
| (26) 690,00 | **4.600,00 (s)** |
| (27) 3.910,00 | **3.910,00 (s)** |
| | |

(s) = Saldo.

**EMPRESA COMERCIAL SILPA LTDA**
**BALANÇO PATRIMONIAL ENCERRADO EM 31.12.20X1**

| Ativo | | | Passivo | |
|---|---|---|---|---|
| **CIRCULANTE (AC)** | | | **CIRCULANTE (PC)** | |
| **DISPONÍVEL** | | | Fornecedores | 6.200,00 |
| Caixa | 1.300,00 | | Contas a Pagar | 300,00 |
| Bancos | 1.200,00 | 2.500,00 | Provisão para o IR | 690,00 |
| | | | ICMS a Recolher | 648,00 |
| **CRÉDITOS** | | | PIS a Recolher | 50,00 |
| Duplicatas a Receber | | 11.200,00 | COFINS a Recolher | 154,00 |
| | | | **PC** | **8.042,00** |
| **ESTOQUES** | | | | |
| Mercadorias em Estoque | | 3.452,00 | **PATRIMÔNIO LÍQUIDO (PL)** | |
| | **AC** | **17.152,00** | Capital Social | 6.000,00 |
| | | | Reservas de Lucros | 1.000,00 |
| **NÃO CIRCULANTE** | | | Lucros Acumulados | 4.910,00 |
| **IMOBILIZADO** | | | **PL** | **11.910,00** |
| Máquinas | | 2.800,00 | | |
| **Total do Ativo** | | **19.952,00** | **Total do PASSIVO** | **19.952,00** |

**EMPRESA COMERCIAL SILPA LTDA**
**DEMONSTRAÇÃO DO RESULTADO DO EXERCÍCIO (DRE) EM 31.12.20X1**

| | | |
|---|---|---|
| Receita Operacional Bruta (VB) | | 20.400,00 |
| (–) Deduções da Receita Bruta | | |
| • Devoluções e Abatimentos | 1.200,00 | |
| • Impostos Incidentes sobre Vendas | 1.500,00 | (2.700,00) |
| (=) Receita Operacional Líquida (VL) | | 17.700,00 |
| (–) Custo das Mercadorias Vendidas (CMV) | | (12.900,00) |
| (=) Lucro Operacional Bruto (LB) | | 4.800,00 |
| (–) Despesas Operacionais | | |
| • Despesas de Vendas | 100,00 | |
| • Despesas Administrativas | 300,00 | |
| • Despesas Financeiras Líquidas (400,00 – 600,00) | (200,00) | (200,00) |
| (=) Lucro Antes do Imposto de Renda | | 4.600,00 |
| (–) Provisão para o Imposto de Renda (PIR) | | (690,00) |
| (=) Lucro Líquido do Exercício (LLE) | | 3.910,00 |

$$\text{Lucro por Ação} = \frac{LLE}{NA} = \frac{3.910,00}{1.000} = R\$\ 3,91$$

| EMPRESA COMERCIAL SILPA LTDA.<br>DEMONSTRAÇÃO DE LUCROS OU PREJUÍZOS ACUMULADOS (DLPA) EM 31.12.20X4 | |
|---|---|
| Saldo no início do período | 2.000,00 |
| (–) Formação de Reservas de Lucros | (1.000,00) |
| (+) Resultado do Exercício de 20X1 | 3.910,00 |
| (=) Saldo no final do período | **4.910,00** |

**ATENÇÃO**

No Capítulo 11, faremos uma exposição detalhada sobre as Demonstrações Financeiras.

3. **Inventário permanente da empresa Comercial SILPA Ltda.**

A empresa Comercial SILPA Ltda. possuía em seus estoques, no dia 31 de dezembro de 20X4, dez peças para revenda do produto A, no valor total de R$ 180,00 (já deduzido o ICMS recuperável). No mês de janeiro de 20X5, ocorreram as seguintes operações:

1º) No dia 3 de janeiro de 20X5, adquiriu a prazo, para revenda, cinco peças do produto **A**, extraindo-se os seguintes dados da Nota Fiscal (NF):

- Valor unitário .......... R$ 20,00
- Quantidade comprada .......... 5
- Desconto comercial total .......... R$ 10,00
- IPI destacado na NF (10%) .......... R$ 11,00
- ICMS destacado na NF (18%) .......... R$ 16,20
- Frete e seguro destacado na NF .......... R$ 20,00
- Desconto que será concedido em função do prazo de pagamento: – Até 30 dias .......... 10%
  – De 31 a 60 dias .......... 4%

**NOTA**

IPI calculado antes do julgamento do RE 567.935 do STF (veja Item 8.1), ou seja, no número base de cálculo inclui-se o desconto incondicional.

2º) No dia 6 de janeiro de 20X5, devolveu duas unidades, adquiridas no dia 3 de janeiro de 20X5, por estarem com defeitos de fabricação, obtendo inclusive ressarcimento do frete e seguro. Além disso, obteve um abatimento de R$ 6,00 sobre as demais unidades que foram compradas.

**NOTA**

Não calcule o PIS e a COFINS sobre as Receitas Financeiras (Decreto nº 8.426, de 2015).

3º) A empresa vendeu à vista, no dia 10 de janeiro de 20X5, 12 unidades constantes de seu estoque, extraindo-se os seguintes dados da NF:

- Valor unitário .......... R$ 30,00
- Quantidade vendida .......... 12
- Desconto incondicional concedido .......... R$ 10,00
- ICMS destacado na NF .......... R$ 63,00

4º) Recebeu em devolução, no dia 15 de janeiro de 20X5, duas unidades vendidas no dia 10 de janeiro de 20X5, por estarem em desacordo com o pedido feito por seu cliente.

5º) No dia 20 de janeiro de 20X5, adquiriu quatro peças à vista para revenda, extraindo-se os seguintes dados da NF:

- Valor unitário ........ R$ 25,00
- Quantidade comprada........ 4
- ICMS destacado na NF. ........ R$ 18,00

6º) Vendeu à vista, no dia 22 de janeiro 20X5, sete unidades constantes de seus estoques, extraindo-se os seguintes dados da NF:

- Valor unitário ........ R$ 30,00
- Quantidade vendida ........ 7
- ICMS destacado na NF. ........ R$ 37,80

7º) No dia 31 de janeiro de 20X5, realizou o pagamento da compra efetuada no dia 3 de janeiro de 20X5, em dinheiro.

**Pede-se:**

a) Ficha de Controle de Estoques – Sistema PEPS.
b) Apuração do Lucro Bruto.

**Solução:**

EI = 10 × R$ 18,00 = R$ 180,00

a) NF de compra do dia 3 de janeiro de 20X5

| | |
|---|---|
| Valor (5 × R$ 20,00) | R$ 100,00 |
| (–) Desconto comercial (10%) | R$ (10,00) |
| (=) Subtotal | R$ 90,00 |
| (+) Frete e Seguro | R$ 20,00 |
| (+) IPI (10% × R$ 110,00) | R$ 11,00 |
| (=) Total da NF | R$ 121,00 |
| ICMS destacado (18% × R$ 90,00) | R$ 16,20 |

Mercadoria = **R$ 104,80 (**R$ 121,00 – R$ 16,20)

**Contabilização**

| | |
|---|---|
| 1. D – Mercadorias em Estoque | 104,80 |
| D – C/C de ICMS | 16,20 |
| C – Fornecedores | 121,00 |

b) Dia 6 de janeiro de 20X5: devolução de duas unidades da compra do dia 03 de janeiro de 20X5

| | |
|---|---|
| Valor (2 × R$ 20,00) | R$ 40,00 |
| (–) Desconto comercial (10%) | R$ (4,00) |
| (=) Subtotal | R$ 36,00 |
| (+) Frete e seguro | R$ 8,00 |
| (+) IPI (10% × R$ 44,00) | R$ 4,40 |
| (+) Total da NF | R$ 48,40 |
| ICMS destacado (18% × R$ 36,00) | R$ 6,48 |

Mercadoria = **R$ 41,92** (R$ 48,40 – R$ 6,48)

**Contabilização**

2. D – Fornecedores 48,40
   C – Mercadorias em Estoque 41,92
   C – C/C de ICMS 6,48

3. Abatimentos de R$ 6,00
   D – Fornecedores
   C – Mercadorias em Estoque 6,00

c) Venda à vista no dia 10 de janeiro de 20X5

| | |
|---|---|
| Valor (12 × R$ 30,00) | R$ 360,00 |
| (–) Desconto incondicional | R$ (10,00) |
| (=) Subtotal | R$ 350,00 |
| ICMS destacado | R$ 63,00 |

**Contabilização**

4. D – Caixa 350,00
   D – Descontos Incondicionais Concedidos 10,00
   C – Receita Bruta de Vendas 360,00

5. D – ICMS sobre Vendas (Resultado)
   C – C/C de ICMS 63,00

6. D – CMV
   C – Mercadorias em Estoque 217,92

d) Recebeu em devolução no dia 15 de janeiro de 20X5 duas unidades vendidas no dia 10 de janeiro de 20X5

| | |
|---|---|
| Valor (2 × R$ 30,00) | R$ 60,00 |
| (–) Desconto incondicional | R$ (1,66) |
| (=) Total da NF | R$ 58,34 |
| ICMS destacado | R$ 10,50 |

**Contabilização**

7. D – Devolução de Vendas 60,00
   C – Caixa 58,34
   C – Descontos Incondicionais Concedidos 1,66

8. D – C/C de ICMS
   C – ICMS sobre Vendas 10,50

9. D – Mercadorias em Estoque
   C – Custo das Mercadorias Vendidas 37,92

e) Compra à vista do dia 20 de janeiro de 20X5
Valor (R$ 25,00 × 4) ........ R$ 100,00
ICMS destacado ........ R$ 18,00

**Contabilização**

10. D – Mercadorias em Estoque 82,00
D – C/C de ICMS 18,00
C – Caixa 100,00

f) Venda à vista no dia 22 de janeiro de 20X5
Valor (7 × R$ 30,00) ........ R$ 210,00
ICMS destacado (18%) ........ R$ 37,80

**Contabilização**

11. D – Caixa
C – Receita Bruta de Vendas 210,00

12. D – ICMS sobre Vendas
C – C/C de ICMS 37,80

13. D – CMV
C – Mercadorias em Estoque 138,88

g) Pagamento do fornecedor no dia 31 de janeiro de 20X5, com desconto de 10%
Valor R$ 72,60 (–) R$ 7,26 = R$ 65,34

**Contabilização**

14. D – Fornecedores 72.60
C – Caixa 65,34
C – Descontos Financeiros Obtidos 7,26

h) Apuração da Receita Líquida

**Contabilização**

15. D – Receita Bruta de Vendas
C – Receita Líquida de Vendas 570,00

16. D – Receita Líquida de Vendas 158,64
C – Devolução de Vendas 60,00
C – ICMS sobre Vendas 90,30
C – Descontos Incondicionais Concedidos 8,34

i) Apuração do Lucro Bruto (LB)

**Contabilização**

17. D – Receita Líquida de Vendas
    C – Lucro Bruto Operacional 411,36

18. D – Lucro Bruto Operacional
    C – Custo das Mercadorias Vendidas 318,88

**ATENÇÃO**

Note que o resultado obtido nesse exercício, caso a empresa utilizasse o método do Preço Médio Ponderado (PMP), seria exatamente igual ao do PEPS. O motivo é que o valor do EF é zero ou nulo e não existe saldo inicial no estoque de mercadorias.

- **Razonetes**

| Caixa | |
|---|---|
| | 58,34 (6) |
| (5) 350,00 | 100,00 (11) |
| (12) 210,00 | 65,34 (15) |
| **(s) 560,00** | **223,68 (s)** |
| **(s) 336,32** | |

| Fornecedores | |
|---|---|
| (3) 48,80 | 121,00 (2) |
| (4) 6,00 | |
| (15) 72,60 | |
| **(s) 121,00** | **121,00 (s)** |

| C/C de ICMS | |
|---|---|
| (2)16,20 | 6,48 (3) |
| (9) 10,50 | 63,00 (6) |
| (11) 18,00 | 37,80 (13) |
| **(s) 44,70** | **107,28 (s)** |
| | **62,58 (s)** |

| Receita Bruta de Vendas | |
|---|---|
| | 360,00 (5) |
| | 210,00 (12) |
| (16) 570,00 | **570,00 (s)** |

| ICMS sobre Vendas | |
|---|---|
| (6) 63,00 | 10,50 (9) |
| (13) 37,80 | |
| **(s) 100,80** | **10,50 (s)** |
| **(s) 90,30** | 90,30 (17) |

| Devolução de Vendas | |
|---|---|
| (8) 60,00 | 60,00 (17) |

| Desc. Incond. Concedidos | |
|---|---|
| (5) 10,00 | 1,66 (8) |
| **(s) 8,34** | 8,34 (17) |

| Receita Operac. Líquida | |
|---|---|
| (17) 158,64 | 570,00 (16) |
| (18) 411,36 | **411,36 (s)** |

| Desc. Financ. Obtidos | |
|---|---|
| | 7,26 (15) |

| Mercadorias em Estoque | |
|---|---|
| (1) 180,00 | 41,92 (3) |
| (2) 104,80 | 6,00 (4) |
| (10) 37,92 | 217,92 (7) |
| (11) 82,00 | 138,88 (14) |
| **(s) 404,72** | **404,72 (s)** |

| CMV | |
|---|---|
| (7) 217,92 | 37,92 (10) |
| (14) 138,88 | |
| **(s) 356,80** | **37,92 (s)** |
| **(s) 318,88** | **318,88 (19)** |

| Lucro Bruto Operacional | |
|---|---|
| (19) 318,88 | 411,36 (18) |
| | **92,48 (s)** |

<table>
<tr><th colspan="10">FICHA DE CONTROLE DE ESTOQUE (FCE)</th></tr>
<tr><th colspan="5">PRODUTO: A</th><th colspan="5">MÉTODO: PEPS</th></tr>
<tr><th rowspan="2">Data</th><th colspan="3">Entradas</th><th colspan="3">Saídas</th><th colspan="3">Saldo</th></tr>
<tr><th>Qtd</th><th>Unitário</th><th>Total</th><th>Qtd</th><th>Unitário</th><th>Total</th><th>Qtd</th><th>Unitário</th><th>Total</th></tr>
<tr><td colspan="7">EI (Estoque Inicial)</td><td>10</td><td>18,00</td><td>180,00</td></tr>
<tr><td>(2)</td><td>5</td><td>20,96</td><td>104,80</td><td></td><td></td><td></td><td>10<br>5<br>15</td><td>18,00<br>20,96<br>–</td><td>180,00<br>104,80<br>284,80</td></tr>
<tr><td colspan="4">Devolução de Compras</td><td></td><td></td><td></td><td rowspan="2">10<br>3<br>13</td><td rowspan="2">18,00<br>20,96<br>–</td><td rowspan="2">180,00<br>62,88<br>242,88</td></tr>
<tr><td>(3)</td><td>(2)</td><td>20,96</td><td>(41,92)</td><td></td><td></td><td></td></tr>
<tr><td colspan="3">Abatimentos sobre Compras</td><td rowspan="2">(6,00)</td><td></td><td></td><td></td><td rowspan="2">10<br>3<br>13</td><td rowspan="2">18,00<br>18,96<br>–</td><td rowspan="2">180,00<br>56,88<br>236,88</td></tr>
<tr><td>(4)</td><td></td><td></td><td></td><td></td><td></td></tr>
<tr><td>(5)</td><td></td><td></td><td></td><td>12- [10<br>2<br>12]</td><td>18,00<br>18,96<br>–</td><td>180,00<br>38,32<br>218,32</td><td>1</td><td>18,96</td><td>18,96</td></tr>
<tr><td rowspan="2">(8)</td><td rowspan="2"></td><td rowspan="2"></td><td rowspan="2"></td><td colspan="3">Devolução de Vendas</td><td rowspan="2">3</td><td rowspan="2">18,96</td><td rowspan="2">56,88</td></tr>
<tr><td>(2)</td><td>18,96</td><td>(37,92)</td></tr>
<tr><td>(11)</td><td>4</td><td>20,50</td><td>82,00</td><td></td><td></td><td></td><td>3<br>4<br>7</td><td>18,96<br>20,50<br>–</td><td>56,88<br>82,00<br>138,88</td></tr>
<tr><td>(12)</td><td></td><td></td><td></td><td>7- [3<br>4<br>7]</td><td>18,96<br>20,50<br>–</td><td>56,88<br>82,00<br>138,88</td><td></td><td></td><td></td></tr>
<tr><td>TOTAIS</td><td>7</td><td>–</td><td>138,88</td><td>17</td><td>–</td><td>318,88</td><td>–0–</td><td>–0–</td><td>–0–</td></tr>
<tr><td></td><td></td><td colspan="4">CUSTO DAS MERCADORIAS VENDIDAS</td><td>319,48</td><td></td><td></td><td></td></tr>
</table>

## 8.4 ▸ PADRÃO INTERNACIONAL DE CONTABILIDADE

Os itens nº 18, 19, 25, 27 e 34 do Pronunciamento Técnico do CPC nº 16 (R-1), que trata dos estoques, esclarecem:

18. A entidade geralmente compra estoques com condição para pagamento a prazo. A negociação pode efetivamente conter um elemento de financiamento, como, por exemplo, **uma diferença entre o preço de aquisição em condição normal de pagamento e o valor pago; essa diferença deve ser reconhecida como despesa de juros durante o período do financiamento.**

19. Na medida em que os prestadores de serviços tenham estoques de serviços em andamento, devem mensurá-los pelos custos da sua produção. Esses custos consistem principalmente em mão de obra e outros custos com o pessoal diretamente envolvido na prestação dos serviços, incluindo o pessoal de supervisão, o material utilizado e os custos

indiretos atribuíveis. Os **salários e os outros gastos relacionados com as vendas e com o pessoal geral administrativo não devem ser incluídos no custo**, mas **reconhecidos como despesa** do período em que são incorridos. O custo dos estoques de prestador de serviços **não inclui as margens de lucro nem os gastos gerais** não atribuíveis que são frequentemente incluídos nos preços cobrados pelos prestadores de serviços.

25. O custo dos estoques que não sejam os tratados nos itens 23 e 24 deve ser atribuído pelo uso do critéro **Primeiro a Entrar, Primeiro a Sair (PEPS)** ou pelo critério do **Custo Médio Ponderado (CMP)**. A entidade deve usar o mesmo critério de custeio para todos os estoques que tenham natureza e uso semelhantes para a entidade. Para os estoques que tenham outra natureza ou uso, podem justificar-se diferentes critérios de valoração.

27. O **critério PEPS (Primeiro a Entrar, Primeiro a Sair)** pressupõe que os itens de **estoque que foram comprados** ou produzidos primeiro sejam vendidos em primeiro lugar e por consequência, os itens que permanecerem em estoque no fim do período sejam os mais recentemente comprados ou produzidos. Pelo **critério do custo médio ponderado (CMP)**, o custo de cada item é determinado a partir da média ponderada do custo de itens semelhantes no começo de um período e do custo dos mesmos itens comprados ou produzidos durante o período. **A média pode ser determinada em base periódica ou à medida que cada lote seja recebido**, dependendo das circunstâncias da entidade.

34. Quando os **estoques são vendidos** o custo escriturado desses **itens deve ser reconhecido como despesa do período em que a respectiva receita é reconhecida**. A quantia de qualquer redução dos estoques para o valor realizável líquido e todas as perdas de estoques devem ser reconhecidas como despesa do período em que a redução ou a perda ocorrerem. A quantia de toda reversão de redução de estoques, proveniente de aumento no valor realizável líquido, deve ser registrada como redução do item em que for reconhecida a despesa ou a perda, no período em que a reversão ocorrer.

## 8.4.1 Livros Fiscais

### 8.4.1.1 Registro de Inventário

O art. 261 do Regulamento do Imposto de Renda de 1999 (RIR/1999) dispõe que no Livro de Inventário deverão ser arrolados, com especificações que facilitem sua identificação, as mercadorias, os produtos manufaturados, as matérias-primas, os produtos em fabricação e os bens em almoxarifado existentes na data do Balanço Patrimonial levantado ao fim de cada período de apuração.

Sobre o conteúdo, modelo, autenticação e época de escrituração do livro Registro de Inventário, consulte o Parecer Normativo CST nº 5, de 1986. Na hipótese de escrituração descentralizada, admitir-se-á que o livro Registro de Inventário da Matriz, após o arrolamento de seus próprios bens, reproduza por totais, grupo a grupo, os inventários de cada estabelecimento que mantenha contabilidade não centralizada.

O Parecer Normativo CST nº 199, de 1970, trata do inventário anual de mercadorias e a admissibilidade do registro por sistema de processamento eletrônico, desde que atendidas as exigências do Decreto-Lei nº 486, de 1969, regulamentado pelo Decreto nº 64.567, de 1969.

### 8.4.1.2 Escrituração Fiscal Digital (EFD)

O Conselho Nacional de Política Fazendária (CONFAZ) e o Secretário Geral da Secretaria da Receita Federal, na 124ª reunião ordinária do Conselho Nacional de Política Fazendária, aprovaram o Convênio ICMS nº 143, de 2006, instituindo a Escrituração Fiscal Digital (EFD), integrante do Sistema Público de Escrituração Digital (SPED). O Ajuste SINIEF[4] nº 2, de 2009, e o Ato COTEPE[5]/ICMS nº 18, de 2009, tratam das empresas obrigadas a EFD.[6] A Instrução Normativa RFB nº 978/2009, alterada pela Instrução Normativa RFB nº 1.009/2010, aprova a Tabela de Códigos a ser utilizada na formalização da mencionada Escrituração Fiscal Digital (EFD).

#### 8.4.1.3 Livro Registro de Inventário e de Entradas na EFD[7]

A adoção da Escrituração Fiscal Digital (EFD), nos termos do Ajuste SINIEF nº 02, de 2009, supre:

- A elaboração, o registro e a autenticação de livros para registro de inventário e registro de entradas, em relação ao mesmo período, desde que informados na Escrituração Fiscal Digital.
- Em relação às mesmas informações, a exigência contida na Instrução Normativa SRF nº 86, de 2001, e a Instrução Normativa MPS/SRP nº 12, de 2006 (MANAD)[8].
- As pessoas jurídicas do segmento de construção civil dispensadas de apresentar a Escrituração Fiscal Digital (EFD) e obrigadas a escriturar o livro Registro de Inventário devem apresentá-lo na Escrituração Contábil Digital (ECD)[9] como um livro auxiliar.

#### 8.4.1.4 Livro Registro de Controle da Produção e do Estoque (antigo modelo 3)

O Ajuste SINIEF nº 2, de 2009, com a alteração do Ajuste SINIEF nº 18, de 2013, havia tornado obrigatória a escrituração do Livro Registro de Controle da Produção e do Estoque a partir de 1º de janeiro de 2015 para os contribuintes com atividade econômica industrial ou equiparada à industrial. Entretanto, com as alterações do Ajuste SINIEF nº 10, de 2014, como regra, o início da escrituração dar-se-ia a partir de 1º de janeiro de 2016, exceto em relação aos contribuintes que vierem a ser relacionados em protocolo ICMS, celebrado entre as administrações tributárias das unidades federadas e a Receita Federal do Brasil (RFB), cuja obrigatoriedade foi estabelecida a partir de 1º de janeiro de 2015.

#### 8.4.1.5 Registro e autenticação de Livros

O Parecer Normativo CST nº 127, de 1975, trata da escrituração, do registro e da autenticação dos Livros Fiscais e Comerciais e de sua obrigatoriedade quanto ao Diário, Registro de Inventário, Registro de Compras, Copiador de Cartas e Faturas, Registro de Duplicatas. Há diversos aspectos face à legislação do Imposto de Renda, relativamente à autenticação de livros e arquivos, inclusive no âmbito do SPED. Consulte a respeito a Instrução Normativa DREI[10] nº 11/2013.

### 8.4.2 Nota Fiscal Eletrônica (NF-e)

O Ajuste SINIEF nº 7, de 2005, e alterações posteriores, aprovadas no âmbito do Conselho Nacional de Política Fazendária, institui e disciplina a Nota Fiscal Eletrônica (NF-e) e o Documento Auxiliar da Nota Fiscal Eletrônica (DANFE). A Instrução Normativa RFB nº 932, de 2009, aprova a Tabela de Códigos a serem utilizados nas emissões das referidas NF-e.

---

4 Sistema Nacional de Informações Econômicas e Fiscais.

5 Comissão Técnica Permanente do Imposto sobre Operações Relativas à Circulação de Mercadorias e sobre Prestações de Serviços de Transporte Interestadual e Intermunicipal e de Comunicação.

6 Escrituração Fiscal Digital.

7 Consultar a Instrução Normativa RFB nº 1.420, de 2013, com redação dada pela Instrução Normativa RFB nº 1.486, de 2014.

8 Manual Normativo de Arquivos Digitais.

9 Escrituração Contábil Digital.

10 Departamento de Registro Empresarial e Integração.

## TESTES DE FIXAÇÃO

1. Da **Demonstração do Resultado do Exercício** da Comercial PVSN S/A, em 31 de dezembro de 20X0, foram extraídos os seguintes elementos:

**Contas**

- Receita Bruta da Venda de Mercadorias.......... R$ 110.000,00
- Receitas Financeiras.......... R$ 3.000,00
- Despesas de Comissões sobre Vendas.......... R$ 2.000,00
- Outras Despesas Operacionais.......... R$ 12.990,50
- Custo das Mercadorias Vendidas.......... R$ 52.750,00
- Descontos Incondicionais Concedidos.......... R$ 10.000,00
- PIS sobre a Receita Bruta.......... R$ 650,00
- COFINS sobre a Receita Bruta.......... R$ 3.000,00
- Receitas não operacionais (outras Receitas).......... R$ 4.000,00
- Despesas não operacionais (outras Despesas).......... R$ 500,00
- ICMS sobre Vendas.......... R$ 16.000,00
- Despesas Financeiras.......... R$ 1.000,00
- Provisão para o Imposto de Renda (sobre Lucro Real).......... R$ 2.400,00
- PIS – Despesa Operacional.......... R$ 19,50
- COFINS – Despesa Operacional.......... R$ 90,00
- Provisão para CSLL.......... R$ 2.160,00

O Resultado com Mercadorias (Lucro Bruto) e o Lucro Líquido do Exercício (após o Imposto de Renda) na referida demonstração importaram, respectivamente, em:

a) R$ 31.250,00 e R$ 10.000,00.
b) R$ 28.000,00 e R$ 17.000,00.
c) R$ 27.600,00 e R$ 13.440,00.
d) R$ 29.250,00 e R$ 13.000,00.
e) R$ 33.000,00 e R$ 11.250,00.

2. Dados em 31 de dezembro de 20X0:

**Títulos**

- Receita da Revenda de Mercadorias.......... R$ 1.000,00
- Receita da Prestação de Serviços.......... R$ 600,00
- Vendas Canceladas.......... R$ 100,00
- ICMS sobre a Revenda de Mercadorias.......... R$ 150,00
- Outros Impostos e Contribuições Incidentes sobre a Receita de Revenda de Mercadorias e da Prestação de Serviços.......... R$ 87,00
- Custo das Mercadorias Revendidas.......... R$ 430,00
- Custo dos Serviços Vendidos.......... R$ 310,00
- Outras Despesas Operacionais.......... R$ 293,00
- Receitas Financeiras Líquidas.......... R$ 70,00

Identifique, entre os itens acima relacionados, aqueles que são computados na determinação do Lucro Bruto e a natureza dos respectivos saldos. Efetue a soma algébrica dos valores identificados e assinale, em seguida, a alternativa que contém esse Lucro.

a) R$ 523,00.
b) R$ 270,00.

c) R$ 80,00.
d) R$ 200,00.
e) R$ 120,00.

**3.** O Balancete da Companhia Comercial PVSN, em 31 de dezembro de 20X0, antes do encerramento das contas de resultado, apresentou, entre outros, os seguintes saldos:

**Contas**

- Receita da Revenda de Mercadorias .................... R$ 20.000,00
- Vendas Canceladas de Mercadorias .................... R$ 1.000,00
- Abatimentos Incondicionais sobre Vendas de Mercadorias .................... R$ 2.000,00
- ICMS sobre Vendas de Mercadorias .................... R$ 3.000,00
- Outros Impostos sobre Vendas de Mercadorias .................... R$ 500,00
- Custo das Mercadorias Revendidas .................... R$ 10.500,00
- Estoque Final de Mercadorias para Revenda .................... R$ 1.600,00
- Variações Monetárias Ativas .................... R$ 700,00
- Receitas Financeiras .................... R$ 1.500,00

O Lucro Bruto, considerando-se apenas as contas necessárias à sua apuração, importou:
a) R$ 5.200,00.
b) R$ 1.400,00.
c) R$ 5.000,00.
d) R$ 4.000,00.
e) R$ 3.000,00.

Para responder às Questões 4 a 6, utilize as informações a seguir relativas às transações da empresa Comercial de café PVSN Ltda., durante o mês de maio de 20X0, a saber:

- EI – 20 kg de café a R$ 2,00/kg.
- 3.5.20X0 – aquisição de 20 kg de café a R$ 2,40/kg, tendo abatimento sobre a compra de R$ 4,00.
- 5.5.20X0 – venda de 15 kg de café a R$ 3,00/kg.
- 7.5.20X0 – aquisição de 20 kg de café a R$ 2,40, mais R$ 7,50 referentes a despesas com fretes.
- 10.5.20X0 – venda de 10 kg de café a R$ 4,00/kg.
- 11.5.20X0 – devolução de 10 kg de café da aquisição efetuada em 7 de maio de 20X0, sem ressarcimento do frete.
- 20.5.20X0 – venda de 8 kg de café a R$ 4,30/kg.
- 25.5.20X0 – aquisição de 23 kg de café a R$ 2,80/kg.

**Observação: Não levar em consideração os impostos incidentes sobre vendas.**

**4.** Caso a atribuição de preços aos inventários fosse feita pelo método PEPS (ou FIFO), o Lucro Bruto do período seria:
a) R$ 50,80.
b) R$ 53,80.
c) R$ 39,50.
d) R$ 43,25.
e) R$ 52,40.

**5.** Caso a atribuição de preços aos inventários fosse feita pelo método UEPS (ou LIFO), o CMV seria:

a) R$ 81,50.
b) R$ 52,40.
c) R$ 46,30.
d) R$ 68,60.
e) R$ 77,75.

**6.** Pelo Método da Média Ponderada, o estoque, em 25 de maio 20X0, teria o valor de:

a) R$ 64,50.
b) R$ 46,90.
c) R$ 60,00.
d) R$ 102,65.
e) R$ 73,50.

**7.** Indique o Lucro Bruto sobre Vendas, considerando que:

- o saldo inicial da conta Mercadorias para Revenda era de R$ 200,00;
- no período foram feitas aquisições de mercadorias sujeitas a ICMS de 20%, no montante de R$ 800,00;
- o inventário, ao final do período, registrou o valor de R$ 160,00, já excluído o ICMS;
- o montante das Vendas Brutas foi equivalente a 200% do custo das mercadorias vendidas;
- os impostos incidentes sobre as vendas equivaleram a 20%.

a) R$ 1.360,00.
b) R$ 504,00.
c) R$ 408,00.
d) R$ 952,00.
e) R$ 840,00.

**8.** No primeiro ano de funcionamento da empresa Alfa, ocorreram os seguintes fatos:

Vendas Totais ........ R$ 60,00
Compras ........ R$ 46,00
Devoluções de Compras ........ R$ 5,00
Custo das Mercadorias Vendidas ........ R$ 24,00

Sabe-se que:

- das vendas totais, foram devolvidas mercadorias que haviam sido vendidas por R$ 10,00;
- o saldo inicial da conta Mercadorias para Revenda era nulo;
- incidiram impostos de 20% sobre as compras e sobre as vendas;
- as despesas comerciais, financeiras, administrativas e gerais somaram R$ 12,00;
- a venda de bens do ativo imobilizado produziu um lucro de R$ 2,00.

Considerando as informações acima, indique a opção que contém o valor do saldo final da conta Mercadorias para Revenda e do Resultado do Exercício antes da Contribuição Social sobre o Lucro Líquido (CSLL) e do Imposto de Renda das Pessoas Jurídicas (IRPJ), respectivamente:

a) R$ 21,00 e R$ 26,00.
b) R$ 8,80 e R$ 6,00.
c) R$ 17,00 e R$ 6,00.
d) R$ 12,80 e R$ 10,00.
e) R$ 36,80 e R$ 2,80.

**9.** Foram levantados os seguintes dados da contabilidade:

| | |
|---|---|
| Estoque Final de Mercadorias | R$ 40,00 |
| Compras de Mercadorias | R$ 220,00 |
| Devolução de Compras | R$ 20,00 |
| Lucro Bruto de Vendas de Mercadorias | R$ 330,00 |
| Devolução de Vendas | R$ 80,00 |
| Vendas de Mercadorias | R$ 880,00 |

As compras e as vendas estavam sujeitas a impostos de 20%.
Os dados autorizam afirmar que o EI de Mercadorias era de:

a) R$ 190,00.
b) R$ 238,00.
c) R$ 254,00.
d) R$ 194,00.
e) R$ 214,00.

**10.** Na escrituração contábil de uma empresa varejista encontramos o seguinte lançamento de registro de compra de mercadorias:

D – Caixa
C – Mercadorias ........ 800,00

Sabendo-se que o registro se refere a uma NF com as seguintes características:

| | | |
|---|---|---|
| I. | 40 unidades produto X a R$ 12,50 a unidade | 500,00 |
| | 40 unidades produto Y a R$ 5,00 a unidade | 200,00 |
| | 40 unidades produto Z a R$ 2,50 a unidade | 100,00 |
| | (=) Subtotal | 800,00 |
| II. | IPI lançado | 120,00 |
| III. | Total da nota fiscal | 920,00 |
| IV. | Mercadoria sujeita ao ICMS de 18% | |
| V. | A empresa não é equiparada para efeito de IPI. | |

Podemos afirmar que o lançamento:

a) Está correto, apesar de não registrar o destaque do ICMS.
b) Não está correto, porque não registrou o destaque do ICMS e o lançamento do IPI.
c) Não está correto.
d) Não está correto, porque não registrou o destaque do ICMS.
e) Está correto.

**11.** Em um dado período, os registros da Comercial Brasileira Ltda. assinalaram vendas a crédito de R$ 50,00, ao custo de R$ 30,00.
Outras informações:

- As compras, sujeitas a ICMS de 20%, de R$ 60,00, foram feitas à vista.
- A empresa adota controle permanente de estoques e, no período, não se registraram perdas.
- Os impostos incidentes sobre vendas foram de 20%.
- As vendas à vista somaram R$ 100,00, ao custo de R$ 60,00.
- Os EIs de mercadorias eram de R$ 70,00.

Dois lançamentos que se relacionam com as vendas das mercadorias, apresentados de forma unificada e simplificada (para maior facilidade), são:

a) **pela aquisição das mercadorias:**
D – Mercadorias
C – Caixa 60,00
**pela venda e pela apropriação do custo das mercadorias vendidas:**
D – Caixa 100,00
D – Duplicatas a Receber 50,00
D – Custo de Mercadorias Vendidas 90,00
C – Mercadorias 240,00

b) **pela venda das mercadorias:**
D – Caixa 100,00
D – Duplicatas a Receber 50,00
C – Mercadorias para Revenda 240,00
**pela apropriação do custo das mercadorias vendidas:**
D – CMV
C – Mercadorias para Revenda 90,00

c) **pelo registro das aquisições de mercadorias:**
D – Mercadorias
C – Caixa 60,00
**pela apropriação do custo das mercadorias vendidas:**
D – CMV
C – Mercadorias 72,00

d) **pela venda das mercadorias:**
D – Caixa 100,00
C – Mercadorias 80,00
C – ICMS a Pagar 20,00
**pela apropriação do custo das mercadorias vendidas:**
D – CMV
C – Mercadorias 90,00

e) **pela apropriação do custo das mercadorias vendidas:**
D – CMV
C – Mercadorias em Estoque 90,00
**pela venda das mercadorias:**
D – Caixa 100,00
D – Clientes 50,00
C – Vendas 150,00

**12.** A Cia. Industrial Romex efetuou, conforme NF nº 1.383 de 30 de novembro de 20X9, a seguinte transação:

- Venda a prazo de 20 unidades do produto **X**, de sua fabricação, ao preço unitário de R$ 4,50 .......... R$ 90,00
- Desconto Incondicional Concedido (constante da própria NF) .......... R$ 10,00
- IPI .......... R$ 18,00
- ICMS destacado (na NF) .......... R$ 20,00

O lançamento de 4ª fórmula (só contas e valores) correspondente a essa operação foi:

a)

| | D | C |
|---|---|---|
| D – Clientes | 90,00 | |
| D – Impostos sobre Vendas | 38,00 | |
| C – Vendas | | 98,00 |
| C – Conta-Corrente do ICMS | | 20,00 |
| C – Descontos Incondicionais Concedidos | | 10,00 |
| | 128,00 | 128,00 |

b)

| | D | C |
|---|---|---|
| D – Clientes | 80,00 | |
| D – Descontos Incondicionais Concedidos | 10,00 | |
| D – Impostos sobre Vendas | 20,00 | |
| D – Conta-Corrente do IPI | 18,00 | |
| C – Vendas | | 90,00 |
| C – Impostos a Recolher | | 38,00 |
| | 128,00 | 128,00 |

c)

| | D | C |
|---|---|---|
| D – Clientes | 80,00 | |
| D – Descontos Incondicionais Concedidos | 10,00 | |
| D – Impostos sobre Vendas | 38,00 | |
| C – Vendas | | 90,00 |
| C – Conta-Corrente do IPI | | 18,00 |
| C – Conta-Corrente do ICMS | | 20,00 |
| | 128,00 | 128,00 |

d)

| | D | C |
|---|---|---|
| D – Clientes | 98,00 | |
| D – Descontos Incondicionais Concedidos | 10,00 | |
| D – Impostos sobre Vendas | 20,00 | |
| C – Vendas | | 90,00 |
| C – Conta-Corrente do IPI | | 18,00 |
| C – Conta-Corrente do ICMS | | 20,00 |
| | 128,00 | 128,00 |

e)

| | D | C |
|---|---|---|
| D – Clientes | 118,00 | |
| D – Descontos Incondicionais Concedidos | 10,00 | |
| C – Vendas | | 90,00 |
| C – Conta-Corrente do IPI | | 18,00 |
| C – Conta-Corrente do ICMS | | 20,00 |
| | 128,00 | 128,00 |

**13.** O Lucro Bruto calculado com base nos valores abaixo importa:

**Operações com mercadorias isentas de ICMS**

- Vendas ........ 336,00
- Devolução de Vendas ........ 9,00
- Abatimento sobre Vendas ........ 6,00
- EI ........ 45,00
- Compras ........ 273,00
- Devoluções de Compras ........ 4,00
- Abatimentos sobre Compras ........ 7,00
- Descontos Comerciais sobre Vendas ........ 8,00
- EF ........ 42,00
- Tributos Incidentes sobre Vendas (PIS e COFINS) ........ 8,00

a) R$ 66,00.
b) R$ 58,00.
c) R$ 56,00.
d) R$ 51,00.
e) R$ 50,00.

**14.** Dados constantes dos registros contábeis da Comercial Ômega Ltda. relativos ao exercício social findo em 31 de dezembro de 20X9:

**Mercadorias para Revenda**

- EI ........ 190,00
- Compras ........ 300,00
- Gastos com Compras (Fretes, Seguros etc.) ........ 280,00
- EF ........ 230,00

**Receita Líquida** ........ 1.500,00

**Outras Receitas**

- Financeira ........ 90,00
- Aluguéis de Imóveis ........ 10,00

Determine, considerando apenas os itens necessários à sua composição, o valor do Lucro Bruto em 31 de dezembro de 20X9 e marque a opção que o indica.

a) R$ 1.240,00.
b) R$ 1.060,00.
c) R$ 1.050,00.
d) R$ 970,00.
e) R$ 960,00.

**15.** No Pronunciamento Técnico CPC nº 16 – Estoques, o valor do custo de aquisição das mercadorias (aquisição de estoques) deve incluir todos os gastos com a referida aquisição. Assinale a alternativa que contenha a importância que não deve compor o custo de aquisição dos estoques.

a) A variação cambial até a data da entrada da mercadoria no estabelecimento adquirente.
b) Custos suportados pelo comprador tais como transporte, seguro, manuseio, embalagens e outros atribuíveis a aquisição da mercadoria.

c) No caso de mercadorias importadas, os gastos com desembaraço aduaneiro e o imposto de importação.
d) Devem ser deduzidos do custo da aquisição das mercadorias o valor das devoluções de compras, dos abatimentos sobre compras, dos descontos comerciais ou incondicionais obtidos.
e) A diferença entre o preço à vista e o preço a prazo na aquisição de mercadorias para o estoque. Essa diferença deve ser reconhecida como despesas de juros durante o período de financiamento da mercadoria adquirida.

**GABARITO**

| | | | | |
|---|---|---|---|---|
| 1. C | 2. A | 3. E | 4. A | 5. E |
| 6. D | 7. C | 8. B | 9. A | 10. C |
| 11. E | 12. D | 13. E | 14. E | 15. E |

# Capítulo 9

# Novo conceito contábil da receita da venda de bens e serviços

## 9.1 DA VENDA DE BENS

Embora o título se refira à venda de bens em geral, no presente capítulo vamos tratar especificamente da venda de bens do Ativo Circulante (curto prazo) e do Ativo Realizável a Longo Prazo (ARLP). Em seguida, no Item 9.2, analisaremos a receita da prestação de serviços. A venda dos demais bens do Ativo Não Circulante – Imobilizado, Investimentos e Intangível – será tratada no Capítulo 11.

### 9.1.1 Exclusão dos impostos sobre vendas

O conceito de receita de vendas e sua mensuração passou por mudanças significativas a partir da convergência das Normas Contábeis Brasileiras para as Internacionais, deflagrada pela edição das Leis nº 11.638/2007 e 11.971/2009 e pela criação do Comitê de Pronunciamentos Contábeis (CPC). Os pronunciamentos do CPC foram aprovados e adotados pelo Conselho Federal de Contabilidade (CFC), pela Comissão de Valores Mobiliários (CVM) e outros órgãos reguladores.

A **receita é definida**, na Estrutura Conceitual da Contabilidade (Pronunciamento Técnico CPC 00 – R1), como aumento nos benefícios econômicos durante o período contábil, sob a forma da entrada de recursos ou do aumento de Ativos ou diminuição de Passivos, que resultam em aumento do Patrimônio Líquido, e que não estejam relacionados com a contribuição dos detentores dos instrumentos patrimoniais (sócios ou acionistas).

Até aí, nada de novo.

Entretanto, no Pronunciamento CPC nº 30,[1] o referido órgão estabelece que, para fins de divulgação na demonstração do resultado, a receita inclui somente os ingressos brutos de benefícios econômicos recebidos e a receber pela entidade quando originários de suas próprias atividades.

Assim, as quantias cobradas por conta de terceiros – tais como tributos sobre vendas, tributos sobre bens e serviços e tributos sobre valor adicionado – não são benefícios econômicos que fluam para a entidade e não resultam em aumento do patrimônio líquido. Portanto, são excluídos da receita e contabilizados como Passivos.

---

[1] O Pronunciamento Técnico CPC nº 30, que trata das Receitas, será revogado a partir de 1º jan. 2018.

A prática contábil anterior era considerar os impostos incidentes sobre o preço de venda (Imposto sobre Circulação de Mercadorias e Serviços – ICMS, Imposto sobre Serviço – ISS, Programa de Integração Social – PIS, Contribuição para Financiamento da Seguridade Social – COFINS etc.) como parte da receita e contabilizar no Passivo, tendo como contrapartida uma conta de despesa e a obrigação de recolhê-los ao Fisco.

Como bem observa o CPC nº 30, esses ingressos de recursos decorrentes da transferência do ônus tributário para o comprador não podem ser considerados receitas porque esses benefícios não **fluem** para a entidade **de forma permanente**, que é meramente sua fiel depositária perante o Fisco.

Entretanto, como conciliar essa contabilização com as exigências do Fisco, explicitadas na Lei nº 12.973/2014, que considera tais tributos como integrantes da receita de venda de mercadorias pela entidade? O próprio CPC nº 30 dá a solução, ao recomendar que a entidade faça uso de outras contas de controle interno, como Receita Bruta Tributável, para fins fiscais e outros.

O referido pronunciamento dispõe também que a divulgação da receita na demonstração do resultado deve ser feita a partir das receitas conforme nele conceituadas. A entidade deve fazer a conciliação entre os valores registrados para finalidades fiscais e os evidenciados como receita para fins de divulgação, evidenciando-a às demonstrações contábeis em nota explicativa.

## CASO PRÁTICO

A Cia. Industrial Madressilva efetuou uma venda, à vista, de um lote de 1.000 unidades de mercadorias ao preço unitário de R$ 20,00 cada uma, com incidência de Imposto sobre Produtos Industrializados (IPI) à alíquota de 10% sobre o valor vendido. A alíquota do ICMS sobre a transação foi de 18% e a entidade é contribuinte do PIS e da COFINS na modalidade cumulativa (alíquotas de 0,65% e 3% respectivamente).

O valor total da Nota Fiscal (NF) foi de R$ 22.000,00, sendo R$ 20.000,00 correspondentes ao valor da venda e R$ 2.000,00 correspondentes ao IPI incidente na operação. Os demais impostos incidentes sobre vendas são:

- ICMS = 18% × R$ 20.000,00 = R$ 3.600,00
- PIS = 0,65% × R$ 20.000,00 = R$ 130,00
- COFINS = 3% × R$ 20.000,00 = R$ 600,00

**Contabilização de acordo com a nova norma contábil**

O valor da receita corresponderá aos R$ 22.000,00 diminuídos de todos os impostos incidentes sobre a venda:

| | |
|---|---|
| Faturamento (valor total da NF $) | R$ 22.000,00 |
| (–) IPI | (R$ 2.000,00) |
| (–) ICMS | (R$ 3.600,00) |
| (–) PIS | (R$ 130,00) |
| (–) COFINS | (R$ 600,00) |
| (=) Receita de vendas contábil | R$ **15.670,00** |

Para efeitos societários, o registro contábil da venda à vista será:

| | |
|---|---|
| D – Disponível | 22.000,00 |
| C – Receita de Vendas | 15.670,00 |
| C – IPI a Recolher | 2.000,00 |
| C – ICMS a Recolher | 3.600,00 |
| C – PIS a Recolher | 130,00 |
| C – COFINS a Recolher | 600,00 |

## 9.1.2 Exclusão dos descontos incondicionais concedidos

O Pronunciamento Técnico CPC nº 30 (R1), em seu Item 10, menciona expressamente a exclusão de descontos incondicionais concedidos pelo vendedor ou de bonificações por volume da transação do novo conceito de receita da venda de bens e serviços:

> 10. O montante da receita proveniente de uma transação é geralmente estabelecido entre a entidade e o comprador ou usuário do ativo. É mensurado pelo valor justo da contraprestação recebida, ou a receber, **deduzida de quaisquer descontos comerciais (*trade discounts*) e/ou bonificações (volume rebates) concedidos pela entidade ao comprador.**

**CASO PRÁTICO**

Uma companhia comercial vende mercadorias no valor de R$ 100.000,00, concedendo um desconto incondicional de R$ 10.000,00 na venda. Ela é contribuinte do PIS e da COFINS pelo regime não cumulativo. O desconto não é computado na base de cálculo dessas contribuições sociais bem como na do ICMS. As alíquotas são ICMS = 18%, PIS = 1,65% e COFINS = 7,6%.

Os impostos sobre a venda são:

- ICMS = 18% × R$ 90.000,00 = R$ 16.200,00
- PIS = 1,65% × R$ 90.000,00 = R$ 1.485,00
- COFINS = 7,6% × R$ 90.000,00 = R$ 6.840,00

**Contabilização de acordo com a nova norma contábil**

O valor da receita corresponderá aos R$ 100.000,00 diminuídos de todos os impostos sobre a venda e do desconto incondicional:

| | |
|---|---|
| Receita Bruta de Vendas | R$ 100.000,00 |
| (–) Desconto Incondicional | (R$ 10.000,00) |
| (–) ICMS | (R$ 16.200,00) |
| (–) PIS | (R$ 1.485,00) |
| (–) COFINS | (R$ 6.840,00) |
| (=) Receita de vendas contábil | R$ **65.475,00** |

Para efeitos societários, o registro contábil da operação será:

| | |
|---|---|
| D – Disponível | 90.000,00 |
| C – Receita de Vendas | 65.475,00 |
| C – ICMS a Recolher | 16.200,00 |
| C – PIS a Recolher | 1.485,00 |
| C – COFINS a Recolher | 6.840,00 |

**Contabilização de acordo com as contas de controle interno exigidas pelo Fisco Federal, com base nas disposições da Lei nº 12.973/2014.**

A contabilização será feita de acordo com os procedimentos descritos nos capítulos anteriores:

Pelo recebimento da venda

| | |
|---|---|
| D – Disponível | |
| C – Receita Bruta de Vendas | 100.000,00 |

Pelo registro do desconto

| | |
|---|---|
| D – Desconto Incondicional concedido | |
| C – Disponível | 10.000,00 |

Constituição das obrigações tributárias

| | |
|---|---|
| D – ICMS sobre Vendas | 16.200,00 |
| D – PIS sobre Vendas | 1.485,00 |
| D – COFINS sobre Vendas | 6.840,00 |
| C – ICMS a Recolher | 16.200,00 |
| C – PIS a Recolher | 1.485,00 |
| C – COFINS a Recolher | 6.840,00 |

Transferência para a Receita Líquida de Vendas

| | |
|---|---|
| D – Receita Bruta de Vendas | 100.000,00 |
| C – Desconto Incondicional Concedido | 10.000,00 |
| C – ICMS sobre Vendas | 16.200,00 |
| C – PIS sobre Vendas | 1.485,00 |
| C – COFINS sobre Vendas | 6.840,00 |
| C – Receita Líquida de Vendas | 65.475,00 |

### 9.1.3 Exclusão das devoluções de vendas

Quanto à devolução de vendas, o referido Pronunciamento explicita, em seu Item 17, que se houver risco de devolução de vendas por insatisfação do comprador, esse risco deve ser provisionado no Passivo da entidade. Embora o Pronunciamento mencione o caso de vendas a varejo, é nossa opinião que o mesmo raciocínio deve ser aplicado nas vendas por atacado, quando a mercadoria é devolvida, por exemplo, em virtude de não corresponder ao pedido efetuado pelo comprador:

> 17. Outro exemplo de entidade retendo tão-só um insignificante risco de propriedade diz respeito às vendas a varejo em que o valor da compra pode ser reembolsado se o cliente não ficar satisfeito. **A receita em tais casos deve ser reconhecida no momento da venda, desde que o vendedor possa estimar com confiabilidade as devoluções futuras. O Passivo correspondente a tais devoluções deve ser mensurado tomando por base experiências anteriores e outros fatores relevantes.**

**CASO PRÁTICO**

Vamos usar os mesmos dados do Caso prático, do Subitem 9.1.2, reproduzidos a seguir.

Uma companhia comercial vende mercadorias no valor de R$ 100.000,00, concedendo um desconto incondicional de R$ 10.000,00 na venda. Ela é contribuinte do PIS e da COFINS pelo regime não cumulativo. O desconto não é computado na base de cálculo do ICMS e das contribuições sociais. As alíquotas são: ICMS = 18%, PIS = 1,65% e COFINS = 7,6%.

Os impostos sobre a venda são:

- ICMS = 18% × R$ 90.000,00 = R$ 16.200,00
- PIS = 1,65% × R$ 90.000,00 = R$ 1.485,00
- COFINS = 7,6% × R$ 90.000,00 = R$ 6.840,00

Posteriormente, o cliente devolve R$ 10.000,00 em mercadorias, alegando defeito de fabricação.

**Contabilização de acordo com a nova norma contábil**
**Pela venda à vista**

O valor da receita corresponderá aos R$ 100.000,00 diminuídos de todos os impostos sobre a venda e do desconto incondicional:

| | |
|---|---|
| Receita Bruta de Vendas | R$ 100.000,00 |
| (–) Desconto Incondicional | (R$ 10.000,00) |
| (–) ICMS | (R$ 16.200,00) |
| (–) PIS | (R$ 1.485,00) |
| (–) COFINS | (R$ 6.840,00) |
| (=) Receita de Vendas contábil | R$ **65.475,00** |

Para efeitos societários, o registro contábil da operação será:

| | |
|---|---|
| D – Disponível | 90.000,00 |
| C – Receita de Vendas | 65.475,00 |
| C – ICMS a Recolher | 16.200,00 |
| C – PIS a Recolher | 1.485,00 |
| C – COFINS a Recolher | 6.840,00 |

Pela constituição da provisão para eventual devolução, estimada em 10% do valor total da receita de venda contabilizada

| | |
|---|---|
| D – Despesa de Provisão para Devolução de Vendas | |
| C – Provisão para Devolução de Vendas | 6.547,50 |

Pela devolução da venda (10% do valor vendido)

| | |
|---|---|
| D – Provisão para Devolução de Vendas | 6.547,50 |
| D – ICMS a Recuperar | 1.620,00 |
| D – PIS a Recuperar | 148,50 |
| D – COFINS a Recuperar | 684,00 |
| C – Disponível | 9.000,00 |

No caso acima, a devolução foi igual ao valor provisionado. Se a devolução for maior, além de dar baixa na provisão, a entidade deverá debitar Receita de Vendas pela diferença. Se for menor e a provisão permanecer com saldo credor até o fim do exercício, essa provisão deverá ser revertida com contrapartida na conta Outras Receitas.

**Contabilização de acordo com as contas de controle interno exigidas pelo Fisco Federal, com base nas disposições da Lei nº 12.973/2014**

A contabilização será feita de acordo com os procedimentos descritos nos capítulos anteriores:

Pelo recebimento da venda

| | |
|---|---|
| D – Disponível | |
| C – Receita Bruta de Vendas | 100.000,00 |

Pelo registro do desconto incondicional

| | |
|---|---|
| D – Desconto Incondicional Concedido | |
| C – Disponível | 10.000,00 |

Constituição das obrigações tributárias

| | |
|---|---|
| D – ICMS sobre Vendas | 16.200,00 |
| D – PIS sobre Vendas | 1.485,00 |
| D – COFINS sobre Vendas | 6.840,00 |
| C – ICMS a Recolher | 16.200,00 |
| C – PIS a Recolher | 1.485,00 |
| C – COFINS a Recolher | 6.840,00 |

Registro da devolução de vendas

| | |
|---|---|
| D – Devolução de Vendas | 10.000,00 |
| C – Desconto Incondicional Concedido | 1.000,00 |
| C – Disponível | 9.000,00 |

Pela recuperação dos impostos

| | |
|---|---|
| D – ICMS a Recuperar | 1.620,00 |
| D – PIS a Recuperar | 148,50 |
| D – COFINS a Recuperar | 684,00 |
| C – ICMS sobre Vendas | 1.620,00 |
| C – PIS sobre Vendas | 148,50 |
| C – COFINS sobre Vendas | 684,00 |

Transferência para a Receita Líquida de Vendas

| | |
|---|---|
| D – Receita Bruta de Vendas | 100.000,00 |
| C – Devolução de Vendas | 10.000,00 |
| C – Desconto Incondicional Concedido | 9.000,00 |
| C – ICMS sobre Vendas | 14.580,00 |
| C – PIS sobre Vendas | 1.336,50 |
| C – COFINS sobre Vendas | 6.156,00 |
| C – Receita Líquida de Vendas | 58.927,50 |

Conciliação

| | |
|---|---|
| Receita de vendas contábil | 65.475,00 |
| (–) Despesa com constituição da provisão | (6.547,50) |
| (=) Receita líquida de vendas (fiscal) | 58.927,50 |

Observe que as duas receitas têm valores diferentes, porque, **para efeitos tributários**, foi deduzido o valor da devolução de vendas como despesa redutora de vendas, **enquanto que para efeitos societários (contábeis)**, tal despesa não aparece como redutora de vendas, mas reflete uma despesa operacional relativa à constituição de um Passivo.

**ATENÇÃO**

Embora nossa interpretação esteja de acordo com o Pronunciamento Técnico CPC nº 30 (R1), conforme citado, acreditamos que grande parte das sociedades brasileiras continuará excluindo a Devolução de Vendas da Receita de Vendas por dois motivos:

- Trata-se de sistemática já bem conhecida em nosso meio.
- Nossos profissionais não estão acostumados com as técnicas de estimação de provisões.

Nesse caso, a receita líquida de vendas para fins tributários coincidirá com a receita de vendas contábil.

### 9.1.4 Exclusão de recursos de terceiros que transitam temporariamente pela entidade

Assim como os tributos sobre vendas, na relação de agenciamento (entre o principal e o agente), os ingressos brutos de benefícios econômicos provenientes dos montantes arrecadados pela entidade (agente), em nome do principal, não resultam em aumentos do Patrimônio Líquido da entidade (agente), uma vez que sua receita corresponde tão somente à comissão combinada entre as partes contratantes. É o caso, por exemplo, das agências de publicidade que cobram do cliente o valor total do serviço e repassam para as mídias em que tal publicidade foi veiculada. Esses recursos de terceiros devem ser contabilizados como Passivo na escrituração contábil do agente.

**CASO PRÁTICO**

A agência de publicidade **A** fechou um contrato com uma empresa cliente. O valor do contrato é de R$ 800.000,00, sendo que desse valor, R$ 220.000,00 serão repassados à empresa de mídia **B**, R$ 250.000,00 para a **C** e R$ 180.000,00 para a **D**, ficando o restante como a remuneração da prestação de serviços da agência.

Contabilização de acordo com a nova norma contábil

| | |
|---|---|
| D – Disponível | 800.000,00 |
| C – Contas a Pagar – à empresa B | 220.000,00 |
| C – Contas a Pagar – à empresa C | 250.000,00 |
| C – Contas a Pagar – à empresa D | 180.000,00 |
| C – Receita da Prestação de Serviços | 150.000,00 |

Na regra antiga, a empresa A escrituraria os R$ 800.000,00 como receita e, ao repassar o numerário devido às diversas mídias, contabilizaria o dispêndio como despesa. Do ponto de vista tributário, não haveria nenhuma diferença em relação à base de cálculo do IRPJ e da CSLL, visto que são receitas tributáveis e despesas dedutíveis, respectivamente. Já em relação ao PIS e à COFINS, a Receita Federal, no "Perguntas e Respostas IRPJ" relativos aos anos-calendário de 2014 e 2015, questão nº 21 do capítulo relativo à incidência dessas contribuições, esclarece que as empresas de propaganda e publicidade podem excluir da base de cálculo os valores repassados às mídias.

### 9.1.5 Exclusão dos Ajustes a Valor Presente

Uma das mais importantes modificações introduzidas pelas novas normas contábeis brasileiras, regulada pelo inciso VIII do art. 183 da Lei nº 6.404/1976 (cuja redação foi alterada pela Lei nº 11.638/2007), foi a obrigação de ajustar os elementos do ativo decorrentes de operações de longo prazo a Valor Presente. Aqueles decorrentes de operações de curto prazo somente serão ajustados quando houver efeito relevante sobre as demonstrações contábeis.

Os Ajustes a Valor Presente foram regulados pelo Comitê de Pronunciamentos Contábeis por meio do Pronunciamento Técnico CPC 12, aprovado pela Comissão de Valores Mobiliários (CVM), pela Deliberação nº 564/2008 e pelo Conselho Federal de Contabilidade (CFC), pela Resolução nº 1.151/2009.

O objetivo dessa nova norma foi diferenciar o que é receita de vendas (valor que seria cobrado se a operação fosse à vista) da receita financeira decorrente do financiamento dado ao comprador. Mesmo no caso em que o preço à vista coincide com o preço a prazo, o entendimento do CPC 12 é que os juros estão sendo cobrados implicitamente, uma vez que não há racionalidade econômica no fato de esses dois preços serem iguais.

Em grandes empresas de varejo, é comum o financiamento de bens de consumo durável no curto prazo, ou seja, com prazo inferior ou igual a 12 meses da data da operação. Essas vendas são relevantes para as entidades, de modo que é imperativo ajustá-las ao Valor Presente.

Quando o preço a prazo é maior que o preço à vista, a diferença entre os dois corresponderá ao Ajuste a Valor Presente. Caso isso não ocorra, quando a taxa de juros não está explícita nas condições de venda, o CPC 12 recomenda utilizar a taxa de juros livre de risco (que, no caso brasileiro, pode ser a taxa SELIC), mais um prêmio pelo risco associado ao crédito conforme o cadastro do comprador.

Na contabilização da venda, a receita de vendas é calculada pelo seu Valor Presente, ou seja, o preço de venda menos o Ajuste a Valor Presente. Este, por sua vez, constituirá uma conta redutora do recebível.

#### CASO PRÁTICO

A Cia. Comercial do Oeste vendeu a prazo um bem de consumo durável por R$ 48.000,00, em 20 parcelas de R$ 2.400,00. A taxa livre de risco é de 0,8% ao mês e a companhia adota um prêmio de risco de 0,4% ao mês para compras dessa natureza, totalizando 1,2% ao mês.

Utilizando uma planilha Excel, o Valor Presente da venda foi calculado assim:

| MESES | PRESTAÇÃO | TAXA DE JUROS | VALOR PRESENTE |
|---|---|---|---|
| 1 | R$ 2.400,00 | 1,0120 | R$ 2.371,54 |
| 2 | R$ 2.400,00 | 1,0241 | R$ 2.343,42 |
| 3 | R$ 2.400,00 | 1,0364 | R$ 2.315,63 |
| 4 | R$ 2.400,00 | 1,0489 | R$ 2.288,17 |
| 5 | R$ 2.400,00 | 1,0615 | R$ 2.261,04 |
| 6 | R$ 2.400,00 | 1,0742 | R$ 2.234,23 |
| 7 | R$ 2.400,00 | 1,0871 | R$ 2.207,74 |
| 8 | R$ 2.400,00 | 1,1001 | R$ 2.181,56 |
| 9 | R$ 2.400,00 | 1,1133 | R$ 2.155,69 |

(continua)

(*continuação*)

| MESES | PRESTAÇÃO | TAXA DE JUROS | VALOR PRESENTE |
|---|---|---|---|
| 10 | R$ 2.400,00 | 1,1267 | R$ 2.130,13 |
| 11 | R$ 2.400,00 | 1,1402 | R$ 2.104,87 |
| 12 | R$ 2.400,00 | 1,1539 | R$ 2.079,91 |
| 13 | R$ 2.400,00 | 1,1677 | R$ 2.055,25 |
| 14 | R$ 2.400,00 | 1,1818 | R$ 2.030,88 |
| 15 | R$ 2.400,00 | 1,1959 | R$ 2.006,80 |
| 16 | R$ 2.400,00 | 1,2103 | R$ 1.983,00 |
| 17 | R$ 2.400,00 | 1,2248 | R$ 1.959,49 |
| 18 | R$ 2.400,00 | 1,2395 | R$ 1.936,25 |
| 19 | R$ 2.400,00 | 1,2544 | R$ 1.913,29 |
| 20 | R$ 2.400,00 | 1,2694 | R$ 1.890,61 |
| **Total** | | | **R$ 42.449,51** |

Observe que o coeficiente 1,012 corresponde a 101,2% (101,2/100). No primeiro mês, ao dividir o valor futuro por essa taxa, calcular-se-á a importância que deveria ser aplicada no início do mês para que se obtenha R$ 2.400,00 no final do mês, ou seja, o Valor Presente dessa prestação futura. O mesmo ocorre nos demais meses, mas o fator 1,012 deve ser elevado à potência correspondente ao número da prestação, ou seja, na segunda prestação, será $1{,}012^2$, na terceira, $1{,}012^3$, e assim por diante.

O Valor Presente do fluxo das 20 prestações futuras, descontado a uma taxa de juros mensal de 1,2% ao mês, corresponde a R$ 42.449,51. Cada Valor Presente foi obtido dividindo-se a prestação fixa de R$ 2.400,00 pelo fator de Valor Presente que corresponde a $(1{,}012)^n$, onde ***n*** corresponde ao número da prestação. Como explicado anteriormente, para se entender a lógica dessa operação, perceba que o Valor Presente da 12ª prestação é, por exemplo, R$ 2.079,91. Se aplicássemos essa quantia por 12 meses a taxa de 1,2% ao mês, no sistema de juros compostos, obteríamos no final do período o valor da prestação de R$ 2.400,00.

Em cada mês, a entidade vai apropriar o Ajuste a Valor Presente como receita financeira. Por exemplo, no primeiro mês, o juro de 1,2% sobre o Valor Presente do recebível (R$ 42.449,51), que corresponde a R$ 509,39, será contabilizado como receita financeira e baixado da conta do Ajuste do Valor Presente. E assim por diante, até o vigésimo mês quando a conta de Ajuste de Valor Presente terá seu saldo zerado.

### Contabilização

Pela venda à vista

| | |
|---|---|
| D – Recebível | 48.000,00 |
| C – Ajuste a Valor Presente (redutora de recebível) | 5.550,49 |
| C – Receita de Vendas | 42.449,51 |

Pela apropriação da receita financeira após o 1º mês

| | |
|---|---|
| D – Ajuste a Valor Presente | |
| C – Receita Financeira | 509,39 |

Para saber o valor da apropriação da receita financeira mês a mês, é necessário utilizar uma tabela de amortização, a qual pode ser construída com o auxílio da planilha Excel:

| MESES | SD | TAXA DE JUROS | SD + JUROS | PRESTAÇÃO | NOVO SD | JUROS |
|---|---|---|---|---|---|---|
| 1 | 42.449,51 | 1,0120 | 42.958,90 | 2.400,00 | 40.558,90 | 509,39 |
| 2 | 40.558,90 | 1,0120 | 41.045,61 | 2.400,00 | 38.645,61 | 486,71 |
| 3 | 38.645,61 | 1,0120 | 39.109,36 | 2.400,00 | 36.709,36 | 463,75 |
| 4 | 36.709,36 | 1,0120 | 37.149,87 | 2.400,00 | 34.749,87 | 440,51 |
| 5 | 34.749,87 | 1,0120 | 35.166,87 | 2.400,00 | 32.766,87 | 417,00 |
| 6 | 32.766,87 | 1,0120 | 33.160,07 | 2.400,00 | 30.760,07 | 393,20 |
| 7 | 30.760,07 | 1,0120 | 31.129,19 | 2.400,00 | 28.729,19 | 369,12 |
| 8 | 28.729,19 | 1,0120 | 29.073,94 | 2.400,00 | 26.673,94 | 344,75 |
| 9 | 26.673,94 | 1,0120 | 26.994,03 | 2.400,00 | 24.594,03 | 320,09 |
| 10 | 24.594,03 | 1,0120 | 24.889,16 | 2.400,00 | 22.489,16 | 295,13 |
| 11 | 22.489,16 | 1,0120 | 22.759,03 | 2.400,00 | 20.359,03 | 269,87 |
| 12 | 20.359,03 | 1,0120 | 20.603,34 | 2.400,00 | 18.203,34 | 244,31 |
| 13 | 18.203,34 | 1,0120 | 18.421,78 | 2.400,00 | 16.021,78 | 218,44 |
| 14 | 16.021,78 | 1,0120 | 16.214,04 | 2.400,00 | 13.814,04 | 192,26 |
| 15 | 13.814,04 | 1,0120 | 13.979,81 | 2.400,00 | 11.579,81 | 165,77 |
| 16 | 11.579,81 | 1,0120 | 11.718,76 | 2.400,00 | 9.318,76 | 138,96 |
| 17 | 9.318,76 | 1,0120 | 9.430,59 | 2.400,00 | 7.030,59 | 111,83 |
| 18 | 7.030,59 | 1,0120 | 7.114,96 | 2.400,00 | 4.714,96 | 84,37 |
| 19 | 4.714,96 | 1,0120 | 4.771,54 | 2.400,00 | 2.371,54 | 56,58 |
| 20 | 2.371,54 | 1,0120 | 2.399,99 | 2.400,00 | –0,01 | 28,46 |

A coluna SD corresponde ao saldo devedor (SD) relativo a cada mês. Ela é multiplicada pelo fator de juros mensal (1,012) para obter o saldo devedor atualizado pelos juros. Este, diminuído da prestação recebida no mês, constitui o saldo devedor para o mês seguinte (novo SD). A diferença entre a coluna SD + Juros e a coluna SD corresponde ao juro mensal. A diferença de R$ 0,01 no final do período deve-se a erros de aproximação.

#### 9.1.5.1 Os Ajustes a Valor Presente e a incidência dos tributos sobre vendas

O Ajuste a Valor Presente (AVP), de acordo com a legislação tributária de nosso país**, não poderá ser excluído para apurar a base de cálculo de nenhum tributo ou contribuições sociais sobre vendas (PIS e COFINS).**

A legislação dos tributos e contribuições sobre vendas, tanto do IPI, quanto do ICMS, do ISS, do PIS e da COFINS, prevê a incidência destes sobre o valor nominal (monetário) da venda, ou seja, não permite que o AVP seja deduzido do valor da venda para fins de apuração da base de cálculo dos mencionados tributos e contribuições.

### 9.1.6 Conciliação entre o conceito contábil e fiscal da receita da venda de bens

De acordo com o disposto no Item 8B do Pronunciamento Técnico CPC nº 30 (R1), que trata do reconhecimento e mensuração das receitas, a conciliação entre os valores registrados para finalidades fiscais e os evidenciados como receita para fins de divulgação pública dos relatórios financeiros será evidenciada em nota explicativa às demonstrações contábeis.

Em nosso entender, tal conciliação poderia ser procedida da seguinte forma (os conceitos contábeis estão em negrito):

Receita Bruta da Venda de Bens
(–) Descontos Incondicionais Concedidos
(–) Devoluções de Vendas (Despesa com constituição de Provisão de Vendas)
(–) Tributos sobre Vendas
(–) Ajuste a Valor Presente
(=) Receita Líquida de Vendas
**(+) Despesa de Provisão para Vendas**
**(=) Receita Contábil de Vendas**

Como já mencionado no Subitem 9.1.3, as duas receitas de vendas (contábil e fiscal) têm valores diferentes, porque na fiscal foi deduzido o valor da devolução de vendas como despesa redutora de vendas, enquanto na contábil tal despesa não aparece como redutora de vendas, mas reflete uma despesa operacional relativa à constituição de um Passivo.

**CASO PRÁTICO**

A Cia. Industrial Miracatu efetuou uma venda a prazo de R$ 400.000,00, cujo efeito é relevante para as demonstrações contábeis da companhia, concedendo um desconto incondicional de R$ 10.000,00 para o comprador. Sobre o valor da venda, houve a incidência do IPI à alíquota de 10% (supondo que o desconto seja excluído da base de cálculo desse tributo – decisão recente do Supremo Tribunal Federal que teve repercussão geral). Houve a incidência do ICMS à alíquota de 18%, do PIS, à alíquota de 0,65%, e da COFINS, à alíquota de 3%. O Ajuste a Valor Presente foi calculado em R$ 30.000,00.

Posteriormente, o comprador devolveu 5% do lote adquirido, isto é, R$ 20.000,00, pelo fato de as mercadorias apresentarem defeitos de fabricação.

Contabilização de acordo com as contas de controle interno exigidas pelo Fisco Federal, com base nas disposições da Lei nº 12.973/2014:

A contabilização será feita de acordo com os procedimentos descritos nos capítulos anteriores:

Pela venda a prazo

| | |
|---|---|
| D – Duplicatas a Receber | 429.000,00 |
| D – Descontos Incondicionais Concedidos | 10.000,00 |
| D – Despesa com AVP | 30.000,00 |
| C – Ajuste a Valor Presente | 30.000,00 |
| C – Receita Bruta de Vendas | 400.000,00 |
| C – IPI a Recolher (10% × R$ 390.000,00) | 39.000,00 |

Constituição das obrigações tributárias dos impostos por dentro

| | |
|---|---|
| D – ICMS sobre Vendas (18% × R$ 390.000,00) | 70.200,00 |
| D – PIS sobre Vendas (0,65% × R$ 390.000,00) | 2.535,00 |
| D – COFINS sobre Vendas (3% × R$ 390.000,00) | 11.700,00 |
| C – ICMS a Recolher | 70.200,00 |
| C – PIS a Recolher | 2.535,00 |
| C – COFINS a Recolher | 11.700,00 |

Pela devolução de vendas

| | |
|---|---|
| D – Devolução de Vendas | 20.000,00 |
| D – IPI a Recuperar | 1.950,00 |
| D – Ajuste a Valor Presente | 1.500,00 |
| C – Despesa com AVP | 1.500,00 |
| C – Descontos Incondicionais Concedidos | 500,00 |
| C – Duplicatas a Receber | 21.450,00 |

Recuperação dos tributos por dentro com a devolução

| | |
|---|---|
| D – ICMS a Recuperar | 3.510,00 |
| D – PIS a Recuperar | 126,75 |
| D – COFINS a Recuperar | 585,00 |
| C – ICMS sobre Vendas | 3.510,00 |
| C – PIS sobre Vendas | 126,75 |
| C – COFINS sobre Vendas | 585,00 |

Transferência para a Receita Líquida de Vendas

| | |
|---|---|
| D – Receita Bruta de Vendas | 400.000,00 |
| C – Descontos Incondicionais Concedidos | 9.500,00 |
| C – Despesa com AVP | 28.500,00 |
| C – Devolução de Vendas | 20.000,00 |
| C – ICMS sobre Vendas | 66.690,00 |
| C – PIS sobre Vendas | 2.408,25 |
| C – COFINS sobre Vendas | 11.115,00 |
| C – Receita Líquida de Vendas | 261.786,75 |

**Contabilização pela nova regra contábil**

Pela venda a prazo

| | |
|---|---|
| D – Duplicatas a Receber | 429.000,00 |
| C – Receita de Vendas | 275.565,00 |
| C – Ajuste a Valor Presente | 30.000,00 |
| C – IPI a Recolher | 39.000,00 |
| C – ICMS a Recolher | 70.200,00 |
| C – PIS a Recolher | 2.535,00 |
| C – COFINS a Recolher | 11.700,00 |

Pela constituição da provisão para devolução de vendas (5% da receita de venda contabilizada)

| | |
|---|---|
| D – Despesa com provisão para Devolução de Vendas | |
| C – Provisão para Devolução de Vendas | 13.778,25 |

Pela devolução da venda

| | |
|---|---|
| D – Ajuste a Valor Presente | 1.500,00 |
| D – IPI a Recuperar | 1.950,00 |
| D – ICMS a Recuperar | 3.510,00 |
| D – PIS a Recuperar | 126,75 |
| D – COFINS a Recuperar | 585,00 |
| D – Provisão para Devolução de Vendas | 13.778,25 |
| C – Duplicatas a Receber | 21.450,00 |

**Conciliação da Receita de Vendas**

1. Fiscal

| | |
|---|---|
| Receita Bruta de Vendas | 400.000,00 |
| (–) Despesa com AVP | (28.500,00) |
| (–) Descontos Incondicionais Concedidos | (9.500,00) |
| (–) Devolução de Vendas | (20.000,00) |
| (–) ICMS sobre Vendas | (66.690,00) |
| (–) PIS sobre Vendas | (2.408,25) |
| (–) COFINS sobre Vendas | (11.115,00) |
| (=) Receita Líquida de Vendas | **261.786,75** |

2. Contábil

| | |
|---|---|
| Receita de Vendas | 275.565,00 |
| (–) Despesa de Provisão para Vendas | 13.778,25 |
| (=) Receita Líquida de Vendas (fiscal) | **261.786,75** |

## 9.2 ▸ RECEITA DA PRESTAÇÃO DE SERVIÇOS

A prestação de serviços envolve o desempenho da entidade em face da tarefa estabelecida contratualmente a ser executada ao longo de um período definido entre as partes. Tais serviços podem ser prestados dentro de um ou mais períodos. O costume, quando o serviço é efetuado no longo prazo, é reconhecer a receita dos serviços de acordo com a proporção realizada do total do serviço previsto. Este é o procedimento previsto no CPC nº 30 (R1), Item 20, que estabelece:

> 20. Quando a conclusão de uma transação que envolva a prestação de serviços puder ser estimada com confiabilidade, a receita associada à transação deve ser reconhecida tomando por base **o estágio de execução (*stage of completion*)** da transação ao término do período de reporte (comunicação da ocorrência).

Portanto, nesse caso, não há ocorrência de **Ajuste a Valor Presente**, tendo em vista que o recebimento acompanha a prestação do serviço.

Também é remota a possibilidade de devolução dos serviços. O que poderá ocorrer é, caso o cliente não fique satisfeito, efetuar novamente sua prestação de forma não onerosa ou um reembolso financeiro acordado entre as partes. Poderá ocorrer também a concessão de descontos incondicionais, que terão o mesmo tratamento dado à receita da venda de bens.

O tributo cobrado na operação é o Imposto sobre Serviços de Qualquer Natureza (ISS-QN), de competência municipal, cuja alíquota máxima é de 5% de acordo com a Lei Complementar nº 123. Trata-se de tributo cobrado por dentro (o imposto integra o preço de venda e faz base de cálculo dele mesmo) e o desconto incondicional é excluído de sua base de cálculo.

## CASO PRÁTICO

A Cia. SILPA efetuou a prestação de serviços a um cliente no valor de R$ 5.500,00. O valor à vista da NF de serviços foi de R$ 5.000,00, tendo em vista que a companhia concedeu um desconto incondicional de R$ 500,00 na operação. O valor do ISS, cobrado por dentro à alíquota de 5%, correspondeu a R$ 250,00 (5% × R$ 5.000,00).

**Contabilização, para fins societários**

D – Disponível
C – Receita da Prestação de Serviços 4.750,00

**Contabilização, para efeitos tributários**

1. Pela venda à vista

| | |
|---|---:|
| D – Disponível | 5.000,00 |
| D – Descontos Incondicionais Concedidos | 500,00 |
| C – Receita Bruta de Vendas | 5.000,00 |

2. Pelo reconhecimento da despesa com ISS

| | |
|---|---:|
| D – ISS sobre Prestação de Serviços | |
| C – ISS a Recolher | 250,00 |

3. Pela transferência para a Receita Líquida de Vendas

| | |
|---|---:|
| D – Receita Bruta de Vendas | 5.500,00 |
| C – ISS sobre Prestação de Serviços | 250,00 |
| C – Descontos Incondicionais Concedidos | 500,00 |
| C – Receita Líquida de Vendas | 4.750,00 |

## TESTES DE FIXAÇÃO

**1.** De acordo com as normas previstas no Pronunciamento Técnico CPC nº 30 (R1), é correto afirmar que, na contabilização da receita da venda de mercadorias ou serviços:

a) Somente devem ser excluídos da receita os tributos cobrados "por fora" do preço de venda, tal como o Imposto sobre Produtos Industrializados (IPI) no Brasil.
b) Devem ser computados na receita os descontos incondicionais concedidos, ou seja, aqueles que constam da NF de venda reduzindo o preço.
c) Deve-se creditar o total da receita mesmo que parte dela seja repassada a agentes da empresa vendedora.
d) Se efetuadas com prazo superior ao ciclo operacional da empresa (longo prazo), devem ser ajustadas a Valor Presente.
e) As eventuais devoluções dos produtos vendidos devem ser estornadas contra a conta de receita.

**2.** Analise as afirmações a seguir, referentes à contabilização da receita da venda de bens e serviços, e classifique-as em verdadeiras (V) ou falsas (F):

I. Os descontos incondicionais não integram a receita de vendas ou de prestação de serviços.
II. Somente os tributos cobrados por dentro sobre a venda de mercadorias devem ser excluídos do valor a ser contabilizado como receita da operação.
III. As bonificações concedidas em mercadorias não são consideradas descontos incondicionais, visto que dependem do valor da aquisição pelo comprador.

IV. A receita de vendas de mercadorias deve ser ajustada a Valor Presente se for efetuada no curto prazo, quando o valor for considerado relevante.
V. A entidade vendedora deve constituir uma provisão para as eventuais devoluções de vendas, classificando-as no Passivo.

A sequência correta é:
a) V, V, V, F, F.
b) V, F, V, V, F.
c) V, F, F, V, V.
d) F, F, F, V, V.
e) F, V, F, F, V.

**Os dados a seguir, expressos em R$, devem ser utilizados para responder às Questões 3 a 6:**

| | |
|---|---|
| Valor da venda de mercadorias a prazo (preço × quantidade) | 1.200.000,00 |
| Desconto incondicional concedido na nota fiscal de venda | 100.000,00 |
| Alíquota dos tributos incidentes na operação: | |
| IPI | 10% |
| ICMS | 18% |
| PIS | 1,65% |
| COFINS | 7,6% |

**3.** O valor da receita de vendas de mercadorias de acordo com as novas normas contábeis (CPC nº 30 – R1) é:
a) R$ 800.250,00.
b) R$ 873.000,00.
c) R$ 900.250,00.
d) R$ 690.250,00.
e) R$ 876.000,00.

**4.** A receita bruta de vendas, de acordo com as normas tributárias estabelecidas pela Lei nº 12.973/2014 corresponde a:
a) R$ 1.210.000,00.
b) R$ 1.200.000,00.
c) R$ 1.100.000,00.
e) R$ 873.000,00.
e) R$ 890.250,00.

**5.** O valor total da NF a ser pago pelo comprador é:
a) R$ 1.100.000,00.
b) R$ 1.000.000,00.
c) R$ 890.000,00.
d) R$ 890.250,00.
e) R$ 1.210.000,00.

**6.** Se o comprador devolver uma parte do lote comprado, de acordo com o CPC nº 30 (R1), o valor correspondente deverá ser debitado:
a) Na própria conta que registrou a receita da venda.
b) Em uma conta de despesa redutora da receita de vendas.

c) Na conta de Recebíveis.
d) Em uma conta de provisão para devolução de vendas.
e) Em uma conta de despesas de vendas.

**7.** Uma companhia comercial efetuou, em dezembro de 20X0, a venda de mercadorias para recebimento com prazo de 13 meses, considerando uma taxa de juros de 10% no período. O valor da NF foi de R$ 110.000,00. Não houve incidência de IPI na transação. O valor dos tributos incidentes sobre vendas correspondeu a R$ 23.815,00. De acordo com o CPC nº 30 (R1), o registro correto do fato contábil na data da transação é:

a) D – Contas a Receber (Ativo Circulante) 110.000,00
C – Receita de Vendas 76.185,00
C – Receita Financeira 33.815,00

b) D – Contas a Receber (Ativo Não Circulante) 110.000,00
C – Receita de Vendas 86.150,00
C – Tributos sobre Vendas a Recolher 23.815,00

c) D – Contas a Receber (Ativo Circulante) 110.000,00
C – Receita de Vendas 76.185,00
C – Receita Financeira a Apropriar (redutora do Ativo Circulante) 10.000,00
C – Tributos sobre Vendas a Recolher 23.815,00

d) D – Contas a Receber (Ativo Não Circulante) 110.000,00
C – Receita de Vendas 76.185,00
C – Receita Financeira a Apropriar (redutora do Ativo Não Circulante) 33.815,00

e) D – Contas a Receber (Ativo Não Circulante) 110.000,00
C – Receita de Vendas 76.185,00
C – Receita Financeira a Apropriar (redutora do Ativo Não Circulante) 10.000,00
C – Tributos sobre Vendas a Recolher 23.815,00

**Para responder aos testes 8 a 12, observe os dados a seguir:**

| NF A PRAZO DE: | | |
|---|---|---|
| **Elementos** | **Vendas** | **Devolução de Vendas** |
| Valor Bruto | 800.000,00 | 80.000,00 |
| (–) Descontos Incondicionais | 40.000,00 | 4.000,00 |
| **(=) Valor total da NF** | **760.000,00** | **76.000,00** |
| ICMS Destacado (18%) | 136.800,00 | 13.680,00 |
| **Contribuições sociais não cumulativas:** | | |
| • PIS (1,65% × Valor total das NF) | 12.540,00 | 1.254,00 |
| • COFINS (7,6% × Valor total das NF) | 57.760,00 | 5.776,00 |
| **Inventário permanente:** | | |
| • Custo das mercadorias vendidas | 360.000,00 | 36.000,00 |
| **AVP:** | | |
| • Inseridos na venda e na devolução | 80.000,00 | 8.000,00 |

**Nota:** As operações de Vendas e de Devolução de Vendas pertencem ao mesmo período de apuração.

**8.** Os valores da Receita Operacional Bruta e da Receita Operacional Líquida (Vendas Brutas e Líquidas), respectivamente, pelos critérios estabelecidos pela legislação tributária (arts. 279 e 280 do RIR/1999, com as alterações previstas na Lei nº 12.973, de 2014), correspondem a:

a) R$ 720.000,00 e R$ 425.610,00.
b) R$ 800.000,00 e R$ 472.900,00.
c) R$ 800.000,00 e R$ 552.900,00.
d) R$ 465.610,00 e R$ 87.290,00.
e) R$ 800.000,00 e R$ 425.610,00.

**9.** O valor total dos tributos incidentes sobre vendas, despesas operacionais redutoras da Receita Bruta para fins de apuração da Receita Líquida, pelos critérios estabelecidos pela legislação tributária (arts. 279 e 280 do RIR/1999, com as alterações previstas na Lei nº 12.973, de 2014), equivale a:

a) R$ 20.710,00.
b) R$ 157.510,00.
c) R$ 136.800,00.
d) R$ 186.390,00.
e) R$ 207.100,00.

**10.** O valor do Lucro Operacional Bruto (Lucro Bruto), pelos critérios estabelecidos pela legislação tributária (arts. 279 e 280 do RIR/1999, com as alterações previstas na Lei nº 12.973, de 2014), monta a:

a) R$ 104.000,00.
b) R$ 100.000,00.
c) R$ 101.610,00.
d) R$ 65.610,00.
e) R$ 112.900,00.

**11.** O valor da Receita de Vendas, pelos critérios estabelecidos pela legislação societária (Lei nº 6.404, de 1976, e os Pronunciamentos Técnicos CPC nº 12, que trata dos Ajustes a Valor Presente, e CPC nº 30, que trata das Receitas), corresponde a:

a) R$ 800.000,00.
b) R$ 472.900,00.
c) R$ 425.610,00.
d) R$ 597.610,00.
e) R$ 677.000,00.

**12.** O valor do Lucro Bruto, pelos critérios estabelecidos pela legislação societária (Lei nº 6.404, de 1976, Pronunciamentos Técnicos CPC nº 12, que trata dos Ajustes a Valor Presente – AVP, e CPC nº 30, que trata das Receitas), foi:

a) R$ 148.900,00.
b) R$ 101.610,00.
c) R$ 163.610,00.
d) R$ 217.610,00.
e) R$ 221.610,00.

**GABARITO**

| | | | | | |
|---|---|---|---|---|---|
| 1. D | 2. C | 3. A | 4. B | 5. E | 6. D |
| 7. E | 8. E | 9. D | 10. C | 11. B | 12. A |

# Capítulo 10

# Estrutura conceitual da Contabilidade

## 10.1 ▸ ESTRUTURA CONCEITUAL PARA A ELABORAÇÃO E A APRESENTAÇÃO DAS DEMONSTRAÇÕES CONTÁBEIS

O Brasil vive hoje uma grande etapa de transição para convergência das Normas Brasileiras de Contabilidade para as Normas Internacionais de Contabilidade.

Dentro desse contexto, surgiu o Comitê de Pronunciamentos Contábeis (CPC), cujo objetivo é emitir pronunciamentos que facilitem o processo de convergência, e cuja estrutura será apresentada em detalhes no Capítulo 14. Tais pronunciamentos vêm sendo aprovados e acatados pela Comissão de Valores Mobiliários (CVM) e pelo Conselho Federal de Contabilidade (CFC).

O primeiro pronunciamento do CPC trata da estrutura conceitual para a elaboração e a apresentação das demonstrações contábeis, tendo sido aprovado pela Deliberação 538/2008 da CVM e pela Resolução nº 1.121/2008 do CFC, posteriormente modificada pela Resolução nº 1.374/2011.

## 10.2 ▸ PRONUNCIAMENTO CONCEITUAL BÁSICO DO CPC

### 10.2.1 Resolução CFC nº 1.374/2011

*Dá nova redação à NBC TG ESTRUTURA CONCEITUAL – Estrutura Conceitual para Elaboração e Divulgação de Relatório Contábil-Financeiro.*

O **CONSELHO FEDERAL DE CONTABILIDADE**, no exercício de suas atribuições legais e regimentais e com fundamento no disposto na alínea "f" do art. 6º do Decreto-Lei nº 9.295/46, alterado pela Lei nº 12.249/10,

**Resolve:**

**Art. 1º** Dar nova redação à NBC TG ESTRUTURA CONCEITUAL – Estrutura Conceitual para Elaboração e Divulgação de Relatório Contábil-Financeiro, tendo em vista a edição do Pronunciamento Conceitual Básico (R1) pelo Comitê de Pronunciamentos Contábeis (CPC) que tem por base *The Conceptual Framework for Financial Reporting* (IASB – BV 2011 Blue Book).

**Art. 2º** Revogar a Resolução CFC nº 1.121/08, publicada no D.O.U., Seção I, de 1/4/08.

**Art. 3º** Esta Resolução entra em vigor na data de sua publicação, aplicando-se aos exercícios iniciados a partir de 1º de janeiro de 2011.

Brasília, 8 de dezembro de 2011.

Contador

**Juarez Domingues Carneiro**
Presidente

Ata CFC nº 959

### 10.2.2 Normas Brasileiras de Contabilidade: NBC TG estrutura conceitual – estrutura conceitual para elaboração e divulgação de relatório contábil-financeiro

| ÍNDICE | ITEM |
|---|---|
| Prefácio | |
| Introdução | |
| Finalidade e status | |
| Alcance | |
| CAPÍTULOS | |
| 1. Objetivo do relatório contábil-financeiro de propósito geral | OB1 – OB21 |
| 2. A entidade que reporta a informação | |
| 3. Características qualitativas da informação contábil-financeira útil | QC1 – QC39 |
| 4. Estrutura conceitual para a elaboração e apresentação das demonstrações contábeis: texto remanescente | |
| Premissa subjacente | 4.1 |
| Elementos das demonstrações contábeis | 4.2 – 4.36 |
| Reconhecimento dos elementos das demonstrações contábeis | 4.37 – 4.53 |
| Mensuração dos elementos das demonstrações contábeis | 4.54 – 4.56 |
| Conceitos de capital e manutenção de capital | 4.57 – 4.65 |
| Tabela de equivalência | |

## Prefácio

O *International Accounting Standards Board* (IASB) está em pleno processo de atualização de sua Estrutura Conceitual. O projeto dessa Estrutura Conceitual está sendo conduzido em fases.

À medida que um capítulo é finalizado, itens da Estrutura Conceitual para Elaboração e Apresentação das Demonstrações Contábeis, que foi emitida em 1989, vão sendo substituídos. Quando o projeto da Estrutura Conceitual for finalizado, o IASB terá um único documento, completo e abrangente, denominado *Estrutura Conceitual para Elaboração e Divulgação de Relatório Contábil-Financeiro* (*The Conceptual Framework for Financial Reporting*).

Esta versão da Estrutura Conceitual inclui dois capítulos que o IASB aprovou como resultado da primeira fase do projeto da Estrutura, o Capítulo 1 – *Objetivo da elaboração e divulgação de relatório contábil-financeiro de propósito geral* e o Capítulo 3 – *Características qualitativas da informação contábil-financeira útil*. O Capítulo 2 tratará do conceito relativo à entidade que divulga a informação. O Capítulo 4 contém o texto remanescente da antiga Estrutura Conceitual. A tabela de equivalência, ao término desta publicação, evidencia a correspondência entre os conteúdos do documento *Estrutura Conceitual para a Elaboração e Apresentação das Demonstrações Contábeis* e a atual *Estrutura Conceitual para Elaboração e Divulgação de Relatório Contábil-Financeiro*.

O CFC adenda a este Prefácio as seguintes observações:

As modificações introduzidas nesta Estrutura Conceitual por meio dos Capítulos 1 e 3 foram elaboradas conjuntamente pelo IASB e pelo FASB (*US Financial Accounting Standards Board*).

No Capítulo 1, o CFC chama a atenção para os seguintes tópicos que estão salientados nas Bases para Conclusões emitidas pelos IASB e FASB para justificarem as modificações e emitirem esta nova versão da Estrutura Conceitual:

a) posicionamento mais claro de que as informações contidas nos relatórios contábil-financeiros se destinam primariamente aos seguintes usuários externos: investidores, financiadores e outros credores, sem hierarquia de prioridade;
b) não foram aceitas as sugestões enviadas durante a audiência pública, feita por aqueles órgãos, no sentido de que caberia, na Estrutura Conceitual, com o objetivo da denominada "manutenção da estabilidade econômica", a possibilidade de postergação de informações sobre certas alterações nos ativos ou nos passivos. Pelo contrário, ficou firmada a posição de que prover prontamente informação fidedigna e relevante pode melhorar a confiança do usuário e assim contribuir para a promoção da estabilidade econômica.

No Capítulo 3, as principais mudanças também salientadas nas Bases para Conclusões foram as seguintes:

Divisão das características qualitativas da informação contábil-financeira em:

a) características qualitativas fundamentais (*fundamental qualitative characteristics – relevância e representação fidedigna*), as mais críticas; e
b) características qualitativas de melhoria (*enhancing qualitative characteristics – comparabilidade, verificabilidade, tempestividade e compreensibilidade*), menos críticas, mas ainda assim altamente desejáveis.

A característica qualitativa *confiabilidade* foi redenominada de *representação fidedigna*; as justificativas constam das Bases para Conclusões.

A característica *essência sobre a forma* foi formalmente retirada da condição de componente separado da *representação fidedigna,* por ser considerado isso uma redundância. A representação pela forma legal que difira da substância econômica não pode resultar em *representação fidedigna,* conforme citam as Bases para Conclusões. Assim, *essência sobre a forma* continua, na realidade, bandeira insubstituível nas normas do IASB.

A característica *prudência (conservadorismo*) foi também retirada da condição de aspecto da representação fidedigna por ser inconsistente com a *neutralidade.* Subavaliações de ativos e superavaliações de passivos, segundo os *Boards* mencionam nas Bases para Conclusões, com consequentes registros de desempenhos posteriores inflados, são incompatíveis com a informação que pretende ser neutra.

## Introdução

As demonstrações contábeis são elaboradas e apresentadas para usuários externos em geral, tendo em vista suas finalidades distintas e necessidades diversas. Governos, órgãos reguladores ou autoridades tributárias, por exemplo, podem determinar especificamente exigências para atender a seus próprios interesses. Essas exigências, no entanto, não devem afetar as demonstrações contábeis elaboradas segundo esta Estrutura Conceitual.

Demonstrações contábeis elaboradas dentro do que prescreve esta Estrutura Conceitual objetivam fornecer informações que sejam úteis na tomada de decisões econômicas e avaliações por parte dos usuários em geral, não tendo o propósito de atender finalidade ou necessidade específica de determinados grupos de usuários.

Demonstrações contábeis elaboradas com tal finalidade satisfazem as necessidades comuns da maioria dos seus usuários, uma vez que quase todos eles utilizam essas demonstrações contábeis para a tomada de decisões econômicas, tais como:

a) decidir quando comprar, manter ou vender instrumentos patrimoniais;
b) avaliar a administração da entidade quanto à responsabilidade que lhe tenha sido conferida e quanto à qualidade de seu desempenho e de sua prestação de contas;
c) avaliar a capacidade de a entidade pagar seus empregados e proporcionar-lhes outros benefícios;
d) avaliar a segurança quanto à recuperação dos recursos financeiros emprestados à entidade;
e) determinar políticas tributárias;
f) determinar a distribuição de lucros e dividendos;
g) elaborar e usar estatísticas da renda nacional; ou
h) regulamentar as atividades das entidades.

As demonstrações contábeis são mais comumente elaboradas segundo modelo baseado no custo histórico recuperável e no conceito da manutenção do capital financeiro nominal. Outros modelos e conceitos podem ser considerados mais apropriados para atingir o objetivo de proporcionar informações que sejam úteis para tomada de decisões econômicas, embora não haja presentemente consenso nesse sentido.

Esta Estrutura Conceitual foi desenvolvida de forma a ser aplicável a uma gama de modelos contábeis e conceitos de capital e sua manutenção.

## Finalidade e status

Esta Estrutura Conceitual estabelece os conceitos que fundamentam a elaboração e a apresentação de demonstrações contábeis destinadas a usuários externos. A finalidade desta Estrutura Conceitual é:

a) dar suporte ao desenvolvimento de novas normas, interpretações e comunicados técnicos e à revisão dos já existentes, quando necessário;
b) dar suporte à promoção da harmonização das regulações, das normas contábeis e dos procedimentos relacionados à apresentação das demonstrações contábeis, provendo uma base para a redução do número de tratamentos contábeis alternativos permitidos pelas normas, interpretações e comunicados técnicos;
c) dar suporte aos órgãos reguladores nacionais;
d) auxiliar os responsáveis pela elaboração das demonstrações contábeis na aplicação das normas, interpretações e comunicados técnicos e no tratamento de assuntos que ainda não tenham sido objeto desses documentos;
e) auxiliar os auditores independentes a formar sua opinião sobre a conformidade das demonstrações contábeis com as normas, interpretações e comunicados técnicos;
f) auxiliar os usuários das demonstrações contábeis na interpretação de informações nelas contidas, elaboradas em conformidade com as normas, interpretações e comunicados técnicos; e
g) proporcionar aos interessados informações sobre o enfoque adotado na formulação das normas, das interpretações e dos comunicados técnicos.

Esta Estrutura Conceitual não é uma norma propriamente dita e, portanto, não define normas ou procedimentos para qualquer questão particular sobre aspectos de mensuração ou divulgação. Nada nesta Estrutura Conceitual substitui qualquer norma, interpretação ou comunicado técnico.

Pode haver um número limitado de casos em que seja observado um conflito entre esta Estrutura Conceitual e uma norma, uma interpretação ou um comunicado técnico. Nesses casos, as exigências da norma, da interpretação ou do comunicado técnico específicos devem prevalecer sobre esta Estrutura Conceitual. Entretanto, à medida que futuras normas, interpretações e comunicados técnicos sejam desenvolvidos ou revisados tendo como norte esta Estrutura Conceitual, o número de casos de conflito entre esta Estrutura Conceitual e eles tende a diminuir.

Esta Estrutura Conceitual será revisada de tempos em tempos com base na experiência decorrente de sua utilização.

## Alcance

Esta Estrutura Conceitual aborda:

a) o objetivo da elaboração e divulgação de relatório contábil-financeiro;
b) as características qualitativas da informação contábil-financeira útil;
c) a definição, o reconhecimento e a mensuração dos elementos a partir dos quais as demonstrações contábeis são elaboradas; e
d) os conceitos de capital e de manutenção de capital.

# CAPÍTULO 1 Objetivo do relatório contábil-financeiro de propósito geral

| ÍNDICE | ITEM |
|---|---|
| Introdução | OB1 |
| Objetivo, utilidade e limitações do relatório contábil-financeiro de propósito geral | OB2 - OB11 |
| Informação acerca dos recursos econômicos da entidade que reporta a informação, reivindicações e mudanças nos recursos e reivindicações | OB12 - OB21 |
| Recursos econômicos e reivindicações | OB13 - OB14 |
| Mudanças nos recursos econômicos e reivindicações | OB15 - OB21 |
| Performance financeira refletida pelo regime de competência (*accruals*) | OB17 - OB19 |
| Performance financeira refletida pelos fluxos de caixa passados | OB20 |
| Mudanças nos recursos econômicos e reivindicações que não são resultantes da performance financeira | OB21 |

## Introdução

OB1. O objetivo da elaboração e divulgação de relatório contábil-financeiro de propósito geral constitui o pilar da Estrutura Conceitual. Outros aspectos da Estrutura Conceitual - como o conceito de entidade que reporta a informação, as características qualitativas da informação contábil-financeira útil e suas restrições, os elementos das demonstrações contábeis, o reconhecimento, a mensuração, a apresentação e a evidenciação - fluem logicamente desse objetivo.

## Objetivo, utilidade e limitações do relatório contábil-financeiro de propósito geral

OB2. O objetivo do relatório contábil-financeiro de propósito geral (*) é fornecer informações contábil-financeiras acerca da entidade que reporta essa informação (*reporting entity*) que sejam úteis a investidores existentes e em potencial, a credores por empréstimos e a outros credores, quando da tomada de decisão ligada ao fornecimento de recursos para a entidade. Essas decisões envolvem comprar, vender ou manter participações em instrumentos patrimoniais e em instrumentos de dívida, e a oferecer ou disponibilizar empréstimos ou outras formas de crédito.

(*) Ao longo de toda a Estrutura Conceitual, os termos *relatório contábil-financeiro* e elaboração e divulgação de relatório contábil-financeiro referem-se a *informações contábil-financeiras com propósito geral*, a menos que haja indicação específica em contrário.

OB3. Decisões a serem tomadas por investidores existentes e em potencial relacionadas a comprar, vender ou manter instrumentos patrimoniais e instrumentos de dívida dependem do retorno esperado dos investimentos feitos nos referidos instrumentos, por exemplo: dividendos, pagamentos de principal e de juros ou acréscimos nos preços de mercado. Similarmente, decisões a serem tomadas por credores por empréstimos e por outros credores, existentes ou em potencial, relacionadas a oferecer ou disponibilizar empréstimos ou outras formas de crédito, dependem dos pagamentos de principal e de juros ou de outros retornos que eles esperam. As expectativas de investidores, credores por empréstimos e outros credores em termos de retorno dependem da avaliação destes quanto ao montante, tempestividade e incertezas (as perspectivas) associados aos fluxos de caixa futuros de entrada para a entidade. Consequentemente, investidores existentes e em potencial, credores por empréstimo e outros credores necessitam de informação para auxiliá-los na avaliação das perspectivas em termos de entrada de fluxos de caixa futuros para a entidade.

OB4. Para avaliar as perspectivas da entidade em termos de entrada de fluxos de caixa futuros, investidores existentes e em potencial, credores por empréstimo e outros credores necessitam de informação acerca de recursos da entidade, reivindicações contra a entidade, e o quão eficiente e efetivamente a administração da entidade e seu conselho de administração (*) têm cumprido com suas responsabilidades no uso dos recursos da entidade. Exemplos de referidas responsabilidades incluem a proteção de recursos da entidade de efeitos desfavoráveis advindos de fatos econômicos, como, por exemplo, mudanças de preço e de tecnologia, e a garantia de que a entidade tem cumprido as leis, com a regulação e com as disposições contratuais vigentes. Informações sobre a aprovação do cumprimento de suas responsabilidades são também úteis para decisões a serem tomadas por investidores existentes, credores por empréstimo e outros que tenham o direito de votar ou de outro modo exerçam influência nos atos praticados pela administração.

(*) Ao longo de toda a Estrutura Conceitual, o termo administração refere-se tanto à diretoria executiva quanto ao conselho de administração ou órgãos similares, a menos que haja indicação específica em contrário.

OB5. Muitos investidores, credores por empréstimo e outros credores, existentes e em potencial, não podem requerer que as entidades que reportam a informação prestem a eles diretamente as informações de que necessitam, devendo desse modo confiar nos relatórios contábil-financeiros de propósito geral, para grande parte da informação contábil-financeira que buscam. Consequentemente, eles são os usuários primários para quem relatórios contábil-financeiros de propósito geral são direcionados.

OB6. Entretanto, relatórios contábil-financeiros de propósito geral não atendem e não podem atender a todas as informações de que investidores, credores por empréstimo e outros credores, existentes e em potencial, necessitam. Esses usuários precisam considerar informação pertinente de outras fontes, como, por exemplo, condições econômicas gerais e expectativas, eventos políticos e clima político, e perspectivas e panorama para a indústria e para a entidade.

OB7. Relatórios contábil-financeiros de propósito geral não são elaborados para se chegar ao valor da entidade que reporta a informação; a rigor, fornecem informação para auxiliar investidores, credores por empréstimo e outros credores, existentes e em potencial, a estimarem o valor da entidade que reporta a informação.

OB8. Usuários primários individuais têm diferentes, e possivelmente conflitantes, desejos e necessidades de informação. Este Conselho Federal de Contabilidade, ao levar à frente o processo de produção de suas normas, irá procurar proporcionar um conjunto de informações que atenda às necessidades do número máximo de usuários primários. Contudo, a concentração em necessidades comuns de informação não impede que a entidade que reporta a informação preste informações adicionais que sejam mais úteis a um subconjunto particular de usuários primários.

OB9. A administração da entidade que reporta a informação está também interessada em informação contábil-financeira sobre a entidade. Contudo, a administração não precisa apoiar-se em relatórios contábil-financeiros de propósito geral uma vez que é capaz de obter a informação contábil-financeira de que precisa internamente.

OB10. Outras partes interessadas, como, por exemplo, órgãos reguladores e membros do público que não sejam investidores, credores por empréstimo e outros credores, podem do mesmo modo achar úteis relatórios contábil-financeiros de propósito geral. Contudo, esses relatórios não são direcionados primariamente a esses outros grupos.

OB11. Em larga extensão, os relatórios contábil-financeiros são baseados em estimativas, julgamentos e modelos e não em descrições ou retratos exatos. A Estrutura Conceitual estabelece os conceitos que devem amparar tais estimativas, julgamentos e modelos. Os conceitos representam o objetivo que este CFC e os elaboradores dos relatórios contábil-financeiros devem se empenhar em alcançar. Assim como a maioria dos objetivos, a visão contida na Estrutura Conceitual do que sejam a elaboração e a divulgação do relatório contábil-financeiro ideal é improvável de ser atingida em sua totalidade, pelo menos no curto prazo, visto que se requer tempo para a compreensão, aceitação e implementação de novas formas de analisar transações e outros eventos. Não obstante, o estabelecimento de objetivo a ser alcançado com empenho é essencial para que o processo de elaboração e divulgação de relatório contábil-financeiro venha a evoluir e tenha sua utilidade aprimorada.

### Informação acerca dos recursos econômicos da entidade que reporta a informação, reivindicações e mudanças nos recursos e reivindicações

OB12. Relatórios contábil-financeiros de propósito geral fornecem informação acerca da posição patrimonial e financeira da entidade que reporta a informação, a qual representa informação sobre os recursos econômicos da entidade e reivindicações contra a entidade que reporta a informação. Relatórios contábil-financeiros também fornecem informação sobre os efeitos de transações e outros eventos que alteram os recursos econômicos da entidade que reporta a informação e reivindicações contra ela. Ambos os tipos de informação fornecem dados de entrada úteis para decisões ligadas ao fornecimento de recursos para a entidade.

### Recursos econômicos e reivindicações

OB13. Informação sobre a natureza e os montantes de recursos econômicos e reivindicações da entidade que reporta a informação pode auxiliar usuários a identificarem a fraqueza e o vigor financeiro da entidade que reporta a informação. Essa informação pode auxiliar os usuários a avaliar a liquidez e a solvência da entidade que reporta a informação, suas necessidades em termos de financiamento adicional e o quão provavelmente bem-sucedido será seu intento em angariar esse financiamento. Informações sobre as prioridades e as exigências de pagamento de reivindicações vigentes ajudam os usuários a predizer de que forma fluxos de caixa futuros serão distribuídos entre aqueles com reivindicações contra a entidade que reporta a informação.

OB14. Diferentes tipos de recursos econômicos afetam diferentemente a avaliação dos usuários acerca das perspectivas da entidade que reporta a informação em termos de fluxos de caixa futuros. Alguns fluxos de caixa futuros resultam diretamente de recursos econômicos existentes, como, por exemplo, contas a receber. Outros fluxos de caixa resultam do uso variado de recursos combinados com vistas à produção e venda de produtos e serviços aos clientes. Muito embora fluxos de caixa não possam ser identificados com recursos econômicos individuais (ou reivindicações), usuários dos relatórios contábil-financeiros precisam saber a natureza e o montante dos recursos disponíveis para uso nas operações da entidade que reporta a informação.

### Mudanças nos recursos econômicos e reivindicações

OB15. Mudanças nos recursos econômicos e reivindicações da entidade que reporta a informação resultam da performance financeira da entidade (ver itens OB17 a OB20) e de outros eventos ou transações, como, por exemplo, a emissão de títulos de dívida ou de títulos patrimoniais (ver Item OB21). Para poder avaliar adequadamente as perspectivas de fluxos de caixa futuros da entidade que reporta a informação, os usuários precisam estar aptos a distinguir a natureza dessas mudanças.

OB16. Informações sobre a performance financeira da entidade que reporta a informação auxiliam os usuários a compreender o retorno que a entidade tenha produzido sobre os seus recursos econômicos. Informações sobre o retorno que a entidade tenha produzido servem como indicativo de quão diligente a administração tem sido no desempenho de suas responsabilidades para tornar eficiente e eficaz o uso dos recursos da entidade que reporta a informação. Informações sobre a variabilidade e sobre os componentes desse retorno também são importantes, especialmente para avaliação das incertezas associadas a fluxos de caixa futuros. Informações sobre a performance financeira passada da entidade que reporta a informação e sobre o quão diligente a administração tem sido no desempenho de suas responsabilidades são do mesmo modo úteis para predição de retornos futuros da entidade sobre os seus recursos econômicos.

### Performance financeira refletida pelo regime de competência (*accruals*)

OB17. O regime de competência retrata com propriedade os efeitos de transações e outros eventos e circunstâncias sobre os recursos econômicos e reivindicações da entidade que reporta a informação nos períodos em que ditos efeitos são produzidos, ainda que os recebimentos e pagamentos em caixa derivados ocorram em períodos distintos. Isso é importante em função de a informação sobre os recursos econômicos e reivindicações da entidade que reporta a informação, e sobre as mudanças nesses recursos econômicos e reivindicações ao longo de um período, fornecer melhor base de avaliação da performance passada e futura da entidade do que a informação puramente baseada em recebimentos e pagamentos em caixa ao longo desse mesmo período.

OB18. Informações sobre a performance financeira da entidade que reporta a informação durante um período que são reflexos de mudanças em seus recursos econômicos e reivindicações, e não da obtenção adicional de recursos diretamente de investidores e credores (ver Item OB21), são úteis para avaliar a capacidade passada e futura da entidade na geração de fluxos de caixa líquidos. Essas informações servem de indicativos da extensão em que a entidade que reporta a informação tenha aumentado seus recursos econômicos disponíveis, e dessa forma sua capacidade de gerar fluxos de caixa líquidos por meio de suas operações e não pela obtenção de recursos adicionais diretamente de investidores e credores.

OB19. Informações sobre a performance financeira da entidade que reporta a informação durante um período também podem ser indicativos da extensão em que determinados eventos, tais como mudanças nos preços de mercado ou nas taxas de juros, tenham provocado aumento ou diminuição nos recursos econômicos e reivindicações da entidade, afetando por conseguinte a capacidade de a entidade gerar a entrada de fluxos de caixa líquidos.

### Performance financeira refletida pelos fluxos de caixa passados

OB20. Informações sobre os fluxos de caixa da entidade que reporta a informação durante um período também ajudam os usuários a avaliar a capacidade de a entidade gerar fluxos de caixa futuros líquidos. Elas indicam como a entidade que reporta a informação obtém e despende caixa, incluindo informações sobre seus empréstimos e resgate de títulos de dívida, dividendos em caixa e outras distribuições em caixa para seus investidores, e outros fatores que podem afetar a liquidez e a solvência da entidade. Informações sobre os fluxos de caixa auxiliam os usuários a compreender as operações da entidade que reporta a informação, a avaliar suas atividades de financiamento e investimento, a avaliar sua liquidez e solvência e a interpretar outras informações acerca de sua performance financeira.

### Mudanças nos recursos econômicos e reivindicações que não são resultantes da performance financeira

OB21. Os recursos econômicos e reivindicações da entidade que reporta a informação podem ainda mudar por outras razões que não sejam resultantes de sua performance financeira, como é o caso da emissão adicional de suas ações. Informações sobre esse tipo de mudança são necessárias para dar aos usuários uma completa compreensão do porquê das mudanças nos recursos econômicos e reivindicações da entidade que reporta a informação e as implicações dessas mudanças em sua futura performance financeira.

## CAPÍTULO 2 A entidade que reporta a informação

*[a ser acrescentado futuramente]*

## CAPÍTULO 3 Características qualitativas da informação contábil-financeira útil

| ÍNDICE | ITEM |
|---|---|
| Introdução | QC1 – QC3 |
| Características qualitativas da informação contábil-financeira útil | QC4 – QC34 |
| Características qualitativas fundamentais | QC5 – QC18 |
| Relevância | QC6 – QC11 |
| Materialidade | QC 11 |
| Representação fidedigna | QC12 – QC16 |
| Aplicação das características qualitativas fundamentais | QC17 – QC18 |
| Características qualitativas de melhoria | QC19 – QC34 |
| Comparabilidade | QC20 – QC25 |
| Verificabilidade | QC26 – QC28 |
| Tempestividade | QC29 |
| Compreensibilidade | QC30 – QC32 |
| Aplicação das características qualitativas de melhoria | QC33 – QC34 |
| Restrição de custo na elaboração e divulgação de relatório contábil-financeira útil | QC35 – QC39 |

## Introdução

QC1. As características qualitativas da informação contábil-financeira útil, discutidas neste capítulo, identificam os tipos de informação que muito provavelmente são reputadas como as mais úteis para investidores, credores por empréstimos e outros credores, existentes e em potencial, para tomada de decisões acerca da entidade que reporta com base na informação contida nos seus relatórios contábil-financeiros (informação contábil-financeira).

QC2. Os relatórios contábil-financeiros fornecem informação sobre os recursos econômicos da entidade que reporta a informação, sobre reivindicações contra a entidade que reporta a informação e os efeitos de transações e outros eventos e condições que modificam esses recursos e reivindicações. (Essa informação é referenciada na Estrutura Conceitual como sendo uma informação sobre o fenômeno econômico). Alguns relatórios contábil-financeiros também incluem material explicativo sobre as expectativas da administração e sobre as estratégias para a entidade que reporta a informação, bem como outros tipos de informação sobre o futuro (*forward-looking information*).

QC3. As características qualitativas da informação contábil-financeira útil (*) devem ser aplicadas à informação contábil-financeira fornecida pelas demonstrações contábeis, assim como à informação contábil-financeira fornecida por outros meios. O custo de gerar a informação, que é uma restrição sempre presente na entidade no processo de fornecer informação contábil-financeira útil, deve ser observado similarmente. No entanto, as considerações a serem tecidas quando da aplicação das características qualitativas e da restrição do custo podem ser diferentes para diferentes tipos de informação. Por exemplo, aplicá-las à informação sobre o futuro (*forward-looking information*) pode ser diferente de aplicá-las à informação sobre recursos econômicos e reivindicações existentes e sobre mudanças nesses recursos e reivindicações.

(*) Ao longo de toda esta Estrutura Conceitual, os termos características qualitativas e restrição irão se referir a características qualitativas da informação contábil-financeira útil e à restrição da informação contábil-financeira útil.

## Características qualitativas da informação contábil-financeira útil

QC4. Se a informação contábil-financeira é para ser útil, ela precisa ser relevante e representar com fidedignidade o que se propõe a representar. A utilidade da informação contábil-financeira é melhorada se ela for comparável, verificável, tempestiva e compreensível.

## Características qualitativas fundamentais

QC5. As características qualitativas fundamentais são relevância e representação fidedigna.

## Relevância

QC6. Informação contábil-financeira relevante é aquela capaz de fazer diferença nas decisões que possam ser tomadas pelos usuários. A informação pode ser capaz de fazer diferença em uma decisão mesmo no caso de alguns usuários decidirem não a levar em consideração, ou já tiver tomado ciência de sua existência por outras fontes.

QC7. A informação contábil-financeira é capaz de fazer diferença nas decisões se tiver valor preditivo, valor confirmatório ou ambos.

QC8. A informação contábil-financeira tem valor preditivo se puder ser utilizada como dado de entrada em processos empregados pelos usuários para predizer futuros resultados. A informação contábil-financeira não precisa ser uma predição ou uma projeção para que possua valor preditivo. A informação contábil-financeira com valor preditivo é empregada pelos usuários ao fazerem suas próprias predições.

QC9. A informação contábil-financeira tem valor confirmatório se retroalimentar – servir de *feedback* – avaliações prévias (confirmá-las ou alterá-las).

QC10. O valor preditivo e o valor confirmatório da informação contábil-financeira estão inter-relacionados. A informação que tem valor preditivo muitas vezes também tem valor confirmatório. Por exemplo, a informação sobre receita para o ano corrente, a qual pode ser utilizada como base para predizer receitas para anos futuros, também pode ser comparada com predições de receita para o ano corrente que foram feitas nos anos anteriores. Os resultados dessas comparações podem auxiliar os usuários a corrigirem e a melhorarem os processos que foram utilizados para fazer tais predições.

### Materialidade

QC11. A informação é material se a sua omissão ou sua divulgação distorcida (*misstating*) puder influenciar decisões que os usuários tomam com base na informação contábil-financeira acerca de entidade específica que reporta a informação. Em outras palavras, a materialidade é um aspecto de relevância específico da entidade baseado na natureza ou na magnitude, ou em ambos, dos itens para os quais a informação está relacionada no contexto do relatório contábil-financeiro de uma entidade em particular. Consequentemente, não se pode especificar um limite quantitativo uniforme para materialidade ou predeterminar o que seria julgado material para uma situação particular.

### Representação fidedigna

QC12. Os relatórios contábil-financeiros representam um fenômeno econômico em palavras e números. Para ser útil, a informação contábil-financeira não tem só que representar um fenômeno relevante, mas tem também que representar com fidedignidade o fenômeno que se propõe representar. Para ser representação perfeitamente fidedigna, a realidade retratada precisa ter três atributos. Ela tem que ser *completa*, *neutra* e *livre de erro*. É claro, a perfeição é rara, se de fato alcançável. O objetivo é maximizar referidos atributos na extensão que seja possível.

QC13. O retrato da realidade econômica completo deve incluir toda a informação necessária para que o usuário compreenda o fenômeno sendo retratado, incluindo todas as descrições e explicações necessárias. Por exemplo, um retrato completo de um grupo de ativos incluiria, no mínimo, a descrição da natureza dos ativos que compõem o grupo, o retrato numérico de todos os ativos que compõem o grupo, e a descrição acerca do que o retrato numérico representa (por exemplo, custo histórico original, custo histórico ajustado ou valor justo). Para alguns itens, um retrato completo pode considerar ainda explicações de fatos significativos sobre a qualidade e a natureza desses itens, fatos e circunstâncias que podem afetar a qualidade e a natureza deles, e os processos utilizados para determinar os números retratados.

QC14. Um retrato neutro da realidade econômica é desprovido de viés na seleção ou na apresentação da informação contábil-financeira. Um retrato neutro não deve ser distorcido com contornos que possa receber dando a ele maior ou menor peso, ênfase maior ou menor, ou qualquer outro tipo de manipulação que aumente a probabilidade de a informação contábil-financeira ser recebida pelos seus usuários de modo favorável ou desfavorável. Informação neutra não significa informação sem propósito ou sem influência no comportamento dos usuários. A bem da verdade, informação contábil-financeira relevante, por definição, é aquela capaz de fazer diferença nas decisões tomadas pelos usuários.

QC15. Representação fidedigna não significa exatidão em todos os aspectos. Um retrato da realidade econômica livre de erros significa que não há erros ou omissões no fenômeno retratado, e que o processo utilizado, para produzir a informação reportada, foi selecionado e foi aplicado livre de erros. Nesse sentido, um retrato da realidade econômica livre de erros não significa algo perfeitamente exato em todos os aspectos. Por exemplo, a estimativa de preço ou valor não observável não pode ser qualificada como sendo algo exato ou inexato. Entretanto, a representação dessa estimativa pode ser considerada fidedigna se o montante for descrito claramente e precisamente como sendo uma estimativa, se a natureza e as limitações do processo forem devidamente reveladas, e nenhum erro tiver sido cometido na seleção e aplicação do processo apropriado para desenvolvimento da estimativa.

QC16. Representação fidedigna, por si só, não resulta necessariamente em informação útil. Por exemplo, a entidade que reporta a informação pode receber um item do imobilizado por meio de subvenção governamental. Obviamente, a entidade ao reportar que adquiriu um ativo sem custo retrataria com fidedignidade o custo desse ativo, porém essa informação provavelmente não seria muito útil. Outro exemplo mais sutil seria a estimativa do montante por meio do qual o valor contábil do ativo seria ajustado para refletir a perda por desvalorização no seu valor (*impairment loss*). Essa estimativa pode ser uma representação fidedigna se a entidade que reporta a informação tiver aplicado com propriedade o processo apropriado, tiver descrito com propriedade a estimativa e tiver revelado quaisquer incertezas que afetam significativamente a estimativa. Entretanto, se o nível de incerteza de referida estimativa for suficientemente alto, a estimativa não será particularmente útil. Em outras palavras, a relevância do ativo que está sendo representado com fidedignidade será questionável. Se não existir outra alternativa para retratar a realidade econômica que seja mais fidedigna, a estimativa nesse caso deve ser considerada a melhor informação disponível.

### Aplicação das características qualitativas fundamentais

QC17. A informação precisa concomitantemente ser relevante e representar com fidedignidade a realidade reportada para ser útil. Nem a representação fidedigna de fenômeno irrelevante, tampouco a representação não fidedigna de fenômeno relevante auxiliam os usuários a tomarem boas decisões.

QC18. O processo mais eficiente e mais efetivo para aplicação das características qualitativas fundamentais usualmente seria o que segue (sujeito aos efeitos das características de melhoria e à restrição do custo, que não são considerados neste exemplo). Primeiro, identificar o fenômeno econômico que tenha o potencial de ser útil para os usuários da informação contábil-financeira reportada pela entidade. Segundo, identificar o tipo de informação sobre o fenômeno que seria mais relevante se estivesse disponível e que poderia ser representado com fidedignidade. Terceiro, determinar se a informação está disponível e pode ser representada com fidedignidade. Dessa forma, o processo de satisfazer as características qualitativas fundamentais chega ao seu fim. Caso contrário, o processo deve ser repetido a partir do próximo tipo de informação mais relevante.

### Características qualitativas de melhoria

QC19. Comparabilidade, verificabilidade, tempestividade e compreensibilidade são características qualitativas que melhoram a utilidade da informação que é relevante e que é representada com fidedignidade. As características qualitativas de melhoria podem também auxiliar a determinar qual de duas alternativas que sejam consideradas equivalentes em termos de relevância e fidedignidade de representação deve ser usada para retratar um fenômeno.

### Comparabilidade

QC20. As decisões de usuários implicam escolhas entre alternativas, como, por exemplo, vender ou manter um investimento, ou investir em uma entidade ou noutra. Consequentemente, a informação acerca da entidade que reporta informação será mais útil caso possa ser comparada com informação similar sobre outras entidades e com informação similar sobre a mesma entidade para outro período ou para outra data.

QC21. Comparabilidade é a característica qualitativa que permite que os usuários identifiquem e compreendam similaridades dos itens e diferenças entre eles. Diferentemente de outras características qualitativas, a comparabilidade não está relacionada com um único item. A comparação requer no mínimo dois itens.

QC22. Consistência, embora esteja relacionada com a comparabilidade, não significa o mesmo. Consistência refere-se ao uso dos mesmos métodos para os mesmos itens, tanto de um período para outro considerando a mesma entidade que reporta a informação, quanto para um único período entre entidades. Comparabilidade é o objetivo; a consistência auxilia a alcançar esse objetivo.

QC23. Comparabilidade não significa uniformidade. Para que a informação seja comparável, coisas iguais precisam parecer iguais e coisas diferentes precisam parecer diferentes. A comparabilidade da informação contábil-financeira não é aprimorada ao se fazer com que coisas diferentes pareçam iguais ou ainda ao se fazer coisas iguais parecerem diferentes.

QC24. Algum grau de comparabilidade é possivelmente obtido por meio da satisfação das características qualitativas fundamentais. A representação fidedigna de fenômeno econômico relevante deve possuir naturalmente algum grau de comparabilidade com a representação fidedigna de fenômeno econômico relevante similar de outra entidade que reporta a informação.

QC25. Muito embora um fenômeno econômico singular possa ser representado com fidedignidade de múltiplas formas, a discricionariedade na escolha de métodos contábeis alternativos para o mesmo fenômeno econômico diminui a comparabilidade.

### Verificabilidade

QC26. A verificabilidade ajuda a assegurar aos usuários que a informação representa fidedignamente o fenômeno econômico que se propõe representar. A verificabilidade significa que diferentes observadores, cônscios e independentes, podem chegar a um consenso, embora não cheguem necessariamente a um completo acordo, quanto ao retrato de uma realidade econômica em particular ser uma representação fidedigna. Informação quantificável não necessita ser um único ponto estimado para ser verificável. Uma faixa de possíveis montantes com suas probabilidades respectivas pode também ser verificável.

QC27. A verificação pode ser direta ou indireta. Verificação direta significa verificar um montante ou outra representação por meio de observação direta, como, por exemplo, por meio da contagem de caixa. Verificação indireta significa checar os dados de entrada do modelo, fórmula ou outra técnica e recalcular os resultados obtidos por meio da aplicação da mesma metodologia. Um exemplo é a verificação do valor contábil dos estoques por meio da checagem dos dados de entrada (quantidades e custos) e por meio do recálculo do saldo final dos estoques utilizando a mesma premissa adotada no fluxo do custo (por exemplo, utilizando o método PEPS).

QC28. Pode não ser possível verificar algumas explicações e alguma informação contábil-financeira sobre o futuro (*forward-looking information*) até que o período futuro seja totalmente alcançado. Para ajudar os usuários a decidir se desejam usar dita informação, é normalmente necessário divulgar as premissas subjacentes, os métodos de obtenção da informação e outros fatores e circunstâncias que suportam a informação.

### Tempestividade

QC29. Tempestividade significa ter informação disponível para tomadores de decisão a tempo de poder influenciá-los em suas decisões. Em geral, a informação mais antiga é a que tem menos utilidade. Contudo, certa informação pode ter o seu atributo tempestividade prolongado após o encerramento do período contábil, em decorrência de alguns usuários, por exemplo, necessitarem identificar e avaliar tendências.

### Compreensibilidade

QC30. Classificar, caracterizar e apresentar a informação com clareza e concisão torna-a compreensível.

QC31. Certos fenômenos são inerentemente complexos e não podem ser facilmente compreendidos. A exclusão de informações sobre esses fenômenos dos relatórios contábil-financeiros pode tornar a informação constante em referidos relatórios mais facilmente compreendida. Contudo, referidos relatórios seriam considerados incompletos e potencialmente distorcidos (*misleading*).

QC32. Relatórios contábil-financeiros são elaborados para usuários que têm conhecimento razoável de negócios e de atividades econômicas e que revisem e analisem a informação diligentemente. Por vezes, mesmo os usuários bem informados e diligentes podem sentir a necessidade de procurar ajuda de consultor para compreensão da informação sobre um fenômeno econômico complexo.

### Aplicação das características qualitativas de melhoria

QC33. Características qualitativas de melhoria devem ser maximizadas na extensão possível. Entretanto, as características qualitativas de melhoria, quer sejam individualmente ou em grupo, não podem tornar a informação útil se dita informação for irrelevante ou não for representação fidedigna.

QC34. A aplicação das características qualitativas de melhoria é um processo iterativo que não segue uma ordem preestabelecida. Algumas vezes, uma característica qualitativa de melhoria pode ter que ser diminuída para maximização de outra característica qualitativa. Por exemplo, a redução temporária na comparabilidade como resultado da aplicação prospectiva de uma nova norma contábil-financeira pode ser vantajosa para o aprimoramento da relevância ou da representação fidedigna no longo prazo. Divulgações apropriadas podem parcialmente compensar a não comparabilidade.

**Restrição de custo na elaboração e divulgação de relatório contábil-financeiro útil**

QC35. O custo de gerar a informação é uma restrição sempre presente na entidade no processo de elaboração e divulgação de relatório contábil-financeiro. O processo de elaboração e divulgação de relatório contábil-financeiro impõe custos, sendo importante que ditos custos sejam justificados pelos benefícios gerados pela divulgação da informação. Existem variados tipos de custos e benefícios a considerar.

QC36. Fornecedores de informação contábil-financeira envidam grande parte de seus esforços na coleta, no processamento, na verificação e na disseminação de informação contábil-financeira, mas os usuários em última instância pagam por esses custos na forma de retornos reduzidos. Usuários de informação contábil-financeira também incorrem em custos de análise e interpretação de informação fornecida. Se a informação demandada não é fornecida, os usuários incorrem em custos adicionais de obtenção da informação por meio de outras fontes ou por meio de sua estimativa.

QC37. A elaboração e divulgação de relatório contábil-financeiro que seja relevante e que represente com fidedignidade o que se propõe representar auxilia os usuários a tomarem decisões com grau de confiança maior. Isso resulta em funcionamento mais eficiente dos mercados de capitais e em custo menor de capital para a economia como um todo. O investidor individual, o credor por empréstimo ou outro credor também se beneficiam desse processo por meio de decisões assentadas na melhor informação. Entretanto, não é possível para relatórios contábil-financeiros de propósito geral fornecer toda e qualquer informação que todo usuário repute ser relevante.

QC38. Na aplicação da restrição do custo, avalia-se se os benefícios proporcionados pela elaboração e divulgação de informação em particular são provavelmente justificados pelos custos incorridos para fornecimento e uso dessa informação. Quando da aplicação da restrição do custo no desenvolvimento do padrão proposto de elaboração e divulgação, o órgão normatizador deve procurar se informar junto aos fornecedores da informação, usuários, auditores independentes, acadêmicos e outros agentes sobre a natureza e quantidade esperada de benefícios e custos desse padrão. Em grande parte dos casos, as avaliações são baseadas na combinação de informação quantitativa e qualitativa.

QC39. Em função da subjetividade inerente ao processo, as avaliações de diferentes indivíduos acerca dos custos e benefícios da elaboração e divulgação de itens particulares de informação contábil-financeira devem variar. Dessa forma, o órgão normatizador deve procurar tomar por base os custos e benefícios com relação à elaboração e à divulgação de modo geral, e não somente em relação a entidades individuais que reportam a informação. Isso não quer dizer que as avaliações de custos e benefícios sempre são justificadas pelas mesmas exigências de divulgação para todas as entidades. Diferenças podem ser apropriadas em decorrência dos tamanhos variados das entidades, das diferentes formas de captação de capital (publicamente ou privadamente), das diferentes necessidades de usuários ou de outros fatores.

## CAPÍTULO 4 Estrutura conceitual para a elaboração e apresentação das demonstrações contábeis: texto remanescente



O texto remanescente da Estrutura Conceitual para a Elaboração e Apresentação das Demonstrações Contábeis anteriormente emitida não foi emendado para refletir quaisquer alterações implementadas pela NBC TG 26 – Apresentação das Demonstrações Contábeis (a IAS 1 que o espelha foi revisada pelo IASB em 2007).

*O texto remanescente será atualizado quando forem revisitados conceitualmente os elementos das demonstrações contábeis e suas bases de mensuração.*

## Premissa subjacente

### Continuidade

4.1. As demonstrações contábeis normalmente são elaboradas tendo como premissa que a entidade está em atividade (*going concern assumption*) e irá manter-se em operação por um futuro previsível. Desse modo, parte-se do pressuposto de que a entidade não tem a intenção, tampouco a necessidade, de entrar em processo de liquidação ou de reduzir materialmente a escala de suas operações. Por outro lado, se essa intenção ou necessidade existir, as demonstrações contábeis podem ter que ser elaboradas em bases diferentes e, nesse caso, a base de elaboração utilizada deve ser divulgada.

## Elementos das demonstrações contábeis

4.2. As demonstrações contábeis retratam os efeitos patrimoniais e financeiros das transações e outros eventos, por meio do grupamento dos mesmos em classes amplas de acordo com as suas características econômicas. Essas classes amplas são denominadas elementos das demonstrações contábeis. Os elementos diretamente relacionados à mensuração da posição patrimonial e financeira no balanço patrimonial são os ativos, os passivos e o patrimônio líquido. Os elementos diretamente relacionados com a mensuração do desempenho na demonstração do resultado são as receitas e as despesas. A demonstração das mutações na posição financeira usualmente reflete os elementos da demonstração do resultado e as alterações nos elementos do balanço patrimonial. Assim, esta Estrutura Conceitual não identifica qualquer elemento que seja exclusivo dessa demonstração.

4.3. A apresentação desses elementos no balanço patrimonial e na demonstração do resultado envolve um processo de subclassificação. Por exemplo, ativos e passivos podem ser classificados por sua natureza ou função nos negócios da entidade, a fim de mostrar as informações da maneira mais útil aos usuários para fins de tomada de decisões econômicas.

### Posição patrimonial e financeira

4.4. Os elementos diretamente relacionados com a mensuração da posição patrimonial e financeira são os ativos, os passivos e o patrimônio líquido. Estes são definidos como segue:

a) *ativo* é um recurso controlado pela entidade como resultado de eventos passados e do qual se espera que fluam futuros benefícios econômicos para a entidade;
b) *passivo* é uma obrigação presente da entidade, derivada de eventos passados, cuja liquidação se espera que resulte na saída de recursos da entidade capazes de gerar benefícios econômicos;
c) *patrimônio líquido* é o interesse residual nos ativos da entidade depois de deduzidos todos os seus passivos.

4.5. As definições de ativo e de passivo identificam suas características essenciais, mas não procuram especificar os critérios que precisam ser observados para que eles possam ser reconhecidos no balanço patrimonial. Desse modo, as definições abrangem itens que não são reconhecidos como ativos ou como passivos no balanço patrimonial em função de não satisfazerem os critérios de reconhecimento discutidos nos itens 4.37 a 4.53. Especificamente, a expectativa de que futuros benefícios econômicos fluam para a entidade ou saiam da entidade deve ser suficientemente certa para que seja observado o critério de probabilidade do Item 4.38, antes que um ativo ou um passivo seja reconhecido.

4.6. Ao avaliar se um item se enquadra na definição de ativo, passivo ou patrimônio líquido, deve-se atentar para a sua essência subjacente e realidade econômica e não apenas para sua forma legal. Assim, por exemplo, no caso do arrendamento mercantil financeiro, a essência subjacente e a realidade econômica são a de que o arrendatário adquire os benefícios econômicos do uso do ativo arrendado pela maior parte da sua vida útil, em contraprestação de aceitar a obrigação de pagar por esse direito valor próximo do valor justo do ativo e o respectivo encargo financeiro. Dessa forma, o arrendamento mercantil financeiro dá origem a itens que satisfazem à definição de ativo e de passivo e, portanto, devem ser reconhecidos como tais no balanço patrimonial do arrendatário.

4.7. Balanços patrimoniais elaborados de acordo com as normas, interpretações e comunicados técnicos vigentes podem incluir itens que não satisfaçam às definições de ativo ou de passivo e que não sejam tratados como parte do patrimônio líquido. As definições estabelecidas no Item 4.4 devem, por outro lado, subsidiar futuras revisões a serem promovidas nos documentos vigentes, bem como na formulação de normas, interpretações e comunicados técnicos adicionais.

### Ativos

4.8. O benefício econômico futuro incorporado a um ativo é o seu potencial em contribuir, direta ou indiretamente, para o fluxo de caixa ou equivalentes de caixa para a entidade. Tal potencial pode ser produtivo, quando o recurso for parte integrante das atividades operacionais da entidade. Pode também ter a forma de conversibilidade em caixa ou equivalentes de caixa ou pode ainda ser capaz de reduzir as saídas de caixa, como no caso de processo industrial alternativo que reduza os custos de produção.

4.9. A entidade geralmente emprega os seus ativos na produção de bens ou na prestação de serviços capazes de satisfazer os desejos e as necessidades dos consumidores. Tendo em vista que esses bens ou serviços podem satisfazer esses desejos ou necessidades, os consumidores se predispõem a pagar por eles e a contribuir assim para o fluxo de caixa da entidade. O caixa por si só rende serviços para a entidade, visto que exerce um comando sobre os demais recursos.

4.10. Os benefícios econômicos futuros incorporados a um ativo podem fluir para a entidade de diversas maneiras. Por exemplo, o ativo pode ser:

a) usado isoladamente ou em conjunto com outros ativos na produção de bens ou na prestação de serviços a serem vendidos pela entidade;
b) trocado por outros ativos;
c) usado para liquidar um passivo; ou
d) distribuído aos proprietários da entidade.

4.11. Muitos ativos, como, por exemplo, itens do imobilizado, têm forma física. Entretanto, a forma física não é essencial para a existência de ativo. Assim sendo, as patentes e os direitos autorais, por exemplo, são considerados ativos, caso deles sejam esperados que benefícios econômicos futuros fluam para a entidade e caso eles sejam por ela controlados.

4.12. Muitos ativos, como, por exemplo, contas a receber e imóveis, estão associados a direitos legais, incluindo o direito de propriedade. Ao determinar a existência do ativo, o direito de propriedade não é essencial. Assim, por exemplo, um imóvel objeto de arrendamento mercantil será um ativo, caso a entidade controle os benefícios econômicos que são esperados que fluam da propriedade. Embora a capacidade de a entidade controlar os benefícios econômicos normalmente resulte da existência de direitos legais, o item pode, contudo, satisfazer à definição de ativo mesmo quando não houver controle legal. Por exemplo, o conhecimento (*know-how*) obtido por meio da atividade de desenvolvimento de produto pode satisfazer à definição de ativo quando, mantendo esse conhecimento (*know-how*) em segredo, a entidade controlar os benefícios econômicos que são esperados que fluam desse ativo.

4.13. Os ativos da entidade resultam de transações passadas ou de outros eventos passados. As entidades normalmente obtêm ativos por meio de sua compra ou produção, mas outras transações ou eventos podem gerar ativos. Por exemplo, um imóvel recebido de ente governamental como parte de programa para fomentar o crescimento econômico de dada região ou a descoberta de jazidas minerais. Transações ou eventos previstos para ocorrer no futuro não dão origem, por si só, ao surgimento de ativos. Desse modo, por exemplo, a intenção de adquirir estoques não atende, por si só, à definição de ativo.

4.14. Há uma forte associação entre incorrer em gastos e gerar ativos, mas ambas as atividades não são necessariamente indissociáveis. Assim, o fato de a entidade ter incorrido em gasto pode fornecer uma evidência de busca por futuros benefícios econômicos, mas não é prova conclusiva de que um item que satisfaça à definição de ativo tenha sido obtido. De modo análogo, a ausência de gasto relacionado não impede que um item satisfaça à definição de ativo e se qualifique para reconhecimento no balanço patrimonial. Por exemplo, itens que foram doados à entidade podem satisfazer à definição de ativo.

**Passivos**

4.15. Uma característica essencial para a existência de passivo é que a entidade tenha uma obrigação presente. Uma obrigação é um dever ou responsabilidade de agir ou de desempenhar uma dada tarefa de certa maneira. As obrigações podem ser legalmente exigíveis em consequência de contrato ou de exigências estatutárias. Esse é normalmente o caso, por exemplo, das contas a pagar por bens e serviços recebidos. Entretanto, obrigações surgem também de práticas usuais do negócio, de usos e costumes e do desejo de manter boas relações comerciais ou agir de maneira equitativa. Desse modo, se, por exemplo, a entidade que decida, por questão de política mercadológica ou de imagem, retificar defeitos em seus produtos, mesmo quando tais defeitos tenham se tornado conhecidos depois da expiração do período da garantia, as importâncias que espera gastar com os produtos já vendidos constituem passivos.

4.16. Deve-se fazer uma distinção entre obrigação presente e compromisso futuro. A decisão da administração de uma entidade para adquirir ativos no futuro não dá origem, por si só, a uma obrigação presente. A obrigação normalmente surge somente quando um ativo é entregue ou a entidade ingressa em acordo irrevogável para adquirir o ativo. Nesse último caso, a natureza irrevogável do acordo significa que as consequências econômicas de deixar de cumprir a obrigação, como, por exemplo, em função da existência de penalidade contratual significativa, deixam a entidade com pouca, caso haja alguma, liberdade para evitar o desembolso de recursos em favor da outra parte.

4.17. A liquidação de uma obrigação presente geralmente implica a utilização, pela entidade, de recursos incorporados de benefícios econômicos a fim de satisfazer a demanda da outra parte. A liquidação de uma obrigação presente pode ocorrer de diversas maneiras, como, por exemplo, por meio de:

a) pagamento em caixa;
b) transferência de outros ativos;
c) prestação de serviços;
d) substituição da obrigação por outra; ou
e) conversão da obrigação em item do patrimônio líquido.

A obrigação pode também ser extinta por outros meios, tais como pela renúncia do credor ou pela perda dos seus direitos.

4.18. Passivos resultam de transações ou outros eventos passados. Assim, por exemplo, a aquisição de bens e o uso de serviços dão origem a Contas a Pagar (a não ser que pagos adiantadamente ou na entrega) e o recebimento de empréstimo bancário resulta na obrigação de honrá-lo no vencimento. A entidade também pode ter a necessidade de reconhecer como passivo os futuros abatimentos baseados no volume das compras anuais dos clientes. Nesse caso, a venda de bens no passado é a transação que dá origem ao passivo.

4.19. Alguns passivos somente podem ser mensurados por meio do emprego de significativo grau de estimativa. No Brasil, denominam-se esses passivos de provisões. A definição de passivo, constante do Item 4.4, segue uma abordagem ampla. Desse modo, caso a provisão envolva uma obrigação presente e satisfaça os demais critérios da definição, ela é um passivo, ainda que seu montante tenha que ser estimado. Exemplos concretos incluem provisões para pagamentos a serem feitos para satisfazer acordos com garantias em vigor e provisões para fazer face a obrigações de aposentadoria.

## Patrimônio líquido

4.20. Embora o patrimônio líquido seja definido no Item 4.4 como algo residual, ele pode ter subclassificações no balanço patrimonial. Por exemplo, na sociedade por ações, recursos aportados pelos sócios, reservas resultantes de retenções de lucros e reservas representando ajustes para manutenção do capital podem ser demonstrados separadamente. Tais classificações podem ser relevantes para a tomada de decisão dos usuários das demonstrações contábeis quando indicarem restrições legais ou de outra natureza sobre a capacidade que a entidade tem de distribuir ou aplicar de outra forma os seus recursos patrimoniais. Podem também refletir o fato de que determinadas partes com direitos de propriedade sobre a entidade têm direitos diferentes com relação ao recebimento de dividendos ou ao reembolso de capital.

4.21. A constituição de reservas é, por vezes, exigida pelo estatuto ou por lei para dar à entidade e seus credores uma margem maior de proteção contra os efeitos de prejuízos. Outras reservas podem ser constituídas em atendimento a leis que concedem isenções ou reduções nos impostos a pagar quando são feitas transferências para tais reservas. A existência e o tamanho de tais reservas legais, estatutárias e fiscais representam informações que podem ser importantes para a tomada de decisão dos usuários. As transferências para tais reservas são apropriações de lucros acumulados, portanto, não constituem despesas.

4.22. O montante pelo qual o patrimônio líquido é apresentado no balanço patrimonial depende da mensuração dos ativos e passivos. Normalmente, o montante agregado do patrimônio líquido somente por coincidência corresponde ao valor de mercado agregado das ações da entidade ou da soma que poderia ser obtida pela venda dos seus ativos líquidos numa base de item-por-item, ou da entidade como um todo, tomando por base a premissa da continuidade (*going concern basis*).

4.23. Atividades comerciais e industriais, bem como outros negócios, são frequentemente exercidos por meio de firmas individuais, sociedades limitadas, entidades estatais e outras organizações cujas estruturas, legal e regulamentar, em regra, são diferentes daquelas aplicáveis às sociedades por ações. Por exemplo, pode haver poucas restrições, caso haja, sobre a distribuição aos proprietários ou a outros beneficiários de montantes incluídos no patrimônio líquido. Não obstante, a definição de patrimônio líquido e os outros aspectos dessa Estrutura Conceitual que tratam do patrimônio líquido são igualmente aplicáveis a tais entidades.

## Performance

4.24. O resultado é frequentemente utilizado como medida de performance ou como base para outras medidas, tais como o retorno do investimento ou o resultado por ação. Os elementos diretamente relacionados com a mensuração do resultado são as receitas e as despesas. O reconhecimento e a mensuração das receitas e despesas e, consequentemente, do resultado, dependem em parte dos conceitos de capital e de manutenção de capital adotados pela entidade na elaboração de suas demonstrações contábeis. Esses conceitos estão expostos nos itens 4.57 a 4.65.

4.25. Os elementos de receitas e despesas são definidos como segue:

a) receitas são aumentos nos benefícios econômicos durante o período contábil, sob a forma da entrada de recursos ou do aumento de ativos ou diminuição de passivos, que resultam em aumentos do patrimônio líquido, e que não estejam relacionados com a contribuição dos detentores dos instrumentos patrimoniais;
b) despesas são decréscimos nos benefícios econômicos durante o período contábil, sob a forma da saída de recursos ou da redução de ativos ou assunção de passivos, que resultam em decréscimo do patrimônio líquido, e que não estejam relacionados com distribuições aos detentores dos instrumentos patrimoniais.

4.26. As definições de receitas e despesas identificam suas características essenciais, mas não são uma tentativa de especificar os critérios que precisam ser satisfeitos para que sejam reconhecidas na demonstração do resultado. Os critérios para o reconhecimento das receitas e despesas estão expostos nos itens 4.37 a 4.53.

4.27. As receitas e as despesas podem ser apresentadas na demonstração do resultado de diferentes maneiras, de modo a serem prestadas informações relevantes para a tomada de decisões econômicas. Por exemplo, é prática comum distinguir os itens de receitas e despesas que surgem no curso das atividades usuais da entidade daqueles que não surgem. Essa distinção é feita considerando que a origem de um item é relevante para a avaliação da capacidade que a entidade tem de gerar caixa ou equivalentes de caixa no futuro. Por exemplo, atividades incidentais como a venda de um investimento de longo prazo são improváveis de voltarem a ocorrer em base regular. Quando da distinção dos itens dessa forma, deve-se levar em conta a natureza da entidade e suas operações. Itens que resultam das atividades usuais de uma entidade podem não ser usuais em outras entidades.

4.28. A distinção entre itens de receitas e de despesas e a sua combinação de diferentes maneiras também permitem demonstrar várias formas de medir a performance da entidade, com maior ou menor grau de abrangência dos itens. Por exemplo, a demonstração do resultado pode apresentar a margem bruta, o lucro ou o prejuízo das atividades usuais antes dos tributos sobre o resultado, o lucro ou o prejuízo das atividades usuais depois desses tributos e o lucro ou prejuízo líquido.

## Receitas

4.29. A definição de receita abrange tanto receitas propriamente ditas quanto ganhos. A receita surge no curso das atividades usuais da entidade e é designada por uma variedade de nomes, tais como vendas, honorários, juros, dividendos, *royalties,* aluguéis.

4.30. Ganhos representam outros itens que se enquadram na definição de receita e podem ou não surgir no curso das atividades usuais da entidade, representando aumentos nos benefícios econômicos e, como tais, não diferem, em natureza, das receitas. Consequentemente, não são considerados como elemento separado nesta Estrutura Conceitual.

4.31. Ganhos incluem, por exemplo, aqueles que resultam da venda de ativos não circulantes. A definição de receita também inclui ganhos não realizados. Por exemplo, os que resultam da reavaliação de títulos e valores mobiliários negociáveis e os que resultam de aumentos no valor contábil de ativos de longo prazo. Quando esses ganhos são reconhecidos na demonstração do resultado, eles são usualmente apresentados separadamente, porque sua divulgação é útil para fins de tomada de decisões econômicas. Os ganhos são, em regra, reportados líquidos das respectivas despesas.

4.32. Vários tipos de ativos podem ser recebidos ou aumentados por meio da receita; exemplos incluem caixa, contas a receber, bens e serviços recebidos em troca de bens e serviços fornecidos. A receita também pode resultar da liquidação de passivos. Por exemplo, a entidade pode fornecer mercadorias e serviços ao credor por empréstimo em liquidação da obrigação de pagar o empréstimo.

## Despesas

4.33. A definição de despesas abrange tanto as perdas quanto as despesas propriamente ditas que surgem no curso das atividades usuais da entidade. As despesas que surgem no curso das atividades usuais da entidade incluem, por exemplo, o custo das vendas, salários e depreciação. Geralmente, tomam a forma de desembolso ou redução de ativos como caixa e equivalentes de caixa, estoques e ativo imobilizado.

4.34. Perdas representam outros itens que se enquadram na definição de despesas e podem ou não surgir no curso das atividades usuais da entidade, representando decréscimos nos benefícios econômicos e, como tais, não diferem, em natureza, das demais despesas. Consequentemente, não são consideradas como elemento separado nesta Estrutura Conceitual.

4.35. Perdas incluem, por exemplo, as que resultam de sinistros como incêndio e inundações, assim como as que decorrem da venda de ativos não circulantes. A definição de despesas também inclui as perdas não realizadas. Por exemplo, as que surgem dos efeitos dos aumentos na taxa de câmbio de moeda estrangeira com relação aos empréstimos da entidade a pagar em tal moeda. Quando as perdas são reconhecidas na demonstração do resultado, elas são geralmente demonstradas separadamente, pois sua divulgação é útil para fins de tomada de decisões econômicas. As perdas são, em regra, reportadas líquidas das respectivas receitas.

### Ajustes para manutenção de capital

4.36. A reavaliação ou a atualização de ativos e passivos dão margem a aumentos ou a diminuições do patrimônio líquido. Embora tais aumentos ou diminuições se enquadrem na definição de receitas e de despesas, sob certos conceitos de manutenção de capital eles não são incluídos na demonstração do resultado. Em vez disso, tais itens são incluídos no patrimônio líquido como ajustes para manutenção do capital ou reservas de reavaliação. Esses conceitos de manutenção de capital estão expostos nos itens 4.57 a 4.65 desta Estrutura Conceitual.

## Reconhecimento dos elementos das demonstrações contábeis

4.37. Reconhecimento é o processo que consiste na incorporação ao balanço patrimonial ou à demonstração do resultado de item que se enquadre na definição de elemento e que satisfaça os critérios de reconhecimento mencionados no Item 4.38. Envolve a descrição do item, a mensuração do seu montante monetário e a sua inclusão no balanço patrimonial ou na demonstração do resultado. Os itens que satisfazem os critérios de reconhecimento devem ser reconhecidos no balanço patrimonial ou na demonstração do resultado. A falta de reconhecimento de tais itens não é corrigida pela divulgação das práticas contábeis adotadas nem tampouco pelas notas explicativas ou material elucidativo.

4.38. Um item que se enquadre na definição de um elemento deve ser reconhecido se:

a) for provável que algum benefício econômico futuro associado ao item flua para a entidade ou flua da entidade; e
b) o item tiver custo ou valor que possa ser mensurado com confiabilidade (*).

(*) A informação é confiável quando ela é completa, neutra e livre de erro.

4.39. Ao avaliar se um item se enquadra nesses critérios e, portanto, se qualifica para fins de reconhecimento nas demonstrações contábeis, é necessário considerar as observações sobre materialidade registradas no Capítulo 3 – *Características Qualitativas da Informação Contábil-Financeira Útil.* O inter-relacionamento entre os elementos significa que um item que se enquadre na definição e nos critérios de reconhecimento de determinado elemento, por exemplo, um ativo, requer automaticamente o reconhecimento de outro elemento, por exemplo, uma receita ou um passivo.

### Probabilidade de futuros benefícios econômicos

4.40. O conceito de probabilidade deve ser adotado nos critérios de reconhecimento para determinar o grau de incerteza com que os benefícios econômicos futuros referentes ao item venham a fluir para a entidade ou a fluir da entidade. O conceito está em conformidade com a incerteza que caracteriza o ambiente no qual a entidade opera. As avaliações acerca do grau de incerteza atrelado ao fluxo de benefícios econômicos futuros devem ser feitas com base na evidência disponível quando as demonstrações contábeis são elaboradas. Por exemplo, quando for provável que uma conta a receber devida à entidade será paga pelo devedor, é então justificável, na ausência de qualquer evidência em contrário, reconhecer a conta a receber como ativo. Para uma ampla população de contas a receber, entretanto, algum grau de inadimplência é normalmente considerado provável; dessa forma, reconhece-se como despesa a esperada redução nos benefícios econômicos.

### Confiabilidade da mensuração

4.41. O segundo critério para reconhecimento de um item é que ele possua custo ou valor que possa ser mensurado com confiabilidade. Em muitos casos, o custo ou valor precisa ser estimado; o uso de estimativas razoáveis é parte essencial da elaboração das demonstrações contábeis e não prejudica a sua confiabilidade. Quando, entretanto, não puder ser feita estimativa razoável, o item não deve ser reconhecido no balanço patrimonial ou na demonstração do resultado. Por exemplo, o valor que se espera receber de uma ação judicial pode enquadrar-se nas definições tanto de ativo quanto de receita, assim como nos critérios probabilísticos exigidos para reconhecimento. Todavia, se não é possível mensurar com confiabilidade o montante que será recebido, ele não deve ser reconhecido como ativo ou receita. A existência da reclamação deve ser, entretanto, divulgada nas notas explicativas ou nos quadros suplementares.

4.42. Um item que, em determinado momento, deixe de se enquadrar nos critérios de reconhecimento constantes do Item 4.38 pode qualificar-se para reconhecimento em data posterior, como resultado de circunstâncias ou eventos subsequentes.

4.43. Um item que possui as características essenciais de elemento, mas não atende aos critérios para reconhecimento pode, contudo, requerer sua divulgação em notas explicativas, em material explicativo ou em quadros suplementares. Isso é apropriado quando a divulgação do item for considerada relevante para a avaliação da posição patrimonial e financeira, do desempenho e das mutações na posição financeira da entidade por parte dos usuários das demonstrações contábeis.

### Reconhecimento de ativos

4.44. Um ativo deve ser reconhecido no balanço patrimonial quando for provável que benefícios econômicos futuros dele provenientes fluirão para a entidade e seu custo ou valor puder ser mensurado com confiabilidade.

4.45. Um ativo não deve ser reconhecido no balanço patrimonial quando os gastos incorridos não proporcionarem a expectativa provável de geração de benefícios econômicos para a entidade além do período contábil corrente. Ao invés disso, tal transação deve ser reconhecida como despesa na demonstração do resultado. Esse tratamento não implica dizer que a intenção da administração ao incorrer nos gastos não tenha sido a de gerar benefícios econômicos futuros para a entidade ou que a administração tenha sido mal conduzida. A única implicação é que o grau de certeza quanto à geração de benefícios econômicos para a entidade, além do período contábil corrente, é insuficiente para garantir o reconhecimento do ativo.

### Reconhecimento de passivos

4.46. Um passivo deve ser reconhecido no balanço patrimonial quando for provável que uma saída de recursos detentores de benefícios econômicos seja exigida em liquidação de obrigação presente e o valor pelo qual essa liquidação se dará puder ser mensurado com confiabilidade. Na prática, as obrigações originadas de contratos ainda não integralmente cumpridos de modo proporcional – *proportionately unperformed* (por exemplo, passivos decorrentes de pedidos de compra de produtos e mercadorias ainda não recebidos) – não são geralmente reconhecidas como passivos nas demonstrações contábeis. Contudo, tais obrigações podem enquadrar-se na definição de passivos, caso sejam atendidos os critérios de reconhecimento nas circunstâncias específicas, e podem qualificar-se para reconhecimento. Nesses casos, o reconhecimento dos passivos exige o reconhecimento dos correspondentes ativos ou despesas.

### Reconhecimento de receitas

4.47. A receita deve ser reconhecida na demonstração do resultado quando resultar em aumento nos benefícios econômicos futuros relacionado com aumento de ativo ou com diminuição de passivo, e puder ser mensurado com confiabilidade. Isso significa, na prática, que o reconhecimento da receita ocorre simultaneamente com o reconhecimento do aumento nos ativos ou da diminuição nos passivos (por exemplo, o aumento líquido nos ativos originado da venda de bens e serviços ou o decréscimo do passivo originado do perdão de dívida a ser paga).

4.48. Os procedimentos normalmente adotados, na prática, para reconhecimento da receita, como, por exemplo, a exigência de que a receita tenha sido ganha, são aplicações dos critérios de reconhecimento definidos nesta Estrutura Conceitual. Tais procedimentos são geralmente direcionados para restringir o reconhecimento como receita àqueles itens que possam ser mensurados com confiabilidade e tenham suficiente grau de certeza.

### Reconhecimento de despesas

4.49. As despesas devem ser reconhecidas na demonstração do resultado quando resultarem em decréscimo nos benefícios econômicos futuros, relacionado com o decréscimo de um ativo ou o aumento de um passivo, e puder ser mensurado com confiabilidade. Isso significa, na prática, que o reconhecimento da despesa ocorre simultaneamente com o reconhecimento de aumento nos passivos ou de diminuição nos ativos (por exemplo, a alocação por competência de obrigações trabalhistas ou da depreciação de equipamento).

4.50. As despesas devem ser reconhecidas na demonstração do resultado com base na associação direta entre elas e os correspondentes itens de receita. Esse processo, usualmente chamado de confrontação entre despesas e receitas (regime de competência), envolve o reconhecimento simultâneo ou combinado das receitas e despesas que resultem diretamente ou conjuntamente das mesmas transações ou outros eventos. Por exemplo, os vários componentes de despesas que integram o custo das mercadorias vendidas devem ser reconhecidos no mesmo momento em que a receita derivada da venda das mercadorias é reconhecida. Contudo, a aplicação do conceito de confrontação, de acordo com esta Estrutura Conceitual, não autoriza o reconhecimento de itens no balanço patrimonial que não satisfaçam à definição de ativos ou passivos.

4.51. Quando se espera que os benefícios econômicos sejam gerados ao longo de vários períodos contábeis e a associação com a correspondente receita somente possa ser feita de modo geral e indireto, as despesas devem ser reconhecidas na demonstração do resultado com base em procedimentos de alocação sistemática e racional. Muitas vezes isso é necessário ao reconhecer despesas associadas com o uso ou o consumo de ativos, tais como itens do imobilizado, ágio pela expectativa de rentabilidade futura (*goodwill*), marcas e patentes. Em tais casos, a despesa é designada como depreciação ou amortização. Esses procedimentos de alocação destinam-se a reconhecer despesas nos períodos contábeis em que os benefícios econômicos associados a tais itens sejam consumidos ou expirem.

4.52. A despesa deve ser reconhecida imediatamente na demonstração do resultado quando o gasto não produzir benefícios econômicos futuros ou quando, e na extensão em que, os benefícios econômicos futuros não se qualificarem, ou deixarem de se qualificar, para reconhecimento no balanço patrimonial como ativo.

4.53. A despesa também deve ser reconhecida na demonstração do resultado nos casos em que um passivo é incorrido sem o correspondente reconhecimento de ativo, como no caso de passivo decorrente de garantia de produto.

## Mensuração dos elementos das demonstrações contábeis

4.54. Mensuração é o processo que consiste em determinar os montantes monetários por meio dos quais os elementos das demonstrações contábeis devem ser reconhecidos e apresentados no balanço patrimonial e na demonstração do resultado. Esse processo envolve a seleção da base específica de mensuração.

4.55. Um número variado de bases de mensuração é empregado em diferentes graus e em variadas combinações nas demonstrações contábeis. Essas bases incluem o que segue:

a) Custo histórico. Os ativos são registrados pelos montantes pagos em caixa ou equivalentes de caixa ou pelo valor justo dos recursos entregues para adquiri-los na data da aquisição. Os passivos são registrados pelos montantes dos recursos recebidos em troca da obrigação ou, em algumas circunstâncias (como, por exemplo, imposto de renda), pelos montantes em caixa ou equivalentes de caixa se espera serão necessários para liquidar o passivo no curso normal das operações.

b) Custo corrente. Os ativos são mantidos pelos montantes em caixa ou equivalentes de caixa que teriam de ser pagos se esses mesmos ativos ou ativos equivalentes fossem adquiridos na data do balanço. Os passivos são reconhecidos pelos montantes em caixa ou equivalentes de caixa, não descontados, que se espera seriam necessários para liquidar a obrigação na data do balanço.

c) Valor realizável (valor de realização ou de liquidação). Os ativos são mantidos pelos montantes em caixa ou equivalentes de caixa que poderiam ser obtidos pela sua venda em forma ordenada. Os passivos são mantidos pelos seus montantes de liquidação, isto é, pelos montantes em caixa ou equivalentes de caixa, não descontados, que se espera serão pagos para liquidar as correspondentes obrigações no curso normal das operações.

d) Valor presente. Os ativos são mantidos pelo valor presente, descontado, dos fluxos futuros de entradas líquidas de caixa que se espera seja gerado pelo item no curso normal das operações. Os passivos são mantidos pelo valor presente, descontado, dos fluxos futuros de saídas líquidas de caixa que se espera serão necessários para liquidar o passivo no curso normal das operações.

4.56. A base de mensuração mais comumente adotada pelas entidades na elaboração de suas demonstrações contábeis é o custo histórico. Ele é normalmente combinado com outras bases de mensuração. Por exemplo, os estoques são geralmente mantidos pelo menor valor entre o custo e o valor líquido de realização, os títulos e valores mobiliários negociáveis podem em determinadas circunstâncias ser mantidos a valor de mercado e os passivos decorrentes de pensões são mantidos pelo seu valor presente. Ademais, em algumas circunstâncias, determinadas entidades usam a base de custo corrente como resposta à incapacidade de o modelo contábil de custo histórico enfrentar os efeitos das mudanças de preços dos ativos não monetários.

## Conceitos de capital e de manutenção de capital

### Conceitos de capital

4.57. O conceito de capital financeiro (ou monetário) é adotado pela maioria das entidades na elaboração de suas demonstrações contábeis. De acordo com o conceito de capital financeiro, tal como o dinheiro investido ou o seu poder de compra investido, o capital é sinônimo de ativos líquidos ou patrimônio líquido da entidade. Segundo o conceito de capital físico, tal como capacidade operacional, o capital é considerado como a capacidade produtiva da entidade baseada, por exemplo, nas unidades de produção diária.

4.58. A seleção do conceito de capital apropriado para a entidade deve estar baseada nas necessidades dos usuários das demonstrações contábeis. Assim, o conceito de capital financeiro deve ser adotado se os usuários das demonstrações contábeis estiverem primariamente interessados na manutenção do capital nominal investido ou no poder de compra do capital investido. Se, contudo, a principal preocupação dos usuários for com a capacidade operacional da entidade, o conceito de capital físico deve ser adotado. O conceito escolhido indica o objetivo a ser alcançado na determinação do lucro, mesmo que possa haver algumas dificuldades de mensuração ao tornar operacional o conceito.

### Conceitos de manutenção de capital e determinação do lucro

4.59. Os conceitos de capital mencionados no Item 4.57 dão origem aos seguintes conceitos de manutenção de capital:

a) Manutenção do capital financeiro. De acordo com esse conceito, o lucro é considerado auferido somente se o montante financeiro (ou dinheiro) dos ativos líquidos no fim do período exceder o seu montante financeiro (ou dinheiro) no começo do período, depois de excluídas quaisquer distribuições aos proprietário e seus aportes de capital durante o período. A manutenção do capital financeiro pode ser medida em qualquer unidade monetária nominal ou em unidades de poder aquisitivo constante.

b) Manutenção do capital físico. De acordo com esse conceito, o lucro é considerado auferido somente se a capacidade física produtiva (ou capacidade operacional) da entidade (ou os recursos ou fundos necessários para atingir essa capacidade) no fim do período exceder a capacidade física produtiva no início do período, depois de excluídas quaisquer distribuições aos proprietários e seus aportes de capital durante o período.

4.60. O conceito de manutenção de capital está relacionado com a forma pela qual a entidade define o capital que ela procura manter. Ele representa um elo entre os conceitos de capital e os conceitos de lucro, pois fornece um ponto de referência para medição do lucro; é uma condição essencial para distinção entre o retorno sobre o capital da entidade e a recuperação do capital; somente os ingressos de ativos que excedam os montantes necessários para manutenção do capital podem ser considerados como lucro e, portanto, como retorno sobre o capital. Portanto, o lucro é o montante remanescente depois que as despesas (inclusive os ajustes de manutenção do capital, quando for apropriado) tiverem sido deduzidas do resultado. Se as despesas excederem as receitas, o montante residual será um prejuízo.

4.61. O conceito de manutenção do capital físico requer a adoção do custo corrente como base de mensuração. O conceito de manutenção do capital financeiro, entretanto, não requer o uso de uma base específica de mensuração. A escolha da base conforme este conceito depende do tipo de capital financeiro que a entidade está procurando manter.

4.62. A principal diferença entre os dois conceitos de manutenção de capital está no tratamento dos efeitos das mudanças nos preços dos ativos e passivos da entidade. Em termos gerais, a entidade terá mantido seu capital se ela tiver tanto capital no fim do período como tinha no início, computados os efeitos das distribuições aos proprietários e seus aportes para o capital durante esse período. Qualquer valor além daquele necessário para manter o capital do início do período é lucro.

4.63. De acordo com o conceito de manutenção do capital financeiro, por meio do qual o capital é definido em termos de unidades monetárias nominais, o lucro representa o aumento do capital monetário nominal ao longo do período. Assim, os aumentos nos preços de ativos mantidos ao longo do período, convencionalmente designados como ganhos de estocagem, são, conceitualmente, lucros. Entretanto, eles podem não ser reconhecidos como tais até que os ativos sejam realizados mediante transação de troca. Quando o conceito de manutenção do capital financeiro é definido em termos de unidades de poder aquisitivo constante, o lucro representa o aumento no poder de compra investido ao longo do período. Assim, somente a parcela do aumento nos preços dos ativos que exceder o aumento no nível geral de preços é considerada como lucro. O restante do aumento é tratado como ajuste para manutenção do capital e, consequentemente, como parte integrante do patrimônio líquido.

4.64. De acordo com o conceito de manutenção do capital físico, quando o capital é definido em termos de capacidade física produtiva, o lucro representa o aumento desse capital ao longo do período. Todas as mudanças de preços afetando ativos e passivos da entidade são vistas, nesse conceito, como mudanças na mensuração da capacidade física produtiva da entidade. Assim sendo, devem ser tratadas como ajustes para manutenção do capital, que são parte do patrimônio líquido, e não como lucro.

4.65. A seleção das bases de mensuração e do conceito de manutenção de capital é que determina o modelo contábil a ser utilizado na elaboração das demonstrações contábeis. Diferentes modelos contábeis apresentam diferentes graus de relevância e confiabilidade e, como em outras áreas, a administração deve buscar o equilíbrio entre a relevância e a confiabilidade. Esta Estrutura Conceitual é aplicável ao elenco de modelos contábeis e fornece orientação para elaboração e apresentação das demonstrações contábeis elaboradas conforme o modelo escolhido. No momento presente, não é intenção do CFC eleger um modelo em particular a não ser em circunstâncias excepcionais. Essa intenção será, contudo, revista *vis-à-vis* os desenvolvimentos que forem sendo observados no mundo.

## Tabela de equivalência

Esta tabela mostra como o conteúdo da Estrutura Conceitual anterior e a atual se correspondem.

| ESTRUTURA CONCEITUAL ANTERIOR | ESTRUTURA CONCEITUAL ATUAL |
|---|---|
| Prefácio e Introdução<br>Itens 1 a 5 | Introdução |
| 6 a 21 | Substituídos pelo Capítulo 1 |
| 22 | Eliminado |
| 23 | 4.1 |
| 24 a 46 | Substituído pelo Capítulo 3 |
| 47 a 110 | Capítulo 4 |
| 47 e 48 | 4.2 e 4.3 |
| 49 a 52 | 4.4 a 4.7 |
| 53 a 59 | 4.8 a 4.14 |
| 60 a 64 | 4.15 a 4.19 |
| 65 a 68 | 4.20 a 4.23 |
| 69 a 73 | 4.24 a 4.28 |
| 74 a 77 | 4.29 a 4.32 |
| 78 a 80 | 4.33 a 4.35 |
| 81 | 4.36 |
| 82 a 84 | 4.37 a 4.39 |
| 85 | 4.40 |
| 86 a 88 | 4.41 a 4.43 |
| 89 e 90 | 4.44 e 4.45 |
| 91 | 4.46 |
| 92 e 93 | 4.47 e 4.48 |
| 94 a 98 | 4.49 a 4.53 |
| 99 a 101 | 4.54 a 4.56 |
| 102 e 103 | 4.57 e 4.58 |
| 104 a 110 | 4.59 a 4.65 |

## TESTES DE FIXAÇÃO

1. É correto afirmar que:
   a) Uma qualidade essencial das informações contábeis é que elas sejam compreensíveis aos usuários. Logo, informações complexas, embora sejam relevantes para a tomada de decisão dos usuários, não devem ser incluídas nas demonstrações contábeis.
   b) Uma das características da informação contábil é a de propiciar aos usuários a possibilidade de fazer previsões sobre o desempenho futuro da entidade; por exemplo, o valor da demonstração de resultado como elemento de previsão é ampliado quando itens incomuns, anormais e esporádicos não são divulgados separadamente.
   c) Uma informação contábil é material se sua omissão ou distorção puder influenciar as decisões econômicas dos usuários das demonstrações contábeis; a materialidade depende do tamanho do item ou do erro, julgado nas circunstâncias específicas de sua omissão ou distorção.
   d) A informação contábil financeira tem valor preditivo se confirmar avaliações prévias.
   e) Representação fidedigna da informação contábil significa que esta tem de ser sempre exata em todos os sentidos.

2. A respeito das informações contábeis, é correto afirmar que:
   a) Toda informação relevante é confiável.
   b) A representação fidedigna da informação contábil é uma característica qualitativa fundamental.
   c) Quanto maior o grau de neutralidade da informação contábil, menor sua confiabilidade.
   d) A necessidade da comparabilidade é um empecilho para que se introduzam normas contábeis mais aperfeiçoadas.
   e) A tempestividade do registro e a contabilidade da informação contábil têm relação inversa entre si.

3. Os ativos de uma entidade têm por característica:
   a) Serem provenientes exclusivamente de gastos efetuados no passado.
   b) Serem de propriedade da entidade.
   c) Substância física.
   d) Alta probabilidade quanto à geração de benefícios econômicos futuros.
   e) Constituírem uma obrigação presente para a entidade.

4. Provisões são obrigações:
   a) Mensuradas com elevado grau de estimativa.
   b) Derivadas exclusivamente da relação da entidade com o Fisco.
   c) Cuja quitação deve ser feita com sua conversão para capital social da entidade.
   d) Líquidas e certas da entidade.
   e) Derivadas exclusivamente de requisitos estatutários.

5. Quanto ao Patrimônio Líquido, é correto afirmar que:
   a) A transferência de lucros do exercício para reservas de lucros é considerada uma despesa da entidade.
   b) O valor do Patrimônio Líquido costuma coincidir com o valor de mercado das ações da entidade.

c) A constituição de reservas de lucros é proibida para sociedades por ações, que devem distribuir integralmente o lucro do exercício aos acionistas.
d) Todos os aspectos da Estrutura Conceitual sobre o Patrimônio Líquido são aplicáveis para qualquer tipo de sociedade.
e) Na extinção da sociedade por liquidação, o valor do Patrimônio Líquido costuma coincidir com o acervo líquido que é distribuído aos sócios.

**6.** Em relação às receitas e seu reconhecimento pela entidade, é correto afirmar que:
a) Elas derivam do aporte de recursos dos sócios à entidade.
b) Nem todo aumento de ativo ou redução de passivo corresponde a uma receita.
c) O reconhecimento da receita nem sempre ocorre simultaneamente com um aumento de ativo ou de diminuição de passivo.
d) A receita por diminuição de passivo necessariamente envolve uma transação que representa um pagamento imediato ou futuro de caixa ou equivalentes-caixa.
e) O reconhecimento da receita não é condição necessária para que as despesas a ela relacionadas sejam reconhecidas também.

| GABARITO | | |
|---|---|---|
| 1. C | 2. B | 3. D |
| 4. A | 5. D | 6. B |

# Capítulo 11

# Lançamentos contábeis específicos

Neste capítulo, trataremos de fatos contábeis específicos que afetam o patrimônio da entidade e seu registro correto na escrituração.

## 11.1 ▸ ADIANTAMENTOS

**Adiantamentos** são pagamentos ou recebimentos efetuados antes dos respectivos vencimentos por conta do que será devido por obrigação ou recebido por direito. Alguns exemplos são o adiantamento a fornecedores por conta do futuro fornecimento do bem; o adiantamento feito por clientes por conta de vendas que lhes serão efetivadas no futuro; o adiantamento de salários aos empregados e outros. São deduzidos por ocasião da contabilização dos pagamentos ou recebimentos finais.

### 11.1.1 Efetuados a fornecedores

O **adiantamento efetuado a fornecedores**, por representar um direito da entidade contra terceiros, é contabilizado numa conta do ativo.

**EXEMPLO**

**Contabilização**

1. Pelo adiantamento efetuado no valor de R$ 300,00
   D – Adiantamentos a Fornecedores
   C – Caixa ou Bancos 300,00

2. Pela compra a prazo de mercadorias desse fornecedor no valor total de R$ 1.000,00
   D – Mercadorias em Estoque ou Compras
   C – Fornecedores 1.000,00

3. Compensação do adiantamento efetuado contra a dívida para com o fornecedor
   D – Fornecedores
   C – Adiantamentos a Fornecedores 300,00
   A entidade fica devendo liquidamente R$ 700,00 ao fornecedor.

### 11.1.2 Efetuados por cliente

O **adiantamento efetuado por clientes** à sociedade representa uma obrigação desta para com eles e deve ser contabilizada numa conta de Passivo.

**EXEMPLO**

**Contabilização**

1. Pelo recebimento do adiantamento efetuado pelo cliente no valor de R$ 400,00
   D – Caixa ou Bancos
   C – Adiantamentos de Clientes 400,00

2. Pela venda a prazo de mercadorias para esse cliente no valor de R$ 900,00
   D – Clientes
   C – Receita de Vendas 900,00

3. Compensação do adiantamento com o direito a receber da entidade derivado da venda
   D – Adiantamentos a Clientes
   C – Clientes 400,00
   O cliente fica devendo liquidamente R$ 500,00 à sociedade.

### 11.1.3 Efetuados a empregados

O **adiantamento efetuado a empregados** representa um direito da sociedade em relação a eles e será descontado na elaboração da folha de pagamento dos salários. Por ser um direito vencível em curto prazo, normalmente é classificado no Ativo Circulante (AC).

**EXEMPLOS**

**Contabilização**

1. Adiantamento a empregado no valor de R$ 200,00
   D – Adiantamentos a Empregados (AC)
   C – Caixa ou Bancos 200,00

2. Pagamento do salário do mês (R$ 1.000,00) no próprio mês de competência
   D – Despesas de Salários 1.000,00
   C – Caixa ou Bancos 800,00
   C – Adiantamentos a Empregados (AC) 200,00

   Caso o pagamento fosse feito no mês seguinte ao da competência, os lançamentos seriam:

3. Pela despesa de salários R$ 1.000,00
   D – Despesa de Salários
   C – Salários a Pagar 1.000,00

4. Pelo desconto do adiantamento na folha de pagamento
   D – Salários a Pagar
   C – Adiantamentos a Empregados 200,00

5. Pelo pagamento dos salários do mês anterior
   D – Salários a Pagar
   C – Caixa ou Bancos 800,00

**NOTA**

Consulte a contabilização completa da Folha de Pagamento no livro *Contabilidade avançada*, de nossa autoria.

## 11.2 ▸ DESPESAS OPERACIONAIS E ENCARGOS

### 11.2.1 Introdução

**Despesas operacionais** são gastos pagos ou incorridos pela pessoa jurídica para a realização das transações ou operações exigidas pela atividade da empresa.

Para a Apuração do Resultado Operacional, deduz-se das receitas, além dos custos (CMV, CPV, CSP), as seguintes despesas:

- Despesas de vendas (realizadas pelo Departamento Comercial ou de Vendas).
- Despesas gerais e administrativas (realizadas pela Administração da Empresa).
- Despesas financeiras (realizadas por qualquer Departamento da Companhia).
- Outras despesas operacionais.

### 11.2.2 Despesas com vendas

**Despesas com vendas** são valores pagos ou incorridos para a promoção, colocação e distribuição das mercadorias ou produtos, e os riscos assumidos com vendas, destacando-se:

- Propaganda e Publicidade.
- Despesas com as perdas prováveis com créditos de liquidação duvidosa.
- Despesas com créditos insolventes ou incobráveis.
- Encargos de depreciação de bens utilizados para vendas.
- Despesas de pessoal de vendas e encargos sociais respectivos.
- Comissões e corretagem sobre vendas.
- Arrendamento mercantil (*leasing*) de bens utilizados para vendas.
- Água, luz, telefone do escritório de vendas.
- Devolução de vendas de períodos anteriores.
- Honorários da diretoria responsável por vendas.
- Viagens e estadias.
- Impressos e materiais de escritório utilizados pelo pessoal de vendas.
- Seguros.

### 11.2.3 Despesas gerais e administrativas

**Despesas gerais e administrativas** são valores pagos ou incorridos para a direção ou gestão da empresa, destacando-se:

- Despesa com pessoal, inclusive encargos sociais (INSS, FGTS).
- Energia elétrica.
- Água.
- Telefone.
- Seguros.
- Impressos e material de escritório – utilizados pelo setor administrativo.
- *Leasing* (arrendamento mercantil) – bens de administração.
- PIS – despesa operacional.
- COFINS – despesa operacional.
- Honorários de diretoria – administração.
- Viagens e estadias.
- Serviços de terceiros.
- Contribuições e doações.
- Impostos e taxas.
- Provisões.
- Encargos de depreciação, amortização e exaustão.

### 11.2.4 Despesas financeiras

**Despesas financeiras** são gastos pagos ou incorridos pela pessoa jurídica pelo uso de capitais de terceiros.

- Descontos de títulos de crédito.
- Deságio concedido na colocação de debêntures ou títulos de crédito.
- Variações monetárias e cambiais passivas.
- Juros decorrentes de operações de financiamento pela entidade.

Os juros pagos antecipadamente, os descontos de títulos de crédito e o deságio concedido na colocação de debêntures ou títulos de crédito deverão ser apropriados, *pro rata temporis*, aos períodos de apuração a que competirem.

Sobre variações monetárias passivas, consultar o Subitem 11.6.2.

### 11.2.5 Outras despesas operacionais

Valores necessários ao objetivo social, não incluídos nas classificações anteriores, destacando-se:

- Custo dos bens vendidos do Ativo Não Circulante (antigamente classificados como despesas não operacionais). A partir da introdução das novas normas contábeis são considerados como outras despesas operacionais (ver Item 11.9).
- Ágio de investimentos, quando amortizado.

### 11.2.6 Aspectos legais e fiscais

1ª) Todos os valores lançados como custo ou despesa devem ser efetivos e comprovados com documentação hábil e idônea.

2ª) Empréstimos compulsórios (Eletrobrás, combustíveis, veículos etc.) serão classificados no ativo, logo não devem transitar por contas de resultado.

3ª) Bens fixos que podem ser deduzidos como despesas (regra fiscal):

- Somente quando não integram um conjunto de bens que só atingem utilidade em razão da pluralidade de seu uso (tijolos nas construções, engradados, vasilhames, barris para distribuidoras de bebidas, poltronas para cinema etc.).
- Tenham valor unitário, em reais, não superior ao equivalente a R$ 1.200,00 (art. 15 do Decreto-Lei nº 1.598/77, com redação da Lei nº 12.973/14).

4ª) Somente são dedutíveis, na base de cálculo do Imposto de Renda das Pessoas Jurídicas (IRPJ), as despesas ou os custos necessários à atividade da empresa e à manutenção da fonte produtora.

5ª) São necessárias as despesas ou os custos pagos ou incorridos para a realização das transações ou operações exigidas pela **atividade da empresa**, ou seja, são as usuais ou normais no tipo de transações, operações ou atividades da pessoa jurídica.

## 11.3 ▸ DESPESAS PAGAS ANTECIPADAMENTE

Conforme visto no Capítulo 10, o princípio da competência estabelece que as despesas devem ser incluídas na apuração do resultado no período que ocorrerem, independentemente do seu pagamento.

Em decorrência, não devem compor o resultado do exercício as despesas que não ocorrem nesse período ou que não dizem respeito ao lapso de tempo convencionado no respectivo balanço, mesmo que já tenham sido pagas.

É o caso, por exemplo, dos contratos de seguros, cujos respectivos prêmios são pagos em determinado exercício, mas cuja cobertura de riscos abrange um período que extravasa esse exercício.

O gasto relativo ao pagamento do prêmio deve ser ativado (classificado em conta do Ativo) e deve ser apropriada como despesa do exercício somente a parcela que representar a cobertura de riscos a ele correspondente.

**EXEMPLOS**

- Apólice de seguro com vigência para o período de 1º de dezembro de 20X0 a 30 de novembro de 20X1.
- Valor do prêmio: R$ 480,00.
- Data do pagamento: 30 de novembro de 20X0.

**Contabilização**

1. Pelo pagamento em 30.11.20X0

   D – Seguros a Vencer (*)
   C – Caixa ou Bancos 480,00

2. Pela apropriação proporcional, em 31 de dezembro de 20X0

   D – Despesas de Seguros (ARE/20X0)
   C – Seguros a Vencer (1/12 de R$ 480,00) 40,00

(*) A conta Seguros a Vencer representa despesa antecipada que deverá ser classificada no Ativo Circulante ou Ativo Realizável a Longo Prazo e deverá ser apropriada ao resultado do exercício proporcionalmente ao prazo de sua realização (prazo de validade da apólice).

Foi considerada, como despesa relativa ao ano 20X0 somente a parcela de R$ 40,00 correspondente a 1/12 do prêmio de R$ 480,00, uma vez que apenas este valor foi considerado como ocorrido (ou *incorrido*) no exercício. Os restantes 11/12 avos serão considerados incorridos no exercício de 20X1.

Gastos desse tipo são denominados despesas antecipadas ou pagas antecipadamente, visto que o desembolso monetário precede a efetiva ocorrência da despesa.

São também exemplos de despesas antecipadas os aluguéis ou arrendamentos por tempo determinado, cujo pagamento se faça em exercício anterior àquele que correspondam, as despesas financeiras pagas à vista no desconto de títulos de crédito cujo prazo de vencimento ultrapasse o exercício do desembolso, e outras situações semelhantes.

## 11.4 ▸ RECEITAS OPERACIONAIS

As **receitas operacionais** decorrem da atividade principal ou acessória que constituem objeto da pessoa jurídica, entre as quais destacamos:

- Receitas da Atividade (industrial, comercial ou de serviços).
- Receitas Financeiras (juros ativos, descontos financeiros obtidos, variações monetárias e cambiais ativas e rendimentos de aplicações financeiras).
- Resultado positivo na equivalência patrimonial.
- Recuperação de créditos, de custos ou de despesas.
- Reversão de provisões.
- Receitas de aluguéis.
- Amortização de deságios de investimentos avaliados pela equivalência.

**ATENÇÃO**

1. **Receita Operacional** – provém da atividade da pessoa jurídica e pode ser principal ou acessória.
   - **Receita Técnica ou Principal** – refere-se à atividade principal da empresa. Por exemplo, a venda de mercadorias, produtos ou serviços.
   - **Receita Acessória ou Complementar** – representa fonte natural *acessória* de rendimentos (decorrem da principal com normalidade). Por exemplo, as receitas financeiras e outras receitas operacionais.
2. **Receitas Financeiras** – são rendimentos que a pessoa jurídica recebe pela cessão, a terceiros, do uso de capitais. Destacamos, a seguir, as principais receitas financeiras:
   - Juros Ativos.
   - Lucros nas operações de reporte e *Swap*.
   - Descontos Financeiros Obtidos (Ativos).
   - Variações Monetárias e Cambiais Ativas.
   - Prêmio de Resgate de Debêntures.

**Reporte** – operação de bolsa pela qual o especulador, jogando na alta, readquire a termo (a prazo) os títulos que acaba de vender à vista. Nas operações de bolsa, é a diferença entre a cotação à vista e a cotação a termo de certos valores quando esta é superior àquela.

**Operações a Termo** – operações cuja liquidação é efetuada numa data futura.

***Swap*** – operações em que ocorre a troca (*swap*) da natureza das taxas de juros incidentes sobre empréstimos (por exemplo, taxas fixas por taxas flutuantes) ou de índices utilizados para atualização de ativos e passivos (por exemplo, dólar por IGP-M ou taxa de CDB por CDI).

**Prêmio de resgate de debêntures** – importância acima do valor nominal que a companhia paga ao debenturista, por ocasião do resgate.

**Cláusula de Repactuação** – consiste no ajustamento das taxas de rendimentos aos níveis de mercado, a fim de que os investidores continuem a se interessar pela aplicação.

3. Ver o conceito de variação monetária no Item 11.6.
4. **Equivalência Patrimonial** é a alteração do valor contábil dos investimentos fixos ou permanentes, classificados no Ativo Não Circulante, possuídos pela investidora, conforme aumento ou diminuição do Patrimônio Líquido da empresa onde tais investimentos foram efetuados (investida). A avaliação por esse método pode gerar ganho (resultado positivo) ou perda (resultado negativo). Ver Item 11.9 mais adiante.

**Exemplos**

Resultado Operacional (Lucro ou Prejuízo Operacional) – é aquele que representa o resultado das atividades, principais ou acessórias, que constituem objeto da pessoa jurídica.

A partir de 4 de dezembro de 2008, data da entrada em vigor da MP nº 449/2008, posteriormente convertida na Lei nº 11.941/2009, **todas as receitas das pessoas jurídicas passaram a ser consideradas operacionais.** Veja o Item 14.4 do Capítulo 14.

A **apuração do resultado consagra o regime de competência**, logo os valores devem ser computados no resultado do exercício da seguinte forma:

a) Receitas ou rendimentos ganhos no período, independentemente de sua realização em moeda.
b) Custos, despesas, encargos e perdas, pagos ou incorridos, correspondentes a essas receitas ou rendimentos.

## 11.5 ▸ RECEITAS RECEBIDAS ANTECIPADAMENTE

Não deverão compor o resultado do exercício as **receitas** que não se completam neste período ou que não dizem respeito ao lapso de tempo convencionado no respectivo Balanço.

### EXEMPLO

Recebimento, em dezembro de 20X0, de R$ 1.000,00 referente ao aluguel de imóvel de propriedade da sociedade e relativo a janeiro de 20X1.

**Contabilização**

1. Pelo recebimento de dezembro de 20X0

   D – Caixa ou Bancos

   C – Aluguéis Recebidos Antecipadamente (*) 1.000,00

(*) Conta classificada como Resultado de Exercícios Futuros (REF) até 31 de dezembro de 2007.

2. Pela apropriação ao resultado do período em janeiro de 20X1
   D – Aluguéis Recebidos Antecipadamente
   C – Receita de Aluguéis (**) 1.000,00
   (**) Outras Receitas Operacionais.

A partir da vigência MP nº 449/2008, convertida na Lei nº 11.941/2009, essas receitas antecipadas passaram a ser classificadas no Passivo Não Circulante (PNC).

## 11.6 ▸ VARIAÇÕES MONETÁRIAS

As **variação monetárias** são ajustes feitos no valor dos créditos e das obrigações, expressos em moeda nacional, decorrentes de atualização de seu valor em função de taxa de câmbio ou de índices ou coeficientes, aplicáveis por disposição legal ou contratual. As variações monetárias se subdividem em:

- Ativas – Consideradas receitas operacionais.
- Passivas – Consideradas despesas operacionais.

Para fatos geradores ocorridos a partir de 1º de janeiro de1999, as variações monetárias serão consideradas para efeito da legislação do Imposto de Renda (IR), da Contribuição Social sobre o Lucro Líquido (CSLL), da contribuição ao PIS/PASEP e da COFINS como:

- Receitas Financeiras ⇒ Variações Monetárias Ativas.
- Despesas Financeiras ⇒ Variações Monetárias Passivas.

### 11.6.1 Variações Monetárias Ativas

As **variações monetárias ativas** correspondem à atualização monetária de direito de crédito de propriedade da pessoa jurídica, por força de lei ou de contrato.
As principais variações monetárias ativas são decorrentes da:

a) atualização dos créditos em moeda estrangeira registrada em qualquer data e apurada no encerramento do período de apuração em função da taxa de câmbio nele vigente;
b) venda de moeda ou valores expressos em moeda estrangeira, desde que efetuada de acordo com a legislação sobre câmbio;
c) atualização de uma obrigação, registrada no Passivo, em virtude de a variação da taxa de câmbio provocar redução no valor correspondente, sendo registrada como variação monetária ativa, da seguinte forma:
   - Obrigações (Passivo).
   - A Variações Monetárias Ativas.

### 11.6.2 Variações Monetárias Passivas

Na determinação do lucro operacional, poderão ser deduzidas as contrapartidas de variações monetárias de obrigações ou perdas cambiais e monetárias na realização de créditos.

As principais variações monetárias passivas são decorrentes da:

a) compra ou venda de moeda ou valores expressos em moeda estrangeira, desde que efetuada de acordo com a legislação sobre câmbio;
b) atualização das obrigações em moeda estrangeira, registrada em qualquer data e apurada no encerramento do período de apuração em função da taxa de câmbio vigente nesse dia;
c) atualização de um direito registrado no ativo em razão de a taxa de câmbio provocar redução no valor correspondente, sendo registrada como variação monetária passiva, da seguinte forma:
   - D – Variação Monetária Passiva.
   - C – Direitos (Valores a Receber).

## 11.7 ▸ PRINCIPAIS CONTAS RETIFICADORAS DO ATIVO

### 11.7.1 Introdução

No Balanço Patrimonial, as contas acessórias ou secundárias devem acompanhar as contas principais que lhes deram origem, ainda que os respectivos saldos sejam opostos.

As principais contas retificadoras (acessórias ou secundárias) do **Ativo** em análise neste subitem são:

- Duplicatas Descontadas.
- Provisão (ajuste) para créditos de liquidação duvidosa.
- Provisão (ajuste) de bens ao valor de mercado.
- Depreciação Acumulada.
- Amortização Acumulada.
- Exaustão Acumulada.

### 11.7.2 Duplicatas Descontadas

Desconto é um recebimento antecipado de um título de crédito da empresa mediante a transferência de sua propriedade para uma instituição financeira, que se encarregará de recebê-lo no seu vencimento.

A instituição financeira creditará, na conta-corrente da empresa, um valor inferior ao valor nominal dos títulos, uma vez que o vencimento destes se dará numa data futura.

**EXEMPLOS**

Desconto, em 2 de janeiro de 20X0, de uma duplicata com vencimento para 31 de janeiro de 20X0 no valor de R$ 5.000,00, sendo recebido pela empresa o valor líquido de R$ 4.500,00, assim composto:

| | |
|---|---|
| Valor bruto do título | R$ 5.000,00 |
| (–) Juros | R$ 500,00 |
| (=) Líquido Recebido | R$ 4.500,00 |

**Contabilização**

1. Em 2 de janeiro de 20X0, data do desconto

| | |
|---|---|
| D – Bancos Conta Movimento | 4.500,00 |
| D – Despesas Financeiras | 500,00 |
| C – Duplicatas Descontadas | 5.000,00 |

**Representação no Balanço**
**Ativo Circulante**
**Créditos**

| | |
|---|---|
| Duplicatas a Receber | 15.000,00 |
| (–) Duplicatas Descontadas | (5.000,00) |
| | 10.000,00 |

2. Em 31 de maio de 20X0 pelo pagamento da duplicata pelo Cliente ao Banco

| | |
|---|---|
| D – Duplicatas Descontadas | |
| C – Duplicatas a Receber | 5.000,00 |

**ATENÇÃO**

1. Se o cliente não efetuar o pagamento da duplicata ao banco, a instituição financeira devolverá o título à empresa que o descontou, debitando o valor correspondente em conta-corrente; o lançamento contábil correspondente será efetuado da seguinte forma:
   - D – Duplicatas Descontadas
   - C – Bancos Conta Movimento
2. Para mais detalhes, consultar o livro *Contabilidade avançada* de nossa autoria.

### 11.7.2.1 Duplicatas descontadas devem ser classificadas pelas novas normas contábeis como conta de Passivo

O Pronunciamento Técnico CPC nº 38, aprovado pela Resolução nº 1.196/2009 do Conselho Federal de Contabilidade, com vigência a partir de 1º de janeiro de 2010, em seu art. 29, dispõe que:

> Se a transferência do ativo não resultar em seu desreconhecimento porque a entidade reteve substancialmente todos os riscos e benefícios da propriedade do ativo transferido, a entidade deve continuar a reconhecer o ativo transferido na sua totalidade e deve reconhecer um Passivo financeiro pela retribuição recebida. Em períodos posteriores, a entidade deve reconhecer qualquer rendimento do ativo transferido e qualquer gasto incorrido como Passivo financeiro.

Seguindo-se esse comando do Pronunciamento, como a pessoa jurídica não transfere todos os riscos da duplicata a ser descontada pelo banco, tendo em vista que este tem direito de regresso caso o cliente não honre seu pagamento, a sua contabilização deve ser efetuada como um Passivo financeiro, bem como os encargos financeiros de seu desconto.

Desse modo, no momento do desconto, supondo-se um desconto de duplicatas com prazo de 90 dias no valor de R$ 20.000,00, com cobrança de taxa de desconto de 1% ao mês, a contabilização deveria ser efetuada assim:

| | |
|---|---|
| D – Bancos (pelo valor recebido do banco na operação) (R$ 20.000,00 × 97%) | 19.400,00 |
| D – Juros a Apropriar (redutora de Duplicatas Descontadas) (R$ 20.000,00 × 3%) | 600,00 |
| C – Duplicatas Descontadas (Passivo Circulante) | 20.000,00 |

Como a adaptação da contabilidade brasileira às normas internacionais tem sido paulatina, muitas empresas ainda usarão, provavelmente, a contabilização mencionada no Subitem 11.7.2.1 e, por isso, ela foi mantida neste livro.

### 11.7.3 Provisões[1]

Até a vigência das novas normas contábeis, as **provisões** referiam-se à perda de ativos ou à constituição de obrigações que, embora já tenham seu fato gerador contábil ocorrido, não podem ser medidas com exatidão e têm, portanto, caráter estimativo. As provisões são constituídas para atender princípios contábeis, especialmente os princípios da competência e da prudência.

**EXEMPLOS**

1. A Cia. Comercial SILPA sabe, ao final do exercício de 20X0, que determinados créditos em relação a terceiros, decorrentes de suas atividades operacionais, não deverão ser honrados, porque alguns de seus clientes estão com concordata, falência decretada ou passando por dificuldades financeiras insolúveis a curto prazo. A perda é praticamente certa, apenas seu valor não é conhecido com precisão. A Cia. deve fazer uma estimativa do prejuízo na liquidação de tais créditos e constituir uma provisão, que figurará no balanço de 31 de dezembro de 20X0 como conta retificadora dos mesmos. Essa provisão é denominada **Provisão para Créditos de Liquidação Duvidosa.**
2. A Cia. Vine Comércio de Cadeiras, no final do exercício de 20X0, constatou, por meio de seu Departamento de Pessoal, que seus funcionários já tinham direito a determinado número de dias de férias, embora nenhum deles a tivesse gozado até então. A Cia. pode constituir uma provisão para pagamento dessas férias, a ser classificada no Passivo Circulante, uma vez que o direito foi adquirido no exercício de 20X0, embora vá ser pago em 20X1.

**ATENÇÃO**

A partir da vigência das novas normas contábeis, em particular, do Pronunciamento Técnico CPC nº 25, o termo provisões deve-se referir apenas a passivos estimados.

A Receita Federal do Brasil, entretanto, para fins tributários, continua denominando os ajustes redutores de contas de Ativo como provisões, por essa razão, continuamos a usar esse termo para tratar das provisões dedutíveis e indedutíveis, visto que provavelmente as pessoas jurídicas deverão utilizar contas auxiliares na escrituração para registrá-las.

[1] As Normas Contábeis Internacionais conceituam "provisões" como Passivos cujo valor é estimado. Portanto, as antigas provisões redutoras do valor dos ativos deveriam ser denominadas, doravante, de Perdas Estimadas ou Perdas Prováveis.

#### 11.7.3.1 Provisões dedutíveis

É vedada, para efeito de apuração do Lucro Real e da base de cálculo da CSLL, a dedução de qualquer provisão **exceto** as constituídas para o pagamento de férias de empregados, de 13º salário e as provisões técnicas das companhias de seguro e de capitalização, bem como das entidades de previdência privada, cuja constituição é exigida pela legislação especial a elas aplicável.

#### 11.7.3.2 Provisões indedutíveis

As **previsões indedutíveis** são as constituídas para atender aos princípios contábeis, ou por outros motivos. Sendo tais provisões indedutíveis, deverão ser adicionadas ao Lucro Líquido do período de apuração para fins de apuração do Lucro Real.[2] As principais provisões indedutíveis são:

- Provisão para Gratificações a Administradores.
- Provisão para Riscos Fiscais ou Eventuais.
- Provisão para Contingências.
- Provisão para Resgate de Partes Beneficiárias.
- Provisão para Resgate de Debêntures.
- Provisão para Créditos de Liquidação Duvidosa (a partir de 1º de janeiro de 1997).
- Provisão para Ajustes de Bens ao Valor de Mercado.
- Provisão para perdas Prováveis na Alienação de Investimentos.

#### 11.7.3.3 Provisão para créditos de liquidação duvidosa

A **provisão para créditos de liquidação duvidosa** é constituída por empresas que realizam vendas a prazo e que assumem o risco de eventuais perdas no recebimento de seus créditos, constantes no balanço de encerramento e que não possuam reserva de domínio, alienação fiduciária em garantia ou garantia real (hipoteca, penhor e anticrese).[3]

**Contabilização**

D – Despesas com Créditos de Liquidação Duvidosa (1)
C – Provisão para Créditos de Liquidação Duvidosa (2)

(1) Despesas de Vendas (conta do resultado).
(2) Conta retificadora do Ativo Circulante (AC) ou do Ativo Realizável a Longo Prazo (ARLP).

**EXEMPLO**

Saldo de Duplicatas a Receber em 31 de dezembro de 20X0: R$ 100.000,00, sobre o qual a Cia. SILPA estima que não receberá 2% desse valor.

**Cálculo**

2% × R$ 100.000,00 = R$ 2.000,00

---

2 Ver conceito de Lucro Real e exemplo de apuração nos livros *Contabilidade avançada* e *Curso prático de Imposto de Renda Pessoa Jurídica*, de nossa autoria.

3 Definições:
a) Penhor: bem móvel que o devedor entrega ao credor como garantia da dívida.
b) Hipoteca: o bem imóvel em posse do devedor, garantindo a dívida para o credor.
c) Anticrese: cessão de um bem do devedor ao credor, para seu uso ou aluguel, até receber os rendimentos para cobrir a dívida.
d) Reserva de Domínio: nos contratos de compra e venda, quando o vendedor transfere a posse do bem, mas reserva-se a propriedade da coisa até que se realize ou implemente determinada condição (geralmente o pagamento integral da dívida).

**Contabilização**

1. Pela Provisão
   D – Despesas com Créditos de Liquidação Duvidosa
   C – Provisão de Créditos de Liquidação Duvidosa 2.000,00

2. Pela transferência para o resultado do exercício de 20X0
   D – Apuração do Resultado do Exercício (AREX0)
   C – Despesas com Créditos de Liquidação Duvidosa 2.000,00

**Representação no Balanço Patrimonial de 31.12.20X0**

**ATIVO CIRCULANTE**

**CRÉDITOS**

| | |
|---|---|
| Duplicatas a Receber. | 100.000,00 |
| (–) Provisão para Créditos de Liquidação Duvidosa | (2.000,00) |
| | 98.000,00 |

## *Baixa e reversão das provisões*

No período seguinte (X1), há três possibilidades:

1ª) A companhia deixa de receber exatamente os R$ 2.000,00 que previu como perda.
2ª) A companhia deixa de receber um valor superior, por exemplo, R$ 3.000,00.
3ª) A companhia deixa de receber um valor inferior, por exemplo, R$ 1.500,00.

Na primeira hipótese, a baixa das duplicatas a receber deve ter como contrapartida devedora a própria conta de provisão, que será encerrada:

D – Provisão para Créditos de Liquidação Duvidosa
C – Duplicatas a Receber 2.000,00

No Razão, ficará assim:

| Duplicatas a Receber (AC) | |
|---|---|
| **(s) 100.000,00** | 2.000,00 (1) |
| **(s) 98.000,00** | |

| Provisões para CLD (AC) | |
|---|---|
| (2) 2.000,00 | 2.000,00 |

Observe que a baixa das duplicatas a receber nesse exercício não é considerada despesa, pois já foi considerada como tal no período antecedente, quando foi constituída a provisão.

Na segunda hipótese, a provisão é insuficiente para a baixa total dos valores das duplicatas a receber. Então, a parcela que exceder ao valor da provisão deve ser baixada contra despesa do período (perdas no recebimento de créditos):

| | |
|---|---|
| D – Provisão para Créd. Liq. Duvidosa (AC) | 2.000,00 |
| D – Perdas no recebimento de créditos (AREX1) | 1.000,00 |
| C – Duplicatas a Receber (AC) | 3.000,00 |

No Razão:

| Duplicatas a Receber (AC) | |
|---|---|
| **(s) 100.000,00** | 3.000,00 (1) |
| **(s) 97.000,00** | |

| Provisões para CLD (AC) | |
|---|---|
| (1) 2.000,00 | 2.000,00 |

| Perdas no Recebimento Créditos (AREX1) | |
|---|---|
| (1) 1.000,00 | |

Na terceira hipótese, sobrará um saldo na provisão. Esse valor deve ser reconhecido como receita no período X1, por meio de sua reversão:

1. D – Provisão para Créditos de Liquidação Duvidosa (AC)
   C – Duplicatas a Receber (AC) 1.500,00

2. D – Reversão de Provisões (AREX1)
   C – Provisão para Créditos de Liquidação Duvidosa (AC) 500,00

No Razão:

| Duplicatas a Receber (AC) | |
|---|---|
| **(s) 100.000,00** | 1.500,00 (1) |
| **(s) 98.500,00** | |

| Provisões para CLD (AC) | |
|---|---|
| (1) 1.500,00 | **2.000,00 (s)** |
| (2) 500,00 | 500,00 |

| Perdas de Provisões (AREX1) | |
|---|---|
| | 500,00 (2) |

**(s) = Saldo**

No final do exercício X1, a companhia deve novamente constituir a Provisão para Créditos de Liquidação Duvidosa e o ciclo recomeça.

**NOTAS**

1. Para efeitos da legislação do imposto sobre a renda, no período de apuração seguinte ao de sua constituição, o valor das **provisões não dedutíveis**, constituídas no período anterior, deverá ser revertido integralmente a crédito do resultado do exercício. O valor correspondente não será computado na base de cálculo do Imposto de Renda das pessoas jurídicas (IRPJ) e da CSLL. As perdas no recebimento de créditos, nessa hipótese, deverão ser contabilizadas a débito do resultado do exercício e poderão ser dedutíveis, desde que obedeçam aos preceitos da legislação que regula a matéria.
2. Consulte o Pronunciamento Técnico nº 25 do CPC (Resolução CFC nº 1.180, de 2009) sobre Provisões, Passivos Contingentes e Ativos Contingentes.

### *Recebimento de créditos baixados na conta de duplicatas a receber*

Pode ser que a companhia dê baixa numa duplicata a receber após ter esgotado todos os recursos de cobrança e, posteriormente, o devedor pague o título.

Nesse caso, o valor recebido deverá ser contabilizado como Receita do período correspondente ao do recebimento.

**EXEMPLO**

Suponha que, em 20X1, a Cia. SILPA recebe a Duplicata nº 423, no valor de R$ 280,00, baixada e computada na apuração do resultado do exercício de 20X0.

**Contabilização**

D – Caixa ou Bancos

C – Recuperação de Créditos (*) 280,00

(*) A conta Recuperação de Créditos, Custos ou Despesas é considerada como Outras Receitas Operacionais, que deverá ser encerrada a crédito do Resultado do Exercício (ARE/20X1) da seguinte forma:

D – Recuperação de Créditos

C – Apuração do Resultado do Exercício (ARE/20X1) 280,00

**ATENÇÃO**

Para mais detalhes sobre a constituição de provisões, consultar o livro *Contabilidade avançada*, de nossa autoria. Sobre o tratamento fiscal das provisões, consultar o livro *Curso prático de Imposto de Renda Pessoa Jurídica e tributos conexos*, também de nossa autoria.

## 11.7.4 Depreciação Acumulada

### 11.7.4.1 Conceito, cálculo e registro contábil

Depreciação é a perda de valor de um bem do ativo imobilizado em virtude de:

a) desgaste físico;
b) obsolescência tecnológica.

A perda de valor do bem é registrada na contabilidade por meio de uma conta retificadora do ativo onde o bem está consignado, conta esta denominada **Depreciação Acumulada**. Esta conta apresenta saldo credor e, por ser retificadora, aparece diminuindo o valor da conta principal que lhe deu origem. Em contrapartida, a perda de valor do bem representa despesa ou custo para a empresa, pois reduz seu Patrimônio Líquido. Este fato é registrado por meio do lançamento a débito da conta **Despesa de Depreciação**.

**EXEMPLO**

Uma empresa possui uma máquina, cujo valor registrado na contabilidade em 31 de dezembro de 20X0 é de R$ 100.000,00. Essa máquina, no decorrer do ano de 20X0, perdeu valor correspondente à importância de R$ 10.000,00.

Em 31 de dezembro de 20X0, é feito o **seguinte lançamento**:

D – Despesas de Depreciação

C – Depreciação Acumulada – Máquinas 10.000,00

No Balanço de 31 de dezembro de 20X0, aparecerá o seguinte no ativo imobilizado:

**BALANÇO – 31.12.20X0**

| **ATIVO** | |
|---|---|
| **PERMANENTE** | |
| **IMOBILIZADO** | |
| Máquinas | 100.000,00 |
| (–) Depreciação Acumulada | (10.000,00) |
| | 90.000,00 |

Observe que, ao final de determinado número de anos, o bem estará totalmente depreciado e constará no balanço com o valor contábil equivalente a zero.

A perda do valor do bem é sempre estimada. Existem vários métodos para estimar a depreciação, entre os quais os mais importantes são:

a) Método da linha reta.
b) Método da soma dos algarismos dos anos (soma dos dígitos).
c) Método do saldo decrescente.
d) Outros métodos.

O método da linha reta é o mais utilizado na prática. Consiste em estimar-se a vida útil restante do bem a ser depreciado e a quota de depreciação a ser lançada em cada período, o que consistirá na divisão do valor do bem pelo número de anos de sua vida útil.

$$\text{Quota de depreciação anual} = \frac{\text{Valor do bem}}{\text{N}^{\text{o}} \text{ de anos de vida útil}}$$

**EXEMPLO**

No caso de uma máquina cujo custo seja de R$ 120.000,00 e cuja vida útil estimada seja de 10 anos:

$$\text{Quota de depreciação anual} = \frac{\text{R\$ } 120.000,00}{10} = \text{R\$ } 12.000,00$$

Se a vida útil estimada fosse de oito anos, teríamos:

$$\text{Quota de depreciação anual} = \frac{\text{R\$ } 120.000,00}{8} = \text{R\$ } 15.000,00$$

e assim por diante.

Note que a quota de depreciação também poderia ser determinada por meio da aplicação de uma taxa porcentual de depreciação sobre o valor do bem. Assim, por exemplo, se a vida útil do bem é de dez anos, a taxa de depreciação anual é 10% ao ano, ou seja (100% ÷ 10). Dessa forma, se o bem é depreciado totalmente (100%) em dez anos, significa que se vai depreciar anualmente 10% do seu valor. A quota de depreciação anual é obtida multiplicando-se 10% pelo custo do bem:

Quota anual de depreciação: R$ 12.000,00 (10% de R$ 120.000,00)

Se a vida útil fosse de oito anos, teríamos:

$$\text{Taxa anual de depreciação} = \frac{100\%}{8} = 12{,}5\%$$

Quota anual de depreciação: R$ 15.000,00 (12,5% de R$ 120.000,00)

### 11.7.4.2 Momento da depreciação – taxa ajustada

A legislação fiscal considera como dedutível apenas a despesa de depreciação lançada a partir da época em que o bem é instalado, posto em serviço ou em condições de produzir.

Deste modo, se a empresa adquire o bem em determinado mês e o coloca em funcionamento no mês seguinte, só poderá deduzir como despesa a depreciação correspondente a partir do mês de funcionamento.

Um problema interessante ocorre quando o bem é adquirido no decorrer do ano. Nessa situação, deve-se utilizar uma taxa de depreciação ajustada.

**EXEMPLO**

- Bem adquirido em 30 de março de 20X0
- Utilização a partir de 1º de abril de 20X0
- Valor de aquisição: R$ 50.000,00
- Vida útil estimada: 10 anos

$$\text{Taxa anual de depreciação} = \frac{100\%}{10} = 10\%$$

Esta é a taxa anual a ser utilizada. Entretanto, no primeiro ano, o bem só foi utilizado durante nove meses. A taxa ajustada do primeiro ano será:

$$\text{Taxa Ajustada} = \frac{10\% \times 9}{12} = 7{,}5\%$$

Observe que, nesse caso, no final do décimo ano, o bem ainda não estará totalmente depreciado.

1º ano: ........................................................................7,5%
9 anos seguintes (10% ao ano):.....................................90,0%
Total ao final do 10º ano:..............................................97,5%

No 11º ano, serão usados 2,5% restantes:

$$\text{Taxa Ajustada} = \frac{10\% \times 3}{12} = 2{,}5\%$$

### 11.7.4.3 Depreciação mensal

A despesa mensal será obtida mediante a divisão de seu valor no ano-calendário pelo número de meses de utilização do bem no respectivo ano. Assim, nos exemplos calculados no Subitem 11.7.4.1, a quota mensal de depreciação seria calculada da seguinte forma:

Depreciação anual ........................................ R$ 12.000,00

Depreciação mensal ........................................ R$ 1.000,00 = $\frac{\text{R\$ 12.000,00}}{\text{12 meses}}$

Depreciação anual ........................................ R$ 15.000,00

Depreciação mensal ........................................ R$ 1.250,00 = $\frac{\text{R\$ 15.000,00}}{\text{12 meses}}$

### 11.7.4.4 Taxas usuais admitidas pela Receita Federal – depreciação acelerada

Embora, em princípio, a empresa possa adotar a taxa de depreciação que melhor expresse a perda de valor do bem, a legislação fiscal só admite como dedutível, para fins de incidência do Imposto sobre a Renda das Pessoas Jurídicas (IRPJ), a despesa de depreciação calculada pelas seguintes taxas (numa base anual):

**Quadro 11.1** Taxas

| BEM | TAXA | VIDA ÚTIL |
|---|---|---|
| Edifícios e Construções | 4% | 25 anos |
| Máquinas e Equipamentos | 10% | 10 anos |
| Instalações | 10% | 10 anos |
| Móveis e Utensílios | 10% | 10 anos |
| Veículos | 20% | 5 anos |
| Terrenos | não pode ser depreciado | –0– |

Caso a empresa queira adotar uma taxa maior do que as referidas acima, deve obter um laudo pericial de instituto técnico especializado que comprove que a vida útil do bem é diferente das apontadas acima.

**EXEMPLO**

A empresa adquire determinada máquina e obtém laudo do Instituto de Pesquisas Tecnológicas (IPT) de que esta tem vida útil estimada de oito anos. Ela pode, então, utilizar a taxa anual de 12,5%.

Na hipótese de a empresa não conseguir o laudo pericial, caso queira adotar a taxa de 12,5%, deverá fazer o ajuste dos 2,5% (despesas indedutíveis na apuração do Lucro Real) no **Livro de Apuração do Lucro Real (LALUR)**, livro fiscal onde é apurada a base de cálculo do IRPJ.

No caso de a empresa utilizar bem móvel em dois ou três turnos de 8 horas, ela poderá adotar a taxa de **depreciação acelerada**, que consiste na multiplicação da taxa usual pelos coeficientes abaixo:

| NÚMERO DE TURNOS | COEFICIENTE |
|---|---|
| 2 turnos de 8 horas | 1,5 |
| 3 turnos de 8 horas | 2 |

Assim, a empresa que utiliza habitualmente determinado equipamento em dois turnos de 8 horas poderá utilizar uma taxa anual de depreciação acelerada (taxa usual vezes 1,5), ou seja, **15%** = (10% × 1,5).

## 11.7.5 Amortização Acumulada

### 11.7.5.1 Conceito

Denomina-se **amortização** a importância registrada na contabilidade, como custo ou encargo, a título de recuperação do capital aplicado na aquisição de ativos intangíveis, cuja utilização, pela empresa, tenha prazo limitado por força de lei ou contrato.

**NOTAS**

- Marcas.
- Patentes de invenção.
- Direitos autorais.
- Benfeitorias em prédios de terceiros, quando não houver direito à indenização de seu valor (bens classificados no imobilizado).
- Gastos com desenvolvimento de produtos quando há certeza de sua viabilidade técnica e comercial.

A taxa a ser utilizada para determinar o valor a ser amortizado será calculada a partir do prazo de duração do contrato. Inexistindo este, a Lei das Sociedades por Ações estipula um prazo limite de dez anos para a total amortização do bem ou direito. Entretanto, as Regras Internacionais de Contabilidade para as quais o Brasil está convergindo (ver Capítulo 14) estabelecem que ativos intangíveis sem vida útil definida **não** devem ser amortizados.

**EXEMPLOS**

1. Uma sociedade por ações dispende R$ 300.000,00 com o desenvolvimento de um produto novo a ser lançado no mercado, cuja viabilidade técnica e econômica é praticamente certa. Tais gastos foram classificados no ativo intangível. A empresa estima que o produto permanecerá à venda no mercado por um período superior a dez anos.

Cálculo da Taxa: supõe-se que a vida útil do bem seja de dez anos, prazo máximo permitido para a amortização, segundo a Lei das S/As:

$$\text{Taxa} = \frac{100\%}{10 \text{ anos}} = 10\% \text{ ao ano}$$

Cálculo da Amortização Anual = R$ 30.000,00 (10% × R$ 300.000,00)

**Contabilização**

D – Despesa de Amortização

C – Amortização Acumulada 30.000,00

2. Uma empresa realiza uma benfeitoria em um imóvel que aluga de terceiros para a consecução de seus objetivos sociais. O custo da benfeitoria alcançou R$ 80.000,00, e o prazo de duração do contrato de aluguel, contado a partir da instalação da benfeitoria, é de cinco anos.

$$\text{Taxa} = \frac{100\%}{5 \text{ anos}} = 20\% \text{ ao ano}$$

Amortização Anual = R$ 16.000,00 (20% × R$ 80.000,00)

**Contabilização**

D – Despesa de Amortização
C – Amortização Acumulada 16.000,00

A conta Amortização Acumulada constará no balanço como redutora da conta cujo valor foi amortizado de forma semelhante à conta Depreciação Acumulada, que é redutora da conta cujo bem foi depreciado.

**Balanço Patrimonial**

**Ativo Não Circulante (ANC)**

**Imobilizado**

| | |
|---|---|
| Benfeitorias em Prédios de Terceiros | 80.000,00 |
| (–) Amortização Acumulada | (16.000,00) |
| (=) Valor ou Custo Contábil | 64.000,00 |

**Intangível**

| | |
|---|---|
| Desenvolvimento de Produtos | 300.000,00 |
| (–) Amortização Acumulada | (30.000,00) |
| (=) Valor ou Custo Contábil | 270.000,00 |

## 11.7.6 Exaustão Acumulada

### 11.7.6.1 Conceito

A **exaustão** corresponde à perda de valor de recursos minerais ou florestais (não renováveis) em virtude de sua exploração pela empresa detentora de seus direitos.

A taxa de exaustão é calculada por meio de uma relação entre o volume de minério ou recurso florestal extraído anualmente e a potencialidade total prevista da mina ou da floresta.

Para determinar o valor a ser deduzido como exaustão, multiplica-se a respectiva taxa pelo custo dos direitos de exploração do recurso, custo este que deverá estar registrado no Ativo Não Circulante (ANC) da empresa.

**EXEMPLOS**

a) Custo de obtenção dos direitos de lavra: R$ 18.000.000,00.
b) Reserva potencial de exploração do minério: 1.000.000 toneladas.
c) Minério extraído no decorrer do ano: 100.000 toneladas.

$$\text{Taxa} = \frac{100.000}{1.000.00} = 10\%$$

Quota anual de exaustão = R$ 1.800.000,00 (10% × R$ 18.000.000,00)

**Contabilização**

D – Despesa de Exaustão

C – Exaustão Acumulada 1.800.000,00

A conta **Exaustão Acumulada** constará do Balanço como redutora da conta do Ativo Intangível onde estiver registrado o custo do direito à exploração da lavra.

## 11.7.7 Recuperação de valores – imobilizado e intangível

O parágrafo 3º do art. 183 da Lei nº 6.404, de 1976, com redação dada pelas Leis nº 11.638, de 2007, e 11.941, de 2009, dispõe:

> § 3º A companhia deverá efetuar, periodicamente, análise sobre a recuperação dos valores registrados no imobilizado e no intangível, a fim de que sejam:
>
> I. **registradas as perdas de valor do capital aplicado** quando houver decisão de; interromper os empreendimentos ou atividades a que se destinavam ou quando comprovado que não poderão produzir resultados suficientes para recuperação desse valor; ou
>
> II. **revisados e ajustados os critérios utilizados para determinação da vida útil econômica** estimada e para **cálculo da depreciação, exaustão e amortização.**

O Pronunciamento Técnico nº 01 do CPC, aprovado pela Deliberação CVM nº 639, de 2010, bem como pela Resolução do CFC nº 1.292, de 2010, determina a aplicação, ao final de cada exercício social, do teste de recuperabilidade dos ativos (teste de *impairment*).

A Resolução CFC nº 1.159, de 2009, esclarece que:

1º) as **depreciações e amortizações do imobilizado devem ser efetuadas com base na vida útil econômica** dos bens; todavia, a adoção desse critério, segundo a mencionada Resolução, somente poderá ser exigida a partir do exercício iniciado em 1º de janeiro de 2009;

2º) podem ser utilizadas no **exercício de 2008** as taxas de depreciações e amortizações dos bens do ativo imobilizado que a **entidade vinha anteriormente adotando** (normalmente são as taxas fiscais definidas e permitidas pela legislação fiscal).

A Secretaria da Receita Federal do Brasil publicou em 9 de agosto de 2011, o Parecer Normativo nº 1, de 29 de julho de 2011, que trata das diferenças apuradas entre Depreciação para fins contábeis e para fins tributários.

NOTAS

1. Os **itens 138 e 139 do Comunicado Técnico nº 03** (Resolução CFC nº 1.157, de 2009) tratam sobre a vida útil econômica dos bens do imobilizado.
2. O leitor interessado deverá consultar no Capítulo 14 deste livro o Subitem 14.3.3 – Avaliação Permanente de Recuperação de Ativos, bem como a Deliberação da CVM e as Resoluções do CFC mencionadas neste subitem.

## 11.8 ▸ PRINCIPAIS CONTAS RETIFICADORAS DE PATRIMÔNIO LÍQUIDO

As principais contas retificadoras (acessórias ou secundárias) do Patrimônio Líquido são:

- Capital Social a Realizar (a Integralizar).
- Ações em Tesouraria.
- Quotas Liberadas.
- Dividendos Antecipados.

### 11.8.1 Capital a Realizar

Por ocasião da constituição da sociedade por ações ou por quotas de responsabilidade limitada, os sócios ou acionistas prometem entregar recursos, na forma de dinheiro ou de bens, em troca da aquisição das ações ou quotas. O volume de recursos prometido é chamado de **Capital Social Subscrito**.

Entretanto, os sócios ou acionistas não são obrigados a entregar imediatamente tais recursos. Na Lei das S/As, o art. 80 estabelece como obrigatório para a constituição da companhia a realização de apenas 10%, no mínimo, do capital social subscrito em dinheiro. Os recursos prometidos e não entregues ainda pelos sócios à companhia são registrados pela contabilidade numa conta denominada **Capital Social a Realizar ou a Integralizar**. Esta conta consta do Balanço Patrimonial como redutora da conta **Capital Social Subscrito**.

A diferença entre o valor registrado nessas duas contas corresponde ao **Capital Social Realizado ou Integralizado**, que equivale à soma efetivamente entregue à companhia ou empresa pelos seus sócios ou acionistas.

EXEMPLO

Pedro, João e Paulo resolvem constituir uma sociedade por ações. No estatuto da companhia, decidem que o Capital da sociedade será constituído por 1.200 ações ao preço de R$ 1.000,00, adquiridas igualmente por cada um dos acionistas. Nessa mesma data, em moeda corrente, cada acionista entrega à sociedade R$ 40.000,00 que corresponde a 10% do capital subscrito por eles (R$ 1.200.000,00 ÷ 3 = R$ 400.000,00 e R$ 400.000,00 × 10% = R$ 40.000,00).

Na contabilidade da companhia, tais fatos seriam assim registrados:

1. Subscrição do Capital Social na constituição da empresa

   D – Capital Social a Realizar (a Integralizar)

   C – Capital Social Subscrito 1.200.000,00

A conta **Capital a Realizar** é devedora, indicando a responsabilidade que os sócios assumiram para com a empresa.

2. Realização de 10% do Capital Social em dinheiro
   D – Disponível
   C – Capital Social a Realizar (a Integralizar) 120.000,00

Se elaborássemos neste instante o Balanço Patrimonial da sociedade, teríamos:

| ATIVO | | PASSIVO | |
|---|---|---|---|
| **Ativo Circulante** | | **Patrimônio Líquido** | |
| Disponível | 120.000,00 | Capital Subscrito | 1.200.000,00 |
| | | (–) Capital a Realizar | 1.080.000,00 |
| | | (=) Capital Realizado | 120.000,00 |
| TOTAL DO ATIVO | 120.000,00 | TOTAL DO PASSIVO | 120.000,00 |

As expressões **Capital a Integralizar** e **Capital Integralizado** são sinônimas, respectivamente, de **Capital a Realizar** e **Capital Realizado**.

## 11.8.2 Ações em Tesouraria

### 11.8.2.1 Conceito

A conta **Ações em Tesouraria** registrará o valor das ações da companhia que foram adquiridas pela própria sociedade.

Embora pareça estranho que uma empresa compre ações de si própria, há casos em que isso é necessário, como quando um acionista dissidente retirar-se da sociedade. O ato pelo qual a companhia adquire as ações do acionista dissidente denomina-se reembolso e está previsto no art. 45 da Lei nº 6.404/1976 (Lei das S/As). Os casos em que a sociedade por ações pode negociar com as próprias ações estão discriminados no art. 30 da Lei das S/As, cuja leitura e de outros artigos correlatos recomendamos aos interessados em mais detalhes sobre o assunto.

As ações que permanecem na Tesouraria podem ser alienadas a qualquer tempo.

### 11.8.2.2 Contabilização

Quando a empresa adquire as próprias ações, não haverá, necessariamente, redução do Capital Social, uma vez que estas podem ser alienadas a terceiros.

Desse modo, a conta **Ações em Tesouraria** será classificada no Balanço como retificadora da conta do Patrimônio Líquido que deu origem aos recursos para sua aquisição (art. 182 da Lei nº 6.404/1976).

**EXEMPLO**

A Cia. SILPA, com capital subscrito e realizado de R$ 10.000.000,00, adquiriu 2.000 ações de sua própria emissão em função da dissidência dos acionistas que as possuíam, tendo desembolsado para tal fim R$ 2.000.000,00, retirados de sua conta bancária.

**O lançamento correspondente será:**
D – Ações em Tesouraria (Retificadora do PL)
C – Bancos Conta Movimento 2.000.000,00

No Balanço da sociedade, a conta **Ações em Tesouraria** apareceria como redutora da conta de capital social, indicando a redução da obrigação desta para com os acionistas.

| **Patrimônio Líquido** | |
|---|---|
| Capital Social | 10.000.000,00 |
| (–) Ações em Tesouraria | (2.000.000,00) |
| | 8.000.000,00 |

Entretanto, não necessariamente a conta **Ações em Tesouraria** deve constar como redutora da conta **Capital Social**. Como, em tese, todo o Patrimônio Líquido pertence aos acionistas, ela pode constar como redutora de uma conta de Reserva (de Capital ou de Lucros), desde que tal conta apresente saldo credor suficiente para absorver essa redução. A única exceção a esse caso é a conta de **Reserva Legal**, que não pode ser utilizada para essa finalidade.

Assim, no exemplo anterior, se a conta de **Reservas de Lucros** apresentasse um saldo credor de R$ 3.000.000,00, poderíamos ter:

| **Patrimônio Líquido** | | | |
|---|---|---|---|
| Capital Social | | 10.000.000,00 | |
| Reservas de Capital | | xxxx | |
| Reservas de Lucros | 3.000.000,00 | | |
| (–) Ações em Tesouraria | (2.000.000,00) | 1.000.000,00 | xxxx |

**NOTAS**

1. Para mais detalhes sobre a conta Ações em Tesouraria, consultar o livro *Contabilidade avançada,* de nossa autoria.
2. Os arts. 1.088 e 1.089 do Código Civil (Lei nº 10.406, de 10 de janeiro de 2002) dispõem sobre a sociedade anônima; tais artigos, porém, não provocaram qualquer alteração nas disposições da Lei nº 6.404, de 15 de dezembro de 1976 (Lei das Sociedades por Ações). Assim, ficam mantidas as determinações legais previstas na Lei das S/As sobre os procedimentos a serem aplicados na aquisição de ações próprias (Ações em Tesouraria).

## 11.8.3 Quotas Liberadas

### 11.8.3.1 Conceito

Conta retificadora do Patrimônio Líquido, que representa nas sociedades por quotas de responsabilidade limitada a aquisição de quotas de sua própria emissão.

### 11.8.3.2 Contabilização

D – Quotas Liberadas (Retificadora do PL)
C – Disponível

**NOTA**

A aquisição de quotas pela própria empresa (Quotas Liberadas) somente foi admitida antes da entrada em vigor do Código Civil (Lei nº 10.406, de 10 de janeiro de 2002). Assim, os saldos porventura existentes nessa conta retificadora do Patrimônio Líquido referem-se a aquisições realizadas sob a égide da legislação anterior (**veja o subitem seguinte**).

### 11.8.3.3 Pronunciamentos da JUCESP

A Junta Comercial do Estado de São Paulo (JUCESP) publicou, em 11 de dezembro de 2012, no Diário Oficial do Estado de São Paulo, a **Deliberação JUCESP nº 13, de 4 de dezembro de 2012,** que **aprovou o Ementário de Enunciados da JUCESP**, sendo um dos grandes destaques da referida deliberação a admissão expressa de quotas em tesouraria com base no disposto no art. 30, § 1º, "b", da Lei nº 6.404, de 15 de dezembro de 1976 (Lei das Sociedades por Ações), como norma geral de direito societário.

A JUCESP passou a admitir a existência de quotas em tesouraria desde que:

a) o contrato social que instituir as quotas em tesouraria contenha cláusula que preveja a aplicação supletiva das normas da Lei de Sociedade por Ações, conforme disposto no art. 1.053, parágrafo único, da Lei nº 10.404 de 2002 – Código Civil;
b) as quotas que serão adquiridas pela sociedade estejam integralizadas; e
c) sejam utilizados fundos disponíveis, ou seja, com saldo de lucros ou reservas, exceto a legal, e sem ofensa ao capital social.

Mencionado enunciado deixa claro ainda que, as quotas em tesouraria não darão à sociedade o direito de participar em seus próprios lucros, votar em deliberações sociais e participar dos aumentos de capital social por meio da subscrição de novas quotas. As quotas poderão, ainda, ser mantidas em tesouraria, cedidas a sócios ou terceiros, observado o disposto no contrato social, ou ainda canceladas.

O **Item nº 40 da Portaria JUCESP nº 17, de 2012**, que abre consulta pública ao ementário dos Enunciados da JUCESP, dispõe:

> **40. QUOTAS EM TESOURARIA**
>
> A sociedade limitada pode adquirir suas próprias quotas, desde que com fundos disponíveis, ou seja, com saldo de lucros ou reservas, exceto a legal, e sem ofensa ao capital social, porém essas não darão à sociedade o direito de participar em seus próprios lucros, votar em deliberações sociais e participar dos aumentos de capital por meio da descrição de novas quotas sociais.
>
> O Código Civil em vigor, que regula as sociedades limitadas, não prevê expressamente a possibilidade de a sociedade adquirir suas quotas integralizadas. Entretanto, a operação tem guarida no art. 30, § 1º, "b", da Lei nº 6.404/1976, como norma geral de direito societário.

### 11.8.4 Lucros distribuídos antecipadamente

A pessoa jurídica que distribuir lucros ou dividendos por conta de resultado de exercício não encerrado deverá registrar o valor distribuído em conta retificadora de **Lucros ou Prejuízos Acumulados** ou redutora do Patrimônio Líquido.

**EXEMPLO**

A Cia. PASIL resolve distribuir antecipadamente, em 30 de junho de 20X0, R$ 10.000,00 aos acionistas, por conta do resultado do ano ainda não encerrado.

**Contabilização em 30 de junho de 20X0**

D – Lucros Distribuídos Antecipadamente (redutora de PL)
C – Caixa (Disponível) ou Dividendos a Pagar (Passivo Circulante) 10.000,00

No caso de balanço semestral de uma sociedade limitada constará, supondo que a conta **Lucros ou Prejuízos Acumulados** apresente saldo credor de R$ 60.000,00:

| PATRIMÔNIO LÍQUIDO | | |
|---|---|---|
| Capital Social | | xxxx |
| Reservas de Capital | | xxxx |
| Reservas de Lucros | | xxxx |
| Lucros Acumulados (Sociedades Limitadas) | 60.000,00 | |
| (–) Lucros Distribuídos Antecipadamente | (10.000,00) | |
| | 50.000,00 | |

No final do ano, em 31 de dezembro de 20X0, após a apuração do resultado, a conta **Lucros Distribuídos Antecipadamente** será encerrada debitando-se seu saldo na conta de Lucros Acumulados, da seguinte forma:

D – Lucros Acumulados
C – Lucros Distribuídos Antecipadamente 10.000,00

## 11.9 ▸ RESULTADO NÃO OPERACIONAL

Até 31 de dezembro de 2007, o **Resultado Não Operacional** representava o resultado das atividades atípicas ou extraordinárias que geralmente dependem de decisão administrativa como:

a) ganhos ou perdas de capital na venda de bens e direitos do Ativo Fixo;
b) despesas com a constituição de provisão para perdas prováveis na alienação de investimentos;
c) realização da reserva de reavaliação;
d) outros.

Após as modificações introduzidas pelas Leis nº 11.638/2007 e 11.941/2009 (conversão da MP nº 449/2008), o conceito de Resultado Não Operacional deixou de existir contabilmente.

É importante ressaltar que continuam sendo aceitos os procedimentos contábeis de determinação do ganho e perda de capital. A única modificação é que, para fins contábeis, eles não são considerados Receitas ou Despesas Não Operacionais, mas sim apenas para fins tributários. Isto porque o Fisco só permite a compensação de prejuízos não operacionais (denominação da norma contábil antiga) com Lucros Não Operacionais (denominação da norma contábil antiga).

**Os procedimentos discriminados a seguir seguem a terminologia adotada até 31 de dezembro de 2007 e continuam a ser aceitos para fins tributários.**

## 11.9.1 Ganhos e perdas de capital na alienação de bens do ativo imobilizado

Considera-se, nesse caso, como resultado a diferença entre o valor da alienação e o custo do bem, já deduzida deste a depreciação acumulada. O custo de aquisição do bem, deduzido o valor da depreciação, amortização ou exaustão denomina-se **valor ou custo contábil do bem.**

**Resultado = valor da alienação (–) custo contábil do bem**

**CUSTO OU VALOR CONTÁBIL DO BEM = CUSTO DO BEM (–) DEPRECIAÇÃO, AMORTIZAÇÃO OU EXAUSTÃO ACUMULADA**

Se o resultado for positivo, teremos um **Ganho de Capital** (Lucro Não Operacional). Se negativo, uma **Perda de Capital** (Prejuízo Não Operacional).

**EXEMPLO**

- Valor de alienação do bem X.......R$ 10.000,00
- Valor de aquisição.......R$ 18.000,00
- Depreciação Acumulada.......R$ 13.000,00

**Valor Contábil**: R$ 18.000,00 – R$ 13.000,00 = **R$ 5.000,00**
**Resultado Não operacional**: R$ 10.000,00 – R$ 5.000,00 = **R$ 5.000,00**
Sendo positivo, tal resultado é um ganho de capital.

**Contabilização**
Há duas formas alternativas:

a) Criam-se duas contas: **Receitas Não Operacionais** e **Despesas ou Custos Não Operacionais**
   1. O valor da venda é debitado a uma conta **Caixa**, **Bancos** ou **Direitos a Receber** (conforme seja venda à vista, em dinheiro ou cheque, ou venda a prazo) e creditado à conta **Receitas Não Operacionais,** porque o seu recebimento aumentou o PL da empresa.
   2. A baixa do bem e da depreciação acumulada correspondente serão registradas tendo como contrapartida a conta **Despesas ou Custos Não Operacionais.**
   3. As contas **Receitas Não Operacionais** e **Despesas Não Operacionais** serão encerradas tendo como contrapartida a conta **Resultado Não Operacional**, cujo saldo indicará: se credor, **Lucro Não Operacional** (Ganho de Capital); e se devedor**, Prejuízo Não Operacional** (Perda de Capital).
   4. No final do período, a conta **Resultado Não Operacional** é encerrada tendo como contrapartida a conta **Apuração do Resultado do Exercício (ARE)**.

- **Razonetes**

| Bem X (AP) | |
|---|---|
| **(s) 18.000,00** | 18.000,00 (2) |

| Depreciação Acumulada do Bem X | |
|---|---|
| (3) 13.000,00 | **13.000,00 (s)** |

| Caixa ou Bancos | |
|---|---|
| (1) 10.000,00 | |

| Receitas Não Operacionais | |
|---|---|
| (4) 10.000,00 | 10.000,00 (1) |

| Custos ou Despesas Não Operacionais | |
|---|---|
| (2) 18.000,00 | 13.000,00 (3) |
| **(s) 5.000,00** | 5.000,00 (5) |

| Resultado Não Operacional | |
|---|---|
| (5) 5.000,00 | 10.000,00 (4) |
| (6) 5.000,00 | **5.000,00 (s)** |

| ARE – Apuração do Resultado do Exercício | |
|---|---|
| | 5.000,00 (6) |

b) É idêntica à forma acima, com a utilização da conta **Ganhos ou Perdas de Capital** para apurar o Lucro ou Perda na Alienação do bem.

| Bem X (AP) | |
|---|---|
| **(s) 18.000,00** | 18.000,00 (2) |

| Depreciação Acumulada do Bem X | |
|---|---|
| (3) 13.000,00 | **13.000,00 (s)** |

| Caixa ou Bancos | |
|---|---|
| (1) 10.000,00 | |

| Ganhos ou Perdas de Capital | |
|---|---|
| (2) 18.000,00 | 10.000,00 (1) |
| | 13.000,00 (2) |
| **(s) 18.000,00** | **23.000,00 (s)** |
| (4) 5.000,00 | **5.000,00 (s)** |

| ARE – Apuração do Resultado do Exercício | |
|---|---|
| | 5.000,00(*) (4) |

(*) Ganho de Capital ou Lucro não Operacional.
(S) = Saldo.

**ATENÇÃO**

A sistemática de contabilização a partir de 1º de janeiro de 2008 é a mesma com a substituição das contas "Receitas Não Operacionais" e "Despesas Não Operacionais" por "Receita de Venda de Bem do Ativo Não Circulante" e "Custo de Bem do Ativo Não Circulante", respectivamente.

## 11.10 ▸ CONCILIAÇÃO BANCÁRIA[4]

O objetivo primordial da conciliação bancária é o de efetuar a adaptação do saldo do extrato bancário ao saldo registrado na conta **Bancos Conta Movimento** no Livro Razão da entidade. Após a confrontação dos valores registrados na contabilidade com os valores apontados no extrato bancário, serão efetuados e/ou contabilizados os ajustes necessários a identificação das prováveis diferenças entre o saldo especificado no extrato bancário e o saldo registrado no Razão da empresa.

Os principais ajustes e/ou diferenças entre os saldos (no Razão da empresa e no extrato bancário) decorrem de:

a) avisos bancários acusados no respectivo extrato de movimentação da conta-corrente, ainda não registrados na contabilidade da empresa tais como: avisos de cobrança bancária de títulos creditados pelo banco ou de despesas bancárias debitadas ou ainda a cobrança de contribuições ou de encargos em conta-corrente (CPMF, IOF, juros etc.);
b) cheques emitidos e contabilizados pela empresa ainda não apresentados ao banco pelo credor da empresa;
c) depósitos efetuados pela empresa ainda não creditados em conta-corrente bancária. Este fato acontece normalmente quando os depósitos são efetuados em caixas eletrônicos após as 20 horas ou quando o banco espera a compensação dos valores depositados em cheques para posterior crédito em conta-corrente bancária que poderá ocorrer em 24, 48 ou 72 horas após a data do respectivo depósito;
d) créditos ou débitos efetuados por movimentação de contas especiais (Bancos conta Caução ou conta Vinculada)[5] atreladas à conta **Bancos Conta Movimento** (conta de livre movimentação através de depósitos bancários, saques ou da emissão de cheques ou autorização de débitos);
e) Outros fatos.

**CASO PRÁTICO**

Observe os dados a seguir, relativos ao mês de junho de 20X0 da empresa SILPA Ltda. Comércio de Equipamentos Eletrônicos, constantes do extrato bancário de emissão do Banco SNPV S/A e da ficha do Livro Razão da pessoa jurídica.

1. Os valores assinalados com a marca √ foram registrados, simultânea e respectivamente, no extrato bancário (BANCO SNPV S/A) e na contabilidade da empresa SILPA (ver ficha do Razão com a marca √).

---

4 A conciliação representa a comparação entre contas ou entre contas e relações, com o objetivo de efetuar os ajustes contábeis necessários a acertar os saldos das contas respectivas.

5 Conta que tem sua movimentação subordinada (conta comprometida com outra) a atos da administração, normalmente vinculados ou regulados por contrato entre a Instituição Financeira ou Bancária e a empresa.

| SILPA LTDA. COMÉRCIO DE EQUIPAMENTOS ELETRÔNICOS | | | | | | |
|---|---|---|---|---|---|---|
| CONTA Nº | | RAZÃO ANALÍTICO | | PERÍODO | | |
| 1110200011.2 | | NOMENCLATURA: BANCO SNPV S/A. | | JUNHO DE 20X0 | | |
| Data | Nº Lçto. | Contrapartida | Histórico | Débito | Crédito | Saldo |
| | | | **Saldo Anterior** | | **717,02√** | **– 717,02** |
| 7-Jun | 3.000 | 4110108011.8 | Venda à vista de mercadorias conf. NF 235 para Fara Ltda. | 10.000,00√ | | 9.282,98 |
| | 3.001 | 4110108012.8 | Venda à vista de mercadorias conf. NF 236 para HB Ltda. | 4.000,00√ | | 13.282,98 |
| 9-Jun | 3.123 | 3130107354.2 | Despesas Bancárias – utilização da conta mensal | | 7,98√ | 13.275,00 |
| | 3.125 | 3110207114.3 | Ordem pagamento para Pagto NF 430.953 da Pablo Ltda. | | 1.000,00√ | 12.275,00 |
| | 3.128 | 3130107354.2 | Despesas Bancárias – tarifa de Ordem de Pagamento (OP) | | 25,00√ | 12.250,00 |
| 11-Jun | 3.140 | 111030021.9 | Aplicação em Fundo de Renda Fixa de 60 dias | | 10.000,00√ | 2.250,00 |
| 15-Jun | 3.153 | 3110207114.3 | Ch – 140.500 – Pagto da NF 0975 – Márcia Mat.de Escrit. Ltda. | | 250,00√ | 2.000,00 |
| | 3.160 | 112050022.7 | Recto da Dup. no 1.923 de Alexandre Equip.Eletrônicos Ltda. | 3.000,00√ | | 5.000,00 |
| | 3.175 | 112050022.7 | Recto da Dup. no 2.130 de Faka Materiais Esportivos Ltda. | 15.000,00√ | | 20.000,00 |
| 18-Jun | 3.190 | 3110207107.3 | Ch – 140.501 – Pagto da NF 0975 – Isaclélia Equipamentos Ltda. | | 5.000,00√ | 15.000,00 |
| | 3.200 | 2130105210.2 | Ch – 140.502 – Pagto do Aluguel para Rita Imóveis Ltda. | | 3.800,00√ | 11.200,00 |
| | 3.230 | 2120405121.7 | Ch – 140.503 – Distribuição de lucros do 1º trimestre de 20X4 | | 1.200,00√ | 10.000,00 |
| | 3.255 | 3110207107.3 | Ch – 140.504 – Marg – Materiais de Limpeza Ltda. | | 500,00√ | 9.500,00 |
| | 3.300 | 3110207110.1 | Ch – 140.505 – Pagto da Eletropaulo conta de maio de 20X4 | | 750,00√ | 8.750,00 |
| 21-Jun | 3.333 | 3130107352.2 | Débito relativo a CPMF ref. 01-06 a 18.06.20X4 | | 101,32√ | 8.648,68 |
| 23-Jun | 3.360 | 1320304954.2 | Ch – 140.506 – Pagto para Elubá Computadores Ltda. | | 1.048,68√ | 7.600,00 |
| 25-Jun | 3.440 | 111030021.9 | Aplicação em Fundo de Renda Fixa de 60 dias | | 5.000,00√ | 2.600,00 |
| 28-Jun | 3.460 | 4110108011.8 | Venda à vista de mercadorias conf. NF 237 para Hot Hot Ltda. | 1.480,00√ | | 4.080,00 |
| | 3.500 | 4110108012.8 | Venda à vista de mercadorias conf. NF 238 para Kafa Ltda. | 4.920,00√ | | 9.000,00 |

| SILPA LTDA. COMÉRCIO DE EQUIPAMENTOS ELETRÔNICOS | | | | | | |
|---|---|---|---|---|---|---|
| CONTA Nº | | RAZÃO ANALÍTICO | | PERÍODO | | |
| 1110200011.2 | | NOMENCLATURA: BANCO SNPV S/A. | | JUNHO DE 20X0 | | |
| Data | Nº Lçto. | Contrapartida | Histórico | Débito | Crédito | Saldo |
| | | | **Saldo Anterior** | | | |
| 29-Jun | 3.510 | 3110208150.9 | Ch – 140.507 – Salário de Junho/X4 – Maxuel dos Santos | | 500,00√ | 8.500,00 |
| 30-Jun | 3.540 | 3110208150.9 | Ch – 140.508 – Salário de Junho/X4 – Rafael Santos A. Nunes | | 1.020,00√ | 7.480,00 |
| | 3.563 | 3110208150.9 | Ch – 140.509 – Salário de Junho/X4 – Karina R. F. Souza | | 330,00√ | 7.150,00 |
| | 3.570 | 3110207107.3 | Ch – 140.510 – Tabú Equipamentos Especiais Ltda. | | 650,00√ | 6.500,00 |
| | 3.590 | 2130105210.2 | Ch – 140.511 – Pagto da Friosul Ltda. | | 500,00√ | 6.000,00 |
| | 3.600 | 1310204921.7 | Ch – 140.512 – Aquisição de linha telefônica da Teleandré Ltda. | | 1.200,00 | 4.800,00 |
| | 3.650 | 3110207102.6 | Ch – 140.513 – Imprensa Nacional assinatura do 2º trim/X4 | | 300,00 | 4.500,00 |
| | 3.700 | 3110207102.6 | Ch – 140.514 – Pagto assinatura Boletim IRPJ 2º trim/X4 | | 150,00 | 4.350,00 |
| | 3.780 | 2130105210.2 | Ch – 140.515 – Pagto de SP Serviços Contábeis Ltda. | | 1.350,00 | 3.000,00 |
| 30-Jun | 3.800 | 4110108011.8 | Venda à vista de mercadorias conf. NF 238 para Andressa Ltda. | 236,66 | | 3.236,66(*) |
| TOTAIS | | | | 38.636,66 | 35.400,00 | 3.236,66 |

(*) O Saldo correspondente será transportado para o razonete (ver folha adiante) com a finalidade de efetuar o lançamento de ajuste.

| BANCO SNPV S/A<br>EXTRATO DE MOVIMENTAÇÃO BANCÁRIA CORRESPONDENTE AO MÊS DE JUNHO DE 20X0<br>SILPA LTDA., COMÉRCIO DE EQUIPAMENTOS ELETRÔNICOS – CONTA-CORRENTE Nº 126.126-9 | | | | |
|---|---|---|---|---|
| Data | Histórico | Débito | Crédito | Saldo (R$) |
| 31-Mai | Saldo Anterior | | | **3.412,98** |
| 1-Jun | Pagamento do Cheque nº 140.496 | 1.520,00√ | | |
| | Pagamento do Cheque nº 140.497 | 480,00√ | | |
| | Pagamento do Cheque nº 140.498 | 500,00√ | | |
| | Pagamento do Cheque nº 140.499 | 1.630,00√ | | **–717,02** |
| 7-Jun | Depósito em Cheque | | 10.000,00√ | |
| | Depósito em Dinheiro | | 4.000,00√ | 13.282,98 |
| 9-Jun | Tarifa de utilização de conta mensal | 7,98√ | | |
| | Ordem de Pagamento nº 123.405 | 1.000,00√ | | |
| | Tarifa de OP (ordem de pagamento) | 25,00√ | | 12.250,00 |
| 11-Jun | Aplicação em Renda Fixa de 60 dias | 10.000,00√ | | 2.250,00 |
| 15-Jun | Pagamento do Cheque nº 140.500 | 250,00√ | | |
| | Depósito em Dinheiro | | 3.000,00√ | |
| | Depósito em Cheque | | 15.000,00√ | 20.000,00 |
| 18-Jun | Pagamento do Cheque nº 140.501 | 5.000,00√ | | |
| | Pagamento do Cheque nº 140.502 | 3.800,00√ | | |
| | Pagamento do Cheque nº 140.503 | 1.200,00√ | | |
| | Pagamento do Cheque nº 140.504 | 500,00√ | | |
| | Pagamento do Cheque nº 140.505 | 750,00√ | | 8.750,00 |
| 21-Jun | CPMF de 01-2006 a 18-2006 | 101,32√ | | 8.648,68 |
| 23-Jun | Pagamento do Cheque nº 140.506 | 1.048,68√ | | 7.600,00 |
| 25-Jun | Aplicação em Renda Fixa de 60 dias | 5.000,00√ | | 2.600,00 |
| 28-Jun | Depósito em Dinheiro | | 1.480,00√ | |
| | Depósito em Cheque | | 4.920,00√ | 9.000,00 |
| 29-Jun | Pagamento do Cheque nº 140.507 | 500,00√ | | |
| 30-Jun | Pagamento do Cheque nº 140.508 | 1.020,00√ | | |
| | Pagamento do Cheque nº 140.509 | 330,00√ | | 7.150,00 |
| | Pagamento do Cheque nº 140.510 | 650,00√ | | |
| | Pagamento do Cheque nº 140.511 | 500,00√ | | |
| | Telesp – Telefone nº 276-6322 | 550,00 | | |
| | Encargos sobre saldo negativo | 10,20 | | |
| | IOF sobre saldo negativo | 1,80 | | |
| | Despesas Bancárias | 74,66 | | |
| | | | | |
| | | | | |
| Totais | | 36.449,64 | 38.400,00 | 5.363,34(*) |

(*) O saldo correspondente será transportado para o quadro de reconciliação bancária na folha seguinte.

2. Os valores que constam do extrato bancário bem como na ficha do Razão, sem o sinal indicado no item anterior, são os que precisam ser ajustados com a finalidade de efetuar a conciliação bancária do mês de junho de 20X0.
3. Como existem valores no extrato bancário que não constam da escrituração contábil (Razão), a empresa deverá efetuar os lançamentos contábeis de ajustes correspondentes a esses valores.

**NOTA**

Observe que os cheques de nº 140.496 a 140.499 foram emitidos e contabilizados no mês de maio de 20X0, porém somente foram apresentados pelos credores respectivos ao banco no mês de junho de 20X0.

1. Lançamento de ajuste em 30 de junho de 20X0 – dados constantes do extrato bancário:

| | |
|---|---|
| D – Despesas com Telefones | 550,00 |
| D – Despesas de Juros (Juros Passivos) | 10,20 |
| D – Despesas de IOF | 1,80 |
| D – Despesas Bancárias | 74,66 |
| C – Bancos Conta Movimento | 636,66 |

**Bancos Conta Movimento**
**Banco SNPV S/A**

| | |
|---|---|
| **(s) 3.236,66(*)** | 636,66 (1) |
| **(s) 2.600,00(**)** | |

| RECONCILIAÇÃO BANCÁRIA MÊS JUNHO DE 20X0<br>BANCO SNPV LTDA. | | |
|---|---|---|
| Data | Histórico | Valores (R$) |
| 30-Jun | Saldo do Extrato Bancário nesta data | 5.363,34 (*) |
| 30-Jun | Cheques emitidos no mês e descontados no mês seguinte | |
| | Ch – 140.512 – Debitado em julho de 20X4 ........................R$ 1.200,00 | |
| | Ch – 140.513 – Debitado em julho de 20X4 ........................R$ 300,00 | |
| | Ch – 140.514 – Debitado em julho de 20X4 ........................R$ 150,00 | |
| | Ch – 140.515 – Debitado em julho de 20X4 ........................R$ 1.350,00 | – 3.000,00 |
| 30-Jun | Depósito efetuado no mês e creditado no mês seguinte | 236,66 |
| | | |
| SALDO A SER COMPUTADO NO BALANÇO DE 30.06.20X0 | | **2.600,00 (**)** |

(*) Saldo da Ficha do Razão em 30 de junho de 20X0 antes do ajuste.
(**) Este saldo R$ 2.600,00 confere exatamente com o valor obtido na conciliação contábil (ver adiante quadro com cálculo específico).

## 11.11 ▸ CLASSIFICAÇÃO DAS CONTAS DA ESCRITURAÇÃO

**Quadro 11.2** Classificação das contas da escrituração

| QUANTO A | CONTAS | |
|---|---|---|
| Natureza do Saldo | Estáveis | Apresentam saldo de uma única natureza (devedor ou credor).<br>**Exemplos:**<br>Devedor: Caixa, Duplicatas a Receber, Máquinas, Equipamentos etc.<br>Credor: Fornecedores, Contas a Pagar, Capital etc. |
| | Instáveis | Podem apresentar saldo credor ou devedor.<br>**Exemplos:**<br>Conta-Corrente de ICMS ou Conta-Corrente de IPI, Lucros ou Prejuízos Acumulados. |
| Utilização | Unilaterais | Recebem, normalmente, lançamentos só a débito ou só a crédito.<br>**Exemplos:**<br>Imóveis, Máquinas e Equipamentos, Instalações, Capital Social, Receitas e Despesas etc. |
| | Bilaterais | Podem receber, simultaneamente, lançamentos a débito e a crédito.<br>**Exemplos:**<br>Caixa, Duplicatas a Receber, Fornecedores, Contas a Pagar etc. |
| Movimentação | Estáticas | Dificilmente recebem lançamentos.<br>**Exemplos:**<br>Capital Social, Imóveis etc. |
| | Dinâmicas | Recebem vários lançamentos (grande utilização) no período.<br>**Exemplos:**<br>Caixa, Bancos, Duplicatas a Receber, Fornecedores, Despesas, Receitas etc. |
| Extensão | Sintéticas | Representam grupo de contas de natureza semelhante, porém de espécies diferentes, ou seja, contas-resumo.<br>**Exemplos:**<br>Duplicatas a Receber, Fornecedores, Despesas Administrativas, Despesas de Vendas etc. |
| | Analíticas | Representam desdobramento das contas sintéticas, ou seja, contas individuais.<br>**Exemplos:**<br>Duplicatas a Receber ou Fornecedores (nomes e registros individuais por clientes ou por fornecedores) Despesas Administrativas ou de Vendas (Despesas de: Salários, Encargos Sociais, Luz, Água, Xerox, Diversas etc.). |

## 11.12 ▸ FATURAMENTO ANTECIPADO E VENDA PARA ENTREGA FUTURA

### 11.12.1 Definições

#### 11.12.1.1 Faturamento antecipado

O **faturamento antecipado** ocorre quando a empresa vendedora emite a Nota Fiscal (NF) e a fatura, com a concordância do comprador, correspondente:

a) à venda de um bem que **ainda não foi produzido**;
b) à venda de uma mercadoria que **ainda não foi adquirida** do fornecedor, para revenda; ou
c) à prestação de um serviço, **que ainda não foi efetuado**.

O interesse do comprador, nesse caso, é o de garantir o fornecimento do bem pelo vendedor. O comprador pode reforçar essa garantia fazendo, adicionalmente, um adiantamento parcial ou total, sobre o faturamento antecipado.

#### 11.12.1.2 Venda para entrega futura

A **venda para entrega futura** ocorre quando a empresa vendedora negocia bens que estão em seu estoque, ou seja, bens já produzidos ou adquiridos, que por interesse ou conveniência do comprador continuam em posse da empresa vendedora que, nessa hipótese, será mera depositária dos referidos bens.

**NOTAS**

1. A principal diferença entre faturamento antecipado e venda para entrega futura reside no fato de a empresa vendedora possuir ou não os bens em seus estoques.
2. Outra diferença importante é que, no faturamento antecipado, o interesse do comprador é garantir o fornecimento do bem pelo vendedor, enquanto, na venda para entrega futura, o comprador já pode ter o bem adquirido, mas lhe interessa postergar seu recebimento.

### 11.12.2 Reconhecimento da receita

#### 11.12.2.1 Fatos geradores ocorridos até 31 de janeiro de 2007

Em qualquer hipótese (Faturamento Antecipado ou Venda para Entrega Futura), a receita de venda ou de serviços somente deverá ser reconhecida na apuração do resultado do exercício quando, juridicamente, **ocorrer a transferência da propriedade do bem ou da mercadoria vendida** (tradição) ou por ocasião da efetiva realização ou execução dos serviços. No caso da venda de bens, a empresa vendedora deverá:

a) efetuar a entrega dos bens (tradição real)[6]; ou
b) estar de posse dos bens a serem entregues (tradição consensual)[7].

No caso da letra **b**, a empresa deverá ainda, **segregar os estoques** colocados à disposição do cliente dos demais e, após o reconhecimento da receita, o vendedor não é mais proprietário dos bens, sendo tão somente um simples depositário dos bens que continuam em sua posse até o momento de sua efetiva entrega (tradição real).

---

6 Quando o comprador recebe efetivamente o bem adquirido.

7 Quando o bem é posto à disposição do comprador (é o caso da venda para entrega futura, tratado no Subitem 11.12.1.2). Consulte as notas ao final desse subitem.

**NOTAS**

1. No caso de Faturamento Antecipado, o reconhecimento da receita deverá ser **efetuado quando ocorrer a entrega efetiva dos bens** (tradição real) ou quando o bem estiver pronto e for colocado à disposição do comprador (tradição consensual), jamais no momento de emissão da NF.
2. No caso de Venda para Entrega Futura, o reconhecimento da receita de vendas, bem como do respectivo custo, será efetuado **no momento da emissão da NF** correspondente, uma vez que houve a tradição consensual dos referidos bens.

### 11.12.2.2 Fatos geradores ocorridos a partir de 1º de janeiro de 2008

Com o advento da Lei nº 11.638, de 2007, e posteriormente da MP nº 449, de 2008 (convertida na Lei nº 11.941, de 2009), que objetivaram a adaptação da Legislação Contábil Brasileira às normas e aos Padrões Internacionais de Contabilidade, o reconhecimento contábil das receitas deverá ser realizado na forma estabelecida pelos itens nº 92 e 93 do Pronunciamento Conceitual Básico do Comitê de Pronunciamentos Contábeis (CPC 00) que dispõe sobre a Estrutura Conceitual para a Elaboração e Apresentação das Demonstrações Contábeis (R1). Este pronunciamento revisado foi aprovado pelo Conselho Federal de Contabilidade (CFC) por meio da Resolução nº 1.374/2011.

Os itens 4.47 e 4.48 do referido pronunciamento esclarecem:

> 4.47. A **receita é reconhecida na demonstração do resultado quando resulta em um aumento, que possa ser determinado em bases confiáveis, nos benefícios econômicos futuros provenientes do aumento de um ativo ou da diminuição de um passivo**. Isso significa, de fato, que o reconhecimento da receita ocorre simultaneamente com o reconhecimento de aumento de ativo ou de diminuição de passivo. Mas isso não significa que todo aumento de ativo ou redução de passivo corresponda a uma receita.
>
> 4.48. Os procedimentos normalmente adotados na prática para reconhecimento da receita, como, por exemplo, o requisito de que a receita deve ter sido ganha, são aplicações dos critérios de reconhecimento definidos nesta Estrutura Conceitual. **Tais procedimentos são geralmente orientados para restringir o reconhecimento como receita àqueles itens que possam ser determinados em bases confiáveis e tenham um grau suficiente de certeza.**

Posto isto, quando existirem bases confiáveis nos benefícios econômicos futuros provenientes do aumento provocado no ativo decorrente do Faturamento Antecipado ou da Venda para entrega Futura, a empresa deverá reconhecer de imediato a receita na apuração do resultado do exercício, juntamente com o reconhecimento do crédito correspondente no ativo.

Os autores entendem que a nova norma, que não restringiu o reconhecimento da receita à tradição da mercadoria e à prestação do serviço, é mais ampla; porém, mais vaga que a anterior. O contador deverá exercer um julgamento quanto à certeza e confiabilidade nos benefícios futuros prováveis se quiser reconhecer a receita antes da tradição da mercadoria ou da prestação do serviço.

## 11.12.3 Contabilização até 31 de dezembro de 2007

### 11.12.3.1 Faturamento antecipado

1. Faturamento antecipado de R$ 30.000,00 (contas de compensação)[8]
   D – Crédito por Venda Antecipada para Entrega Futura
   C – Faturamento Antecipado para Entrega Futura 30.000,00

2. Recebimento de R$ 6.000,00, correspondente a adiantamento de 20%
   D – Caixa ou Bancos
   C – Adiantamento de Clientes (Passivo) 6.000,00

3. Pela entrega (tradição real) ou produção dos bens (tradição consensual)
   D – Clientes
   C – Receita de Vendas 30.000,00

4. Pelo ICMS sobre vendas de R$ 5.400,00
   D – ICMS sobre Vendas (ARE)
   C – ICMS a Recolher 5.400,00

5. Pela baixa do adiantamento
   D – Adiantamento de Clientes
   C – Clientes 6.000,00

6. Pela baixa do faturamento antecipado (contas de compensação)
   D – Faturamento Antecipado para Entrega Futura
   C – Crédito por Venda Antecipada para Entrega Futura 30.000,00

7. Pelo recebimento do saldo de R$ 24.000,00
   D – Caixa ou Bancos
   C – Clientes 24.000,00

### 11.12.3.2 Venda para entrega futura

1. Pela emissão da NF de Venda a Prazo de R$ 20.000,00
   D – Clientes
   C – Receita de Vendas 20.000,00

2. Pelo ICMS sobre vendas R$ 3.600,00
   D – ICMS sobre Vendas (ARE)
   C – ICMS a Recolher 3.600,00

3. Pela apropriação do custo correspondente a venda de R$ 11.000,00
   D – Custo das Mercadorias Vendidas (CMV)
   C – Mercadorias em Estoque 11.000,00

[8] Mais detalhes sobre as contas de compensação podem ser encontrados no livro *Contabilidade avançada*, de nossa autoria.

4. Para controle em separado dos estoques (contas de compensação)
   D – Mercadorias à Disposição de Clientes(*)
   C – Venda para Entrega Futura 11.000,00

5. Quando da entrega efetiva dos bens (baixa nas contas de compensação)
   D – Venda para Entrega Futura
   C – Mercadorias à Disposição de Clientes(*) 11.000,00

(*) O vendedor é mero depositário dos bens que pertencem a terceiros, razão pela qual essa parte do estoque deverá ser controlada em separado até o momento da efetiva entrega.

## 11.13 ▸ CONCEITOS IMPORTANTES

- **Capital Autorizado** – Quando o estatuto da empresa confere ao Conselho de Administração autorização para aumentar o Capital Social, independentemente da alteração estatutária, bastando a reunião do órgão (Conselho de Administração) e o registro da ata respectiva na Junta Comercial.

- **Passivo Fictício** – Termo utilizado para designar a permanência de obrigações vencidas e já pagas no Passivo da entidade, por inexistência de saldo de caixa compatível com a sua liquidação. Neste caso, a existência do Passivo Fictício pressupõe a omissão de receitas.

- **Omissão de Receitas** – São considerados indícios de omissão de receitas, entre outros:
  a) saldo credor de caixa;
  b) manutenção, no Passivo, de obrigações já pagas.

- **Passivo Real** – Representa os grupos do Passivo: exigível a Curto e a Longo Prazo (PC + PELP).

- **Administrador** – Pessoa que pratica, com habitualidade, atos privativos de gerência ou administração de negócios da empresa e o faz por delegação ou designação de assembleia, de diretoria ou diretor.

- ***Pró-labore*** – Remuneração percebida por uma pessoa em **retribuição ao trabalho realizado** ou como compensação pela incumbência que lhe foi atribuída.

- **Companhia** – Sinônimo de Sociedade Anônima que pode ser:
  a) aberta;
  b) fechada.

A companhia é aberta ou fechada conforme os valores mobiliários de sua emissão estejam ou não admitidos à negociação no mercado de valores mobiliários.

Somente podem ser negociados no mercado de valores mobiliários aqueles que forem emitidos por companhia registrada na Comissão de Valores Mobiliários (CVM).

Nenhuma distribuição pública de valores mobiliários será efetivada no mercado sem prévio registro na CVM.

**Comissão de Valores Mobiliários (CVM)**

A CVM poderá classificar as companhias abertas em categorias, segundo as espécies e as classes dos valores mobiliários por ela emitidos negociados no mercado, e especificará as normas sobre companhias abertas aplicáveis a cada categoria.

Compete à CVM, relativamente às Companhias Abertas:

a) fiscalizar e inspecionar as companhias abertas, dada prioridade às que não apresentem lucro em balanço ou às que deixem de pagar o dividendo mínimo obrigatório;
b) fiscalizar permanentemente as atividades e os serviços do mercado de valores mobiliários, bem como a veiculação de informações a ele relativas, às pessoas que dele participem e aos valores negociados.

## 11.13.1 Insubsistências e Superveniências

Abaixo estão as definições dos dicionários jurídico e contábil mencionados e as respostas às perguntas relativas ao tema abordadas no Livro de Perguntas e Respostas – Pessoa Jurídica de 2004 da Receita Federal.

### 11.13.1.1 Insubsistências

Dicionário jurídico[9]

**Insubsistências** – Derivada de *insubsistir* (não subsistir), designa a palavra as coisas que se mostram com a *qualidade de insubsistentes.* Quer então significar coisas que não têm valor, que não têm fundamento, que não se apoiam em qualquer razão jurídica ou legal para que possam prevalecer, ou ter existência. A insubsistência é a qualidade dos *atos nulos* ou dos que se fazem com *vícios essenciais* ou *defeitos viscerais.*

São insubsistentes, porque *nem nascem*, surgem já *sem vida jurídica*, porque a lei lhes negou o *sopro* vital. São insubsistentes, porque relegaram prescrições necessárias à sua validade, cuja omissão, por serem insupríveis, importa em não serem juridicamente reconhecidos.

A insubsistência também mostra a qualidade das *alegações* ou dos *fatos improcedentes*, porque se apresentam fora das razões jurídicas ou não se comprovam suficientemente. Não devem, pois, ser admitidos.

Em semelhante sentido, equivalente a *improcedência*, que é o estado do que não procede, por não provado, não justificado, por *insubsistente.*

**Insubsistentes** – É o que não subsiste, não prevalece, não tem valia, porque não se funda na lei nem tem o seu amparo.

Dicionário de contabilidade[10]

**Insubsistências ativas – Título de conta devedora** de resultado que registra o desaparecimento ou a diminuição de elementos patrimoniais ativos em decorrência de fatos fortuitos ou imprevisíveis.

**Insubsistências passivas – Título de conta credora** de resultado que registra a diminuição de valores patrimoniais passivos em decorrência de fatos estranhos à gestão, como, por exemplo, a prescrição de créditos de terceiros.

9 SILVA, de P. E. *Dicionário Jurídico.* 15. ed. Rio de Janeiro: Forense, 1999.
10 SÁ, A. L. de; SÁ, M. L. de. *Dicionário de Contabilidade.* 7. ed. São Paulo: Atlas, 1983.

Pergunta nº 28 – Livro de perguntas e respostas – 2011

**Qual o valor que se deve atribuir ao rebanho que perece (morre) no período de apuração?**

Neste caso, deve-se atribuir o valor contábil (o preço real de custo quando a contabilidade assim o venha registrando, ou o preço corrente no mercado atribuído na última avaliação). Esse valor será lançado contra a conta do ativo em que achava registrado o animal, encerrando-se a conta contra resultado do período (**insubsistências ativas**). Observar, para lançamento da baixa, se o valor do animal já se encontra registrado na contabilidade, isto é, só poderá ser "baixada" a cria que nasce morta quando precedida do lançamento que consigne o nascimento, por exemplo (PN CST nº 57/1976).

### 11.13.1.2 Superveniências

Dicionário jurídico[11]

De superveniente, do latim *superveniens,* de *supervenire* (sobreviver, chamar de improviso, chegar sem ser esperado, ou vir depois), entende-se o *fato* ou o *acontecimento*, que vem inesperadamente, ou que se registra depois ou posteriormente a outro fato, ou acontecimento, a que se liga, ou em que interfere. Juridicamente, a superveniência demonstra o acontecimento jurídico, que, em princípio, *vem modificar*, ou *em alterar* uma situação firmada em fato anterior, para que se possa tomar uma nova orientação, ou para que se permita a adoção de medida que desfaça ato, ou medida anterior, ou que venha imprimir novo rumo à solução de uma contenda judicial.

Dicionário de contabilidade[12]

**Superveniência ativa –** Maior valor dos bens e créditos sobre os débitos (dívidas); supremacia do inexigível sobre o exigível.

**Superveniência passiva –** Maior valor das dívidas (débitos) sobre os bens e créditos; supremacia do exigível sobre o inexigível.

Pergunta nº 23 – Livro de perguntas e respostas – 2011

**Como é apurado o resultado da pessoa jurídica rural quando se utiliza do método de valor de mercado para avaliação do inventário?**

É o reconhecimento da receita por valoração dos estoques dos produtos que encerram características especiais, como crescimento do gado, estufas de plantas, reservas florestais etc. Nesses casos, é possível reconhecer a receita mesmo antes da venda, porquanto existe avaliação de mercado (preços) que é objetiva em estágios distintos de maturação dos produtos. Assim, proceder-se-á a um **lançamento contábil a débito do estoque, adicionando-se a diferença de preço aos custos incorridos e o crédito do ganho econômico à conta de resultado Superveniência Ativa** (RIR/1999, art. 297).

[11] SILVA, 1999.
[12] SÁ, 1983.

#### 11.13.1.3 Conclusões

As contas anteriormente mencionadas não são de utilização comum ou usual.

Da análise efetuada nos itens anteriores relativamente às definições e às utilizações dos mencionados termos, pode-se concluir que as contas:

a) Insubsistências Ativas e Superveniências Passivas são contas representativas de despesas e possuem **saldo devedor**; e
b) Insubsistências Passivas e Superveniências Ativas são contas representativas de receitas e possuem **saldo credor**.

Em relação às insubsistências, há muita confusão, na prática, em relação ao seu uso. Conforme explicado, **Insubsistências Ativas** representam a contrapartida devedora do desaparecimento de bens do Ativo, sendo, portanto, contas de registro de **despesa**. Todavia, o adjetivo "ativas" dá a entender que se trata de um fato contábil modificativo aumentativo, à semelhança do que ocorre com as contas Juros Ativos e Variações Monetárias Ativas, que são contas de registro de **receitas**.

Na realidade, o adjetivo "ativas" no termo "Insubsistências Ativas", cujo uso está consagrado em Contabilidade Pública e Contabilidade Rural, quer se referir ao fato de que os bens insubsistentes estão classificados no Ativo da entidade e não à natureza credora da conta de resultado, como é o caso das outras duas contas citadas.

## 11.14 ▸ AJUSTES A VALOR PRESENTE E AJUSTES DE AVALIAÇÃO PATRIMONIAL

Os **Ajustes a Valor Presente e os ajustes de avaliação patrimonial** são critérios novos de avaliação de Ativos e Passivos, introduzidos pelas Leis nº 11.638/2007 e 11.941/2009.

Os Ajustes a Valor Presente das receitas já foram analisados no Capítulo 9 e os das despesas e aquisições serão analisados no Item 11.16. O Pronunciamento Técnico nº 12 do CPC (Resolução CFC nº 1.151, de 2009) trata dos Ajustes a Valor Presente.

## 11.15 ▸ ARRENDAMENTO MERCANTIL FINANCEIRO

**Arrendamento Mercantil (*leasing*)** representa um acordo pelo qual o arrendador transmite ao arrendatário, em troca de um pagamento ou série de pagamentos, o direito de usar um ativo por um período de tempo acordado. Encontra-se disciplinado na Lei nº 6.099, de 12 de setembro de 1974, consolidada no art. nº 356, do RIR/1999, que permite a dedução como custo ou despesa operacional das contraprestações pagas por força do contrato de arrendamento mercantil.

Com o advento da Lei nº 11.638, de 2007, aventou-se a possibilidade de registro de alguns arrendamentos mercantis como contas do ativo em função da redação dada ao inciso IV do art. 179 da Lei nº 6.404, de 1976, que disciplina a classificação de valores no imobilizado, ou seja:

> IV – no **ativo imobilizado**: os direitos que tenham por objeto bens corpóreos destinados à manutenção das atividades da companhia ou da empresa ou exercidos com essa finalidade, inclusive os **decorrentes de operações que transfiram à companhia os benefícios, riscos e controle desses bens**. (Grifos nossos).

Posteriormente, foi editado o Pronunciamento Técnico nº 06 do CPC, aprovado pela CVM por meio da Deliberação CVM nº 645, de 2010, e pela Resolução CFC nº 1.304, de 2010, que trata das operações de Arrendamento Mercantil, no qual em seu Item nº 08, destaca:

> Um arrendamento mercantil é **classificado como financeiro se ele transferir substancialmente todos os riscos e benefícios inerentes à propriedade**. Um arrendamento mercantil é **classificado como operacional** se ele **não** transferir substancialmente todos os riscos e benefícios inerentes à propriedade.

Dessa forma, um ***leasing* financeiro**, ou seja, um contrato com a forma de arrendamento mercantil, porém, com característica de compra financiada de bens, passou a ser registrado no ativo imobilizado e em financiamentos (Passivo Circulante ou de Longo Prazo), tanto pela norma internacional, quanto pelas modificações introduzidas pela Lei nº 11.638, de 2007. O valor do bem registrado no ativo servirá de base de cálculo para depreciações futuras.

Para se determinar o valor do ativo proveniente do *leasing* financeiro, a norma contábil recomenda usar o Valor Presente das prestações futuras do arrendamento, descontadas pela taxa de juros do contrato com a instituição arrendadora (que normalmente consta do contrato). A técnica a ser utilizada é similar ao do Caso Prático que damos a seguir, em que são tratados os Ajustes a Valor Presente de Passivos. A única diferença é que no caso analisado no referido item trata-se de um empréstimo para aquisição do bem do ativo, em vez de um arrendamento mercantil financeiro, mas a técnica é a mesma.

Para fins tributários, a Lei nº 12.973/2014 dispõe que as despesas de depreciação do ativo são consideradas indedutíveis na apuração do Lucro Real e da base de cálculo da CSLL (resultado ajustado). Por outro lado, ela permite a dedução das prestações do arrendamento mercantil como despesas de aluguel. Portanto, o Fisco manteve a mesma tributação, como se a operação fosse realmente arrendamento e não uma compra e venda disfarçada.

## 11.16 ▸ AJUSTES A VALOR PRESENTE CLASSIFICADOS NO PASSIVO

A Lei 6.404/1976, com a redação modificada pela Lei nº 11.941/2009, dispõe, em seu art. 184, inciso III, que as obrigações, os encargos e riscos classificados no Passivo Não Circulante serão ajustados a Valor Presente, sendo os demais ajustados quando houver efeito relevante.

Ou seja, os Passivos de Longo Prazo, assim considerados aqueles com prazo de pagamento superior a um ano (ou do ciclo operacional da empresa) deverão ser ajustados a Valor Presente. Isso significa que o(s) pagamento(s) a ser(em) efetuado(s) no longo prazo deve ser trazido a Valor Presente.

Os Passivos de Curto Prazo deverão ser ajustados **somente** se seu valor for relevante. A informação contábil-financeira é relevante, de acordo com o Pronunciamento Técnico CPC 00 (R1), quando é capaz de fazer a diferença nas decisões a serem tomadas pelos usuários. Por exemplo, os usuários das demonstrações contábeis de grandes empresas varejistas podem ter interesse em saber qual é o valor do Passivo, se um ativo fosse pago à vista (Valor Presente) e o valor desembolsado nominalmente por ter sido adquirido a prazo, visto que desse modo as despesas financeiras em sua aquisição serão evidenciadas.

### CASO PRÁTICO

A Cia. ABC adquiriu um equipamento para suas atividades industriais pelo valor nominal de R$ 240.000,00 a serem pagos na forma de 20 prestações de R$ 12.000,00. O financiamento foi concedido pelo Banco XYZ e a taxa de juros para o empréstimo foi de 1% ao mês.

Aplicando-se a planilha Excel de forma similar ao explicado no Capítulo 9, Subitem 9.1.5, obter-se-á (a sigla FVA significa Fator de Valor Atual a ser aplicado a cada prestação e consiste na taxa de juros de 2% ao mês capitalizada mensalmente; o número 1 que é somado à taxa de juros significa o valor do principal, que é a prestação):

| MÊS | PRESTAÇÃO | FVA | VALOR PRESENTE |
|---|---|---|---|
| 1 | 12.000,00 | 1,0200 | 11.764,71 |
| 2 | 12.000,00 | 1,0404 | 11.534,03 |
| 3 | 12.000,00 | 1,0612 | 11.307,87 |
| 4 | 12.000,00 | 1,0824 | 11.086,15 |
| 5 | 12.000,00 | 1,1041 | 10.868,77 |
| 6 | 12.000,00 | 1,1262 | 10.655,66 |
| 7 | 12.000,00 | 1,1487 | 10.446,72 |
| 8 | 12.000,00 | 1,1717 | 10.241,88 |
| 9 | 12.000,00 | 1,1951 | 10.041,06 |
| 10 | 12.000,00 | 1,2190 | 9.844,18 |
| 11 | 12.000,00 | 1,2434 | 9.651,16 |
| 12 | 12.000,00 | 1,2682 | 9.461,92 |
| 13 | 12.000,00 | 1,2936 | 9.276,39 |
| 14 | 12.000,00 | 1,3195 | 9.094,50 |
| 15 | 12.000,00 | 1,3459 | 8.916,18 |
| 16 | 12.000,00 | 1,3728 | 8.741,35 |
| 17 | 12.000,00 | 1,4002 | 8.569,95 |
| 18 | 12.000,00 | 1,4282 | 8.401,91 |
| 19 | 12.000,00 | 1,4568 | 8.237,17 |
| 20 | 12.000,00 | 1,4859 | 8.075,66 |
| 21 | **240.000,00** | | **196.217,20** |

Logo, o Passivo deverá ser registrado pelo seu Valor Presente de R$ 196.217,20 e não pelo valor nominal de R$ 240.000,00. A diferença (R$ 3.782,80) será contabilizada como conta redutora do Passivo, como conta de Juros a Apropriar.

Lançamento

| | |
|---|---|
| D – Ativo | 196.217,20 |
| D – Juros a Apropriar (conta redutora do Passivo) | 3.782,20 |
| C – Passivo Não Circulante | 200.000,00 |

A despesa financeira deverá ser apropriada mensalmente. Para saber seu valor, aplicamos o cálculo da amortização do saldo devedor, também como apresentado no Capítulo 9, Subitem 9.1.5:

| MESES | SD | 1+ I | SD + JUROS | PRESTAÇÃO | NOVO SD | JUROS |
|---|---|---|---|---|---|---|
| 1 | 196.217,20 | 1,02 | 200.141,54 | 12.000,00 | 188.141,54 | 3.924,34 |
| 2 | 188.141,54 | 1,02 | 191.904,38 | 12.000,00 | 179.904,38 | 3.762,83 |
| 3 | 179.904,38 | 1,02 | 183.502,46 | 12.000,00 | 171.502,46 | 3.598,09 |
| 4 | 171.502,46 | 1,02 | 174.932,51 | 12.000,00 | 162.932,51 | 3.430,05 |
| 5 | 162.932,51 | 1,02 | 166.191,16 | 12.000,00 | 154.191,16 | 3.258,65 |
| 6 | 154.191,16 | 1,02 | 157.274,99 | 12.000,00 | 145.274,99 | 3.083,82 |
| 7 | 145.274,99 | 1,02 | 148.180,48 | 12.000,00 | 136.180,48 | 2.905,50 |
| 8 | 136.180,48 | 1,02 | 138.904,09 | 12.000,00 | 126.904,09 | 2.723,61 |
| 9 | 126.904,09 | 1,02 | 129.442,18 | 12.000,00 | 117.442,18 | 2.538,08 |
| 10 | 117.442,18 | 1,02 | 119.791,02 | 12.000,00 | 107.791,02 | 2.348,84 |
| 11 | 107.791,02 | 1,02 | 109.946,84 | 12.000,00 | 97.946,84 | 2.155,82 |
| 12 | 97.946,84 | 1,02 | 99.905,78 | 12.000,00 | 87.905,78 | 1.958,94 |
| 13 | 87.905,78 | 1,02 | 89.663,89 | 12.000,00 | 77.663,89 | 1.758,12 |
| 14 | 77.663,89 | 1,02 | 79.217,17 | 12.000,00 | 67.217,17 | 1.553,28 |
| 15 | 67.217,17 | 1,02 | 68.561,51 | 12.000,00 | 56.561,51 | 1.344,34 |
| 16 | 56.561,51 | 1,02 | 57.692,74 | 12.000,00 | 45.692,74 | 1.131,23 |
| 17 | 45.692,74 | 1,02 | 46.606,60 | 12.000,00 | 34.606,60 | 913,85 |
| 18 | 34.606,60 | 1,02 | 35.298,73 | 12.000,00 | 23.298,73 | 692,13 |
| 19 | 23.298,73 | 1,02 | 23.764,71 | 12.000,00 | 11.764,71 | 465,97 |
| 20 | 11.764,71 | 1,02 | 12.000,00 | 12.000,00 | 0,00 | 235,29 |
| **Total** | | | | | | **43.782,80** |

Assim, por exemplo, no final do mês 1, a entidade deverá proceder ao seguinte registro contábil:

D – Despesa Financeira
C – Juros a Apropriar 3.924,34

O procedimento deve ser repetido todos os meses até findar o prazo do financiamento, quando a conta de Juros a Apropriar estará com seu saldo zerado.

Esse mesmo procedimento deve ser adotado no caso de arrendamento mercantil financeiro tratado no item anterior. O Ativo Arrendado deve ser contabilizado pelo seu Valor Presente e o Passivo pelo valor nominal, diminuído pela conta Juros a Apropriar. As despesas financeiras devem ser reconhecidas mensalmente.

## TESTES DE FIXAÇÃO

1. A Cia. Mar Morto recebeu um adiantamento de um cliente no valor de R$ 3.000,00, por meio de um cheque depositado em sua conta-corrente bancária por conta de uma futura venda de R$ 10.000,00 em mercadorias. Esse fato contábil provocou:
   a) Aumento de seu Patrimônio Líquido em R$ 10.000,00.
   b) Débito na conta de Adiantamento de Clientes no valor de R$ 10.000,00.
   c) Crédito na conta de Bancos no valor de R$ 3.000,00.
   d) Débito na conta de Clientes no valor de R$ 10.000,00.
   e) Aumento de seu Passivo em R$ 3.000,00.

2. Para o registro contábil da operação em que a empresa adquire as suas próprias ações, usa-se a conta:
   a) Capital a Realizar.
   b) Acionistas – Conta Capital.
   c) Ações em Tesouraria.
   d) Ações Caucionadas.
   e) Ações em Custódia.

3. A conta Adiantamento a Empregados:
   a) Tem sempre saldo devedor ou nulo.
   b) É redutora do Ativo.
   c) Representa um Passivo da companhia.
   d) Modifica o valor do Patrimônio Líquido.
   e) É creditada quando pago o adiantamento ao empregado.

4. Assinale a alternativa **incorreta**:
   a) Variações Monetárias representam as atualizações monetárias pós-fixadas de direitos e obrigações em função de taxa de câmbio ou índices ou coeficientes aplicáveis por disposição legal ou contratual.
   b) Não deverão compor a apuração do resultado do exercício as despesas e receitas que não se completam no período correspondente ou que não dizem respeito ao lapso de tempo convencionado no respectivo balanço.
   c) São operacionais as receitas financeiras, as variações monetárias ativas, a reversão de Provisões e Recuperação de créditos, despesas ou custos.
   d) São contas retificadoras do ativo: Duplicatas Descontadas, Provisão para Crédito de Liquidação Duvidosa e Exaustão Acumulada.
   e) O perdão de uma dívida contraída perante terceiros é uma despesa operacional para a entidade que recebeu o perdão.

5. Em 1º de setembro de 20X0, foi pago prêmio de seguros no montante de R$ 600,00 para cobertura de riscos no período de 12 meses, a partir da data do pagamento. Sabendo-se que o exercício social se encerra em 31 de dezembro, pode-se afirmar que, em relação ao citado prêmio, será levado a resultado do exercício anual a ser encerrado em 31 de dezembro de 20X1 o valor de:
   a) Zero.
   b) R$ 200,00.
   c) R$ 300,00.
   d) R$ 400,00.
   e) R$ 600,00.

**6.** O grupo de Resultados de Exercícios Futuros, até a vigência da MP nº 449/2008, compunha-se de contas:
a) do Patrimônio Líquido;
b) do Passivo Exigível a Longo Prazo;
c) que representam Reservas de Lucros não realizados;
d) de Lucros Acumulados;
e) de Resultados não realizados.

**7.** A Cia. Comercial Para todos constituiu, em 31 de dezembro de 20X0, uma provisão para créditos de liquidação duvidosa no valor de R$ 20.000,00. No ano seguinte, dos créditos provisionados, apenas um não foi pago, no valor de R$ 6.000,00. Consequentemente, a companhia deve:
a) efetuar a reversão da provisão no valor de R$ 14.000,00;
b) registrar como despesa do exercício de 20X1 o valor não recebido de R$ 6.000,00;
c) estornar o valor de R$ 14.000,00 na sua contabilidade como ajuste de exercícios anteriores em obediência ao regime de competência;
d) registrar como despesa do exercício de 20X1 o valor de R$ 14.000,00, relativos a devedores incobráveis;
e) reverter a provisão em R$ 6.000,00.

**8.** A conta que representa uma obrigação é:
a) Prêmios de Seguros.
b) Seguros Contratados.
c) Seguros a Vencer.
d) Seguros a Pagar.
e) Seguros Pagos Antecipadamente.

**9.** Pode-se entender como receita diferida uma receita:
a) ganha e ainda não recebida;
b) recebida e ainda não ganha;
c) ganha e já recebida;
d) recebida e ganha;
e) não ganha e não recebida.

**10.** Capital Subscrito é:
a) o capital inicial da empresa, apenas;
b) o valor que os acionistas se comprometem a entregar à empresa para formar o capital social;
c) o capital, cuja entrada dos valores correspondentes já ocorreu;
d) o aumento de capital por incorporação de reservas;
e) o valor correspondente a uma doação recebida pela empresa.

**11.** Capital a Integralizar é (são):
a) a parte do capital subscrito ainda não paga pelos sócios ou acionistas;
b) o mesmo que capital subscrito;
c) as reservas incorporadas ao capital;
d) o prejuízo acumulado em vários exercícios;
e) parte integrante do capital de terceiros.

**12.** A despesa de aluguel, referente aos meses de janeiro a junho de 20X1, pagas antecipadamente por uma empresa que encerra seu período de apuração em 31 de dezembro de 20X0, deve figurar:

a) na Demonstração do Resultado do Exercício;
b) no Ativo Circulante do Balanço Patrimonial;
c) no Ativo Realizável a Longo Prazo do Balanço Patrimonial;
d) no Ativo Imobilizado do Balanço Patrimonial;
e) no grupo Resultado de Exercícios Futuros.

**13.** A depreciação é contabilizada mediante lançamento a:

a) débito em conta de Ativo e a crédito em conta de Resultado;
b) débito em conta de Resultado e a crédito em conta de Passivo;
c) débito em conta de Passivo e a crédito em conta de Resultado;
d) débito em conta de Resultado e a crédito em conta retificadora do Ativo;
e) débito e crédito em conta de resultado.

**14.**

1. Adiantamentos de Clientes
2. Adiantamentos a Fornecedores
3. Duplicatas Descontadas
4. Duplicatas a Pagar
5. Depreciação Acumulada
6. Fornecedores
7. Amortização Acumulada
8. Provisão para Créditos de Liquidação Duvidosa
9. Nota Promissória de sua emissão
10. Receitas de Vendas
11. Salários a Pagar
12. Terrenos

Levando-se em conta os dados fornecidos, assinale a opção que indica, pelos números de ordem, exclusivamente contas que se classificam no Ativo.

a) 1 – 2 – 3 e 5.
b) 1 – 5 – 7 e 12.
c) 2 – 3 – 5 – 7 – 8 – 12.
d) 1 – 2 – 5 – 8.
e) 2 – 3 – 5 – 9 – 12.

**15.** A conta **Veículos**, em 31 de dezembro de 20X0, estava assim representada no Balanço Patrimonial:

| Ativo Não Circulante | |
|---|---|
| Imobilizado | |
| Veículos | 200.000,00 |
| (–) Depreciação Acumulada | (30.000,00) |
| (=) Valor Contábil do Bem | 170.000,00 |

Em 31 de dezembro de 20X1, a Companhia SILPA alienou o veículo por R$ 140.000,00, recebendo 50% à vista e 50% a serem recebidos em 45 dias. A companhia depreciou o veículo durante todo o ano. Sabendo-se que a taxa anual de depreciação corresponde a 20%, o ganho de capital na venda do respectivo veículo em 31 de dezembro de 20X1 foi de:

a) R$ 15.000,00.
b) R$ 30.000,00.
c) R$ 10.000,00.
d) R$ 20.000,00.
e) Não houve ganho, mas sim perda de capital no valor total de R$ 60.000,00.

**16.** O extrato bancário da Cia. PVSN apresentava, em 31 de dezembro de 20X0, um saldo credor de R$ 40.000,00, enquanto a conta Bancos Conta Movimento apresentava determinado saldo devedor no Livro Razão da companhia. Ao efetuar os procedimentos de reconciliação bancária, o auditor constatou os seguintes fatos:

1. Depósitos efetuados pela empresa em 31.12.20X0 e não creditados pelo banco no extrato ........ R$ 2.000,00
2. Cheques emitidos pela companhia e ainda não apresentados ao banco ........ R$ 6.000,00
3. Cobranças de duplicatas creditadas pelo banco e não contabilizadas pela empresa ........ R$ 1.000,00
4. Cheque nº 10, emitido pela companhia, apresentado ao banco mas não contabilizado ainda ........ R$ 5.000,00
5. Cheque nº 520, de um cliente, devolvido pelo banco por falta de fundos e ainda não contabilizado pela Cia. PVSN ........ R$ 3.500,00
6. Despesas bancárias debitadas na conta-corrente bancária da empresa e por ela ainda não contabilizadas ........ R$ 500,00

Com base nos elementos fornecidos, pode-se afirmar que o saldo correto da conta Bancos Conta Movimento em 31 de dezembro de 20X0, a ser consignado no Balanço Patrimonial da companhia, corresponde a:

a) R$ 40.000,00.
b) R$ 37.000,00.
c) R$ 35.000,00.
d) R$ 36.000,00.
e) R$ 39.000,00.

**17.** Utilizando-se os dados da questão nº 21, o saldo devedor da conta Bancos Conta Movimento, no Livro Razão da companhia, **antes dos procedimentos de reconciliação bancária,** correspondia a:

a) R$ 36.000,00.
b) R$ 44.000,00.
c) R$ 40.000,00.
d) R$ 39.000,00.
e) R$ 45.000,00.

**18.** Ao efetuar a conciliação da conta de movimento nº 33.210, mantida pela Comercial Paclandressa S/A, o contador do estabelecimento comercial constatou as seguintes divergências:

**Mês de maio de 20X0 (R$)**

- Cheques emitidos para pagamentos a terceiros, não apresentados ao banco para recebimento:
  nº 10.378 de 28.05.20X0 ........ 300,00
  nº 10.381 de 31.05.20X0 ........ 1.500,00

- depósito em moeda corrente, no dia 31 de maio de 20X2, não correspondido pelo banco, por ter sido concretizado fora do expediente normal.......................................................................................900,00
- cheque de outro correntista indevidamente debitado, em 31 de maio de 20X2, na citada conta (nº 33.210)....................................2.100,00
- crédito referente à cobrança simples de duplicata, conforme aviso bancário de 31 de maio de 20X2, não correspondido na escrituração contábil da empresa...............................................................1.200,00

Como o saldo credor do extrato bancário em 31 de maio de 20X0 era de R$ 6.000,00, é de concluir que o saldo devedor da conta de movimento do Banco Isaclélia S/A, no balancete da empresa comercial levantado na mesma data, deveria ter o valor de (em R$):

a) R$ 8.400,00.
b) R$ 4.200,00.
c) R$ 3.600,00.
d) R$ 4.800,00.
e) R$ 7.200,00.

**19.** O auditor independente designado para auditar o *Disponível* da empresa JKC, que opera com um único banco, verificou, no início dos trabalhos, que o Razão Geral, em 31 de dezembro de 20X0, apresentava o saldo devedor de R$ 81.327,40, enquanto o extrato bancário apresentava, para a mesma data, o saldo credor de R$ 65.936,60.

A análise do extrato bancário acusou:

1. Débito de R$ 60.000,00, relativo a duplicata descontada por não ter o sacado efetuado o pagamento no vencimento.
2. Aviso de lançamento a débito de R$ 148,20, correspondente à conta de telefone do mês.
3. Aviso de lançamento a débito de R$ 110,00, referente a talões de cheques fornecidos.
4. Aviso de lançamento a crédito no valor de R$ 30.000,00, correspondente ao recebimento de duplicata.
5. Aviso de lançamento a crédito no valor de R$ 800,00, correspondente a juros cobrados sobre o atraso na liquidação de duplicata.
6. Débito de R$ 3.200,00, pela devolução de cheque de terceiros, por insuficiência de fundos.

Na comparação dos cheques pagos pelo Banco com cheques emitidos, apurou:

7. Cheques nº 5.300, emitido para o pagamento de aluguel do mês, no valor de R$ 2.980,40, foi erroneamente registrado por R$ 2.890,40.
8. A existência de cheques emitidos e entregues a fornecedores, mas não descontados, conforme segue:

| CHEQUE Nº | VALOR (R$) |
|---|---|
| 5.345 | 6.437,40 |
| 7.236 | 4.020,00 |
| 4.876 | 6.900,00 |

Em 31 de dezembro de 20X0, eram os seguintes os saldos patrimoniais:

| SALDOS DEVEDORES | R$ | SALDOS CREDORES | R$ |
|---|---|---|---|
| Banco Conta Movimento | 81.327,40 | Duplicatas Descontadas | 60.000,00 |
| Duplicatas a Receber | 110.000,00 | Fornecedores | 182.000,00 |
| Estoques | 150.000,00 | Capital | 482.000,00 |
| Imobilizado | 560.000,00 | Lucros Acumulados | 156.420,00 |
| Diferido | 32.934,60 | Lucro do Exercício | 53.842,00 |
| TOTAL | 934.262,00 | TOTAL | 934.262,00 |

Considerando que, após a conciliação, a empresa aceitou os ajustes propostos pelo auditor, o valor correto a ser registrado a débito da conta Bancos Conta Movimento no Balanço Patrimonial levantado em 31 de dezembro de 20X1 corresponde a:

a) R$ 48.579,20.
b) R$ 115.017,80.
c) R$ 66.438,60.
d) R$ 7.357,40.
e) R$ 65.936,60.

**20.** Considerando-se os dados da questão anterior, os saldos patrimoniais ajustados são equivalentes a:

a) R$ 778.275,20.
b) R$ 841.023,40.
c) R$ 808.275,20.
d) R$ 874.713,80.
e) R$ 770.283,40.

**21.** A Cia. Industrial Monte Verde adquiriu uma máquina para seu ativo imobilizado em 1º de setembro de determinado exercício, colocando-a em funcionamento em suas atividades industriais no dia 1º de outubro do mesmo exercício. O valor de aquisição foi de R$ 48.000,00, tendo sido dada uma entrada de R$ 21.000,00 e, o restante, financiado em 12 meses. A vida do equipamento foi estimada em dez anos, com valor residual nulo. A companhia deverá lançar como despesa de depreciação do exercício o valor correspondente a:

a) R$ 525,00.
b) R$ 700,00.
c) R$ 1.200,00.
d) R$ 1.600,00.
e) R$ 2.100,00.

**22.** Em uma empresa rural, o crescimento do rebanho em virtude do nascimento de novas crias é registrado a crédito da conta:

a) Insubsistências Ativas.
b) Superveniências Passivas.
c) Variações Monetárias Ativas.
d) Insubsistências Passivas.
e) Superveniências Ativas.

**23.** É uma provisão redutora do Ativo:
a) Provisão para Riscos Fiscais.
b) Provisão para Ajustes de Bens ao Valor de Mercado.
c) Provisão para Contingências.
d) Provisão para pagamento do 13º Salário.
e) Provisão para Férias.

**24.** O registro de desconto de duplicatas junto à instituição financeira no valor de R$ 60.000,00, pelo valor líquido de R$ 55.000,00 (descontados os juros cobrados na operação), deverá ser contabilizado pela empresa emitente a crédito da conta:
a) Duplicatas Descontadas, pelo valor líquido de R$ 55.000,00.
b) Duplicatas a Receber, pelo valor bruto de R$ 60.000,00.
c) Duplicatas Descontadas, pelo valor bruto de R$ 60.000,00.
d) Duplicatas a Receber, pelo valor líquido de R$ 55.000,00.
e) Bancos Conta Movimento, pelo valor líquido de R$ 55.000,00.

**25.** Caso uma das duplicatas descontadas referidas na questão anterior, no valor de R$ 8.000,00, não seja paga pelo cliente da companhia, a conta a ser debitada no lançamento respectivo será:
a) Duplicatas Descontadas.
b) Bancos Conta Movimento.
c) Duplicatas a Receber.
d) Perdas no Recebimento de Créditos.
e) Provisão para Créditos de Liquidação Duvidosa.

**GABARITO**

| | | | | |
|---|---|---|---|---|
| 1. E | 2. C | 3. A | 4. E | 5. D |
| 6. E | 7. A | 8. D | 9. B | 10. B |
| 11. A | 12. B | 13. D | 14. C | 15. C |
| 16. D | 17. B | 18. E | 19. A | 20. D |
| 21. C | 22. E | 23. B | 24. C | 25. A |

# Capítulo 12

# Demonstrações contábeis e financeiras

## 12.1 ▸ DEMONSTRAÇÕES CONTÁBEIS OBRIGATÓRIAS

### 12.1.1 Segundo a Lei das Sociedades por Ações (Lei nº 6.404/1976)

Segundo o disposto no art. 176 da Lei das S/As, a companhia deverá, ao fim de cada exercício social, elaborar, com base na escrituração mercantil da companhia, as seguintes demonstrações contábeis, que deverão exprimir com clareza a situação do patrimônio da companhia e as mutações ocorridas no exercício:

I. Balanço Patrimonial (BP).
II. Demonstração dos Lucros ou Prejuízos Acumulados (DLPA).
III. Demonstração do Resultado do Exercício (DRE).
IV. Demonstração dos Fluxos de Caixa (DFC).
V. Demonstração do Valor Adicionado (DVA), caso seja **companhia aberta.**

**ATENÇÃO**

a) A companhia fechada, com Patrimônio Líquido, na data do balanço, inferior a R$ 2.000.000,00 (dois milhões de reais) está dispensada da elaboração e publicação da DFC.
b) A DLPA poderá ser incluída na Demonstração das Mutações do Patrimônio Líquido (DMPL), se elaborada e publicada pela companhia.

Ainda segundo a mesma lei, as demonstrações serão complementadas por **Notas Explicativas** e outros quadros analíticos ou demonstrações contábeis, necessários para esclarecimento da situação patrimonial e dos resultados do exercício.

NOTAS

1. As demonstrações de cada exercício serão publicadas **com a indicação dos valores correspondentes das demonstrações do exercício anterior.**
2. Nas demonstrações, as contas semelhantes poderão ser agrupadas; os pequenos saldos poderão ser agregados, desde que indicada a sua natureza e não ultrapassem 0,1 (um décimo) do valor do respectivo grupo de contas; mas é vedada a utilização de designações genéricas, como "diversas contas" ou "contas-correntes".
3. As demonstrações financeiras registrarão a destinação dos lucros segundo a proposta dos órgãos da administração, no pressuposto de sua aprovação pela assembleia-geral.

### 12.1.2 Segundo o Pronunciamento Técnico CPC 26 (R1), aprovado por meio do NBCT 26 (R2)

O conjunto completo de demonstrações contábeis inclui:

a) Balanço Patrimonial ao final do período (BP).
b) Demonstração do Resultado do período (DRE).
c) Demonstração do Resultado Abrangente do período (DRA).
d) Demonstração das Mutações do Patrimônio Líquido do período (DMPL).
e) Demonstração dos Fluxos de Caixa do período (DFC).
f) Demonstração do Valor Adicionado do período (DVA), conforme NBC TG 09 – Demonstração do Valor Adicionado, caso seja exigido legalmente ou por algum órgão regulador ou mesmo se apresentada voluntariamente.
g) Notas Explicativas (NE), compreendendo um resumo das políticas contábeis significativas e outras informações explanatórias.
h) Balanço Patrimonial (BP) no início do período mais antigo comparativamente apresentado quando a entidade aplica uma política contábil retrospectivamente ou procede à reapresentação retrospectiva de itens das demonstrações contábeis, ou ainda quando procede à reclassificação de itens de suas demonstrações contábeis.

A DRA pode ser apresentada em quadro demonstrativo próprio ou dentro das mutações do Patrimônio Líquido.

Percebe-se que o conjunto das demonstrações contábeis, de acordo com as Normas Brasileira de Contabilidade, é praticamente coincidente com o preceituado pela Lei das S/As. As diferenças são:

a) A exigência da Demonstração dos Lucros e Prejuízos Acumulados (DLPA) é substituída pela Demonstração das Mutações do Patrimônio Líquido (DMPL).
b) A exigência da elaboração da DRA. Essa Demonstração indica todas as mutações do Patrimônio Líquido que não decorreram de transações com sócios ou acionistas da companhia e inclui não apenas receitas e despesas (que resultam de transações com terceiros), mas também outras mutações que impactaram diretamente o Patrimônio Líquido da companhia sem transitar pelas contas de resultado, conforme será explicado em item próprio.
c) A DFC deve ser elaborada por todas as sociedades e estas podem apresentar voluntariamente a DVA.

### 12.1.3 Segundo as exigências do Fisco Federal para as sociedades tributadas com base no Lucro Real em relação ao período de apuração do imposto

I. BP.
II. DRE, que para fins tributários é denominada Demonstração do Resultado do Período de Apuração.
III. DLPA.

**NOTA**

**Período de Apuração** representa o prazo pelo qual os contribuintes devem apurar a base de cálculo dos tributos incidentes sobre o lucro [Imposto de Renda das Pessoas Jurídicas (IRPJ) e Contribuição Social sobre o Lucro Líquido (CSLL)] pelas regras da legislação tributária federal. Consulte a respeito o livro *Contabilidade avançada*, de nossa autoria.

## 12.2 ▸ BALANÇO PATRIMONIAL (BP)

A estrutura do Balanço Patrimonial (BP), a partir dos exercícios findos em 31 de dezembro de 2008 (inclusive) é a estabelecida pela Lei nº 11.941/2009, que modificou o art. 178 da Lei das S/As:

**Quadro 12.1** Balanço Patrimonial

| BALANÇO PATRIMONIAL | |
|---|---|
| **Ativo** | **Passivo + Patrimônio Líquido** |
| ATIVO CIRCULANTE | PASSIVO CIRCULANTE |
| ATIVO NÃO CIRCULANTE<br><br>Ativo Realizável a Longo Prazo (ARLP)<br>Investimentos<br>Imobilizado<br>Intangível | PASSIVO NÃO CIRCULANTE<br><br>PATRIMÔNIO LÍQUIDO<br>Capital<br>Reservas<br>Outros Resultados Abrangentes<br>Contas redutoras |
| **TOTAL DO ATIVO** | **TOTAL DO PASSIVO + PL** |

### 12.2.1 Contas do Ativo

Serão classificadas do seguinte modo:

I. No Ativo Circulante (AC): as disponibilidades, os direitos realizáveis no curso do exercício social subsequente e as aplicações de recursos em despesas do exercício seguinte.
II. No Ativo Realizável a Longo Prazo (ARLP): os direitos realizáveis após o término do exercício seguinte, assim como os derivados de vendas, adiantamentos ou empréstimos a

sociedades coligadas ou controladas, diretores, acionistas ou participantes no lucro da companhia, que não constituírem negócios usuais na exploração do objeto da companhia.

III. Em Investimentos: as participações fixas ou permanentes em outras sociedades e os direitos de qualquer natureza, não classificáveis no Ativo Circulante, e que não se destinem à manutenção da atividade da companhia ou da empresa.

IV. No Imobilizado: os direitos que tenham por objeto bens corpóreos destinados à manutenção das atividades da companhia ou da empresa ou exercidos com essa finalidade, inclusive os decorrentes de operações que transfiram à companhia os benefícios, riscos e controle desses bens.

V. No Intangível: os direitos que tenham por objeto bens incorpóreos destinados à manutenção da companhia ou exercidos com essa finalidade, inclusive o fundo de comércio adquirido.

**⚠ ATENÇÃO**

Nas empresas em que o ciclo operacional tiver duração superior ao do exercício social, a classificação no Circulante e Não Circulante (Ativo e Passivo) terá por base o prazo desse ciclo. Define-se **ciclo operacional** como o prazo decorrido entre a aquisição de ativos para produção ou comercialização e sua transformação em caixa ou equivalentes-caixa. Por exemplo, sociedades que produzem máquinas e equipamentos de grande porte que demandam mais de um ano para sua fabricação e comercialização possuem o ciclo operacional superior ao prazo do exercício social.

#### 12.2.1.1 Ativo Circulante

São contas típicas desse grupo:

a) Caixa: numerário existente na tesouraria da sociedade.
b) Bancos Conta Movimento: depósitos à vista da sociedade em instituições financeiras.
c) Instrumentos Financeiros de Curto Prazo: ativos financeiros destinados à negociação, disponíveis para venda ou cujo prazo de vencimento seja inferior a 90 dias, tais como: quotas de fundos de investimentos, depósitos a prazo (Certificados de Depósitos Bancários – CDB), contas de poupança, exceto ações etc.
d) Recebíveis de Curto Prazo: são créditos decorrentes de vendas cujo prazo de vencimento seja de até um ano da data de transação.
e) Estoques: de Mercadorias (empresas comerciais), de Matérias-primas, de Produtos em Elaboração e Produtos Acabados (empresas industriais) e de Serviços em Andamento (empresas prestadoras de serviço).
f) Instrumentos Financeiros em geral: instrumentos financeiros que a entidade pretende manter até o vencimento, cujo prazo seja superior a 90 dias e inferior a 360 dias e ações adquiridas em bolsa de valores sem intenção de permanência.
g) Despesas do Exercício Seguinte – despesas já pagas, mas que devem ser reconhecidas pelo regime de competência no exercício social seguinte (ver Capítulo 11, Item 11.3).
h) Outras, tais como Adiantamento a Empregados, Adiantamento a Fornecedores etc. (ver Capítulo 11, Item 11.1).

Há também contas redutoras do Ativo Circulante (veja o Capítulo 11, Subitem 11.7.3):

a) Perdas Prováveis ou Estimadas de Ajuste com Créditos de Liquidação Duvidosa.
b) Perdas Prováveis ou Estimadas com Ajuste para Redução de Bens ao seu Valor de Mercado.
c) Perdas Prováveis ou Estimadas de Perdas com Desvalorização de Ativos.

Essas contas redutoras também eram chamadas Provisões, mas a partir da emissão do Pronunciamento Técnico CPC nº 25, o termo **provisões** se refere especificamente a Passivos cujo valor ou prazo são estimados. Essas contas doravante deverão ser denominadas Perdas Prováveis ou Estimadas (ver o já mencionado Subitem 11.7.3 do Capítulo 11).

A legislação do IRPJ, no art. 59 da Lei nº 12.973, de 2014, que adaptou à legislação tributária federal às Normas da Contabilidade Internacional, dispôs:

> **59** – Para fins da legislação tributária federal, as referências a provisões alcançam as perdas estimadas no valor de ativos, inclusive as decorrentes de sua redução ao valor recuperável.

Dessa forma, para fins tributários as Perdas Prováveis ou Estimadas de Ativos continuaram a ser tratadas e consideradas como Provisões redutoras do ativo.

**⚠ ATENÇÃO**

1. Os depósitos bancários à vista e os instrumentos financeiros de curto prazo são denominados equivalentes-caixa, como se verá mais adiante na explicação da Demonstração do Fluxo de Caixa (DFC), e as sociedades costumam agrupá-los em uma conta sintética denominada Disponível.
2. Na medida em que os prestadores de serviço tenham estoques de serviços em andamento, devem mensurá-los pelos custos de sua produção. Esses custos consistem, principalmente, em mão de obra e outros custos com o pessoal diretamente envolvido na prestação dos serviços, incluindo o pessoal de supervisão, o material utilizado e os custos indiretos atribuíveis (ver Pronunciamento Técnico CPC nº 18 – Estoques).

### 12.2.1.2 Ativo Realizável a Longo Prazo

Classificam-se nesse subgrupo do Ativo Não Circulante direitos realizáveis após o término do exercício seguinte:

a) Recebíveis derivados de vendas.
b) Adiantamento ou empréstimos a sociedades coligadas ou controladas, diretores, acionistas ou participantes no lucro da companhia, que não constituírem negócios usuais na exploração do objeto da companhia.
c) Despesas pagas antecipadamente cujo reconhecimento como despesa se dará após o final do exercício seguinte ao que se refere o Balanço (ver Capítulo 11, Item 11.3).
d) Ativos fiscais diferidos (ver Subitem 12.2.6).

Os recebíveis de longo prazo também devem ser ajustados a Valor Presente, que será uma conta redutora desse tipo de ativo (ver Capítulo 14, Subitem 14.7.1.3).

### 12.2.1.3 Investimentos

São classificadas nesse subgrupo do Ativo Não Circulante as contas representativas de:

a) Obras de arte que possuam valor econômico.
b) Propriedades para investimento, antigamente denominados imóveis de renda, ou seja, imóveis que não estejam sendo usados nas atividades operacionais da entidade nem sejam destinados à revenda.
c) Participações societárias fixas ou permanentes (ações ou quotas de outras sociedades adquiridas com intenção de permanência), inclusive em empresas coligadas e controladas.
d) Perdas Estimadas ou Prováveis com Ajuste ao Valor Recuperável de Ativos (conta redutora – ver Capítulo 14, Subitem 14.3.3).

As participações societárias fixas ou permanentes são as contas mais importantes nesse subgrupo.

- **Controladas** são as sociedades nas quais a investidora, direta ou indiretamente por meio de outras controladas ou por acordos de acionistas, é titular de direitos de sócio que lhe assegurem, de modo permanente, preponderância nas deliberações sociais e o poder de eleger a maioria dos administradores.
- **Coligadas** são as sociedades nas quais a investidora tenha influência significativa, ou seja, quando detém ou exerce o poder de participar nas decisões das políticas financeira ou operacional da investida, sem controlá-la. **É presumida influência significativa** quando a investidora for titular de 20% ou mais do capital votante da investida, sem controlá-la. **Capital votante** representa o capital que dá direito a voto nas decisões de assembleia, ou seja, o capital representado pelas ações ordinárias.

### 12.2.1.4 Imobilizado

Os direitos que tenham por objeto bens corpóreos destinados à manutenção das atividades da companhia ou da empresa ou exercidos com essa finalidade, inclusive os decorrentes de operações que transfiram à companhia os benefícios, riscos e controle desses bens, devem ser classificados no Ativo Imobilizado, tais como:

a) Terrenos.
b) Edificações.
c) Máquinas, Instalações e Equipamentos.
d) Veículos.
e) Imobilizado em Andamento (bens corpóreos destinados à manutenção das atividades da sociedade que estão em processo de produção na própria empresa ou em processo de importação que ainda não foi concluído).
f) Benfeitorias em Imóveis de Propriedade de Terceiros.
g) Ativos biológicos (animais, vegetais e florestas).
h) Equipamentos de processamento eletrônico de dados (*hardware*).
i) Depreciação, Amortização e Exaustão Acumuladas (contas **redutoras** do valor do ativo imobilizado em função do uso ou desgaste – ver Capítulo 11, Subitens 11.7.5 a 11.7.7).
j) Perdas Prováveis ou Estimadas com Ajuste ao Valor Recuperável de Ativos (conta redutora – ver Capítulo 14, Subitem 14.3.3).

### 12.2.1.5 Intangível

**Ativos intangíveis** são ativos não monetários identificáveis sem substância física. Exemplos de ativos intangíveis:

a) *Software*.
b) Marcas.
c) Patentes.
d) Direitos autorais.
e) Direitos sobre filmes cinematográficos.
f) Direitos de concessões públicas para exploração de um serviço.
g) Listas de clientes.
h) Direitos sobre hipotecas.
i) Licenças de pesca.
j) Quotas de importação.
k) Franquias.
l) Relacionamentos com clientes ou fornecedores.
m) Fidelidade de clientes.
n) Direitos de comercialização.
o) Gastos com desenvolvimento de produtos, somente quando comprovada a viabilidade técnica e econômica do bem ou serviço desenvolvido.
p) Perdas Prováveis ou Estimadas com Ajuste ao Valor Recuperável de Ativos (conta redutora – ver Capítulo 14, Subitem 14.3.3).

O Pronunciamento Técnico CPC nº 36 (R1), que trata do reconhecimento e da mensuração dos ativos intangíveis, alerta que nem todos os itens descritos se enquadram na definição de ativo intangível, ou seja, são **identificáveis, controladores e geradores de benefícios econômicos futuros**.

Caso um item não atenda à definição de ativo intangível, o gasto incorrido na sua aquisição deve ser reconhecido como despesa. É o **caso específico** das marcas e patentes, lista de clientes, títulos de publicações e outros itens similares, **gerados intenamente**, que, de acordo com o Item 63 do Pronunciamento Técnico CPC nº 36 (R1) não devem ser reconhecidos como ativos intangíveis. Esses itens podem ser reconhecidos como intangíveis **quando adquiridos no contexto de uma combinação de negócios** e o seu valor for identificável.

### 12.2.1.6 Notas sobre o antigo Ativo Diferido

O antigo **Ativo Diferido** foi extinto pela Lei nº 11.941/2009. Classificavam-se nesse grupo:

a) Despesas pré-operacionais ou pré-industriais.
b) Gastos com reorganização societária.
c) Gastos com pesquisa e desenvolvimento de produtos.

Atualmente, todos esses gastos devem ser escriturados como despesa, exceto os gastos com desenvolvimento de produtos quando comprovada sua viabilidade técnica-econômica que, como vimos, pode ser classificado como Ativo Intangível.

Para efeitos tributários (IRPJ e CSLL), as despesas pré-operacionais e pré-industriais serão dedutíveis na base de cálculo dos mencionados tributos à razão de 1/60, no mínimo, por mês (art. 128 da IN RFB nº 1.700, de 2017). Os ajustes para atender às normas tributárias são realizados em livro fiscal denominado Livro de Apuração do Lucro Real (LALUR) – consulte a respeito o livro *Contabilidade avançada*, de nossa autoria.

Entretanto, as sociedades que tinham saldos de Ativo Diferido em 31 de dezembro de 2008, por se tratar de um direito adquirido, tiveram a opção de manter esses saldos até sua completa amortização. Então, embora formalmente esse grupo não exista mais, em algumas sociedades ele ainda poderá constar do Balanço Patrimonial. Os itens desse grupo estão sujeitos ao teste de recuperabilidade de seu valor (Capítulo 14, Subitem 14.3.3).

## 12.2.2 Contas do Passivo

As obrigações da companhia, inclusive financiamentos para aquisição de direitos do Ativo Não Circulante, serão classificadas no Passivo Circulante, quando vencerem no exercício seguinte no Passivo Não Circulante, se tiverem vencimento em prazo maior, observando-se, todavia, prazo do ciclo operacional da companhia, se este for superior a um ano.

Com a revogação do grupo resultado de exercícios futuros pela Lei nº 11.941/2009, passaram a fazer parte do Passivo as receitas diferidas – ou receitas recebidas antecipadamente (ver Capítulo 11, Item 11.3), deduzidas dos custos e as despesas a ela relativas.

### 12.2.2.1 Passivo Circulante

São contas típicas desse grupo:

a) Fornecedores.
b) Tributos e Contribuições a Recolher (inclusive IRPJ e CSLL).
c) Obrigações Previdenciárias.
d) Contas a Pagar de Curto Prazo.
e) Empréstimos de Curto Prazo.
f) Duplicatas Descontadas.
g) Provisões.
h) Receitas Diferidas (que serão reconhecidas como receita no exercício seguinte).
i) Debêntures a Pagar (quando seu prazo de vencimento encerrar no decorrer do exercício seguinte).

### Duplicatas descontadas como Conta de Passivo

Até a entrada em vigor das novas Normas Brasileiras de Contabilidade, resultantes do processo de convergência para as Normas Internacionais de Contabilidade, era costume em nosso país apresentar a conta Duplicatas Descontadas como redutora da conta de Duplicatas a Receber (ver Capítulo 11, Subitem 11.7.2). Entretanto, o Pronunciamento Técnico CPC nº 38, aprovado pela Resolução nº 1.196/2009 do Conselho Federal de Contabilidade, com vigência a partir de 1º de janeiro de 2010, em seu art. 29 dispôs que:

> Se a transferência não resultar em desreconhecimento porque a entidade reteve substancialmente todos os riscos e benefícios da propriedade do ativo transferido, a entidade deve continuar a reconhecer o ativo transferido na sua totalidade e deve reconhecer um Passivo financeiro pela retribuição recebida. Em períodos posteriores, a entidade deve reconhecer qualquer rendimento do ativo transferido e qualquer gasto incorrido como Passivo financeiro.

Seguindo-se o comando do Pronunciamento, como a pessoa jurídica não transfere todos os riscos da duplicata a ser descontada no banco, visto que tem direito de regresso caso o cliente não honre seu pagamento, a sua contabilização deve doravante ser efetuada como um Passivo financeiro, bem como os encargos financeiros de seu desconto.

### Provisões

A partir da vigência do Pronunciamento Técnico CPC nº 25, aprovado pela Resolução nº 1.180/2009, do Conselho Federal de Contabilidade, o termo **provisões** é definido doravante como um Passivo estimado, por ter prazo ou valor incerto. São exemplos de provisões:

a) Provisão para Garantia de Assistência Técnica.
b) Provisão para Riscos Fiscais e Trabalhistas.
c) Provisão para Danos Ambientais.
d) Provisão para Férias e 13º Salário dos Empregados.

### 12.2.2.2 Passivo Não Circulante

Classificam-se nesse grupo:

a) Empréstimos e Financiamentos de Longo Prazo.
b) Contas a Pagar de Longo Prazo.
c) Provisões de Longo Prazo.
d) Debêntures a Pagar.
e) Passivos Fiscais Diferidos.
f) Receitas Diferidas e Custos e Despesas a elas relativas.

## 12.2.3 Contas do Patrimônio Líquido

O Patrimônio Líquido se divide em:

a) Capital Social.
b) Reservas de Capital.
c) Reservas de Lucros.
d) Reservas de Reavaliação constituídas até 31 de dezembro de 2007.
e) Outros Resultados Abrangentes.
f) Contas Retificadoras.

### 12.2.3.1 Capital social

O **capital social** corresponde ao aporte de recursos, em numerário ou bens, efetuado pelos sócios ou acionistas da pessoa jurídica.

Pode ser dividido em:

a) Capital Subscrito – compromisso assumido pelos sócios ou acionistas na constituição da sociedade.
b) Capital Realizado ou Integralizado – pagamento parcial ou total do efetivo compromisso assumido pelos sócios ou acionistas.

c) Capital a Realizar ou a Integralizar – parcela do compromisso, assumido pelos proprietários (sócios ou acionistas), ainda não quitada (paga); corresponde à diferença entre o Capital Subscrito e o Realizado ou Integralizado.
d) Capital Autorizado (art. 168, Lei nº 6.404/76) – quando o estatuto da sociedade por ações contém autorização para aumento do capital social independentemente de reforma estatutária.

### 12.2.3.2 Reservas de capital

**Reservas de capital** são aportes efetuados pelos sócios da companhia que não se confundem com o aumento de capital, como a reserva de ágio na emissão de ações. Ocorre ágio na emissão de ações quando o sócio integraliza um valor maior do que o valor das ações emitidas.

**EXEMPLO**

O sócio adquire 1.000 ações cujo valor nominal é R$ 1,00 e paga R$ 110.000,00. O valor de R$ 10.000,00 é o ágio e é contabilizado como uma reserva de capital porque é uma contribuição dos sócios à companhia que não se confunde com a integralização do capital social. Geralmente, paga-se ágio na emissão de ações quando a companhia vai admitir acionistas novos e quer uma compensação pela participação desses novos acionistas nessas reservas que resultaram do aporte dos sócios mais antigos.

**Contabilização**

| | |
|---|---|
| D – Ativo | 110.000,00 |
| C – Capital Social a Realizar | 100.000,00 |
| C – Reserva de Ágio na Emissão de Ações | 10.000,00 |

### 12.2.3.3 Reservas de reavaliação

Até 31 de dezembro de 2007, eram classificadas como **Reservas de Reavaliação** as contrapartidas de valores atribuídos a elementos do ativo em virtude de novas avaliações, com base em laudo aprovado por Assembleia Geral da companhia.

**EXEMPLO**

**Contabilização**

Máquinas

| | |
|---|---|
| Valor de Mercado (laudo) | R$ 400.000,00 |
| (–) Valor ou Custo Contábil do bem | R$ (270.000,00) |
| (=) Reavaliação do bem | R$ 130.000,00 |

**Contabilização**

| | |
|---|---|
| D – Bem Reavaliado (Ativo) | |
| C – Reserva de Reavaliação (PL) | 130.000,00 |

A partir de 1º de janeiro de 2008, a constituição desse tipo de reserva foi proibida pela Lei nº 11.638/2007. As companhias, no exercício de 2008, poderiam ter estornado essas reservas ou tê-las mantido até sua total realização.

#### 12.2.3.4 Reservas de lucros

As **reservas de lucros** equivalem aos lucros não distribuídos aos sócios, ou seja, são lucros retidos pela companhia e constituem garantia e segurança adicional para a saúde financeira da companhia. O principal objetivo da sua constituição é servir como uma proteção para compensar eventuais prejuízos contábeis que a companhia venha a incorrer.

**Constituição da Reserva** – a modificação ocorrerá apenas na composição dos elementos do Patrimônio Líquido, não afetando, portanto, o seu valor total.

**Contabilização**
D – Lucros ou Prejuízos Acumulados (PL)
C – Reservas de Lucros (PL)

**Reversão –** quando tais Reservas deixarem de ter fundamento, por já terem ocorrido os motivos pelos quais foram constituídas. É efetuada pela reversão de seus valores para a conta de Lucros ou Prejuízos Acumulados.

**Contabilização quando da reversão**
D – Reservas de Lucros (PL)
C – Lucros ou Prejuízos Acumulados (PL)

Tipos de reservas de lucros

1. Reserva Legal.
2. Reservas Estatutárias.
3. Reserva para Contingências.
4. Reserva de Lucros para Expansão ou de Planos para Investimentos.
5. Reserva de Lucros a Realizar.
6. Reserva Especial de Lucros para Dividendos Obrigatórios.

A explanação de cada um desses tipos de reservas de lucros foge ao escopo de caráter introdutório de nosso livro.[1]

#### 12.2.3.5 Outros resultados abrangentes

São contrapartidas de contas de Ativo ou de Passivos registradas diretamente no Patrimônio Líquido. Serão explicadas mais adiante no Subitem 12.4.

#### 12.2.3.6 Contas retificadoras

As **contas retificadoras** diminuem o valor do Patrimônio Líquido. São:

a) Capital a Realizar ou a Integralizar.
b) Dividendos Distribuídos Antecipadamente.
c) Ações em Tesouraria.
d) Custo de Emissão de Ações.
e) Prejuízos Acumulados.

---

[1] O leitor interessado poderá encontrar uma explicação detalhada no livro *Contabilidade avançada*, de nossa autoria.

As duas primeiras contas já foram explicadas no Capítulo 11, Item 11.8. A terceira também, mas vamos ampliar as informações, explicando o que ocorre se elas são vendidas e, em seguida, veremos as demais.

### I. Ações em Tesouraria

Conforme já explicado no Item 11.8.2, **Ações em Tesouraria** são ações emitidas pela própria companhia, adquiridas nas hipóteses previstas na Lei das S/As. Por exemplo, compra de ações de sócio minoritário dissidente. Elas são apresentadas como redutoras de uma reserva que conste do PL.

Porque a companhia não simplesmente diminui o capital, ao devolver os recursos ao sócio que se retira? Há muitos casos em que a companhia sabe que haverá outras pessoas ou entidades que estão interessadas em adquirir essas ações, motivo pelo qual ela as mantém em tesouraria.

Na hipótese da alienação das referidas ações, essa poderá se realizar por valor superior ou inferior ao da aquisição. Tanto no primeiro quanto no segundo caso, o excesso será contabilizado na conta da reserva, diminuída pela aquisição das ações, sendo que no primeiro a conta será creditada (aumentando a reserva) e no segundo, debitada (diminuindo a reserva).

#### CASO PRÁTICO

A Cia. Flor de Lótus adquire 10.000 ações de um sócio dissidente, pagando R$ 30.000,00. O lançamento foi feito com a conta Ações em Tesouraria reduzindo uma conta de Reserva de Capital:

| | |
|---|---|
| D – Ações em Tesouraria (redutora de Reserva de Capital) | |
| C – Disponível | 30.000,00 |

Algum tempo depois, alienou tais ações a outro interessado por R$ 40.000,00 à vista.

| | |
|---|---|
| D – Disponível | 40.000,00 |
| C – Ações em Tesouraria (pela eliminação da conta) | 30.000,00 |
| C – Reserva de Capital | 10.000,00 |

Se a alienação fosse efetuada por R$ 25.000,00, o lançamento seria:

| | |
|---|---|
| D – Disponível | 25.000,00 |
| D – Reserva de Capital | 5.000,00 |
| C – Ações em Tesouraria | 30.000,00 |

### II. Custo de emissão de ações

De acordo com o Pronunciamento Técnico CPC 26, que disciplinou a apresentação das demonstrações contábeis de acordo com as Normas de Contabilidade Internacionais, **os gastos incorridos para realizar o aumento de capital da entidade** não devem ser mais classificados como **despesas**, porque são considerados como uma relação da entidade com os sócios e, portanto, são classificados como **uma conta redutora do Capital**, denominada **custo de emissão de ações**.

**CASO PRÁTICO**

A Cia. Monte Azul resolveu abrir seu capital, promovendo uma *Initial Public Offer* – Oferta Pública Inicial (IPO), com a emissão de ações preferenciais, sem direito a voto, no valor total de R$ 10.000.000,00. Contratou o Banco de Investimento XYZ, que vendeu a totalidade das ações no mercado cobrando comissões e custas de R$ 300.000,00, depositando o valor líquido na conta-corrente da empresa no banco comercial do mesmo grupo. Após a emissão, o Capital Social da companhia alcançou R$ 20.000.000,00.

**Contabilização**

| | |
|---|---|
| D – Banco C/ Movimento (AC) | 9.700.000,00 |
| D – Custo de Emissão de Ações (redutora do PL) | 300.000,00 |
| C – Capital Social (PL) | 10.000.000,00 |

No Balanço Patrimonial ficaria assim:

| | |
|---|---|
| Capital Social | 20.000.000,00 |
| (–) Custo de Emissão de Ações | (–) 300.000,00 |
| | 19.700.000,00 |

Para efeitos tributários, entretanto, o custo com a emissão das ações continua sendo classificado como despesa e é dedutível da base de cálculo do IRPJ e da CSLL, em caso de opção da pessoa jurídica pelo Lucro Real.

### III. Prejuízos Acumulados

O art. 202, § 6º, da Lei das S/As (Lei nº 6.404/1976) dispõe que lucros não destinados à constituição de reserva de lucros deverão ser distribuídos obrigatoriamente como dividendos.

Por outro lado, o art. 178 da mesma lei, em seu § 2º, estipula que o Patrimônio Líquido seja dividido nas seguintes contas: capital social, reservas de capital, ajustes de avaliação patrimonial, reservas de lucros, ações em tesouraria e prejuízos acumulados.

O que se pode depreender desses dois comandos? Em primeiro lugar, conclui-se que se a companhia tiver lucro no exercício, deverá encerrar a conta de apuração do resultado do exercício contra a conta Lucros ou Prejuízos Acumulados (LPA), que terá saldo credor. Desta, devem ser apropriados os dividendos e constituídas as reservas de lucros. Na hipótese de saldo credor na conta LPA, ele deverá ser obrigatoriamente destinado aos acionistas como Dividendos a Pagar. Isso significa que a conta Lucros ou Prejuízos Acumulados jamais poderá ter **saldo credor** na estrutura do Balanço Patrimonial das sociedades por ações. **Entretanto**, a referida conta, **caso tenha saldo devedor** (prejuízo acumulado), deverá obrigatoriamente constar como redutora do grupo do Patrimônio Líquido.

**NOTA**

Vale ressaltar que os comandos citados são válidos apenas para as sociedades por ações. Os demais tipos de sociedade, inclusive as limitadas, poderão apresentar saldo credor na referida conta.

### 12.2.4 Critérios de avaliação dos Ativos e Passivos no Balanço Patrimonial

Sobre esse importantíssimo tema, consultar a explanação que será feita no Capítulo 14, Item 14,7, onde o assunto será tratado em detalhes.

### 12.2.5 Conceito de Circulante e Longo Prazo no Balanço Patrimonial[2]

Os arts. nº 175, 176, 179 e 180 da Lei nº 6.404/1976 indicam que:

> (1) **exercício social** não é, necessariamente, igual a ano-calendário; (2) a duração de um exercício social é de exatamente um ano, isto é, doze meses; (3) quando trata do Balanço Patrimonial ao longo de todo o Capítulo XV, a lei refere-se especificamente ao balanço de encerramento do exercício social; e (4) no Circulante classificam-se todos os direitos e obrigações realizáveis e exigíveis no curso do exercício social subsequente ao do encerramento do balanço, ou seja, **nos doze meses seguintes**, ressalvando-se as situações de duração do ciclo operacional superior ao período de doze meses.
>
> O Instituto Brasileiro dos Auditores Independentes do Brasil (IBRACON), por meio de seu Pronunciamento "I – Ativo Circulante", corrobora esse entendimento, quando afirma: 1. O Ativo Circulante das empresas mercantis é representado pelas disponibilidades financeiras e outros bens e direitos que se espera sejam transformados em disponibilidades, vendidos ou usados **dentro de um ano ou no decorrer do ciclo operacional**. (Grifo nosso).

Servindo como instrumento de prestação de contas, ou como peça informativa que servirá de base para a tomada de decisões, não havendo confiança por parte dos usuários quanto às informações recebidas via demonstrações contábeis, a informação perde a sua utilidade, ou seja, perde o seu sentido de ser.

Confiança, da forma aqui comentada, diz respeito a todos os aspectos envolvidos na informação, inclusive a correta classificação das contas dentro das demonstrações. Desse modo, uma classificação inadequada pode conduzir a decisões, da mesma forma, inadequadas.

Por exemplo, as decisões relativas à concessão de créditos normalmente estão relacionadas com a capacidade de liquidez da empresa. Uma classificação incorreta dos Ativos e Passivos, no que diz respeito ao critério Circulante e Longo Prazo, conduzirá a uma visão de liquidez não apropriada e, eventualmente, a uma decisão incorreta.

Nessa linha de raciocínio, no caso dos registros efetuados, por exemplo, no mês de março/1999, a classificação no Circulante respeitaria um período de 21 meses (abril/1999 até dezembro/2000). Já para um registro efetuado no mês de agosto/1999, a mesma classificação no Circulante respeitaria um período de 16 meses (setembro/1999 até dezembro/2000).

Deve ser lembrado que Balanço Patrimonial não é apenas relativo ao encerramento do exercício social. A Contabilidade, por intermédio dos seus profissionais, tem condições (e efetivamente o faz) de elaborar um Balanço Patrimonial da entidade contábil em qualquer data, independentemente daquela de encerramento do exercício social.

Como explicar, então, para o usuário que, no balanço elaborado em 31 de março de 1999, o Circulante contempla um período de 21 meses, enquanto, no balanço elaborado em 31 de agosto de 1999, o mesmo grupo contempla um período diferente, agora de 16 meses, e que, no balanço de 31 de dezembro de 1999, o Circulante contempla um período de apenas 12 meses?

---

2 Matéria publicada na *Revista Brasileira de Contabilidade*, nº 120, páginas nº 71 a 75, de autoria do Professor Paulo Roberto Nóbrega Cavalcante.

O bom senso nos leva a acreditar que tal procedimento não faz sentido e parece desprovido de sustentação técnica. Muito provavelmente esta será, também, a conclusão do usuário da demonstração contábil. Consequência: descrédito para a informação contábil e desvalorização para o profissional que a prepara.

Em nome do bem informar, a informação contábil perde a confiança por parte dos usuários e, portanto, o seu valor, e, em respeito à uniformidade de métodos e critérios, estamos diante de flagrante desrespeito aos Princípios Fundamentais de Contabilidade e das disposições legais. A classificação de itens Ativos ou Passivos, entre o Circulante e o Longo Prazo, não pode ter o parâmetro fixado em "Balanço Patrimonial de 31 de dezembro de cada ano".

Se, conforme determina a Lei nº 6.404/1976, na elaboração do balanço de encerramento do exercício social o critério a ser observado para classificação dos Ativos e Passivos entre o Circulante e Longo Prazo tem por base os doze meses seguintes, o mesmo critério deve ser observado na elaboração de qualquer balanço, independentemente da data na qual essa peça seja elaborada.

A rigor, considerando-se que os registros formam a base de elaboração das demonstrações contábeis, o critério de classificação de Ativos e Passivos entre Circulante e Longo Prazo deve ser observado desde o registro inicial da transação, sendo ajustado ao longo do tempo, de modo a continuar a respeitar o critério.

Em resumo, o conceito contábil de Circulante e Longo Prazo que deve ser observado em qualquer tempo é:

- **Circulante** – tomando-se por base o último dia de cada mês do ano-calendário, classificam-se no Circulante os direitos realizáveis e as obrigações exigíveis no curso dos 12 meses seguintes.
- **Longo Prazo** – tomando-se por base o último dia de cada mês do ano-calendário, classificam-se no Longo Prazo os direitos realizáveis e as obrigações exigíveis a partir do décimo terceiro mês subsequente.

A plena observação dos conceitos acima conduzirá, invariavelmente, a demonstrações contábeis uniformes, independentemente da data de elaboração, facilitando a compreensão de tais peças por parte dos usuários, tornando-as, por consequência, mais confiáveis.

Em nosso entender, a classificação dos Ativos e Passivos entre Circulante e Longo Prazo, da forma aqui colocada, tem amparo na Lei nº 6.404/1976, e atende, da mesma forma, às recomendações e determinações existentes, em especial às normas do Conselho Federal de Contabilidade (CFC), respeitando de forma plena os Princípios Fundamentais de Contabilidade.

## 12.2.6 Diferenças temporárias

O **IRPJ** e a **CSLL** são dois tributos que incidem sobre o Lucro Líquido das empresas. Sua base de cálculo não necessariamente coincide com o lucro contábil, uma vez que há despesas que dela não podem ser deduzidas e receitas que nela não são computadas, por serem não tributáveis.

**A base fiscal** de um Ativo ou Passivo é o valor atribuído a um Ativo ou Passivo para fins tributários. Seu valor pode ou não coincidir com seu valor contábil. Quando não coincidentes, originam as chamadas diferenças temporárias.

**Diferenças Temporárias**, portanto, são as diferenças que impactam ou podem impactar na apuração do IRPJ e da CSLL decorrentes de diferenças temporárias entre a base fiscal de um Ativo ou Passivo e seu valor contábil no Balanço Patrimonial. Elas podem ser:

a) **tributáveis**, ou seja, que resultarão em valores a serem adicionados no cálculo do resultado tributável de períodos futuros, quando o valor contábil do Ativo ou Passivo for recuperado ou liquidado; originam as **obrigações fiscais diferidas**.

b) **dedutíveis,** ou seja, que resultarão em valores a serem deduzidos no cálculo do resultado tributável de períodos futuros, quando o valor contábil do Ativo ou Passivo for recuperado ou liquidado; originam os **Ativos Fiscais Diferidos.**

**Obrigações Fiscais Diferidas** são os valores do IRPJ e da CSLL a pagar em períodos futuros, com relação a diferenças temporárias tributáveis. Serão classificados no Passivo Circulante (PC) ou Passivo Exigível a Longo Prazo (PELP), conforme a expectativa de tempo para serem incluídas na base de cálculo dos tributos.

**Ativos Fiscais Diferidos** são os valores do IRPJ e da CSLL a recuperar em períodos futuros, com relação a:

a) diferenças temporárias dedutíveis;
b) compensação futura de prejuízos fiscais não utilizados.

São classificados no Ativo Circulante (AC) ou no Ativo Realizável a Longo Prazo (ARLP), conforme a expectativa de tempo para sua dedução da base de cálculo dos referidos tributos.

O leitor interessado em mais detalhes deverá consultar o livro *Contabilidade avançada*, de nossa autoria, e a Deliberação nº 273, da Comissão de Valores Mobiliários (CVM), que tratam do assunto com maior profundidade. Posteriormente, este assunto foi tratado no Pronunciamento Técnico nº 32, do CPC, que trata dos tributos sobre o lucro, aprovado pela Deliberação CVM nº 599/2009 e pela Resolução CFC NBC TG (R2) de 2014.

### 12.2.7 Plano de contas

O **plano de contas** representa uma relação lógica e ordenada dos títulos (nomes) das contas que compõem a escrituração contábil de uma entidade.

Os principais objetivos de um plano de contas são:

- Uniformizar os registros contábeis.
- Permitir a inclusão ou exclusão de contas **(o plano deve ser flexível)**.
- Os títulos das contas devem identificar, da melhor maneira possível, os fatos efetivamente ocorridos.

No plano, cada conta deve ser classificada com um código numérico ou alfanumérico para se distinguir das demais. Por exemplo:

**Quadro 12.2** Classificação no plano de contas

| NÚMERO | CONTAS | SALDOS |
|---|---|---|
| 1 | Ativo | devedores |
| 2 | Passivo | credores |
| 3 | Despesas/Custos | devedores |
| 4 | Receitas | credores |
| 5 | Outras(*) | – |

(*) Contas Auxiliares na apuração do resultado ou Contas de Compensação.

As principais partes de um plano de contas são:

a) **Elenco de Contas** – relação lógica e ordenada dos títulos (nomes) das contas que compõem um plano.

b) **Função das Contas** – definição da conta, seu comportamento e seu objetivo.

Exemplo: TÍTULO: Caixa
FUNÇÃO: registrar os recebimentos e pagamentos efetuados pela empresa em dinheiro.

c) **Funcionamento** – mostra o movimento da conta e a forma de se debitar e creditar.

Exemplo: Caixa
**Debitada** – pelos recebimentos efetuados em dinheiro.
**Creditada** – pelos pagamentos efetuados em dinheiro.

## 12.2.8 Estrutura do Balanço Patrimonial

O plano de contas apresentado a seguir refere-se à estrutura das demonstrações contábeis a partir de 1º de janeiro de 2008.

| 1. ATIVO |
|---|
| **1.1 CIRCULANTE** |
| **1.1.1 DISPONÍVEL** |
| Caixa |
| Bancos Conta Movimento |
| Aplicações de liquidez imediata (até 90 dias) |
| **1.1.2 CRÉDITOS** |
| Duplicatas a Receber |
| (–) Perdas Prováveis ou Estimadas com Créditos de Liquidação Duvidosa |
| Cheques em Cobrança |
| Juros a Receber |
| Participações Societárias Temporárias |
| Aplicações Financeiras de prazo superior a 90 dias |
| Adiantamentos a Empregados e a Fornecedores |
| Depósitos para Incentivos Fiscais |
| PIS a Recuperar |
| COFINS a Recuperar |
| ICMS a Recuperar |
| IPI a Recuperar |
| IRRF a Compensar |
| Créditos Fiscais de IRPJ e CSLL – Diferenças Temporárias |
| **1.1.3 ESTOQUES** |
| Mercadorias para Revenda |
| Produtos Acabados |
| Produtos Semiacabados |
| Matéria-prima |
| Material de Embalagem |
| (–) Perdas Prováveis ou Estimadas com Ajuste de Bens ao Valor Líquido de Realização |

(*continua*)

(*continuação*)

**1.1.4 DESPESAS DO EXERCICIO SEGUINTE (ANTECIPADAS)**
Seguros a Vencer
Aluguéis a Vencer
Assinaturas de Revistas e Jornais a Vencer
Despesas Financeiras Antecipadas (Juros a Vencer)

**1.2 ATIVO NÃO CIRCULANTE**
**1.2.1 ATIVO REALIZÁVEL A LONGO PRAZO**
**1.2.1.1 CRÉDITOS**
Duplicatas a Receber
(–) Perdas prováveis ou Estimadas com Créditos de Liquidação Duvidosa
Adiantamentos a Fornecedores
Aplicações Financeiras (Valores Mobiliários)
Empréstimos a Receber de Pessoas Ligadas – negócios não usuais (Coligadas, Controladas, Sócios, Acionistas, Gerentes etc.)
Depósitos Compulsórios (Eletrobrás, Veículos e Combustíveis)
Depósitos Judiciais
Créditos Fiscais de IRPJ e CSLL – Diferenças Temporárias

**1.2.1.2 ESTOQUES**
de Longo Prazo
(–) Perdas Prováveis ou Estimadas com Ajustes ao Valor Líquido de Realização

**1.2.1.3 DESPESAS ANTECIPADAS**
Seguros a Vencer e Outras de Longo Prazo

**1.2.2 INVESTIMENTOS**
Participações Societárias (em Coligadas, Controladas e Outras)
(–) Perdas Prováveis ou Estimadas com na Alienação de Investimentos
(±) Mais ou Menos valia oriundas de combinação de negócios (ver conceito no livro *Contabilidade avançada*, de nossa autoria).
(+) Ágio por Rentabilidade Futura (*Goodwill*) – (ver conceito no livro *Contabilidade avançada*, de nossa autoria)
Aplicações em Incentivos Fiscais
Propriedades para Investimentos
Florestas Ambientais e as Destinadas à Proteção e Conservação do Solo
Investimentos Decorrentes de Incentivos Fiscais (FINOR, FINAM e FUNRES)
Obras de Arte
(–) Perdas Prováveis ou Estimadas com Ajustes a Valor Recuperável de Ativos

(*continua*)

(*continuação*)

**1.2.3 IMOBILIZADO**

Imóveis (Terrenos, Edifícios e Construções)
Construções em Andamento
Importação de Bens Fixos em Andamento
Máquinas e Equipamentos
Instalações (Comerciais, Industriais e Outras)
Móveis e Utensílios
Veículos
Ferramentas
Arrendamento Mercantil Financeiro
Recursos Minerais
Florestamento e Reflorestamento
Direitos Contratuais de Exploração de Florestas (com prazo de exploração superior a 2 anos)
Ativos Biológicos
(–) Depreciação e Exaustão Acumuladas
(–) Perdas Prováveis ou Estimadas com Ajustes a Valor Recuperável de Ativos

**1.2.4 INTANGÍVEL**

Marcas, Patentes e Títulos ou Periódicos
Fundo de Comércio
Ponto Comercial
Gastos com Desenvolvimento de Produtos
Arrendamento Mercantil Financeiro Intangível
*Softwares*
Licenças e Franquias
Direitos Autorais
Receitas, Fórmulas, Modelos, Projetos e Protótipos
(–) Amortização Acumulada
(–) Perdas Prováveis ou Estimadas com Ajustes a Valor Recuperável de Ativos

**1.2.5 DIFERIDO***

(*) Apenas para as sociedades que optaram por manter seu saldo até a sua completa amortização (ver Subitem 12.2.1.6).

**2. PASSIVO**

**2.1 CIRCULANTE**

**2.1.1 OBRIGAÇÕES COMERCIAIS**

Fornecedores
Contas a Pagar
Fretes a Pagar

(*continua*)

(*continuação*)

**2.1.2 OBRIGAÇÕES FISCAIS**
ICMS a Recolher, ISS a Recolher, IPI a Recolher
IRRF a Recolher
Provisão para o Imposto de Renda (PIR) Demais Contribuições e Taxas a Recolher
Débitos Fiscais de IRPJ e CSLL – Diferenças Temporárias

**2.1.3 OBRIGAÇÕES SOCIAIS**
PIS a Recolher
COFINS a Recolher
Contribuição Social sobre o Lucro Líquido (CSLL) a Recolher
INSS a Recolher
FGTS a Recolher

**2.1.4 OBRIGAÇÕES TRABALHISTAS**
Salários a Pagar
Férias a Pagar (Inclusive Provisão para Férias)
Comissões a Pagar
13º Salário a Pagar
Honorários a Pagar

**2.1.5 OBRIGAÇÕES FINANCEIRAS**
Debêntures a Pagar (Curto Prazo)
Empréstimos e Financiamentos a Pagar
(–) Contas Retificadoras

**2.1.6 OBRIGAÇÕES DIVERSAS**
Dividendos Propostos
Lucros Creditados
Aluguéis a Pagar
Arrendamento Mercantil a Pagar
Seguros a Pagar
Outras Contas

**2.2 PASSIVO NÃO CIRCULANTE**
**2.2.1 EXIGÍVEL A LONGO PRAZO**
**2.2.1.1 OBRIGAÇÕES COMERCIAIS**
**2.2.1.2 OBRIGAÇÕES FISCAIS – PARCELAMENTO**
**2.2.1.3 OBRIGAÇÕES SOCIAIS – PARCELAMENTO**
**2.2.1.4 OBRIGAÇÕES FINANCEIRAS**
**2.2.1.5 OBRIGAÇÕES DIVERSAS**

**2.2.2 RESULTADO DIFERIDO**
**2.2.2.1 RECEITAS DIFERIDAS**
**2.2.2.2 (–) CUSTOS E DESPESAS DIFERIDOS**

**2.3 PATRIMÔNIO LIQUIDO**
**2.3.1 CAPITAL SOCIAL**
Subscrito
(–) a Realizar (a Integralizar)
(–) Custo de Emissão de Ações

(*continua*)

(*continuação*)

**2.3.2 RESERVAS**

**2.3.2.1 CAPITAL**

**2.3.2.2 REAVALIAÇÃO(*)**

(*) Somente para as companhias que optaram por manter as reservas constituídas até 31 de dezembro de 2007 até sua total realização.

**2.3.2.3 LUCROS**

**2.3.3 OUTROS RESULTADOS ABRANGENTES**

**2.3.4 OUTRAS CONTAS RETIFICADORAS**

(–) Ações em Tesouraria
(–) Quotas Liberadas (consulte o Subitem 11.8.3)
(–) Dividendos Antecipados
(–) Prejuízos Acumulados

## 12.3 ▸ DEMONSTRAÇÃO DO RESULTADO DO EXERCÍCIO (DRE)

### 12.3.1 Estrutura segundo a Lei das S/As

O art. 187 da Lei das S/As (Lei nº 6.404, de 1976) consagra a adoção do princípio da competência, ao determinar que sejam computados na determinação do resultado do exercício:

a) as receitas e os rendimentos ganhos no período, independentemente da sua realização em moeda;
b) os custos, as despesas, os encargos e as perdas, pagos ou incorridos, correspondentes a essas receitas e rendimentos.

No mesmo artigo, ela discrimina a forma de apresentação do resultado:

I. a receita bruta das vendas e serviços, as deduções das vendas, os abatimentos e os impostos sobre vendas;
II. a receita líquida das vendas e serviços, o custo das mercadorias e serviços vendidos e o lucro bruto;
III. as despesas com as vendas, as despesas financeiras, deduzidas das receitas, as despesas gerais e administrativas, e outras despesas operacionais;
IV. o lucro ou prejuízo operacional, as outras receitas e as outras despesas;
V. o resultado do exercício antes do Imposto sobre a Renda e a provisão para o imposto;
VI. as participações de debêntures, empregados, administradores e partes beneficiárias, mesmo na forma de instrumentos financeiros, e de instituições ou fundos de assistência ou previdência de empregados, que não se caracterizem como despesas;
VII. o lucro ou prejuízo líquido do exercício e o seu montante por ação do capital social;

**NOTA**

Até 31 de dezembro de 2007, a lei discriminava, no Item IV, apenas o lucro ou prejuízo operacional e acrescentava no item seguinte a adição ou diminuição do resultado não operacional. Após a edição da Lei nº 11.638/2007, e de acordo com as Normas Internacionais de Contabilidade, todas as receitas e despesas passaram a ser operacionais. Como será ressaltado no Capítulo 14, essa distinção deixou de existir, exceto para o Fisco Federal, uma vez que a legislação tributária veda a compensação dos antigos prejuízos não operacionais com lucros operacionais. O art. 43 da Lei nº 12.973 de 2014, convalida a presente vedação entre a compensação de prejuízos não operacionais com lucros operacionais.

#### 12.3.1.1 Conceitos utilizados pela lei

**Receita bruta de vendas** – compreende o produto de venda de mercadorias, produtos ou serviços. Não se incluem na receita bruta os impostos não acumulativos **cobrados** destacadamente de comprador, além do preço do bem ou serviço e dos quais o vendedor seja mero depositário (no caso, apenas o IPI e o ICMS – Substituição Tributária, que são tributos que não estão incluídos no preço de venda).

**Impostos incidentes sobre venda** – são os tributos que guardam proporcionalidade com o preço da venda efetuada ou dos serviços prestados, tais como o ICMS, ISS, IE, PIS e COFINS incidentes sobre a receita bruta. Estes tributos já estão incluídos no preço de venda.

**Vendas canceladas** – correspondem à anulação de valores registrados como receita bruta de vendas e serviços. As vendas canceladas de períodos anteriores devem ser consideradas como despesas operacionais.[3]

**Descontos ou abatimentos incondicionais concedidos** – são parcelas redutoras do preço de venda, quando constarem da Nota Fiscal (NF) de Venda ou da Fatura de Serviços, que não dependam, para sua concessão, de evento posterior à emissão desses documentos.

**Despesas operacionais** – são os gastos (não computados no custo) necessários à atividade da empresa e à manutenção da respectiva fonte produtora.

### 12.3.2 Estrutura segundo o Pronunciamento Técnico CPC nº 26

O Pronunciamento Técnico CPC nº 26, que trata da apresentação das demonstrações contábeis, estabeleceu a seguinte estrutura de apresentação da demonstração de resultado, que difere da constante na Lei nº 6.404/1976.

Segundo esse pronunciamento, a demonstração do resultado do período deve, no mínimo, incluir as seguintes rubricas, obedecidas também as determinações legais:

a) Receitas de vendas.
b) Custos dos produtos, das mercadorias ou dos serviços vendidos.
c) Lucro bruto.
d) Despesas com vendas, gerais, administrativas e outras despesas e receitas operacionais.
e) Parcela dos resultados de empresas investidas reconhecida por meio do método de equivalência patrimonial.
f) Resultado antes das receitas e despesas financeiras.

[3] Para saber mais sobre o tema, consulte o Capítulo 8.

g) Despesas e receitas financeiras.
h) Resultado antes dos tributos sobre o lucro.
i) Despesa com tributos sobre o lucro (CSLL e IRPJ).
j) Resultado líquido das operações continuadas.
k) Valor líquido dos seguintes itens:
   I. Resultado líquido após tributos das operações descontinuadas.
   II. Resultado após os tributos decorrentes da mensuração ao valor justo menos despesas de venda ou na baixa dos ativos ou do grupo de ativos à disposição para venda que constituem a unidade operacional descontinuada.
l) Resultado líquido do período.

### 12.3.2.1 Cômputo da Receita de Vendas

De acordo com o Pronunciamento Técnico CPC nº 30 (R1), receita é o ingresso bruto de benefícios econômicos durante o período observado no curso das atividades ordinárias da entidade, que resultam no aumento do seu Patrimônio Líquido – exceto os aumentos de Patrimônio Líquido relacionados às contribuições dos proprietários.

Em consonância com a definição acima, o referido pronunciamento esclarece que, para fins de divulgação na demonstração do resultado, a receita inclui somente os ingressos brutos de benefícios econômicos recebidos e a receber pela entidade quando originários de suas próprias atividades. As quantias cobradas por conta de terceiros, tais como tributos sobre vendas, tributos sobre bens e serviços e tributos sobre valor adicionado não são benefícios econômicos que fluam para a entidade e não resultam em aumento do Patrimônio Líquido. Portanto, são excluídos da receita.

Logo, o conceito de receita de vendas exclui todos os tributos incidentes sobre vendas e prestação de serviços. Em nosso país, esses tributos são o IPI, o ICMS, o ISS, o PIS e a COFINS, somente para citar os principais. Doravante, para fins contábeis, esses tributos devem ser contabilizados diretamente como obrigações, em vez de integrarem a receita bruta de vendas e serem delas deduzidos como despesas.

O Pronunciamento em comento estabelece que os descontos incondicionais também não devem fazer parte da receita de vendas e as devoluções de vendas devem ser tratadas como Passivo,[4] de modo que a atual receita de vendas deve corresponder ao antigo conceito de receita líquida de vendas e serviços. Da mesma forma que os tributos, esses benefícios econômicos não fluem para a entidade e não resultam no aumento real de seu patrimônio.

Na relação de agenciamento (entre o principal e o agente), os ingressos brutos de benefícios econômicos provenientes dos montantes arrecadados pela entidade (agente), em nome do principal, não resultam em aumento do Patrimônio Líquido da entidade (agente), uma vez que sua receita corresponde tão somente à comissão combinada entre as partes contratantes. É o caso, por exemplo, das agências de publicidade que cobram de seus clientes o valor total dos serviços, incluindo pagamentos a outras entidades da mídia (jornais, revistas, televisão etc.). Essas agências considerarão como receita somente a parte que lhes cabe, visto que o restante de sua suposta receita corresponde a quantias cobradas em nome de terceiros.

Outra importante modificação no conceito de receita de vendas e prestação de serviços é que ela deve ser avaliada pelo seu Valor Presente em caso de operações feitas a prazo em que o vendedor ou prestador de serviços financia o comprador. A diferença entre o valor nominal da operação e seu Valor Presente deverá ser reconhecida na demonstração de resultado como receita financeira. O Ajuste a Valor Presente deverá ser feito em todas as operações de longo prazo e nas de curto prazo, se a operação for relevante.

4 Para saber mais sobre o tema, consulte o Capítulo 9.

**CASO PRÁTICO**

A Cia Omega vendeu 100.000 unidades de uma mercadoria para a Cia. Kappa, por R$ 2.000.000,00 para pagamento em 90 dias, incidindo o ICMS, o PIS e a COFINS às alíquotas, respectivamente, de 18%, 0,65% e 3%. Caso a operação fosse à vista, o valor cobrado pela vendedora seria R$ 1.939.398,00. A operação é relevante para a vendedora.

Na existência de preço à vista e preço a prazo para a mesma mercadoria, o Pronunciamento Técnico CPC nº 12, que trata dos Ajustes a Valor Presente, estabelece que o preço à vista possa ser utilizado como Ajuste do Valor Presente do recebível.

Como as legislações tributária e federal determinam que os tributos sejam cobrados sobre o valor nominal da venda, os valores seriam:

**ICMS R$ 360.000,00** (18% × R$ 2.000.000,00). A contabilização seria:

| | |
|---|---|
| D – Recebíveis (Contas a Receber) | 2.000.000,00 |
| C – Ajuste a Valor Presente (redutora de Recebível) | 60.602,00 |
| C – ICMS a Recolher (PC) | 360.000,00 |
| C – PIS a Recolher (PC) | 13.000,00 |
| C – COFINS a Recolher (PC) | 60.000,00 |
| C – Receita de Vendas (ARE) | 1.506.398,00 |

Observe que a receita de vendas a ser demonstrada na apuração do resultado corresponderá a R$ 1.506.398,00, o que representa o valor da venda nominal diminuído do Ajuste a Valor Presente e dos tributos incidentes sobre a venda.

#### 12.3.2.2 Parcela dos resultados de empresas investidas reconhecida por meio do método de equivalência patrimonial

As investidoras estão autorizadas pela Legislação Societária Brasileira e pelas Normas Internacionais de Contabilidade a reconhecerem em seu resultado do exercício a parcela que lhes cabe do lucro ou do prejuízo das empresas investidas avaliadas pelo método da equivalência patrimonial (no Brasil, são as empresas coligadas ou controladas da investidora).

**CASO PRÁTICO**

A Cia. Polonaise possui 40% das ações da Cia. Rhapsody in Blue, que é sua coligada. O investimento está registrado por R$ 200.000,00. Este valor equivale a 40% do PL da investida em seu último balanço, que foi de R$ 500.000,00.

No exercício em curso, a investida obteve um Lucro Líquido de R$ 100.000,00, aumentando seu PL para R$ 600.000,00. A investidora reconhecerá 40% desse lucro, ou seja, R$ 40.000,00 como aumento do seu investimento, registrando a contrapartida credora como resultado do exercício:

| | |
|---|---|
| D – Investimento na Cia. Rhapsody in Blue (ANC – Investimentos) | |
| C – Receita da Equivalência Patrimonial (ARE) | 40.000,00 |

Efetuando-se a transcrição do lançamento para o Livro Razão, tem-se que:

| **Investimento na Cia. Rhapsody in Blue** | |
|---|---|
| **(s) 200.000,00** | |
| 40.000,00 (1) | |
| **(s) 240.000,00** | |

| **Receita da Equivalência Patrimonial** | |
|---|---|
| | 40.000,00 (1) |

Observe-se que o novo valor do investimento representa 40% de R$ 600.000,00, ou seja, ele continua representando 40% do total do PL da investida, após o registro contábil da equivalência patrimonial.

Na nova demonstração do resultado, essa receita (ou despesa, se a investida incorrer em prejuízo) aparece em uma linha destacada para realçar o seu valor para o usuário das demonstrações contábeis.

#### 12.3.2.3 Antigas receitas e despesas não operacionais

A partir da convergência para as Normas Internacionais de Contabilidade, todas as receitas e despesas da entidade são consideradas operacionais, de modo que esse item da demonstração de resultado antiga agora está classificado como outras receitas e despesas operacionais.

#### 12.3.2.4 Receitas e despesas financeiras

As despesas e receitas financeiras aparecem agora destacadas para que os usuários das demonstrações contábeis possam distingui-las das demais.

#### 12.3.2.5 Resultado líquido das operações continuadas

Esse valor representa o resultado das operações continuadas para destacá-lo do resultado das operações que a entidade deseja descontinuar.

#### 12.3.2.6 Resultado líquido das operações descontinuadas e outros ajustes

Esse resultado é composto por dois itens:

a) O resultado propriamente dito das operações descontinuadas, ou seja, o proveniente de ativos ou de grupos de ativos responsáveis pela produção de bens e serviços que a entidade pretende descontinuar.

b) Um dos seguintes valores:

   I. no caso da venda ou baixa dos ativos ou grupo de ativos responsáveis pela produção descontinuada, o ganho ou perda de capital decorrente dessa operação;

   II. caso esses ativos ou grupo de ativos ainda não tenha sido alienado ou baixado, o ajuste, positivo ou negativo, decorrente da avaliação deles pelo valor justo menos despesas de venda em relação ao valor contábil.

**CASO PRÁTICO**

A Cia. Antares está descontinuando a fabricação de seu produto X. No decorrer do exercício, o resultado das operações de venda desse produto, que foi segregado em contas analíticas específicas, foi um prejuízo de R$ 20.000,00. O valor contábil do grupo de ativos responsável pela operação é de R$ 300.000,00, enquanto a estimativa de seu valor justo deduzido das despesas de uma eventual venda é de R$ 305.000,00.

O total do resultado das operações descontinuadas será:

| | |
|---|---|
| Prejuízo das operações descontinuadas | 20.000,00 |
| (–) Ajuste positivo do valor justo em relação ao valor contábil | (5.000,00) |
| (=) Total do resultado negativo das operações descontinuadas | 15.000,00 |

### 12.3.2.7 Resultado líquido do período

O **resultado líquido do período** corresponde à soma dos resultados líquidos das operações continuadas e descontinuadas.

**ATENÇÃO**

O Pronunciamento Técnico CPC nº 26 não faz menção às participações nos lucros, ao contrário da Lei das S/As. Se essas participações forem calculadas com base em uma percentagem sobre o valor dos lucros, seria necessário saber se os lucros serão somente os referentes ao total das operações ou apenas das operações continuadas. Conforme o caso, tal participação poderia constar antes do resultado líquido das operações continuadas ou do resultado líquido total do período.

## 12.4 DEMONSTRAÇÃO DO RESULTADO ABRANGENTE (DRA)

Antes de conceituarmos **Resultado Abrangente**, faremos uma ligeira digressão sobre as mutações (variações positivas ou negativas) do Patrimônio Líquido.

### 12.4.1 A natureza das mutações do Patrimônio Líquido

O Patrimônio Líquido é a diferença entre o Ativo e o Passivo da entidade, conforme visto no Capítulo 1. Essa é a equação fundamental da Contabilidade.

$$\mathbf{PL = A - P}$$

O valor do Patrimônio Líquido se altera, ou seja, sofre uma mutação, quando há uma variação do ativo (aumento ou diminuição) não compensado por uma variação no mesmo sentido e no mesmo montante no Passivo ou vice-versa.

Essas mutações podem decorrer de transações com sócios. Por exemplo, no aumento do capital integralizado em bens ou direitos, há um aumento do ativo não compensado por igual elevação no Passivo e o PL aumenta. Na diminuição do capital ou na proposição ou pagamento de dividendos, ocorre o inverso.

Também como visto no Capítulo 1, as receitas e despesas modificam o valor do Patrimônio Líquido e decorrem de transações com terceiros. Por exemplo, a entidade vende serviço a um cliente. Recebe, em contrapartida, numerário ou recebível, o ativo aumenta e também o PL. Com a despesa, ocorre o contrário. O reconhecimento de pagar salários aos empregados aumenta o Passivo e diminui o PL, porém, se houver pagamento direto não haverá aumento do Passivo, mas redução do ativo (das disponibilidades). Há também os casos em que se vende bens do ativo por um preço superior a seu custo, o que faz com que o ativo aumente liquidamente, ocorrendo o mesmo com o PL.

Há, entretanto, fatos contábeis que ocasionam modificações no PL que não decorrem de transações com sócios ou com terceiros. Por exemplo, a entidade faz um ajuste de avaliação patrimonial positivo em um título financeiro disponível para venda, porque seu valor justo aumentou.[5] Supondo que o ajuste seja de R$ 2.000,00, o lançamento será:

D – Ativo Financeiro (AC)
C – Ajuste de Avaliação Patrimonial (PL) 2.000,00

Esse ajuste aumenta diretamente o Patrimônio Líquido, não transita por conta de resultado porque não houve alienação do ativo e não resulta de transações nem com acionistas nem com terceiros.

Outro exemplo é a variação cambial de investimentos no exterior. Suponhamos uma empresa brasileira que invista US$ 200,000.00 em uma coligada sediada no exterior. A cotação era na época US$ 1.00 = R$ 1,60. Consequentemente, o investimento foi contabilizado por **R$ 320.000,00** (US$ 200,000,00 × R$ 1,60).

Digamos que a coligação tenha tido resultado nulo no final do exercício, mas que a cotação do dólar tenha diminuído para R$ 1,50. O investimento deverá ter seu valor reduzido na contabilidade para **R$ 300.000,00** (US$ 200,000.00 × R$ 1,50).

A redução de R$ 20.000,00 no PL terá como contrapartida a conta de variação cambial passiva que diminuirá o PL:

D – Ajuste de Conversão Cambial (*)
C – Investimento no Exterior (ANC – Investimentos) 2.000,00

(*) Ajustes Acumulados de Conversão – classificados no PL.

Fazendo um sumário, o PL pode variar de valor por três razões:

1º) Transação com sócios ou acionistas.

2º) Transação com terceiros.

3º) Outros eventos.

## 12.4.2 Definição de Resultado Abrangente

**Resultado abrangente** é a mutação que ocorre no Patrimônio Líquido durante um período **que resulta de transações e outros eventos que não derivados de transações com os sócios na sua qualidade de proprietários.**

Dessa definição, concluímos que **todas as receitas e despesas são resultados abrangentes**, visto que não decorrem de transações com os sócios, mas sim com terceiros.

Entretanto, **nem todo resultado abrangente é uma receita ou despesa**. Conforme explicado no subitem anterior, um ajuste de variação cambial ou de avaliação patrimonial constitui um resultado abrangente porque não decorre de transação com os proprietários (sócios ou acionistas), mas tampouco são receitas ou despesas, uma vez que não ocorreu transação com terceiros. Esses outros eventos que modificam o valor do PL são denominados **outros resultados abrangentes**.

[5] Para saber mais sobre o tema, veja o Subitem 14.7.1.1, do Capítulo 14.

O Pronunciamento Técnico CPC nº 26 esclarece que **outros resultados abrangentes** incluem:

a) variações na reserva de reavaliação, quando permitidas legalmente (ver Pronunciamentos Técnicos CPC nº 27 – Ativo Imobilizado – e nº 04 – Ativo Intangível);
b) ganhos e perdas atuariais em planos de pensão com benefício definido reconhecidos conforme Item 93-A do Pronunciamento Técnico CPC nº 33 – Benefícios a Empregados;
c) ganhos e perdas derivados de conversão de demonstrações contábeis de operações no exterior (ver Pronunciamento Técnico CPC nº 02 – Efeitos das Mudanças nas Taxas de Câmbio e Conversão de Demonstrações Contábeis);
d) ganhos e perdas na remensuração de ativos financeiros disponíveis para venda (ver Pronunciamento Técnico CPC nº 38 – Instrumentos Financeiros: Reconhecimento e Mensuração);
e) parcela efetiva de ganhos ou perdas advindas de instrumentos de *hedge* em operação de *hedge* de fluxo de caixa (ver Pronunciamento Técnico CPC nº 38).

É necessário esclarecer que no Brasil é proibido atualmente constituir reservas de reavaliação, de modo que o item "**a**" não é aplicável.

Quanto aos itens **"c"** e **"d"**, correspondem ao que denominamos ajustes de conversão cambial e ajustes de avaliação patrimonial no Subitem 12.4.1.

Os itens **"b"** e **"e"** correspondem a ganhos atuariais e financeiros, cuja explicação escapa ao escopo introdutório do presente livro.

### 12.4.3 Estrutura da demonstração do resultado abrangente

Segundo o Pronunciamento Técnico CPC nº 26 (R1), Item 82-A, a demonstração do resultado abrangente deve, no mínimo, incluir as seguintes rubricas:

a) resultado líquido do período (lucro ou prejuízo);
b) cada item dos outros resultados abrangentes classificados conforme sua natureza, exceto montantes relativos ao item **"c"** explicado a seguir. (Veja a relação completa no subitem anterior);
c) parcela dos outros resultados abrangentes de empresas investidas reconhecida por meio do método de equivalência patrimonial;
d) resultado abrangente do período.

### 12.4.4 Parcela dos outros resultados abrangentes de empresas investidas reconhecida por meio do método de equivalência patrimonial

Da mesma forma que o explicado no Subitem 12.3.2.2, trata-se da equivalência patrimonial em relação aos outros resultados abrangentes.

**CASO PRÁTICO**

Retornando ao caso prático do Subitem 12.3.2.2, suponhamos que a investida, além do Lucro Líquido de R$ 100.000,00, contabilizou um ajuste positivo de avaliação patrimonial sobre instrumentos financeiros disponíveis para venda no valor de R$ 30.000,00. O seu PL teria, então, aumentado para R$ 630.000,00. A investidora reconhecerá a receita da equivalência patrimonial de R$ 40.000,00 (40% × R$ 100.000,00) e uma parcela de equivalência sobre os outros resultados abrangentes da investida de R$ 12.000,00 (40% x R$ 30.000,00). A contabilização será:

| | |
|---|---|
| D – Investimento da Cia. Rhapsody in Blue (ANC = Investimentos) | 52.000,00 |
| C – Receita da Equivalência Patrimonial (ARE) | 40.000,00 |
| C – Parcela sobre Outros Resultados Abrangentes (DRA) | 12.000,00 |

O valor relativo aos R$ 12.000,00 fará parte da Demonstração do Resultado Abrangente (DRA) da investidora.

## 12.5 ▸ DEMONSTRAÇÃO DAS MUTAÇÕES DO PATRIMÔNIO LÍQUIDO (DMPL)

A Demonstração das Mutações do Patrimônio Líquido (DMPL) informa quais foram as variações (mutações) sofridas pelas contas integrantes do grupo do Patrimônio Líquido da entidade entre a data inicial e final de determinado exercício social.

É normalmente apresentada como uma tabela de dupla entrada, em que nas linhas estão descritos os saldos iniciais das contas de Patrimônio Líquido, os fatos contábeis que provocaram modificações nas contas e os saldos finais destas e nas colunas, os nomes das contas do PL e o valor das respectivas mutações. A última coluna representará todas as mutações ocorridas no valor total do PL e a última linha mostrará o valor do saldo da conta do grupo no final do exercício social.

### CASO PRÁTICO

Os saldos iniciais das contas do PL são:

| | |
|---|---|
| Capital Social | 2.000.000,00 |
| Reservas de Capital | 200.000,00 |
| Reservas de Lucros | 500.000,00 |
| Lucros Acumulados | 0,00 |
| Outros Resultados Abrangentes | 120.000,00 |
| (=) Total do PL | **2.820.000,00** |

As movimentações das contas do PL durante o exercício foram:

a) aumento de capital no valor de R$ 600.000,00, com incorporação de Reservas de Lucros de R$ 250.000,00, de Reservas de Capital de R$ 100.000,00 e o restante em numerário;
b) gasto com emissão de ações: R$ 20.000,00;
c) aquisição de ações em tesouraria por R$ 10.000,00 em contrapartida à conta de reserva de capital e posterior alienação por R$ 18.000,00;
d) dividendos propostos no período: R$ 162.000,00;
e) Lucro Líquido do período: R$ 422.000,00;
f) ajuste negativo em instrumentos financeiros: R$ 40.000,00;
g) equivalência patrimonial sobre ganhos abrangentes de controladas: R$ 35.000,00;
h) ajustes de conversão cambial no período: R$ 80.000,00;
i) constituição de reservas de lucros: R$ 260.000,00.

| DEMONSTRAÇÃO DAS MUTAÇÕES DO PATRIMÔNIO LÍQUIDO | | | | | | |
|---|---|---|---|---|---|---|
| Elementos | Capital Social | Res. de Capital e Ações em Tesouraria | Reservas de Lucros | Lucros Acumulados | Outros Resultados Abrangentes | Patrimônio Líquido |
| Saldos iniciais | 2.000.000,00 | 200.000,00 | 500.000,00 | 0,00 | 120.000,00 | 2.820.000,00 |
| Aumento de Capital | 600.000,00 | –100.000,00 | –250.000,00 | | | 250.000,00 |
| Gastos em Emissão de Ações | | –20.000,00 | | | | –20.000,00 |
| Ações em Tesouraria Adquirida | | –10.000,00 | | | | –10.000,00 |
| Ações em Tesouraria Vendidas | | 18.000,00 | | | | 18.000,00 |
| Dividendos | | | | –162.000,00 | | –162.000,00 |
| **Transações de Capital com os Sócios** | | | | | | **76.000,00** |
| Lucro Líquido do Período | | | | 422.000,00 | | 422.000,00 |
| Ajustes Instrumentos Financeiros | | | | | –40.000,00 | –40.000,00 |
| Equiv. Patrim. s/ Ganhos Abrang. de Coligadas | | | | | 35.000,00 | 35.000,00 |
| Ajuste de Conversão Cambial do Período | | | | | 80.000,00 | 80.000,00 |
| **Outros Resultados Abrangentes** | | | | | | **75.000,00** |
| **Resultado Abrangente Total** | | | | | | **497.000,00** |
| Constituição de Reservas de Lucros | | | 260.000,00 | –260.000,00 | | 0,00 |
| **Saldos finais** | 2.000.000,00 | 88.000,00 | 510.000,00 | 0,00 | 195.000,00 | **3.393.000,00** |

Pode-se observar, a partir da análise da DMPL, que o total das transações com os proprietários (sócios ou acionistas) no exercício montou a **R$ 76.000,00**. Embora somente o aumento de capital tenha sido de R$ 600.000,00, a maior parte dele foi feita com incorporação de reservas (R$ 350.000,00), sendo apenas R$ 250.000,00 em numerário, que correspondeu ao aumento do PL em virtude desse fato contábil. Se deduzirmos R$ 20.000,00 do gasto com emissão e R$ 162.000,00 dos dividendos propostos e adicionarmos o ganho na alienação das ações em tesouraria de R$ 8.000,00, obteremos os R$ 76.000,00.

As mutações em Outros Resultados Abrangentes montaram a **R$ 75.000,00**, decorrentes do ajuste negativo em instrumentos financeiros de R$ 40.000,00 do ganho da equivalência patrimonial sobre resultados abrangentes de controladas de R$ 35.000,00 e do ajuste positivo de conversão cambial de R$ 80.000,00.

A variação total do PL no exercício, em R$, pode ser demonstrada assim:

| | |
|---|---|
| Transações com os Proprietários | 76.000,00 |
| (+) Lucro Líquido do Exercício | 422.000,00 |
| (+) Outros Resultados Abrangentes | 75.000,00 |
| (=) Variação total do Patrimônio Líquido | **573.000,00** |
| (+) PL no início do exercício | 2.820.000,00 |
| (=) PL no final do exercício | 3.393.000,00 |

## 12.6 ▸ DEMONSTRAÇÃO DOS LUCROS OU PREJUÍZOS ACUMULADOS (DLPA)

A **Demonstração dos Lucros ou Prejuízos Acumulados (DLPA)** informa quais foram as mutações realizadas na conta de Lucros ou Prejuízos Acumulados (LPA) durante o exercício social. Assim, em relação ao nosso exemplo de DMPL no item anterior, a DLPA seria:

| | |
|---|---|
| Saldo Inicial | 0,00 |
| (+) Lucro Líquido do Exercício | 422.000,00 |
| (–) Constituição das Reservas de Lucros | (260.000,00) |
| (–) Dividendos Propostos | (162.000,00) |
| (=) Saldo Final | 0,00 |

É importante relembrar que nas sociedades por ações o saldo dessa conta ou é zero, como no presente caso, ou é negativo (prejuízo acumulado). A razão é que a conta não pode ter saldo credor, visto que, nesse caso, todo este valor deverá ser destinado para a constituição das Reservas de Lucros ou para a Distribuição de Dividendos.

Outra menção importante é aos Ajustes de Períodos de Apuração Anteriores, que decorrem da mudança de critério contábil ou da retificação de erro imputável a determinado exercício anterior, e que não podem ser atribuídos a fatos subsequentes. Esses ajustes podem decorrer de erro ocasionado por omissão de lançamentos de Receitas ou Despesas de períodos anteriores. Segundo o Princípio de Competência de Exercícios, tais valores não poderão ser contabilizados como receita ou despesa do atual exercício, motivo pelo qual deverão ser lançados, positiva ou negativamente, como ajustes de períodos anteriores, diretamente na conta Lucros ou Prejuízos Acumulados do Patrimônio Líquido (PL).

### CASO PRÁTICO

Contabilize as operações a seguir:

1) Despesas do período anterior, não contabilizadas na época oportuna, no valor de R$ 5.000,00.

   | | |
   |---|---|
   | D – Lucros ou Prejuízos Acumulados (*) | |
   | C – Caixa ou Bancos | 5.000,00 |

2) Receitas do período anterior, no valor de R$ 10.000,00, não contabilizadas na época oportuna.

   IRPJ incidente (alíquota de 15%) = **R$ 1.500,00** (15% × R$ 10.000,00).

| | |
|---|---|
| D – Disponível | 10.000,00 |
| C – Lucros ou Prejuízos Acumulados (**) | 8.500,00 |
| C – Provisão para o IRPJ | 1.500,00 |

(*) Ajustes devedores de períodos de apuração anteriores.
(**) Ajustes credores de período de apuração anteriores.

## 12.7 ▸ NOTAS EXPLICATIVAS A PARTIR DE 1º DE JANEIRO DE 2008

### 12.7.1 Conceito

As demonstrações contábeis serão complementadas por notas explicativas e outros quadros analíticos ou demonstrações contábeis, necessários para esclarecimento da situação patrimonial e do resultado do exercício.

As notas explicativas devem apresentar informações sobre a base de preparação das demonstrações financeiras e das práticas contábeis específicas selecionadas e aplicadas para negócios e eventos significativos, divulgar as informações exigidas pelas práticas contábeis adotadas no Brasil que não sejam apresentadas em nenhuma outra parte das demonstrações financeiras e fornecer informações adicionais não indicadas nas próprias demonstrações financeiras e consideradas necessárias para uma apresentação adequada.

### 12.7.2 Nota explicativa sobre demonstrações contábeis

A Lei das Sociedades por Ações estabelece que as notas explicativas devem indicar:

a) os principais critérios de avaliação dos elementos patrimoniais, especialmente estoques, de cálculos de depreciação, da amortização e exaustão, da constituição de provisões para encargos ou riscos e de ajustes para atender a perdas prováveis na realização de elementos do ativo;
b) os investimentos em outras sociedades, quando relevantes (art. 247, parágrafo único);
c) o aumento de valor de elementos do ativo resultante de novas avaliações (art. 182, § 3º);
d) os ônus reais constituídos sobre elementos do ativo, as garantias prestadas a terceiros e outras responsabilidades eventuais ou contingentes;
e) as taxa de juros, as datas de vencimento e as garantias das obrigações a longo prazo;
f) o número, espécies e classes das ações do capital social;
g) as opções de compra de ações outorgadas e exercidas no exercício;
h) os ajustes de exercícios anteriores (art. 186, § 1º);
i) os eventos subsequentes à data de encerramento do exercício que tenham, ou possam vir a ter, efeito relevante sobre a situação financeira e os resultados futuros da companhia.

### 12.7.3 Nota explicativa sobre participações societárias

As notas explicativas dos investimentos a que se refere o art. 248, da Lei nº 6.404, de 1976, devem conter informações precisas sobre as sociedades **coligadas** e **controladas** e suas relações com a companhia, indicando:

a) a denominação da sociedade, seu Capital Social e Patrimônio Líquido;
b) o número, as espécies e classes das ações ou quotas de propriedade da companhia, e o preço de mercado das ações, se houver;
c) o Lucro Líquido do Exercício;

d) os créditos e as obrigações entre a companhia e as Sociedades Coligadas e Controladas;
e) o montante das receitas e despesas em operações entre a companhia e as Sociedades Coligadas e Controladas.

### 12.7.4 Pronunciamento Técnico CPC nº 26/2009

Esse pronunciamento também estabeleceu normas para a divulgação das notas explicativas em seus itens 112 a 138.

## 12.8 ▸ DEMONSTRAÇÃO DOS FLUXOS DE CAIXA (DFC)

### 12.8.1 Conceito e obrigatoriedade

A **Demonstração dos Fluxos de Caixa (DFC)** evidencia a variação do grupo Disponível da sociedade entre dois exercícios sociais consecutivos. O grupo Disponível compreende a soma dos saldos das contas Caixa, Bancos e Aplicações Financeiras de liquidez imediata. Ela é entendida como uma demonstração mais precisa da situação financeira da empresa do que a Demonstração de Origens e Aplicações de Recursos (DOAR), porque o que interessa aos credores e proprietários da empresa é sua capacidade de gerar caixa para o pagamento de seus compromissos e dividendos.

O Disponível representa, portanto, os recursos de liquidez imediata que se encontram em poder da entidade. A variação do Disponível entre dois exercícios depende do fluxo de caixa (entradas menos saídas) de três tipos de atividades: **operacional, de financiamento e de investimento**.

O fluxo de caixa da **atividade operacional** é constituído pelas entradas e saídas em dinheiro ou equivalente relacionadas às atividades de produção e venda dos bens e serviços produzidos pela sociedade, tais como recebimento de clientes por vendas à vista e a prazo, entradas em função do desconto de duplicatas, pagamentos aos fornecedores para aquisição de materiais ou mercadorias, pagamentos de salários e encargos sociais, pagamentos de tributos etc.

O fluxo de caixa da **atividade de financiamento** se refere a entradas ou saídas em função de obtenção de recursos de terceiros (e sua amortização) e a obtenção de recursos dos acionistas (e o respectivo pagamento de dividendos). Compreendem, portanto, os recebimentos decorrentes de integralização de capital ou de reservas de capital, bem como os de empréstimos de terceiros de curto e longo prazo e o pagamento de dividendos e dos empréstimos contraídos junto a terceiros. Ou seja, as atividades de financiamento se referem à origem dos recursos próprios e de terceiros que serão aplicados no ativo da sociedade. Vale notar que a palavra financiamento não se refere apenas a recursos de terceiros, mas também dos sócios.

O fluxo de caixa da **atividade de investimento** decorre da venda e compra de ativos fixos ou realizáveis a longo prazo, tais como:

a) participações societárias temporárias;
b) debêntures ou outros títulos emitidos por outras sociedades;
c) participações societárias fixas ou permanentes;
d) bens do ativo imobilizado.

Também são classificados como atividades de investimento os empréstimos efetuados pela sociedade a acionistas e/ou empresas coligadas e controladas, bem como as respectivas amortizações.

Vale notar que a conotação da palavra **investimento,** no contexto da DFC, significa compra de ativos de longo prazo. A DFC é de elaboração **obrigatória** para as companhias abertas e para as companhias fechadas, com Patrimônio Líquido, no exercício social anterior, superior a R$ 2.000.000,00.

### 12.8.2 Métodos de elaboração

A DFC pode ser elaborada por meio de dois métodos: o direto e o indireto.

O **método direto** consiste em mensurar diretamente as entradas e saídas de caixa ou equivalentes-caixa (Disponível) derivados das atividades operacionais, de financiamento e investimento.

O **método indireto** procura reconciliar o Lucro Líquido do Exercício com o caixa gerado pelas atividades operacionais, mostrando quanto desse lucro se converteu efetivamente em caixa ou equivalentes-caixa, evidenciando as parcelas do lucro que foram aplicadas em outros grupos do Ativo ou Passivo Circulante.

### 12.8.3 Estrutura da DFC – método direto

A estrutura da DFC, elaborada pelo **método direto**, pode assim ser resumida (o sinal **+** representa as entradas de caixa ou equivalentes-caixa e o sinal **–**, as saídas):

1. **Fluxo de Caixa das Atividades Operacionais**
   (+) Recebimentos de Clientes
   (–) Pagamentos a Fornecedores
   (–) Juros Pagos
   (–) Pagamentos de Despesas Operacionais
   (–) Pagamentos de Despesas Antecipadas
   (±) Outros Recebimentos e Pagamentos relativos à atividade operacional
   (=) Caixa Gerado (+) ou Consumido (–) nas atividades operacionais
2. **Fluxo de Caixa das Atividades de Investimento**
   (+) Recebimentos de Venda de ativos imobilizados
   (+) Recebimentos de Vendas de Participações Societárias
   (+) Amortizações de empréstimos concedidos a acionistas e/ou empresas controladas e coligadas
   (–) Pagamentos por aquisição de Ativos Imobilizados
   (–) Pagamentos por aquisição de Participações Societárias
   (–) Empréstimos concedidos a acionistas e/ou empresas controladas e coligadas
   (±) Outros Recebimentos e/ou Pagamentos relativos às atividades de investimento
   (=) Caixa Gerado (+) ou Consumido (–) nas atividades de investimento
3. **Fluxo de Caixa das Atividades de Financiamento**
   (+) Recebimentos por Venda de ações ou Integralização de Capital
   (+) Recebimentos de Debêntures emitidas
   (+) Recebimentos de Empréstimos de curto e longo prazo
   (–) Pagamentos de Dividendos
   (–) Amortizações de Dívidas contraídas
   (–) Resgates de Debêntures
   (–) Pagamentos por Resgate ou Reembolso das próprias ações
   (±) Outros Recebimentos ou Pagamentos relativos às atividades de financiamento
   (=) Caixa Gerado (+) ou Consumido (–) nas atividades de financiamento
4. **Caixa Gerado ou Consumido nas atividades = Variação do Disponível (1 + 2 + 3)**
5. **Saldo do Disponível no início do exercício**
6. **Saldo do Disponível no final do exercício (4 + 5)**

### 12.8.4 Estrutura da DFC – método indireto

O **método indireto** efetua uma reconciliação entre o resultado do exercício (lucro ou prejuízo) e o fluxo de caixa operacional, partindo do primeiro e efetuando ajustes para:

a) adicionar ao lucro todas as despesas que não representam desembolso (depreciação, gastos com constituição de provisões, perdas na venda de ativo imobilizado, resultado negativo da equivalência patrimonial etc.) e deduzir todas as receitas que não impliquem entrada de numerário (reversão de provisões, ganho na venda do ativo imobilizado, resultado positivo da equivalência patrimonial etc.).
b) excluir do lucro a parcela que foi aplicada no aumento de outras contas operacionais do Ativo Circulante (exceto o Disponível) ou na diminuição das outras contas operacionais do Passivo Circulante e somar a ele os recursos advindos da diminuição do Ativo Circulante (exceto o Disponível) e do aumento do Passivo Circulante.

Os fluxos de caixa das atividades de investimento e financiamento são iguais ao do método direto. A estrutura da DFC no método indireto é a seguinte:

1. **Fluxo de Caixa das Atividades Operacionais**
   Lucro Líquido do Exercício
   (+) Depreciação, Amortização ou Exaustão
   (+) Despesas com a constituição de Provisões
   (+) Transferências de Despesas Antecipadas para o resultado
   (–) Reversão de Provisões
   (–) Despesas Antecipadas pagas no exercício
   (+/–) Resultado Negativo (Positivo) da Equivalência Patrimonial
   (+/–) Perda (Ganho) de Capital
   (+/–) Outras Receitas e Despesas que não envolvam numerário
   (–/+) Aumento/Diminuição em bens e direitos do Ativo Circulante de caráter operacional
   (+/–) Aumento/Diminuição em obrigações do Passivo Circulante de caráter operacional
2. **Fluxos de Caixa das Atividades de Investimento (igual à do método direto)**
3. **Fluxos de Caixa das Atividades de Financiamento (igual à do método direto)**
4. **Variação do Disponível (1 + 2 + 3)**
5. **Saldo inicial do Disponível**
6. **Saldo final do Disponível**

**NOTA**

O leitor interessado poderá consultar o Pronunciamento Técnico CPC nº 03 (R2), aprovado pela Deliberação CVM nº 641/2010 e pela Resolução CFC nº 1.296/2010, que trata da DFC.

## CASO PRÁTICO

A Cia. ABC apresentava o seguinte Balanço Patrimonial em 31 de dezembro de 20X0:

| CIA. ABC – BALANÇO PATRIMONIAL 31.12.20X0 | | | |
|---|---|---|---|
| **Ativo** | | **Passivo + PL** | |
| Disponível | 80.000,00 | Fornecedores | 110.000,00 |
| Clientes | 120.000,00 | Salários a Pagar | 30.000,00 |
| Estoques | 50.000,00 | Contas a Pagar | 10.000,00 |
| | | Tributos a Pagar | 10.000,00 |
| CIRCULANTE | **250.000,00** | CIRCULANTE | **160.000,00** |
| Empréstimos a sócios | 40.000,00 | Financiamento de LP | 100.000,00 |
| REALIZÁVEL A LP | **40.000,00** | EXIGÍVEL DE LP | **100.000,00** |
| Imobilizado | 370.000,00 | Capital | 220.000,00 |
| (–) Depreciação Acumulada | – 100.000,00 | Reservas de Lucros | 80.000,00 |
| IMOBILIZADO LÍQUIDO | **270.000,00** | PATRIMÔNIO LÍQUIDO | **300.000,00** |
| TOTAL DO ATIVO | **560.000,00** | TOTAL DO PASSIVO + PL | **560.000,00** |

No ano-calendário de 20X1, ocorreram os seguintes fatos contábeis na companhia, não ordenados cronologicamente:

1. Receita Bruta de vendas à vista ........ R$ 200.000,00
2. Receita Bruta de vendas a prazo ........ R$ 600.000,00
3. Compras efetuadas à vista ........ R$ 70.000,00
4. Compras efetuadas a prazo ........ R$ 330.000,00
5. Custo das Mercadorias Vendidas ........ R$ 350.000,00
6. Tributos Incidentes sobre Vendas ........ R$ 80.000,00
7. Recebimento de Clientes pelas vendas a prazo ........ R$ 640.000,00
8. Pagamento a Fornecedores por compras a prazo ........ R$ 370.000,00
9. Despesas com Salários ........ R$ 160.000,00
10. Despesas de Depreciação ........ R$ 20.000,00
11. Outras Despesas Operacionais ........ R$ 120.000,00
12. Pagamento de Salários ........ R$ 150.000,00
13. Pagamento de Despesas Operacionais ........ R$ 100.000,00
14. Pagamento de Tributos Incidentes sobre Vendas ........ R$ 70.000,00
15. Aquisição de Imobilizado à vista ........ R$ 60.000,00
16. Aumento de Capital em dinheiro ........ R$ 50.000,00

Os salários, as despesas operacionais e os tributos incidentes sobre vendas são pagos sempre no mês subsequente ao mês de competência.

Efetuando-se os lançamentos contábeis, sendo que as contas de resultado são contabilizadas diretamente na conta do ARE, obtém-se o Balanço Patrimonial em 31 de dezembro de 20X1:

- **Razonetes**

**Disponível (AC)**

| Débito | Crédito |
|---|---|
| **(s) 80.000,00** | 70.000,00 (3) |
| (1) 120.000,00 | 370.000,00 (8) |
| (7) 640.000,00 | 150.000,00 (12) |
| (16) 50.000,00 | 100.000,00 (13) |
| | 70.000,00 (14) |
| | 60.000,00 (15) |
| **(s) 970.000,00** | **820.000,00 (s)** |
| **(s) 150.000,00** | |

**Clientes (AC)**

| Débito | Crédito |
|---|---|
| **(s) 120.000,00** | |
| (2) 600.000,00 | 640.000,00 (7) |
| **(s) 720.000,00** | **640.000,00 (s)** |
| **(s) 80.000,00** | |

**Estoques (AC)**

| Débito | Crédito |
|---|---|
| (s) 50.000,00 | |
| (3) 70.000,00 | |
| (4) 330.000,00 | 350.000,00 (5) |
| **(s) 450.000,00** | **350.000,00 (s)** |
| **(s) 100.000,00** | |

**Empréstimos a Sócios (ARLP)**

| Débito | Crédito |
|---|---|
| **(s) 40.000,00** | |

**Imobilizado (AP)**

| Débito | Crédito |
|---|---|
| (s) 370.000,00 | |
| (15) 60.000,00 | |
| **(s) 430.000,00** | |

**Depreciação Acumulada (AP)**

| Débito | Crédito |
|---|---|
| | 100.000,00 (s) |
| | 20.000,00 (10) |
| | **120.000,00** |

**Fornecedores (PC)**

| Débito | Crédito |
|---|---|
| | 110.000,00 (s) |
| (8) 370.000,00 | 330.000,00 (4) |
| **(s) 370.000,00** | **440.000,00 (s)** |
| | **70.000,00 (s)** |

**Salários a Pagar (PC)**

| Débito | Crédito |
|---|---|
| (12) 150.000,00 | **30.000,00 (s)** |
| | 160.000,00 (9) |
| **(s) 150.000,00** | **190.000,00 (s)** |
| | **40.000,00** |

**Contas a Pagar (PC)**

| Débito | Crédito |
|---|---|
| | **10.000,00 (s)** |
| (13) 100.000,00 | 120.000,00 (11) |
| **(s) 100.000,00** | **130.000,00 (s)** |
| | **30.000,00 (s)** |

**Tributos a Pagar (PC)**

| Débito | Crédito |
|---|---|
| | **10.000,00 (s)** |
| (6) 70.000,00 | 80.000,00 (5) |
| **(s) 70.000,00** | **90.000,00 (s)** |
| | **20.000,00 (s)** |

**Financiamento a Longo Prazo (PELP)**

| Débito | Crédito |
|---|---|
| | **100.000,00 (s)** |

**Capital (PL)**

| Débito | Crédito |
|---|---|
| | **220.000,00 (s)** |
| | 50.000,00 (16) |
| | **270.000,00 (s)** |

| Reservas de Lucro (PL) | |
|---|---|
| | **80.000,00 (s)** |
| | 70.000,00 (17) |
| | **150.000,00 (s)** |

| Resultado do Exercício (ARE) | |
|---|---|
| (5) 350.000,00 | 200.000,00 (1) |
| (6) 80.000,00 | 600.000,00 (2) |
| (9) 160.000,00 | |
| (10) 20.000,00 | |
| (11) 120.000,00 | |
| **(s) 730.000,00** | **800.000,00 (s)** |
| (17) 70.000,00 | **70.000,00 (s)** |
| | **0,00** |

| CIA. ABC – BALANÇO PATRIMONIAL 31.12.20X1 | | | |
|---|---|---|---|
| ATIVO | | PASSIVO + PL | |
| Disponível | 150.000,00 | Fornecedores | 70.000,00 |
| Clientes | 80.000,00 | Salários a Pagar | 40.000,00 |
| Estoques | 100.000,00 | Contas a Pagar | 30.000,00 |
| | | Tributos a Pagar | 20.000,00 |
| CIRCULANTE | **330.000,00** | CIRCULANTE | **160.000,00** |
| Empréstimos a sócios | 40.000,00 | Financiamento de LP | 100.000,00 |
| REALIZÁVEL A LP | **40.000,00** | NÃO CIRCULANTE | **100.000,00** |
| Imobilizado | 430.000,00 | Capital | 270.000,00 |
| (2) Depreciação Acumulada | – 120.000,00 | Reservas de Lucros | 150.000,00 |
| NÃO CIRCULANTE | **350.000,00** | PATRIMÔNIO LÍQUIDO | **420.000,00** |
| TOTAL DO ATIVO | **680.000,00** | TOTAL DO PASSIVO + PL | **680.000,00** |

Elaborando-se a Demonstração do Fluxo de Caixa (DFC) pelo método direto, obtém-se:

| DEMONSTRAÇÃO DO FLUXO DE CAIXA PELO MÉTODO DIRETO (R$) | | |
|---|---|---|
| 1. **FLUXO DE CAIXA DAS ATIVIDADES OPERACIONAIS:** | | |
| Recebimento de vendas | 840.000,00 | |
| (–) Pagamento de fornecedores | (440.000,00) | |
| (–) Pagamento de salários | (150.000,00) | |
| (–) Pagamento de tributos incidentes sobre vendas | (70.000,00) | |
| (–) Pagamento de outras despesas operacionais | (100.000,00) | 80.000,00 |
| 2. **FLUXO DE CAIXA DAS ATIVIDADES DE FINANCIAMENTO:** | | |
| Aumento de capital em dinheiro | | 50.000,00 |
| 3. **FLUXO DE CAIXA DAS ATIVIDADES DE INVESTIMENTO:** | | |
| Aquisição do imobilizado em dinheiro | | (60.000,00) |
| 4. **VARIAÇÃO DO DISPONÍVEL** | | **70.000,00** |
| 5. **(+) DISPONÍVEL EM 31.12.20X0** | | **80.000,00** |
| 6. **(=) DISPONÍVEL EM 31.12.20X0** | | **150.000,00** |

Elaborando-se a DFC pelo método indireto, que efetua a reconciliação contábil entre o Lucro Líquido do Exercício e a geração de caixa nas atividades operacionais, obtém-se:

| DEMONSTRAÇÃO DO FLUXO DE CAIXA PELO MÉTODO INDIRETO (R$) | | |
|---|---|---|
| 1. **FLUXO DE CAIXA DAS ATIVIDADES OPERACIONAIS:** | | |
| Lucro Líquido do Exercício | 70.000,00 | |
| (+) Despesas de Depreciação | 20.000,00 | |
| (+) Decréscimo em Clientes | 40.000,00 | |
| (–) Acréscimo em Estoques | (50.000,00) | |
| (–) Decréscimo de Fornecedores | (40.000,00) | |
| (+) Acréscimo de Salários a Pagar | 10.000,00 | |
| (+) Acréscimo de Contas a Pagar | 20.000,00 | |
| (+) Acréscimo de Tributos a Pagar | 10.000,00 | 80.000,00 |
| 2. **FLUXO DE CAIXA DAS ATIVIDADES DE FINANCIAMENTO:** | | |
| Aumento de capital em dinheiro | | 50.000,00 |
| 3. **FLUXO DE CAIXA DAS ATIVIDADES DE INVESTIMENTO:** | | |
| Aquisição do imobilizado em dinheiro | | (60.000,00) |
| 4. **VARIAÇÃO DO DISPONÍVEL** | | **70.000,00** |
| 5. **(+) DISPONÍVEL EM 31.12.20X0** | | **80.000,00** |
| 6. **(=) DISPONÍVEL EM 31.12.20X0** | | **150.000,00** |

Observe que as Despesas de Depreciação são somadas ao Lucro Líquido do Exercício para anular seu efeito na redução deste último. As despesas de depreciação não provocam modificações no **Disponível** da entidade, uma vez que elas não implicam desembolso, ao contrário das despesas de salários, despesas com tributos e de outras despesas operacionais.

No método indireto, percebe-se que um Lucro Líquido ajustado de R$ 90.000,00 implicou uma geração de caixa operacional de R$ 80.000,00, porque a empresa aumentou sua aplicação em estoques em R$ 50.000,00 (fato diminutivo do disponível), R$ 10.000,00 a mais do que conseguiu ao prorrogar o prazo de vencimento de seus Passivos Exigíveis (fato aumentativo do disponível: R$ 40.000,00).

## 12.8.5 Pontos polêmicos

Os juros pagos e recebidos, os dividendos e os juros sobre o capital próprio recebidos podem ser classificados como Fluxo de Caixa da atividade operacional, porque entram na determinação do lucro ou do prejuízo líquido. Alternativamente, os juros pagos, os juros, os dividendos e os juros sobre o capital próprio recebidos podem ser classificados como fluxo de caixa das atividades de financiamento e fluxo de caixa das atividades de investimento, respectivamente, porque são custos de obtenção de recursos financeiros ou retorno sobre investimentos.

Os dividendos e os juros sobre o capital próprio pagos podem ser classificados como fluxo de caixa da atividade de financiamento porque são custos da obtenção de recursos financeiros. Alternativamente, os dividendos e os juros sobre o capital próprio pagos podem ser classificados como componentes do fluxos de caixa das atividades operacionais, a fim de auxiliar os usuários a determinar a capacidade de a entidade pagar dividendos e juros sobre o capital próprio utilizando os fluxos de caixa operacionais.

A Resolução nº 1.296, de 2010, do CFC, aconselha as entidades a classificarem os juros, recebidos ou pagos, os dividendos e juros sobre o capital próprio recebidos como fluxos de caixa das atividades operacionais. Os dividendos e juros sobre o capital próprio pagos, como fluxos de caixa das atividades de financiamento. Alternativa diferente deve ser seguida de nota explicativa, evidenciando esse fato.

## 12.9 ▸ DEMONSTRAÇÃO DO VALOR ADICIONADO (DVA)

### 12.9.1 Conceito

A **Demonstração do Valor Adicionado (DVA)** tornou-se obrigatória para todas as companhias abertas (sociedades que têm suas ações negociadas em Bolsa de Valores) a partir de 1º de janeiro de 2008, por força da modificação introduzida no art. 176 da Lei das Sociedades por Ações (Lei nº 6.404/1976) pela Lei nº 11.638/2007.

Valor Adicionado é a diferença entre o valor da venda de bens e serviços produzidos por uma empresa e o valor de bens e serviços adquiridos de terceiros que serviram de insumos para essa produção (ou seja, que foram utilizados para que a produção se concretizasse).

Assim, se determinada empresa produziu e vendeu bens no valor de R$ 100.000,00 no ano e utilizou R$ 40.000,00 de bens e serviços de terceiros para efetuar essa produção, ela adicionou R$ 60.000,00 de valor à economia do país (R$ 100.000,00 – R$ 40.000,00).

Essa demonstração tem por objetivo evidenciar a riqueza criada pela companhia no processo de produção de bens e serviços e a forma como ela foi distribuída entre os empregados (salários), financiadores da empresa (juros), governo (tributos e contribuições sociais) e os acionistas (dividendos e juros sobre o capital próprio).

Um exemplo simples seria o seguinte: suponhamos que uma companhia adquira matérias-primas no valor de R$ 200.000,00 e com elas fabrique produtos que são vendidos no mercado por R$ 700.000,00. Logo, a companhia adicionou um valor de R$ 500.000,00, que corresponde à diferença entre o que ela adquiriu de valor produzido por terceiros (R$ 200.000,00) e o valor da sua produção total (R$ 700.000,00).

Do total desse valor adicionado, suponhamos que a empresa pagou R$ 180.000,00 aos empregados, R$ 40.000,00 de juros a seus financiadores e R$ 150.000,00 de tributos ao Governo. O que restou dos R$ 130.000,00 de valor adicionado corresponde ao Lucro Líquido da companhia no exercício, que poderá ser distribuído aos sócios ou retido pela própria companhia.

### 12.9.2 Estrutura da DVA

O Pronunciamento Técnico CPC nº 09, aprovado pela Deliberação CVM nº 557, de 2008, e pelas Resoluções CFC nº 1.138, de 2008, e 1.162, de 2009, trata da estrutura da DVA que deve ser adotada em nosso país. A antiga Resolução do CFC nº 1010/2005 reproduziu a seguinte estrutura da DVA, apresentada a seguir:

**Quadro 12.3** DVA dos exercícios findos em 31 de dezembro, em milhares de reais

| | 20X1 | % | 20X0 | % |
|---|---|---|---|---|
| **1 – RECEITAS** | | | | |
| 1.1. Vendas de mercadoria, produtos e serviços | xxx | | | xxx |
| 1.2. Perdas estimadas com créditos de liquid. duvidosa/reversão | xxx | | | xxx |
| 1.3. Resultados não operacionais | xxx | | | xxx |
| **2 – INSUMOS ADQUIRIDOS DE TERCEIROS** | | | | |
| 2.1. Materiais consumidos | (xxx) | | | (xxx) |
| 2.2. Outros custos de produtos e serviços vendidos | (xxx) | | (xxx) | |
| 2.3. Energia, serviços de terceiros e outras despesas operacionais | (xxx) | | (xxx) | |
| 2.4. Perda na realização de ativos | (xxx) | | (xxx) | |
| **3 – RETENÇÕES** | | | | |
| 3.1. Depreciação, amortização e exaustão | (xxx) | | (xxx) | |
| **4 – VALOR ADICIONADO LÍQUIDO PRODUZIDO PELA ENTIDADE** | xxx | | xxx | |
| **5 – VALOR ADICIONADO RECEBIDO EM TRANSFERÊNCIA** | | | | |
| 5.1. Resultado de equivalência patrimonial e dividendos de investimento avaliado ao custo | xxx | | xxx | |
| 5.2. Receitas financeiras | xxx | | xxx | |
| 5.3. Aluguéis e *royalties* | xxx | | xxx | |
| **6 – VALOR ADICIONADO TOTAL A DISTRIBUIR** | xxx | 100% | xxx | 100% |
| **7 – DISTRIBUIÇÃO DO VALOR ADICIONADO** | | | | |
| **7.1. Empregados** | | | | |
| Salários e encargos | xxx | Y% | xxx | Y% |
| Comissões sobre vendas | xxx | Y% | xxx | Y% |
| Honorários da diretoria | xxx | Y% | xxx | Y% |
| Participação dos empregados nos lucros | xxx | Y% | xxx | Y% |
| Planos de aposentadoria e pensão | xxx | Y% | xxx | Y% |
| **7.2. Tributos** | | | | |
| Federais | xxx | Y% | xxx | Y% |
| Estaduais | xxx | Y% | xxx | Y% |
| Municipais | xxx | Y% | xxx | Y% |
| Menos: incentivos fiscais | (xxx) | Y% | (xxx) | Y% |
| **7.3. Financiadores** | | | | |
| Juros | xxx | Y% | xxx | Y% |
| Aluguéis | xxx | Y% | xxx | Y% |
| **7.4. Juros sobre capital próprio e dividendos** | xxx | Y% | xxx | Y% |
| **7.5. Lucros retidos/prejuízo do exercício** | xxx | Y% | xxx | Y% |

**Observações importantes:**

- A DVA é representada em termos líquidos, isto é, do valor adicionado bruto são excluídos os encargos de depreciação, amortização e exaustão.
- As Receitas de Vendas são apresentadas pelo valor constante na NF de venda, isto é, elas incluem os valores dos impostos e contribuições sobre vendas, tais como o ICMS e o IPI. Ou seja, se a entidade vendeu R$ 100.000,00 com 10% de IPI, o valor da receita de vendas

a ser considerado para fins da DVA é de R$ 110.000,00, sendo que o valor do ICMS, como se sabe, já está incluído no valor da venda.

- A Perda Estimada ou Provável com Créditos de Liquidação Duvidosa (antiga Provisão para Créditos de Liquidação Duvidosa) é excluída no cálculo do valor adicionado por representar uma estimativa da expectativa de perda de receitas de vendas. A sua **reversão**, por sua vez, é incluída no cálculo do valor adicionado.
- Os Resultados não Operacionais (atualmente outras receitas e despesas) são apresentados como integrantes das receitas da entidade. Se o resultado operacional for negativo, ele é uma exclusão na receita da entidade.
- O valor da Aquisição de Insumos é apresentado pelo seu valor constante da NF de compra, ou seja, inclui todos os impostos e contribuições, inclusive os recuperáveis. Note que serão computados nessa rubrica apenas os insumos integrantes do custo dos produtos vendidos. Ou seja, se adquirimos R$ 100.000,00 de matérias-primas e utilizamos apenas R$ 85.000,00 na atividade de produção, essa última importância é que integrará o valor da aquisição dos insumos.
- O Valor Adicionado transferido para a entidade corresponde ao somatório de riquezas produzidas por outras sociedades e recebidas por ela, tais como a receita da equivalência patrimonial, a receita de dividendos de investimentos avaliados pelo custo, as receitas de aluguéis de imóveis de renda e as receitas financeiras. Não foi a entidade que produziu tais riquezas, porém ela as recebeu de terceiros e elas integrarão o valor que a sociedade distribuirá aos agentes econômicos.
- No valor dos salários e encargos sociais distribuídos pela sociedade aos empregados não estão incluídos os valores relativos ao INSS, que integrarão a rubrica de tributos federais.

## CASO PRÁTICO

**Elaboração da DVA em conjunto com o Balanço Patrimonial (BP) e a Demonstração de Resultado do Exercício (DRE)**

A Cia. Comercial ABC, que iniciou suas atividades em outubro de 20X1, apresentou os seguintes fatos contábeis no decorrer desse exercício:

a) Integralização de capital em dinheiro no valor de R$ 250.000,00.
b) Aquisição de Ativo Imobilizado no valor de R$ 300.000,00 com financiamento de longo prazo.
c) Aquisição de 2.000 unidades de mercadorias para revenda à vista, no valor total de R$ 220.000,00 (IPI incluso de R$ 20.000,00 e ICMS de R$ 36.000,00).
d) Venda à vista de 1.600 unidades por R$ 800.000,00, com ICMS incluso no preço de venda no valor total de R$ 144.000,00.
e) Compra de serviços de terceiros à vista no valor de R$ 30.000,00.
f) Pagamento de despesas administrativas (água, telefone, energia elétrica) no valor de R$ 50.000,00.
g) Pagamento de despesas de salários e respectivos encargos sociais no valor de R$ 80.000,00 (sem considerar as despesas de INSS).
h) Despesas de depreciação no valor de R$ 30.000,00.
i) Pagamento de ICMS no valor de R$ 108.000,00, após a compensação.
j) Pagamento de PIS e COFINS cumulativos sobre venda no valor total de R$ 29.200,00.
k) Despesas de INSS (empregador e empregado) de R$ 18.000,00.
l) Pagamento do INSS do empregador e do empregado no valor de R$ 18.000,00.

m) Aplicação financeira de renda fixa no valor de R$ 150.000,00.
n) Receitas financeiras de aplicações de renda fixa no valor de R$ 6.000,00.
o) Pagamento de juros sobre empréstimos de longo prazo no valor de R$ 27.000,00.
p) Provisionamento de IRPJ e CSLL com base no lucro presumido: R$ 19.680,00.
q) Apuração do Resultado e encerramento da conta ARE contra Reservas de Lucros.
r) Distribuição de 25% do Lucro Líquido do Exercício como Dividendos a Pagar.

Efetuando-se a contabilização, obtém-se:

- **Razonetes**

| **Disponível (AC)** | |
|---|---|
| (a) 250.000,00 | 220.000,00 (c) |
| (d) 800.000,00 | 30.000,00 (e) |
| (n) 6.000,00 | 50.000,00 (f) |
| | 80.000,00 (g) |
| | 108.000,00 (i) |
| | 29.200,00 (j) |
| | 18.000,00 (l) |
| | 150.000,00 (m) |
| | 27.000,00 (o) |
| **(s) 1.056.000,00** | **712.200,00 (s)** |
| **(s) 343.800,00** | |

| **ICMS a Recuperar (AC)** | |
|---|---|
| (c) 36.000,00 | 36.000,00 (i) |

| **Estoques (AC)** | |
|---|---|
| (c) 184.000,00 | 147.200,00 (d) |
| **(s) 36.800,00** | |

| **ICMS a Recolher (AC)** | |
|---|---|
| (i) 36.000,00 | 144.000,00 (d) |
| **(i) 108.000,00** | **108.000,00 (s)** |

| **Imobilizado (AP)** | |
|---|---|
| **(b) 300.000,00** | |

| **Depreciação Acumulada (AP)** | |
|---|---|
| | 30.000,00 (h) |

| **Financiamento a Longo Prazo (PELP)** | |
|---|---|
| | **300.000,00 (b)** |

| **Capital (PL)** | |
|---|---|
| | **250.000,00 (a)** |

| **Aplicações de Renda Fixa (AC)** | |
|---|---|
| **(m) 150.000,00** | |

| **IRPJ e CSLL a Pagar (PC)** | |
|---|---|
| | **19.680,00 (p)** |

**PIS s/ Vendas (RCM)**

| | |
|---|---|
| (d) 5.200,00 | 5.200,00 (q) |

**PIS a Recolher (PC)**

| | |
|---|---|
| (j) 5.200,00 | 5.200,00 (d) |

**COFINS s/ Vendas (RCM)**

| | |
|---|---|
| (d) 24.000,00 | 24.000,00 (q) |

**COFINS a Recolher (PC)**

| | |
|---|---|
| (j) 24.000,00 | 24.000,00 (d) |

**ICMS s/ Vendas (RCM)**

| | |
|---|---|
| (d) 144.000,00 | 144.000,00 (q) |

**Receita de Vendas (RCM)**

| | |
|---|---|
| (q) 800.000,00 | 800.000,00 (q) |

**CMV (RCM)**

| | |
|---|---|
| (d) 147.200,00 | 147.200,00 (q) |

**Despesas com Serviços (ARE)**

| | |
|---|---|
| (e) 30.000,00 | 30.000,00 (q) |

**Despesas Administrativas (ARE)**

| | |
|---|---|
| (f) 50.000,00 | 50.000,00 (q) |

**Salários e Encargos (ARE)**

| | |
|---|---|
| (g) 80.000,00 | 80.000,00 (q) |

**Despesas Depreciação (ARE)**

| | |
|---|---|
| (h) 30.000,00 | 30.000,00 (q) |

**Despesas de INSS (ARE)**

| | |
|---|---|
| (k) 18.000,00 | 18.000,00 (q) |

**Receita Financeira (ARE)**

| | |
|---|---|
| (q) 6.000,00 | 6.000,00 (n) |

**INSS a Recolher (PC)**

| | |
|---|---|
| (l) 18.000,00 | 18.000,00 (k) |

**Despesas Financeiras (ARE)**

| | |
|---|---|
| (o) 27.000,00 | 27.000,00 (q) |

**Despesas com IR e CSLL (ARE)**

| | |
|---|---|
| (p) 19.680,00 | 19.680,00 (q) |

**RCM (ARE)**

| Débito | Crédito |
|---|---|
| (q) 320.400,00 | 800.000,00 (q) |
| (q) 479.600,00 | **479.600,00 (s)** |

**ARE**

| Débito | Crédito |
|---|---|
| | 479.600,00 (q) |
| | 6.000,00 (q) |
| (q) 254.680,00 | **485.600,00 (s)** |
| (q) 230.920,00 | **230.920,00 (s)** |

**Reserva de Lucros (PL)**

| Débito | Crédito |
|---|---|
| (r) 57.730,00 | 230.920,00 (q) |
| | **173.190,00 (s)** |

**Dividendos a Pagar (PC)**

| Débito | Crédito |
|---|---|
| | **57.730,00 (r)** |

O Balanço Patrimonial de 31.12.20X1 da Cia. ABC está reproduzido a seguir:

| CIA. ABC – BALANÇO PATRIMONIAL 31.12.2011 (R$) | | | |
|---|---|---|---|
| ATIVO | | PASSIVO + PL | |
| Disponível | 343.800,00 | IR e CSLL a pagar | 19.680,00 |
| Aplicações de Renda Fixa | 150.000,00 | Dividendos a Pagar | 57.730,00 |
| Estoques | 36.800,00 | | |
| **CIRCULANTE (AC)** | **530.600,00** | **CIRCULANTE (PC)** | **77.410,00** |
| | | Financiamento de LP | 300.000,00 |
| REALIZÁVEL A LP | **0,00** | **NÃO CIRCULANTE (PNC)** | **300.000,00** |
| Imobilizado | 300.000,00 | Capital | 250.000,00 |
| (2) Depreciação Acumulada | – 30.000,00 | Reservas de Lucros | 173.190,00 |
| **NÃO CIRCULANTE (ANC)** | **270.000,00** | **PATRIMÔNIO LÍQUIDO** | **423.190,00** |
| TOTAL DO ATIVO | **800.600,00** | TOTAL DO PASSIVO + PL | **800.600,00** |

A Demonstração de Resultado em 31 de dezembro de 20X1 será:

1. Receita Bruta de Vendas ........ 800.000,00
2. (–) Tributos e Contribuições sobre Vendas ........ (173.200,00)
3. (=) Receita Líquida de Vendas ........ 626.800,00
4. (–) CMV ........ (147.200,00)
5. (=) Lucro Bruto ........ 479.600,00
6. (–) Despesa de Depreciação ........ (30.000,00)
7. (–) Outras Despesas Operacionais ........ (205.000,00)
8. (+) Receitas Financeiras ........ 6.000,00
9. (=) Lucro Operacional Líquido ........ 250.600,00
10. (–) CSLL + IRPJ ........ (19.680,00)
11. (=) Lucro Líquido do Exercício ........ 230.920,00

Para elaborar a DVA, é necessário incluir no CMV o ICMS incidente sobre a aquisição das unidades vendidas, ou seja, os R$ 36.000,00. Esse procedimento é necessário porque a companhia vai pagar R$ 108.000,00 de ICMS, resultante da diferença entre o débito sobre vendas de R$ 144.000,00 e os R$ 36.000,00 de crédito na compra. Portanto, para fins de elaboração da DVA, o CMV ajustado vai corresponder a R$ 183.200,00 (R$ 147.200,00 + R$ 36.000,00).

A DVA de 31 de dezembro de 20X1 será:

| | |
|---|---|
| 1. **RECEITAS** | |
| 1.1 Receita Bruta de Vendas | **800.000,00** |
| 2. **INSUMOS ADQUIRIDOS DE TERCEIROS** | |
| 2.1 CMV Ajustado | 183.200,00 |
| 2.2 Serviços de Terceiros | 30.000,00 |
| 2.3 Água, telefone e energia elétrica | 50.000,00 |
| | **263.200,00** |
| 3. **VALOR ADICIONADO BRUTO (1 – 2)** | **536.800,00** |
| 4. **RETENÇÕES** | |
| 4.1 Despesas de Depreciação | **30.000,00** |
| 5. **VALOR ADICIONADO LÍQUIDO DA ENTIDADE (3 – 4)** | **506.800,00** |
| 6. **VALOR ADICIONADO TRANSFERIDO** | |
| 6.1 Receitas Financeiras | **6.000,00** |
| 7. **VALOR ADICIONADO TOTAL A DISTRIBUIR (5 + 6)** | **512.800,00** |
| 8. **DISTRIBUIÇÃO DO VALOR ADICIONADO** | |
| 8.1 **Empregados** | |
| Salários e Encargos Sociais | **80.000,00** |
| 8.2 **Tributos e Contribuições** | |
| ICMS recolhido | 108.000,00 |
| PIS recolhido | 5.200,00 |
| COFINS recolhido | 24.000,00 |
| INSS recolhido | 18.000,00 |
| IRPJ e CSLL a pagar | 19.680,00 |
| | **174.880,00** |
| 8.3 **Financiadores** | |
| Juros pagos | **27.000,00** |
| 8.4 **Acionistas** | |
| Dividendos a pagar | **57.730,00** |
| 8.5 **Lucros Retidos** | 173.190,00 |
| 8.6 **Total distribuído** | **512.800,00** |

## 12.10 ▸ DEMONSTRAÇÕES FINANCEIRAS CONSOLIDADAS[6]

Estão obrigadas à elaboração e publicação de demonstrações financeiras consolidadas, além de suas próprias demonstrações, as seguintes empresas:

[6] A consolidação das demonstrações financeiras é apresentada detalhadamente no livro *Contabilidade avançada*, de nossa autoria.

a) Companhias abertas que possuam mais de 30% do valor do seu Patrimônio Líquido representado por investimentos em sociedades controladas.
b) Sociedades de comando de grupos empresariais (*holding*) que incluam pelo menos uma companhia aberta.

O leitor interessado poderá consultar a respeito o Pronunciamento Técnico nº 36, do CPC, aprovado pela Deliberação CVM nº 668, de 2011, e pelas Resoluções CFC nº 1.240/2009, 1.273/2010 e 1.351/2011.

## CASO PRÁTICO

1. Dados os saldos das contas da Companhia SILPA, em 31 de dezembro de 20X1:

Adiantamentos a Fornecedores – R$ 100,00; Móveis e Utensílios – R$ 200,00; Caixa – R$ 300,00; Empréstimos Compulsórios – R$ 30,00; Adiantamentos Salariais – R$ 180,00; Imóveis de Uso – R$ 350,00; Duplicatas a Receber (60 dias) – R$ 360,00; Estoque de Mercadorias – R$ 140,00; Participações em Controladas – R$ 40,00; Contas a Pagar (30 dias) – R$ 150,00; Receitas Diferidas – R$ 50,00; Fornecedores – R$ 200,00; Dividendos a Pagar – R$ 70,00; Reservas de Capital – R$ 140,00; Reserva de Lucros – R$ 50,00; Capital Social – R$ 500,00; Obrigações Sociais e Trabalhistas – R$ 60,00; Depreciação Acumulada – R$ 40,00; Imposto de Renda a Recolher – R$ 430,00; Ajuste para Créditos de Liquidação Duvidosa – R$ 10,00.

**Pede-se**:
a) Balancete de Verificação em 31 de dezembro de 20X1.
b) Balanço Patrimonial em 31 de dezembro de 20X1.

**Solução:**

| BALANCETE DE VERIFICAÇÃO – SALDOS EM 31.12.20X1 | | |
|---|---|---|
| CONTAS | DÉBITOS | CRÉDITOS |
| Adiantamentos a Fornecedores | 100,00 | – |
| Móveis e Utensílios | 200,00 | – |
| Caixa | 300,00 | – |
| Empréstimos Compulsórios | 30,00 | – |
| Adiantamentos Salariais | 180,00 | – |
| Imóveis de Uso | 350,00 | – |
| Duplicatas a Receber | 360,00 | – |
| Estoque de Mercadorias | 140,00 | – |
| Participações em Controladas | 40,00 | – |
| Contas a Pagar | – | 150,00 |
| Receitas Diferidas | – | 50,00 |
| Fornecedores | – | 200,00 |
| Dividendos a Pagar | – | 70,00 |
| Reservas de Capital | – | 140,00 |
| Reservas de Lucro | – | 50,00 |
| Capital Social | – | 500,00 |
| Obrigações Sociais e Trabalhistas | – | 60,00 |
| Depreciação Acumulada | – | 40,00 |
| Imposto de Renda a Recolher | – | 430,00 |
| Ajuste para Créditos de Liquidação Duvidosa | – | 10,00 |
| **Totais** | **1.700,00** | **1.700,00** |

**NOTA**

No Balancete de Verificação anterior, as contas não foram apresentadas na ordem de liquidez.

| COMPANHIA SILPA BALANÇO PATRIMONIAL ENCERRADO EM 31.12.20X1 | | | | | |
|---|---|---|---|---|---|
| **Ativo** | | | **Passivo + PL** | | |
| **CIRCULANTE** | | | **CIRCULANTE** | | |
| **DISPONÍVEL** | | | Fornecedores | | 200,00 |
| Caixa | | 300,00 | Contas a Pagar | | 150,00 |
| **CRÉDITOS** | | | Obrigações Sociais e Trabalhistas | | 60,00 |
| Duplicatas a Receber | 360,00 | | Dividendos a Pagar | | 70,00 |
| (–) Ajuste p/ Créditos Liquid. Duvidosa | (10,00) | 350,00 | Imposto de Renda a Recolher | | 430,00 |
| | | | | PC | **910,00** |
| Adiantamentos a Fornecedores | 100,00 | | | | |
| Adiantamentos Salariais | 280,00 | 630,00 | | | |
| **ESTOQUES** | | | | | |
| Mercadorias | | 140,00 | **NÃO CIRCULANTE** | | |
| | AC | **1.070,00** | Receitas Diferidas | PNC | **50,00** |
| **REALIZÁVEL A LONGO PRAZO** | | | | | |
| Empréstimos Compulsórios | | **30,00** | | | |
| **INVESTIMENTOS** | | | | | |
| Participações em Controladas | | 40,00 | **PATRIMÔNIO LÍQUIDO** | | |
| **IMOBILIZADO** | | | Capital Social | 500,00 | |
| Imóveis | 350,00 | | Reservas de Capital | 140,00 | **PL 690,00** |
| Móveis e Utensílios | 200,00 | | Reservas de Lucro | 50,00 | |
| (–) Deprec. Acumulada | (40,00) | 510,00 | | | |
| **NÃO CIRCULANTE** | | **580,00** | | | |
| TOTAL DO ATIVO | | **1.650,00** | TOTAL DO PASSIVO + PL | | **1.650,00** |

2. A Cia. Kappa apresentou o seguinte Balanço Patrimonial em 31 de dezembro de 20X0:

| BALANÇO PATRIMONIAL ENCERRADO EM 31.12.20X0 | | | | | |
|---|---|---|---|---|---|
| **Ativo** | | | **Passivo + PL** | | |
| **CIRCULANTE (AC)** | | | **CIRCULANTE (PC)** | | |
| Disponível | 1.300,00 | | Fornecedores | 4.200,00 | |
| Clientes | 11.000,00 | | Obrigações Tributárias | 900,00 | |
| Estoques | 7.800,00 | | Obrigações Trabalhistas | 2.400,00 | |
| Despesas Antecipadas | 900,00 | 21.000,00 | Provisão para CSLL e IRPJ | 1.600,00 | 9.100,00 |
| **NÃO CIRCULANTE (ANC)** | | | **NÃO CIRCULANTE (PNC)** | | |
| Empréstimos a Coligadas | | 1.000,00 | Financiamentos Longo Prazo | | 1.800,00 |
| Imobilizado | 40.000,00 | | **PATRIMÔNIO LÍQUIDO** | | |
| (–) Depreciação Acumulada | (16.000,00) | 24.000,00 | Capital | 14.600,00 | |
| | | **25.000,00** | Reserva de Capital | 6.000,00 | |
| | | | Reserva Legal | 2.200,00 | |
| | | | Reserva de Lucros | 12.300,00 | 35.100,00 |
| **TOTAL** | | 46.000,00 | **TOTAL** | | 46.000,00 |

No exercício de 20X1, ocorreram os seguintes fatos contábeis (não estão em ordem cronológica):

| FATOS CONTÁBEIS OCORRIDOS EM 20X1 | (R$) |
|---|---|
| 1. Compra de Mercadorias a prazo | 47.200,00 |
| 2. Venda de Mercadorias a prazo | 69.000,00 |
| 3. Estoque Final de Mercadorias em 31.12.20X1 | 11.000,00 |
| 4. Recebimentos de clientes | 50.000,00 |
| 5. Pagamentos a fornecedores | 49.000,00 |
| 6. Despesas incorridas e pagas | 6.500,00 |
| 7. Despesas de Depreciação | 4.000,00 |
| 8. Demais despesas incorridas a serem pagas em 20X2 | 2.500,00 |
| 8.1 Obrigações Tributárias | 1.000,00 |
| 8.2 Obrigações Trabalhistas | 1.500,00 |
| 9. Pagamento de obrigações tributárias e trabalhistas incorridas em 20X0 | 3.300,00 |
| 10. Recolhimento do IR e CSLL relativo a 20X0 | 1.600,00 |
| 11. Aumento do capital | 20.000,00 |
| 11.1 Com incorporação de reserva de lucros | 12.300,00 |
| 11.2 Em dinheiro | 7.700,00 |
| 12. Empréstimos de longo prazo | 5.000,00 |
| 13. Aquisição de bem do Ativo Imobilizado à vista | 2.800,00 |
| 14. Venda de terreno à vista, cujo custo era de R$ 3.000,00 | 3.500,00 |
| 15. Provisão para IRPJ e CSLL | 3.000,00 |
| 16. Apuração do Resultado do Exercício | ? |
| 17. Acréscimo da reserva legal – 5% do Lucro Líquido do Exercício | ? |
| 18. Dividendos a Pagar | 5.000,00 |
| 19. Destinação do saldo de Lucros Acumulados para Reserva de Lucros para Expansão | ? |

**Pede-se:** elaborar todas as demonstrações contábeis em 20X1.

**Solução:**

- **Contabilização**

| | |
|---|---|
| 1. D – Compras | |
| C – Fornecedores | 47.200,00 |
| 2. D – Clientes | |
| C – Receitas de Vendas | 69.000,00 |
| 3. Apuração do CMV | |
| i. D – CMV | 55.000,00 |
| C – Compras | 47.200,00 |
| C – Mercadorias em Estoque (EI) | 7.800,00 |
| ii. D – Estoques | |
| C – CMV | 11.000,00 |
| 4. D – Disponível | |
| C – Clientes | 50.000,00 |

| | |
|---|---|
| 5. D – Fornecedores | |
| C – Disponível | 49.000,00 |
| 6. D – Despesas | |
| C – Disponível | 6.500,00 |
| 7. D – Despesas de Depreciação | |
| C – Depreciação Acumulada | 4.000,00 |
| 8. D – Despesas | 2.500,00 |
| C – Obrigações Tributárias | 1.000,00 |
| C – Obrigações Trabalhistas | 1.500,00 |
| 9. D – Obrigações Tributárias | 900,00 |
| D – Obrigações Trabalhistas | 2.400,00 |
| C – Disponível | 3.300,00 |
| 10. D – Provisão para IR e CSLL | |
| C – Disponível | 1.600,00 |
| 11. D – Disponível | 7.700,00 |
| D – Reserva de Lucros | 12.300,00 |
| C – Capital | 20.000,00 |
| 12. D – Disponível | |
| C – Financiamentos de Longo Prazo | 5.000,00 |
| 13. D – Imobilizado | |
| C – Disponível | 2.800,00 |
| 14. Venda de Imobilizado | |
| i. D – Disponível | |
| C – Outras Receitas e Despesas | 3.500,00 |
| ii. D – Outras Receitas e Despesas | |
| C – Imobilizado | 3.000,00 |
| 15. D – Despesa com IRPJ e CSLL | |
| C – Provisão para IRPJ e CSLL | 3.000,00 |
| 16. Apuração do Resultado do Exercício | |
| i. D – Receita de Vendas | 69.000,00 |
| D – Outras Receitas e Despesas | 500,00 |
| C – ARE/20X1 | 69.500,00 |
| ii. D – ARE/20X1 | 60.000,00 |
| C – CMV | 44.000,00 |
| C – Despesas | 13.000,00 |
| C – Despesa com IRPJ e CSLL | 3.000,00 |
| iii. D – ARE/20X1 | |
| C – Lucros Acumulados | 9.500,00 |

17. D – Lucros Acumulados
C – Reserva Legal 475,00*

* 5% × R$ 9.500,00 (Lucro Líquido do Exercício)

18. D – Lucros Acumulados
C – Dividendos a Pagar 5.000,00

19. D – Lucros Acumulados
C – Reserva de Lucros para Expansão 4.025,00

- **Razonetes**

**Disponível (AC)**

| | |
|---|---|
| **(s) 1.300,00** | 49.000,00 (5) |
| (4) 50.000,00 | 6.500,00 (6) |
| (11) 7.700,00 | 3.300,00 (9) |
| (12) 5.000,00 | 1.600,00 (10) |
| (14.1) 3.500,00 | 2.800,00 (13) |
| **(s) 67.500,00** | **63.200,00 (s)** |
| **(s) 4.300,00** | |

**Clientes**

| | |
|---|---|
| **(s) 11.000,00** | 50.000,00 (4) |
| (2) 69.000,00 | |
| **(s) 80.000,00** | **50.000,00 (s)** |
| **(s) 30.000,00** | |

**Estoques**

| | |
|---|---|
| **(s) 7.800,00** | 7.800,00 (3.1) |
| (3.2) 11.000,00 | |
| **(s) 18.800,00** | **7.800,00 (s)** |
| **(s) 11.000,00** | |

**Despesas Antecipadas**

| | |
|---|---|
| **(s) 900,00** | |

**Empréstimo a Coligadas**

| | |
|---|---|
| **(s) 1.000,00** | |

**Depreciação Acumulada**

| | |
|---|---|
| | **16.000,00 (s)** |
| | 4.000,00 (7) |
| | **20.000,00 (s)** |

**Imobilizado**

| | |
|---|---|
| **(s) 40.000,00** | 3.000,00 (14.2) |
| (13) 2.800,00 | |
| **(s) 42.800,00** | **3.000,00 (s)** |
| **(s) 39.800,00** | |

**Fornecedores**

| | |
|---|---|
| (5) 49.000,00 | **4.200,00 (s)** |
| | 47.200,00 (2) |
| **(s) 49.000,00** | **51.400,00 (s)** |
| | **2.400,00 (s)** |

**Obrigações Tributárias**

| Débito | Crédito |
|---|---|
| (9) 900,00 | **900,00 (s)** |
| | 1.000,00 (8) |
| **(s) 900,00** | **1.900,00 (s)** |
| | **1.000,00 (s)** |

**Obrigações Trabalhistas**

| Débito | Crédito |
|---|---|
| (9) 2.400,00 | **2.400,00 (s)** |
| | 1.500,00 (8) |
| **(s) 2.400,00** | **3.900,00 (s)** |
| | **1.500,00 (s)** |

**Provisões p/ IR e CSLL**

| Débito | Crédito |
|---|---|
| (10) 1.600,00 | **1.600,00 (s)** |
| | 3.000,00 (15) |
| **(s) 1.600,00** | **4.600,00 (s)** |
| | **3.000,00 (s)** |

**Financiamentos**

| Débito | Crédito |
|---|---|
| | **1.800,00 (s)** |
| | 5.000,00 (12) |
| | **6.800,00 (s)** |

**Capital**

| Débito | Crédito |
|---|---|
| | **14.600,00 (s)** |
| | 20.000,00 (11) |
| | **34.600,00 (s)** |

**Reserva de Capital**

| Débito | Crédito |
|---|---|
| | **6.000,00 (s)** |

**Reserva Legal**

| Débito | Crédito |
|---|---|
| | **2.200,00 (s)** |
| | 475,00 (17) |
| | **2.675,00 (s)** |

**Lucros Acumulados**

| Débito | Crédito |
|---|---|
| (11) 12.300,00 | **12.300,00 (s)** |
| (17) 475,00 | 9.500,00 (16.3) |
| (18) 5.000,00 | |
| **(s) 17.775,00** | **21.800,00 (s)** |
| (19) 4.025,00 | **4.025,00 (s)** |

**Dividendos a Pagar**

| Débito | Crédito |
|---|---|
| | **5.000,00 (18)** |

**Receita de Vendas**

| Débito | Crédito |
|---|---|
| (16.1) 69.000,00 | 69.000,00 (2) |

**Compras**

| Débito | Crédito |
|---|---|
| (1) 47.200,00 | 47.200,00 (3.1) |

**Despesas com IRPJ e CSLL**

| Débito | Crédito |
|---|---|
| (15) 3.000,00 | 3.000,00 (16.2) |

**Despesas**

| Débito | Crédito |
|---|---|
| (6) 6.500,00 | |
| (7) 4.000,00 | |
| (8) 2.500,00 | |
| **(s) 13.000,00** | 13.000,00 (16.2) |

**ARE/20X1**

| Débito | Crédito |
|---|---|
| (16.2) 44.000,00 | 69.000,00 (16.1) |
| (16.2) 13.000,00 | 500,00 (16.1) |
| (16.2) 3.000,00 | |
| **(s) 60.000,00** | **69.500,00 (s)** |
| (16.3) 9.500,00 | **9.500,00 (s)** |

**Outras Receitas e Despesas**

| Débito | Crédito |
|---|---|
| (14.2) 3.000,00 | 3.500,00 (14.1) |
| (16.1) 500,00 | **500,00 (s)** |

**CMV**

| Débito | Crédito |
|---|---|
| (3.1) 55.000,00 | 11.000,00 (3.2) |
| **(s) 44.000,00** | 44.000,00 (16.2) |

**Reserva de Lucros p/ Expansão**

| Débito | Crédito |
|---|---|
| | 4.025,00 (19) |

(s) = saldo.

- **DRE**

| DEMONSTRAÇÃO DE RESULTADO DO EXERCÍCIO | | |
|---|---|---|
| Vendas | | 69.000,00 |
| (–) CMV | | |
| EI | 7.800,00 | |
| (+) Compras | 47.200,00 | |
| (–) EF | (11.000,00) | (44.000,00) |
| (=) Lucro Bruto | | 25.000,00 |
| (–) Despesas | | (13.000,00) |
| (=) Lucro Operacional Líquido | | 12.000,00 |
| (+) Outras Receitas e Despesas | | 500,00 |
| (=) Lucro Líquido Antes CSLL e IR | | 12.500,00 |
| (–) CSLL + IRPJ | | (3.000,00) |
| (=) Lucro Líquido do Exercício | | **9.500,00** |

**⚠ ATENÇÃO**

A Demonstração de Resultados corresponde ao detalhamento analítico dos lançamentos efetuados na conta ARE/20X1.

- **Balanço**

| BALANÇO PATRIMONIAL LEVANTADO EM 31.12.20X1 | | | | | |
|---|---|---|---|---|---|
| Ativo | | | Passivo + PL | | |
| **CIRCULANTE (AC)** | | | **CIRCULANTE (PC)** | | |
| Disponível | 4.300,00 | | Fornecedores | 2.400,00 | |
| Clientes | 30.000,00 | | Obrigações Tributárias | 1.000,00 | |
| Estoques | 11.000,00 | | Obrigações Trabalhistas | 1.500,00 | |
| Despesas Antecipadas | 900,00 | 46.200,00 | Provisão para IR e CSLL | 3.000,00 | |
| | | | Dividendos a Pagar | 5.000,00 | |
| | | | | 12.900,00 | |
| **NÃO CIRCULANTE (ANC)** | | | **NÃO CIRCULANTE (PNC)** | | |
| **ARLP** | | 1.000,00 | **PELP** | | |
| Imobilizado | 39.800,00 | | Financiamentos | | 6.800,00 |
| (–) Depreciação | | | **PATRIMÔNIO LÍQUIDO** | | |
| Acumulada | (20.000,00) | 19.800,00 | Capital | 34.600,00 | |
| ANC | | 20.800,00 | Reserva de Capital | 6.000,00 | |
| | | | Reserva Legal | 2.675,00 | |
| | | | Reserva de Lucros | 4.025,00 | |
| | | | | 47.300,00 | |
| TOTAL | | 67.000,00 | TOTAL | | 67.000,00 |

**NOTA**

Para elaborar o Balanço Patrimonial, basta conhecer sua estrutura e saber o saldo das contas que o compõem no Livro Razão.

- **DMPL**

| DEMONSTRAÇÃO DAS MUTAÇÕES DO PATRIMONIO LÍQUIDO | | | | | | |
|---|---|---|---|---|---|---|
| | **Capital Social** | **Reserva de Capital** | **Reserva de Lucros para Expansão** | **Reserva Legal** | **Lucros Acumulados** | **Patrimônio Líquido** |
| Saldos iniciais | 14.600,00 | 6.000,00 | | 2.200,00 | 12.300,00 | 35.100,00 |
| Aumento de Capital | 20.000,00 | | | | –12.300,00 | 7.700,00 |
| Dividendos | | | | | – 5.000,00 | – 5.000,00 |
| **Transações de Capital com os Sócios** | | | | | | |
| **Lucro Líquido do Período = Resultado Abrangente** | | | | | **9.500,00** | **9.500,00** |
| Acréscimo Reserva Legal | | | | 475,00 | – 475,00 | 0,00 |
| Constituição Reserva Lucros para expansão | | | 4.025,00 | | – 4.025,00 | 0,00 |
| **Saldos finais** | **34.600,00** | **6.000,00** | **4.025,00** | **2.675,00** | **0,00** | **47.300,00** |

**ATENÇÃO**

A DMPL corresponde à movimentação ocorrida nas contas do Patrimônio Líquido. Basta observar os lançamentos ocorridos nessas contas.

- **DFC**

| DEMONSTRAÇÃO DE FLUXOS DE CAIXA – MÉTODO INDIRETO | | |
|---|---|---|
| 1. **FLUXOS DE CAIXA DAS ATIVIDADES OPERACIONAIS** | | |
| Lucro Líquido do Exercício | 9.500,00 | |
| (+) Despesas de Depreciação | 4.000,00 | |
| (–) Ganho de Capital na venda de imobilizado | (500,00) | |
| (+) Aumento em Obrigações Tributárias | 100,00 | |
| (+) Aumento em Provisão para IR e CSLL | 1.400,00 | |
| (–) Acréscimo em Clientes | (19.000,00) | |
| (–) Acréscimo em Estoques | (3.200,00) | |
| (–) Diminuição em Fornecedores | (1.800,00) | |
| (–) Diminuição em Obrigações Trabalhistas | (900,00) | (10.400,00) |

(*continua*)

(*continuação*)

| | | |
|---|---|---|
| 2. **FLUXOS DE CAIXA DAS ATIVIDADES DE FINANCIAMENTO** | | |
| (+) Aumento de capital em dinheiro | 7.700,00 | |
| (–) Obtenção de financiamento a longo prazo | 5.000,00 | 12.700,00 |
| 3. **FLUXO DE CAIXA DAS ATIVIDADES DE INVESTIMENTO** | | |
| (+) Alienação de bem do Ativo Imobilizado | 3.500,00 | |
| (–) Aquisição de bem do Ativo Imobilizado | (2.800,00) | 700,00 |
| 4. **VARIAÇÃO DO DISPONÍVEL (1 + 2 + 3)** | | **3.000,00** |
| 5. **SALDO DO DISPONÍVEL EM 31.12.20X0** | | **1.300,00** |
| 6. **SALDO DO DISPONÍVEL EM 31.12.20X1** | | **4.300,00** |

**ATENÇÃO**

O aumento de Dividendos a Pagar não entra no cálculo do fluxo de caixa das atividades operacionais porque representa uma transação da entidade com os sócios. Se ela fosse considerada uma entrada de recursos no fluxo operacional, teríamos que compensá-la com uma saída de recursos no fluxo de investimentos e o resultado seria o mesmo.

g) **DVA (Para elaborar essa demonstração, adotaremos a hipótese em que as despesas incorridas e pagas pela sociedade não se referem à aquisição de serviços de terceiros e sim a pagamentos de empregados e encargos sociais)**

| DEMONSTRAÇÃO DO VALOR ADICIONADO | |
|---|---|
| 1. **RECEITAS** | |
| 1.1 Vendas | 69.000,00 |
| 1.2 Outras Receitas (líquidas de despesas) | 500,00 |
| | 69.500,00 |
| 2. **INSUMOS ADQUIRIDOS DE TERCEIROS** | |
| 2.1 Custo das Mercadorias Vendidas | (44.000,00) |
| 3. **RETENÇÕES** | |
| 3.1 Depreciação | (4.000,00) |
| 4. **VALOR ADICIONADO LÍQUIDO =** VALOR ADICIONADO A DISTRIBUIR | **21.500,00** |
| 5. **DISTRIBUIÇÃO DO VALOR ADICIONADO** | |
| 5.1 Empregados | |
| Salários e Encargos | 6.500,00 |
| 5.2 Tributos | |
| Obrigações Tributárias | 1.000,00 |
| Obrigações Trabalhistas | 1.500,00 |
| Provisão para IR e CSLL | 3.000,00 |
| | 5.500,00 |
| 5.3 Financiadores | 0,00 |
| 5.4 Dividendos | 5.000,00 |
| 5.5 Lucros Retidos | 4.500,00 |
| (Acréscimo de Reserva Legal e Lucros p/ Expansão) | |
| **TOTAL DISTRIBUÍDO** | **21.500,00** |

3. Uma companhia comercial iniciou suas atividades no dia 1° de dezembro de 20X0. A companhia optou por ser tributada pelo Lucro Real. Os seguintes fatos contábeis ocorreram no referido mês:

    I. Integralização do capital em dinheiro de R$ 800.000,00.
    II. Aquisição de Móveis e Utensílios por R$ 160.000,00 à vista.
    III. Empréstimo bancário de curto prazo no valor de R$ 110.000,00.
    IV. Aquisição de mercadorias à vista no valor de R$ 500.000,00, com ICMS à alíquota de 18% (abstraiu-se a incidência de PIS e COFINS tanto na compra como na venda).
    V. Venda à vista de 80% do lote de mercadorias por R$ 1.000.000,00.
    VI. Pagamento de despesas operacionais de R$ 120.000,00.
    VII. Despesas de depreciação de R$ 15.000,00.
    VIII. Aquisição de um CDB de 60 dias por R$ 100.000,00.
    IX. Aquisição de ações no mercado à vista, disponíveis para venda, no valor de R$ 200.000,00, correspondente a 20.000 ações cotadas a R$ 10,00 cada uma.
    X. Investimento em filial em Nova York, efetuado à vista, no valor de 150.000,00 dólares americanos, sendo a cotação do dólar, no dia, de R$ 1,50.
    XI. No dia 31 de dezembro de 20X0, o dólar estava valendo R$ 2,00 e a filial apresentou resultado nulo no período.
    XII. As ações compradas tiveram sua cotação aumentada para R$ 11,00 em 31 de dezembro de 20X0, e não foram vendidas pela companhia.
    XIII. Receita de juros do CDB apropriada pelo regime de competência de R$ 2.000,00.
    XIV. Pagamento de despesas financeiras pelo empréstimo bancário no valor de R$ 5.000,00.
    XV. Foi feita a compensação do ICMS a Recuperar com o ICMS a Recolher.
    XVI. Em 31 de dezembro de 20X0, a companhia calculou a CSLL e o IR devido com base no Lucro Real, que foi igual ao Lucro Líquido do Exercício antes dos tributos.
    XVII. O saldo do resultado do exercício após os tributos sobre o lucro foi transferido para a conta Lucros ou Prejuízos Acumulados (LPA).
    XVIII. A companhia não distribuiu dividendo e destinou todo o saldo da conta LPA para constituição de Reservas de Lucros.

**Pede-se:**

a) Elaborar as Demonstrações Contábeis: Balanço Patrimonial, Demonstração de Resultado do Exercício, a Demonstração do Resultado Abrangente do Exercício, a Demonstração das Mutações do Patrimônio Líquido e a Demonstração do Fluxo de Caixa.
b) Elaborar a Demonstração do Valor Adicionado, com a hipótese de que as despesas operacionais de R$ 120.000,00 tiveram a seguinte composição:

    Custo de aquisição de serviço de terceiros ........................................ R$ 20.000,00
    Pagamentos ao pessoal ........................................................................ R$ 100.000,00

> **⚠ ATENÇÃO**
>
> O CDB, por ter prazo de vencimento inferior a 90 dias, será escriturado na conta Disponível, o mesmo ocorrendo com a contrapartida de sua receita financeira.

- **Contabilização diretamente nos razonetes**

| **Disponível (AC)** | |
|---|---|
| (1) 80.000,00 | 160.000,00 (2) |
| (3) 110.000,00 | 500.000,00 (4) |
| (5) 1.000.000,00 | 120.000,00 (6) |
| (8) 100.000,00 | 100.000,00 (8) |
| (13) 2.000,00 | 200.000,00 (9) |
| | 225.000,00 (10) |
| | 5.000,00 (14) |
| **(s) 2.012.000,00** | **1.310.000,00 (s)** |
| | **702.000,00 (s)** |

| **Capital (PL)** | |
|---|---|
| | **800.000,00 (1) = (s)** |

| **Empréstimo Bancário (PC)** | |
|---|---|
| | **110.000,00 (3) = (s)** |

| **Móveis e Utensílios (ANC)** | |
|---|---|
| **(s) = (2) 160.000,00** | |

| **ICMS a Recuperar (AC)** | |
|---|---|
| (4) 90.000,00 | 90.000,00 (15) |

| **Estoque de Mercadorias (AC)** | |
|---|---|
| (4) 410.000,00 | 328.000,00 (5) |
| **(s) 82.000,00** | |

| **Receita de Vendas (ARE)** | |
|---|---|
| (16) 1.000.000,00 | 1.000.000,00 (5) |

| **CMV (ARE)** | |
|---|---|
| (5) 328.000,00 | 328.000,00 (16) |

| **ICMS s/ Vendas** | |
|---|---|
| (16) 180.000,00 | |

| **ICMS a Recolher (PC)** | |
|---|---|
| (15) 90.000,00 | 180.000,00 (5) |
| | **90.000,00 (s)** |

| **Despesas Operacionais (ARE)** | |
|---|---|
| (6) 120.000,00 | 120.000,00 (16) |

| **Despesas de Depreciação (ARE)** | |
|---|---|
| (7) 15.000,00 | 15.000,00 (16) |

**Depreciação Acumulada (ANC)**

| Débito | Crédito |
|---|---|
| | 15.000,00 (s) |

**Ações para Venda (AC)**

| Débito | Crédito |
|---|---|
| (9) 200.000,00 | |
| (12) 20.000,00 | |
| **(s) 220.000,00** | |

**Investimento Permanente (ANC)**

| Débito | Crédito |
|---|---|
| (10) 225.000,00 | |
| (11) 75.000,00 | |
| **(s) 300.000,00** | |

**Ajuste de Conversão Cambial (PL)**

| Débito | Crédito |
|---|---|
| | **75.000,00 (11) = (s)** |

**Ajuste de Avaliação Patrimonial (PL)**

| Débito | Crédito |
|---|---|
| | **20.000,00 (12)** |

**Receita Financeira (ARE)**

| Débito | Crédito |
|---|---|
| (16) 2.000,00 | 2.000,00 (13) |

**Despesas Financeiras (ARE)**

| Débito | Crédito |
|---|---|
| (14) 5.000,00 | 5.000,00 (16) |

**ARE**

| Débito | Crédito |
|---|---|
| (16) 328.000,00 | 1.000.000,00 (16) |
| (16) 180.000,00 | 2.000,00 (16) |
| (16) 120.000,00 | |
| (16) 15.000,00 | |
| (16) 5.000,00 | |
| **(s) 648.000,00** | **1.002.000,00 (s)** |
| (16) 31.860,00 | 354.000,00 |
| (16) 86.500,00 | |
| **(s) 118.360,00** | **354.000,00 (s)** |
| (17) 235.640,00 | **235.640,00 (s)** |

**CSLL a Recolher (PC)**

| Débito | Crédito |
|---|---|
| | 31.860,00 (16) |

**IRPJ a Recolher (PC)**

| Débito | Crédito |
|---|---|
| | 86.500,00 (16) |

**LPA (PL)**

| Débito | Crédito |
|---|---|
| (18) 235.640,00 | 235.640,00 (17) |

**Reserva de Lucros**

| Débito | Crédito |
|---|---|
| | **235.640,00 (18)** |

**NOTAS**

1. O lançamento nº 8 foi efetuado simultaneamente a débito e a crédito do Disponível, porque o numerário saiu de Bancos (conta analítica do Disponível) e foi para a aquisição do CDB (por ser uma aplicação financeira inferior a 90 dias também é uma conta analítica do CDB).
2. O ICMS de R$ 90.000,00 sobre a compra (18% × R$ 500.000,00) é recuperável, de modo que o custo de aquisição da mercadoria é de R$ 410.000,00.
3. O CMV corresponde a 80% de R$ 410.000,00 = R$ 328.000,00.

4. O ICMS devido sobre a venda corresponde a R$ 180.000,00 (R$ 1.000.000,00 × 18%).
5. A receita financeira de R$ 2.000,00 foi debitada no Disponível, visto que o CDB é uma conta analítica do Disponível.
6. O ajuste de conversão cambial foi de R$ 75.000,00, uma vez que a conta de investimento no exterior foi de 150.000 dólares que, originalmente, correspondiam a R$ 225.000,00; com a valorização do dólar para R$ 2,00, a conta aumentou para R$ 300.000,00, ou seja, sofreu um acréscimo de R$ 75.000,00.
7. O ajuste de avaliação patrimonial correspondeu a R$ 20.000,00, tendo em vista que todas as 20.000 ações foram valorizadas em R$ 1,00 cada uma.
8. Todas as contas de resultado foram encerradas diretamente contra o ARE, sem que se fizesse a apuração do Resultado com Mercadorias, por economia processual.
9. A CSLL a Recolher é calculada a uma alíquota de 9%, portanto, é igual a **R$ 31.680,00** [9% × R$ 354.000,00 (base de cálculo, que é igual ao Lucro Líquido do Exercício antes dos tributos)].
10. O IRPJ a recolher foi calculado da seguinte forma:

| | |
|---|---|
| Base de cálculo (Lucro Líquido antes dos tributos sobre o lucro)............ | R$ 354.000,00 |
| (x) Alíquota de 15% (alíquota do IRPJ) .................................................. | 15% |
| (=) Imposto.................................................................................. | R$ 53.100,00 |
| (+) Adicional de 10% sobre R$ 334.000,00 .............................................. | R$ 33.400,00 |
| (=) IRPJ a Recolher = Imposto mais adicional.......................................... | R$ 86.500,00 |

11. O adicional do imposto de renda incide sobre o valor da base de cálculo que exceder o produto de R$ 20.000,00 por mês pelo número de meses do período de apuração. Como a companhia iniciou suas atividades em dezembro, só teve um (1) mês no período de apuração. Logo, a base de cálculo do adicional é **R$ 334.000,00** (R$ 354.000,00 – R$ 20.000,00 × 1).

- **Balanço Patrimonial**

O Balanço é levantado verificando-se os saldos das contas patrimoniais no Livro Razão.

| BALANÇO PATRIMONIAL | | | |
|---|---|---|---|
| **Ativo** | | **Passivo + PL** | |
| Disponível | 702.000,00 | ICMS a Recolher | 90.000,00 |
| Ações disponíveis p/ venda | 220.000,00 | Empréstimo bancário | 110.000,00 |
| Estoques | 82.000,00 | CSLL a Pagar | 31.860,00 |
| | | IRPJ a Pagar | 86.500,00 |
| **ATIVO CIRCULANTE** | **1.004.000,00** | **PASSIVO CIRCULANTE** | **318.360,00** |
| Investimento Permanente | 300.000,00 | | |
| Imobilizado | 160.000,00 | Capital | 800.000,00 |
| (–) Depreciação Acumulada | –15.000,00 | Ajuste Conversão Cambial | 75.000,00 |
| | | Ajuste Avaliação Patrimonial | 20.000,00 |
| **ATIVO NÃO CIRCULANTE** | **445.000,00** | Reservas de Lucros | 235.640,00 |
| | | **PATRIMÔNIO LÍQUIDO** | **1.130.640,00** |
| **TOTAL DO ATIVO** | **1.449.000,00** | **TOTAL DO PASSIVO + PL** | **1.449.000,00** |

- **DRE**

A DRE é elaborada com base na movimentação das contas de resultado no Livro Razão.

| DEMONSTRAÇÃO DO RESULTADO DO EXERCÍCIO | |
|---|---|
| Receita de Vendas | 820.000,00 |
| (–) CMV | – 328.000,00 |
| (=) Lucro Bruto | 492.000,00 |
| (–) Despesas Operacionais | –120.000,00 |
| (–) Despesa de Depreciação | –15.000,00 |
| (=) Lucro antes das Receitas e Despesas Financeiras | 357.000,00 |
| (–) Despesas Financeiras | – 5.000,00 |
| (+) Receitas Financeiras | 2.000,00 |
| (=) Lucro antes dos tributos sobre o lucro | 354.000,00 |
| (–) CSLL | – 31.860,00 |
| (–) IRPJ | –86.500,00 |
| (=) Lucro Líquido do Exercício | **235.640,00** |

- **DRA do Exercício**

A DRA é elaborada adicionando-se ao Lucro Líquido do Exercício o valor dos outros resultados abrangentes, no caso, os ajustes de conversão cambial e de avaliação patrimonial.

| DEMONSTRAÇÃO DO RESULTADO ABRANGENTE DO EXERCÍCIO | |
|---|---|
| Lucro Líquido do Exercício | 235.640,00 |
| (+) Ajuste de conversão cambial | 75.000,00 |
| (+) Ajuste de avaliação patrimonial | 20.000,00 |
| (=) Resultado abrangente do exercício | **330.640,00** |

- **Demonstração das mutações do Patrimônio Líquido**

Basta observar a movimentação das contas do grupo no Livro Razão.

| DEMONSTRAÇÃO DAS MUTAÇÕES DO PATRIMONIO LÍQUIDO | | | | | |
|---|---|---|---|---|---|
| | **Capital** | **LPA** | **Reserva de Lucros** | **Outras Reservas Abrangestes** | **Patrimônio Líquido** |
| Saldos Iniciais | 0,00 | 0,00 | 0,00 | 0,0 | 0,00 |
| Aumento de Capital | 800.000,00 | | | | 800.000,00 |
| Transações de Capital com Sócios | | | | | **800.000,00** |
| Lucro Líquido do Período | | 235.640,00 | | | 235.640,00 |
| Outros Resultados Abrangentes | | | | 95.000,00 | 95.000,00 |
| Resultado Abrangente Total | | | | | **330.640,00** |
| Constituição de Reservas de Lucros | | –235.640,00 | 235.640,00 | | 0,00 |
| Saldos Finais | 800.000,00 | 0,00 | 235.640,00 | 95.000,00 | **1.130.640,00** |

- **DFC**
  - **Método direto**

| DEMONSTRAÇÃO DOS FLUXOS DE CAIXA – MÉTODO DIRETO | |
|---|---|
| Recebimento de Vendas | R$ 1.000.000,00 |
| (–) Pagamento de Compras | – R$ 500.000,00 |
| (–) Pagamento de Despesas Operacionais | – R$ 120.000,00 |
| (–) Pagamento de Despesas Financeiras | – R$ 5.000,00 |
| (+) Receitas Financeiras | R$ 2.000,00 |
| (=) Fluxo de Caixa das Atividades Operacionais | R$ 377.000,00 |
| (+) Integralização do Capital | R$ 800.000,00 |
| (+) Empréstimos Bancários | R$ 110.000,00 |
| (=) Fluxo de Caixa das Atividades de Financiamento | R$ 910.000,00 |
| (–) Aquisição de Móveis e Utensílios | – R$ 160.000,00 |
| (+) Aquisição de Ações para venda | – R$ 200.000,00 |
| (+) Aquisição de Investimentos no Exterior | – R$ 225.000,00 |
| (=) Fluxo de Caixa das Atividades de Investimento | – R$ 585.000,00 |
| **Variação do Disponível** | **R$ 702.000,00** |

- **Método indireto**

| DEMONSTRAÇÃO DOS FLUXOS DE CAIXA – MÉTODO INDIRETO | |
|---|---|
| Lucro do Exercício | R$ 235.640,00 |
| (+) Despesas de Depreciação | R$ 15.000,00 |
| (=) Lucro ajustado | R$ 250.640,00 |
| (–) Variação das demais contas operacionais do AC | – R$ 172.000,00 |
| (+) Variação das demais contas operacionais do PC | R$ 298.360,00 |
| (=) Fluxo de Caixa das Atividades Operacionais | R$ 377.000,00 |
| (+) Integralização do Capital | R$ 800.000,00 |
| (+) Empréstimos Bancários | R$ 110.000,00 |
| (=) Fluxo de Caixa das Atividades de Financiamento | R$ 910.000,00 |
| (–) Aquisição de Móveis e Utensílios | – R$ 160.000,00 |
| (+) Aquisição de Ações para venda | – R$ 200.000,00 |
| (+) Aquisição de Investimentos no Exterior | – R$ 225.000,00 |
| (=) Fluxo de Caixa das Atividades de Investimento | – R$ 585.000,00 |
| **Variação do Disponível** | **R$ 702.000,00** |

- **DVA**

| DEMONSTRAÇÃO DO VALOR ADICIONADO | |
|---|---|
| Receita de Vendas | R$ 1.000.000,00 |
| (–) Custo das Mercadorias Vendidas | – R$ 418.000,00 |
| (–) Aquisição de Serviços de Terceiros | – R$ 20.000,00 |
| (=) VALOR ADICIONADO BRUTO | R$ 562.000,00 |
| (–) Depreciação | – R$ 15.000,00 |
| (=) VALOR ADICIONADO LÍQUIDO | R$ 547.000,00 |
| (+) Receita Financeira | R$ 2.000,00 |
| **(=) VALOR ADICIONADO A DISTRIBUIR** | **R$ 549.000,00** |
| **(=) VALOR ADICIONADO DISTRIBUÍDO** | **R$ 549.000,00** |
| PESSOAL | R$ 100.000,00 |
| GOVERNO | R$ 208.360,00 |
| JUROS PAGOS | R$ 5.000,00 |
| LUCRO DOS ACIONISTAS | R$ 235.640,00 |

**ATENÇÃO**

1. O custo de aquisição dos serviços de terceiros montou a R$ 20.000,00, conforme hipótese formulada no início do exercício.
2. O CMV que consta da DVA é obtido somando-se ao CMV da demonstração de resultado o valor dos impostos recuperáveis que incidiram na aquisição. No caso, o CMV da DRE foi R$ 328.000,00 e o total dos impostos recuperáveis incidentes na aquisição foi R$ 90.000,00, perfazendo o valor de R$ 418.000,00 que consta da DVA.
3. O total de impostos devidos ao governo (R$ 208.360,00) corresponde ao ICMS pelo valor a recolher de R$ 90.000,00, adicionado do IRPJ e da CSLL a pagar, respectivamente, R$ 118.360,00 (R$ 86.500,00 e R$ 31.860,00).

## TESTES DE FIXAÇÃO

**Observação: a menos que estatuído em contrário, as questões devem ser respondidas considerando a legislação vigente a partir de 1° de janeiro de 2008.**

**1.** Assinale a opção que **NÃO** contém Conta Redutora do Ativo ou do Patrimônio Líquido.

a) Ajuste para Créditos de Liquidação Duvidosa.
b) Depreciação Acumulada de Móveis e Utensílios.
c) Imposto de Renda a Recolher.
d) Ações em Tesouraria.
e) Ajuste para Perdas Prováveis na Realização de Investimentos em Participações Societárias.

**2.** Não se classifica no Ativo:
a) Depreciação Acumulada.
b) Provisão para Riscos Trabalhistas.
c) Ajuste para Créditos de Liquidação Duvidosa.
d) Ajuste de Bens ao Valor de Mercado.
e) Ajuste para Perdas na Alienação de Investimentos.

**3.** Assinale a alternativa **incorreta** em relação ao Balanço Patrimonial:
a) As contas do Passivo serão classificadas em ordem decrescente do grau de exigibilidade.
b) As contas de Ativo serão dispostas em ordem decrescente do grau de liquidez.
c) As contas do Ativo Não Circulante serão divididas em Ativo Realizável a Longo Prazo, Investimentos, Imobilizado e Diferido.
d) As marcas desenvolvidas internamente pela sociedade não poderão ser classificadas no Ativo Intangível.
e) Todas as despesas que contribuírem para a formação do resultado em mais de um exercício serão classificadas como Ativo Diferido.

**4.** Observe as contas abaixo:

- Receitas Financeiras
- Receitas de Vendas
- Receitas Recebidas Antecipadamente
- Receitas Diferidas
- Variações Monetárias Passivas

No elenco de contas listadas existem:
a) duas contas de resultado indicadoras de receita, uma indicadora de despesa e duas contas patrimoniais;
b) quatro contas de resultado indicadoras de receita e uma indicadora de despesa;
c) três contas de resultado indicadoras de receita e duas contas patrimoniais;
d) cinco contas de resultado indicadoras de receita;
e) duas contas de resultado indicadoras de receita e três contas patrimoniais.

**5.** Considere os itens patrimoniais, a seguir, de uma sociedade anônima de capital aberto:

I. Ações de outras empresas em que não há intenção de venda.
II. Ações adquiridas de sua própria emissão.
III. Financiamento a ser pago em 15 meses após a data do Balanço Patrimonial.

Os itens I, II e III são classificados, respectivamente, como:
a) Ativo Circulante, Ativo Não Circulante – aplicação financeira e Passivo Não Circulante.
b) Ativo Não Circulante – investimentos, Patrimônio Líquido e Passivo Não Circulante.
c) Ativo Não Circulante – investimentos, Patrimônio Líquido e Passivo Circulante.
d) Ativo Realizável a Longo Prazo, Ativo Não Circulante – investimentos e Passivo Não Circulante.
e) Ativo Não Circulante – aplicação financeira, Ativo Não Circulante – Investimentos e Passivo Não Circulante.

**6.** Na Demonstração de Resultado, elaborada de acordo com as novas Normas Brasileiras de Contabilidade:

a) Os resultados de atividades descontinuadas pela empresa devem ser destacados dos resultados das atividades normais, caso contrário haveria uma distorção na avaliação do desempenho da pessoa jurídica.
b) O resultado do período evidencia a variação do Patrimônio Líquido da entidade que não decorra de transações com os sócios na qualidade de proprietários.
c) O resultado negativo da equivalência patrimonial deve ser classificado como outros resultados abrangentes.
d) As despesas e receitas não operacionais devem ser destacadas das demais receitas e despesas.
e) A receita de vendas deve figurar pelo seu valor bruto, ou seja, deve incluir os tributos incidentes sobre as vendas.

**7.** Foram extraídos os seguintes dados da Demonstração das Mutações do Patrimônio Líquido da Cia. Estrela do Oeste, relativos ao exercício encerrado em 31 de dezembro de 20X1:

Patrimônio Líquido em 31.12.20X0....................R$ 702.000,00
Lucro Líquido do Exercício....................R$ 200.000,00
Lucro na venda de Ações em Tesouraria....................R$ 9.000,00
Outros Resultados Abrangentes negativos em 20X1....................R$ 8.000,00
Acréscimo da Reserva Legal....................R$ 10.000,00
Acréscimo da Reserva Estatutária....................R$ 25.000,00
Acréscimo da demais Reservas de Lucro....................R$ 105.000,00
Dividendos propostos para 20X2....................R$ 60.000,00
Aumento de capital em 20X1 em numerário....................R$ 150.000,00

Com base nas informações disponíveis, pode-se concluir que o valor do Patrimônio Líquido da companhia em 31 de dezembro de 20X1 foi igual a:

a) R$ 999.000,00.
b) R$ 993.000,00.
c) R$ 985.000,00.
d) R$ 983.000,00.
e) R$ 997.000,00.

**8.** Considere os seguintes dados:

| BALANÇO PATRIMONIAL EM 31.12.20X0 (R$) | | | |
|---|---|---|---|
| **ATIVO** | | **PASSIVO + PL** | |
| Caixa | 20.000,00 | **PASSIVO** | |
| Bancos Conta Movimento | 30.000,00 | Fornecedores | 200.000,00 |
| Aplicações de Curto Prazo | 200.000,00 | Salários a Pagar | 60.000,00 |
| Mercadorias | 300.000,00 | Impostos a Pagar | 40.000,00 |
| Duplicatas a Receber | 50.000,00 | | |
| Veículos de Uso | 80.000,00 | **PATRIMÔNIO LÍQUIDO** | |
| Depreciação Acumulada | (20.000,00) | Capital | 300.000,00 |
| | | Lucros Acumulados | 60.000,00 |
| **TOTAL DO ATIVO** | **660.000,00** | **TOTAL DO PASSIVO + PL** | **660.000,00** |

De 1º a 10 de janeiro de 20X1, ocorreram os seguintes fatos:

- Venda de mercadorias, à vista, por R$ 400.000,00, com lucro de R$ 100.000,00.
- Venda do único veículo, a prazo (60 dias), por R$ 50.000,00.
- Pagamento, em cheque, dos salários a pagar e impostos a pagar.
- Depósito bancário em dinheiro de R$ 400.000,00.

Os dados indicam que, em 10 de janeiro de 20X1, após todas as operações descritas, o Ativo Circulante, o Passivo e o Patrimônio Líquido eram:

a) R$ 660.000,00, R$ 300.000,00 e R$ 360.000,00.
b) R$ 650.000,00, R$ 200.000,00 e R$ 450.000,00.
c) R$ 650.000,00, R$ 450.000,00 e R$ 200.000,00.
d) R$ 600.000,00, R$ 250.000,00 e R$ 450.000,00.
e) R$ 600.000,00, R$ 250.000,00 e R$ 360.000,00.

**Com base no Balancete abaixo, responda às questões 9 e 10, relacionadas com o Balanço Patrimonial:**

| CIA. COMERCIAL SILPA<br>BALANCETE FINAL EM 31.12.20X0 | | |
|---|---|---|
| **Contas** | **Devedores** | **Credores** |
| Caixa | 100,00 | |
| Bancos Conta Movimento | 900,00 | |
| Duplicatas a Receber **(C.P.)** | 8.000,00 | |
| Ajuste para Créditos de Liquidação Duvidosa **(C.P.)** | | 3.000,00(*) |
| Estoque de Mercadorias **(C.P.)** | 4.000,00 | |
| Marcas e Patentes | 800,00 | |
| Amortização Acumulada de Marcas e Patentes | | 200,00(*) |
| Móveis e Utensílios | 1.400,00 | |
| Depreciação Acumulada de Móveis e Utensílios | | 800,00(*) |
| Fornecedores **(C.P.)** | | 2.500,00 |
| Tributos a Recolher **(C.P.)** | | 1.300,00 |
| Encargos Sociais a Recolher **(C.P.)** | | 700,00 |
| Capital | | 3.200,00 |
| Reserva de Capital | | 1.000,00 |
| Reservas de Lucros | | 2.500,00 |
| TOTAIS | 15.200,00 | 15.200,00 |

**9**. O Ativo Circulante totalizou:

a) R$ 8.000,00.
b) R$ 1.000,00.
c) R$ 10.000,00.
d) R$ 13.000,00.
e) R$ 9.000,00.

**10.** O Ativo Não Circulante importou (em R$):

a) R$ 2.200,00.
b) R$ 1.200,00.
c) R$ 1.400,00.
d) R$ 2.000,00.
e) R$ 5.200,00.

**11.** Sobre as demonstrações contábeis das empresas, considere:

I. O lucro ou prejuízo líquido do exercício e o seu montante por ação do capital social é evidenciado na demonstração de resultado do exercício.

II. A demonstração do valor adicionado deve evidenciar o valor da riqueza gerada pela companhia, a sua distribuição entre os elementos que contribuíram para a geração dessa riqueza, bem como a parcela da riqueza não distribuída.

III. A demonstração do valor adicionado é obrigatória para as companhias fechadas e abertas, cujo capital social seja superior a R$ 1.000.000,00.

IV. Os pequenos saldos, nas demonstrações contábeis, poderão ser agregados, desde que indicada a sua natureza e não ultrapassem 5% do valor do respectivo grupo de contas.

Está correto o que se afirma APENAS em:

a) I e II.
b) I e IV.
c) II e III.
d) II e IV.
e) III e IV.

**12.** Os investimentos em ações de outras empresas com perspectiva de resgate em doze meses e os empréstimos de curto prazo concedidos a sócios ou acionistas são classificados, respectivamente, no Balanço Patrimonial, como:

a) Investimentos e Realizável a Longo Prazo.
b) Ativo Circulante e Investimentos.
c) Ativo Circulante e Ativo Não Circulante.
d) Ativo Circulante e Patrimônio Líquido.
e) Intangível e Realizável a Longo Prazo.

**13.** Considere os seguintes eventos:

I. Ágio na emissão de ações.
II. Variação cambial de investimentos no exterior.
III. Aquisição de ações de emissão da própria empresa.
IV. Doações recebidas, mas com restrições a serem cumpridas.
V. Pagamento de dividendos já propostos e aprovados pela assembleia.

Os eventos que NÃO alteram o Patrimônio Líquido são:

a) I e II.
b) III e IV.
c) IV e V.
d) I, IV e V.
e) II, III e V.

**14.** Considere os seguintes dados, extraídos da escrituração contábil da Cia. Morada da Lua, relativos ao exercício findo em 31 de dezembro de 20X0:

| | |
|---|---|
| Aumento da capital com integralização em bens e direitos | R$ 265.000,00 |
| Custo de emissão de ações | R$ 22.000,00 |
| Lucro Líquido do Exercício | R$ 672.000,00 |
| Outros Resultados Abrangentes positivos | R$ 118.000,00 |
| Dividendos propostos | R$ 203.000,00 |

O Resultado Abrangente Total da companhia nesse exercício equivaleu, em R$, a:

a) R$ 790.000,00.
b) R$ 778.000,00.
c) R$ 812.000,00.
d) R$ 609.000,00.
e) R$ 750.000,00.

**Com base no balancete de verificação apresentado, elabore o respectivo Balanço Patrimonial e responda às questões de 15 a 20**

Balancete de Verificação da Comercial SDN S/A, após o encerramento das contas de Receitas e Despesas, e após a destinação do resultado do exercício.

| CONTAS EM 31.12.20X0 | SALDOS (R$) | |
|---|---|---|
| | Devedores | Credores |
| Terrenos de Uso | 10.679,00 | – |
| Caixa | 450,00 | – |
| Salários a Pagar | – | 1.276,00 |
| Reserva para Contingência | – | 800,00 |
| Fornecedores (vencimentos até 31.03.20X1) | – | 3.475,00 |
| Empréstimo Bancário (vencimento em 31.01.20X2) | – | 2.790,00 |
| Reserva Estatutária | – | 692,00 |
| Depreciação Acumulada de Edifícios de Uso | – | 5.281,00 |
| Marcas e Patentes | 740,00 | – |
| Conta-Corrente de ICMS | – | 529,00 |
| Veículos | 2.765,00 | – |
| Participação Societária em Empresa Controlada | 8.200,00 | – |
| Reserva Legal | – | 1.634,00 |
| Depreciação Acumulada de Móveis e Utensílios | – | 560,00 |
| Duplicatas Descontadas | – | 2.500,00 |
| Edifícios de Uso | 18.670,00 | – |
| Depreciação Acumulada de Veículos | – | 1.382,00 |
| Investimentos Permanentes em Outras Empresas | 3.100,00 | – |
| Reserva de Prêmio na emissão de Debêntures | – | 16.782,00 |
| Contribuições Sociais a Recolher | – | 258,00 |
| Capital a Realizar | 1.500,00 | – |
| Provisão para o Imposto de Renda | – | 1.864,00 |
| Móveis e Utensílios | 1.400,00 | – |
| Duplicatas a Receber (vencimentos até 30.04.20X1) | 18.400,00 | – |
| Impostos a Recolher | – | 319,00 |
| Capital Social Subscrito | – | 12.000,00 |
| Empréstimo à Empresa Controlada (venc. em 31.07.20X2) | 2.500,00 | – |
| Amortização Acumulada de Marcas e Patentes | – | 296,00 |
| Provisão para Perdas em Investimentos | – | 1.600,00 |
| Bancos Conta Movimento | 2.732,00 | – |
| Reserva de Ágio sobre Ações Emitidas | – | 1.278,00 |
| Perdas Estimadas com Créditos de Liquidação Duvidosa | – | 552,00 |
| Mercadorias | 3.860,00 | – |
| Reserva de Lucros p/ Expansão de Investimentos | – | 19.128,00 |
| **TOTAIS** | **74.996,00** | **74.996,00** |

**ATENÇÃO**

Considerar Duplicatas Descontadas como conta do Passivo.

**15.** O Ativo Circulante apurado é:

a) R$ 21.861,00.
b) R$ 19.890,00.
c) R$ 22.919,00.
d) R$ 23.890,00.
e) R$ 24.890,00.

**16.** O montante das Reservas de Lucros é igual a:

a) R$ 38.236,00.
b) R$ 38.344,00.
c) R$ 39.036,00.
d) R$ 39.622,00.
e) R$ 40.314,00.

**17.** O Passivo Circulante alcança o total de (em R$):

a) R$ 6.445,00.
b) R$ 10.221.00.
c) R$ 8.706,00.
d) R$ 9.873,00.
e) R$ 10.511,00.

**18.** O valor total do Patrimônio Líquido importa:

a) R$ 31.686,00.
b) R$ 32.494,00.
c) R$ 49.322,00.
d) R$ 50.814,00.
e) R$ 52.314,00.

**19.** O valor total do Ativo atinge o montante de:

a) R$ 58.825,00.
b) R$ 63.221,00.
c) R$ 66.273,00.
d) R$ 68.302,00.
e) R$ 74.996,00.

**20.** As contas retificadoras do Ativo montam em:

a) R$ 9.119,00.
b) R$ 10.275,00.
c) R$ 11.875,00.
d) R$ 9.671,00.
e) R$ 13.671,00.

**21.** As Demonstrações Contábeis, obrigatórias para as Companhias Abertas, são:

a) Balanço Patrimonial, Demonstração de Lucros e Perdas e Demonstração dos Fluxos de Caixa.
b) Balanço Patrimonial, Demonstração do Resultado do Exercício, Demonstração de Lucros ou Prejuízos Acumulados e Notas Explicativas.
c) Balanço Patrimonial, Demonstração do Resultado do Exercício, Demonstração de Lucros ou Prejuízos Acumulados, Demonstração de Origens e Aplicações de Recursos e Demonstração do Valor Adicionado.
d) Balanço Patrimonial, Demonstração do Resultado do Exercício, Demonstração das Mutações do Patrimônio Líquido, Demonstração dos Fluxos de Caixa e Demonstração do Valor Adicionado.
e) Somente o Balanço Patrimonial e Notas Explicativas.

**22.** As despesas do exercício seguinte, os direitos que têm por objeto bens destinados à manutenção das atividades da companhia e da empresa e o capital a realizar classificam-se, no Balanço Patrimonial, respectivamente, no:

a) Ativo Intangível, Ativo Imobilizado e Ativo Realizável a Longo Prazo.
b) Ativo Circulante, Ativo Imobilizado e Patrimônio Líquido.
c) Ativo Realizável a Longo Prazo, Investimentos e Patrimônio Líquido.
d) Imobilizado, Ativo Realizável a Longo Prazo e Patrimônio Líquido.
e) Ativo Realizável a Longo Prazo, Imobilizado e Patrimônio Líquido.

**23.** A Cia. Industrial Cactus efetuou uma venda a prazo de mercadorias no valor total de R$ 2.060.602,00, com acréscimo de 10% de IPI, por meio da emissão de uma NF de venda de R$ 2.266.662,20. A compradora aceitou uma duplicata desse valor, com pagamento para 90 dias. Essa venda é relevante para a companhia. Houve incidência de ICMS à alíquota de 12% e PIS e COFINS cobrados no sistema cumulativo. Sabendo-se que a taxa de juros que a companhia utiliza para calcular o Valor Presente corresponde a 1% ao mês, o valor da receita de venda dessa companhia a ser registrada na contabilidade correspondeu (desprezando-se, se houver necessidade, os algarismos a partir da segunda casa decimal) a:

a) R$ 2.000.000,00.
b) R$ 1.687.000,00.
c) R$ 1.671.455,59.
d) R$ 1.738.117,79.
e) R$ 2.200.000,00.

**24.** O resultado negativo da equivalência patrimonial na Demonstração dos Fluxos de Caixa elaborada pelo método indireto constitui:

a) ajuste positivo no Lucro Líquido do Exercício;
b) geração de caixa das atividades de financiamento;
c) ajuste negativo no Lucro Líquido do Exercício;
d) saída de caixa das atividades de investimento;
s) saída de caixa das atividades de financiamento.

**25.** Foram extraídas as seguintes informações da Demonstração de Lucros ou Prejuízos Acumulados da Cia. Ômega, relativa ao exercício encerrado em 31 de dezembro de 2011:

| | |
|---|---|
| Ajuste positivo de exercícios anteriores | R$ 136.000,00 |
| Constituição da Reserva Estatutária | R$ 107.000,00 |
| Reversão da Reserva de Lucros a Realizar | R$ 38.000,00 |
| Lucro Líquido do Exercício | R$ 380.000,00 |
| Constituição da Reserva Legal | R$ 19.000,00 |
| Dividendos propostos. | R$ 156.000,00 |

Sabendo-se que o saldo inicial e o saldo final da conta Lucros ou Prejuízos Acumulados foram nulos, em decorrência do disposto no art. 202, § 6º, da Lei nº 6.404/1976, a companhia constituiu outras reservas de lucros, não mencionadas acima, no valor de:

a) R$ 282.000,00.
b) R$ 244.000,00.
c) R$ 272.000,00.
d) R$ 262.000,00.
e) R$ 264.000,00.

**26.** A Demonstração dos Fluxos de Caixa, constitui uma entrada de caixa classificada nas atividades de financiamento:

a) Venda de mercadorias a prazo.
b) Integralização de ações emitidas.
c) Alienação de participações societárias fixas ou permanentes.
d) Venda de imobilizado a longo prazo.
e) Dividendos recebidos.

**27.** A conta Dividendos a Pagar é classificada no Passivo Circulante por representar:

a) despesa do exercício que se findou;
b) despesa referente ao exercício vindouro;
c) obrigação a curto prazo;
d) obrigação a longo prazo;
e) obrigações inexigíveis.

**28.** A conta Duplicatas a Pagar:

a) sempre será classificada como Passivo Circulante, independentemente dos prazos para pagamento;
b) sempre será classificada como Exigível a Longo Prazo;
c) pode ser classificada parte no Passivo Circulante e parte em Resultados de Exercícios Futuros;
d) pode ser classificada parte no Passivo Circulante e/ou no Exigível a Longo Prazo, dependendo dos prazos de vencimento das duplicatas;
e) será classificada como redutora do saldo de Duplicatas a Receber.

**29.** Balancete da Empresa SDN em 31 de dezembro de 20X0:

| CONTAS | SALDOS (R$) | |
|---|---|---|
| | Devedores | Credores |
| 1 – Bancos | 80.000,00 | |
| 2 – Caixa | 20.000,00 | |
| 3 – Capital | | 200.000,00 |
| 4 – Compras | 700.000,00 | |
| 5 – Depreciação Acumulada | | 50.000,00 |
| 6 – Despesas Gerais | 100.000,00 | |
| 7 – Duplicatas a Receber | 300.000,00 | |
| 8 – Fornecedores | | 400.000,00 |
| 9 – Juros Ativos | | 50.000,00 |
| 10 – Juros Passivos | 100.000,00 | |
| 11 – Mercadorias | 200.000,00 | |
| 12 – Móveis e Utensílios | 100.000,00 | |
| 13 – Vendas | | 900.000,00 |
| **Totais** | **1.600.000,00** | **1.600.000,00** |

Levando em conta que os estoques, em 31 de dezembro de 20X0, montavam a R$ 300.000,00, pode-se afirmar que o Lucro Operacional Bruto e o Lucro Líquido do Exercício são, respectivamente:

a) R$ 300.000,00 e R$ 150.000,00.
b) R$ 200.000,00 e R$ 150.000,00.
c) R$ 350.000,00 e R$ 150.000,00.
d) R$ 100.000,00 e R$ 100.000,00.
e) R$ 150.000,00 e R$ 300.000,00.

**30.** A Demonstração do Valor Adicionado (DVA) é elaborada com intuito de evidenciar:

a) o Lucro Líquido da entidade;
b) o Montante de tributos e contribuições pagos pela entidade;
c) as ações sociais empreendidas pela entidade para a população carente do país;
d) a riqueza líquida criada pela entidade e sua distribuição;
e) o Montante de dividendos pagos ou devidos pela entidade aos acionistas.

**31.** São classificados no Ativo Intangível de uma sociedade, desde que atendam os critérios estabelecidos de reconhecimento e mensuração para esse tipo de ativo pelas Normas Brasileiras de Contabilidade:

a) Despesas pré-operacionais.
b) Marcas adquiridas no contexto de uma combinação de negócio.
c) Benfeitorias em imóveis de terceiros.
d) Gastos com desenvolvimento de produtos.
e) Gastos com publicidade e atividades promocionais.

**32.** Em relação à elaboração da Demonstração do Valor Adicionado, é correto afirmar que:

a) no valor dos insumos adquiridos de terceiro devem estar incluídos os impostos incidentes sobre a aquisição, sejam recuperáveis ou não;
b) o Resultado Positivo da Equivalência Patrimonial integra o Valor Adicionado produzido pela entidade;

c) o valor contabilizado para constituição da Perda Estimada com Créditos de Liquidação Duvidosa deve ser somado ao valor das vendas para o cálculo do Valor Adicionado Bruto;
d) o valor da alienação de Ativos Não Circulantes não deve ser computado no cálculo do Valor Adicionado a distribuir pela entidade;
e) na distribuição do valor adicionado, os juros sobre o capital próprio devem ser computados como remuneração do capital de terceiros.

**33.**

| COMERCIAL CLELISA LTDA.<br>BALANÇO PATRIMONIAL EM 31.12.20X0<br>(VALORES EM REAIS) | | | | | |
|---|---|---|---|---|---|
| **Ativo** | | | **Passivo + PL** | | |
| **Circulante** | | | **Circulante** | | |
| Caixa | 20.000,00 | | Fornecedores | 220.000,00 | |
| Bancos Conta Movimento | 270.000,00 | | ICMS a Recolher | 40.000,00 | |
| Clientes | 300.000,00 | | Encargos Sociais a Recolher | 120.000,00 | |
| Capital a Integralizar | 109.000,00 | | Provisão p/ Imp. de Renda | 38.000,00 | |
| Mercadorias (Estoques) | 200.000,00 | | Perdas Estimadas | | |
| Seguros a Vencer | 8.000,00 | 907.000,00 | p/ Créd. Líq. Duvid. | 9.000,00 | |
| **Imobilizado** | | | Outros Tributos a Recolher | 23.000,00 | |
| Móveis e Utensílios | 110.000,00 | | Duplicatas Descontadas | 100.000,00 | 550.000,00 |
| Veículos | 80.000,00 | | **Patrimônio Líquido** | | |
| Edificações | 210.000,00 | | Capital Subscrito | 460.000,00 | |
| Terrenos | 88.000,00 | | Reserva de Incentivos Fiscais | 180.000,00 | |
| Deprec. Acumulada | (95.000,00) | 393.000,00 | Reserva de Lucros p/ Expansão | 110.000,00 | 750.000,00 |
| TOTAL DO ATIVO | | 1.300.000,00 | TOTAL DO PASSIVO + PL | | 1.300.000,00 |

A demonstração antecedente (Balanço Patrimonial) contém, segundo a melhor técnica contábil e normas pertinentes, imperfeições no que diz respeito à classificação de algumas contas nos grupos que participam da sua composição. Feitas as corrigendas cabíveis, os totais do Ativo (soma de todas as contas) e do Passivo (soma de todas as contas) passarão de R$ 1.300.000,00 para:

a) R$ 1.182.000,00.
b) R$ 1.191.000,00.
c) R$ 1.291.000,00.
d) R$ 1.200.000,00.
e) R$ 1.177.000,00.

**34.** Empresa SDN – Balanço Patrimonial em 31 de dezembro de 20X0:

| ATIVO | | PASSIVO + PL | |
|---|---|---|---|
| Caixa | 2.700,00 | Fornecedores | 10.000,00 |
| Bancos | 6.300,00 | Salários a Pagar | ? |
| Mercadorias | ? | | |
| Móveis e Utensílios | 15.000,00 | Capital | 25.000,00 |
| Duplicatas a Receber | 10.000,00 | Reservas | 10.000,00 |

Considerando os dados acima e sabendo-se que o Passivo é igual ao Ativo Imobilizado, indique a opção que contém os saldos das contas Mercadorias e Salários a Pagar, respectivamente:

a) R$ 15.000,00 e R$ 11.000,00.
b) R$ 11.000,00 e R$ 5.000,00.
c) R$ 6.000,00 e R$ 11.000,00.
d) R$ 16.000,00 e R$ 5.000,00.
e) R$ 5.000,00 e R$ 11.000,00.

**35.**

| CONTAS: | VALORES (R$) |
|---|---|
| Bancos | 25.000,00 |
| Caixa | 5.000,00 |
| Capital | 200.000,00 |
| Custos | 320.000,00 |
| Despesas | 60.000,00 |
| Duplicatas a Receber | 50.000,00 |
| Edifícios de Uso | 135.000,00 |
| Móveis e Utensílios | 15.000,00 |
| Prejuízos Acumulados | 20.000,00 |
| Vendas | 420.000,00 |

Considerando os dados acima, pode-se afirmar que o Patrimônio Líquido, após a apuração do resultado, é de:

a) R$ 670.000,00.
b) R$ 250.000,00.
c) R$ 220.000,00.
d) R$ 200.000,00.
e) R$ 180.000,00.

**36.** O Balanço Patrimonial de uma empresa estava assim constituído:

| GRUPOS | VALORES (R$) |
|---|---|
| Ativo Circulante | 300.000,00 |
| Ativo Realizável a Longo Prazo | 100.000,00 |
| Ativo Imoblizado | 900.000,00 |
| Passivo Circulante (Impostos a Recolher) | 200.000,00 |
| Passivo Não Circulante (Financiamentos) | 150.000,00 |
| Patrimônio Líquido | 950.000,00 |

Pode-se, assim, afirmar que:

a) o seu capital próprio é de R$ 1.300.000,00;
b) o capital de terceiros é de R$ 150.000,00;
c) o conjunto de bens disponíveis e direitos realizáveis a curto prazo é de R$ 300.000,00;
d) o capital total à disposição da empresa é de R$ 950.000,00;
e) o capital próprio é superior ao capital de terceiros em R$ 800.000,00.

**37.** Observe os dados abaixo:

| ATIVO | 20X0 | 20X1 | PASSIVO | 20X0 | 20X1 |
|---|---|---|---|---|---|
| Caixa | 700,00 | 7.400,00 | Fornecedores | 1.600,00 | 600,00 |
| Bancos | 1.600,00 | 1.600,00 | PATRIMÔNIO LÍQUIDO | | |
| Duplicatas a Receber | 4.400,00 | 2.000,00 | Capital | 10.000,00 | 10.000,00 |
| Veículos | 5.300,00 | – | Reserva de Lucros | 400,00 | 400,00 |
| Totais | 12.000,00 | 11.000,00 | Totais | 12.000,00 | 1.000,00 |

Considerando os dados retro, pode-se afirmar que a totalidade das operações realizadas no período compreenderam:

a) recebimento de Duplicatas a Receber no montante de R$ 1.000,00 e pagamento de Duplicatas a Pagar no valor de R$ 2.400,00;
b) venda de veículo por R$ 5.300,00 e recebimento de Duplicatas no valor de R$ 2.400,00;
c) recebimento de Duplicatas a Receber no valor de R$ 2.400,00, pagamento a Fornecedores no valor de R$ 1.000,00 e venda de veículo por R$ 6.000,00;
d) venda de veículo à vista por R$ 5.300,00, pagamento a Fornecedores no valor de R$ 1.000,00 e recebimento de Duplicatas a Receber no valor de R$ 2.400,00;
e) venda de veículo por R$ 6.000,00, pagamento de Duplicatas a Receber no valor de R$ 1.000,00 e recebimento de Fornecedores no valor de R$ 2.400,00.

**Enunciado para as questões 38 a 40:**

| COMERCIAL SILPA LTDA – BALANCETE FINAL EM 31.12.20X0 | |
|---|---|
| Contas: | Saldos (R$) |
| Caixa | 15.000,00 |
| Bancos Conta Movimento | 32.000,00 |
| Duplicatas a Receber | 300.000,00 |
| Contas a Pagar | 8.000,00 |
| Estoque de Mercadorias | 500.000,00 |
| Reserva Legal | 40.000,00 |
| Seguros a Vencer | 26.000,00 |
| Reserva de Doações e Subvenções para Investimentos | 160.000,00 |
| Créditos com Pessoas Ligadas (não usuais) | 22.000,00 |
| Capital Social | 400.000,00 |
| Participação Societária Permanente | 120.000,00 |
| Perdas Estimadas com Créditos de Liquidação Duvidosa | 3.000,00 |
| Aplicações Financeiras | 149.000,00 |
| Duplicatas Descontadas | 27.000,00 |
| Móveis e Utensílios | 120.000,00 |
| Depreciação Acumulada sobre Móveis e Utensílios | 36.000,00 |
| Instalações | 100.000,00 |
| Depreciação Acumulada de Instalações | 30.000,00 |
| Marcas e Patentes | 20.000,00 |
| Amortização Acumulada de Marcas e Patentes | 5.000,00 |
| Fornecedores | 330.000,00 |
| ICMS a Recolher (Curto e Longo Prazo) | 46.000,00 |
| Encargos Sociais a Recolher | 17.000,00 |
| Contribuição Social sobre o Lucro Líquido a Recolher | 20.000,00 |
| PIS e COFINS a Recolher | 16.000,00 |
| Provisão para o Imposto de Renda | 60.000,00 |
| Outros Tributos e Contribuições a Recolher. | 6.000,00 |
| Lucros Acumulados. | 200.000,00 |

**Esclarecimentos importantes:**

- todos os direitos e obrigações são realizáveis ou exigíveis, respectivamente, a Curto Prazo, **exceto duas quotas de um parcelamento de ICMS vencíveis em 20X2, no montante de R$ 9.000,00;**
- alguns direitos independem do prazo de realização para efeito de classificação no Ativo, pois devem observar comando legal específico. Verifique se, entre as contas relacionadas, há algum direito desse tipo.
- considerar Duplicatas Descontadas como conta do Passivo.

Analise a natureza dos saldos fornecidos e assinale nas questões que se seguem, todas relacionadas ao Balanço Patrimonial, a opção que completa corretamente cada resposta.

**38.** O Ativo Circulante somou (em R$):

a) R$ 1.055.000,00.
b) R$ 1.082.000,00.
c) R$ 1.079.000,00.
d) R$ 1.022.000,00.
e) R$ 1.019.000,00.

**39.** O Passivo Circulante totalizou:

a) R$ 503.000,00.
b) R$ 533.000,00.
c) R$ 521.000,00.
d) R$ 530.000,00.
e) R$ 443.000,00.

**40.** O somatório do Ativo Imobilizado importou em:

a) R$ 220.000,00.
b) R$ 289.000,00.
c) R$ 169.000,00.
d) R$ 154.000,00.
e) R$ 274.000,00.

**41.** Na Demonstração dos Fluxos de Caixa da Cia. Via Láctea, foram extraídas as seguintes informações relativas ao exercício encerrado em 31 de dezembro de 20X0 (em R$):

| ATIVIDADES | ENTRADAS DE CAIXA | SAÍDA DE CAIXA |
|---|---|---|
| Operacionais | 250.000,00 | 220.000,00 |
| Investimento | 120.000,00 | 140.000,00 |
| Financiamento | 150.000,00 | 180.000,00 |

Logo, a variação do Disponível da entidade no exercício correspondeu a:

a) Menos R$ 10.000,00.
b) Menos R$ 20.000,00.
c) Zero.
d) Mais R$ 20.000,00.
e) Mais R$ 30.000,00.

**42.** Do fluxo de caixa das atividades operacionais da Cia. Delta, elaborada pelo método indireto, foram extraídos os seguintes dados:

Despesas de Depreciação .......... R$ 30.000,00
Aumento de Duplicatas a Receber .......... R$ 55.000,00
Diminuição de Estoques .......... R$ 40.000,00
Diminuição de Fornecedores .......... R$ 10.000,00
Aumento de Tributos a Pagar .......... R$ 15.000,00

Sabe-se que o fluxo de caixa das atividades operacionais da companhia, nesse exercício, teve um saldo positivo de R$ 48.000,00. É correto afirmar, com base nas informações fornecidas, que o valor do Lucro Líquido do Exercício equivaleu a:

a) R$ 48.000,00.
b) R$ 40.000,00.
c) R$ 38.000,00.
d) R$ 28.000,00.
e) R$ 20.000,00.

**43.** Por meio da Resolução nº 1.125, de 2008, o Conselho Federal de Contabilidade recomenda que:
a) os juros sobre o capital próprio e os dividendos pagos sejam classificados como fluxos de caixa das atividades de financiamento;
b) os juros sobre empréstimos, recebidos ou pagos, como fluxos de caixa das atividades de financiamento;
c) os dividendos e juros sobre o capital próprio recebidos, como fluxos de caixa das atividades de investimento;
d) os juros sobre o capital próprio, recebidos ou pagos, como fluxos de caixa das atividades operacionais;
e) os dividendos, recebidos ou pagos, como fluxo de caixa das atividades de investimento.

**Utilize os dados a seguir para responder as questões nº 44 e 45:**

| | |
|---|---|
| Receita Bruta de Vendas. | R$ 800.000,00 |
| Custo das Mercadorias Vendidas | R$ 360.000,00 |
| Custo de Serviços de Terceiros | R$ 34.000,00 |
| Despesas com Água, Luz e Telefone. | R$ 8.000,00 |
| Receitas Financeiras | R$ 12.000,00 |
| Despesas de Depreciação | R$ 25.000,00 |
| Despesas com Salários e Encargos | R$ 190.000,00 |
| Imposto de Renda e CSLL | R$ 60.000,00 |
| Juros pagos a terceiros | R$ 20.000,00 |
| Dividendos a Pagar | R$ 40.000,00 |

**44.** O valor adicionado líquido pela entidade foi igual a:
a) R$ 408.000,00.
b) R$ 398.000,00.
c) R$ 390.000,00.
d) R$ 385.000,00.
e) R$ 373.000,00.

**45.** O lucro retido pela entidade correspondeu a:
a) R$ 85.000,00.
b) R$ 80.000,00.
c) R$ 75.000,00.
d) R$ 65.000,00.
e) R$ 60.000,00.

**Observe os dados a seguir para responder as questões 46 a 50.**

Com base nas informações a seguir, relativas à Cia. Mares do Sul no exercício de 20X0, responda as questões 46 a 50, sabendo-se que na receita de vendas não estão incluídos os valores dos tributos sobre vendas nem os descontos incondicionais e as devoluções de vendas:

| | |
|---|---|
| Custo das Mercadorias Vendidas | R$ 350.000,00 |
| Despesas financeiras | R$ 80.000,00 |
| Tributos sobre o lucro | R$ 60.000,00 |
| Ajuste positivo de conversão cambial | R$ 50.000,00 |
| Resultado positivo da equivalência patrimonial na investida X | R$ 100.000,00 |
| Despesas gerais e administrativas | R$ 210.000,00 |
| Receita da venda de bens do Ativo Não Circulante | R$ 165.000,00 |
| Receitas Financeiras | R$ 65.000,00 |
| Reversão de Provisões | R$ 20.000,00 |
| Custo do bem alienado do Ativo Não Circulante | R$ 140.000,00 |
| Receita de Vendas | R$ 880.000,00 |
| Parcela do resultado abrangente da investida X reconhecida pelo MEP | R$ 40.000,00 |

**46.** O resultado das operações continuadas da companhia, antes dos tributos sobre o lucro, correspondeu a:

a) R$ 320.000,00.
b) R$ 290.000,00.
c) R$ 450.000,00.
d) R$ 260.000,00.
e) R$ 340.000,00.

**47.** O resultado do exercício da companhia montou a:

a) R$ 290.000,00.
b) R$ 410.000,00.
c) R$ 340.000,00.
d) R$ 320.000,00.
e) R$ 360.000,00.

**48.** O valor dos outros resultados abrangentes da companhia equivaleu a:

a) R$ 90.000,00.
b) R$ 410.000,00.
c) R$ 40.000,00.
d) R$ 370.000,00.
e) R$ 360.000,00.

**49.** O resultado abrangente da companhia foi de:
a) R$ 380.000,00.
b) R$ 410.000,00.
c) R$ 350.000,00.
d) R$ 370.000,00.
e) R$ 360.000,00.

**50.** Sabendo-se que a Cia. Mares do Sul detém 50% do capital social da investida X, o valor do resultado abrangente desta última importou a:
a) R$ 160.000,00.
b) R$ 200.000,00.
c) R$ 180.000,00.
d) R$ 140.000,00.
e) R$ 280.000,00.

## GABARITO

| | | | | | | | | |
|---|---|---|---|---|---|---|---|---|
| 1. C | 2. B | 3. E | 4. A | 5. B | 6. A | 7. B | 8. B | 9. C |
| 10. B | 11. A | 12. C | 13. C | 14. A | 15. E | 16. C | 17. B | 18. D |
| 19. A | 20. D | 21. D | 22. B | 23. C | 24. A | 25. C | 26. B | 27. C |
| 28. D | 29. A | 30. D | 31. B | 32. A | 33. A | 34. D | 35. C | 36. C |
| 37. D | 38. E | 39. C | 40. D | 41. B | 42. D | 43. A | 44. E | 45. C |
| 46. C | 47. D | 48. A | 49. B | 50. E | | | | |

# Capítulo 13

# Aspectos contábeis, fiscais e societários do Código Civil

## 13.1 ▸ INTRODUÇÃO

No dia 11 de janeiro de 2003, entrou em vigor o atual Código Civil Brasileiro, instituído pela Lei nº 10.406, de 10 de janeiro de 2002, publicada no Diário Oficial da União em 11 de janeiro de 2002.

Neste capítulo, faremos uma abordagem dos principais artigos do referido código que tenham interesse direto ou indireto ao estudo da Ciência Contábil.

O Código Civil unifica o Direito Privado constante dos Códigos Civil e Comercial, pois revoga em seu art. nº 2.045 tanto a primeira parte do Código Comercial (Lei nº 556, de 25.06.1850), como o antigo Código Civil de 1916 (Lei nº 3.071, de 1º de janeiro de 1916).

## 13.2 ▸ PESSOAS JURÍDICAS

### 13.2.1 Divisão

As pessoas jurídicas[1] podem ser de direito público, interno ou externo, e de direito privado. São pessoas jurídicas de **direito público interno**:

1. a União;
2. os Estados, o Distrito Federal e os Territórios;
3. os Municípios;
4. as autarquias, inclusive associações públicas;
5. as demais entidades de caráter público criadas por lei.

[1] Expressão empregada para designar as instituições, corporações, associações e sociedades que, por força ou determinação de lei, se personalizam, tomam individualidade própria, para constituir entidade jurídica, distinta das pessoas que a formam ou que a compõem. Nasce da reunião de duas ou mais pessoas físicas e jurídicas. A pessoa jurídica é reconhecida como sujeito de direitos e obrigações. No atual Código Civil, a expressão "empresa" é utilizada para designar o empresário e as sociedades.

Salvo disposição em contrário, as pessoas jurídicas de direito público, a que se tenha dado estrutura de direito privado, regem-se, no que couber, quanto ao seu funcionamento, pelas normas do novo Código Civil Brasileiro.

As pessoas jurídicas de direito público interno são civilmente responsáveis pelos atos de seus agentes que nessa qualidade causem danos a terceiros, ressalvado direito regressivo contra os causadores do dano, se houver, por parte destes, culpa ou dolo.

São pessoas jurídicas de **direito público externo** os Estados estrangeiros e todas as pessoas que forem regidas pelo direito internacional público.

## 13.2.2 Pessoa jurídica de direito privado

São pessoas jurídicas de direito privado:

a) as associações (união de pessoas que se organizem para fins não econômicos, não havendo, entre os associados, direitos e obrigações recíprocos);
b) as sociedades;[2]
c) as fundações;
d) as organizações religiosas;
e) os partidos políticos;
f) as empresas individuais de responsabilidade limitada (EIRELI).

As disposições concernentes às associações aplicam-se, subsidiariamente, às sociedades, objeto do Livro II da Parte Especial do Código Civil.

### 13.2.2.1 Inscrição do ato constitutivo

A existência legal das pessoas jurídicas de direito privado começa com a **inscrição do ato constitutivo** no respectivo registro, precedida, quando necessário, de autorização ou aprovação do Poder Executivo, averbando-se no registro todas as alterações pelas quais passar o ato constitutivo.

Decai em três anos o direito de anular a constituição das pessoas jurídicas de direito privado, por defeito do ato respectivo, contado o prazo da publicação de sua inscrição no registro.

O registro declarará:

1. a denominação, os fins, a sede, o tempo de duração e o fundo social, quando houver;
2. o nome e a individualização dos fundadores ou instituidores, e dos diretores;
3. o modo por que se administra e representa, ativa e passivamente, judicial e extrajudicialmente;
4. se o ato constitutivo é reformável no tocante à administração, e de que modo;
5. se os membros respondem, ou não, subsidiariamente, pelas obrigações sociais;
6. as condições de extinção da pessoa jurídica e o destino do seu patrimônio, nesse caso.

[2] Reunião, agrupamento ou agremiação de pessoas, na intenção de realizar um fim ou cumprir um objetivo de interesse comum, para o qual todos devem cooperar ou trabalhar.

NOTAS

1. O registro dos atos constitutivos de **sociedades simples**[3] se dará no Registro Civil de Pessoas Jurídicas (Cartório de Títulos e Documentos), enquanto as **sociedades empresárias**[4] devem ser registradas no Registro Público de Empresas Mercantis (Junta Comercial).
2. O empresário e a sociedade empresária (arts. 966 a 980 do CC) vinculam-se ao Registro Público de Empresas Mercantis a cargo das Juntas Comerciais, e a sociedade simples (arts. 997 a 1.038 do CC), ao Registro Civil das Pessoas Jurídicas, o qual deverá obedecer às normas fixadas para aquele registro, se a sociedade simples adotar um dos tipos de sociedade empresária (art. 1.150 do CC).

#### 13.2.2.2 Obrigações

Os atos dos administradores, exercidos nos limites de seus poderes definidos no ato constitutivo, obrigam a pessoa jurídica. Se a administração for coletiva, as decisões serão tomadas pela maioria de votos dos presentes, salvo se o ato constitutivo dispuser de modo diverso.

Decai em três anos o direito de anular as decisões, quando violarem a lei ou estatuto, ou forem eivadas de erro, dolo, simulação ou fraude.

Se a administração da pessoa jurídica vier a faltar, o juiz, a requerimento de qualquer interessado, nomear-lhe-á administrador provisório.

Em caso de abuso da personalidade jurídica, caracterizado pelo desvio de finalidade, ou pela confusão patrimonial, pode o juiz decidir, a requerimento da parte ou do Ministério Público, quando lhe couber intervir no processo, que os efeitos de certas e determinadas relações de obrigações sejam estendidos aos bens particulares dos administradores ou sócios da pessoa jurídica.

#### 13.2.2.3 Dissolução e liquidação

Nos casos de **dissolução** da pessoa jurídica ou cassada a autorização para seu funcionamento, ela **subsistirá para os fins de liquidação**,[5] até que esta se conclua. A averbação de sua dissolução será efetuada no registro em que a pessoa jurídica estiver inscrita.

As disposições para a liquidação das sociedades aplicam-se, no que couber, às demais pessoas jurídicas de direito privado. Encerrada a liquidação, promover-se-á o cancelamento da inscrição da pessoa jurídica. Aplica-se às pessoas jurídicas, no que couber, a proteção dos direitos da personalidade.

## 13.3 ▸ JUROS LEGAIS

Quando os juros moratórios não forem convencionados, ou o forem sem taxa estipulada, ou quando provierem de determinação da Lei, serão fixados segundo a taxa que estiver em vigor para a mora do pagamento de impostos devidos à Fazenda Nacional.[6] Ainda que se não alegue

---

[3] São as sociedades não empresariais, ou seja, exploram as atividades econômicas, independentemente da articulação dos fatores da produção (mão de obra, tecnologia, insumos e capital). Podem contratar empregados, mas não adquirem sofisticadas tecnologias, não fazem grande circulação de insumos e produtos e possuem capital de pequena monta. Exemplo: um feirante que comercializa frutas e verduras sem estrutura empresarial.

[4] São as sociedades que exploram de forma organizada os fatores de produção, ainda que possam realizar a venda dos mesmos produtos das sociedades não empresariais. Não conseguem operar se não organizarem seu trabalho estruturando empresarialmente os fatores da produção. Exemplo: um supermercado ou hipermercado vendendo as mesmas frutas e verduras que o feirante.

[5] *Liquidação* – operação que objetiva realizar (vender) o ativo e resgatar ou pagar o Passivo para ratear o acervo líquido, se houver, entre os proprietários (sócios ou acionistas).

[6] Atualmente, é a taxa do Sistema Especial de Liquidação e Custódia do Banco Central (SELIC).

prejuízo, é obrigado o devedor aos juros da mora que se contarão às dívidas em dinheiro, como às prestações de outra natureza, uma vez que lhes esteja fixado o valor pecuniário por sentença judicial, arbitramento, ou acordo entre as partes.

## 13.4 ▸ COMODATO

O **comodato** é o empréstimo gratuito de coisas não fungíveis.[7] Perfaz-se com a tradição do objeto.

## 13.5 ▸ MÚTUO

O **mútuo** é o empréstimo de coisas fungíveis. O mutuário é obrigado a restituir ao mutuante o que dele recebeu em coisa do mesmo gênero, qualidade e quantidade. Este empréstimo transfere o domínio da coisa emprestada ao mutuário, por cuja conta correm todos os riscos dela desde a tradição.

Destinando-se o mútuo a fins econômicos, presumem-se devidos juros, os quais, sob pena de redução, não poderão exceder a taxa SELIC, permitida a capitalização anual.

## 13.6 ▸ TÍTULOS DE CRÉDITO

O **título de crédito**, documento necessário ao exercício do direito literal e autônomo nele contido, somente produz efeito quando preenche os requisitos da Lei. A omissão de qualquer requisito legal, que tire ao escrito a sua validade como título de crédito, não implica a invalidade do negócio jurídico que lhe deu origem.

Deve o título de crédito conter a data da emissão, a indicação precisa dos direitos que confere, e a assinatura do emitente.

Considera-se:

1. **à vista**, o título de crédito que não contenha indicação de vencimento;
2. **como lugar de emissão e de pagamento**, quando não indicado no título, o **domicílio do emitente**.

O título poderá ser emitido a partir dos caracteres criados em computador ou meio técnico equivalente e que constem da escrituração do emitente, observados os requisitos mínimos previstos neste artigo.

### 13.6.1 Aval[8] em títulos de crédito

O pagamento de título de crédito, que contenha obrigação de pagar soma determinada, pode ser garantido por aval. É vedado o aval parcial.

O aval deve ser dado no verso ou no anverso do próprio título. Para a validade do aval, dado no anverso do título, é suficiente a simples assinatura do avalista.

Considera-se não escrito o aval cancelado por inutilização da assinatura do avalista ou por declaração expressa deste.

---

[7] São todos os bens móveis que possam ser substituídos por outros da mesma espécie, qualidade e quantidade.

[8] Garantia dada por terceiro, estranho ao título, pela qual se prende a obrigação, isto é, fica vinculado solidariamente ao título avalizado, pelo compromisso que assume de pagar a importância que nele se contém, quando não a pague o devedor por ele garantido.

## 13.7 ▸ EMPRESÁRIO

Considera-se **empresário** quem exerce profissionalmente atividade econômica organizada para a produção ou a circulação de bens ou de serviços. Não se considera empresário quem exerce profissão intelectual, de natureza científica, literária ou artística, ainda com o concurso de auxiliares ou colaboradores, salvo se o exercício da profissão constituir elemento de empresa.

**NOTA**

**Empresário** é quem exerce, habitual e profissionalmente, atividade econômica, organizada e técnica, para a produção ou circulação de bens e/ou serviços, cujo objetivo é comercializá-los. Se um fabricante de determinado produto vendê-lo a um revendedor, configura uma atividade econômico-empresarial regida pelo Código Civil, por se tratar de contrato celebrado entre empresários, **não** pelo Código de Defesa do Consumidor.

### 13.7.1 Registro

A inscrição do empresário far-se-á mediante requerimento que contenha:

a) o seu nome, nacionalidade, domicílio, estado civil e, se casado, o regime de bens;
b) a firma, com a respectiva assinatura autógrafa que poderá ser substituída pela assinatura autenticada com certificação digital ou meio equivalente que comprove a sua autenticidade, ressalvado o disposto no inciso I do § 1º do art. 4º, da Lei Complementar nº 123, de 14 de dezembro de 2006;[9]
c) o capital;
d) o objeto e a sede da empresa.

A inscrição será tomada por termo no livro próprio do Registro Público de Empresas Mercantis e obedecerá a número de ordem contínuo para todos os empresários inscritos.

À margem da inscrição e com as mesmas formalidades, serão averbadas quaisquer modificações nela ocorrentes.

### 13.7.2 Tratamento favorecido

A Lei assegurará tratamento favorecido, diferenciado e simplificado ao empresário rural e ao pequeno empresário, quanto à inscrição e aos efeitos daí decorrentes.

O empresário, cuja atividade rural constitua sua principal profissão, pode, observadas as formalidades previstas no Subitem 13.7.2.1, requerer inscrição no Registro Público de Empresas Mercantis da respectiva sede, caso em que, depois de inscrito, ficará equiparado, para todos os efeitos, ao empresário sujeito a registro.

[9] O processo de abertura, registro, alteração e baixa da microempresa e empresa de pequeno porte, bem como qualquer exigência para o início de seu funcionamento, deverá ter trâmite especial e simplificado, preferencialmente eletrônico, opcional para o empreendedor, observado que poderão ser dispensados o uso da firma, com a respectiva assinatura autógrafa, o capital, requerimentos, demais assinaturas, informações relativas ao estado civil e regime de bens, bem como remessa de documentos, na forma estabelecida pelo Comitê para Gestão da Rede Nacional para a Simplificação do Registro e da Legalização de Empresas e Negócios (CGSIM).

NOTAS

1. Consultar o **SIMPLES NACIONAL** para as microempresas e empresas de pequeno porte.[10]
2. O empresário rural possui por lei, um tratamento especial no que se refere a:
   a) inscrição facultativa no Registro Civil de Empresas Mercantis (arts. 970 e 971 do Código Civil);
   b) dispensa de registro obrigatório no Sistema Nacional de Cadastro Rural;
   c) obrigações trabalhistas, previdenciárias, tributárias etc.[11]

#### 13.7.2.1 Inscrição do empresário

O empresário que instituir sucursal, filial ou agência, em lugar sujeito à jurisdição de outro Registro Público de Empresas Mercantis, neste deverá também inscrevê-la, com a prova da inscrição originária. Em qualquer caso, a constituição do estabelecimento secundário deverá ser averbada no Registro Público de Empresas Mercantis da respectiva sede.

Caso venha a admitir sócios, o empresário individual poderá solicitar ao Registro Público de Empresas Mercantis a transformação de seu registro de empresário para registro de sociedade empresária, observado, no que couber, o disposto nos artigos que tratam da transformação de sociedades (arts. nº 1.113 a 1.115 do Código Civil).

O processo de abertura, registro, alteração e baixa do **microempreendedor individual (MEI)** de que trata o art.18-A da Lei Complementar nº 123, de 14 de dezembro de 2006, bem como qualquer exigência para o início de seu funcionamento, deverão ter trâmite especial e simplificado, preferencialmente eletrônico, opcional para o empreendedor, na forma a ser disciplinada pelo Comitê para Gestão da Rede Nacional para a Simplificação do Registro e da Legalização de Empresas e Negócios (CGSIM), de que trata o inciso III do art. 2º da mesma Lei (incluído pela Lei nº 12.470, de 2011).

Para fins do disposto no parágrafo anterior, poderão ser dispensados o uso da firma, com a respectiva assinatura autógrafa, o capital, requerimentos, demais assinaturas, informações relativas à nacionalidade, ao estado civil e ao regime de bens, bem como à remessa de documentos, na forma estabelecida pelo CGSIM (incluído pela Lei nº 12.470, de 2011).

### 13.7.3 Cônjuges empresários

Faculta-se aos **cônjuges** contratar sociedade, entre si ou com terceiros, desde que não tenham casado no regime da comunhão universal de bens, ou no da separação obrigatória. O empresário casado pode, sem necessidade de outorga conjugal, qualquer que seja o regime de bens, alienar os imóveis que integrem o patrimônio da empresa ou gravá-los de ônus real.

Além de no Registro Civil, serão arquivados e averbados, no Registro Público de Empresas Mercantis, os pactos e as declarações antenupciais do empresário, o título de doação, a herança ou legado, de bens clausulados de incomunicabilidade ou inalienabilidade.

[10] Para saber mais sobre o tema, consulte o livro *Curso prático de Imposto de Renda Pessoa Jurídica*, de nossa autoria.

[11] Para saber mais sobre o tema, consulte o livro *Curso prático de Imposto de Renda Pessoa Jurídica*, de nossa autoria.

A sentença que decretar ou homologar a separação judicial do empresário e o ato de reconciliação não podem ser opostos a terceiros, antes de arquivados e averbados no Registro Público de Empresas Mercantis.

## 13.8 ▸ SOCIEDADES

Celebram contrato de **sociedade** as pessoas que reciprocamente se obrigam a contribuir, com bens ou serviços, para o exercício de atividade econômica e a partilha, entre si, dos resultados. A atividade pode restringir-se à realização de um ou mais negócios determinados.

Salvo as exceções expressas, considera-se empresária a sociedade que tem por objeto o exercício de atividade própria de empresário sujeito a registro (consulte Subitem 13.7.1); e, simples, as demais (Subitem 13.8.3). Independentemente de seu objeto, considera-se empresária a sociedade por ações; e, simples, a cooperativa.

### 13.8.1 Constituição

A sociedade empresária deve constituir-se segundo um dos tipos de sociedades previstas nos Subitens 13.9 a 13.13; a sociedade simples pode constituir-se de conformidade com um desses tipos, e, não o fazendo, subordina-se às normas que lhe são próprias.

Ressalvam-se as disposições concernentes à **sociedade em conta de participação** (não personificada) **e à cooperativa**, bem como as constantes de leis especiais que, para o exercício de certas atividades, imponham a constituição da sociedade segundo determinado tipo.

A sociedade que tenha por objeto o exercício de **atividade própria de empresário rural** e seja constituída, ou transformada, de acordo com um dos tipos de sociedade empresária, pode, com as formalidades, requerer inscrição no Registro Público de Empresas Mercantis da sua sede, caso em que, depois de inscrita, ficará equiparada, para todos os efeitos, à sociedade empresária.

Embora já constituída a sociedade segundo um daqueles tipos, o pedido de inscrição se subordinará, no que for aplicável, **às normas que regem a transformação.**

**A sociedade adquire personalidade jurídica** com a inscrição, no registro próprio e na forma da lei, **dos seus atos constitutivos**.

#### 13.8.1.1 Empresa Individual de Responsabilidade Limitada (EIRELI)

A **Empresa Individual de Responsabilidade Limitada (EIRELI)** será constituída por uma única pessoa titular da totalidade do capital social, devidamente integralizado, que não será inferior a 100 vezes o maior salário-mínimo vigente no país. A EIRELI também poderá resultar da concentração das quotas de outra modalidade societária num único sócio, independentemente das razões que motivaram tal concentração.

Poderá ser atribuída à EIRELI, constituída para a prestação de serviços de qualquer natureza, a remuneração decorrente da cessão de direitos patrimoniais de autor ou de imagem, nome, marca ou voz de que seja detentor o titular da pessoa jurídica, vinculados à atividade profissional.

O nome empresarial deverá ser formado pela inclusão da expressão "EIRELI" após a firma ou a denominação social da empresa individual de responsabilidade limitada. A pessoa natural que constituir empresa individual de responsabilidade limitada somente poderá figurar em uma única empresa dessa modalidade.

Aplicam-se à empresa individual de responsabilidade limitada, no que couberem, as regras previstas para as sociedades limitadas.

NOTA

**Contrato de Sociedade** – convenção por meio da qual duas ou mais pessoas se obrigam a conjugar seus serviços, esforços, bens ou recursos para a consecução de fim comum e partilha dos resultados entre si, obtidos com o exercício de atividade econômica contínua, que pode restringir-se à realização de um ou mais negócios determinados.

## 13.8.2 Sociedades não personificadas

Enquanto não inscritos os atos constitutivos, reger-se-á a sociedade, exceto por ações em organização, pelo disposto neste item, observadas, subsidiariamente e no que com ele forem compatíveis, as normas da sociedade simples.

Os sócios, nas relações entre si ou com terceiros, somente por escrito podem provar a existência da sociedade, mas os terceiros podem prová-la de qualquer modo.

Os bens e as dívidas sociais constituem patrimônio especial, do qual os sócios são titulares em comum. Os bens sociais respondem pelos atos de gestão praticados por qualquer dos sócios, salvo pacto expresso limitativo de poderes, que somente terá eficácia contra o terceiro que o conheça ou deva conhecer.

Todos os **sócios respondem solidária e ilimitadamente pelas obrigações sociais, excluído do benefício de ordem**, previsto no Item 13.8.1, aquele que contratou pela sociedade.

### 13.8.2.1 Bens particulares dos sócios

Os **bens particulares dos sócios** não podem ser executados por dívidas da sociedade, senão depois de executados os bens sociais.

## 13.8.3 Sociedade em Conta de Participação (SCP)

Na Sociedade em Conta de Participação (SCP), a atividade constitutiva do objeto social é exercida unicamente pelo sócio ostensivo, em seu nome individual e sob sua própria e exclusiva responsabilidade, participando os demais dos resultados correspondentes.

**Obriga-se perante terceiro tão somente o sócio ostensivo**; e, exclusivamente perante este, o sócio participante, nos termos do contrato social.

A constituição da sociedade em conta de participação **independe de qualquer formalidade** e pode provar-se por todos os meios de direito.

O contrato social produz efeito somente entre os sócios, e a eventual inscrição de seu instrumento em qualquer registro **não confere personalidade jurídica à sociedade**.

Sem prejuízo do direito de fiscalizar a gestão dos negócios sociais, o sócio participante não pode tomar parte nas relações do sócio ostensivo com terceiros, sob pena de responder solidariamente com este pelas obrigações em que intervier.

A contribuição do sócio participante constitui, com a do sócio ostensivo, patrimônio especial, objeto da conta de participação relativa aos negócios sociais.

A especialização patrimonial somente produz efeitos em relação aos sócios.

NOTA

Consulte a respeito o livro *Curso Prático de Imposto de Renda Pessoa Jurídica*, de nossa autoria.

#### 13.8.3.1 Falência do sócio ostensivo

A **falência do sócio ostensivo** acarreta a dissolução da **sociedade e a liquidação da respectiva conta**, cujo saldo constituirá crédito quirografário.[12]

Falindo o sócio participante, o contrato social fica sujeito às normas que regulam os efeitos da falência nos contratos bilaterais do falido.

Salvo estipulação em contrário, o sócio ostensivo não pode admitir novo sócio sem o consentimento expresso dos demais.

Aplica-se à sociedade em conta de participação, subsidiariamente e no que com ela for compatível, **o disposto para a sociedade simples**, e a sua liquidação rege-se pelas normas relativas à prestação de contas, na forma da lei processual. Havendo mais de um sócio ostensivo, as respectivas contas serão prestadas e julgadas no mesmo processo.

### 13.8.4 Sociedade simples

#### 13.8.4.1 Contrato

A sociedade constitui-se mediante contrato escrito, particular ou público, que, além de cláusulas estipuladas pelas partes, mencionará:

a) nome, nacionalidade, estado civil, profissão e residência dos sócios, se pessoas naturais, e a firma ou a denominação, nacionalidade e sede dos sócios, se jurídicas;
b) denominação, objeto, sede e prazo da sociedade;
c) capital da sociedade, expresso em moeda corrente, podendo compreender qualquer espécie de bens, suscetíveis de avaliação pecuniária;
d) a quota de cada sócio no capital social e o modo de realizá-la;
e) as prestações a que se obriga o sócio cuja contribuição consista em serviços;
f) as pessoas naturais incumbidas da administração da sociedade e seus poderes e atribuições;
g) a participação de cada sócio nos lucros e nas perdas;
h) se os sócios respondem ou não, subsidiariamente, pelas obrigações sociais.

É ineficaz em relação a terceiros qualquer pacto separado contrário ao disposto no instrumento do contrato.

**Registro**

Nos 30 dias subsequentes à sua constituição, a sociedade deverá requerer a inscrição do contrato social no Registro Civil das Pessoas Jurídicas do local de sua sede.

O pedido de inscrição será acompanhado do instrumento autenticado do contrato, e se algum sócio nele houver sido representado por procurador, e da respectiva procuração, bem como, se for o caso, da prova de autorização da autoridade competente.

Com todas as indicações enumeradas no artigo antecedente, será a inscrição tomada por termo no livro de registro próprio, e obedecerá a número de ordem contínua para todas as sociedades inscritas.

As modificações do contrato social que tenham por objeto matéria indicada no Subitem 13.8.3.1, dependem do consentimento de todos os sócios; as demais podem ser decididas por maioria absoluta de votos se o contrato não determinar a necessidade de deliberação unânime.

---

12 Crédito comum, sem qualquer preferência ou garantia, sujeitando seu titular aos azares da insolvência ou insolvabilidade do devedor, pois se funda em título que não dá qualquer direito preferencial ou de garantia do credor.

Qualquer modificação do contrato social será averbada, cumprindo-se as formalidades previstas neste subitem.

A **sociedade simples** que instituir sucursal, filial ou agência na circunscrição de outro Registro Civil das Pessoas Jurídicas neste deverá também inscrevê-la, com a prova da inscrição originária.

Em qualquer caso, a constituição da sucursal, filial ou agência deverá ser averbada no Registro Civil da respectiva sede.

NOTA

**Sociedade simples pura** – compreende as entidades dotadas de personalidade jurídica de direito privado, com finalidades lucrativas, que têm por objeto o exercício da atividade rural ou intelectual, de natureza científica, literária ou artística, não sujeitas à falência. Identificadas por uma denominação, podem ter duas categorias de sócios (**obrigatoriamente**, aqueles que contribuem na constituição do capital com bens – inclusive dinheiro – e, **facultativamente**, aqueles cuja contribuição consiste apenas em prestação de serviços), com atos constitutivo, alteradores e extintivo registrados no Cartório de Registro Civil das Pessoas Jurídicas, não se revestindo de quaisquer das formas reguladas no Código Civil. O contrato social deverá conter obrigatoriamente cláusula contendo previsão acerca da responsabilidade dos sócios pelas obrigações contraídas pela sociedade simples pura, ou seja, se a responsabilidade é subsidiária ou não.

A Sociedade Simples Pura compreende também as sociedades de advogados cujos atos são registrados na Seção da Ordem dos Advogados do Brasil (OAB).

### 13.8.4.2 Dos direitos e obrigações dos sócios

As **obrigações dos sócios** começam imediatamente com o contrato, se este não fixar outra data, e terminam quando, liquidada a sociedade, se extinguirem as responsabilidades sociais.

O sócio não pode ser substituído no exercício das suas funções sem o consentimento dos demais sócios, expresso em modificação do contrato social.

A cessão total ou parcial de quota sem a correspondente modificação do contrato social com o consentimento dos demais sócios não terá eficácia quanto a estes e à sociedade.

Até dois anos depois de averbada a modificação do contrato, responde o cedente solidariamente com o cessionário, perante a sociedade e terceiros, pelas obrigações que tinha como sócio.

Os sócios são obrigados, na forma e no prazo previstos, às contribuições estabelecidas no contrato social, e aquele que deixar de fazê-lo, nos 30 dias seguintes ao da notificação pela sociedade, responderá perante esta pelo dano emergente da mora.

Verificada a mora, poderá a maioria dos demais sócios preferir, à indenização, a exclusão do sócio remisso ou a redução de sua quota ão montante já realizado, aplicando-se, em ambos os casos, a redução do capital social – salvo se os demais sócios suprirem o valor da quota.

O sócio que, a título de quota social, transmitir domínio, posse ou uso, responde pela evicção;[13] e pela solvência do devedor, responde aquele que transferir crédito.

[13] *Evicção* – ato pelo qual um terceiro vem desapossar judicialmente uma pessoa de uma coisa ou direito, em virtude de ter direito a ela, mesmo que a pessoa tenha adquirido por justo título. Um indivíduo A, por exemplo, vende a um indivíduo B um imóvel que, segundo A, lhe pertence. Posteriormente, um outro indivíduo C demonstra, junto ao Poder Judiciário, que o imóvel objeto da transação é, na realidade, de sua propriedade. Em virtude disso, C toma posse do imóvel que B comprou de boa-fé, ocorrendo a evicção. A pessoa que promove a evicção é denominada evictor ou evencente. A pessoa que sofre, evicto. Para evitar sofrer os efeitos da evicção, o comprador deve assegurar, no contrato de compra e venda, que o vendedor (alienante) responde pela venda, devendo vir a cobrir ou indenizar o evicto pelo desfalque ao seu patrimônio.

O sócio cuja contribuição consista em serviços, não pode, salvo convenção em contrário, empregar-se em atividade estranha à sociedade, sob pena de ser privado de seus lucros e dela excluído.

#### 13.8.4.3 Participação dos sócios nos resultados

Salvo estipulação em contrário, **o sócio participa dos lucros e das perdas** na proporção das respectivas quotas, mas aquele cuja contribuição consiste em serviços somente participa dos lucros na proporção da média do valor das quotas.

É nula a estipulação contratual que exclua qualquer sócio de participar dos lucros e das perdas. A distribuição de lucros ilícitos ou fictícios acarreta responsabilidade solidária dos administradores que a realizarem e dos sócios que os receberem, conhecendo ou devendo conhecer-lhes a ilegitimidade.

**NOTA**

**Responsabilidade pela distribuição de lucros ilícitos ou fictícios** – só é possível a distribuição aos sócios de lucros apurados em balanço levantado segundo as normas e os procedimentos contábeis. Ocorrendo distribuição de lucros ilícitos ou fictícios aos sócios pelos administradores que, em sua contabilidade, por meio de manobras, superestimam o ativo, ocultando o Passivo, cumpre averiguar se os sócios que deles participaram o fizeram ou não de boa-fé. Caso o recebimento tenha sido efetuado tendo os sócios ciência da origem ilícita ou ilegítima do referido lucro, incorrerão em cumplicidade por estarem de má-fé e ficarão obrigados, solidariamente, com aqueles administradores a restituí-los e a responder pelos prejuízos.

#### 13.8.4.4 Administração

Quando, por lei ou pelo contrato social, competir aos sócios decidir sobre os negócios da sociedade, as **deliberações serão tomadas por maioria de votos**, contados segundo o valor das quotas de cada um.

Para formação da maioria absoluta, são necessários votos correspondentes a mais de metade do capital. Prevalece a decisão sufragada por maior número de sócios no caso de empate e, se este persistir, decidirá o juiz.

Responde por perdas e danos o sócio que, tendo em alguma operação interesse contrário ao da sociedade, participar da deliberação que a aprove graças a seu voto.

O administrador da sociedade deverá ter, no exercício de suas funções, o cuidado e a diligência que todo homem ativo e probo costuma empregar na administração de seus negócios.

Não podem ser administradores, além das pessoas impedidas por lei especial, os condenados à pena que vede, ainda que temporariamente, o acesso a cargos públicos; ou por crime falimentar, de prevaricação, peita ou suborno, concussão, peculato; ou contra a economia popular, contra o sistema financeiro nacional, contra as normas de defesa da concorrência, contra as relações de consumo, a fé pública ou a propriedade, enquanto perdurarem os efeitos da condenação.

Aplicam-se à atividade dos administradores, no que couber, as disposições concernentes ao mandato. O administrador, nomeado por instrumento em separado, deve averbá-lo à margem da inscrição da sociedade, e, pelos atos que praticar, antes de requerer a averbação, responde pessoal e solidariamente com a sociedade.

A **administração da sociedade**, nada dispondo o contrato social, **compete separadamente a cada um dos sócios**. Se a administração competir separadamente a vários administradores, cada um pode impugnar operação pretendida por outro, cabendo a decisão aos sócios, por maioria de votos.

Responde por perdas e danos perante a sociedade o administrador que realizar operações, sabendo ou devendo saber que estava agindo em desacordo com a maioria.

### Não podem ser administradores

Nos atos de competência conjunta de vários administradores, torna-se necessário o concurso de todos, salvo nos casos urgentes, em que a omissão ou retardo das providências possa ocasionar dano irreparável ou grave.

No silêncio do contrato, os administradores podem praticar todos os atos pertinentes à gestão da sociedade; não constituindo objeto social, a oneração ou a venda de bens imóveis depende do que a maioria dos sócios decidir. O excesso por parte dos administradores somente pode ser oposto a terceiros se ocorrer pelo menos uma das seguintes hipóteses:

a) se a limitação de poderes estiver inscrita ou averbada no registro próprio da sociedade;
b) provando-se que era conhecida do terceiro;
c) tratando-se de operação evidentemente estranha aos negócios da sociedade.

### Responsabilidade dos administradores

Os **administradores respondem solidariamente** perante a sociedade e os terceiros prejudicados, por culpa no desempenho de suas funções.

O administrador que, sem consentimento escrito dos sócios, aplicar créditos ou bens sociais em proveito próprio ou de terceiros, terá de restituí-los à sociedade, ou pagar o equivalente, com todos os lucros resultantes. Caso haja prejuízo, por ele também responderá. Fica sujeito às sanções o administrador que, tendo em qualquer operação interesse contrário ao da sociedade, tome parte na correspondente deliberação.

Ao administrador é vedado fazer-se substituir no exercício de suas funções, sendo-lhe facultado, nos limites de seus poderes, constituir mandatários da sociedade, especificados no instrumento os atos e operações que poderão praticar.

**São irrevogáveis** os poderes do sócio investido na administração por cláusula expressa do contrato social, salvo justa causa, reconhecida judicialmente, a pedido de qualquer dos sócios.

**São revogáveis**, a qualquer tempo, os poderes conferidos a sócio por ato separado, ou a quem não seja sócio.

Os administradores são obrigados a prestar aos sócios contas justificadas de sua administração e **apresentar-lhes o inventário anualmente, bem como o Balanço Patrimonial e o de resultado econômico.**

Salvo estipulação que determine época própria, o sócio pode, a qualquer tempo, examinar os livros e documentos e o estado da caixa e da carteira da sociedade.

**NOTAS**

1. Havendo empate nas deliberações sociais, prevalecerá a decisão sufragada pelo maior número de sócios e se, ainda assim, pelo voto *per caput* não houver o desempate, ao juiz competirá a decisão final.
2. O sócio que, tendo interesse contrário da sociedade, vier a participar, com seu voto, de deliberação que o aprove, responderá perante outros, que terão direito a uma indenização pelas perdas e pelos danos advindos daquela atividade negocial, que se deu por culpa sua.
3. Caso o administrador da sociedade seja nomeado em instrumento separado do pacto social, mediante procuração ou termo aditivo, esse ato de nomeação deverá ser averbado à margem da inscrição da sociedade no Registro Civil das Pessoas Jurídicas.
4. Os administradores responderão solidariamente perante a sociedade e a terceiros pelos prejuízos que culposamente lhes causarão no exercício de suas atribuições ou funções.
5. O administrador **deve prestar conta** de sua gestão aos demais sócios, justificando todas as operações efetuadas e apresentando-lhes, anualmente, o Balanço Patrimonial, os resultados econômicos (Demonstração do Resultado do Exercício – DRE) e o inventário de todas as suas operações.

### 13.8.4.5 Relações com terceiros

A sociedade adquire direitos, assume obrigações e procede judicialmente, por meio de administradores com poderes especiais, ou, não os havendo, por intermédio de qualquer administrador.

Se os bens da sociedade não lhe cobrirem as dívidas, respondem os sócios pelo saldo, na proporção em que participem das perdas sociais, salvo cláusula de responsabilidade solidária. Os bens particulares dos sócios não podem ser executados por dívidas da sociedade senão depois de executados os bens sociais.

O sócio admitido em sociedade já constituída, não se exime das dívidas sociais anteriores à admissão. O credor particular de sócio pode, na insuficiência de outros bens do devedor, fazer recair a execução sobre o que a este couber nos lucros da sociedade, ou na parte que lhe tocar em liquidação.

#### Liquidação da quota do devedor

Se a sociedade não estiver dissolvida, pode o credor requerer a liquidação da quota do devedor, cujo valor, apurado com base na situação patrimonial da sociedade levantada em balanço, será depositado em dinheiro, no juízo da execução, até 90 dias após aquela liquidação.

Os herdeiros do cônjuge de sócio ou o cônjuge do que se separou judicialmente não podem exigir desde logo a parte que lhes couber na quota social, mas podem concorrer à divisão periódica dos lucros, até que se liquide a sociedade.

### 13.8.4.6 Resolução da sociedade em relação a um sócio

No caso de morte de sócio, liquidar-se-á sua quota, salvo:

a) se o contrato dispuser diferentemente;
b) se os sócios remanescentes optarem pela dissolução da sociedade;
c) se, por acordo com os herdeiros, regular-se a substituição do sócio falecido.

Além dos casos previstos na lei ou no contrato, qualquer sócio pode retirar-se da sociedade; **se de prazo indeterminado**, mediante notificação aos demais sócios, com antecedência mínima de 60 dias; **se de prazo determinado**, provando judicialmente justa causa. Nos 30 dias subsequentes à notificação, podem os demais sócios optar pela dissolução da sociedade.

Ressalvado o disposto no Subitem 13.11.6, pode o sócio ser excluído judicialmente, mediante iniciativa da maioria dos demais sócios, por falta grave no cumprimento de suas obrigações, ou, ainda, por incapacidade superveniente. Será de pleno direito excluído da sociedade o sócio declarado falido ou aquele cuja quota tenha sido liquidada nos termos do Subitem 13.8.3.1.

#### Liquidação do montante realizado

Nos casos em que a sociedade se resolver em relação a um sócio, o valor da sua quota, considerada pelo montante efetivamente realizado, liquidar-se-á, salvo disposição contratual em contrário, com base na situação patrimonial da sociedade, à data da resolução, verificada em balanço especialmente levantado. O capital social sofrerá a correspondente redução, salvo se os demais sócios suprirem o valor da quota.

A quota liquidada será paga em dinheiro, no prazo de 90 dias, a partir da liquidação, salvo acordo, ou estipulação contratual em contrário.

**NOTA**

Sobre a aquisição de quotas pela própria empresa (quotas liberadas) **não autorizadas pelo Código Civil**, consulte o Subitem 11.8.3, no Capítulo 11.

A retirada, a exclusão ou a morte do sócio, não o exime, ou a seus herdeiros, da responsabilidade pelas obrigações sociais anteriores, até dois anos após averbada a resolução da sociedade; nem nos dois primeiros casos, pelas posteriores e em igual prazo, enquanto não se requerer a averbação.

### 13.8.5 Dissolução

Dissolve-se a sociedade quando ocorrer:

a) o vencimento do prazo de duração, salvo se, vencido este e sem oposição de sócio, não entrar a sociedade em liquidação, caso em que se prorrogará por tempo indeterminado;
b) o consenso unânime dos sócios;
c) a deliberação dos sócios, por maioria absoluta, na sociedade de prazo indeterminado;
d) a falta de pluralidade de sócios, não reconstituída no prazo de 180 dias;
e) a extinção, na forma da Lei, de autorização para funcionar.

Não se aplica o disposto na letra **d** caso o sócio remanescente, inclusive na hipótese de concentração de todas as quotas da sociedade sob sua titularidade, requeira no Registro Público de Empresas Mercantis a transformação do registro da sociedade para empresário individual, observado, no que couber, o disposto nos artigos que tratam da transformação (arts. nº 1.113 a 1.115 do Código Civil).

A sociedade pode ser dissolvida judicialmente, a requerimento de qualquer dos sócios, quando anulada a sua constituição, exaurido o fim social ou verificada a sua inexequibilidade. O contrato pode prever outras causas de dissolução, a serem verificadas judicialmente quando contestadas.

**NOTA**

> O pacto social poderá prever outras causas de dissolução da sociedade, tendo em vista que as previstas nos arts. nº 1.033 e 1.034 do Código Civil são meramente enunciativas.

Ocorrida a dissolução, cumpre aos administradores providenciar imediatamente a investidura do liquidante e restringir a gestão própria aos negócios inadiáveis, vedadas novas operações, pelas quais responderão solidária e ilimitadamente. Dissolvida de pleno direito a sociedade, pode o sócio requerer, desde logo, a liquidação judicial.

Ocorrendo a extinção, na forma da lei, de autorização para funcionar, o Ministério Público, tão logo lhe comunique a autoridade competente, promoverá a liquidação judicial da sociedade, se os administradores não o tiverem feito nos 30 dias seguintes à perda da autorização, ou se o sócio não houver exercido a faculdade de requerer a liquidação judicial.

Caso o Ministério Público não promova a liquidação judicial da sociedade nos 15 dias subsequentes ao recebimento da comunicação, a autoridade competente para conceder a autorização nomeará interventor com poderes para requerer a medida e administrar a sociedade até que seja nomeado o liquidante.

#### 13.8.5.1 Liquidante[14]

Se não estiver designado no contrato social, o **liquidante** será eleito por deliberação dos sócios, podendo a escolha recair em pessoa estranha à sociedade. O liquidante pode ser destituído, a todo tempo:

a) se eleito, mediante deliberação dos sócios;
b) em qualquer caso, por via judicial, a requerimento de um ou mais sócios, ocorrendo justa causa.

## 13.9 ▸ SOCIEDADE EM NOME COLETIVO

Somente pessoas físicas podem tomar parte na **sociedade em nome coletivo**, respondendo todos os sócios, solidária e ilimitadamente, pelas obrigações sociais.

Sem prejuízo da responsabilidade perante terceiros, podem os sócios, no ato constitutivo, ou por unânime convenção posterior, limitar entre si a responsabilidade de cada um.

A sociedade, em nome coletivo, rege-se pelas normas deste item e, no que seja omisso, pelas normas dos Subitens 13.8.3 e 13.8.4.4. O contrato deve mencionar, além das indicações mencionadas no Subitem 13.8.3.1, a firma social.

A administração da sociedade compete exclusivamente a sócios, sendo o uso da firma, nos limites do contrato, privativo dos que tenham os necessários poderes.

### 13.9.1 Dissolução

O credor particular de sócio não pode, antes de dissolver-se a sociedade, pretender a liquidação da quota do devedor. Poderá fazê-lo quando:

a) a sociedade houver sido prorrogada tacitamente;
b) tendo ocorrido prorrogação contratual, for acolhida judicialmente oposição do credor, levantada no prazo de 90 dias, contado da publicação do ato dilatório.

---

14 Pessoa designada no contrato social ou aquela, não havendo indicação contratual, escolhida por deliberação dos sócios.

A sociedade se dissolve de pleno direito por qualquer das causas enumeradas no Subitem 13.8.4, se empresária, também pela declaração da falência.

A sociedade em nome coletivo representa uma sociedade de pessoas em que os sócios responderão solidária e ilimitadamente pelas obrigações sociais sem prejuízo, entretanto, da convenção social que limite a responsabilidade de cada sócio.

## 13.10 ▸ SOCIEDADE EM COMANDITA SIMPLES

Na **sociedade em comandita simples** tomam parte sócios de duas categorias: os comanditados – pessoas físicas, responsáveis solidária e ilimitadamente pelas obrigações sociais – e os comanditários – obrigados somente pelo valor de sua quota.

### 13.10.1 Contrato

O contrato deve discriminar os comanditados e os comanditários.

Aplicam-se à sociedade em comandita simples as normas da sociedade em nome coletivo, no que forem compatíveis com as estabelecidas neste subitem. Aos comanditados, cabem os mesmos direitos e obrigações dos sócios da sociedade em nome coletivo.

Sem prejuízo da faculdade de participar das deliberações da sociedade e de lhe fiscalizar as operações, não pode o comanditário praticar qualquer ato de gestão, nem ter o nome na firma social, sob pena de ficar sujeito às responsabilidades de sócio comanditado. Pode o comanditário ser constituído procurador da sociedade para negócio determinado e com poderes especiais.

Somente após averbada a modificação do contrato, produz efeito, quanto a terceiros, a diminuição da quota do comanditário, em consequência de ter sido reduzido o capital social, sempre sem prejuízo dos credores preexistentes.

O sócio comanditário não é obrigado à reposição de lucros recebidos de boa-fé e de acordo com o balanço. Diminuído o capital social por perdas supervenientes, não pode o comanditário receber quaisquer lucros, antes de reintegrado aquele.

No caso de morte de sócio comanditário, a sociedade, salvo disposição do contrato, continuará com os seus sucessores, que designarão quem os represente.

A sociedade dissolve-se de pleno direito:

a) por qualquer das causas previstas nos Subitens 13.8.4 e 13.9.1;
b) quando por mais de 180 dias perdurar a falta de uma das categorias de sócio. Na falta de sócio comanditado, os comanditários nomearão administrador provisório para praticar, durante o respectivo período e sem assumir a condição de sócio, os atos de administração.

**NOTAS**

1. A administração da sociedade caberá ao sócio comanditado que for designado no contrato social. Se o contrato for omisso, caberá a todos os sócios comanditados.
2. A firma social será constituída pelo nome dos comanditados, ou de um deles, seguidos da expressão "& Companhia" ou, abreviadamente "& Cia."
3. O sócio comanditário (prestador de capital) não poderá praticar ato de gestão e ter o nome na firma social sob pena de ficar sujeito às mesmas responsabilidades do sócio comanditado; porém, poderá participar das deliberações sociais, fiscalizar as operações dos sócios comanditados e ser constituído procurador da sociedade.

## 13.11 ▸ SOCIEDADE LIMITADA

Na **sociedade limitada**, a responsabilidade de cada sócio é restrita ao valor de suas quotas, mas todos respondem solidariamente pela integralização do capital social.

A sociedade limitada rege-se, nas omissões deste item, pelas normas da sociedade simples. O contrato social poderá prever a regência supletiva da sociedade limitada pelas normas da sociedade anônima.

O contrato mencionará, no que couber, as indicações do Subitem 13.8.3.1, e, se for o caso, a firma social. A **firma social** poderá conter o nome civil de um, alguns ou todos os sócios, utilizando a expressão "& Cia. Ltda.". Se a sociedade optar por **denominação social**, nesta será indispensável o uso do termo limitada, por extenso ou abreviadamente (Ltda.).

### 13.11.1 Quotas

O capital social divide-se em **quotas iguais ou desiguais**, cabendo uma ou diversas a cada sócio. Pela exata estimação de bens conferidos ao capital social, **respondem solidariamente todos os sócios**, até o prazo de cinco anos da data do registro da sociedade.

**A quota é indivisível** em relação à sociedade, salvo para efeito de transferência, caso em que se observará o disposto Subitem 13.11.1.1. No caso de condomínio de quota, os direitos a ela inerentes somente podem ser exercidos pelo condômino representante, ou pelo inventariante do espólio de sócio falecido.

Sem prejuízo do disposto no Subitem 13.11, condôminos de quota indivisa respondem solidariamente pelas prestações necessárias à sua integralização.

#### 13.11.1.1 Cessão de quotas

Na omissão do contrato, o sócio pode ceder sua quota, total ou parcialmente, a quem seja sócio, independentemente de audiência dos outros, ou a estranho, se não houver oposição de titulares de mais de um quarto do capital social.

A cessão terá eficácia quanto à sociedade e a terceiros, inclusive para os fins do terceiro parágrafo do Subitem 13.8.4.2, a partir da averbação do respectivo instrumento, subscrito pelos sócios anuentes.

Não integralizada a quota de sócio remisso,[15] os outros sócios podem, sem prejuízo do disposto no quinto parágrafo do Subitem 13.8.4.2, tomá-la para si ou transferi-la a terceiros, excluindo o primitivo titular e devolvendo-lhe o que houver pago, deduzidos os juros da mora, as prestações estabelecidas no contrato mais as despesas.

**NOTA**

A integralização das quotas pode ser efetuada à vista, no ato de constituição da sociedade, ou em parcelas, nos prazos de vencimento fixados no contrato social.

Os sócios serão obrigados à reposição dos lucros e das quantias retiradas, a qualquer título, ainda que autorizados pelo contrato, quando tais lucros ou quantias se distribuírem com prejuízo do capital.

[15] É o quotista inadimplente, que está em mora para com a sociedade por não haver pago no tempo devido o valor do capital social a que estava obrigado contratualmente, devendo responder por dano emergente de mora ou podendo ser, por isso, dela excluído.

## 13.11.2 Administração

A sociedade limitada é administrada por uma ou mais pessoas designadas no contrato social ou em ato separado (por procuração pública). A administração atribuída no contrato a todos os sócios não se estende de pleno direito aos que posteriormente adquiram essa qualidade.

A designação de administradores não sócios dependerá de aprovação da unanimidade dos sócios, enquanto o capital não estiver integralizado, e de 2/3 (dois terços), no mínimo, após a integralização.

O administrador designado em ato separado investir-se-á no cargo mediante termo de posse no livro de atas da administração.

Se o termo não for assinado nos 30 dias seguintes à designação, perderá o efeito. Nos dez dias seguintes ao da investidura, deve o administrador requerer que seja averbada sua nomeação no registro competente, mencionando o seu nome, nacionalidade, estado civil, residência, com exibição de documento de identidade, o ato e a data da nomeação e o prazo de gestão.

O exercício do cargo de administrador cessa pela destituição, em qualquer tempo, do titular, ou pelo término do prazo se, fixado no contrato ou em ato separado, não houver recondução.

Tratando-se de sócio nomeado administrador no contrato, sua destituição somente se opera pela aprovação de titulares de quotas correspondentes, no mínimo, a dois terços do capital social, salvo disposição contratual diversa.

A cessação do exercício do cargo de administrador deve ser averbada no registro competente, mediante requerimento apresentado nos dez dias seguintes ao da ocorrência.

A renúncia de administrador torna-se eficaz, em relação à sociedade, desde o momento em que esta toma conhecimento da comunicação escrita do renunciante; e, em relação a terceiros, após a averbação e publicação.

**NOTAS**

1. O nomeado para administrar a sociedade será denominado diretor, presidente ou superintendente.
2. O sócio que vier a pertencer à sociedade, posteriormente, apenas poderá ser o administrador, se isso for consignado em termo aditivo ao contrato social.

### 13.11.2.1 Uso da firma ou da denominação social

O **uso da firma ou denominação social** é privativo dos administradores que tenham os necessários poderes.

Ao término de cada exercício social, proceder-se-á à Elaboração do Inventário, do Balanço Patrimonial e do Demonstrativo de Resultado Econômico (DRE).

**NOTA**

O administrador deve **prestar conta** de sua gestão aos demais sócios, justificando todas as operações efetuadas e apresentando-lhes o Balanço Patrimonial, os resultados econômicos (DRE) e o inventário das operações efetuadas.

## 13.11.3 Conselho fiscal

Sem prejuízo dos poderes da assembleia dos sócios, pode o contrato instituir conselho fiscal composto de três ou mais membros e respectivos suplentes, sócios ou não, residentes no país, eleitos na assembleia anual, a realizar-se nos quatro meses seguintes ao término do exercício social.

Não podem fazer parte do conselho fiscal, além dos inelegíveis enumerados no quinto parágrafo do Subitem 13.8.4.4, os membros dos demais órgãos da sociedade ou de outra por ela controlada, os empregados de quaisquer delas ou dos respectivos administradores, o cônjuge ou parente destes até o terceiro grau.

É assegurado aos sócios minoritários que representarem pelo menos um quinto do capital social o direito de eleger, separadamente, um dos membros do conselho fiscal e o respectivo suplente.

O membro ou suplente eleito, assinando termo de posse lavrado no livro de atas e pareceres do conselho fiscal, em que se mencione seu nome, nacionalidade, estado civil, residência e a data da escolha, ficará investido nas suas funções, que exercerá, salvo cessação anterior, até a subsequente assembleia anual.

Se o termo não for assinado nos 30 dias seguintes ao da eleição, esta se tornará sem efeito. A remuneração dos membros do conselho fiscal será fixada, anualmente, pela assembleia dos sócios que os eleger.

### 13.11.3.1 Deveres do conselho fiscal

Além de outras atribuições determinadas na lei ou no contrato social, aos membros do conselho fiscal incumbem, individual ou conjuntamente, os seguintes deveres:

a) examinar, pelo menos trimestralmente, os livros e papéis da sociedade e o estado da caixa e da carteira, devendo os administradores ou liquidantes prestar-lhes as informações solicitadas;
b) lavrar no livro de atas e pareceres do conselho fiscal o resultado dos exames referidos na letra **a**;
c) exarar no mesmo livro e apresentar à assembleia anual dos sócios parecer sobre os negócios e as operações sociais do exercício em que servirem, tomando por base o Balanço Patrimonial e o de resultado econômico;
d) denunciar erros, fraudes ou crimes que descobrirem, sugerindo providências úteis à sociedade;
e) convocar a assembleia dos sócios se a diretoria retardar por mais de 30 dias a sua convocação anual, ou sempre que ocorram motivos graves e urgentes;
f) praticar, durante o período da liquidação da sociedade, os atos a que se refere este artigo, tendo em vista as disposições especiais reguladoras da liquidação.

As atribuições e os poderes conferidos pela lei ao conselho fiscal não podem ser outorgados a outro órgão da sociedade, e a responsabilidade de seus membros obedece à regra que define a dos administradores – consulte o Subitem 13.8.4.4.

O conselho fiscal poderá escolher para assisti-lo no exame dos livros, dos balanços e das contas, contabilista legalmente habilitado, mediante remuneração aprovada pela assembleia dos sócios.

## 13.11.4 Deliberação dos sócios

Dependem da deliberação dos sócios, além de outras matérias indicadas na lei ou no contrato:

a) a aprovação das contas da administração;
b) a designação dos administradores, quando feita em ato separado;

c) a destituição dos administradores;
d) o modo de sua remuneração, quando não estabelecido no contrato;
e) a modificação do contrato social;
f) a incorporação, a fusão e a dissolução da sociedade, ou a cessação do estado de liquidação;
g) a nomeação e destituição dos liquidantes e o julgamento das suas contas;
h) o pedido de concordata.

As deliberações dos sócios, obedecido o disposto no Subitem 13.8.4.4, serão tomadas (por maioria de votos) em reunião ou em assembleia, conforme previsto no contrato social, devendo ser convocadas pelos administradores nos casos previstos em lei ou no contrato. A deliberação em assembleia será obrigatória se o número dos sócios for superior a dez.

Dispensa-se o anúncio de convocação da assembleia publicada por três vezes, quando todos os sócios comparecerem ou se declararem, por escrito, cientes do local, data, hora e ordem do dia.

A reunião ou a assembleia torna-se dispensável quando todos os sócios decidirem, por escrito, sobre a matéria que seria objeto delas.

No caso **pedido de concordata**, os administradores, se houver urgência e com autorização de titulares de mais da metade do capital social, podem requerer concordata preventiva.

As deliberações tomadas de conformidade com a Lei e o contrato vinculam todos os sócios, ainda que ausentes ou dissidentes.

Aplica-se às reuniões dos sócios, nos casos omissos no contrato, o disposto na presente Seção sobre a assembleia.

#### 13.11.4.1 Convocação

A reunião ou a assembleia pode, também, ser convocada:

1. Por sócio, quando os administradores retardarem a convocação, por mais de 60 dias, nos casos previstos em lei ou no contrato, ou por titulares de mais de 1/5 (um quinto) do capital, quando não atendido, no prazo de oito dias, pedido de convocação fundamentado, com indicação das matérias a serem tratadas;
2. pelo conselho fiscal, se a diretoria retardar por mais de 30 dias a sua convocação anual, ou se houver algum motivo grave ou urgente.

#### 13.11.4.2 Instalação

A assembleia dos sócios instala-se com a presença, em primeira convocação, de titulares de no mínimo 3/4 (três quartos) do capital social, e, em segunda, com qualquer número.

O sócio pode ser representado na assembleia por outro sócio, ou por advogado, mediante outorga de mandato com especificação dos atos autorizados, devendo o instrumento ser levado a registro, juntamente com a ata.

Nenhum sócio, por si ou na condição de mandatário, pode votar matéria que lhe diga respeito diretamente.

#### 13.11.4.3 Ata da assembleia

A assembleia será presidida e secretariada por sócios escolhidos entre os presentes.

Dos trabalhos e deliberações será lavrada, no livro de atas da assembleia, ata assinada pelos membros da mesa e por sócios participantes da reunião, quantos bastem à validade das deliberações, mas sem prejuízo dos que queiram assiná-la.

Cópia da ata autenticada pelos administradores, ou pela mesa, será, nos 20 dias subsequentes à reunião, apresentada ao Registro Público de Empresas Mercantis para arquivamento e averbação.

Ao sócio que a solicitar, será entregue cópia autenticada da ata.

Ressalvado o disposto no segundo parágrafo do Subitem 13.11.2 e a destituição de sócio nomeado administrador, as deliberações dos sócios serão tomadas:

1. pelos votos correspondentes, no mínimo, a ¾ (três quartos) do capital social, nos casos previstos nas letras **e** e **f** do Subitem 13.11.4;
2. pelos votos correspondentes a mais de metade do capital social, nos casos previstos nas letras **b**, **c**, **d** e **h** do Subitem 13.11.4;
3. pela maioria de votos dos presentes, nos demais casos previstos na lei ou no contrato, se este não exigir maioria mais elevada.

Quando houver modificação do contrato, fusão da sociedade, incorporação de outra, ou dela por outra, terá o sócio que dissentiu o direito de retirar-se da sociedade, nos 30 dias subsequentes à reunião, aplicando-se, no silêncio do contrato social antes vigente, no Subitem 13.8.4.6.

**NOTA**

O sócio quotista que ficar vencido na deliberação da maioria societária, poderá retirar-se da sociedade dando origem à dissolução parcial da sociedade se os demais sócios não adquirirem sua quota e seu direito de crédito correspondente ao valor patrimonial da quota, apurado em balanço específico.

### 13.11.4.4 Realização da assembleia

A **assembleia dos sócios deve realizar-se ao menos uma vez por ano**, nos quatro meses seguintes ao término do exercício social, com o objetivo de:

1. tomar as contas dos administradores e deliberar sobre o Balanço Patrimonial e o de resultado econômico;
2. designar administradores, quando for o caso;
3. tratar de qualquer outro assunto constante da ordem do dia.

Até 30 dias antes da data marcada para a assembleia, os documentos referidos no Item 1º acima devem ser postos, por escrito, e com a prova do respectivo recebimento, à disposição dos sócios que não exerçam a administração.

Instalada a assembleia, proceder-se-á à leitura dos mencionados documentos, os quais serão submetidos, pelo presidente, à discussão e à votação, nesta não podendo tomar parte os membros da administração e, se houver, os do conselho fiscal.

### 13.11.4.5 Aprovação do balanço e do resultado econômico

A aprovação, sem reserva, do Balanço Patrimonial e do resultado econômico (DRE), salvo erro, dolo ou simulação, exonera de responsabilidade os membros da administração e, se houver, os do conselho fiscal. Extingue-se em dois anos o direito de anular a mencionada aprovação.

Aplica-se às reuniões dos sócios, nos casos omissos no contrato, o estabelecido neste subitem sobre a assembleia, se o número de sócios for superior a dez.

As deliberações infringentes do contrato ou da lei tornam ilimitada a responsabilidade dos que expressamente as aprovaram.

### 13.11.5 Aumento e redução do capital

Ressalvado o disposto em lei especial, integralizadas as quotas, pode ser o capital aumentado, com a correspondente modificação do contrato.

Até 30 dias após a deliberação, terão os sócios preferência para participar do aumento, na proporção das quotas de que sejam titulares.

À cessão do direito de preferência, aplica-se o disposto no Subitem 13.11.1.1.

Decorrido o prazo da preferência e assumida pelos sócios, ou por terceiros, a totalidade do aumento, haverá reunião ou assembleia dos sócios para que seja aprovada a modificação do contrato.

Pode a sociedade reduzir o capital, mediante a correspondente modificação do contrato:

a) depois de integralizado, se houver perdas irreparáveis;
b) se excessivo em relação ao objeto da sociedade.

No caso da letra **a**, a redução do capital será realizada com a diminuição proporcional do valor nominal das quotas, tornando-se efetiva a partir da averbação, no Registro Público de Empresas Mercantis, da ata da assembleia que a tenha aprovado.

No caso da letra **b**, a redução do capital será feita restituindo-se parte do valor das quotas aos sócios, ou dispensando-se as prestações ainda devidas, com diminuição proporcional, em ambos os casos, do valor nominal das quotas.No prazo de 90 dias, contado da data da publicação da ata da assembleia que aprovar a redução, o **credor quirografário**,[16] por título líquido anterior a essa data, poderá opor-se ao deliberado.

A redução somente se tornará eficaz se, no prazo de 90 dias, não for impugnada, ou se provado o pagamento da dívida ou o depósito judicial do respectivo valor. Satisfeitas essas condições, proceder--se-á à averbação, no Registro Público de Empresas Mercantis, da ata que tenha aprovado a redução.

### 13.11.6 Resolução da sociedade em relação a sócios minoritários

Ressalvado o sócio excluído judicialmente, quando a maioria dos sócios – representativa de mais da metade do capital social – entender que um ou mais sócios estão pondo em risco a continuidade da empresa, em virtude de atos de inegável gravidade, poderá excluí-los da sociedade, mediante alteração do contrato social, desde que prevista neste a exclusão por justa causa.

A exclusão somente poderá ser determinada em reunião ou assembleia especialmente convocada para esse fim, ciente o acusado em tempo hábil para permitir seu comparecimento e o exercício do direito de defesa. Efetuado o registro da alteração contratual, aplicar-se-á o disposto no Subitem 13.8.4.6.

### 13.11.7 Dissolução

A sociedade dissolve-se, de pleno direito, por qualquer das causas previstas no Subitem 13.8.5, e se empresária, também pela declaração de falência.

## 13.12 ▸ SOCIEDADE ANÔNIMA

Na **sociedade anônima** ou companhia, o capital divide-se em ações, obrigando-se cada sócio ou acionista somente pelo preço de emissão das ações que subscrever ou adquirir.

[16] Credor que não possui qualquer título de garantia ou preferência em relação aos bens do devedor, devendo, por isso, ser pago segundo a força dos bens livres do devedor.

A sociedade anônima rege-se por lei especial (Lei nº 6.404/1976, alterada parcialmente pelas Leis nº 9.457/1997, 10.303, de 2001, 11.638, de 2007, e 11.941, de 2009), sendo-lhes aplicadas, nos casos omissos, as disposições do Código Civil (Lei nº 10.406, de 2002).

**NOTA**

Na sociedade por ações (sociedade anônima), **não** há solidariedade entre os acionistas pelas obrigações sociais, ou seja, eles somente responderão pelo preço de emissão das ações que subscreveram ou adquiriram. A responsabilidade, portanto, é pessoal de cada acionista, que assume apenas suas ações.

## 13.13 ▸ SOCIEDADE EM COMANDITA POR AÇÕES

A **sociedade em comandita por ações** tem o capital dividido em ações, regendo-se pelas normas relativas à sociedade anônima, sem prejuízo das modificações constantes deste item, e opera sob firma ou denominação, acompanhada da locução *comandita por ações*.

Somente o acionista tem qualidade para administrar a sociedade e, como diretor, responde subsidiária e ilimitadamente pelas obrigações da sociedade.

Se houver mais de um diretor, serão solidariamente responsáveis, depois de esgotados os bens sociais. Os diretores serão nomeados no ato constitutivo da sociedade, sem limitação de tempo, e somente poderão ser destituídos por deliberação de acionistas que representem no mínimo 2/3 (dois terços) do capital social. O diretor destituído ou exonerado continua, durante dois anos, responsável pelas obrigações sociais contraídas sob sua administração.

A assembleia geral não pode, sem o consentimento dos diretores, mudar o objeto essencial da sociedade, prorrogar o prazo de duração, aumentar ou diminuir o capital social, criar debêntures ou partes beneficiárias.[17]

## 13.14 ▸ SOCIEDADE COOPERATIVA[18]

A **sociedade cooperativa** se regerá pelo disposto neste item, ressalvada a legislação especial. São características da sociedade cooperativa:

a) variabilidade ou dispensa do capital social;
b) concurso de sócios em número mínimo necessário a compor a administração da sociedade, sem limitação de número máximo;
c) limitação do valor da soma de quotas do capital social que cada sócio poderá tomar;
d) intransferibilidade das quotas do capital a terceiros estranhos à sociedade, ainda que por herança;
e) *quorum*, para a assembleia geral funcionar e deliberar, fundado no número de sócios presentes à reunião, e não no capital social representado;
f) direito de cada sócio a um só voto nas deliberações, tenha ou não capital a sociedade, e qualquer que seja o valor de sua participação;

---

[17] Títulos negociáveis sem valor nominal e estranhos ao capital social que conferirão aos seus titulares direito de participar nos lucros da companhia.

[18] **Cooperativa** – associação sob a forma de sociedade, com número aberto de membros, que tem por escopo estimular a poupança, a aquisição de bens e a economia de seus sócios, mediante atividade econômica comum. Representa, na verdade, modalidade especial de sociedade simples sujeita a registro na Junta Comercial.

g) distribuição dos resultados, proporcionalmente ao valor das operações efetuadas pelo sócio com a sociedade, podendo ser atribuído juro fixo ao capital realizado;
h) indivisibilidade do fundo de reserva entre os sócios, ainda que em caso de dissolução da sociedade.

### 13.14.1 Responsabilidade dos sócios

Na sociedade cooperativa, a **responsabilidade dos sócios** pode ser limitada ou ilimitada.

É **limitada** a responsabilidade na cooperativa em que o sócio responde somente pelo valor de suas quotas e pelo prejuízo verificado nas operações sociais, guardada a proporção de sua participação nas mesmas operações.

É **ilimitada** a responsabilidade na cooperativa em que o sócio responde solidária e ilimitadamente pelas obrigações sociais.

No que a Lei for omissa, aplicam-se as disposições referentes à sociedade simples, resguardadas as características acima estabelecidas.

## 13.15 SOCIEDADES COLIGADAS, CONTROLADAS, FILIADAS OU DE PARTICIPAÇÕES SIMPLES

Consideram-se **coligadas** as sociedades que, em suas relações de capital, **são controladas**, **filiadas ou de simples participação**, na forma dos artigos seguintes.

### 13.15.1 Sociedade controlada

**É controlada**:

a) a sociedade de cujo capital outra sociedade possua a maioria dos votos nas deliberações dos quotistas ou da assembleia geral e o poder de eleger a maioria dos administradores;
b) a sociedade cujo controle esteja em poder de outra, mediante ações ou quotas possuídas por sociedades ou sociedades por esta já controladas.

### 13.15.2 Sociedade coligada ou filiada

Diz-se **coligada ou filiada** a sociedade de cujo capital outra sociedade participa com 10% ou mais do capital da outra, sem controlá-la.

**NOTA**

Para fins da legislação societária (Lei nº 6.404, de 1976 – Lei das Sociedades por Ações) esta definição foi modificada pela Lei nº 11.941, de 2009, estabelecendo que são coligadas as sociedades nas quais a investidora tenha influência significativa. Considera-se que há influência significativa quando a investidora detém ou exerce o poder de participar nas decisões das políticas financeira ou operacional da investida, sem controlá-la, porém, será presumida influência significativa quando a investidora for titular de 20% ou mais do capital votante da investida, sem controlá-la (consulte o art. nº 243, da Lei nº 6.404, de 1976, bem como o Capítulo 14, deste livro).

### 13.15.3 Sociedade de simples participação

É de **simples participação** a sociedade cujo capital outra sociedade possua menos de 10% com direito de voto.

Salvo disposição especial de lei, a sociedade não pode participar de outra, que seja sua sócia, por montante superior, segundo o balanço, ao das próprias reservas, excluída a reserva legal.

Aprovado o balanço em que se verifique ter sido excedido esse limite, a sociedade não poderá exercer o direito de voto correspondente às ações ou quotas em excesso, as quais devem ser alienadas nos 180 dias seguintes àquela aprovação.

**NOTA**

Mais detalhes poderão ser obtidos no livro *Contabilidade avançada*, de nossa autoria.

## 13.16 LIQUIDAÇÃO DA SOCIEDADE

Dissolvida a sociedade e nomeado o liquidante na forma do disposto no Livro II – Direito de Empresa do Código Civil, procede-se à sua liquidação, de conformidade com os preceitos deste item, ressalvado o disposto no ato constitutivo ou no instrumento da dissolução.

O liquidante que não seja administrador da sociedade investir-se-á nas funções, averbada a sua nomeação no registro próprio.

**NOTA**

O leitor interessado no processo de Dissolução, Liquidação e Extinção das sociedades por ações (sociedade anônima) deve consultar o livro *Contabilidade avançada*, de nossa autoria.

### 13.16.1 Deveres do liquidante

Constituem **deveres do liquidante**:

a) averbar e publicar a ata, a sentença ou o instrumento de dissolução da sociedade;
b) arrecadar os bens, livros e documentos da sociedade, onde quer que estejam;
c) proceder, nos 15 dias seguintes ao da sua investidura e com a assistência, sempre que possível, dos administradores, à elaboração do inventário e do balanço geral do Ativo e do Passivo;
d) ultimar os negócios da sociedade, realizar o ativo, pagar o Passivo e partilhar o remanescente entre os sócios ou acionistas;
e) exigir dos quotistas, quando insuficiente o ativo à solução do Passivo, a integralização de suas quotas e, se for o caso, as quantias necessárias, nos limites da responsabilidade de cada um e proporcionalmente à respectiva participação nas perdas, repartindo-se, entre os sócios solventes e na mesma proporção, o devido pelo insolvente;
f) convocar assembleia dos quotistas, a cada seis meses, para apresentar relatório e balanço do estado da liquidação, prestando conta dos atos praticados durante o semestre, ou sempre que necessário;

g) confessar a falência da sociedade e pedir concordata, de acordo com as formalidades prescritas para o tipo de sociedade liquidanda;[19]
h) finda a liquidação, apresentar aos sócios o relatório da liquidação e as suas contas finais;
i) averbar a ata da reunião ou da assembleia, ou o instrumento firmado pelos sócios, que considerar encerrada a liquidação.

Em todos os atos, documentos ou publicações, o liquidante empregará a firma ou denominação social sempre seguida da cláusula "em liquidação" e de sua assinatura individual, com a declaração de sua qualidade.

As obrigações e a responsabilidade do liquidante regem-se pelos preceitos peculiares às dos administradores da sociedade liquidanda.

Compete ao liquidante representar a sociedade e praticar todos os atos necessários à sua liquidação, inclusive alienar bens móveis ou imóveis, transigir, receber e dar quitação.

Sem estar expressamente autorizado pelo contrato social, ou pelo voto da maioria dos sócios, não pode o liquidante gravar de ônus reais os móveis e imóveis, contrair empréstimos, salvo quando indispensáveis ao pagamento de obrigações inadiáveis, nem prosseguir, embora para facilitar a liquidação, na atividade social.

### 13.16.2 Dívidas sociais

Respeitados os direitos dos credores preferenciais, pagará o liquidante as dívidas sociais proporcionalmente, sem distinção entre vencidas e vincendas, mas, em relação a estas, com desconto.

Se o ativo for superior ao Passivo, pode o liquidante, sob sua responsabilidade pessoal, pagar integralmente as dívidas vencidas.

Os sócios podem resolver, por maioria de votos, antes de ultimada a liquidação, mas depois de pagos os credores, que o liquidante faça rateios por antecipação da partilha, à medida que se apurem os haveres sociais.

Pago o Passivo e partilhado o remanescente, convocará o liquidante assembleia dos sócios para a prestação final de contas.

**NOTA**

O liquidante deve observar os direitos dos credores preferenciais (créditos com garantia real, ou preferência decorrente de lei ou contrato, como créditos previdenciários, trabalhistas e tributários, que os receberão pelo valor total) e precede, em relação aos credores sem preferência, ao pagamento.

### 13.16.3 Encerramento da liquidação

Aprovadas as contas, **encerra-se a liquidação** e a sociedade se extingue, ao ser averbada no registro próprio a ata da assembleia.

O dissidente tem o prazo de 30 dias, a contar da publicação da ata, devidamente averbada, para promover a ação que couber.

Encerrada a liquidação, o credor não satisfeito só terá direito a exigir dos sócios, individualmente, o pagamento do seu crédito, até o limite da soma por eles recebida em partilha, e a propor contra o liquidante ação de perdas e danos.

[19] Denominação atribuída à sentença ilíquida, quando em processo de liquidação. Extensivamente, assim se qualifica o que está em liquidação.

### 13.16.4 Liquidação judicial

No caso de liquidação judicial, será observado o disposto na lei processual.

No curso de liquidação judicial, o juiz convocará, se necessário, reunião ou assembleia para deliberar sobre os interesses da liquidação, e as presidirá, resolvendo sumariamente as questões suscitadas.

As atas das assembleias serão, em cópia autêntica, apensadas ao processo judicial.

> **NOTA**
>
> O leitor interessado nas operações de transformação, incorporação, fusão e cisão deverá consultar o Capítulo X do *Código Civil*, arts. 1.113 a 1.141, e o livro *Contabilidade avançada*, de nossa autoria.

## 13.17 ▸ ESTABELECIMENTO[20]

Considera-se **estabelecimento** todo complexo de bens organizado para exercício da empresa, por empresário, ou por sociedade empresária.

Pode o estabelecimento ser objeto unitário de direitos e de negócios jurídicos, translativos ou constitutivos,[21] que sejam compatíveis com a sua natureza.

O contrato que tenha por objeto a alienação, o usufruto ou arrendamento do estabelecimento só produzirá efeitos quanto a terceiros depois de averbado à margem da inscrição do empresário, ou da sociedade empresária, no Registro Público de Empresas Mercantis, e de publicado na imprensa oficial.

Se ao alienante não restarem bens suficientes para solver o seu Passivo, a eficácia da alienação do estabelecimento depende do pagamento de todos os credores, ou do consentimento destes, de modo expresso ou tácito, em 30 dias a partir de sua notificação.

### 13.17.1 Adquirente do estabelecimento

**O adquirente do estabelecimento** responde pelo pagamento dos débitos anteriores à transferência, desde que regularmente contabilizados, continuando o devedor primitivo solidariamente obrigado pelo prazo de um ano, a partir, quanto aos créditos vencidos, da publicação, e, quanto aos outros, da data do vencimento.

Não havendo autorização expressa, o alienante do estabelecimento não pode fazer concorrência ao adquirente nos cinco anos subsequentes à transferência. No caso de arrendamento ou usufruto do estabelecimento, a proibição prevista persistirá durante o prazo do contrato.

Salvo disposição em contrário, a transferência importa a sub-rogação[22] do adquirente nos contratos estipulados para exploração do estabelecimento, se não tiverem caráter pessoal, podendo os terceiros rescindir o contrato em 90 dias a contar da publicação da transferência, se ocorrer justa causa, ressalvada, neste caso, a responsabilidade do alienante.

---

[20] Complexo de bens de natureza variada, materiais (mercadorias, máquinas, imóveis, veículos, equipamentos etc.) ou imateriais (marcas, patentes, tecnologia, ponto comercial, fundo do comércio etc.) reunidos ou organizados pelo empresário ou pela sociedade empresária, por serem necessários às atividades desenvolvidas ou exercidas pela empresa.

[21] *Translativo* – que transfere, transporta ou muda de um lugar para outro.
*Constitutivos* – que constitui, ou forma.

[22] Conceito de substituição, isto é, designa o fato, ou o ato, que substitui ou modifica uma coisa pela outra.

### 13.17.2 Cessão dos créditos do estabelecimento transferido

A **cessão dos créditos**[23] referentes ao estabelecimento transferido produzirá efeito em relação aos respectivos devedores desde o momento da publicação da transferência, mas o devedor ficará exonerado se, de boa-fé, pagar ao cedente.

## 13.18 ▸ NOME EMPRESARIAL

O **nome empresarial** representa a firma ou denominação com que o empresário, a sociedade empresária, e também, por equiparação, a sociedade simples, a associação e a fundação se apresentam no exercício de suas atividades, visto ser elemento de identificação.

- **Firma –** deverá ter por base o nome do empresário ou dos sócios da sociedade, que constitui também a sua assinatura.
- **Denominação –** é opcional a utilização do nome do empresário ou do *nome fantasia*. Se for utilizado nome fantasia, a assinatura do empresário deverá ser lançada sobre o nome empresarial carimbado ou impresso.

### 13.18.1 Introdução

Considera-se nome empresarial a firma ou a denominação adotada para o exercício de empresa. Equipara-se ao nome empresarial, para os efeitos da proteção da lei, a denominação das sociedades simples, associações e fundações.

O empresário opera sob firma constituída por seu nome, completo ou abreviado, aditando-lhe, se quiser, designação mais precisa da sua pessoa ou do gênero de atividade.

A sociedade em que houver sócios de responsabilidade ilimitada operará sob firma, na qual somente os nomes daqueles poderão figurar, bastando para formá-la aditar ao nome de um deles a expressão "& Companhia" ou sua abreviatura ("& Cia."). Ficam solidária e ilimitadamente responsáveis pelas obrigações contraídas sob a firma social aqueles que, por seus nomes, figurarem na firma da sociedade.

#### 13.18.1.1 Distinção na inscrição

O nome de empresário deve distinguir-se de qualquer outro já inscrito no mesmo registro. Se o empresário tiver nome idêntico ao de outros já inscritos, deverá acrescentar designação que o distinga.

#### 13.18.1.2 Alienação

O nome empresarial não pode ser objeto de alienação. O adquirente de estabelecimento, por ato entre vivos, pode, se o contrato o permitir, usar o nome do alienante, precedido do seu próprio, com a qualificação de sucessor.

#### 13.18.1.3 Falecimento do sócio

O nome de sócio que vier a falecer, for excluído ou se retirar não pode ser conservado na firma social. Assim, haverá alteração obrigatória da firma em razão de morte, exclusão e retirada de sócio.

#### 13.18.1.4 Utilização do nome – extensão territorial

A inscrição do empresário, ou dos atos constitutivos das pessoas jurídicas, ou as respectivas averbações, no registro próprio, asseguram o uso exclusivo do nome nos limites do respectivo Estado.

[23] É a transferência, feita pelo credor, de seus direitos de crédito a outra pessoa.

O uso mencionado se estenderá a todo o território nacional, se registrado na forma da lei especial, tal fato impede que outra empresa use a mesma firma, que é tutelada juridicamente.

#### 13.18.1.5 Anulação da inscrição do nome empresarial

Cabe ao prejudicado, a qualquer tempo, ação para **anular a inscrição do nome empresarial** feita com violação da lei ou do contrato.

#### 13.18.1.6 Nome empresarial cancelado

A **inscrição do nome empresarial será cancelada**, a requerimento de qualquer interessado, quando cessar o exercício da atividade para que foi adotado, ou quando ultimar-se a liquidação da sociedade que o inscreveu.

### 13.18.2 Sociedade limitada

Pode a **sociedade limitada** adotar firma ou denominação, integradas pela palavra final "limitada" ou a sua abreviatura. A firma será composta com o nome de um ou mais sócios, desde que pessoas físicas, de modo indicativo da relação social.

A denominação deve designar o objeto da sociedade, sendo permitido nela figurar o nome de um ou mais sócios. A omissão da palavra "limitada" (ou sua abreviatura *Ltda.*) determina a responsabilidade solidária e ilimitada dos administradores que assim empregarem a firma ou a denominação da sociedade.

### 13.18.3 Sociedade cooperativa

A **sociedade cooperativa** funciona sob denominação integrada pelo vocábulo "cooperativa". Ex.: Cooperativa de Produtos Agropecuários de SP.

### 13.18.4 Sociedade anônima

A **sociedade anônima** (sociedade por ações prevista na Lei nº 6.404/1976 e alterações posteriores) opera sob denominação designativa do objeto social, integrada pelas expressões "sociedade anônima" ou "companhia", por extenso ou abreviadamente. Pode constar da denominação o nome do fundador, acionista ou pessoa que haja concorrido para o bom êxito da formação da empresa. Ex.: Companhia Comercial de Telhas Silpa ou Silpa Veículos S/A.

### 13.18.5 Sociedade em comandita por ações

A **sociedade em comandita por ações** pode, em lugar de firma, adotar denominação designativa do objeto social, aditada da expressão "comandita por ações".

### 13.18.6 Sociedade em Conta de Participação (SCP)

A **Sociedade em Conta de Participação (SCP)** não pode ter firma ou denominação.

## 13.19 ▸ CONTABILISTA E OUTROS AUXILIARES

Os assentos lançados nos livros ou fichas do preponente,[24] por qualquer dos prepostos encarregados de sua escrituração, produzem, salvo se houver procedido de má-fé, os mesmos efeitos como se o fossem por aquele.

---

[24] Pessoa que coloca alguém em seu lugar, em certo negócio ou comércio, para que o dirija, o faça ou o administre em seu nome (mandante ou patrão).

No exercício de suas funções, os prepostos são pessoalmente responsáveis, perante os preponentes, pelos atos culposos; e, perante terceiros, solidariamente com o preponente, pelos atos dolosos. Os preponentes são responsáveis pelos atos de quaisquer prepostos, praticados nos seus estabelecimentos e relativos à atividade da empresa, ainda que não autorizados por escrito.

Quando tais atos forem praticados fora do estabelecimento, somente obrigarão o preponente nos limites dos poderes conferidos por escrito, cujo instrumento pode ser suprido pela certidão ou cópia autêntica do seu teor.

## 13.20 ▸ ESCRITURAÇÃO[25]

O empresário e a sociedade empresária são obrigados a seguir um sistema de contabilidade, mecanizado ou não, com base na **escrituração** uniforme de seus livros, em correspondência com a documentação respectiva, e a levantar anualmente o Balanço Patrimonial e o de resultado econômico.

Salvo o disposto no Subitem 13.9.1, o número e a espécie de livros ficam a critério dos interessados. É dispensado das exigências deste artigo o pequeno empresário e o empresário rural (consulte o Subitem 13.7.2).

### 13.20.1 Livro Diário[26]

Além dos demais livros exigidos por lei, é indispensável o **Livro Diário**, que pode ser substituído por fichas no caso de escrituração mecanizada ou eletrônica.

A adoção de fichas não dispensa o uso de livro apropriado para o lançamento do Balanço Patrimonial e do de resultado econômico (DRE).

### 13.20.2 Autenticação dos livros

Salvo disposição especial de lei, os **livros** obrigatórios e, se for o caso, as fichas, antes de postos em uso, devem ser **autenticados** no Registro Público de Empresas Mercantis. A autenticação não se fará sem que esteja inscrito o empresário ou a sociedade empresária que poderá fazer autenticar livros não obrigatórios.

### 13.20.3 Responsável pela escrituração

Sem prejuízo das limitações contidas na autorga de poderes, a **escrituração ficará sob a responsabilidade de contabilista legalmente habilitado**, salvo se nenhum houver na localidade.

A escrituração será feita em idioma e moeda corrente nacionais e em forma contábil, por ordem cronológica de dia, mês e ano, sem intervalos em branco, nem entrelinhas, borrões, rasuras, emendas ou transportes para as margens.

É permitido o uso de código de números ou de abreviaturas que constem de livro próprio regularmente autenticado.

### 13.20.4 Escrituração do Diário[27]

No Diário serão lançadas, com individuação, clareza e caracterização do documento respectivo, dia a dia, por escrita direta ou reprodução, todas as operações relativas ao exercício da empresa.

Admite-se a escrituração resumida do Diário, com totais que não excedam o período de 30 dias, relativamente a contas cujas operações sejam numerosas ou realizadas fora da sede do

---

25 Processo metódico e sistemático pelo qual em livros próprios, obrigatórios ou auxiliares são registrados em ordem cronológica, sem rasuras, borrões ou emendas, todas as operações do estabelecimento empresarial, levantando-se ao final do período as demonstrações contábeis correspondentes (consulte o Capítulo 3, deste livro).

26 Consulte o Subitem 3.1.3, Capítulo 3, deste livro.

27 Consulte a respeito o Subitem 3.1.4, Capítulo 3, deste livro.

estabelecimento, desde que utilizados livros auxiliares regularmente autenticados, para registro individualizado, e conservados os documentos que permitam a sua perfeita verificação.

Serão lançados no Diário o Balanço Patrimonial e o de Resultado Econômico (DRE), devendo ambos ser assinados por técnico em Ciências Contábeis legalmente habilitado e pelo empresário ou sociedade empresária.

### 13.20.5 Livro Balancetes Diários e Balanços

O empresário ou sociedade empresária que adotar o sistema de fichas de lançamentos poderá substituir o Livro Diário pelo **Livro Balancetes Diários e Balanços**, observadas as mesmas formalidades extrínsecas exigidas para aquele.

O livro Balancete Diário e Balanços será escriturado de modo que registre:

1. a posição diária de cada uma das contas ou títulos contábeis, pelo respectivo saldo, em forma de balancetes diários;
2. o Balanço Patrimonial e o de resultado econômico (DRE), no encerramento do exercício.

### 13.20.6 Critérios de avaliação[28]

Na coleta dos elementos para o inventário, serão observados **os critérios de avaliação** a seguir determinados:

1. os bens destinados à exploração da atividade serão avaliados pelo custo de aquisição, devendo, na avaliação dos que se desgastam ou depreciam com o uso, pela ação do tempo ou outros fatores, atender-se à desvalorização respectiva, criando-se fundos de amortização para assegurar-lhes a substituição ou a conservação do valor;
2. os valores mobiliários, matéria-prima, bens destinados à alienação, ou que constituem produtos ou artigos da indústria ou comércio da empresa, podem ser estimados pelo custo de aquisição ou de fabricação, ou pelo preço corrente,[29] sempre que este for inferior ao preço de custo, e, quando o preço corrente ou venal estiver acima do valor do custo de aquisição, ou fabricação, e os bens forem avaliados pelo preço corrente, a diferença entre este e o preço de custo não será levada em conta para a distribuição de lucros, nem para as percentagens referentes a fundos de reserva;
3. o valor das ações e dos títulos de renda fixa pode ser determinado com base na respectiva cotação da Bolsa de Valores; os não cotados e as participações não acionárias serão considerados pelo seu valor de aquisição;
4. os créditos serão considerados de conformidade com o presumível valor de realização, não se levando em conta os prescritos ou de difícil liquidação, salvo se houver, quanto aos últimos, previsão equivalente.

### 13.20.7 Valores amortizáveis

Entre os valores do ativo podem figurar, desde que se preceda, anualmente, à sua **amortização:**

a) as despesas de instalação da sociedade, até o limite correspondente a 10% do capital social;
b) os juros pagos aos acionistas da sociedade anônima, no período antecedente ao início das operações sociais, à taxa não superior a 12% ao ano, fixada no estatuto;

28 Consulte os Capítulos 4, 10, 11 e 12, deste livro.

29 Preço estabelecido no mercado, em certo dia ou certo momento.

c) a quantia efetivamente paga a título de aviamento[30] de estabelecimento adquirido pelo empresário ou sociedade.

Veja a respeito os Subitens 11.7.4 a 11.7.6, no Capítulo 11, deste livro.

### 13.20.8 Balanço Patrimonial[31]

O **Balanço Patrimonial** deverá exprimir, com fidelidade e clareza, a situação real da empresa e, atendidas as peculiaridades desta, bem como as disposições das leis especiais, indicará, distintamente, o Ativo e o Passivo. Lei especial disporá sobre as informações que acompanharão o Balanço Patrimonial, em caso de sociedades coligadas.

O balanço de resultado econômico, ou demonstração da conta de lucros e perdas,[32] acompanhará o Balanço Patrimonial e dele constarão crédito e débito, na forma da lei especial.

### 13.20.9 Restrições ao exame da escrituração

Ressalvados os casos previstos em lei, nenhuma autoridade, juiz ou tribunal, sob qualquer pretexto, poderá fazer ou ordenar diligência para verificar se o empresário ou a sociedade empresária observam, ou não, em seus livros e fichas, as formalidades prescritas em lei.

O juiz só poderá autorizar a exibição integral dos livros e papéis de escrituração quando necessária para resolver questões relativas a sucessão, comunhão ou sociedade, administração ou gestão à conta de outrem, ou em caso de falência.

O juiz ou tribunal que conhecer de medida cautelar ou de ação pode, a requerimento ou de ofício, ordenar que os livros de qualquer das partes, ou de ambas, sejam examinados na presença do empresário ou da sociedade empresária a que pertencerem, ou de pessoas por estes nomeadas, para deles se extrair o que interessar à questão.

Achando-se os livros em outra jurisdição, nela se fará o exame, perante o respectivo juiz. Recusada a apresentação dos livros, serão apreendidos judicialmente e se terá como verdadeiro o alegado pela parte contrária para se provar pelos livros; a confissão resultante da recusa pode ser elidida por prova documental em contrário.

As restrições ao exame da escrituração, em parte ou por inteiro, não se aplicam às autoridades fazendárias, no exercício da fiscalização do pagamento de impostos, nos termos estritos das respectivas leis especiais.

O empresário e a sociedade empresária são obrigados a conservar em boa guarda toda a escrituração, correspondência e demais papéis concernentes à sua atividade, enquanto não ocorrer prescrição ou decadência no tocante aos atos neles consignados.

### 13.20.10 Sucursais, filiais ou agências (estrangeiras)

As disposições deste Item aplicam-se às sucursais, às filiais ou às agências, no Brasil, do empresário ou sociedade com sede em país estrangeiro.

[30] *Aviamento* – conjunto de fatores, materiais, imateriais e temporais, que conferem ao estabelecimento comercial o sucesso negocial. É a expressão sinônima de "ponto comercial".

[31] Consulte o Item 12.2 do Capítulo 12.

[32] Equivalente a DRE. Consulte o Item 12.3 do Capítulo 12 deste livro.

## TESTES DE FIXAÇÃO

1. Assinale a alternativa correta em relação às sociedades:
   a) É sociedade empresária aquela que exerce atividade econômica organizada sem finalidade lucrativa.
   b) A sociedade adquire personalidade jurídica própria a partir do momento em que elaborado seu contrato social e assinado pelos respectivos sócios.
   c) A sociedade por ações é sempre considerada sociedade empresária.
   d) Na sociedade limitada, a responsabilidade dos sócios não é restrita ao valor de suas quotas, mesmo que o capital social esteja totalmente integralizado.
   e) Os bens particulares dos sócios podem ser executados por dívidas da sociedade, independentemente de executados os bens sociais.

2. Na sociedade em conta de participação, é correto afirmar que:
   a) todos os sócios obrigam-se perante terceiros;
   b) adquire personalidade jurídica a partir da inscrição de seu contrato junto ao Registro Público de Empresas Mercantis;
   c) há tratamento tributário favorecido, em virtude de disposição constitucional;
   d) o contrato social produz efeito contra terceiros;
   e) a falência do sócio extensivo acarreta a dissolução da sociedade.

3. Em relação aos resultados auferidos pelas sociedades simples, é correto afirmar que:
   a) é nula a estipulação contratual que exclua qualquer sócio de participar dos lucros e das perdas;
   b) os administradores da sociedade não respondem por distribuição de lucros fictícios ou ilícitos aos sócios;
   c) o sócio cuja contribuição à sociedade consista na prestação de serviços não tem direito à participação nos resultados;
   d) a participação dos sócios nos lucros e perdas da sociedade é independente da proporção de suas quotas, em qualquer caso;
   e) salvo estipulação em contrário no contrato social, os administradores da sociedade participam com o percentual de 20% nos seus lucros.

4. Nas sociedades simples:
   a) o sócio pode ser substituído no exercício de suas funções mesmo sem o consentimento dos demais;
   b) a cessão parcial ou total da quota do sócio tem eficácia contra a sociedade e os demais, mesmo que o contrato social seja modificado sem o consentimento deles;
   c) verificada a mora do sócio remisso, ele será automaticamente excluído da sociedade;
   d) o cedente das quotas da sociedade responde solidariamente com o cessionário pelas obrigações que tinha como sócio até dois anos após a averbação da modificação do contrato;
   e) o sócio cuja contribuição consista apenas em serviços poderá empregar-se em atividade estranha à sociedade.

5. Os administradores da sociedade simples:
   a) podem fazer-se substituir no exercício de suas funções;
   b) respondem solidariamente perante a sociedade e perante os terceiros prejudicados, em caso de culpa no desempenho de suas funções;

c) podem impedir os sócios de examinar os livros e documentos da sociedade;
d) não têm qualquer responsabilidade em apresentar o Balanço Patrimonial e o resultado econômico da sociedade, incumbência que cabe exclusivamente ao contador;
e) embora possam ser punidos em caso de aplicar créditos da sociedade em proveito próprio, não têm a obrigação de restituí-los ou pagar soma equivalente.

**6.** Na sociedade em nome coletivo:
a) todos os sócios respondem somente pelo valor de suas quotas, embora todos sejam responsáveis solidários pela integralização do capital social;
b) o administrador não sócio deve ser aprovado por unanimidade dos votos dos titulares das quotas;
c) sem prejuízo da responsabilidade perante terceiros, os sócios podem limitar, entre si, a responsabilidade de cada um;
d) os sócios majoritários respondem ilimitadamente pelas suas quotas, enquanto os minoritários estão obrigados somente pelo valor de sua quota;
e) admite-se que pessoas jurídicas de direito público dela possam fazer parte.

**7.** Na sociedade limitada:
a) se o contrato permitir administradores não sócios, a designação deles, enquanto o capital não estiver integralizado, dependerá da aprovação de, no mínimo, 3/5 (três quintos) dos sócios;
b) o administrador pode deliberar sobre a forma da remuneração dos sócios, independentemente de consulta prévia aos mesmos;
c) na omissão do contrato, o sócio pode ceder sua quota, total ou parcialmente, a estranho, desde que não haja oposição da maioria dos outros sócios;
d) nenhum credor poderá se opor à deliberação de redução do capital da sociedade;
e) a assembleia dos sócios instala-se, em primeira convocação, com a presença de titulares de, no mínimo, ¾ (três quartos) do capital social e, em segunda, com qualquer número.

**8.** Na liquidação da sociedade:
a) os sócios não têm direito a rateios por antecipação da partilha antes de ultimada a liquidação, exceto se os credores já tiveram sido integralmente pagos;
b) o sócio dissidente tem o prazo de um ano, a contar da publicação da ata da liquidação, para promover ação contra ela;
c) não há necessidade de respeitar os direitos dos credores preferenciais, caso a soma dos Passivos exigíveis da sociedade ultrapasse o total de seus ativos;
d) o liquidante pode gravar de ônus reais os bens móveis e imóveis da sociedade e contrair empréstimos desde que essas medidas facilitem o procedimento de liquidação, sem autorização da maioria dos sócios;
e) não pode o liquidante confessar falência da sociedade, sob pena de responder solidariamente pelos direitos dos credores.

**9.** Assinale a alternativa correta, em relação ao nome empresarial das sociedades:
a) A sociedade civil deve adotar firma em que conste necessariamente a palavra *limitada* ou sua abreviatura.
b) A sociedade em conta de participação deve fazer constar em sua denominação a expressão *e companhia*.
c) O nome de sócio que vier a falecer, for excluído ou se retirar pode ser conservado na firma social.

d) A omissão da palavra *limitada* na firma ou denominação de sociedade limitada implica responsabilidade solidária e ilimitada dos administradores que a empregarem.
e) O nome pode ser objeto de alienação, desde que por decisão da maioria simples dos sócios.

**10.** Em relação à escrituração contábil das sociedades, é correto afirmar que:
a) ela pode ser feita em ordem não cronológica, desde que os fatos contábeis estejam descritos com precisão;
b) os livros obrigatórios de escrituração e, se for o caso, as fichas, antes de postos em uso, devem ser autenticados no Registro Público de Empresas Mercantis;
c) o Balanço Patrimonial e o de resultado econômico devem ser levantados no final de cada dois anos de exercício ininterrupto das atividades sociais;
d) os valores constantes no ativo da sociedade devem ser avaliados pelo preço corrente de mercado, se este for superior ao de aquisição, para fins de distribuição de lucros;
e) as quantias pagas pela sociedade a título de aviamento devem figurar no resultado do exercício em que forem desembolsadas.

**GABARITO**

| 1. C | 2. E | 3. A | 4. D | 5. B |
|---|---|---|---|---|
| 6. C | 7. E | 8. A | 9. D | 10. B |

# Capítulo 14

# Convergência às Normas Internacionais de Contabilidade: alterações introduzidas pelas Leis nº 11.638/2007 e nº 11.941/2009, na Lei das Sociedades por Ações

## 14.1 ▸ INTRODUÇÃO

Foram realizadas as seguintes alterações na Lei das Sociedades por Ações, ou seja, na Lei nº 6.404, de 15 de dezembro de 1976, ao longo dos últimos anos-calendário:

a) Lei nº 9.457, de 5 de maio de 1997.
b) Lei nº 10.303, de 31 de outubro de 2001.
c) Lei nº 11.638, de 28 de dezembro de 2007.
d) Lei nº 11.941, de 2009 (conversão da MP nº 449, de 2008), que alterou a Lei nº 11.638, de 2007 e disciplinou sobre os seus aspectos tributários.

**NOTAS**

1. As três últimas alterações (letra d) tiveram por objetivo a adaptação da Legislação Contábil Brasileira às Normas e Padrões Internacionais de Contabilidade e serão o foco deste capítulo.
2. O presente capítulo será apresentado em duas etapas distintas, a saber:
   a) Apresentação e análise das alterações na legislação comercial (Lei nº 11.638/2007 e Lei nº 11.941, de 2009). O leitor poderá visualizar estas alterações nos Itens 14.3 a 14.7.
   b) Implicações tributárias pertinentes aos mencionados diplomas legais (veja Item 14.8).

## 14.2 ▸ DA CONVERGÊNCIA ÀS NORMAS INTERNACIONAIS

A convergência para as Normas Internacionais de Contabilidade tem como objetivo facilitar a análise dos investidores internacionais, pois a necessidade de manusear diversas demonstrações financeiras com várias normas distintas e diferenciadas dificultava sobremaneira a comparação delas e, consequentemente, a aplicação dos recursos pelos investidores residentes ou domiciliados em outros países. Assim, a convergência é uma contribuição da classe contábil ao crescimento da economia global, pois viabiliza o fluxo de capitais e os investimentos oriundos do exterior.

As normas internacionais são compostas por um conjunto de cinco tipos de pronunciamentos técnicos (*Framework*, IAS, SIC, IFRS e IFRIC):

- ***Framework*** – o *framework* (estrutura conceitual) não é oficialmente um pronunciamento técnico.
- **IAS** – *International Accounting Standards* (IAS) são os primeiros pronunciamentos emitidos pelo *International Accounting Standards Committee* (IASC).
- **SIC** – interpretações emitidas pelo *Standing Interpretations Committee* (SIC).
- **IFRS** – *International Financial Reporting Standards* (IFRS) são pronunciamentos emitidos pelo International Accounting Standards Board (IASB). Eles são, portanto, os mais recentes.
- **IFRIC** – interpretações emitidas pelo *International Financial Reporting Interpretations Committee* (IFRIC). Elas são, portanto, as interpretações mais recentes.

**NOTAS**

1. Todos os pronunciamentos internacionais são publicados pelo IASB, em língua inglesa.
2. O equivalente ao Comitê de Pronunciamentos Contábeis (CPC Nacional) é chamado de IASC e foi criado em 1973 pelos organismos profissionais de contabilidade de dez países: Alemanha, Austrália, Canadá, Estados Unidos da América, França, Irlanda, Japão, México, Países Baixos e Reino Unido.).

### 14.2.1 Comitê de Pronunciamentos Contábeis (CPC)

Criado pela Resolução CFC nº 1.055, de 2005 (parcialmente alterada pelas Resoluções CFC nº 1.075, de 2006, e nº 1.339, de 2011), tem por objetivo o estudo, preparo e emissão de **Pronunciamentos Técnicos sobre procedimentos de Contabilidade e a divulgação de informações dessa natureza**, para permitir a emissão de normas pela entidade reguladora brasileira, visando à centralização e a uniformização de seu processo de produção, levando sempre em conta a convergência da Contabilidade Brasileira aos padrões internacionais.

O CPC foi idealizado em função das seguintes necessidades:

a) Convergência Internacional das normas contábeis (redução de custos de elaboração de relatórios contábeis, redução de riscos e custo nas análises de decisões, redução de custo de capital).
b) Promover discussões buscando o alinhamento das normas nacionais às internacionais.
c) Centralização na emissão de normas dessa natureza (no Brasil, diversas entidades o fazem).
d) Representação e processo democráticos na produção dessas informações (produtores da informação contábil, auditor, usuário, intermediário, academia, governo).

**NOTAS**

1. É totalmente autônomo em relação às entidades representadas.
2. O CFC fornece a estrutura necessária.
3. Os membros do CPC – dois por entidades – na maioria Contadores, não auferem remuneração.
4. Produtos do CPC: Pronunciamentos Técnicos, Orientações e Interpretações.

### 14.2.1.1 Composição do CPC

O CPC é composto pela Associação Brasileira das Companhias Abertas (ABRASCA); Associação dos Analistas e Profissionais de Investimento do Mercado de Capitais (APIMEC Nacional); Bolsa de Valores de São Paulo (BOVESPA); Conselho Federal de Contabilidade (CFC); Instituto dos Auditores Independentes do Brasil (IBRACON) e Fundação Instituto de Pesquisas Contábeis, Atuariais e Financeiras (FIPECAFI).

As seguintes entidades estão convidadas a participar dos trabalhos:

- Banco Central do Brasil **(BACEN)**.
- Secretaria da Receita Federal do Brasil **(SRFB)**.
- Superintendência de Seguros Provados **(SUSEP)**.
- Comissão de Valores Mobiliários **(CVM)**.

**NOTA**

Os pronunciamentos do CPC são validados por meio de audiências públicas e são reconhecidos por atos da CVM e do CFC.

### 14.2.1.2 Principais atos editados

Veja na Tabela 14.1 a seguir os principais atos editados pelo CPC, aprovados pela CVM e pelo CFC, relativamente a convergências para Padrões Internacionais de Contabilidade, ou seja, mantendo correlação com os atos do IASB.

**Tabela 14.1** Principais atos editados pelo CPC

| PRONUNCIAMENTOS EDITADOS PELO CPC E APROVADOS PELA CVM E PELO CFC | | | | |
|---|---|---|---|---|
| **CPC Nº** | **Deliberação CVM Nº** | **Resolução CFC Nº** | **NBCTG** | **Descrição e Objetivo** |
| 00 | 675, de 2011 | 1.374, de 2011 | | Estrutura Conceitual para a Elaboração e Apresentação das Demonstrações Contábeis. |
| 01 | 639, de 2010 | 1.292, de 2010 | 01 | Redução ao Valor Recuperável de Ativos. |
| 02 | 640, de 2010 | 1.295, de 2010 | 02 | Efeito nas Mudanças das Taxas de Câmbio de Demonstrações Financeiras. |
| 03 | 641, de 2010 | 1.296, de 2010 | 03 | Demonstração dos Fluxos de Caixa. |
| 04 | 644, de 2010 | 1.303 de 2010 | 04 | Ativos Intangíveis. |
| 05 | 642, de 2010 | 1.297, de 2010 | 05 | Divulgação de Partes Relacionadas. |
| 06 | 645, de 2010 | 1.304, de 2010 | 06 | Operações de Arrendamento Mercantil. |
| 07 | 646, de 2010 | 1.305, de 2010 | 07 | Trata das Subvenções e Assistências Governamentais. |
| 08 | 649, de 2010 | 1.313, de 2010 | 08 | Custos de Transação e Prêmios na Emissão de Títulos e Valores Mobiliários. |

(*continua*)

(*continuação*)

| CPC Nº | Deliberação CVM Nº | Resolução CFC Nº | NBCTG | Descrição e Objetivo |
|---|---|---|---|---|
| 09 | 557, de 2008 | 1.138, de 2008 e 1.162, de 2009 | 09 | Demonstração do Valor Adicionado (DVA). |
| 10 | 650, de 2010 | 1.314, de 2010 | 10 | Pagamentos Baseados em Ações. |
| 11 | 563, de 2008 | 1.150, de 2009 | 11 | Contratos de Seguro. |
| 12 | 564, de 2008 | 1.151, de 2009 | 12 | Trata dos Ajustes a Valor Presente. |
| 13 | 565, de 2008 | 1.152, de 2009 | 13 | Adoção Inicial da Lei nº 11.638/2007 e da Medida Provisória (MP) nº 449/2008. |
| 14 | –o– | –o– | –o– | Este Pronunciamento foi atualizado e corresponde à Orientação OCPC 03 e deixa de ter aplicabilidade após a utilização do CPC nº 38, 39 e 40. |
| 15 | 665, de 2011 | 1.350, de 2011 | 15 | Combinação de Negócios. |
| 16 | 575, de 2009 | 1.170, de 2009 e 1.273, de 2010 | 16 | Estoques. |
| 17 | 691, de 2012 | 1.411, de 2012 | 17 | Contratos de Construção. |
| 18 | 696, de 2012 | 1.241, de 2009 | 18 | Investimentos em Coligadas e Controladas e em Empreendimento Controlado em Conjunto. |
| 19 | 694, de 2012 | | | Negócio em Conjunto. |
| 20 | 672, de 2011 | 1.172, de 2009 e 1.359, de 2011 | 20 | Custos dos Empréstimos. |
| 21 | 673, de 2011 | 1.174. de 2009 e 1.359, de 2011 | 21 | Demonstrações Intermediárias. |
| 22 | 582, de 2009 | 1.176, de 2009 | 22 | Informações por Segmento. |
| 23 | 592, de 2008 | 1.179, de 2009 | 23 | Políticas Contábeis, Mudanças de Estimativa e Retificação de Erro. |
| 24 | 593, de 2009 | 1.184, de 2009 | 24 | Evento Subsequente. |
| 25 | 594, de 2009 | 1.180, de 2009 | 25 | Provisões, Passivos Contingentes e Ativos Contingentes. |
| 26 | 676, de 2011 | 1.185, de 2009 e 1.376, de 2011 | 26 | Apresentação de Demonstrações Contábeis. |
| 27 | 583, de 2009 | 1.177, de 2009 | 27 | Ativo Imobilizado. |
| 28 | 584, de 2009 | 1.178, de 2009 | 28 | Propriedade para Investimentos. |

(*continua*)

(*continuação*)

| CPC Nº | Deliberação CVM Nº | Resolução CFC Nº | NBCTG | Descrição e Objetivo |
|---|---|---|---|---|
| 29 | 596, de 2009 | 1.186, de 2009 | 29 | Ativo Biológico e Produto Agrícola. |
| 30 | 692, de 2012 | 1.412, de 2012 | 30 | Receitas. |
| 31 | 598, de 2009 | 1.188, de 2009 | 31 | Ativo Não Circulante mantido para venda e Operação Descontinuada. |
| 32 | 599, de 2009 | 1.189, de 2009 | 32 | Tributos sobre o Lucro. |
| 33 | 600, de 2009 | 1.193, de 2009 | 33 | Benefícios a Empregados. |
| 34 | | | | Exploração e Avaliação de Recursos Minerais (Aguardando revisão do IASB). |
| 35 | 693, de 2012 | 1.413, de 2012 | 35 | Demonstrações Separadas. |
| 36 | 668, de 2011 | 1.240, de 2009, 1.273, de 2010 e 1.351, de 2011 | 36 | Demonstrações Consolidadas. |
| 37 | 647, de 2010 | 1.306, de 2010 | 37 | Adoção Inicial das Normas Internacionais de Contabilidade. |
| 38 | 604, de 2009 | 1.196, de 2009 | 38 | Instrumentos Financeiros: Reconhecimento e Mensuração. |
| 39 | 604, de 2009 | 1.197, de 2009 | 39 | Instrumentos Financeiros: Apresentação. |
| 40 | 684, de 2012 | 1.399, de 2012 | 40 | Instrumentos Financeiros: Evidenciação. |
| 41 | 636, de 2010 | 1.287, de 2010 | 41 | Resultado por Ação. |
| 42 | | | | Contabilidade e Evidenciação em Economia Altamente Inflacionária (Aguardando revisão do IASB). |
| 43 | 651, de 2010 | 1.315, de 2010 | 43 | Adoção Inicial dos Pronunciamentos Técnicos CPC nº 15 a 41. |
| 44 | 708, de 2013 | – | 44 | Demonstrações Combinadas. |
| 45 | 697, de 2012 | – | 45 R1 | Divulgação de Participação em outras Entidades. |
| 46 | 699, de 2012 | – | 46 R1 | Mensuração do Valor Justo. |
| PME | –o– | 1.255, de 2009 e 1.285 e 1.319, ambas de 2010 | 1000 | Contabilidade para Pequenas e Médias Empresas (R1) (com Glossário de Termos). |

De acordo com o Pronunciamento Técnico nº 43, os Pronunciamentos Técnicos de nº 01 a 14 foram todos aplicados já em 2008, por força da própria Lei nº 11.638, de 2007, e da normatização de quase todos os órgãos reguladores contábeis brasileiros.

Segundo o mesmo Pronunciamento CPC nº 43, a segunda etapa da adaptação das Normas Contábeis Brasileiras às Internacionais está se cumprindo durante 2009, com a edição dos

Pronunciamentos Técnicos CPC de nº 15 a 40 (com exceção do CPC nº 34)[1] e Interpretações diversas. Esses documentos emitidos em 2009 estão sendo sugeridos como de adoção obrigatória por parte dos órgãos reguladores que já se manifestaram quanto aos referidos documentos para 2010, com efeito retroativo para 2009, para fins comparativos. Consequentemente, o ano de 2009 está sendo regido ainda pelos documentos da primeira fase.

## 14.3 ▸ BALANÇO PATRIMONIAL – GRUPO DE CONTAS

As alterações inseridas nos arts. 178, 180 e 182, da Lei nº 6.404, de 1976, pela Lei nº 11.638, de 2007, e posteriormente, pela Lei nº 11.941, de 2009, disponibilizaram a adoção de uma nova estrutura para o Balanço Patrimonial, que poderá ser adiante visualizada.

**Quadro 14.1** Balanço Patrimonial: nova estrutura a partir de 1º de janeiro de 2008

| BALANÇO PATRIMONIAL – NOVA ESTRUTURA A PARTIR DE 1º.01.2008 | |
|---|---|
| 1 – Ativo | 2 – Passivo + PL |
| **1.1 – CIRCULANTE (AC)** | **2.1 – CIRCULANTE (PC)**<br>**2.2 – NÃO CIRCULANTE (PNC)**<br>2.2.1 – EXIGÍVEL A LONGO PRAZO<br>2.2.2 – RESULTADO DIFERIDO |
| **1.2 – NÃO CIRCULANTE (ANC)**<br>1.2.1 – REALIZÁVEL A LP (ARLP)<br>1.2.2 – INVESTIMENTOS<br>1.2.3 – IMOBILIZADO<br>1.2.4 – INTANGÍVEL | **2.3 – PATRIMÔNIO LÍQUIDO**<br>2.3.1 – CAPITAL SOCIAL<br>2.3.2 – (+) RESERVAS DE CAPITAL<br>2.3.3 – (+) RESERVAS DE LUCROS<br>2.3.4 – (±) AJUSTES DE AVALIAÇÃO PATRIMONIAL<br>2.3.5 – (±) AJUSTES ACUMULADOS DE CONVERSÃO<br>2.3.6 – (–) PREJUÍZOS ACUMULADOS<br>2.3.7 – (–) AÇÕES EM TESOURARIA |

**NOTA**

Na nova estrutura patrimonial, deixaram de existir os seguintes subgrupos:

a) Diferido do antigo Ativo Permanente;
b) Resultado de Exercícios Futuros (REF).

### 14.3.1 Ativo Diferido

O saldo existente em 31 de dezembro de 2008 no Ativo Diferido que, devido à sua natureza, não puder ser alocado a outro grupo de contas, poderá permanecer no Ativo sob essa classificação até sua completa amortização, sujeito à análise sobre a recuperação de que trata o § 3º do art. 183 (art. 299-A da Lei das S/As). Trata-se do teste de recuperabilidade do valor de Ativos (ver Subitem 14.3.3, adiante). À opção da pessoa jurídica, esse saldo também poderia ser estornado com contrapartida direta no Patrimônio Líquido (PL).

[1] O Pronunciamento Técnico CPC nº 34 – Exploração e Avaliação de Recursos Minerais não foi emitido, aguardando a aprovação do IASB.

## 14.3.2 Ativo Intangível[2]

A Lei nº 11.638, de 2007, criou mais um subgrupo no Ativo Não Circulante com o título de **intangível** (inciso VI do art. 179 da Lei nº 6.404/1976).

Esse novo subgrupo deverá destacar, contabilmente, os direitos que tenham por objeto bens incorpóreos destinados à manutenção da companhia ou exercidos com essa finalidade, inclusive o fundo de comércio adquirido. Consideram-se, ainda, intangíveis, os seguintes bens: marcas e patentes adquiridas, direitos autorais, direitos sobre recursos naturais (custo de obtenção dos direitos de exploração de jazidas de minérios, pedras preciosas e similares), autorizações e concessões etc. A Deliberação CVM nº 644, de 2010, que aprovou o pronunciamento do CPC nº 04 (R1), de 2010, sobre o Ativo Intangível, tem por objetivo definir o tratamento contábil dos Ativos Intangíveis que não são abrangidos especificamente em outro pronunciamento. Assim, o mencionado pronunciamento:

a) estabelece quando uma entidade deve reconhecer um Ativo Intangível;
b) especifica como mensurar o valor contábil dos Ativos Intangíveis;
c) estabelece o alcance aplicado à contabilização dos Ativos Intangíveis.

## 14.3.3 Avaliação Permanente de Recuperação de Ativos

O § 3º do art. 183 da Lei nº 6.404/1976 dispõe que a companhia, periodicamente, deverá realizar análise sobre a recuperação dos valores registrados no imobilizado e no intangível, objetivando reconhecer as perdas de valor do capital aplicado e dos ajustes da vida útil econômica estimada dos referidos bens com o fito de proporcionar a correta avaliação patrimonial (realidade patrimonial).

Essa avaliação permanente sugere a aplicação de novos critérios e percentuais de depreciação, amortização e exaustão, objetivando recuperar, em termos de apropriação na apuração do resultado do exercício, os valores contabilizados nesses subgrupos, reconhecendo as perdas do capital aplicado pelos ajustes da nova vida útil estimada dos bens a serem classificados nesses subgrupos.

O Pronunciamento CPC nº 01 (R1), sobre a Redução Recuperável de Ativos, estabelece, resumidamente, que:

1. O objetivo da norma é definir procedimentos visando assegurar que os Ativos não estejam registrados contabilmente por um valor superior àquele passível de ser recuperado por uso ou venda. Caso existam evidências claras de que Ativos estão avaliados por valor não recuperável no futuro, a entidade deve imediatamente reconhecer a desvalorização (também conhecida pela expressão *impairment*).
2. A entidade deve avaliar, no mínimo ao fim de cada exercício social, se há alguma indicação de que um Ativo possa ter sofrido desvalorização. Se houver alguma indicação a entidade deve estimar o valor recuperável do Ativo;
3. Independentemente de existir ou não qualquer indicação de redução ao valor recuperável à entidade deve testar:
   a) **no mínimo, anualmente,** a redução ao valor recuperável de um Ativo Intangível com vida útil indefinida ou de um Ativo Intangível ainda não disponível para uso, comparando seu valor contábil com seu valor recuperável;
   b) **anualmente**, o ágio pago por expectativa de rentabilidade futura (*goodwill*) em uma aquisição de entidades (consultar itens 77 a 95 da norma).

[2] É um Ativo não monetário identificável sem substância física (Deliberação CVM nº 644, de 2010, que aprovou o Pronunciamento CPC nº 04).

Evidências indicativas da aplicação dessa norma são, por exemplo, o declínio significativo no valor de mercado de um Ativo; as mudanças adversas da tecnologia, do mercado ou do ambiente econômico ou legal; aumento nas taxas de juros do mercado ou de outras taxas de retorno sobre investimentos, nas situações em que os Ativos líquidos tornam-se maiores do que o valor de capitalização de mercado (preço de mercado em circulação multiplicado pela quantidade dessas ações); a obsolescência ou dano físico de um Ativo; as decisões sobre planos de descontinuidade ou reestruturação das operações; e os Ativos com desempenho abaixo do esperado.

Principais definições:

a) Valor Recuperável de um Ativo ou de uma unidade geradora de caixa é o maior valor entre o valor líquido de venda de um Ativo e seu valor em uso. Um Ativo está desvalorizado quando seu valor contábil excede seu valor recuperável.
b) Valor em Uso é o Valor Presente de fluxos de caixa futuros estimados, que devem resultar do uso de um Ativo ou de uma unidade geradora de caixa.
c) Valor Líquido de Venda é o valor a ser obtido pela venda de um Ativo ou de uma unidade geradora de caixa em transações em bases comutativas, entre partes conhecedoras e interessadas, menos as despesas estimadas de vendas.

## CASO PRÁTICO

Valor do Ativo Imobilizado ........ R$ 180.000,00
(–) Depreciação Acumulada ........ R$ 80.000,00
(=) Custo contábil do bem ........ **R$ 100.000,00**

Valor Justo[3] (receita líquida de venda) ........ R$ 80.000,00

Valor em Uso: valor do fluxo de caixa descontado, estimando-se receitas líquidas anuais de R$ 21.000,00 durante 5 anos a uma taxa de desconto de 10% ao ano = R$ 21.000,00 × 3,70(*) ........ R$ 79.950,00

(*) Fator de Valor Atual de uma série de recebimentos iguais[4]

Valor Recuperável: o maior dos dois (Valor Justo ou Valor em Uso).
Valor da Perda[5]: R$ 20.000,00 (R$ 100.000,00 – R$ 80.000,00).

Quanto à contabilização, existe uma divergência de opiniões: alguns autores, como nós mesmos em nossos livros de Imposto de Renda Pessoa Jurídica (IRPJ) e *Contabilidade avançada*, sugerimos que a contrapartida da despesa correspondente à perda do valor do Ativo fosse uma conta retificadora de Ativo, como se fosse um ajuste negativo.

Entretanto, o *Manual de Contabilidade das Sociedades por Ações*, editado pelo FIPECAFI, sustenta que, pelas Normas Internacionais do IASB (Pronunciamento IAS nº 36) e do FASB (FAS nº 144), tal contrapartida seria uma redução no próprio valor do Ativo.

---

3 É o valor pelo qual um Ativo pode ser negociado entre as partes interessadas, conhecedoras do negócio e independentes entre si, com ausência de fatores que pressionem para a liquidação da transação ou que caracterizem uma transação compulsória.

4 O fator de valor atual dessa série de receitas iguais corresponde à seguinte soma:

$$\frac{1}{(1+0,1)} + \frac{1}{(1+0,1)^2} + \frac{1}{(1+0,1)^3} + \frac{1}{(1+0,1)^4} + \frac{1}{(1+0,1)^5} = 3,70$$

Esse fator pode ser obtido em tabelas constantes de livros sobre Matemática Financeira ou calculado através de planilha Excel.

5 Perda por desvalorização representa o montante pelo qual o valor contábil de um Ativo ou de uma unidade geradora de caixa excede seu valor recuperável (Pronunciamento Técnico CPC nº 01 – Redução ao Valor Recuperável de Ativos).

**Contabilização** de acordo com nosso critério:
D – Perdas com Redução do Valor Recuperável de Ativos (Resultado)
C – Ajuste para Perda de Ativos (redutora do Ativo) 20.000,00

O que é inequívoco é que o novo valor contábil do Ativo, no caso, R$ 80.000,00, é o que deve ser utilizado como base para futuras depreciações, amortizações ou exaustões.

## 14.3.4 Resultado de Exercícios Futuros (REF)

O saldo existente no **Resultado de Exercício Futuro (REF)**, em 31 de dezembro de 2008, deverá ser reclassificado para o Passivo Não Circulante. O registro do saldo deverá evidenciar a receita diferida e o respectivo custo diferido (art. 299-B da Lei das S/As).

## 14.3.5 Patrimônio Líquido

### 14.3.5.1 Reservas de capital

O art. 1º da Lei nº 11.638, de 2007, revogou as alíneas "c" e "d" do art. 182, da Lei das Sociedades por Ações (Lei nº 6.404, de 1976) que permitia a essas sociedades classificar o prêmio recebido na emissão de debêntures e as doações e subvenções governamentais para investimentos como **reservas de capital**.

Em decorrência dessa revogação, tais importâncias passaram a ser classificadas em contas de resultado. Tal procedimento está de acordo com a estrutura conceitual da Contabilidade, uma vez que essa mais valia incorporada no Ativo proveio de relações com terceiros. As normas contábeis preceituam que somente devem ser classificadas como reservas de capital as contribuições feitas pelos sócios ou acionistas que não se destinem ao aumento do capital social.

*Doações e Subvenções para Investimentos*

As **doações e subvenções** governamentais são concedidas pelo Governo à entidade em troca de determinada condição a ser cumprida. O Pronunciamento CPC nº 07 (R1) estabelece que as doações e subvenções governamentais não devem ser reconhecidas até que exista segurança de que:

a) a entidade cumprirá todas as condições estabelecidas;
b) a subvenção será recebida.

A mesma norma estabelece que, enquanto não atendidos os requisitos para reconhecimento no resultado, a contrapartida da subvenção governamental registrada no Ativo deve ser em **conta específica do Passivo**, como receita diferida.

No caso de a subvenção governamental ter por objetivo compensar determinados gastos a serem efetuados pela entidade, deve ser reconhecida como receita ao longo do período confrontada com as despesas que pretende compensar, em base sistemática, desde que atendidas as condições dessa Norma.

## EXEMPLOS

1. O Governo Federal concede redução de Imposto de Renda para as empresas que instalarem projetos industriais nas áreas do Nordeste e da Amazônia. Essa redução corresponde a uma subvenção para investimento. Como a entidade já cumpriu o requisito (instalou o projeto na área incentivada) e já recebeu a subvenção, a contabilização da subvenção será feita em conta de receita, visto que não há despesas a compensar.
2. Uma prefeitura doa um terreno a uma sociedade com a condição de que ela construa uma planta industrial para funcionar no município. Enquanto não concluída a planta, as receitas correspondentes ao recebimento do terreno serão classificadas no Passivo. De acordo com o Pronunciamento Técnico CPC nº 07 (R1), a subvenção relacionada a Ativo depreciável deve ser reconhecida como receita ao longo do período da vida útil do bem e na mesma proporção de sua depreciação.

O art. 2º da Lei nº 11.638, de 2007, acrescentou o art. 195-A ao texto da Lei das Sociedades por Ações (Lei nº 6.404, de 1976). O referido artigo determina que a assembleia geral possa destinar para a reserva de incentivos fiscais a parcela do Lucro Líquido decorrente de doações ou subvenções governamentais para investimentos. Essa importância poderá, ainda, ser excluída da base de cálculo do dividendo obrigatório. Dessa forma, as doações e subvenções governamentais para investimentos devem compor o resultado do exercício, e seu montante pode ser convertido em reserva de lucros denominada reserva de incentivos fiscais.

Uma vez preenchidas as condições para ser reconhecida como receita, a contabilização das doações e/ou subvenções será:

Registros contábeis

1. Valor recebido diretamente ou transferência de receita diferida para a conta de resultado
   D – Ativo (Valor Recebido em Doação ou Subvenção)
   C – Receitas (Apuração do Resultado do Exercício) Valor em R$

   ou

   D – Receita Diferida
   C – Receitas (Apuração do Resultado do Exercício)

2. Transferência do resultado do exercício para a conta de lucros ou prejuízos acumulados

3. Constituição da reserva de incentivos fiscais
   D – Lucros Acumulados (PL)
   C – Reserva de Incentivos Fiscais (Reserva de Lucros) Valor em R$

## NOTA

1. A sociedade pode receber doações em dinheiro, em crédito ou bens. Os bens recebidos em doações devem ser avaliados a preço justo (preço de mercado) para fins de registro contábil (art. 8º da Lei nº 6.404, de 1976).
2. As subvenções recebidas para custeio, mesmo antes do advento da Lei nº 11.638, de 2007, já eram contabilizadas como receitas operacionais da atividade da sociedade (PN CST nº 02, de 2 de janeiro de 1976).
3. A receita transferida para a Reserva de Incentivos fiscais não será tributada pelo IRPJ, pela CSLL, pelo PIS e pela COFINS, desde que essa reserva não seja distribuída aos sócios.

### *Prêmio na Emissão de Debêntures*

Para fatos geradores ocorridos a partir de 1º de janeiro de 2008, as empresas que alienarem debêntures por um preço superior ao seu valor nominal deverão registrar essa diferença em conta de resultado.

De acordo com o disposto no art. 19 da Lei nº 11.941, de 2009, a sociedade está autorizada a manter o valor referente à parcela do Lucro Líquido do Exercício decorrente do prêmio na emissão de debêntures em reserva de lucros específica, à semelhança das doações e subvenções governamentais para investimento.

Segundo o Pronunciamento Técnico CPC nº 8 (R1), os prêmios recebidos na emissão de debêntures a partir do início do período ou do exercício de adoção inicial da Lei nº 11.638, de 2007, e Medida Provisória nº 449, de 2008 (convertida na Lei nº 11.941, de 2009), devem ser registrados em conta de Passivo, para apropriação ao resultado periodicamente de acordo com o regime de competência.

Quando reconhecida pelo regime de competência, a receita do prêmio deve ser transferida para uma reserva de lucros específica que não deverá ser distribuída aos sócios sob pena de ser tributada, à semelhança da reserva de incentivos fiscais.

Observe o caso prático a seguir, em que é suposto que o prazo de vencimento das debêntures seja de cinco anos. Embora o Pronunciamento utilize o critério exponencial para apropriação do prêmio, para fins de simplicidade, utilizaremos o critério linear.

**CASO PRÁTICO**

**Dados da alienação das debêntures**

Títulos Alienados por ........................................ R$ 110.000,00
(–) Valor nominal dos títulos ........................................ R$ 100.000,00
(=) Prêmio na emissão (conta de Passivo) ........................................ R$ 10.000,00

**Contabilização**

1. No recebimento do valor das debêntures

| | |
|---|---|
| D – Disponível | 110.000,00 |
| C – Debêntures a Pagar (PELP) | 100.000,00 |
| C – Prêmio de Debêntures a Apropriar (PNC) | 10.000,00 |

2. Apropriação anual do prêmio

| | |
|---|---|
| D – Prêmio de Debêntures a Apropriar (PNC) | |
| C – Receita de Prêmio na Emissão de Debêntures (ARE) | 2.000,00**(*)** |

(*) 10.000,00/ 5 anos: 2.000,00

3. Transferência para reserva de lucros

| | |
|---|---|
| D – Lucros Acumulados | |
| C – Reserva de Prêmios na Emissão de Debêntures | 2.000,00 |

**ATENÇÃO**

Caso o resultado do exercício seja um prejuízo, a reserva de lucros de incentivos fiscais e de prêmio na emissão de debêntures deve ser constituída no primeiro ano seguinte em que a entidade apresente lucro.

### *Saldos das Reservas de Capital*

Os **saldos das reservas de capital** referentes aos prêmios recebidos na emissão de debêntures e às doações e subvenções para investimento, existentes no início do exercício social em que a entidade adotar pela primeira vez a Lei nº 11.638, de 2007, e Medida Provisória nº 449, de 2008 (convertida na Lei nº 11.941, de 2009), portanto, exercícios iniciados a partir de 1º de janeiro de 2008, devem ser mantidos nessas respectivas contas até sua total utilização, na forma prevista na Lei das Sociedades por Ações. Podem, também, ser incorporados ao capital social.

## 14.3.5.2 Reservas de Lucros

### *Reserva de Lucros a Realizar*

A nova legislação societária alterou o inciso II do art. 197, considerando como parcela não realizada do Lucro Líquido do Exercício, além do resultado positivo na equivalência patrimonial, a parcela correspondente aos lucros, rendimentos ou ganhos líquidos provenientes de contabilização de Ativo e Passivo pelo valor justo, cuja realização financeira ocorra após o término do exercício social seguinte (contas de longo prazo), ou seja, os ajustes de avaliação patrimonial positivos.

Dessa forma, esse novo item veio a ser adicionado aos antigos componentes dessa reserva, a saber:

a) o resultado positivo na equivalência patrimonial;
b) o lucro, rendimento ou ganhos líquidos em operações cuja realização financeira ocorra após o término do exercício social seguinte (contas de longo prazo).

**NOTAS**

1. Registro da Reserva de Lucros a Realizar. O art. 197 da Lei nº 6.404, de 1976, dispõe:

   > No exercício em que o montante do dividendo obrigatório, calculado nos termos do estatuto ou do art. 202, ultrapassar a parcela realizada do Lucro Líquido do Exercício, a assembleia geral poderá, por proposta dos órgãos de administração, destinar o excesso à constituição de reserva de lucros a realizar.

2. Mais detalhes podem ser encontrados no livro *Contabilidade avançada*, de nossa autoria.

### *Limite do saldo das Reservas de Lucros*

A nova redação do art. 199 da Lei nº 6.404/1976, dispõe:

> O saldo das reservas de lucros, exceto as para contingências, **de incentivos fiscais** e de lucros a realizar, não poderá ultrapassar o capital social. Atingido esse limite, a assembleia deliberará sobre aplicação do excesso na integralização ou no aumento do capital social ou na distribuição de dividendos.

Note que a nova redação passou a incluir a nova **Reserva de Incentivos Fiscais (art. 195-A)**, constituída com o valor das doações e subvenções governamentais para investimento. O art. 19, da Lei nº 11.941/2009, também mandou incluir no rol dessas reservas não sujeitas ao limite, a reserva específica correspondente aos prêmios recebidos na emissão de debêntures.

**CASO PRÁTICO**

**Elementos**

| | VALORES (R$) | |
|---|---|---|
| 1) RESERVAS DE LUCROS | | |
| 1.1 – Reserva Legal | 1.000.000,00 | |
| 1.2 – Reservas Estatutárias | 3.000.000,00 | |
| 1.3 – Reservas de Retenção de Lucros | 2.250.000,00 | 6.250.000,00 |
| 2) CAPITAL SOCIAL | | 5.000.000,00 |
| 3) EXCESSO (1 – 2) | | 1.250.000,00 |

**Contabilização**

1. Aumento de capital social
   D – Reserva de Lucros (PL)
   C – Capital Social (PL) 1.250.000,00

   ou

2. Distribuição de dividendos
   D – Reserva de Lucros (PL)
   C – Dividendos a Pagar (PC) 1.250.000,00

### 14.3.5.3 Prejuízos Acumulados

Na estrutura do Balanço Patrimonial, a conta Lucros ou Prejuízos Acumulados foi substituída pela conta isolada Prejuízos Acumulados. Esse procedimento é decorrente da alteração provocada no art. nº 202, § 6º da Lei nº 6.404, de 1976, pela Lei nº 10.303, de 2001, que dispõe: "Os lucros não destinados nos termos dos arts. nº 193 a 197 deverão ser distribuídos como dividendos". Dessa forma, deverão ser distribuídos como dividendos os **lucros não destinados** para a constituição das seguintes reservas de lucros:

a) Reserva Legal (art. nº 193).
b) Reservas Estatutárias (art. nº 194).
c) Reservas para Contingências (art. nº 195).
d) Reserva de Incentivos Fiscais (art. nº 195-A) e Reserva constituída com o Prêmio de Emissão de Debêntures.
e) Reserva de Planos para Investimentos (art. nº 196).
f) Reserva de Lucros a Realizar (art. nº 197).

NOTAS

1. Como o montante da conta Lucros Acumulados deverá ser destinado para a constituição das reservas de lucros (acima elencadas) ou para a distribuição de dividendos, o saldo porventura existente na referida conta somente pode se referir ao prejuízo contábil, justificando a correção da alteração provocada pelo novo diploma legal.
2. É válido ressaltar, entretanto, que:
   a) a não manutenção do saldo positivo na conta Lucros Acumulados só pode ser exigida para as sociedades por ações e não para as demais sociedades e entidades em geral;
   b) a conta Lucros ou Prejuízos Acumulados (LPA) deve permanecer no Plano de Contas das entidades, inclusive das sociedades por ações, pois receberá o registro do resultado do exercício, bem como a sua destinação (constituição de reservas, distribuição de lucros e dividendos etc.).

#### 14.3.5.4 Antiga Reserva de Reavaliação

A reserva de reavaliação deixou de existir com a edição do novo diploma legal. Note que o art. 6º da Lei nº 11.638, de 2007, dispõe que os saldos existentes nas reservas de reavaliação poderão ser mantidos até sua efetiva realização ou estornados até o final do exercício social em que essa Lei entrar em vigor. Os saldos estornados não serão computados na base de cálculo do IRPJ e da CSLL. A tributação da reserva de reavaliação mantida será efetuada à medida de sua realização.[6]

Recentemente, o Conselho Monetário Nacional aprovou resolução que veda às instituições financeiras novos registros decorrentes da reavaliação de bens imóveis de uso próprio, como reserva de reavaliação. Essa proibição atende ao disposto na Lei nº 11.638, de 2007.

NOTA

O Item 6, letra e, da Resolução CFC nº 1.159, de 2008, estabelece a proibição da prática de reavaliação espontânea de Ativos.

#### 14.3.5.5 Ajustes de Avaliação Patrimonial

A nova legislação societária, alterando o § 3º, do art. nº 182 da Lei nº 6.404, de 1976, instituiu os **ajustes de avaliação patrimonial,** que englobam as contrapartidas de aumentos ou diminuições (novidade) do valor justo atribuído a elementos do Ativo e do Passivo. Esses ajustes, enquanto não computados no resultado do exercício, em obediência ao regime de competência, serão classificados no Patrimônio Líquido (art. 178, § 1º, letra d, da Lei das Sociedades por Ações).

Veja exemplo de ajuste de avaliação patrimonial no Subitem 14.7.1.1, mais adiante.

### 14.3.6 Equivalência Patrimonial

Não consta na nova redação do art. 248 a condição de investimento relevante para fins da definição das participações societárias sujeitas à avaliação pelo método da **equivalência patrimonial.**

---

6 Informações mais detalhadas sobre esse assunto, inclusive sobre a conveniência ou não de manter a reserva, podem ser encontradas no livro *Curso prático de Imposto de Renda Pessoa Jurídica e tributos conexos*, de nossa autoria.

Foram incluídas, ainda, nessa sistemática de avaliação patrimonial, as participações societárias em outras sociedades que façam parte de um mesmo grupo ou estejam sob controle comum. Na prática, tais fatos, indubitavelmente, provocarão a ampliação do rol das participações societárias (investimentos) a serem avaliadas pelo método da equivalência patrimonial.

Por exemplo, a sociedade A tem 15% das ações sem direito a voto da companhia B e não tem influência significativa na sua administração. Logo, esse investimento não seria avaliado pelo Método da Equivalência Patrimonial (MEP). Entretanto, se A e B forem controladas pela empresa C ou até por uma pessoa física, esse investimento será avaliado pelo MEP, porque ambas, A e B, possuem um controle comum.

A Medida Provisória nº 449, de 2008, posteriormente convertida na Lei nº 11.941, de 2009, também redefiniu o conceito de coligada. Anteriormente, duas pessoas jurídicas eram consideradas empresas coligadas quando a investidora detivesse pelo menos 10% do capital votante da investida. A partir da vigência do mencionado diploma legal, duas empresas são consideradas coligadas quando a investidora influencia de forma significativa a administração da investida. Presume-se a coligação (ou seja, não é necessário comprovar a influência significativa) quando a investidora possui pelo menos 20% do capital da investida.

Portanto, para registros contábeis ocorridos a partir de 1º de janeiro de 2008, somente poderão ser avaliados pelo método da equivalência patrimonial os investimentos permanentes efetuados em:

a) sociedade controlada;
b) sociedade coligada,
c) outras sociedades que façam parte de um mesmo grupo ou estejam sobre controle comum.

**NOTAS**

1. Os §§ 4º e 5º, do art. nº 243 da Lei nº 6.404, de 1976 (com redação dada pela Lei nº 11.941, de 2009), definem influência significativa. Veja a seguir, a redação dos referidos parágrafos.

   **§ 4º Considera-se que há influência significativa** quando a investidora detém ou exerce o poder de participar nas decisões das políticas financeira ou operacional da investida, sem controlá-la.

   **§ 5º É presumida influência significativa** quando a investidora for titular de 20% ou mais do capital votante da investida, sem controlá-la.

2. O art. nº 247 da Lei nº 6.404, de 1976, com a redação da MP nº 449, de 2008 (Lei nº 11.941, de 2009), determinou regras de elaboração e divulgação das notas explicativas relativas às participações societárias em coligadas e controladas.

## 14.4 ▸ DEMONSTRAÇÃO DO RESULTADO DO EXERCÍCIO (DRE)

### 14.4.1 Estrutura segundo a Lei nº 6.404/1976

As alterações realizadas nos incisos IV (Resultado Operacional e Outras Receitas e Outras Despesas) e VI (Participações nos Lucros), do art. nº 187 da Lei nº 6.404, de 15 de dezembro de 1976, podem ser visualizadas no quadro a seguir:

**Quadro 14.2** Demonstração do Resultado do Exercício (DRE)

| Nº | DESCRIÇÃO | VALORES (R$) |
|---|---|---|
| 01 | RECEITA OPERACIONAL BRUTA (VENDAS BRUTAS) | |
| 02 | (–) DEDUÇÕES DA RECEITA BRUTA: DEVOLUÇÕES DE VENDAS, ABATIMENTOS E DESCONTOS INCONDICIONAIS CONCEDIDOS E IMPOSTOS INCIDENTES SOBRE VENDAS | |
| 03 | (=) RECEITA OPERACIONAL LÍQUIDA (VENDAS LÍQUIDAS) | |
| 04 | (–) CUSTOS DAS VENDAS (CMV, CPV, CSP) | |
| 05 | (=) RESULTADO OPERACIONAL BRUTO | |
| 06 | (–) DESPESAS OPERACIONAIS | |
| 07 | (=) RESULTADO OPERACIONAL LÍQUIDO | |
| 08 | (±) OUTRAS RECEITAS E OUTRAS DESPESAS | |
| 09 | (=) RESULTADO DO EXERCÍCIO ANTES DA CSLL | |
| 10 | (–) CONTRIBUIÇÃO SOCIAL SOBRE O LUCRO LÍQUIDO (CSLL) | |
| 11 | (=) RESULTADO DO EXERCÍCIO ANTES DO IRPJ | |
| 12 | (–) IMPOSTO DE RENDA DAS PESSOAS JURÍDICAS (IRPJ) | |
| 13 | (=) RESULTADO DEPOIS DO IRPJ | |
| 14 | (–) PARTICIPAÇÕES NOS LUCROS | |
| 15 | (=) RESULTADO LÍQUIDO DO EXERCÍCIO (LLE ou PLE) | |

**NOTAS**

1. A redação anterior do inciso IV do art. 187 afirma: "IV – o lucro operacional e as receitas e despesas não operacionais". A redação atual descreve: "IV – o lucro operacional e as outras receitas e as outras despesas".
2. A Lei nº 11.638, de 2007, havia retirado do inciso VI – Participações nos Lucros, a participação de Partes Beneficiárias, posteriormente, a MP nº 449, de 2008 (convertida na Lei nº 11.941, de 2009), reintegrou tal participação no mencionado inciso tendo em vista que as companhias fechadas podem emitir tais títulos, somente as companhias abertas estão impedidas de fazê-lo (§ único, do art. nº 47, da Lei nº 6.404, de 1976).
3. A redação atual da Lei nº 6.404/1976, após as modificações introduzidas pela Lei nº 11.638/2007 e nº 11.941/2009, continua mandando apresentar, na DRE, o valor das despesas financeiras líquidas das receitas financeiras.

Essa estrutura da demonstração de resultado deve continuar sendo utilizada pela Fisco Federal na Escrituração Fiscal Digital.

## 14.4.2 Estrutura segundo o Pronunciamento Técnico CPC nº 26 (R1)

O Pronunciamento Técnico nº 26 (R1), do Comitê de Pronunciamentos Contábeis, estabeleceu que:

> 82. A demonstração do resultado do período deve, no mínimo, incluir as seguintes rubricas, obedecidas também as determinações legais:
> a) receitas;
> b) custo dos produtos, das mercadorias ou dos serviços vendidos;
> c) lucro bruto;

d) despesas com vendas, gerais, administrativas e outras despesas e receitas operacionais;
e) parcela dos resultados de empresas investidas reconhecida por meio do Método de Equivalência Patrimonial;
f) resultado antes das receitas e despesas financeiras
g) despesas e receitas financeiras;
h) resultado antes dos tributos sobre o lucro;
i) despesa com tributos sobre o lucro;
j) resultado líquido das operações continuadas;
k) valor líquido dos seguintes itens:
   I. resultado líquido após tributos das operações descontinuadas;
   II. resultado após os tributos decorrente da mensuração ao valor justo menos despesas de venda ou na baixa dos Ativos ou do grupo de Ativos à disposição para venda que constituem a unidade operacional descontinuada;
l) resultado líquido do período.

Depreende-se do texto acima que aparentemente o Pronunciamento não estabeleceu uma nova estrutura formal para a Demonstração de Resultado, mas apenas listou os elementos mínimos que a devem compor. Estranhamente, desses elementos mínimos não constam as participações nos lucros.

Percebe-se que a estrutura sugerida pelo Pronunciamento não coincide com a da legislação societária. Pela nossa experiência, verificamos que as empresas que aderiram às Normas Contábeis Internacionais (IFRS) estão apresentando a Demonstração de Resultado nessa forma em vez da sugerida pela legislação societária.

As novidades são a apresentação do resultado antes das despesas e receitas financeiras, mas após todas as outras receitas e despesas operacionais, e a introdução do valor líquido das operações descontinuadas.

### 14.4.3 Novo conceito contábil da receita de vendas e da prestação de serviços

Veja a respeito o Capítulo 9, em que o assunto foi tratado de forma bastante detalhada.

## 14.5 ▸ NOVAS DEMONSTRAÇÕES FINANCEIRAS

O novo diploma legal instituiu duas novas Demonstrações Contábeis, a saber:

a) **Demonstração dos Fluxos de Caixa (DFC)** – veio a substituir a antiga Demonstração de Origens e Aplicações de Recursos (DOAR), cuja elaboração não é mais obrigatória a partir de 1º de janeiro de 2008. A companhia fechada com Patrimônio Líquido na data do balanço, inferior a R$ 2.000.000,00 não será obrigada à elaboração e publicação dessa demonstração (art. 176, § 6º). Veja como elaborar essa declaração no Capítulo 12 deste livro;
b) **Demonstração do Valor Adicionado (DVA)** – obrigatória apenas para as Companhias abertas (art. 176, V). Veja como elaborar essa declaração no Capítulo 12 deste livro.

**NOTA**

O leitor interessado poderá consultar o livro *Contabilidade avançada*, de nossa autoria.

## 14.6 ▸ SOCIEDADES DE GRANDE PORTE

O art. 3º da Lei nº 11.638, de 2007, dispõe que as companhias de grande porte,[7] ainda que **não** constituídas sob a forma de sociedades por ações, devem obedecer às disposições contidas na Lei nº 6.404, de 15 de dezembro de 1976, sobre escrituração e elaboração de demonstrações financeiras e a obrigatoriedade de auditoria independente por auditor registrado na CVM.

### 14.6.1 Publicação das Demonstrações Financeiras

A CVM, ao manifestar seu entendimento preliminar acerca da Lei nº 11.638, de 2007, por meio de Comunicado ao Mercado de 14 de janeiro de 2008, ajudou a esclarecer eventuais dúvidas que pairassem a respeito da obrigatoriedade ou não da publicação. A CVM pronunciou-se da seguinte forma:

> Como já mencionado, a Lei nº 11.638/2007 estendeu às sociedades de grande porte (...) a obrigatoriedade de manter escrituração e de elaborar demonstrações financeiras com observância às disposições da lei societária. Assim, embora não haja menção expressa à obrigatoriedade de publicação dessas demonstrações financeiras, qualquer divulgação voluntária ou mesmo para atendimento de solicitações específicas (credores, fornecedores, clientes, empregados etc.), as referidas demonstrações deverão ter o devido grau de transparência e estar totalmente em linha com a nova lei (art. 3º).

## 14.7 ▸ CRITÉRIOS DE AVALIAÇÃO

### 14.7.1 Do Ativo

Os **critérios de avaliação do Ativo** estão previstos no art.183 da Lei nº 6.404, de 1976, com a redação dada pela Lei nº 11.638, de 2007, e pela Lei nº 11.941, de 2009 (conversão da MP nº 449/2008). Observe a seguir a redação do mencionado artigo.

> **Art. 183.** No balanço, os elementos do Ativo serão avaliados segundo os seguintes critérios:
>
> I. as **aplicações em instrumentos financeiros, inclusive derivativos, e em direitos e títulos de créditos**, classificados no Ativo Circulante ou no realizável a longo prazo:
>
> a) pelo seu **valor justo**, quando se tratar de aplicações destinadas à negociação ou disponíveis para venda; e
>
> b) pelo valor de custo de aquisição ou valor de emissão, atualizado conforme disposições legais ou contratuais, ajustado ao valor provável de realização, quando este for inferior, no caso das demais aplicações e os direitos e títulos de crédito;
>
> II. os direitos que tiverem por objeto mercadorias e produtos do comércio da companhia, assim como matérias-primas, produtos em fabricação e bens em almoxarifado, pelo custo de aquisição ou produção, deduzido de provisão para ajustá-lo ao valor de mercado, quando este for inferior;

[7] Sociedade ou conjunto de sociedade sob controle comum que tiver, no exercício social anterior, Ativo total superior a R$ 240.000.000,00 ou receita bruta anual superior a R$ 300.000.000,00 (§ único, art. 3º da Lei nº 11.638, de 2007).

III. os investimentos em participação no capital social de outras sociedades, ressalvado o disposto nos arts. 248 a 250,[8] pelo custo de aquisição, deduzido de provisão para perdas prováveis na realização do seu valor, quando essa perda estiver comprovada como permanente, e que não será modificado em razão do recebimento, sem custo para a companhia, de ações ou quotas bonificadas;

IV. os demais investimentos, pelo custo de aquisição, deduzido de provisão para atender às perdas prováveis na realização do seu valor, ou para redução do custo de aquisição ao valor de mercado, quando este for inferior;

V. os direitos classificados no **imobilizado**, pelo custo de aquisição, deduzido do saldo da respectiva conta de depreciação, amortização ou exaustão;

VI. (revogado);

VII. os direitos classificados no **intangível**, pelo custo incorrido na aquisição deduzido do saldo da respectiva conta de amortização;

VIII. os elementos do **Ativo decorrentes de operações de longo prazo serão ajustados a Valor Presente**, sendo os demais ajustados quando houver efeito relevante.

§ 1º Para efeitos do disposto neste artigo, **considera-se valor justo**:

a) das matérias-primas e dos bens em almoxarifado, o preço pelo qual possam ser repostos, mediante compra no mercado;
b) dos bens ou direitos destinados à venda, o preço líquido de realização mediante venda no mercado, deduzidos os impostos e demais despesas necessárias para a venda, e a margem de lucro;
c) dos investimentos, o valor líquido pelo qual possam ser alienados a terceiros.
d) dos **instrumentos financeiros**, o valor que pode se obter em um mercado Ativo, decorrente de transação não compulsória realizada entre partes independentes; e, na ausência de um mercado Ativo para determinado instrumento financeiro:
   1) o valor que se pode obter em um mercado Ativo com a negociação de outro instrumento financeiro de natureza, prazo e risco similares;
   2) o Valor Presente líquido dos fluxos de caixa futuros para instrumentos financeiros de natureza, prazo e risco similares; ou
   3) o valor obtido por meio de modelos matemático-estatísticos de precificação de instrumentos financeiros.

§ 2º A **diminuição** do valor dos elementos dos Ativos **Imobilizado e Intangível será registrada** periodicamente nas contas de:

a) **depreciação**, quando corresponder à perda do valor dos direitos que têm por objeto bens físicos sujeitos a desgaste ou perda de utilidade por uso, ação da natureza ou obsolescência;
b) **amortização**, quando corresponder à perda do valor do capital aplicado na aquisição de direitos da propriedade industrial ou comercial e quaisquer outros com existência ou exercício de duração limitada, ou cujo objeto sejam bens de utilização por prazo legal ou contratualmente limitado;
c) **exaustão**, quando corresponder à perda do valor, decorrente da sua exploração, de direitos cujo objeto sejam recursos minerais ou florestais, ou bens aplicados nessa exploração.

---

8 A ressalva se refere aos investimentos avaliados pelo Método da Equivalência Patrimonial (MEP). A respeito, ver o livro *Contabilidade avançada*, de nossa autoria.

§ 3º A companhia deverá efetuar, periodicamente, **análise sobre a recuperação dos valores registrados no imobilizado e no intangível, a fim de que sejam:**

I. registradas as perdas de valor do capital aplicado quando houver decisão de interromper os empreendimentos ou atividades a que se destinavam ou quando comprovado que não poderão produzir resultados suficientes para recuperação desse valor; ou

II. **revisados e ajustados os critérios utilizados para determinação da vida útil econômica estimada e para cálculo da depreciação, exaustão e amortização.**

§ 4º Os **estoques de mercadorias fungíveis** destinadas à venda poderão ser avaliados pelo valor de mercado, quando esse for o costume mercantil aceito pela técnica contábil. (Grifos nossos).

**NOTA**

Observa-se que há incoerências na redação do artigo, nos incisos e nos parágrafos. Há momentos em que o legislador usa a expressão **valor justo** e em outros, **valor de mercado.** Por exemplo, no parágrafo 4º, está disposto que os estoques de mercadorias fungíveis destinadas à venda poderão ser avaliados pelo **valor de mercado**. Não deveria ser **valor justo**? O valor de mercado pode diferir do valor justo. Lembremo-nos de que o valor justo (ver nota de rodapé nº 3 deste Capítulo, Subitem 14.3.3) é o valor pelo qual o Ativo pode ser negociado em situação normal de concorrência entre partes independentes. Se o Ativo for negociado entre partes relacionadas é um valor de mercado, mas não é um valor justo. Outra incoerência grave: as matérias-primas e os bens em almoxarifado, segundo o § 1º, alínea **a**, devem ser avaliados pelo **preço pelo qual possam ser repostos, mediante compra no mercado (valor justo)**. Entretanto, o inciso II reza que os direitos que tiverem por objeto mercadorias e produtos do comércio da companhia, assim **como matérias-primas, produtos em fabricação e bens em almoxarifado**, devem ser avaliados **pelo custo de aquisição ou produção, deduzido de provisão para ajustá-lo ao valor de mercado, quando este for inferior. Ora, o que acontecerá se o valor justo for superior ao do custo de aquisição?**

### 14.7.1.1 Primeira novidade

A **primeira novidade** é a permissão para avaliação dos instrumentos financeiros pelo seu valor justo. Na alínea d do § 1º do art. 183, são descritas as formas para avaliação a valor justo. Entendemos que desde a primeira aquisição esses instrumentos deverão ser avaliados a valor justo.

Os instrumentos antigos deverão ter seu valor de aquisição reajustado a valor justo. Esses reajustes, que podem ser positivos ou negativos, deverão ser feitos em contrapartida à conta de Ajustes de Avaliação Patrimonial, criada pela lei e classificada no Patrimônio Líquido (ou seja, os referidos ajustes não transitarão de imediato por contas de resultado). O mesmo procedimento deve ser adotado em relação a variações futuras que possam ocorrer no preço de mercado desses Ativos.[9]

[9] Todo o contrato que dá origem a um Ativo financeiro em uma entidade e a um Passivo financeiro ou título representativo do patrimônio em outra entidade (Instrução CVM nº 235, de 1995). O Pronunciamento CPC nº 14 também trata da matéria em tela. A Resolução nº 3.534, de 31 de janeiro de 2008, do Conselho Monetário Nacional (CMN), define instrumentos financeiros para fins de registro contábil.

## CASO PRÁTICO

O valor de um título financeiro varia no tempo entre o dia da aplicação e o dia de seu resgate, de acordo com a taxa de juros pactuada entre as partes.

Assim, por exemplo, um Certificado de Depósito Bancário (CDB) cujo valor é de R$ 100.000,00 no dia da aplicação, com uma taxa de juros prefixada de 10% ao semestre e com vencimento de 180 dias, valerá R$ 110.000,00 no vencimento.

Até o momento, sabemos o valor do CDB no momento da aplicação e no momento do vencimento. Entretanto, como os juros são compostos, eles são capitalizados diariamente. Em consequência, o valor do CDB varia diariamente e seu montante diário pode ser calculado dia a dia por meio da seguinte expressão:

R$ 100.000,00 (1 + 0,1) n/180

Assim, por exemplo, no final do trigésimo dia, o valor do CDB será:

R$ 100.000,00 (1,01) 30/180

Utilizando uma calculadora financeira ou uma planilha Excel para resolver essa expressão, o valor do CDB será:

R$ 100.000,00 (1,01) 30/180 = R$ 101.601,20

Poderíamos também fazer a operação inversa, calculando o valor atual do CDB no trigésimo dia:

R$ 110.000,00/(1,01) 150/180 = R$ 101.601,20

Suponhamos que nesse trigésimo dia, a taxa de mercado se eleva para 12% ao semestre. Como a taxa de juros está prefixada por 10%, o valor justo do CDB, ou seja, o preço que qualquer investidor racional irá pagar pelo papel equivalerá ao seu valor atual calculado com a taxa de juros de 12%:

Valor atual do CDB no trigésimo dia = R$ 110.000,00/(1,012) 150/180 = R$ 100.087,00

Portanto, o **valor justo** do CDB é inferior ao custo de aquisição em R$ 1.514,20 (R$ 101.601,20 – R$ 100.087,00).

O ajuste a ser feito na contabilidade será:

D – Ajuste de Avaliação Patrimonial (PL)
C – Ativo Financeiro CDB 1.514,20

## NOTA

Esses ajustes não transitam pela conta de resultado, porque o efeito nessa conta somente será reconhecido na ocasião da alienação efetiva do instrumento financeiro.

### 14.7.1.2 Segunda novidade

A **segunda novidade** é o estabelecimento do critério de avaliação dos direitos classificados no intangível, que corresponde ao custo incorrido na aquisição, deduzido do saldo da respectiva conta de amortização (art. 183, VII). O prazo de amortização deverá ser o estabelecido na avaliação periódica da recuperação dos valores registrados nesse subgrupo (§ 3º do art. 183).

### 14.7.1.3 Terceira novidade

A **terceira novidade** é o ajuste dos elementos do Ativo, decorrentes de operações de longo prazo, a seu Valor Presente (art. 183, VIII). Para se calcular o Valor Presente de um Ativo é necessário multiplicar o valor contabilizado (preço justo ou custo de aquisição) por um fator de valor atual representado pela expressão [1 / (1 + i) n], onde **i** representa a taxa de juros de mercado e **n** o prazo.

**CASO PRÁTICO**

Valor de compra de um Ativo para recebimento em
parcela única no final de 5 anos ........................................ R$ 500.000,00
Taxa anual de juros de mercado ........................................ 6%
Valor Presente do Ativo = [R$ 500.000,00 ÷ $(1 + 0{,}06)^5$]

Recorrendo-se a uma calculadora financeira ou tabela financeira, obtém-se que [1 / $(1 + 0{,}06)^5$] é igual a 0,74726. Logo, o Valor Presente do Ativo será:

**R$ 376.630,00** (R$ 500.000,00 × 0,74726).

De acordo com os exemplos de lançamentos de venda de Ativos efetuados a prazo na Resolução CFC nº 1.151/2009, que aprovou o Pronunciamento CPC nº 12, a contabilização do valor do Ativo deverá ser feita pelo Valor Presente e a diferença entre este e o valor da transação deverá ser reconhecida como receita financeira (ou despesa financeira, na ponta do comprador). Ou seja, na empresa adquirente, a contabilização será:

D – Ativo
C – Contas a Pagar 376.630,00

À medida que vá transcorrendo o prazo de vencimento do Ativo, será feito um reajuste no Valor Presente. No exemplo citado, quando faltarem 4 anos para o vencimento do Ativo, o Fator de Valor Atual será menor, ou seja, [1 / $(1 + 0{,}06)^4$], que é igual a 0,79209. O Valor Presente passará a ser R$ 396.045,00 (R$ 500.000,00 × 0,79209). Logo, será feito um ajuste positivo no valor das Contas a Pagar, correspondente à diferença, ou seja, R$ 19.415,00 (R$ 396.045,00 – R$ 376.630,00). A contrapartida devedora será feita na Conta de Despesas Financeiras.

O objetivo de tal procedimento é que, uma vez efetuada a aquisição de um Ativo a prazo, o valor de aquisição já embute uma taxa de juros. Logo, o valor de R$ 500.000,00 corresponderá na realidade ao valor do Ativo no final dos cinco anos. Esse mesmo procedimento de Ajuste a Valor Presente poderá ser estendido a Ativos de Curto Prazo, desde que haja efeito relevante sobre as demonstrações financeiras. O Valor Presente também pode ser calculado tomando-se como referência o valor da transação, se efetuada à vista, como será demonstrado a seguir.

A empresa negociou, em fevereiro de 2011, por R$ 58.800,00, uma máquina industrial que deverá ser paga em 7 parcelas de R$ 8.400,00, mensais e sucessivas, a partir de março de 2011.

Os dados relativos à máquina vendida, constantes nos livros de escrituração da sociedade na data da transação, indicam:

- Valor da Máquina ........ R$ 29.400,00
- Depreciação Acumulada ........ R$ 12.600,00

De acordo com as antigas normas contábeis estabelecidas pela Lei nº 6.404, de 1976, a sociedade deveria realizar o seguinte registro contábil:

| | |
|---|---|
| D – Contas a Receber de LP | 58.800,00 |
| D – Depreciação Acumulada | 12.600,00 |
| C – Máquinas | 29.400,00 |
| C – Ganho de Capital na Alienação | 42.000,00 |

Atualmente, de acordo com as novas normas contábeis estabelecidas pela Lei nº 11.638, de 2007, e pelos Pronunciamentos Técnicos do CPC, se essa operação de financiamento de curto prazo for relevante, deve-se calcular o Valor Presente do Ativo vendido para realizar o registro contábil da operação.

Segundo a Estrutura Conceitual de Contabilidade aprovada pela Resolução nº 1.374, de 2011, do Conselho Federal de Contabilidade, a informação contábil financeira é considerada relevante quando é capaz de fazer diferença nas decisões que possam ser tomadas pelos usuários. A informação pode ser capaz de fazer diferença em uma decisão mesmo no caso de alguns usuários decidirem não a levar em consideração ou quando já tiveram tomado ciência de sua existência por outras fontes.

Assumindo-se que o Valor Presente seja estimado em R$ 35.000,00, que corresponde ao valor de venda da máquina à vista, a sociedade deveria realizar o seguinte lançamento contábil:

| | |
|---|---|
| D – Contas a Receber | 58.800,00 |
| D – Depreciação Acumulada | 12.600,00 |
| C – Máquinas | 29.400,00 |
| C – Ajuste a Valor Presente (redutora de Contas a Receber) | 23.800,00 |
| C – Ganho de Capital na Alienação | 8.200,00 |

A diferença entre os R$ 58.800,00 a serem recebidos pela venda e o valor de R$ 35.000,00 presente dessa venda, correspondente a R$ 23.800,00, será apropriada como receita financeira *pro rata temporis*. Para essa finalidade, temos de calcular a taxa de juros implícita nessa operação que corresponderá à taxa de juros **i** que representar a solução da seguinte equação:

$$\textbf{R\$ 35.000,00} = \frac{\text{R\$ 8.400,00}}{(1 + i)} + \frac{\text{R\$ 8.400,00}}{(1 + i)^2} + \ldots + \frac{\text{R\$ 8.400,00}}{(1 + i)^7}$$

Realizando o cálculo com a utilização de uma calculadora financeira, de uma planilha Excel ou similar, obtém-se o valor dessa taxa de juros, que é 14,95% ao mês.

Observe as tabelas a seguir, nos quais demonstramos, por meio de uma planilha Excel, que R$ 35.000,00 é o Valor Presente de sete parcelas, mensais e sucessivas, de R$ 8.400,00 (Tabela 14.2). A diferença entre cada parcela de R$ 8.400,00 e o seu Valor Presente corresponderá à receita financeira da operação (Tabela 14.3). A Tabela 14.4 corresponde ao plano de amortização, em que o saldo devedor do período é acrescido à receita financeira (juros) e deduzido da prestação paga, formando o saldo devedor do período seguinte. Prosseguindo dessa forma, no final do 7º mês, verificamos que a dívida estará totalmente amortizada (houve uma pequena diferença imaterial de R$ 0,01, que foi arredondada).

**Tabela 14.2** Cálculo do Valor Presente da venda a prazo

| PRESTAÇÃO | FATOR DE VALOR DA PRESTAÇÃO | VALOR PRESENTE DA PRESTAÇÃO |
|---|---|---|
| 8.400,00 | 1,1495 | 7.307,53 |
| 8.400,00 | 1,3214 | 6.357,13 |
| 8.400,00 | 1,5189 | 5.530,35 |
| 8.400,00 | 1,7460 | 4.811,09 |
| 8.400,00 | 2,0070 | 4.185,38 |
| 8.400,00 | 2,3070 | 3.641,04 |
| 8.400,00 | 2,6519 | 3.167,50 |
| 58.800,00 | –o– | 35.000,00 |

**Tabela 14.3** Apropriação da receita financeira

| PRESTAÇÃO | VALOR PRESENTE DA PRESTAÇÃO | RECEITA FINANCEIRA |
|---|---|---|
| 8.400,00 | 7.307,53 | 1.092,47 |
| 8.400,00 | 6.357,13 | 2.042,87 |
| 8.400,00 | 5.530,35 | 2.869,65 |
| 8.400,00 | 4.811,09 | 3.588,91 |
| 8.400,00 | 4.185,38 | 4.214,62 |
| 8.400,00 | 3.641,04 | 4.758,96 |
| 8.400,00 | 3.167,50 | 5.232,50 |
| 58.800,00 | 35.000,00 | 23.800,00 |

**Tabela 14.4** Amortização da dívida

| SALDO DEVEDOR | RECEITA FINANCEIRA | SALDO DEVEDOR MAIS JUROS | PRESTAÇÃO (AMORTIZAÇÃO) | SALDO DEVEDOR ATUALIZADO |
|---|---|---|---|---|
| 35.000,00 | 1.092,47 | 36.092,47 | 8.400,00 | 27.692,47 |
| 27.692,47 | 2.042,87 | 29.735,34 | 8.400,00 | 21.335,34 |
| 21.335,34 | 2.869,65 | 24.204,99 | 8.400,00 | 15.804,99 |
| 15.804,99 | 3.588,91 | 19.393,91 | 8.400,00 | 10.993,91 |
| 10.993,91 | 4.214,62 | 15.208,53 | 8.400,00 | 6.808,53 |
| 6.808,53 | 4.758,96 | 11.567,49 | 8.400,00 | 3.167,50 |
| 3.167,50 | 5.232,50 | 8.400,00 | 8.400,00 | 0,00 |

Posto isto, no final do primeiro mês, serão feitos os seguintes lançamentos:

1. Pela apropriação da receita financeira
   D – Ajuste a Valor Presente
   C – Receitas Financeiras (ARE) 1.092,47

2. Pelo recebimento da 1ª prestação
   D – Disponível (AC)
   C – Contas a Receber (AC) 8.400,00

No final do 7º mês, o saldo de Contas a Receber estará zerado e a conta de Receita Financeira registrará um valor total auferido pela entidade na operação correspondente a R$ 23.800,00.

**Se os dados apresentados neste caso fossem relativos à venda de mercadorias, os lançamentos contábeis seriam semelhantes:**

1. Pela venda a prazo
   D – Contas a Receber (AC) 58.800,00
   C – Receita de Vendas (ARE) 35.000,00
   C – Ajustes a Valor Presente**(*)** 23.800,00

   **(*)** Conta redutora de Duplicatas a Receber

2. Pela aprovação mensal da receita financeira
   D – Ajuste a Valor Presente
   C – Receitas Financeiras (ARE) 1.092,47

**NOTA**

1. No final do 7º mês, o saldo de Contas a Receber (eliminada a sua conta retificadora no montante de R$ 23.800,00, pela transferência dos valores para o resultado do exercício – conta ARE) será de R$ 58.800,00. O valor total das receitas a serem computadas na Apuração do Resultado do Exercício também será de R$ 58.500,00, ou seja, R$ 35.000,00, como receita de vendas e o valor de R$ 23.800,00, como receitas financeiras (financiamento da venda realizada a prazo).
2. O leitor interessado poderá obter mais detalhes sobre ajustes a Valor Presente consultando o Pronunciamento Técnico CPC nº 12, de 2008. Esses ajustes, bem como os ajustes de Avaliação Patrimonial e os ajustes a Valor Recuperável, estão explicados detalhadamente no livro *Contabilidade avançada*, de nossa autoria.
3. Sobre Ajuste a Valor Presente, consulte também o pronunciamento do CPC nº 12, de 2008, e o livro *Contabilidade avançada*, de nossa autoria.

### 14.7.1.4 Quarta novidade

A **quarta novidade** é a possibilidade aberta pela lei do registro de perda de capital de Ativos quando houver decisão de interromper os empreendimentos ou atividades que se destinavam ou quando comprovado que não poderão produzir resultados suficientes para recuperação do valor (art. 183, § 3º, I). Juntamente com essa medida, também ocorre a permissão para revisão e ajustes de critérios utilizados para determinação da vida útil econômica estimada do bem e consequentemente, para o cálculo da depreciação, amortização ou exaustão (art. 183, § 3º, II).

### 14.7.2 Do Passivo

Os **critérios de avaliação do Passivo** estão previstos nos arts. 184 e 184-A, da Lei nº 6.404, de 1976, com a redação dada pela Lei nº 11.638, de 2007, e pela MP nº 449, de 2008 (Lei nº 11.941, de 2009). Observe a seguir a redação dos mencionados artigos.

> **Art. 184.** No balanço, os elementos do Passivo serão avaliados de acordo com os seguintes critérios:
>
> I. as obrigações, encargos e riscos, conhecidos ou calculáveis, inclusive Imposto sobre a Renda a pagar com base no resultado do exercício, serão computados pelo valor atualizado até a data do balanço;
>
> II. as obrigações em moeda estrangeira, com cláusula de paridade cambial, serão convertidas em moeda nacional à taxa de câmbio em vigor na data do balanço;
>
> III. as obrigações, encargos e riscos classificados no Passivo Não Circulante serão **ajustados ao seu Valor Presente**, sendo os demais ajustados quando houver efeito relevante.
>
> **Critérios de Avaliação em Operações Societárias**
>
> **Art. 184-A.** A Comissão de Valores Mobiliários estabelecerá, com base na competência conferida pelo § 3º do art. 177, normas especiais de avaliação e contabilização aplicáveis à aquisição de controle, participações societárias ou segmentos de negócios.

#### 14.7.2.1 Quinta novidade

De forma análoga aos critérios de avaliação do Ativo, o art. 184, inciso III, da Lei nº 6.404, de 15 de dezembro de 1976, dispõe que as obrigações, os encargos e os riscos classificados no Passivo Não Circulante também poderão ser ajustadas a Valor Presente, sendo que as demais obrigações também poderão ser ajustadas quando houver efeito relevante.

## 14.8 ▸ ASPECTOS TRIBUTÁRIOS (IRPJ, CSLL, PIS E COFINS)

### 14.8.1 Fatos geradores ocorridos até a vigência da Lei nº 12.973/2014

A MP nº 449, de 3 de dezembro de 2008, posteriormente convertida na Lei nº 11.941, de 27 de maio de 2009, instituiu o **Regime Tributário de Transição (RTT)** para a apuração do Lucro Real. Este regime, que trata dos aspectos tributários decorrentes dos novos métodos e critérios contábeis introduzidos pela Lei nº 11.638, de 2007, foi optativo para os anos-calendário de 2008 e 2009, e tornou-se obrigatório a partir de 2010. Os efeitos do RTT perduraram até a entrada em vigência da Lei nº 12.973/2014 no ano-calendário de 2015. Ressalve-se que, à opção da pessoa jurídica, ela poderia utilizar a nova legislação já no ano-calendário de 2014. A partir da data de vigência da Lei nº 12.973, de 2014, foram **extintos** o **RTT** e o **FCont**, nessa hipótese a empresa deverá realizar todos os ajustes na base de cálculo dos tributos federais.

A principal orientação tributária do RTT era que não produziriam efeitos na apuração do Lucro Real dos optantes pelo RTT, as alterações introduzidas pela Lei nº 11.638, de 2007, e pela nova MP (Lei nº 11.941, de 2009) que alteram o critério de reconhecimento de receitas, custos e despesas computadas na apuração do Lucro Líquido do Exercício (LLE – art. 191 da Lei das S.As.). Assim, para fins de tributação, deveriam ser considerados os métodos e critérios contábeis vigentes em 31 de dezembro de 2007. O disposto aplicava-se também às normas expedidas pela CVM e pelos demais órgãos reguladores que objetivem alinhar a legislação específica com os padrões internacionais de contabilidade.

## 14.8.2 Escrituração

O art. 39, da Lei nº 11.941/2009 (art. 38, da MP nº 449/2008), alterou o art. 8º, do Decreto-Lei nº 1.598, de 1977, adiante reproduzido em sua íntegra.

"Art. 39. O art. 8º do Decreto-Lei nº 1.598, de 26 de dezembro de 1977, passa a vigorar com a seguinte redação:

"Art. 8º

§ 2º Para fins da escrituração contábil, inclusive da aplicação do disposto no § 2º do art. 177 da Lei nº 6.404, de 15 de dezembro de 1976, os registros contábeis que forem necessários para a observância das disposições tributárias relativos à determinação da base de cálculo do Imposto de Renda e, também, dos demais tributos, quando não devam, por sua natureza fiscal, constar da escrituração contábil, ou forem diferentes dos lançamentos dessa escrituração, serão efetuados exclusivamente em:

I. livros ou registros contábeis auxiliares; ou

II. livros fiscais, inclusive no livro de que trata o inciso I do *caput*.

§ 3º O disposto no § 2º será disciplinado pela Secretaria da Receita Federal do Brasil.

A Receita Federal do Brasil, no uso de sua competência, editou a Instrução Normativa 949, de 16 de junho de 2009, que instituiu o Controle Fiscal Contábil de Transição (FCont), que será analisado a seguir:

### 14.8.2.1 Controle Fiscal Contábil de Transição (FCont)

A Receita Federal do Brasil, no uso de suas atribuições, editou a Instrução Normativa RFB nº 949, de 16 de junho de 2009 (alterada pela IN RFB nº 1.139, de 2011), que disciplina os procedimentos a serem adotados pelas pessoas jurídicas sujeitas ao Regime Tributário de Transição (RTT), instituído pela Lei nº 11.941, de 27 de maio de 2009.

As alterações introduzidas na legislação societária que modifiquem o critério de reconhecimento de receitas, custos e despesas computadas na escrituração contábil, para apuração do Lucro Líquido do Exercício, não terão efeitos tributários. Ou seja, para fins de apuração do Lucro Real e da base de cálculo da Contribuição Social sobre o Lucro Líquido (CSLL), as pessoas jurídicas optantes pelo RTT devem considerar, para fins tributários, os métodos e critérios contábeis vigentes em 31 de dezembro de 2007.

O mesmo procedimento é aplicável no caso de normas expedidas pela Comissão de Valores Mobiliários (CVM), com base na competência regulamentar conferida pelo § 3º do art. 177 da Lei nº 6.404, de 1976, e pelos demais órgãos reguladores que visem alinhar a legislação específica com os Padrões Internacionais de Contabilidade.

A pessoa jurídica sujeita ao RTT, para reverter o efeito da utilização de métodos e critérios contábeis diferentes daqueles previstos na legislação tributária, baseada nos critérios contábeis vigentes em 31 de dezembro de 2007, deverá:

I. utilizar os métodos e critérios da legislação societária para apurar, em sua escrituração contábil, o resultado do período antes do Imposto sobre a Renda, deduzido das participações;

II. utilizar os métodos e critérios contábeis aplicáveis à legislação tributária, vigentes em 31 de dezembro de 2007, para apurar o resultado do período, para fins fiscais;

III. determinar a diferença entre os valores apurados nos incisos I e II; e
IV. ajustar, exclusivamente no Livro de Apuração do Lucro Real (LALUR), o resultado do período, apurado nos termos do inciso I, pela diferença apurada no inciso III.

Para a realização do ajuste específico no LALUR, de que trata o inciso IV retro mencionado, deverá ser mantido o Controle Fiscal Contábil de Transição (FCont).

O ajuste específico no LALUR, referido no inciso IV, não dispensa a realização dos demais ajustes de adição e exclusão, prescritos ou autorizados pela legislação tributária em vigor, para apuração da base de cálculo do imposto.

O FCont é uma escrituração das contas patrimoniais e de resultado em partidas dobradas, que considera os métodos e critérios contábeis aplicados pela legislação tributária, vigentes em 31 de dezembro de 2007.

A utilização do FCont é necessária à realização dos ajustes previstos entre o lucro contábil societário e o lucro calculado com base na legislação vigente em 31 de dezembro de 2007, não podendo ser substituído por qualquer outro controle ou memória de cálculo.

Para fins de escrituração do FCont, poderá ser utilizado critério de atribuição de custos fixos e variáveis aos produtos acabados e em elaboração mediante rateio diverso daquele utilizado para fins societários, desde que esteja integrado e coordenado com o restante da escrituração, nos termos do art. 294 do Decreto nº 3.000/1999.

No caso de não existir lançamento contábil com base em métodos e critérios diferentes daqueles prescritos pela legislação tributária, baseada nos critérios contábeis vigentes em 31 de dezembro de 2007, fica dispensada a elaboração do FCont.

## 14.8.3 Reservas de Capital e Reservas de Lucros

### 14.8.3.1 Reservas de Capital

#### Doações, subvenções para investimento e prêmio na emissão de debêntures

Em relação a **doações e subvenções** governamentais para investimento, inclusive mediante isenção ou redução de impostos, concedidas como estímulo à implantação ou à expansão de empreendimentos econômicos e às doações feitas pelo Poder Público (art. 38 do Decreto-Lei nº 1.598, de 1977) e aos prêmios recebidos na emissão de debêntures, a sociedade deveria:

1. reconhecer o valor da Doação, Subvenção ou do Prêmio na Emissão de Debêntures em conta de Resultado (Receita) pelo Regime de Competência, observando as determinações da CVM, no caso de Companhias Abertas e outras que optem pela sua observância;
2. excluir na parte *A,* do LALUR, o montante do LLE, decorrente das Doações, Subvenções Governamentais para Investimentos e do Prêmio na Emissão de Debêntures;
3. constituir a Reserva de Lucros a que se refere o art. 195-A da Lei nº 6.404, de 1976, com o montante das Reservas de Doações e Subvenções para Investimentos, computadas na apuração do Lucro Líquido do Exercício (LLE) e constituir Reserva de Lucros específica com o montante decorrente do Prêmio na Emissão de Debêntures;
4. as reservas de lucro somente poderão ser constituídas até o limite do LLE; caso a pessoa jurídica apurasse Lucro Líquido inferior à receita decorrente de subvenções e doações para investimentos e de prêmio na emissão de debêntures ou apure prejuízo contábil, o valor da reserva, porventura, não constituída no atual período em razão dessa limitação, deveria ser constituída em exercício(s) subsequente(s);

5. o valor das Doações e Subvenções para Investimentos e dos Prêmios na Emissão de Debêntures seriam tributadas (adicionadas na parte *A*, do LALUR) caso seja dada destinação diversa da anteriormente prevista no Item 4, inclusive nas hipóteses de:
   a) cômputo na base de cálculo dos Dividendos Obrigatórios;
   b) restituição de capital aos sócios ou ao titular de empresa individual, mediante redução do capital social, nos cinco anos anteriores à data da Doação ou da Subvenção para Investimentos, com posterior capitalização do valor da Doação ou Subvenção;
   c) capitalização e posterior restituição de capital aos sócios ou ao titular de empresa individual, mediante redução de capital social.

## 14.8.4 Aplicação do RTT ao Lucro Presumido

Para as pessoas jurídicas sujeitas ao RTT, o lucro presumido deveria ser apurado de acordo com a legislação de regência do tributo, com utilização dos métodos e critérios contábeis vigentes em 31 de dezembro de 2007, independentemente da forma de contabilização determinada pelas alterações da legislação societária e da respectiva regulamentação.

Na apuração da base de cálculo, eram efetuados os seguintes ajustes:

I. exclusão de valores referentes à receita auferida cuja tributação poderá ser diferida para períodos subsequentes, em decorrência de diferenças de métodos e critérios contábeis determinados pela legislação societária, em relação àqueles aplicáveis à legislação tributária;

II. adição de valores não incluídos na receita auferida cuja tributação fora diferida de períodos anteriores, em decorrência de diferenças de métodos e critérios contábeis determinados pela legislação societária, em relação àqueles aplicáveis à legislação tributária.

Para fins do controle dos ajustes retro mencionados, o contribuinte deveria manter memória de cálculo que permita:

I. identificar o valor da receita auferida em cada período; e

II. controlar os montantes das respectivas exclusões e adições à base de cálculo.

## 14.8.5 Demais tributos (CSLL, PIS E COFINS)

A adoção do RTT prevista nos artis. 15 a 20 da Lei nº 11.941/2009 (conversão da MP nº 449, de 2008), aplicavam-se, também, à CSLL e às Contribuições para o PIS e para a COFINS.

As pessoas jurídicas sujeitas ao RTT deveriam apurar a base de cálculo do PIS e da COFINS de acordo com a legislação de regência de cada contribuição, com utilização dos métodos e critérios contábeis vigentes em 31 de dezembro de 2007, independentemente da forma de contabilização determinada pelas alterações da legislação societária e de sua regulamentação.

O disposto no parágrafo anterior aplicava-se também à apuração dos créditos decorrentes do regime de não cumulatividade, que deverão ter por base os registros do FCont.

Para apuração da base de cálculo dessas contribuições, deveriam ser efetuados os seguintes ajustes:

I. exclusão de valores referentes à receita auferida cuja tributação poderia ser diferida para períodos subsequentes, em decorrência de diferenças de métodos e critérios contábeis determinados pela legislação societária, em relação àqueles aplicáveis à legislação tributária;

II. adição de valores não incluídos na receita auferida cuja tributação fora diferida de períodos anteriores, em decorrência de diferenças de métodos e critérios contábeis determinados pela legislação societária, em relação àqueles aplicáveis à legislação tributária.

Também poderiam ser excluídas da base de cálculo das contribuições para o PIS e para a COFINS, quando registrados em conta de resultado:

a) o valor das Subvenções e Doações feitas pelo Poder Público previstas no art. 18 da referida lei;
b) o valor do Prêmio na Emissão de Debêntures de que trata o art. 19 da referida lei.

### 14.8.6 Juros sobre o Capital Próprio

Para fins de cálculo dos juros sobre o capital a que se refere o art. 9º da Lei nº 9.249, de 26 de dezembro de 1995, não se incluem entre as contas do Patrimônio Líquido sobre as quais os juros devem ser calculados os valores relativos a ajustes de avaliação patrimonial. A única exceção são aqueles decorrentes da variação cambial de investimentos no exterior a que se refere o § 3º do art. 182 da Lei nº 6.404, de 1976, com redação dada pela Lei nº 11.638, de 2007.

### 14.8.7 Compensação de Prejuízos Não Operacionais

O art. 36 da MP nº 449, de 2008 (art. 37 da Lei nº 11.941/2009), alterou o inciso IV do art. 187 da Lei nº 6.404, de 1976, que disciplinava o tratamento dos resultados não operacionais. Entretanto, o conceito de resultados operacionais e não operacionais permanece para fins de compensação de prejuízos fiscais, conforme estabelece o art. 60 da Lei nº 11.941/2009 (art. 58 da MP nº 449/2008).

> **Art. 60 –** O disposto no **inciso IV do art. 187 da Lei nº 6.404, de 15 de dezembro de 1976**, com a redação dada por esta lei **não altera** o tratamento dos **resultados operacionais e não operacionais** para fins de apuração e compensação de prejuízos fiscais. (Grifos nossos).

**NOTAS**

1. O inciso IV do art. 187 da Lei nº 6.404, de 1976, dispõe:

   "IV. o lucro ou prejuízo operacional, **as outras receitas e as outras despesas**."

2. A legislação anterior previa:

   "IV. o lucro ou prejuízo operacional, as receitas e despesas **não operacionais**". (Grifos nossos).

Para saber mais sobre compensação de prejuízos fiscais operacionais e não operacionais, consulte o livro *Curso prático de Imposto de Renda Pessoa Jurídica e tributos conexos*, de nossa autoria.

## 14.9 ▸ *LEASING* OU ARRENDAMENTO MERCANTIL

**Arrendamento Mercantil (*leasing*)** representa um acordo pelo qual o arrendador transmite ao arrendatário, em troca de um pagamento ou série de pagamentos, o direito de usar um Ativo por um período acordado. Encontra-se disciplinado na Lei nº 6.099, de 12 de setembro de 1974, consolidada no art. nº 356, do RIR/1999, que permite a dedução como custo ou despesa operacional das contraprestações pagas por força do contrato de arrendamento mercantil.

Com o advento da Lei nº 11.638, de 2007, aventou-se a probabilidade de registro de alguns arrendamentos mercantis como contas do Ativo em função da redação dada ao inciso IV do art. 179 da Lei nº 6.404, de 1976, que disciplina a classificação de valores no imobilizado, ou seja:

> IV. **no Ativo Imobilizado**: os direitos que tenham por objeto bens corpóreos destinados à manutenção das atividades da companhia ou da empresa ou exercidos com essa finalidade, inclusive os **decorrentes de operações que transfiram à companhia os benefícios, riscos e controle desses bens**. (Grifos nossos).

Posteriormente, a CVM, por meio da Deliberação CVM nº 645, de 2010, aprovou o Pronunciamento Técnico CPC nº 06, que trata das operações de Arrendamento Mercantil, onde, em seu Item nº 08, destaca:

> Um arrendamento mercantil é **classificado como financeiro se ele transferir substancialmente todos os riscos e benefícios inerentes à propriedade**. Um arrendamento mercantil é **classificado como operacional** se ele **não** transferir substancialmente todos os riscos e benefícios inerentes à propriedade. (Grifos nossos).

Dessa forma, um *leasing* financeiro, ou seja, um contrato com a forma de arrendamento mercantil, porém com característica de compra financiada de bens, passou a ser registrada no imobilizado e em financiamentos (Passivo), tanto pela Norma Internacional, como pelas modificações introduzidas pela Lei nº 11.638, de 2007. Entretanto, para fins tributários, o aluguel continuava a ser dedutível na Apuração do Lucro Real e da base de cálculo da CSLL e as despesas de depreciação do Ativo eram indedutíveis, pois continuava-se a utilizar os métodos e critérios contábeis vigentes em 31 de dezembro de 2007.

## TESTES DE FIXAÇÃO

1. Tendo em vista a nova estrutura do Balanço Patrimonial das Sociedades por Ações introduzida pela Lei nº 11.638/2007 e Lei nº 11.941/2009, é **incorreto** afirmar que:
   a) O Ativo Não Circulante será composto de quatro subgrupos: Realizável a Longo Prazo, Investimentos, Imobilizado e Intangível.
   b) No Patrimônio Líquido, foi criado um novo grupo denominado Ajuste de Avaliação Patrimonial, que engloba as contrapartidas de aumentos ou diminuições do valor justo atribuído a elementos do Ativo e do Passivo.
   c) O saldo existente no grupo de Resultados de Exercícios Futuros em 31 de dezembro de 2008 deverá ser reclassificado para o Passivo Não Circulante em conta representativa de receita diferida, deduzida do respectivo custo.
   d) Deixaram de existir no Patrimônio Líquido as Reservas de Capital de Prêmio de Emissão de Debêntures e de Subvenções e Doações para Investimentos.
   e) O saldo existente do Ativo Diferido em 31 de dezembro de 2008 deverá ser alocado ao Ativo Intangível até sua completa amortização, sujeito à análise sobre a recuperação de seu valor (*impairment test*).

2. De acordo com as novas disposições societárias sobre prêmio na emissão de debêntures e doações e subvenções para investimento, analise as afirmações a seguir, classificando-as como verdadeiras (V) ou falsas (F):
   I. Para fatos geradores ocorridos a partir de 1º de janeiro de 2008, as pessoas jurídicas que alienarem debêntures por um preço superior ao seu valor de emissão deverão apropriar essa diferença em conta de resultado à medida que transcorra o prazo de vencimento do papel, conforme determina a NBCTG 08 do Conselho Federal de Contabilidade.
   II. As doações e subvenções para investimento recebidas sob a forma de Ativos não monetários devem ser avaliadas e contabilizadas pelo valor a elas atribuído pelas partes intervenientes na operação.
   III. Tanto os prêmios recebidos na emissão de debêntures quanto as doações e subvenções governamentais para investimento devem ser contabilizados como resultado de exercícios futuros.
   IV. Desde que contabilizadas como reservas de lucros e atendidas as demais disposições constantes do Regime Tributário de Transição (RTT), as receitas relativas aos prêmios recebidos na emissão de debêntures e doações e subvenções governamentais para investimento podem ser excluídas do Lucro Líquido para fins de determinação do Lucro Real.

   A sequência correta é:
   a) V, V, V, V.
   b) V, F, V, V.
   c) V, F, V, F.
   d) V, F, F, V.
   e) F, V, F, F.

3. De acordo com as novas disposições da lei societária, a somatória das reservas de lucro não deve ultrapassar o capital social, mas neste cálculo **não** estão incluídas as reservas:
   a) para contingências, de incentivos fiscais, de lucros a realizar e a reserva específica para prêmios na emissão de debêntures;
   b) para contingências e de lucros a realizar;
   c) de incentivos fiscais e de expansão para investimentos;
   d) legal, estatutária e de expansão de investimentos;
   e) legal, para contingências e de lucros a realizar.

4. Analise as afirmações a seguir, de acordo com as novas disposições da lei societária, sobre as reservas de reavaliação:
   I. A reserva de reavaliação não mais poderá ser constituída a partir de 1º de janeiro de 2008.
   II. Os saldos de reserva de reavaliação existentes em 31 de dezembro de 2007 deverão ser estornados e incluídos na base de cálculo do IRPJ e da CSLL.
   III. Caso a companhia opte por manter em sua contabilidade os saldos de reserva de reavaliação existentes em 31 de dezembro de 2007, ela deve computar essa mais valia na determinação da base de cálculo do IRPJ e da CSLL imediatamente.
   IV. Nem mesmo instituições financeiras podem, a partir de 1º de janeiro de 2008, constituir reservas de reavaliação de seus Ativos, em virtude de ato aprovado pelo Conselho Monetário Nacional.

   Estão corretas apenas as afirmações:
   a) I e II.
   b) I e IV.

c) II e III.
d) II e IV.
e) III e IV.

**5.** Em relação às novas disposições societárias sobre a Demonstração do Resultado do Exercício, é correto afirmar que:
a) Todas as receitas e despesas da companhia passaram a ser não operacionais.
b) Do ponto de vista fiscal, deixou de existir a segregação da compensação de prejuízos operacionais e não operacionais.
c) O Lucro Líquido Operacional é a soma algébrica da receita líquida de vendas, do custo das mercadorias vendidas e das despesas operacionais.
d) As despesas financeiras passam a ser consideradas despesas administrativas.
e) As receitas e despesas classificadas no grupo Resultado de Exercícios Futuros devem ser obrigatoriamente reclassificadas para conta de Passivo Circulante.

**6.** Sobre as novas demonstrações contábeis estabelecidas pelas novas disposições da lei societária, é correto afirmar que:
a) A Demonstração dos Fluxos de Caixa tem por objetivo demonstrar a variação do Capital Circulante Líquido da companhia entre o início e o fim do exercício social.
b) A elaboração da Demonstração dos Fluxos de Caixa não é obrigatória para a companhia fechada com Patrimônio Líquido na data do balanço inferior a R$ 2.000.000,00.
c) A Demonstração do Valor Adicionado deve ser elaborada por todas as sociedades por ações, sejam abertas ou fechadas.
d) A Demonstração do Valor Adicionado tem por objetivo demonstrar como foi gerado o lucro da companhia e qual foi a parcela distribuída aos acionistas.
e) A Demonstração dos Fluxos de Caixa evidencia apenas as entradas e saídas de caixa ou equivalentes-caixa relativas às atividades operacionais da companhia.

**7.** De acordo com as novas disposições da lei societária, duas sociedades são consideradas coligadas quando a investidora:
a) Possui, pelo menos, 10% do capital votante da investida.
b) Possui, pelo menos, 10% do capital, votante ou não, da investida.
c) Possui, pelo menos, 20% do capital, votante ou não, da investida.
d) Tem influência significativa na administração da investida.
e) Tem influência significativa na administração da investida e pelo menos 20% de seu capital votante.

**8.** Sobre os novos critérios de avaliação de Ativos e Passivos introduzidos pelas novas disposições da lei societária, é **incorreto** afirmar que:
a) As aplicações em instrumentos financeiros, inclusive derivativos, e em direitos e títulos de crédito, classificados no Ativo Circulante ou no Realizável a Longo Prazo, serão sempre avaliados pelo seu valor justo.
b) Os direitos classificados no grupo Intangível serão avaliados pelo custo incorrido na aquisição deduzido do saldo da respectiva conta de amortização.
c) Os elementos do Ativo e do Passivo decorrentes de operações de longo prazo serão ajustados a Valor Presente, sendo os demais ajustados quando houver efeito relevante.
d) As obrigações, os encargos e os riscos, conhecidos ou calculáveis, inclusive Imposto sobre a Renda a pagar com base no resultado do exercício, serão computados pelo valor atualizado até a data do balanço.
e) A companhia pode registrar a perda de capital de Ativos quando houver decisão de interromper os empreendimentos ou as atividades a que se destinavam ou quando comprovado que não poderão produzir resultados suficientes para recuperação do valor.

**9.** Sobre o Regime Tributário de Transição (RTT) instituído pela Medida Provisória nº 449, de 2008 (convertida na Lei nº 11.941, de 2009), assinale a afirmação **incorreta**:

a) Vigerá até a entrada em vigor de lei que discipline os efeitos tributários dos novos métodos e critérios contábeis, buscando a neutralidade tributária.
b) Para fins de tributação pelo RTT, devem ser considerados os métodos e critérios contábeis vigentes em 31 de dezembro de 2007 para reconhecimento de despesas e receitas.
c) A opção pelo RTT aplicar-se-á ao biênio 2008-2009, sendo permitida a aplicação do regime em um único ano-calendário.
d) Será obrigatório a partir do ano-calendário de 2010, inclusive para apuração do IRPJ, da CSLL e das contribuições para o PIS e a COFINS com base no lucro presumido ou arbitrado, da CSLL e das contribuições para o PIS e a COFINS.
e) A eventual diferença entre os tributos apurados pelo RTT e os tributos apurados nos três primeiros trimestres de 2008 deverá ser recolhida até o último dia útil do mês de junho de 2009 (sem acréscimos de multa e/ou juros) ou compensada, conforme o caso.

**10.** Analise as afirmações a seguir:

I. A companhia observará exclusivamente em livros ou registros auxiliares, sem qualquer modificação da escrituração mercantil e das demonstrações reguladas nas Leis nº 11.638, de 2007, e 11.941, de 2009, as disposições da lei tributária, ou de legislação especial sobre a atividade que constitui seu objeto, que prescrevam, conduzam ou incentivem a utilização de métodos ou critérios contábeis diferentes ou determinem registros, lançamentos ou ajustes ou ainda a elaboração de outras demonstrações financeiras.
II. Para fins de cálculo dos juros sobre o capital próprio, os valores relativos a ajustes de avaliação patrimonial, exceto aqueles decorrentes da variação cambial de investimentos no exterior, não são incluídos nas contas do Patrimônio Líquido que vão constituir a base de cálculo dos referidos juros.
III. Os bens adquiridos por meio de operações de arrendamento mercantil com características de compra financiada, por transferirem à companhia arrendatária os benefícios, riscos e controle de tais bens devem ser classificados no Ativo Imobilizado, a partir da vigência da Lei nº 11.638/2007.
IV. O valor das Subvenções e Doações feitas pelo Poder Público e o valor do Prêmio na Emissão de Debêntures que sejam escriturados como receita compõem a base de cálculo do PIS e da COFINS da pessoa jurídica que tenha optado pelo RTT.

À luz das novas disposições da legislação societária e fiscal, pode-se concluir que:

a) A afirmação I está incorreta.
b) Estão corretas todas as afirmações.
c) As afirmações II e IV estão incorretas.
d) A única afirmação correta é a III.
e) Estão corretas as afirmações I, II e III, apenas.

**GABARITO**

| | | | | |
|---|---|---|---|---|
| 1. E | 2. D | 3. A | 4. B | 5. C |
| 6. B | 7. D | 8. A | 9. C | 10. E |

# Capítulo 15

# Atos elaborados pelo Comitê de Pronunciamentos Contábeis (CPC)

Neste capítulo, reproduziremos, literalmente, um sumário, publicado no site do CFC, contendo os atos elaborados pelo **Comitê de Pronunciamentos Contábeis (CPC)**, cujo impacto poderá ser significativo na elaboração das demonstrações contábeis.

O sumário contém uma parte de **Introdução**, destacada com os títulos **IN1** a **IN6**, e os atos estão separados da seguinte forma:

a) **CPC** – Pronunciamentos Técnicos.
b) **ICPC** – Interpretações Técnicas.
c) **OCPC** – Orientações Técnicas.

**EXEMPLO**

Embora esse sumário não conste mais no site do CFC, provavelmente em função de algumas revisões que foram feitas em Atos do CPC, julgamos importante mantê-lo para que o leitor interessado possa ter uma visão geral das alterações das normas contábeis.

## Documentos do CPC – Destaques (com base nos Pronunciamentos, Interpretações e Orientações editados até 31/12/2009)

### Introdução

IN1. Tendo em vista a edição dos Pronunciamentos, Orientações e Interpretações por parte do CPC Comitê de Pronunciamentos Contábeis no período compreendido entre 2007, 2008 e 2009, homologados por meio de atos próprios por órgãos reguladores, com vista à implantação, no Brasil, das Normas Internacionais de Contabilidade, apresentamos um sumário do conteúdo de cada um deles com o destaque de alguns itens que poderão impactar de maneira mais significativa as demonstrações contábeis das empresas em geral (entidades) para os exercícios findos a partir de 31 de dezembro de 2010. Os aspectos considerados como os de maior impacto estão em negrito.

IN2. Este trabalho não constitui e não decorre de um estudo detalhado e exaustivo de todos os novos aspectos derivados da adoção integral dos documentos emitidos pelo CPC, **nem substitui a leitura integral dos mesmos**. Adicionalmente, dependendo da circunstância concreta de determinada entidade, é possível que existam outros aspectos nos Pronunciamentos, Interpretações e Orientações, não relacionados aqui, que podem igualmente impactar, de maneira relevante, as demonstrações contábeis.

IN3. **Este documento não integra qualquer Pronunciamento, Interpretação ou Orientação emitidos pelo CPC e não pode ser utilizado no lugar deles nem mesmo como sua interpretação.**

IN4. Alerta-se para o fato de que os Pronunciamentos de números 01 a 14 foram implementados em 2008 e que os demais estão sendo implementados em 2010. Com isso, os efeitos da adoção dos CPCs 15 a 43 implicam em ajustes do balanço de abertura do exercício dado como comparativo ao de 2010. Durante 2009 as políticas e práticas contábeis foram as mesmas de 2008, com a única exceção da cessação da amortização do ágio por expectativa de rentabilidade futura. Ressalta-se, por fim, para o fato de que algumas poucas entidades anteciparam para 2009 a adoção dos Pronunciamentos, Interpretações e Orientações de vigência obrigatória em 2010.

IN5. Este documento não abrange o Pronunciamento Técnico PME Contabilidade para Pequenas e Médias Empresas.

IN6. Finalmente, alerta-se para eventuais mudanças a partir de 2010 nesses documentos ou em outros emitidos por órgãos reguladores brasileiros que aqui são referidos.

## CPC "00" – Estrutura Conceitual para a Elaboração e Apresentação das Demonstrações Contábeis

1. O CPC 00 fornece diretrizes para a preparação e apresentação das demonstrações contábeis, servindo como fonte dos conceitos básicos e fundamentais para os Pronunciamentos desenvolvidos pelo CPC, incluindo critérios para o reconhecimento de ativos, passivos, receitas e despesas e está em linha com o *Framework for the preparation and presentation of financial statements* emitido pelo IASB.
2. Os tópicos de provável alto impacto com relação à estrutura conceitual contábil brasileira até então vigente são a **prevalência da essência econômica sobre a forma jurídica** na interpretação dos fatos passíveis de registro contábil e o direcionamento das **normas** para serem **baseadas em princípios e não mais em regras**. Dessa forma, os Pronunciamentos do CPC são desenvolvidos visando atingir esse objetivo.

## CPC 01 – Redução ao Valor Recuperável de Ativos *(Impairment)*

1. Os itens 7 e 8 do CPC 01 esclarecem que um ativo está desvalorizado quando seu valor contábil excede seu valor recuperável. Os itens 10 a 12 do Pronunciamento descrevem algumas indicações de quando essa perda possa ter ocorrido. Se qualquer uma daquelas situações estiver presente, a entidade deve fazer uma estimativa formal do valor recuperável. Se não houver indicação de uma possível desvalorização, exceto conforme descrito no Item 9, o Pronunciamento não exige que a entidade faça uma estimativa formal do valor recuperável.
2. A entidade deve avaliar, **no mínimo a cada exercício social**, se há alguma indicação de que um ativo possa ter sofrido desvalorização. Se houver alguma indicação, a entidade deve estimar o valor recuperável do ativo e se esse valor for inferior ao valor estimado de recuperação, **uma provisão para ajuste ao valor de recuperação dos ativos deve ser reconhecida em contrapartida no resultado do exercício**.

3. No caso dos ativos cuja realização seja por recebimento ou venda, o valor recuperável é o valor que a entidade estima que provavelmente receba, líquido das despesas com vendas se for o caso, o que implicará na constituição de provisão para créditos de liquidação duvidosa, na aplicação da regra do custo ou mercado dos dois o menor e outros procedimentos e/ou critérios semelhantes. Em sendo o ativo classificado como um ativo financeiro, como determinado pelo Pronunciamento CPC nº 38 – Instrumentos Financeiros Reconhecimento e Mensuração, a perda no valor recuperável e por não recebimento de ativos financeiros deve seguir o que determina o referido Pronunciamento CPC nº 38.
4. **No caso dos ativos destinados ao uso, ou à produção de benefícios pela sua manutenção na entidade, o valor recuperável é o maior entre os dois seguintes: (i) valor líquido de venda (valor de venda deduzido das despesas com vendas, como no item anterior); ou (ii) valor em uso.** O valor em uso é, basicamente, o valor presente dos fluxos de caixa esperados a serem gerados por esse ativo.
5. Pode ocorrer que, para realizar os testes sobre a recuperação de ativos, a entidade seja obrigada a agrupar todos os seus ativos não circulantes não monetários (investimentos, imobilizado e intangível) em **unidades geradoras de caixa**, já que é comum que um único ativo não tenha, sozinho, capacidade de produzir fluxos de caixa, só o fazendo em conjunto com outros ativos. Assim, para o cálculo do *impairment* pode ser necessário identificar quais são os conjuntos mínimos de ativos identificados como geradores de caixa.
6. Em resumo, os prováveis grandes impactos são a provável **necessidade da determinação das unidades geradoras de caixa e a possibilidade de obrigação do registro das perdas, no resultado das entidades, por não recuperação de valor (*impairment*) de ativos imobilizados, investimentos e intangíveis**. Os *impairments* dos demais ativos já eram reconhecidos no Brasil.
7. As perdas por desvalorização, **com exceção do caso do *goodwill* ágio por expectativa de rentabilidade futura** são reversíveis se as condições de recuperabilidade voltarem a ocorrer.
8. Há divulgações específicas, a serem feitas sobre a aplicação da prática do teste de *impairment* e sobre as situações em que a perda é reconhecida ou revertida.

## CPC 02 (R1) – Efeitos das Mudanças nas Taxas de Câmbio e Conversão de Demonstrações Contábeis

1. A principal alteração feita no CPC 02, pelo documento de revisão nº 1, diz respeito à alteração dos itens 4 e 5 que exigiam que as controladas de uma entidade que fossem consideradas dependentes no exterior, cuja moeda funcional for a mesma da matriz, tivessem seus ativos, passivos e resultado integrados às demonstrações contábeis da matriz. Tal exigência foi eliminada no documento revisado. Adicionalmente, o CPC 02 (R1), em seu Item 41, cita que **as variações cambiais do investimento líquido em controladas dependentes no exterior deverão ser reportadas como receita ou despesa financeira do período**, ou seja, como resultados integrados à contabilidade da matriz no Brasil como qualquer outra filial, agência, sucursal ou dependência mantida no próprio país, por força da norma internacional.
2. Um grande impacto do CPC 02 é quanto à forma de registro **das variações cambiais de investimento líquido em controlada independente no exterior, cuja moeda funcional é diferente da matriz, que deve ser em conta específica do patrimônio líquido na investidora e no balanço consolidado**, para serem reconhecidas, como receita ou despesa, apenas quando da venda ou baixa do investimento líquido. Instrumentos de *hedge* desse investimento têm igual contabilização.
3. O outro grande impacto é a introdução da figura da **moeda funcional**. **Moeda funcional** é a moeda do ambiente econômico principal no qual a entidade opera. Essa moeda

pode, em determinadas circunstâncias (previstas no Pronunciamento) ser diferente da moeda do país onde está sediada a controladora ou qualquer controlada. Por exemplo, uma empresa de manufatura brasileira concluiu que sua moeda funcional é o dólar. Assim, suas demonstrações contábeis são preparadas como se os registros contábeis fossem feitos em dólar e depois as demonstrações fossem convertidas para o real, para fins de divulgação no Brasil. Com isso, os balanços, os resultados e os fluxos de caixa podem ser muito diferentes, em cada exercício, do que seriam se a moeda funcional fosse o real.

4. A conversão de demonstrações feitas numa moeda funcional para outra moeda de reporte (como no item anterior ou na conversão de uma controlada no exterior em euro para real) é feita, a não ser no caso de inflação alta, com os ativos e passivos convertidos à taxa de câmbio da data do balanço, e as receitas, despesas, ingressos e aplicações de caixa convertidos quando de sua incorrência. **As diferenças cambiais sobre os Patrimônios Líquidos (ver Item 2) e os resultados líquidos são reconhecidas em outros resultados abrangentes no Patrimônio Líquido para transferência ao resultado apenas quando da baixa do investimento**.
5. Há divulgações específicas a serem feitas sobre qual a moeda funcional utilizada (sendo obrigatória a informação) e sobre os ativos e passivos em outra moeda.

## CPC 03 (R1) – Demonstração dos Fluxos de Caixa

1. A obrigatoriedade de divulgação dessa demonstração é nova por disposição inclusive legal (Lei 11.638/07), substituindo a Demonstração das Origens e Aplicações de Recursos (DOAR). É parte integrante e obrigatória do conjunto das demonstrações contábeis a serem preparadas e apresentadas por todas as entidades, tendo em vista a aprovação, pelo CFC, do CPC 03, sem a exceção contemplada no art. 176, § 6º, da Lei das S/As.
2. O conteúdo e o modelo (fluxos de caixa subdivididos em atividades operacionais, atividades de investimento e atividades de financiamento) seguem, basicamente, o que já vinha sendo praticado de forma voluntária no Brasil, com a exceção de uma definição mais rígida do que sejam caixa e equivalentes de caixa.
3. **Diversas opções foram ainda mantidas** (os juros pagos e recebidos podem ser classificados como operacionais ou derivados das atividades de investimento, por exemplo), o que provoca a necessidade de atenção especial quando da comparação entre demonstrações de entidades distintas.
4. Divulgações específicas sobre pagamento de imposto de renda, transações que não envolvem caixa e outras são exigidas.

## CPC 04 – Ativos Intangíveis

1. Conforme o Item 21 do CPC 04, um ativo intangível é um ativo incorpóreo que deve ser reconhecido somente quando for provável que os benefícios econômicos futuros esperados atribuíveis ao ativo serão gerados em favor da entidade e o custo do ativo possa ser mensurado com segurança. **Ativos intangíveis gerados internamente não são geralmente passíveis de reconhecimento, especialmente o ágio por expectativa de rentabilidade futura (*goodwill*), cujo reconhecimento, quando gerado internamente, é totalmente vedado**.
2. Os ativos intangíveis são inicialmente reconhecidos ao custo e podem ter vida útil definida ou indefinida. O Item 111 do CPC 04 requer ainda que os conceitos do CPC 01 (*impairment*) sejam aplicados aos ativos intangíveis para se mensurar eventuais problemas de recuperação de seus valores, e há um procedimento todo especial para o *goodwill*.

3. **Gastos com pesquisas de produto, processo, mercado etc. não podem ser ativados**. Gastos com desenvolvimento são ativados em circunstâncias muito especiais. **Despesas pré-operacionais não podem mais ser ativadas**. Não mais existe Ativo Diferido (a não ser nos casos de saldos remanescentes, conforme autorização legal).
4. **Ativo intangível de vida útil indefinida não é mais amortizado** (como no caso do *goodwill*), ficando somente sujeito ao teste de perda de recuperabilidade de valor (*impairment*).
5. Há divulgações específicas a serem feitas sobre a movimentação dos ativos intangíveis no período, dentre outras.

## CPC 05 – Divulgação sobre Partes Relacionadas

1. **Um novo conceito de parte relacionada foi introduzido**. O mais relevante é a **relação com o controle e com a gestão da entidade** para ser considerada parte relacionada. São partes relacionadas às vinculadas por controle (direto, indireto, conjunto ou controle comum), influência significativa, parentesco ou relacionamento com pessoal-chave da entidade ou sua controladora.
2. Os relacionamentos entre controladora e controladas, ou investidor e coligadas, devem ser divulgados independentemente de ter havido transações entre essas partes relacionadas. Se a entidade controladora direta e a parte controladora final não prepararem demonstrações contábeis disponíveis para uso público, **o nome da controladora do nível seguinte, se houver, deve ser divulgado**.
3. **A entidade deve divulgar a remuneração do pessoal-chave** da administração no total, bem como para cada uma das possíveis categorias (quer como benefícios, quer como outro tipo de remuneração).
4. Se tiver havido transações entre partes relacionadas, a entidade deve divulgar a natureza do relacionamento, informações sobre as transações e saldos existentes, bem como as condições de sua realização.

## CPC 06 – Operações de Arrendamento Mercantil

1. Conforme o Item 8 do CPC 06, um arrendamento mercantil é classificado como financeiro se ele transferir substancialmente todos os riscos e benefícios inerentes à propriedade do ativo arrendado. Um arrendamento mercantil é classificado como operacional se ele não transferir substancialmente todos os riscos e benefícios inerentes à propriedade do ativo arrendado.
2. O Item 20 cita que, caso o arrendamento mercantil seja classificado como financeiro, **os arrendatários devem reconhecer, em contas específicas, os arrendamentos mercantis financeiros como ativos e passivos nos seus balanços** por quantias iguais **ao valor justo** da propriedade arrendada **ou, se inferior**, ao **valor presente dos pagamentos mínimos** do arrendamento mercantil, determinados no início do arrendamento mercantil.
3. Os ativos geram despesas de depreciação e os passivos geram despesas financeiras, e as contraprestações de arrendamento financeiro não são mais consideradas despesas.
4. Os pagamentos das contraprestações do arrendamento mercantil financeiro são registrados como liquidação do passivo (principal e juros).
5. Modificação relevante no que diz respeito ao arrendamento operacional é o da **impossibilidade de apropriação da receita na arrendadora, e da despesa na arrendatária, de maneira não linear**, a não ser que haja outra base com forte lógica econômica a suportar essa apropriação, desaparecendo assim as possibilidades de apropriação conforme arbitrado contratualmente ou designado por fluxos de caixa não homogêneos.
6. Há divulgações específicas a serem feitas sobre as operações de arrendamento mercantil.

## CPC 07 – Subvenção e Assistência Governamentais

1. O Item 7 informa que a subvenção governamental, inclusive subvenção não monetária a valor justo, **não deve ser reconhecida até que exista segurança** de que: (i) a entidade cumprirá todas as condições estabelecidas; e (ii) a subvenção será recebida.
2. Subsídio em empréstimo é reconhecido como subvenção governamental, quando existir segurança de que a entidade cumprirá os compromissos assumidos.
3. O Item 12 cita que a **subvenção governamental deve ser reconhecida como receita, ao longo do período, confrontada com as despesas que se pretende compensar**, em base sistemática, desde que atendidas as condições do Pronunciamento.
4. **A subvenção governamental não pode ser registrada diretamente no Patrimônio Líquido**, como era a prática contábil adotada anteriormente no Brasil. Ressaltamos que não mais existe essa reserva de capital, a não ser nos casos de saldos remanescentes, conforme autorização normativa da CVM.
5. **Isenções ou reduções de tributos que tenham a característica ou a tipificação legal** de incentivos fiscais (como o caso das aplicações em áreas incentivadas) são reconhecidas como subvenções governamentais no resultado das entidades, atendidos os requisitos estabelecidos, e não mais no Patrimônio Líquido. Portanto, devem ser registradas pelo valor bruto do tributo como se devido fosse, em contrapartida à receita de subvenção equivalente.
6. Impacto especial existe no caso das **subvenções, via financiamentos, de pagamento de tributos com taxas não de mercado**. Nessa situação o ajuste a valor presente do benefício deve ser considerado uma subvenção.
7. Notas explicativas específicas e detalhadas são exigidas para essas operações.

## CPC 08 – Custos de Transação e Prêmios na Emissão de Títulos e Valores Mobiliários

1. Duas grandes inovações: (i) **Os gastos com emissão de ações e outros instrumentos patrimoniais não são mais registrados como despesas, e sim, como redução do valor captado, em conta específica (conta redutora) do Patrimônio Líquido;** (ii) **São encargos financeiros, a serem apropriados ao longo do tempo, não só as despesas de juros e variação monetária, mas também todos os gastos incrementais vinculados à operação da captação dos recursos, como os com viagens, consultores, advogados, intermediadores, prospectos etc**. Os gastos incorridos são reconhecidos como conta redutora do passivo, de modo que o passivo original corresponda ao valor líquido recebido, e a apropriação pelo tempo do contrato dar-se-á pelo método da taxa efetiva de juros.
2. **Não mais existe o reconhecimento direto no Patrimônio Líquido, dos prêmios nas emissões de debêntures. Estes passam a ser registrados como redutores dos encargos financeiros ao longo do prazo das debêntures**. Ressaltamos que não mais existe essa reserva de capital a não ser nos casos de saldos remanescentes, conforme autorização normativa da CVM.
3. Evidenciações e divulgações específicas sobre cada processo de captação de recursos, seus custos de transação, prêmios obtidos e taxa de juros efetiva de cada operação são exigidas.

## CPC 09 – Demonstração do Valor Adicionado (DVA)

1. A DVA transformou-se em demonstração obrigatória para as companhias abertas no Brasil, sendo optativa para as demais entidades (a menos que haja exigência específica de órgão regulador).

2. A DVA não é exigida pelas normas internacionais de contabilidade, mas faz parte do conjunto completo de demonstrações contábeis brasileiras das entidades legalmente, ou normativamente, exigidas a apresentá-la, o que inclui a necessidade de elaboração e apresentação da DVA consolidada.
3. Segue o modelo de vínculo básico da Demonstração do Resultado (DR), o que diferencia o conceito de valor adicionado utilizado nessa demonstração (que se vincula ao conceito de vendas e demais receitas realizadas) do utilizado na ciência econômica (vinculado ao conceito de produção, e não de venda ou receita realizada).
4. O impacto com relação ao modelo que vinha sendo utilizado pelas entidades brasileiras, que apresentavam a DVA espontaneamente, está na exigência de **reconhecimento específico do valor adicionado nos ativos construídos para uso próprio.**

## CPC 10 – Pagamento Baseado em Ações

1. Pronunciamento totalmente novo na contabilidade brasileira. **O Item 7 do CPC 10 menciona que a entidade deve reconhecer os produtos, ou os serviços, recebidos ou adquiridos em transação de pagamento baseada em ações, quando ela obtiver os produtos ou à medida que receber os serviços. Em contrapartida, a entidade deve reconhecer o correspondente aumento do Patrimônio Líquido em conta de instrumentos patrimoniais por pagamentos baseados em ações, se os produtos ou serviços forem recebidos em transação de pagamento baseado em ações que será liquidada em ações (ou com outros instrumentos patrimoniais). No entanto, o mesmo Item 7 prevê que a entidade deve reconhecer um passivo se a transação for liquidada em dinheiro (ou com outros ativos). Na prática contábil brasileira anterior, tais transações não geravam registro contábil enquanto não liquidadas, apenas eram passíveis de divulgações em notas explicativas e de maneira geral não impactavam a demonstração do resultado.**
2. Na prática, o grande impacto está no **reconhecimento como despesa dos planos de *stock options*** quando administradores e empregados adquirem, por desempenho, a opção de poder, no futuro, subscrever certa quantidade de ações da entidade e integralizá-las por valor normalmente vinculado ao preço do dia do início do contrato. **O valor da despesa é definido pelo valor justo (valor estimado de mercado) da opção no dia do início do contrato, e é distribuído pelo prazo do contrato (custo de oportunidade no início do contrato).** Pode essa despesa nada ter a ver com a diferença entre o valor de mercado da ação no dia do exercício da opção e o valor da sua integralização (custo de oportunidade no final do contrato). **A contrapartida da despesa nesses casos de *stock options* deve ser registrada diretamente em conta de patrimônio líquido**. No caso de o benefício do contrato ser pago em dinheiro, a contrapartida deverá ser no passivo, e o valor total da despesa corresponderá à diferença entre o valor de mercado da ação no dia do exercício da opção e o valor que seria o da sua integralização, caso não houvesse o pagamento em dinheiro.
3. O Pronunciamento se aplica também à aquisição de bens e serviços, mediante pagamento com emissão de ações ou quotas, com ou sem o uso de opções; aquisição essa a ser reconhecida conforme sua natureza e regras contábeis específicas. Por exemplo, serviços de consultoria pagos em ações, sujeitos ou não a condicionantes futuras.
4. Notas explicativas muito detalhadas sobre os planos de pagamento baseados em ações, e sobre os registros contábeis, são exigidas.

## CPC 11 – Contratos de Seguro

1. Esse Pronunciamento aplica-se, como regra, no Brasil, às companhias seguradoras (a partir de 2010, por determinação da SUSEP). Mas há que se atentar ao fato de que **pode haver contratos que se configurem, na essência, como contratos de seguros, mesmo entre entidades não seguradoras**.
2. Dentre outras exigências, o Pronunciamento requer que os produtos comercializados sejam avaliados e classificados como produtos de investimentos e produtos de seguros. No caso de produtos de investimentos, o pronunciamento a ser adotado é o CPC nº 38.

## CPC 12 – Ajuste a Valor Presente

1. Este Pronunciamento não tem equivalente nas Normas Internacionais de Contabilidade, mas seu conteúdo está compreendido em inúmeros documentos do IASB. O grande impacto, no Brasil, se deu pela exigência legal, a partir de 2008, do ajuste a valor presente dos realizáveis e exigíveis a longo prazo e, quando relevante, dos a curto prazo também.
2. O Pronunciamento trata dos ativos e passivos a serem ajustados a valor presente, bem como dos cuidados com a escolha da taxa de desconto e do registro das contrapartidas dos ajustes.
3. **Ativos não monetários, receitas e despesas são normalmente afetados por esses ajustes,** com efeitos de redução dos mesmos (compra de imóveis a prazo, venda de ativos a médio e a longo prazo etc.); algumas vezes com efeitos relevantes, não só no caso de certas transações na atividade imobiliária, mas em outras também.
4. **Os ajustes a valor presente provocam o aparecimento de receitas e despesas financeiras** no decorrer do tempo, até a realização final do recebível ou liquidação do exigível.
5. **Impostos diferidos ativos e passivos não podem ser ajustados a valor presente.**
6. Divulgações específicas sobre os elementos patrimoniais afetados, as taxas utilizadas, as premissas tomadas para definição dessas taxas e outras informações são exigidas.

## CPC 13 – Adoção Inicial da Lei nº 11.638/2007 e da Medida Provisória nº 449/2008

Não comentado por terem cessado seus efeitos.

## CPC 14 – Instrumentos Financeiros: Reconhecimento, Mensuração e Evidenciação (Revogado a partir de 2010)

Esse documento foi substituído, a partir de 2010, pelos CPCs 38, 39 e 40. Portanto, está em vigência apenas até o final de 2009. Por outro lado, visando a atender às entidades com operações financeiras não complexas, foi emitida a Orientação OCPC 03 que praticamente repete seu teor e que entra em vigência a partir da cessação da vigência desse CPC 14.

## CPC 15 – Combinação de Negócios

1. Pronunciamento aplicável para transações que envolvam combinação de negócios, definida como uma operação, ou outro evento, por meio do qual **um adquirente obtém o controle** de um ou mais negócios, independentemente da forma jurídica da operação.
2. Diversas definições e conceitos novos trazidos implicam em grande modificação nas práticas contábeis brasileiras.
3. Para fins contábeis, **sempre haverá um adquirente**, ou seja, tem que existir uma entidade que obtém o controle da adquirida, ou que mais se assemelha a isso.

4. Tem que haver alocação do preço de compra, na data da aquisição, a ativos e passivos identificáveis, inclusive intangíveis, que devem ser avaliados para fins da combinação (demonstrações contábeis consolidadas da adquirente) **a valor justo**[1] (impossibilidade do uso puro e simples do valor contábil anterior). **Mesmo procedimento para definição, no balanço individual, do valor do ágio por expectativa de rentabilidade futura (*goodwill*)** e para a aplicação da equivalência patrimonial.
5. No caso de incorporação ou fusão de sociedades, em que há a efetiva mudança de controle, e que a transação não é entre entidades sob controle comum, a entidade adquirente deve ajustar a posição patrimonial (balanço patrimonial) da adquirida na data de aquisição (tal como definida no CPC 15) para refletir seus ativos e passivos tais como reconhecidos e mensurados em conformidade com o CPC 15. **A contrapartida desse ajuste é na conta Ajustes de Avaliação Patrimonial.**
6. O preço de compra inclui contraprestação contingente avaliada a valor justo, e exclui custos da transação, ativos de indenização, direitos readquiridos, mensurados separadamente.
7. **O ágio por expectativa de rentabilidade futura (*goodwill*) é a parcela residual após a alocação do preço de compra acima referida.**
8. **As diferenças entre o valor justo e o valor contábil dos ativos e passivos do negócio adquirido são consideradas mais valia** e são reconhecidas em conta própria a ser baixada conforme a baixa desses ativos e passivos. Esses valores passam a compor o valor contábil do negócio adquirido. **Não se denomina mais de ágio a essa diferença.**
9. **Ganho por compra vantajosa (deságio) se houver e for comprovado – deve ser reconhecido no resultado da entidade adquirente.** A ICPC 09 define regra de transição para os deságios em aberto na data de adoção inicial do CPC 15: aqueles que não puderem ser classificados como redução do saldo de algum ativo ou como passivo relacionado à entidade adquirida devem ser baixados e registrados a crédito de lucros (prejuízos) acumulados, por mudança de prática contábil.
10. **A participação dos não controladores** – avaliada ao valor justo ou pelo valor proporcional de participação nos ativos líquidos – na data da combinação de negócios deve ser **demonstrada como componente do patrimônio**.
11. **As transações societárias entre acionistas, após a combinação de negócios, e que não alteram a situação de controle da adquirida, são registradas diretamente no Patrimônio Líquido**.
12. **O CPC 15 não se aplica a uma combinação de negócios em operações entre partes dependentes (sob controle comum, Item 2 (c) do Pronunciamento),** logo nas demonstrações do grupo sob controle comum não existe ágio (*goodwill*), nem mudança nos valores contábeis dos ativos e passivos envolvidos.
13. Em aquisição feita em etapas, a combinação ocorre na etapa em que se dá a aquisição do controle; o adquirente reavalia sua participação anterior na adquirida pelo valor justo na data da aquisição do controle, e reconhece no resultado do período, o ganho ou a perda resultante. **Aquisições posteriores são consideradas transações entre sócios, com eventuais ágios e deságios, impactando diretamente o saldo de conta específica no Patrimônio Líquido, de maneira semelhante a ações em tesouraria, não gerando mais *goodwill* ou ganho por compra vantajosa.**
14. Divulgações detalhadas são exigidas para quando ocorrem combinações de negócios.
15 Aspectos complementares são tratados na ICPC 09.

[1] Note que no que se refere ao imposto de renda diferido, este deve seguir o CPC 32.

## CPC 16 (R1) – Estoques

1. O único impacto provável e relevante desse pronunciamento é a obrigação do uso do conceito de **volume normal** de produção na alocação dos custos fixos na atividade de produção de bens ou de serviços, que é aquele que se espera atingir, em média, ao longo de vários períodos, ou de períodos sazonais e, em circunstâncias normais, levando-se em consideração a não utilização da capacidade total instalada resultante da manutenção planejada, das férias coletivas programadas etc.
2. Os custos fixos relativos a capacidade não utilizada, em função de volume de produção inferior ao normal, devem ser registrados como despesas no período em que são incorridos, não podendo ser alocados aos estoques.
3. Não pode ser utilizado o método UEPS (ou LIFO) para avaliação de estoques. Não se pode mais utilizar margem de lucro para cálculo de valor líquido de realização, e não há redução ao valor realizável líquido de matérias-primas e materiais de consumo quando for previsível que os produtos acabados, em que eles serão utilizados, serão vendidos pelo custo ou acima do custo.
4. Novidade na normatização brasileira: **exigência da aplicação dos mesmos princípios aos estoques de serviços em andamento**.
5. Divulgações específicas sobre os estoques são exigidas.

## CPC 17 – Contratos de Construção

1. Praticamente não há mudanças com relação às práticas brasileiras anteriores na execução dos contratos de construção, que costumeiramente não são a curto prazo. Quando a conclusão do contrato de construção puder ser confiavelmente estimada, a receita, e a despesa associada ao contrato de construção, devem ser reconhecidas tomando como base a proporção do trabalho executado até a data do balanço, ou seja, o lucro deve ser reconhecido proporcionalmente à execução do trabalho. Mas, se houver expectativa de prejuízo, ele deve ser reconhecido na sua totalidade estimada imediatamente no resultado, antes mesmo da execução completa do trabalho.
2. A novidade está na definição de que **quando o encerramento de contrato de construção não puder ser confiavelmente estimado, a receita é reconhecida até o ponto em que for provável que os custos incorridos do contrato serão recuperados**, e os custos do contrato devem ser reconhecidos como despesa no período em que são incorridos, ou seja, não há reconhecimento do lucro até que essa incerteza seja retirada.
3. Divulgações sobre os critérios de apropriação da receita e outros aspectos são exigidas.

## CPC 18 – Investimento em Coligada e em Controlada

1. A Lei das S/As (alterada pelas Leis nº 11.638/07 e 11.941/09) e o CPC 18 **mudaram o conceito de coligada**, que passou a ser o de investimento em entidade sobre a qual se tenha influência significativa, presumindo-se a existência dessa influência se a participação for, de pelo menos, 20% do capital votante.
2. Não mudou o conceito de controlada utilizado no Brasil, que é o da existência de direitos de voto que deem permanentemente preponderância nas decisões da assembleia geral, ou capacidade de eleição da maioria dos administradores. Para a análise da influência significativa e do controle consideram-se também os direitos de voto potencial que forem prontamente exercíveis ou conversíveis, os acordos de acionistas e outros fatores.
3. Todo investimento em coligada, e em controlada, é avaliado pela equivalência patrimonial, com base em demonstrações preparadas sob as mesmas práticas contábeis. **É obrigatória a consolidação das demonstrações contábeis quando da existência**

**de controlada, independentemente de a controladora ser companhia aberta ou não, com raríssimas exceções.**

4. A diferença entre o valor de aquisição e o valor contábil é segregada em duas parcelas, considerando, para essa divisão, o valor justo dos ativos e passivos proporcionais adquiridos. **A parte do *goodwill* não é amortizada e a da mais valia é baixada proporcionalmente aos ativos e passivos que lhe deram origem, mas ambas são apresentadas no balanço como parte do investimento, sem que haja qualquer registro no intangível nas demonstrações individuais.**
5. **Os resultados decorrentes de transações ascendentes (*upstream*) e descendentes (*downstream*) entre o investidor (incluindo suas controladas consolidadas) e a coligada são reconhecidos nas demonstrações contábeis do investidor somente na extensão da participação de outros investidores sobre essa coligada, e que sejam partes independentes do grupo econômico a que pertence a investidora. As transações ascendentes são, por exemplo, vendas de ativos da coligada para o investidor. As transações descendentes são, por exemplo, vendas de ativos do investidor para a coligada. A parte do investidor nos lucros e prejuízos resultantes dessas transações deve ser eliminada.** Essa situação difere da anteriormente utilizada no Brasil quando da venda da investidora para a coligada, por exemplo.
6. **Os resultados decorrentes de transações ascendentes (*upstream*) e descendentes (*downstream*) entre a controladora e a controlada, e entre as controladas, não são reconhecidos nas demonstrações contábeis da vendedora.** As transações ascendentes são, por exemplo, vendas de ativos da controlada para a controladora. As transações descendentes são, por exemplo, vendas de ativos da controladora para a controlada. Essa situação difere da anteriormente utilizada no Brasil quando da venda da controladora para a controlada, por exemplo, porque a controladora reconhecia o lucro na venda para a controlada **e a eliminação só era efetuada na consolidação.**
7. **Uma vez cessada a influência significativa ou cessado o controle, o investimento deve ser avaliado a valor justo como instrumento financeiro (CPC 38).**
8. **Divulgações detalhadas sobre as coligadas e controladas são exigidas.**
9. **Aspectos complementares são tratados na ICPC 09.**

## CPC 19 – Investimento em Empreendimento Controlado em Conjunto (*Joint Venture*)

1. Esse investimento (*joint venture*) existe quando dois ou mais investidores compartilham o controle de uma entidade, de um negócio, de um conjunto de ativos ou de um conjunto de operações.
2. Quando a investida é uma entidade, deve-se, no balanço individual de cada investidor, aplicar o método da equivalência patrimonial e, além disso, cada investidor deve consolidar proporcionalmente sua participação nos ativos, passivos, receitas e despesas da investida, com observância do que está previsto no CPC 18 sobre o assunto.
3. **Na alienação de ativos da investidora para a controlada em conjunto, a investidora não reconhece como lucro realizado a parte proporcional que detém de participação na investida até a baixa do ativo nesta; o mesmo se aplica no sentido inverso.** Essa situação difere da prática anteriormente aplicada no Brasil quando a investidora reconhecia o lucro na venda para a controlada em conjunto e a eliminação só ocorria na consolidação.
4. **Divulgações detalhadas sobre as controladas em conjunto são exigidas.**
5. **Aspectos complementares são tratados na ICPC 09.**

## CPC 20 – Custos de Empréstimos

1. **Os custos de empréstimos vinculados à aquisição, à construção ou à produção de ativos que** demandam um período de tempo substancial para ficarem prontos, para seu uso ou venda, formam parte do custo de tais ativos. Custos de outros empréstimos são reconhecidos como despesa.
2. Custos de empréstimos são despesas de juros de todas as formas de empréstimos, inclusive mútuos, e outros custos que a entidade incorre em conexão com o empréstimo de fundos, conforme consta do CPC 08. O Item 6 do referido CPC menciona ainda que o custo dos empréstimos inclui as variações cambiais decorrentes de empréstimos em moeda estrangeira à medida que elas são consideradas como ajustes, para mais ou para menos, do custo dos juros.
3. Importante notar que a Deliberação CVM nº 193/1996 exigia que houvesse um vínculo direto entre o financiamento e o ativo qualificável, para que fosse permitida a capitalização dos custos dos empréstimos pelas companhias abertas, entendimento esse que foi modificado pelo Ofício-Circular CVM SNC/SEP nº 01/2006, em seu Item 18.3. Com a aprovação do CPC 20, esse requerimento foi definitivamente eliminado, de modo que **todas as entidades devem determinar a importância dos encargos financeiros qualificáveis para a capitalização**, aplicando-se uma taxa de capitalização aos gastos com o ativo, na medida em que os recursos de empréstimos são tomados para fins gerais e usados para obter um ativo qualificável.
4. Evidenciações específicas sobre os valores capitalizados e a taxa dos custos de empréstimos ativados são exigidas.

## CPC 21 – Demonstrações Contábeis Intermediárias

1. **Grande mudança na filosofia da demonstração intermediária no Brasil: com base no pressuposto de que, qualquer usuário que leia as demonstrações contábeis intermediárias, também terá acesso às demonstrações contábeis anuais mais recentes, nenhuma das notas explicativas das demonstrações contábeis anuais deve necessariamente ser repetida (mas sim atualizada, se for relevante) nas demonstrações contábeis intermediárias**.
2. Por outro lado, as notas explicativas das demonstrações contábeis intermediárias se referem a explicações de eventos e a alterações que são significativas para o entendimento das mudanças da posição financeira e de desempenho da entidade desde o final do último período de reporte.
3. A entidade deve aplicar as mesmas políticas contábeis aplicadas nas demonstrações contábeis anuais, com exceção das mudanças de políticas contábeis feitas depois das últimas demonstrações anuais.
4. **A frequência dos relatórios não deve afetar a mensuração dos resultados anuais, com exceção do *impairment* sobre o *goodwill*.** Para esse objetivo ser atingido, mensurações para o relatório intermediário são feitas em bases anualizadas.

## CPC 22 – Informações por Segmento

1. Esse CPC é **aplicável apenas às companhias abertas** ou em via de se tornar abertas. Segmento operacional é um componente da entidade que desenvolve atividades de negócio das quais pode obter receitas, e incorrer em despesas, cujos resultados operacionais são regularmente revistos pelo principal gestor das operações da entidade e para o qual haja informação financeira individualizada disponível.

2. A entidade deve divulgar separadamente as **informações sobre receita, lucro e ativos de cada segmento operacional** desde que superados os parâmetros mínimos quantitativos determinados.
3. Informações **geográficas** também devem ser disponibilizadas por país, ou grupo de países, relativamente a receitas e ativos. Se forem relevantes as informações por região geográfica dentro do Brasil, e se essas informações forem utilizadas gerencialmente, as mesmas regras de evidenciação devem ser observadas.
4. **A entidade deve fornecer informações sobre o grau de dependência de seus principais clientes, sem a obrigação de identificar os nomes desses clientes.**
5. Divulgações adicionais sobre os critérios utilizados são exigidas.

## CPC 23 – Políticas Contábeis, Mudança de Estimativa e Retificação de Erro

1. Mudança de estimativa contábil resulta de novas informações, ou maior experiência, e produz efeitos apenas prospectivamente, com os ajustes ocorrendo a partir de sua adoção (alteração na vida útil de ativo, alteração na expectativa de recebimento de ativo ou de pagamento de passivo etc.).
2. Erro ocorre quando a informação mais correta estava disponível, ou poderia ser obtida com razoável esforço, e sua retificação implica em efeitos retrospectivos, com as **demonstrações comparativas precisando ser reapresentadas** (a não ser que seja impraticável essa alocação).
3. Mudança de política contábil só se aplica quando for exigida por nova norma, ou quando propiciar informação mais confiável e mais relevante. Também há efeitos retrospectivos, **com a reapresentação das demonstrações comparativas**.
4. O CPC 26 obriga que, quando a entidade proceder a apresentação retroativa, por retificação de erro ou mudança de política contábil (incluindo aqui a adoção inicial das IFRSs), **seja divulgado o balanço de abertura do período mais antigo apresentado**, o que implicará na apresentação de três balanços patrimoniais e duas das demais demonstrações contábeis.
5. Divulgações detalhadas são exigidas para as três hipóteses.

## CPC 24 – Evento Subsequente

1. Evento subsequente é o que ocorre após a data de encerramento do balanço, **e até a data em que é autorizada a divulgação das demonstrações contábeis** (quando a primeira fonte externa à gestão toma conhecimento das demonstrações e suas divulgações, tais como conselheiro de administração, quando exclusivamente não executivo, conselheiro fiscal, sócios não administradores etc.). É obrigatória a divulgação dessa data.
2. O evento subsequente que evidencia condição já existente na data do balanço obriga ao reconhecimento de seus efeitos nesse balanço (notícia de falência de devedor, por exemplo).
3. O evento que evidencia condição criada após o balanço não provoca ajuste nesse balanço, **a não ser que vinculado à descontinuidade da entidade**.
4. Divulgações detalhadas são exigidas para ambas as situações.

## CPC 25 – Provisões, Passivos Contingentes e Ativos Contingentes

1. A provisão (obrigação de prazo ou valor incertos) é contabilizada quando uma obrigação existe à data do balanço, é provável, ou seja, existe mais de **50% de chance do pagamento vir a ocorrer, e quando é possível sua mensuração; se não for possível a mensuração, deve ser feita apenas a divulgação.**

2. É denominada passivo contingente a obrigação não provável (chance inferior a 50%), e esse passivo não é provisionado; se de probabilidade classificada como possível, a divulgação de nota explicativa a respeito é obrigatória; se de probabilidade dada como remota, não há a necessidade de qualquer provisionamento ou mesmo divulgação em nota explicativa).
3. A obrigação à data do balanço pode ser de ordem legal ou contratual, ou então não formalizada (construtiva). Nesse caso a entidade assume voluntariamente determinada obrigação perante terceiros, divulga essa obrigação e tem, nesses terceiros, criada a expectativa do recebimento do benefício.
4. Ativo contingente não é registrado contabilmente.
5. No caso de reformas ou manutenções, não anuais, não se constituem provisões para esse fim, já que não existe obrigação legal ou construtiva na data do balanço. Em tais situações, o ativo que sofre a reforma ou a manutenção deve ser depreciado separadamente pelo período dessa reforma ou manutenção, e o gasto da reforma ou manutenção deve ser ativado, para depreciação pelo período subsequente até o próximo gasto.
6. **Provisões para programas de desligamento voluntário não podem ser efetuadas enquanto não divulgados tais planos e criada a expectativa válida por parte dos empregados.** Não são reconhecíveis como provisões estimativas de gastos por reestruturação societária e semelhantes.
7. As divulgações relativas às provisões incluem descrição da matéria, quantificação (se praticável) e razões da classificação.

## CPC 26 (R1) – Apresentação das Demonstrações Contábeis

1. O conjunto completo de demonstrações contábeis inclui: (i) o balanço patrimonial, (ii) a demonstração do resultado, (iii) **a demonstração do resultado abrangente**, (iv) a demonstração das mutações do Patrimônio Líquido, (v) a demonstração dos fluxos de caixa, (vi) a demonstração do valor adicionado (esta quando exigida legalmente) e (vii) as notas explicativas. As demonstrações contábeis do exercício devem ser apresentadas de maneira comparativa com as do exercício anterior.
2. Ponto fundamental e novo no Brasil: **em circunstâncias extremamente raras, nas quais a administração vier a concluir que a conformidade com um requisito de Pronunciamento, Interpretação ou Orientação conduziria a uma apresentação tão enganosa que entraria em conflito com o objetivo das demonstrações contábeis estabelecido na Estrutura Conceitual para a Elaboração e Apresentação das Demonstrações Contábeis (CPC 00), a entidade não pode aplicar esse requisito, a não ser que esse procedimento seja terminantemente vedado do ponto de vista legal e regulatório.** Nesta última hipótese, deve a entidade divulgar a natureza da exceção, a razão da não aplicação do requisito, qual o requisito não foi aplicado, qual foi aplicado e o impacto introduzido nas demonstrações por essa mudança.
3. É obrigatória a segregação entre circulante e não circulante no caso dos ativos e passivos. Novidade no Brasil: quando a entidade não cumprir um compromisso acordado de empréstimo de longo prazo até a data do balanço, com o efeito do passivo se tornar vencido e pagável à ordem do credor, **o passivo é classificado como circulante, mesmo que o credor tenha concordado, após a data do balanço, e antes da data da autorização para emissão das demonstrações contábeis**, em não exigir pagamento antecipado como consequência do descumprimento do compromisso.
4. Outra diferença com relação à prática anterior é que **a participação dos não controladores deve ser apresentada no balanço consolidado, como parte do patrimônio líquido** do referido balanço, após o subtotal do patrimônio líquido dos proprietários da

entidade controladora. O mesmo tratamento deve se dado ao resultado, sendo que o resultado do período, e o resultado abrangente do período devem, após sua mensuração, evidenciar a parcela dos proprietários da entidade controladora e a parcela dos não controladores.

**No Brasil é obrigatório que as demonstrações do resultado abrangente e do resultado do período sejam apresentadas separadamente (Lei nº 6404/76).** Aquela começa com a última linha desta (lucro ou prejuízo do período) e inclui os outros resultados abrangentes, que são todas as modificações do patrimônio líquido que não sejam o resultado líquido do período e as transações de capital da entidade com seus sócios.

5. **Vedada a utilização de itens não operacionais e de itens extraordinários nas demonstrações do resultado. A única segregação permitida é a relativa ao resultado das operações descontinuadas.**
6. **Modelo sugerido** da demonstração do Patrimônio Líquido, anexo ao CPC 26, segrega as mutações patrimoniais em três blocos: (i) transações de capital com os sócios, (ii) resultado do período e sua distribuição, (iii) e outros resultados abrangentes.
7. Conforme mencionado no tópico relativo ao CPC 23, o CPC 26 requer que o balanço patrimonial, no início do período mais antigo, seja comparativamente apresentado quando a entidade aplica uma política contábil retroativamente, ou procede à reapresentação de itens das demonstrações contábeis, ou ainda quando procede à reclassificação de itens de suas demonstrações contábeis. Nesses casos há necessidade de apresentação de três balanços patrimoniais, incluindo o balanço de abertura, e dois períodos para as demais peças contábeis.

## CPC 27 – Ativo Imobilizado

1. O imobilizado deve ser reconhecido pelo custo de todos os fatores necessários a colocá-lo em condições de utilização, mensurados sem a inclusão dos encargos financeiros inerentes a transações financiadas, com exceção dos encargos financeiros durante a construção (ver CPC 20). No Brasil não é admitida hoje a reavaliação, mas podem ser mantidos os valores reavaliados se efetuados enquanto era permitida.
2. A depreciação é obrigatória quando todo, ou parte do seu valor contábil, não é recuperável por venda após a utilização, e precisa ser calculada com base na vida útil do ativo para a entidade, considerando seu valor residual. Não é obrigatória a distribuição linear da depreciação, se outro critério reflete melhor o padrão de consumo dos benefícios do ativo. **É obrigatória a revisão pelo menos anual dos parâmetros que levaram à definição do valor periódico da depreciação**.
3. Cada ativo com custo relevante precisa ser segregado para depreciação própria. Por exemplo, uma aeronave pode ser segregada entre o casco e o motor, e cada componente ser depreciado em conformidade com a vida útil para a entidade. Além da depreciação, **é obrigatório considerar os indicadores de *impairment* pelo menos uma vez por ano** (ver CPC 01).
4. A venda de imobilizados usados não faz parte das receitas da entidade, sendo reconhecido no resultado diretamente o ganho ou a perda com essa alienação, **a não ser quando essas receitas forem relevantes e forem parte normal do negócio (locadoras de veículos, por exemplo); nesse caso, a alienação de imobilizados é receita de venda, e o valor contábil líquido baixado é custo do item vendido.**
5. Divulgações detalhadas devem ser dadas quanto à movimentação do imobilizado durante o período, critérios de contabilização e depreciação, garantias e ônus que pesem sobre ele, mudanças de expectativas quanto à vida útil ou ao valor residual etc.

## CPC 28 – Propriedade para Investimento

1. Novidade no Brasil: a propriedade para investimento é o imóvel (terreno ou edifício) mantido para obtenção de rendas ou para valorização do capital, e não para uso na produção ou no fornecimento de bens ou serviços, ou para finalidades administrativas ou para venda no curso ordinário do negócio.
2. Os ativos mantidos nas condições acima descritas devem ser classificados como investimento, e não como imobilizado, e devem ser inicialmente mensurados pelo custo. A entidade escolhe, daí para frente, o método do valor justo ou o método do custo, de maneira consistente ao longo do tempo. Se utilizado o método de custo, aplicam-se as regras do ativo imobilizado e deve ser divulgado o valor justo em nota explicativa. Se utilizado o método do valor justo, suas variações são reconhecidas diretamente no resultado.
3. Imobilizado usado parte para uso, e parte para renda ou valorização, só pode ser subdividido em imobilizado e investimento se puderem ambas as partes ser vendidas separadamente.
4. Divulgações específicas são exigidas para as propriedades para investimento, inclusive seu valor justo quando contabilmente reconhecidas ao custo.

## CPC 29 – Ativo Biológico e Produto Agrícola

1. Ativo biológico é definido como um animal e/ou planta vivos. Produção agrícola é definida como produtos obtidos dos ativos biológicos. Exemplos de ativos biológicos: plantação de eucaliptos, de madeira de lei, cafezal, canavial, laranjal, gado de leite, gado de corte, pomar. Exemplos de produtos agrícolas: madeira, café, laranja, leite, carne e fruta colhida.
2. Como regra geral, **os ativos biológicos devem ser mensurados pelo seu valor justo, deduzido das despesas com vendas. Os produtos agrícolas colhidos também são mensurados ao valor justo, no momento da colheita, líquido das despesas com vendas, no momento da colheita.** Após a colheita, esse valor representa o custo do estoque, e o ativo passa a ser avaliado segundo o CPC 16, que trata sobre estoques (muitos deles continuam a ser avaliados a valor justo e outros ao custo).
3. Há uma premissa de que o valor justo dos ativos biológicos pode ser mensurado de forma confiável. Contudo, tal premissa pode ser rejeitada no caso de ativo biológico cujo valor deveria ser determinado pelo mercado, porém, este não o tem disponível e as alternativas para estimá-los não são, claramente, confiáveis. **Em tais situações, o ativo biológico deve ser mensurado ao custo, menos qualquer depreciação e perda por irrecuperabilidade acumuladas.** Quando o valor justo de tal ativo biológico se tornar mensurável de forma confiável, a entidade deve mensurá-lo ao seu valor justo menos as despesas de venda.
4. Os gastos com a manutenção, crescimento, engorda etc. dos ativos biológicos são despesas do período ou formam parte do custo.
5. Os ganhos e as perdas decorrentes da variação do valor justo, líquidos das despesas com vendas, são reconhecidos no resultado do exercício.
6. Divulgações sobre critérios de avaliação, movimentação no período e outras são exigidas.

## CPC 30 – Receitas

1. **Havendo mais de um componente identificável de uma única transação, deve ser refletida sua substância**. Por exemplo, o preço de um produto inclui quantia relacionada a serviços subsequentes; essa quantia é diferida e reconhecida como receita durante o período em que o serviço vier a ser executado, como quando uma operação envolve a venda de um produto e o serviço de sua instalação no cliente. Por outro lado,

pode ser necessário tratar dois componentes ou transações como um só, como **quando a entidade vende bens e celebra, no mesmo momento, acordo para recomprá-los em data posterior. Nesse caso, a receita de venda e a transação de compra não devem ser registradas.**

2. Nos programas de **fidelização de clientes**, a parcela atribuída como bônus deverá implicar no **diferimento da receita relativa a esse bônus**. Se, por exemplo, a cada dez passagens vendidas, uma gratuita adicional será emitida, a receita de dez passagens corresponde à prestação do serviço de transporte de onze viagens, e a receita total das dez deverá ser distribuída pelas onze.
3. **A receita inclui somente os ingressos originários de suas próprias atividades.** As quantias cobradas por conta de terceiros tais como tributos sobre vendas e tributos sobre valor adicionado – não são benefícios econômicos que fluam para a entidade e, consequentemente, não resultam em aumento do Patrimônio Líquido. Portanto, **são excluídos da receita esses tributos, bem como os ingressos brutos por operações efetuadas por agente, por conta de operador**. O mesmo raciocínio é aplicado quanto a valores cobrados por bens e serviços por conta de terceiros, consignações genuínas etc. Consignações, que na essência são operações de compra, são tratadas como tais.
4. **No caso de permuta de bens e serviços de mesma natureza e valor não há reconhecimento de receita; esta só ocorre quando de permuta de bens e serviços de natureza diferente.**
5. A receita proveniente da venda de bens deve ser reconhecida apenas quando: (i) a entidade tenha transferido para o comprador os riscos e benefícios mais significativos inerentes à propriedade dos bens; (ii) não mantenha envolvimento continuado na gestão dos bens vendidos; (iii) o valor dos ingressos seja confiavelmente mensurável; (iv) seja provável que os benefícios econômicos associados à transação fluirão para a entidade; e (v) as despesas incorridas ou a serem incorridas, referentes à transação, possam ser confiavelmente mensuradas.
6. Na prestação de serviço, quando o desfecho de uma operação que envolva a prestação de serviços, possa ser confiavelmente estimado, a receita associada deve ser reconhecida proporcionalmente à execução do serviço. **Quando o desfecho da operação que envolva a prestação de serviços não possa ser estimado confiavelmente, a receita somente deve ser reconhecida na medida em que sejam recuperáveis os gastos incorridos.**
7. **Se o recebimento for diferido e o acordo constituir efetivamente uma transação de financiamento, o valor justo da receita é calculado a valor presente.** A diferença entre o valor justo e o valor nominal da retribuição é reconhecida como receita de juros com o passar do tempo. No momento da transação as contas a receber e a receita de vendas são registradas por seu valor presente.
8. Divulgação precisa ser feita sobre os critérios que a entidade utiliza para o reconhecimento e mensuração de suas receitas.

## CPC 31 – Ativo Não Circulante Mantido para Venda e Operação Descontinuada

1. Quando um Ativo Não Circulante, como o imobilizado, passa a ter seu valor contábil líquido a ser recuperado pela sua venda, e não mais pelo seu uso, está pronto, ou virtualmente pronto, para essa venda e teve iniciado o processo dessa alienação de maneira que seja improvável a mudança dessa decisão, **deve ser transferido para o Ativo Circulante, pelo menor valor, entre seu valor líquido contábil e seu valor justo, líquido das despesas com vendas.**

2. **Operação descontinuada é, basicamente, um componente da entidade baixado (por venda ou não), ou é um componente que está classificado como um Ativo Não Circulante mantido para venda, desde que represente uma importante linha de negócios da entidade destinada a ser descontinuada.**
3. O objetivo da identificação da operação descontinuada é **ter a segregação, na demonstração do resultado, dos resultados derivados desse componente durante o período, incluindo o obtido na baixa, líquidos dos tributos, numa única linha, para segregação dos resultados das operações que continuam.**
4. Os detalhes desse resultado da operação descontinuada, e os relativos ao Ativo Não Circulante ainda mantido para venda, precisam ser devidamente evidenciados.

## CPC 32 – Tributos sobre o Lucro

1. Além dos tributos normalmente incidentes sobre o lucro do período, devem ser reconhecidos, no resultado, os efeitos das diferenças temporárias entre o regime contábil da apropriação de receitas e despesas e o seu regime tributário. Assim, devem ser reconhecidos, como despesas, os tributos sobre receitas contabilmente apropriadas nesse período, que somente serão tributadas no futuro (tendo o passivo como contrapartida), ou que já tenham sido tributadas anteriormente (neste caso devem ter sido reconhecidas como ativo à época).
2. Devem ser reconhecidos, como receitas, os efeitos das reduções dos tributos sobre lucro decorrentes de despesas apropriadas no período cuja dedutibilidade fiscal só ocorra no futuro (contrapartida ao ativo), ou que já tenham ocorrido anteriormente (neste caso devem ter sido reconhecidas como passivo à época). Também é reconhecido como receita, o direito à dedutibilidade futura de prejuízos ocorridos.
3. Os ativos fiscais diferidos acima só podem ser reconhecidos se for provável que existirão resultados tributáveis futuros que os absorverão e, em cada balanço, seu saldo deverá ser analisado com relação a essa característica. Alerta-se que, enquanto estiver vigente, **a Instrução CVM nº 371/2002** requer para as companhias abertas a preparação de um estudo de viabilidade de geração de lucros tributáveis futuros que permita a realização do ativo fiscal diferido em um prazo máximo limitado a dez anos e, adicionalmente, **requer histórico de rentabilidade para a contabilização desses créditos fiscais ativos**.
4. Efeitos fiscais diferidos também são reconhecidos, no caso de efeitos não de receita ou despesa, mas de outras mutações patrimoniais, como outros resultados abrangentes. Há situações especiais no caso de combinações de negócios.
5. Ativos e passivos fiscais diferidos não são passíveis de ajuste a valor presente e não podem ser compensados no balanço se não houver o direito líquido e certo e a intenção dessa compensação. **Os ativos e passivos diferidos são registrados nos ativos e passivos não circulantes.**
6. Divulgações detalhadas sobre esses ativos e passivos fiscais diferidos são exigidas.

## CPC 33 – Benefícios a Empregados

1. Benefícios a empregados são todas as formas de remuneração concedidas por uma entidade em troca dos serviços prestados pelos empregados, e precisam ser contabilizados, por competência, tendo como contrapartida, conforme o recebimento, os serviços prestados pelos empregados. Isso inclui os benefícios de curto prazo (férias, décimo terceiro salário etc.), os de longo prazo (licenças remuneradas por quinquênio, gratificações por desempenho etc.) e os pós-emprego (complementação de aposentadoria, assistência médica na aposentadoria etc.).

2. Nos planos de benefícios pós-emprego, pelos quais a entidade patrocinadora paga contribuições a uma entidade separada (fundo de pensão), não tendo a obrigação legal ou construtiva de pagar contribuições adicionais, se o fundo vier a não possuir ativos suficientes para pagar todos os benefícios devidos (planos de contribuição definida), a parte do empregador é reconhecida, por competência, durante o período de recebimento do serviço e aquisição do direito. Se houver antecipações de pagamento, gera-se um ativo e, se postecipações, gera-se um passivo.
3. Nos planos de benefícios pós-emprego, que não sejam planos de contribuição definida, a obrigação da entidade patrocinadora é prover os benefícios acordados com os empregados atuais e antigos e os riscos atuarial e de investimento recaem parcial ou inteiramente na entidade patrocinadora (planos de benefício definido).
4. Nos planos de benefício definido são utilizadas técnicas atuariais e estimativas acerca de variáveis demográficas (tais como rotatividade e mortalidade dos empregados) e variáveis financeiras (tais como projeções de aumentos salariais e nos custos médicos) que influenciarão o custo do benefício e os valores projetados dos benefícios. Os valores são descontados pelo Método de Crédito Unitário Projetado para determinação do valor presente da obrigação de benefício definido. Esse é o passivo atuarial em cada balanço a ser comparado com o valor justo dos ativos do plano nessa mesma data.
5. Essas informações determinam os ganhos e perdas a serem reconhecidos no período a complementar as despesas com as contraprestações do empregador, eventuais obrigações no seu passivo por descasamento entre aqueles ativos e passivos e, em certas circunstâncias, reconhecimento como ativo do direito de recebimento futuro ou de redução nas contraprestações futuras. Em certas circunstâncias, em virtude da escolha da política contábil, admite-se um corredor representado por uma faixa de variação para não obrigar a um excesso de volatilidade no reconhecimento desses descasamentos entre ativos do plano e obrigação atuarial.
6. Ajustes específicos existem para quando de implantação de plano de benefício definido junto a empregados anteriormente existentes ou de modificações em plano existente.
7. No caso de **benefícios por desligamento, a entidade reconhece o passivo e a despesa quando, e somente quando, a entidade estiver comprometida a cessar o vínculo empregatício de empregado**, ou grupo de empregados, antes da data normal de aposentadoria ou oferecer benefícios por desligamento como resultado de uma oferta para encorajar a saída voluntária e devem ser descontados a valor presente quando o prazo para o pagamento superar 12 meses.
8. É significativo o número de informações a serem divulgadas relativas aos planos de benefício definido, e demais benefícios a empregados.

## CPC 34 – Exploração e Avaliação de Recursos Minerais

Documento não emitido pelo CPC por não abranger todas as fases da indústria do minério e por não ser de aplicação obrigatória pelo IASB.

## CPC 35 – Demonstrações Separadas

1. Demonstrações separadas são demonstrações opcionais para situações em que **a avaliação em coligadas, em controladas e em controladas em conjunto, feita por equivalência patrimonial, bem como quando da elaboração de demonstrações consolidadas, não revelam ou evidenciam da maneira mais adequada como a administração visualiza o negócio.** Nessas situações, podem ser emitidas as demonstrações denominadas de demonstrações separadas, **onde esses investimentos são avaliados pelo valor justo, ou até mesmo pelo custo.**

2. Se avaliados ao custo, as receitas são reconhecidas no recebimento dos dividendos e é aplicável o teste do *impairment* (CPC 01). Se avaliados ao valor justo, as variações desse valor são reconhecidas no resultado.
3. Divulgações específicas são exigidas.
4. Aspectos complementares são tratados na ICPC 09.

## CPC 36 – Demonstrações Consolidadas

1. **Cabe ressaltar que, perante as normas internacionais, não existem demonstrações individuais da controladora**, sendo obrigatória sempre (as exceções são raríssimas, mesmo para sociedades não abertas) a consolidação quando da existência de controladas. Podem existir, além das consolidadas, apenas demonstrações separadas de uma controladora, mas no Brasil, por força de lei, as demonstrações individuais são obrigatórias. Vejam-se as definições de controlada no CPC 18 e o cômputo dos potenciais direitos de voto, acordo de acionistas e outras características da relação de controle.
2. **No Brasil, devido à aprovação do CPC 36 pelos órgãos reguladores que assim o fizeram, a partir de 2010, com raríssimas exceções, a obrigatoriedade das demonstrações consolidadas se estendeu a todas as sociedades**, não mais se limitando às companhias abertas; assim, mesmo as sociedades limitadas, se tiverem investimento em controlada, a consolidação é requerida.
3. Demonstrações consolidadas são aquelas elaboradas como se a controladora, e suas controladas diretas ou indiretas, formassem uma única entidade. Com isso, são eliminados todos os saldos de investimentos, de recebíveis e de exigíveis entre elas no balanço, bem como todas as receitas e despesas de operações também entre elas. **A participação dos demais investidores nas controladas faz parte do Patrimônio Líquido e do resultado líquido consolidados (bem como dos resultados abrangentes consolidados), mas é destacada no balanço e nas demonstrações do resultado e do resultado abrangente**.
4. As demonstrações devem ser elaboradas sob as mesmas práticas e não deve haver defasagem superior a dois meses entre os balanços.
5. **As transações de compra e venda de participação societária entre as entidades consolidadas são tratadas como transações de capital entre os sócios (como se fossem ações em tesouraria), e não geram ágio por expectativa de rentabilidade futura (*goodwill*) nem ganho por compra vantajosa (deságio). As contrapartidas afetam as participações dos não controladores. Essa situação é totalmente nova no Brasil.**
6. **Na perda de controle sobre uma controlada (e se não for uma coligada), o investimento é ajustado a valor justo e tratado como instrumento financeiro em conformidade com o CPC 38**.
7. Divulgações sobre as controladas consolidadas e outras são exigidas.
8. Aspectos complementares são tratados na ICPC 09.

## CPC 37 – Adoção Inicial das Normas Internacionais de Contabilidade – (IFRS)

1. As demonstrações consolidadas das companhias abertas, e das entidades reguladas pela SUSEP e pelo BACEN (parte delas), e das que assim o quiserem, passam, a partir de 2010, a ser elaboradas de acordo com as Normas Internacionais de Contabilidade (IFRS). Destaca-se que algumas empresas anteciparam essa aplicação. Esse CPC regula tal adoção inicial. Quando dessa adoção, para que possam ser declaradas em conformidade com as IFRS emitidas pelo IASB, as demonstrações têm que ser

apresentadas comparativamente, o que implica, por consequência, no entendimento (como regra geral) de que a data de transição é (ou será) a de 1º de janeiro de 2009.

2. O IASB exige, e o CPC reafirma que, ao efetuar essa adoção inicial, seja tudo feito **como se tivessem sido sempre aplicadas todas as IFRSs, com exceção de alguns pontos e isenção de outros**. Por exemplo, subvenções governamentais recebidas no passado, e reconhecidas no Patrimônio Líquido, **que estariam ainda no passivo dentro das regras novas precisam ser reenquadradas.**
3. Uma situação especial na adoção inicial é **a possibilidade de a entidade avaliar seus ativos imobilizados, na data da transição, a valor justo**, que tende a ser diferente do valor residual contábil considerando efeitos passados de taxas de depreciação não econômicas, inflação, variação específica de preços de certos ativos etc. **Esses novos valores são denominados custo atribuído (*deemed cost*).** Funcionam como custo desse momento em diante. Valores que foram reavaliados no passado podem ser tomados como custo atribuído, nos termos do Pronunciamento CPC 37 e da ICPC 10.
4. Ativos e passivos financeiros baixados após **1º de janeiro de 2004, e que estariam no balanço caso adotadas as novas regras desde então**, precisam ser reinseridos no balanço.
5. Situações específicas quanto a diversos tópicos, exceções e isenções, são tratadas nos Apêndices e no Guia de Implementação anexos ao CPC 37, **especialmente quanto a:**
   a. **retroação da aplicação do desreconhecimento *(baixa)*** de ativos e passivos financeiros, que precisa alcançar o período da data de transição até 1º de janeiro de 2004. Isso pode obrigar a entidade a voltar a reconhecer os saldos remanescentes relevantes;
   b. contabilidade de *hedge* (*hedge accounting*), podendo a entidade excepcionalmente designar um item individual dentro daquela posição líquida como um item protegido (*hedge*) de acordo com as IFRSs, contanto que faça isso até a data de transição para as IFRSs;
   c. participação de não controladores, *goodwill* e outros pontos que tiveram seu tratamento contábil alterado pelas novas práticas contábeis (CPC 15 e CPC 36);
   d. não retroação do contido no CPC 15 às combinações de negócios passadas, anteriores ao período comparativo ao da primeira adoção das IFRSs (anteriores a 2009 para as entidades com encerramento de exercício social em 31 de dezembro de 2010);
   e. não modificação das práticas utilizadas nas demonstrações contábeis para os CPCs 02 – Efeitos nas mudanças das taxas de câmbio e conversão de demonstrações contábeis, 10 – Pagamento baseado em ações, 06 – Operações de arrendamento mercantil, 33 – Benefícios a empregados, 18 – Investimento em coligada e em controlada, e 19 – Investimento em empreendimento controlado em conjunto. No caso do CPC 33, com previsão de evidenciação diferenciada para os valores de planos de benefício definido;
   f. situações especiais de alguns pontos relativos a instrumentos financeiros compostos, passivos decorrentes de desativação, adoção das IFRSs por parte da investidora, antes ou depois da mesma adoção pela investida, contratos de seguros etc.
6. **Atenção especial deve ser dada à aplicação, em conjunto, desse CPC com o CPC 43**.
7. Divulgações detalhadas precisam ser dadas para o caso dessa adoção inicial.

## CPC 38 – Instrumentos Financeiros: Reconhecimento e Mensuração

1. Derivativo é um instrumento financeiro cujo valor se altera em função de mudança em outros parâmetros, como taxa de juros especificada, preço de ação, preço de mercadoria, taxa de câmbio, índice de preços ou outras variáveis, exige baixo investimento inicial e é liquidado em data futura. Todos os derivativos são avaliados a valor justo e suas mutações são reconhecidas no resultado.

2. Instrumento financeiro (ativo ou passivo) não derivativo é denominado como **mensurado pelo valor justo por meio do resultado** se for mantido para negociação ou assim designado. A melhor evidência de valor justo é a existência de preços cotados em mercado ativo. Se o mercado para um instrumento financeiro não estiver ativo, a entidade estabelece o valor justo usando uma técnica de avaliação. O CPC 38 traz orientações específicas a serem seguidas nesses casos. As **alterações de valor dos instrumentos financeiros mensurados pelo valor justo por meio do resultado são reconhecidas diretamente no resultado do período**.
3. Instrumento financeiro (ativo ou passivo) não derivativo é denominado como **mantido até o vencimento**, se seus pagamentos ou recebimentos forem fixos ou determináveis com vencimentos definidos, e se para eles a entidade tiver a intenção positiva e a capacidade de manter até o vencimento (não estão aí incluídos os empréstimos, contas a receber e contas a pagar). **Fica registrado pelo custo amortizado** (curva do título), com os ajustes reconhecidos no resultado e está sujeito ao teste de *impairment*.
4. Instrumento financeiro (ativo ou passivo) não derivativo é denominado como **empréstimos e recebíveis** se vinculado a pagamentos ou recebimentos fixos ou determináveis, não cotado em mercado ativo, não destinado a ser vendido imediatamente, ou no curto prazo. É reconhecido inicialmente a valor presente e subsequentemente avaliado pelo **custo amortizado**.
5. Instrumento financeiro (ativo ou passivo) não derivativo é denominado como **disponível para venda** se não puder ser classificado como (a) empréstimos e contas a receber (recebíveis), (b) investimentos mantidos até o vencimento ou (c) ativos financeiros pelo valor justo por meio do resultado. É mensurável **ao valor justo, mas a diferença entre o custo amortizado e o valor justo é reconhecida como outro resultado abrangente diretamente no Patrimônio Líquido até sua baixa ou reclassificação. Reclassificações entre as categorias acima são permitidas em casos excepcionais.**
6. No caso de derivativo embutido (instrumento híbrido que inclui um contrato principal não derivativo e outro derivativo) pode ser necessário que ele seja segregado e mensurado à parte conforme sua natureza e característica.
7. **Quando a entidade vende, desconta ou transfere um ativo financeiro (venda ou desconto de carteira de recebíveis, por exemplo), só pode baixá-lo se transferir substancialmente todos os riscos e benefícios da propriedade do ativo financeiro e se não mantiver envolvimento continuado com ele**. Caso contrário, a entidade deve manter os instrumentos financeiros no ativo **e tratar o valor recebido como empréstimo**. A essência da transação é que deve ser retratada contabilmente. Assim, **as duplicatas descontadas (parcela recebida do desconto) são agora classificadas como passivo**, sendo que a duplicata a receber continua a ser mantida no ativo até o seu efetivo recebimento.
8. As renegociações de dívida, com mudanças substanciais nos termos do contrato original representam, em essência, uma nova dívida. **Nesse caso, qualquer ganho ou perda apurado na renegociação deve ser reconhecido tempestivamente no resultado do exercício.**
9. Para que as operações possam ser classificadas como operações de *hedge*, é necessário que exista documentação que comprove a operação desde o seu início, bem como que seja aprovado nos testes de sua eficácia, entre outros requisitos.
10. As operações de *hedge* podem ser classificadas em três categorias: (i) *hedge* de valor justo, (ii) de fluxo de caixa e (iii) de investimento no exterior. **Para as operações classificadas como *hedge* de valor justo, as variações no valor justo do instrumento de *hedge* (derivativo), e do item objeto de *hedge*, devem ser reconhecidas no resultado quando de sua ocorrência e de forma concomitante.**

Para as operações classificadas como ***hedge* de fluxo de caixa, as variações no instrumento de *hedge* devem ser contabilizadas no patrimônio líquido (ajustes de avaliação patrimonial), devendo lá permanecer até o momento da realização do item objeto de *hedge* (venda projetada, por exemplo).** Nos *hedges* de investimentos no exterior, a **variação do valor justo do instrumento de *hedge* também é contabilizada em conta de patrimônio líquido (ver CPC 02).**

11. A matéria instrumento financeiro é tratada em três CPCs: no 38 são abordados apenas o reconhecimento e a mensuração; a evidenciação é tratada especificamente no CPC 40 e a apresentação dos instrumentos financeiros nas demonstrações contábeis é abordada no CPC 39.

## CPC 39 – Instrumentos Financeiros: Apresentação

1. **A entidade deve classificar o instrumento financeiro como passivo, ativo ou elemento patrimonial, de acordo com a substância do instrumento e com suas respectivas definições, e não de acordo com sua forma.**
2. Para que um instrumento financeiro possa ser classificado como instrumento patrimonial (no patrimônio líquido da entidade) e, não como passivo, é necessário que ele não obrigue a entidade a entregar caixa ou outro ativo financeiro, nem a trocar ativos ou passivos financeiros em condições desfavoráveis. É necessário ainda que, o instrumento possa ser liquidado em ações ou quotas da própria empresa. **Ações preferenciais resgatáveis são, normalmente, passivo.** Ações preferenciais não resgatáveis são, como regra geral, instrumentos patrimoniais.
3. A entidade emissora deve avaliar se o instrumento financeiro emitido é composto, e possui tanto características patrimoniais, quanto de dívida. Nesse caso, deve segregar os dois elementos e apresentá-los separadamente. Exemplo desse tipo de situação ocorre com debênture conversível em um número fixo de ações.
4. Operações realizadas com ações da própria empresa (ações em tesouraria) devem ser classificadas como redutoras do Patrimônio Líquido e nenhum resultado deve ser reconhecido em transações com esses títulos. Elas não podem, por exemplo, ser classificadas como mensuradas pelo valor justo por meio do resultado.
5. Ativos e passivos financeiros somente podem ser compensados, para serem apresentados pelo seu valor líquido, quando a entidade tiver o direito de compensá-los e possuir a intenção de liquidar pelo valor líquido, ou de liquidar o ativo e passivo simultaneamente.

## CPC 40 – Instrumentos Financeiros: Divulgação

1. As principais divulgações requeridas para todos os instrumentos financeiros são:
   a) valor justo dos instrumentos financeiros, segregados por níveis segundo o maior ou menor grau de influência da administração na sua determinação;
   b) métodos e técnicas utilizados para cálculo do valor justo;
   c) ativos financeiros usados como garantia;
   d) garantias financeiras;
   e) descumprimento de compromissos contratuais;
   f) tabela de liquidez;
   g) vencimento dos recebíveis;
   h) derivativos embutidos em instrumentos financeiros compostos;
   i) natureza e extensão dos riscos oriundos dos instrumentos financeiros;
   j) elementos componentes do resultado, como receitas, despesas, ganhos e perdas; e
   k) risco de crédito, moeda de cada classe de instrumento financeiro.

2. Divulgações qualitativas e quantitativas sobre os riscos oriundos dos instrumentos financeiros, derivativos ou não (risco de liquidez, de crédito, de mercado: juros, câmbio, preço de *commodities* e outros, e uma **análise de sensibilidade** para todas as empresas são exigidas.
3. A entidade deve fornecer evidenciações detalhadas para as reclassificações realizadas de acordo com o previsto no CPC 38.
4. A entidade deve evidenciar detalhadamente quando transferir ativos para outra entidade e estes não se qualificarem para desreconhecimento.
5. Evidenciações também precisam ser fornecidas quando a entidade usar conta de provisão para perdas esperadas por perda de recuperabilidade no valor dos ativos.
6. A entidade deve evidenciar as características de derivativos embutidos em instrumentos financeiros compostos.
7. Evidenciações detalhadas também são necessárias para as operações de *hedge* para cada categoria de *hedge* realizada.

## CPC 41 – Resultado por Ação

**⚠ ATENÇÃO**

Este sumário, que não faz parte do Pronunciamento, está sendo apresentado apenas para identificação dos principais pontos tratados, possibilitando uma visão geral do assunto.

O objetivo do Pronunciamento Técnico é estabelecer princípios para a determinação e apresentação do resultado por ação, a fim de melhorar as comparações de desempenho entre diferentes companhias no mesmo período, bem como para a mesma companhia em períodos diferentes. Mesmo que os dados do resultado por ação tenham limitações por causa das diferentes políticas contábeis que podem ser usadas para determinar resultados, um denominador determinado consistentemente melhora os relatórios financeiros. O foco do Pronunciamento está no denominador do cálculo do resultado por ação.

O Pronunciamento deve ser aplicado às demonstrações contábeis consolidadas, separadas e individuais de companhias cujas ações ordinárias ou ações ordinárias potenciais sejam publicamente negociadas (bolsas de valores nacionais ou estrangeiras ou mercado de balcão, incluindo mercados local e regional), ou de companhias que estejam registradas, ou no processo de registro, na Comissão de Valores Mobiliários ou outro órgão regulador, com o propósito de distribuir ações ordinárias ou ações ordinárias potenciais em mercados organizados.

Normalmente o Resultado por ação é calculado no contexto das ações ordinárias e, portanto, é apurado deduzindo-se do Lucro Líquido os lucros atribuídos aos titulares de ações preferenciais. Todavia, devido ao fato de que no ambiente brasileiro (assim como em algumas outras jurisdições) certas ações preferenciais se equiparam a ações ordinárias, o Item 3A do Pronunciamento estabelece que tudo o que se aplicar ao cálculo e à divulgação do resultado por ação ordinária, básico e diluído, aplica-se, no que couber, ao cálculo e à divulgação do resultado por ação preferencial básico e diluído, por classe, independentemente de sua classificação como instrumento patrimonial ou de dívida, se essas ações estiverem em negociação ou em processo de virem a ser negociadas em mercados organizados. Este requerimento é adicional ao que especifica o IAS 33, de onde foi baseado o CPC 41.

Resultado por Ação é uma relação frequentemente utilizada por analistas financeiros, investidores e outras partes interessadas para auferir a rentabilidade de uma companhia e avaliar o preço de suas ações.

## CPC 42 – Contabilidade e Evidenciação em Economia de Alta Inflação

Pronunciamento não emitido, no aguardo de aperfeiçoamentos no original do IASB.

**⚠ ATENÇÃO**

Este Sumário, que não faz parte do Pronunciamento, está sendo apresentado apenas para identificação dos principais pontos tratados, possibilitando uma visão geral do assunto.

### Objetivo do Pronunciamento

O objetivo do Pronunciamento é fornecer as diretrizes necessárias para que as demonstrações contábeis de uma entidade de acordo com os Pronunciamentos Técnicos, Interpretações e Orientações do CPC, e as divulgações contábeis intermediárias para os períodos parciais cobertos por essas demonstrações contábeis possam ser declaradas, com as exceções do contido nos itens 4 e 5, como estando conformes com as normas internacionais de contabilidade emitidas pelo *International Accounting Standards Board* (IASB) – IFRSs.

Conjugando-se este Pronunciamento com o Pronunciamento Técnico CPC 37 – Adoção das Normas Internacionais de Contabilidade para as demonstrações consolidadas, ter-se-á a condição de obtenção de resultado líquido e patrimônio líquido iguais nas demonstrações consolidada e individual das entidades brasileiras.

### Principais Características do Pronunciamento

O Pronunciamento, em seus parágrafos introdutórios, resume a evolução da emissão dos Pronunciamentos, Interpretações e Orientações por parte do CPC, lembrando que todo esse processo se dirige à adoção, no Brasil, das Normas Internacionais de Contabilidade emanadas do *International Accounting Standards Board* (IASB). E cita que todos os documentos emitidos pelo CPC estão convergentes a essas normas internacionais. Menciona ainda que a única diferença: diz respeito a algumas opções dadas por aquele organismo que não foram aqui adotadas, tendo às vezes sido mantida apenas uma, por problemas legais ou outros motivos.

O fundamental é que os documentos emitidos pelo CPC estão de tal forma redigidos que permitem, no seu entendimento, a afirmação de que as demonstrações contábeis elaboradas sob seus critérios estão totalmente de acordo com as normas do IASB, com as únicas exceções:

I. **demonstrações contábeis individuais de entidade que tenha investimento em controlada avaliado pelo método da equivalência patrimonial**. O IASB não reconhece esse tipo de demonstração, exigindo que, no caso da existência de controlada, a entidade elabore e divulgue, **no lugar** das demonstrações individuais, demonstrações consolidadas. Nossa legislação societária, todavia, exige a apresentação dessas demonstrações individuais e o CPC as reconhece e por isso as inclui em seus documentos; e
II. eventual manutenção, por alguma entidade, de saldo em conta do **Ativo Diferido**, conforme permissão inclusive legal, e que tem caráter de transição até a total amortização desses saldos.

Isso faz com que a consolidação das demonstrações contábeis da controladora com suas controladas e ou controladas em conjunto a partir de suas demonstrações contábeis individuais elaboradas conforme os documentos emitidos pelo CPC seja capaz de, com exceção do contido no Item 3(ii) acima, produzir demonstrações que contenham resultado líquido e Patrimônio Líquido iguais, a não ser em raríssimos casos. Para isso bastam as escolhas adequadas de alternativas dadas pelas normas internacionais e pelos documentos emitidos pelo CPC. Daí a emissão dos Pronunciamentos Técnicos CPC 37 e CPC 43 de forma integrada e se autorrelacionando perpetuar essa situação, o CPC tornou público seu compromisso de emitir novos documentos (Pronunciamentos Técnicos, Interpretações e Orientações) assim que emitidos pelo IASB.

Para essa convergência entre as demonstrações consolidadas e individuais, este Pronunciamento determina que a entidade deve, primeiramente, fazer a aplicação do Pronunciamento Técnico CPC 37 – Adoção Inicial das Normas Internacionais de Contabilidade às suas demonstrações consolidadas quando adotar tais normas internacionais pela primeira vez e, a seguir, a entidade deve transpor, para suas demonstrações individuais, todos os ajustes que forem necessários, ou pelos quais optar, na aplicação do Pronunciamento Técnico CPC 37, de forma a obter o mesmo Patrimônio Líquido em ambos os balanços patrimoniais, consolidado e individual, observada a exceção comentada.

Para isso, pode ser necessário promover ajustes contábeis em seus investimentos em controladas e em empreendimentos controlados em conjunto, de tal forma que a aplicação do método da equivalência patrimonial sobre eles promova essa igualdade de Patrimônios Líquidos, tendo em vista a possibilidade de as investidas estarem seguindo alternativas diferentes, mesmo que aceitas pelas normas internacionais e/ou pelos Pronunciamentos Técnicos do CPC.

As demonstrações contábeis separadas eventualmente apresentadas por opção da entidade devem também ser elaboradas a partir das demonstrações individuais, admitidos como ajustes unicamente os determinados pela modificação do método de avaliação dos investimentos em controladas, coligadas e empreendimentos controlados em conjunto.

### CPC 43 – Adoção inicial dos Pronunciamentos Técnicos CPC 15 a 40

1. O Pronunciamento afirma que os documentos emitidos pelo CPC estão de tal forma redigidos que permitem, no seu entendimento, a afirmação de que as demonstrações contábeis elaboradas, sob seus critérios, estão totalmente de acordo com as normas do IASB, com as únicas exceções:
   a) demonstrações contábeis individuais de entidade que tenha investimento em controlada avaliado pelo método da equivalência patrimonial, já que o IASB não reconhece esse tipo de demonstração, exigindo que, no caso da existência de controlada, a entidade sempre elabore e divulgue demonstrações consolidadas; e
   b) eventual manutenção, por alguma entidade, de saldo em conta do Ativo Diferido, conforme permissão legal, e que tem caráter de transição até a total amortização desses saldos.
2. Todavia, para completa convergência entre as demonstrações consolidadas e individuais, **o CPC 43 determina que a entidade deve, primeiramente, fazer a aplicação do CPC 37 às suas demonstrações consolidadas quando adotar tais normas internacionais pela primeira vez e, a seguir, a entidade deve transpor, para suas demonstrações individuais, todos os ajustes que forem necessários, ou pelos quais optar, na aplicação do CPC 37, de maneira a obter o mesmo Patrimônio Líquido em ambos os balanços patrimoniais (consolidado e individual) observada a exceção comentada.**
3. As demonstrações contábeis separadas, eventualmente apresentadas por opção da entidade, devem também ser preparadas a partir das demonstrações individuais, admitidos como ajustes, unicamente, os determinados pela modificação do método de avaliação dos investimentos em controladas, coligadas e empreendimentos controlados em conjunto.
4. Divulgações específicas são exigidas quando da aplicação do pronunciamento.

# Pronunciamento Técnico CPC 44
# Demonstrações combinadas



## Objetivo e alcance

1. O objetivo deste Pronunciamento é orientar quanto aos critérios para elaboração, às circunstâncias envolvidas e à forma da apresentação de demonstrações contábeis combinadas de acordo com as práticas contábeis adotadas no Brasil, assim como esclarecer o seu significado.

## Definições, forma e conteúdo das demonstrações combinadas

### Demonstrações combinadas

2. Demonstrações contábeis combinadas representam um único conjunto de demonstrações contábeis de entidades que estão sob controle comum.
3. A entidade que controle uma ou mais entidades e elabore relatórios contábeis-financeiros, deve apresentar demonstrações contábeis consolidadas. No entanto, nem todas as entidades controladoras elaboram relatórios financeiros. Por exemplo, a entidade controladora pode ser um indivíduo ou grupo de indivíduos, tais como uma família. Se este for o caso, demonstrações contábeis combinadas podem fornecer informação importante sobre entidades sob controle comum, como um grupo.

### Objetivo das demonstrações combinadas

4. As demonstrações combinadas são elaboradas com o objetivo de apresentar as informações contábeis como se as diversas entidades sob controle comum fossem apenas uma única entidade, considerando os mesmos procedimentos utilizados quando da elaboração de demonstrações contábeis consolidadas. A diferença básica é que demonstrações consolidadas são elaboradas para a controladora e incluem as demonstrações de suas controladas e das entidades em que assume a maioria dos riscos e benefícios, enquanto nas demonstrações combinadas não há uma controladora, mas um grupo de entidades sob controle comum. A administração deve exercer seu julgamento na determinação das entidades sob controle comum a serem combinadas, bem como o propósito dessas demonstrações contábeis combinadas. Caso existam outras entidades no grupo de empresas sob controle comum que não tenham sido combinadas, a administração deve esclarecer as razões que determinaram a inclusão das entidades que foram combinadas.

5. Como as demonstrações combinadas representam o conjunto de determinadas entidades e não uma entidade controladora e suas controladas, há sempre necessidade da identificação de a quem pertencem referidas entidades. Assim, se as demonstrações combinadas se referirem a:
   a) um grupo de entidades sob controle comum que ainda não tenha passado por processo de reestruturação societária, como é o caso da criação de uma *holding* pertencente, por exemplo, a uma pessoa física ou conjunto de pessoas físicas, referidas demonstrações combinadas devem ser referidas como "Entidades do Grupo Econômico XXX", definindo essa identificação;
   b) um grupo de entidades após processo de reestruturação societária, em que já tenha sido constituída uma *holding*, ou uma das entidades tenha passado a deter o controle societário de uma ou várias entidades, mas ainda reste outra ou restem outras entidades sob controle comum, referidas demonstrações contábeis podem se referir às informações contábeis combinadas da "Entidade YYY".
6. Demonstrações contábeis combinadas não podem ser confundidas com informações financeiras *pro forma*. Enquanto as informações financeiras *pro forma* objetivam demonstrar como as informações contábeis históricas teriam sido afetadas caso uma transação em particular tivesse sido concluída em um momento anterior (como, por exemplo, combinações de negócios), as demonstrações contábeis combinadas são elaboradas com o objetivo de apresentar as informações como se as diversas entidades que estão sob controle comum fossem apenas uma única entidade, conservando-se, todavia, as operações históricas efetivamente ocorridas. Informações financeiras *pro forma* estão tratadas na OCPC 06, emitida por este CPC.

## Controle comum

7. O controle comum existe entre entidades distintas quando o controlador (pessoa(s) física(s) ou jurídica(s)), direta ou indiretamente, tem o poder sobre a investida (ver itens 10 a 14 do Pronunciamento Técnico CPC 36), está exposto a, ou detém direitos sobre, retornos variáveis decorrentes de seu envolvimento com a investida (ver itens 15 e 16 do Pronunciamento Técnico CPC 36) e tem a capacidade de utilizar o seu poder sobre a investida para afetar o valor de seus retornos (ver itens 17 e 18 do Pronunciamento Técnico CPC 36).
8. Na determinação da existência de controle deve-se utilizar a definição de controle prevista nos itens 5 a 19 do Pronunciamento Técnico CPC 36 – Demonstrações Consolidadas, bem como as demais orientações contidas no mesmo Pronunciamento.

## Forma e conteúdo

9. As demonstrações combinadas diferem das demonstrações consolidadas, pois nestas últimas, como definido no Pronunciamento Técnico CPC 36 – Demonstrações Consolidadas, a entidade controladora deve possuir participação societária, direta ou indireta, nas suas controladas ou assumir a maioria dos riscos e benefícios daquelas entidades.
10. As demonstrações combinadas devem ser elaboradas, no que for pertinente, de acordo com os conceitos e técnicas aplicáveis para a consolidação de demonstrações contábeis. Em resumo, as demonstrações combinadas representam a soma de demonstrações individuais, com a eliminação de saldos e transações entre as entidades combinadas, bem como ajustes decorrentes de eventuais resultados ainda não realizados entre essas entidades, e alinhamento de práticas contábeis.

11. As demonstrações combinadas devem abranger todas as demonstrações contábeis exigidas pelo Pronunciamento Técnico CPC 26 – Apresentação das Demonstrações Contábeis, de forma comparativa; a saber: balanço patrimonial, demonstração do resultado, demonstração do resultado abrangente, demonstração das mutações do patrimônio líquido, demonstração dos fluxos de caixa e demonstração do valor adicionado (este último quando aplicável), acompanhadas de notas explicativas. Essas demonstrações combinadas devem ser apresentadas no formato e de acordo com os Pronunciamentos Técnicos, as Interpretações e as Orientações do CPC.
12. Em notas explicativas às demonstrações combinadas devem ser divulgadas todas as informações requeridas quando da elaboração de demonstrações contábeis consolidadas, de acordo com o Pronunciamento Técnico CPC 36 – Demonstrações Consolidadas.

    Adicionalmente, em notas explicativas devem ser incluídos:

    a) breve descrição do contexto operacional de cada entidade combinada;
    b) os percentuais de participação, da entidade ou pessoas físicas que detêm o controle sobre cada entidade incluída nas demonstrações combinadas;
    c) justificativa do propósito da apresentação das demonstrações combinadas;
    d) razões que determinaram a inclusão das entidades incluídas nas demonstrações combinadas, caso existam outras entidades sob controle comum que não tenham sido combinadas;
    e) divulgação de cada uma das entidades incluídas nas demonstrações combinadas, do valor total dos ativos, do patrimônio líquido, lucro (prejuízo) líquido e outros resultados abrangentes e total das eliminações, caso necessário;
    f) esclarecimento de que as demonstrações combinadas estão sendo apresentadas apenas para fornecimento de análises adicionais a terceiros e que não representam as demonstrações contábeis individuais ou consolidadas de uma pessoa jurídica e suas controladas;
    g) esclarecimento de que as demonstrações combinadas não devem ser tomadas por base para fins de cálculo dos dividendos, de impostos ou para quaisquer outros fins societários ou estatutários.

## Circunstâncias em que são apresentadas as demonstrações combinadas

13. Em determinadas situações, entidades são economicamente unidas por estarem sob controle comum. Nesses casos, a apresentação das demonstrações combinadas tem um significado mais representativo do que a apresentação das demonstrações contábeis individuais de cada entidade.
14. A apresentação das demonstrações combinadas não substitui a necessidade de divulgação de demonstrações contábeis individuais e/ou consolidadas para órgãos reguladores e/ou para o público conforme requerido pelas respectivas legislações aplicáveis.

## Instruções para elaboração

15. A elaboração e a divulgação das demonstrações combinadas devem observar o requerido em todos os Pronunciamentos Técnicos, Interpretações e Orientações do CPC, especialmente o Pronunciamento Técnico CPC 36 – Demonstrações Consolidadas.
16. No caso de as demonstrações combinadas incluírem entidades adquiridas ou vendidas durante o exercício/período, as demonstrações combinadas do resultado, do resultado abrangente, dos fluxos de caixa e do valor adicionado, quando aplicável, devem compreender as operações dessas entidades apenas para o período em que as entidades estejam sob controle comum.

    Considerando ainda essa mesma situação, o primeiro balanço patrimonial combinado é o da data de aquisição da condição de controle comum, e o último o da data da perda dessa condição de controle comum.

17. Entretanto, caso não tenham sido apresentadas demonstrações combinadas para períodos ou datas anteriores para um grupo de entidades sob controle comum, e por causa de um processo de reestruturação e reorganização societária alguma(s) entidade(s) não esteja(m) mais sob controle comum, podem ser elaboradas demonstrações contábeis combinadas incluindo somente aquelas entidades que permanecem ou que irão permanecer com o mesmo grupo de controle comum. Evidenciação especial sobre essa situação precisa ser provida por meio de nota explicativa das demonstrações combinadas.

### Demonstrações combinadas quando existem entidades com controle compartilhado

18. Em linha com o Pronunciamento Técnico CPC 19 – Negócios em Conjunto (*Joint Arrangements*), devem também ser incluídas, com o reconhecimento dos interesses nos ativos, passivos, receitas e despesas, nas demonstrações combinadas, as demonstrações das operações controladas em conjunto pelo grupo de entidades sob controle comum.

### Demonstrações combinadas *pro forma*

19. A elaboração e apresentação de informações *pro forma* a partir de demonstrações contábeis combinadas *pro forma* é permitida desde que tais informações *pro forma* atendam integralmente os preceitos da Orientação Técnica OCPC 06 – Apresentação de Informações Financeiras *Pro Forma*.

## CPC 45 – Divulgação de participações em outras entidades

**ATENÇÃO**

Este Sumário, que não faz parte do Pronunciamento, está sendo apresentado apenas para identificação dos principais pontos tratados, possibilitando uma visão geral do assunto.

### Objetivo

1. O objetivo deste Pronunciamento é exigir que a entidade divulgue informações que permitam aos usuários de suas demonstrações contábeis avaliar:
   a) a natureza de suas participações em outras entidades e os riscos associados a tais participações; e
   b) os efeitos dessas participações sobre a sua posição financeira, seu desempenho financeiro e seus fluxos de caixa.
2. O Pronunciamento deve ser aplicado por entidade que tenha participação em:
   a) controladas;
   b) negócios em conjunto (ou seja, operações em conjunto ou empreendimentos controlados em conjunto (*joint ventures*));
   c) coligadas;
   d) entidades estruturadas não consolidadas.

## Julgamentos e premissas significativos

3. A entidade deve divulgar informações sobre julgamentos e premissas significativos que fez (e mudanças a esses julgamentos e premissas) ao determinar:
   a) que tem o controle de outra entidade;
   b) que possui o controle conjunto de negócio ou influência significativa sobre outra entidade; e
   c) o tipo de negócio em conjunto (ou seja, operação em conjunto (*joint operation*) ou empreendimento controlado em conjunto (*joint venture*)) quando o negócio tiver sido estruturado por meio de veículo separado.

## Participação em controlada

4. A entidade deve divulgar informações que possibilitem aos usuários de suas demonstrações consolidadas:
   a) compreender:
      I. a composição do grupo econômico; e
      II. a participação de sócios não controladores nas atividades e fluxos de caixa do grupo econômico; e
   b) avaliar:
      I. a natureza e a extensão de restrições significativas sobre sua capacidade de acessar ou usar ativos e liquidar passivos do grupo;
      II. a natureza dos riscos associados as suas participações em entidades estruturadas consolidadas e mudanças nesses riscos;
      III. os efeitos de mudanças em sua participação societária em controlada que não resultam em perda de controle; e
      IV. os efeitos da perda de controle de controlada durante o período de reporte.

## Participação de não controladores nas atividades e nos fluxos de caixa do grupo econômico

5. A entidade deve divulgar para cada uma de suas controladas que tenha participação de não controladores que sejam materiais para a entidade que reporta: o nome da controlada, a sede da controlada, a proporção de participações societárias detidas por sócios não controladores e de direitos de voto detidos por sócios não controladores, se diferente da proporção de participações societárias detidas, os lucros e os prejuízos alocados à participação de não controladores da controlada durante o período de reporte, a participação de não controladores acumulada da controlada ao final do período de reporte e informações financeiras resumidas sobre a controlada.

## Outras divulgações requeridas

6. A entidade deve divulgar:
   a) a natureza e a extensão de restrições significativas;
   b) a natureza dos riscos associados às participações de entidade em entidades estruturadas consolidadas;
   c) mudança na participação societária de controladora em controlada que não resultam na perda de controle;
   d) perda de controle de controlada durante o período de reporte;
   e) participação em negócios em conjunto e em coligadas;
   f) natureza, extensão e efeitos financeiros das participações da entidade em negócios em conjunto e em coligadas;

g) riscos associados às participações da entidade em empreendimentos controlados em conjunto (*joint ventures*) e em coligadas;
h) participação em entidades estruturadas não consolidadas;
i) natureza das participações; e
j) natureza dos riscos.

## CPC 46 – Mensuração do valor justo

**⚠ ATENÇÃO**

Este Sumário, que não faz parte do Pronunciamento, está sendo apresentado apenas para identificação dos principais pontos tratados, possibilitando uma visão geral do assunto.

### Objetivo

1. O objetivo do Pronunciamento é definir valor justo, estabelecer em um único Pronunciamento a estrutura para a mensuração do valor justo; e estabelecer divulgações sobre mensurações do valor justo.
2. O valor justo é uma mensuração baseada em mercado e não uma mensuração específica da entidade. Para alguns ativos e passivos, pode haver informações de mercado ou transações de mercado observáveis disponíveis e para outros pode não haver. Contudo, o objetivo da mensuração do valor justo em ambos os casos é o mesmo – estimar o preço pelo qual uma transação não forçada para vender o ativo ou para transferir o passivo ocorreria entre participantes do mercado na data de mensuração sob condições correntes de mercado (ou seja, preço de saída na data de mensuração do ponto de vista de participante do mercado que detenha o ativo ou o passivo).

### Definição de valor justo

3. O Pronunciamento define valor justo como o preço que seria recebido pela venda de um ativo ou que seria pago pela transferência de um passivo em uma transação não forçada entre participantes do mercado na data de mensuração.

### Ativo ou passivo

4. A mensuração do valor justo destina-se a um ativo ou passivo em particular. Portanto, ao mensurar o valor justo, a entidade deve levar em consideração as características do ativo ou passivo se os participantes do mercado, ao precificar o ativo ou o passivo na data de mensuração, levarem essas características em consideração. Essas características incluem, por exemplo: a condição e a localização do ativo, e restrições, se houver, para a venda ou o uso do ativo.
5. O ativo ou o passivo mensurado ao valor justo pode ser qualquer um dos seguintes:
   a) ativo ou passivo individual (por exemplo, instrumento financeiro ou ativo não financeiro); ou
   b) grupo de ativos, grupo de passivos ou grupo de ativos e passivos (por exemplo, unidade geradora de caixa ou um negócio).
6. A determinação de se o ativo ou o passivo é ativo ou passivo independente, grupo de ativos, grupo de passivos ou grupo de ativos e passivos para fins de reconhecimento ou divulgação, depende de sua unidade de contabilização (*unit of account*). A unidade de contabilização (*unit of account*) para o ativo ou o passivo deve ser determinada de acordo com

o Pronunciamento que exigir ou permitir a mensuração do valor justo, salvo conforme previsto neste Pronunciamento.

7. A mensuração do valor justo presume que o ativo ou o passivo é trocado em uma transação não forçada entre participantes do mercado para a venda do ativo ou a transferência do passivo na data de mensuração nas condições atuais de mercado.
8. A mensuração do valor justo presume que a transação para a venda do ativo ou transferência do passivo ocorre no mercado principal para o ativo ou passivo ou na ausência de mercado principal, no mercado mais vantajoso para o ativo ou passivo.

## Participantes do mercado

9. A entidade deve mensurar o valor justo de ativo ou passivo utilizando as premissas que os participantes do mercado utilizariam ao precificar o ativo ou o passivo, presumindo-se que os participantes do mercado ajam em seu melhor interesse econômico.

## Preço

10. Valor justo é o preço que seria recebido pela venda de um ativo ou pago pela transferência de um passivo em uma transação não forçada no mercado principal (ou mais vantajoso) na data de mensuração nas condições atuais de mercado (ou seja, preço de saída), independentemente de esse preço ser diretamente observável ou estimado utilizando-se outra técnica de avaliação.

## Melhor uso possível para ativos não financeiros

11. A mensuração do valor justo de ativo não financeiro leva em consideração a capacidade do participante do mercado de gerar benefícios econômicos utilizando o ativo em seu melhor uso possível (*highest and best use*) ou vendendo-o a outro participante do mercado que utilizaria o ativo em seu melhor uso.
12. O melhor uso possível de ativo não financeiro leva em conta o uso do ativo que seja fisicamente possível, legalmente permitido e financeiramente viável, conforme abaixo:
    a) uso que seja fisicamente possível leva em conta as características físicas do ativo que os participantes do mercado levariam em conta ao precificar o ativo (por exemplo, localização ou tamanho do imóvel);
    b) uso que seja legalmente permitido leva em conta quaisquer restrições legais sobre o uso do ativo que os participantes do mercado levariam em conta ao precificá-lo (por exemplo, regras de zoneamento aplicáveis ao imóvel);
    c) uso que seja financeiramente viável leva em conta se o uso do ativo que seja fisicamente possível e legalmente permitido gera receita ou fluxos de caixa adequados (levando em conta os custos para converter o ativo para esse uso) para produzir o retorno do investimento que os participantes do mercado exigiriam do investimento nesse ativo colocado para esse uso.
13. O melhor uso possível é determinado do ponto de vista dos participantes do mercado, ainda que a entidade pretenda um uso diferente. Contudo, presume-se que o uso atual pela entidade do ativo não financeiro seja o seu melhor uso, a menos que o mercado ou outros fatores sugiram que um uso diferente pelos participantes do mercado maximizaria o valor do ativo.

## Aplicação a passivos e a instrumentos patrimoniais próprios da entidade

14. A mensuração do valor justo presume que o passivo financeiro ou não financeiro ou o instrumento patrimonial próprio da entidade (por exemplo, participações patrimoniais emitidas como contraprestação em combinação de negócios) seja transferido a um participante do

mercado na data de mensuração. A transferência do passivo ou do instrumento patrimonial próprio da entidade presume que:

a) o passivo permaneceria em aberto e o cessionário participante do mercado ficaria obrigado a satisfazer a obrigação. O passivo não seria liquidado com a contraparte nem seria, de outro modo, extinto na data de mensuração;
b) o instrumento patrimonial próprio da entidade permaneceria em aberto e o cessionário participante do mercado assumiria os direitos e as responsabilidades a ele associados. O instrumento não seria cancelado nem, de outro modo, extinto na data de mensuração.

## Valor justo no reconhecimento inicial

15. Quando o ativo é adquirido ou o passivo assumido em transação de troca para esse ativo ou passivo, o preço da transação é o preço pago para adquirir o ativo ou recebido para assumir o passivo (preço de entrada). Por outro lado, o valor justo do ativo ou passivo é o preço que seria recebido para vender o ativo ou pago para transferir o passivo (preço de saída). As entidades não necessariamente vendem ativos pelos preços pagos para adquiri-los.

    Similarmente, as entidades não necessariamente transferem passivos pelos preços recebidos para assumi-los.
16. Em muitos casos, o preço da transação é igual ao valor justo (esse pode ser o caso, por exemplo, quando, na data da transação, a transação para a compra do ativo ocorre no mercado em que o ativo seria vendido).
17. Se outro Pronunciamento exigir ou permitir que a entidade mensure o ativo ou o passivo inicialmente ao valor justo e o preço da transação diferir do valor justo, a entidade deve reconhecer o ganho ou a perda resultante no resultado do período, a menos que esse Pronunciamento especifique de outro modo.

## Técnicas de avaliação

18. A entidade deve utilizar técnicas de avaliação que sejam apropriadas nas circunstâncias e para as quais haja dados suficientes disponíveis para mensurar o valor justo, maximizando o uso de dados observáveis relevantes e minimizando o uso de dados não observáveis.
19. O objetivo de utilizar uma técnica de avaliação é estimar o preço pelo qual uma transação não forçada para a venda do ativo ou para a transferência do passivo ocorreria entre participantes do mercado na data de mensuração nas condições atuais de mercado. Três técnicas de avaliação amplamente utilizadas são (I) abordagem de mercado, (II) abordagem de custo e (III) abordagem de receita.

## Informações para técnicas de avaliação

20. As técnicas de avaliação utilizadas para mensurar o valor justo devem maximizar o uso de dados observáveis relevantes e minimizar o uso de dados não observáveis.
21. Exemplos de mercados nos quais informações possam ser observáveis para alguns ativos e passivos (por exemplo, instrumentos financeiros) incluem mercados bursáteis, mercados de revendedores, mercados intermediados e mercados não intermediados.

## Hierarquia de valor justo

22. Para aumentar a consistência e a comparabilidade nas mensurações do valor justo e nas divulgações correspondentes, o Pronunciamento estabelece uma hierarquia de valor justo que classifica em três níveis as informações (*inputs*) aplicadas nas técnicas de avaliação utilizadas na mensuração do valor justo. A hierarquia de valor justo dá a mais alta prioridade a preços cotados (não ajustados) em mercados ativos para ativos ou passivos idênticos (informações de Nível 1) e a mais baixa prioridade a dados não observáveis (informações de Nível 3).

23. Informações de Nível 1 são preços cotados (não ajustados) em mercados ativos para ativos ou passivos idênticos a que a entidade possa ter acesso na data de mensuração.
24. Informações de Nível 2 são informações que são observáveis para o ativo ou passivo, seja direta ou indiretamente, exceto preços cotados incluídos no Nível 1.
25. Informações (*inputs*) de Nível 3 são dados não observáveis para o ativo ou passivo.
26. Dados não observáveis devem ser utilizados para mensurar o valor justo na medida em que dados observáveis relevantes não estejam disponíveis, admitindo assim situações em que há pouca ou nenhuma atividade de mercado para o ativo ou passivo na data de mensuração.

    Contudo, o objetivo da mensuração do valor justo permanece o mesmo, ou seja, preço de saída na data de mensuração do ponto de vista do participante do mercado que detém o ativo ou deve o passivo. Portanto, dados não observáveis refletem as premissas que os participantes do mercado utilizariam ao precificar o ativo ou o passivo, incluindo premissas sobre risco.

## Divulgação

27. A entidade deve divulgar informações que auxiliem os usuários de suas demonstrações contábeis a avaliar as seguintes opções:
    a) para ativos e passivos que sejam mensurados ao valor justo de forma recorrente ou não recorrente no balanço patrimonial após o reconhecimento inicial, as técnicas de avaliação e informações utilizadas para desenvolver essas mensurações;
    b) para mensurações do valor justo recorrentes que utilizem dados não observáveis significativos (Nível 3), o efeito das mensurações sobre o resultado do período ou outros resultados abrangentes para o período.

# Capítulo 16

## Exercício final de fixação

**Dados:** saldos das contas do razão da empresa Comercial SILPA Ltda., em 31 de dezembro de 20X0:

Caixa – R$ 400,00; Bancos – R$ 600,00; Duplicatas a Receber – R$ 360,00; Perdas Prováveis com Créditos de Liquidação Duvidosa – R$ 20,00; Adiantamento a Fornecedores – R$ 60,00; Mercadorias em Estoque – R$ 200,00; Seguros a Vencer (AC) – R$ 48,00; Empréstimos Efetuados a Sócios – R$ 192,00; Quotas de Empresas – R$ 100,00; Veículos – R$ 600,00; Máquinas – R$ 200,00; Móveis e Utensílios – R$ 200,00; Depreciação Acumulada – R$ 180,00; Marcas e Patentes – R$ 100,00; Fornecedores – R$ 200,00; Contas a Pagar – R$ 20,00; Adiantamento de Clientes – R$ 40,00; Empréstimos Concedidos por Coligadas – R$ 40,00; Empréstimos Bancários de Longo Prazo – R$ 60,00; Receita Diferida – R$ 180,00; Custos Diferidos – R$ 80,00; Capital Social – R$ 1.400,00; Capital a Realizar (a integralizar) – R$ 200,00; Reservas de Capital – R$ 400,00; Reservas de Lucros – R$ 200,00; Lucros ou Prejuízos Acumulados (saldo credor) – R$ 600,00.

**Contabilize as operações abaixo relativas ao exercício de 20X1:**

1. Nota Fiscal (NF) de Compra a Prazo de Mercadorias

| | |
|---|---|
| Valor Bruto | R$ 2.400,00 |
| (–) Desconto Incondicional | R$ 400,00 |
| (=) Total da NF | R$ 2.000,00 |
| ICMS Destacado | R$ 360,00 |

2. NF de Venda a Prazo de Mercadorias

| | |
|---|---|
| Valor Bruto | R$ 10.400,00 |
| (–)Desconto Incondicional | R$ 400,00 |
| (=) Total da NF | R$ 10.000,00 |
| ICMS Destacado | R$ 1.800,00 |

3. Recebimento em dinheiro de Duplicatas a Receber no valor de R$ 100,00, mais juros de 10%, devido ao atraso no pagamento efetuado pelo cliente.

4. Integralização em dinheiro do Capital a Realizar: R$ 200,00.

5. Constituição de Reservas de Lucros mediante a transferência da conta de Lucros Acumulados para a conta Reserva de Lucros: R$ 200,00.

6. Aumento de Capital Social com a Incorporação de Lucros Acumulados: R$ 200,00.

7. NF de Devolução de Compras (Item I)

| | | |
|---|---|---|
| Valor Bruto | R$ | 240,00 |
| (–) Desconto Incondicional | R$ | (40,00) |
| (=) Total da Nota Fiscal | R$ | 200,00 |
| ICMS Destacado | R$ | 36,00 |

8. NF de Devolução de Vendas (Item II)

| | | |
|---|---|---|
| Valor Bruto | R$ | 1.040,00 |
| (–) Desconto Incondicional | R$ | (40,00) |
| (=) Total da Nota Fiscal | R$ | 1.000,00 |
| ICMS Destacado | R$ | 180,00 |

9. Fretes (Municipais) sobre compras a pagar de 30 dias: R$ 410,00.

10. Seguro sobre compras a pagar em 60 dias: R$ 240,00.

11. Despesas Administrativas, pagas em dinheiro: R$ 100,00.

12. Despesas de Energia Elétrica (Despesa de Vendas) pagas em dinheiro: R$ 150,00.

13. Demais despesas de Vendas a pagar em 60 dias: R$ 60,00.

14. Despesas Financeiras, debitadas em Conta-Corrente Bancária: R$ 20,00.

15. Reversão do saldo das Perdas Prováveis com Créditos de Liquidação Duvidosa de 20X0, e a constituição das novas Perdas Prováveis para o período seguinte: R$ 185,00.

16. PIS – Dedução da Receita Bruta: R$ 34,00, COFINS – Dedução da Receita Bruta: R$ 106,00, ambos constituídos pela sistemática da cumulatividade.

17. O valor registrado em Seguros a Vencer (R$ 48,00) refere-se à Apólice de Seguro com vigência de 1º de dezembro de 20X0 a 30 novembro de 20X1; aproprie a despesa correspondente ao exercício de 20X1, contabilizando-a como Despesas de Vendas.

18. A Despesa de Depreciação de 20X1 deverá ser calculada sobre o valor dos bens do ativo imobilizado (contabilizar como Despesas Administrativas).

19. Contribuição Social sobre o Lucro Líquido (CSLL): R$ 239,00.

20. Imposto de Renda – Pessoa Jurídica (IRPJ): R$ 800,00.

**Dados adicionais**

21. Estoque Final (EF) inventariado em 31 de dezembro de 20X1: R$ 814,00.
22. Número de ações do Capital Social realizado: 10.000 ações ordinárias nominativas.

**Pede-se:**

a) Balancete de Verificação Inicial em 31 de dezembro de 20X0.
b) Abertura dos razonetes com os saldos anteriores.
c) Lançamentos contábeis das operações relativas a 20X1.
d) Apuração extracontábil (matemática ou por fórmulas) e contábil do Resultado do Exercício de 20X1
e) Apresentar as seguintes Demonstrações Contábeis em 31 de dezembro de 20X1:
  - Balanço Patrimonial (BP).
  - Demonstração do Resultado do Exercício (DRE).
  - Demonstração de Lucros ou Prejuízos Acumulados (DLPA).
  - Demonstração das Mutações do Patrimônio Líquido (DMPL).
  - Demonstração dos Fluxos de Caixa (DFC) – Métodos Direto e Indireto.

**Resolução:**

**Tabela 16.1** Empresa Comercial SILPA LTDA.: Balancete de verificação em 31.12.20X0

| CONTAS | SALDOS (R$) | |
|---|---|---|
| | Devedores | Credores |
| Caixa | 400,00 | – |
| Bancos | 600,00 | – |
| Duplicatas a Receber | 360,00 | – |
| Perdas Prováveis com Créditos de Liquidação Duvidosa | – | 20,00 |
| Adiantamentos a Fornecedores | 60,00 | – |
| Mercadorias em Estoque | 200,00 | – |
| Seguros a Vencer | 48,00 | – |
| Empréstimos Efetuados a Sócios | 192,00 | – |
| Quotas de Empresas | 100,00 | – |
| Veículos | 600,00 | – |
| Máquinas | 200,00 | – |
| Móveis e Utensílios | 200,00 | – |
| Depreciação Acumulada | – | 180,00 |

(*continua*)

(*continuação*)

| CONTAS | SALDOS (R$) | |
|---|---|---|
| | Devedores | Credores |
| Marcas e Patentes | 100,00 | – |
| Fornecedores | – | 200,00 |
| Contas a Pagar | – | 20,00 |
| Adiantamentos de Clientes | – | 40,00 |
| Empréstimos Concedidos por Coligadas | – | 40,00 |
| Empréstimos Bancários de Longo Prazo | – | 60,00 |
| Receita Diferida | – | 180,00 |
| Custos Diferidos | 80,00 | – |
| Capital Social | – | 1.400,00 |
| Capital a Realizar | 200,00 | – |
| Reservas de Capital | – | 400,00 |
| Reservas de Lucros | – | 200,00 |
| Lucros ou Prejuízos Acumulados | – | 600,00 |
| Totais | **3.340,00** | **3.3400,00** |

1. **Compra a prazo**
   D – Compras Brutas (CB) 2.040,00
   D – C/C de ICMS (ICMS a Recuperar) 360,00
   C – Fornecedores 2.000,00
   C – Descontos Incondicionais Obtidos 400,00

2. **Venda a prazo**
   D – Duplicatas a Receber 10.000,00
   D – Descontos Incondicionais Concedidos 400,00
   C – Vendas Brutas (VB) 10.400,00

3. D – ICMS sobre Vendas (ARE)
   C – C/C de ICMS (ICMS a Recolher) 1.800,00

4. D – Caixa 110,00
   C – Duplicatas a Receber 100,00
   C – Receitas Financeiras (Receita de Juros) 10,00

5. D – Caixa
   C – Capital a Realizar 200,00

6. D – Lucros ou Prejuízos Acumulados (LPA)
   C – Reserva de Lucros 200,00

7. D – Lucros ou Prejuízos Acumulados (LPA)
   C – Capital Social 200,00

8. **Devolução de Compras**
   D – Fornecedores 200,00
   D – Descontos Incondicionais Obtidos 40,00
   C – C/C de ICMS (ICMS a Recolher) 36,00
   C – Devolução de Compras 204,00

9. **Devolução de Vendas**
   D – Devolução de Vendas 1.040,00
   C – Duplicatas a Receber 1.000,00
   C – Descontos Incondicionais Concedidos 40,00

10. D – C/C de ICMS (ICMS a Recuperar)
    C – ICMS sobre Vendas 180,00

11. D – Fretes sobre Compras
    C – Fornecedores 410,00

12. D – Seguros sobre Compras
    C – Fornecedores 240,00

13. D – Despesas Administrativas
    C – Caixa 100,00

14. D – Despesa de Vendas (Energia Elétrica)
    C – Caixa 150,00

15. D – Despesas de Vendas
    C – Contas a Pagar 60,00

16. D – Despesas Financeiras
    C – Bancos Conta Movimento 20,00

17. D – Perdas Prováveis com Créditos de Liquidação Duvidosa
    C – Reversão de Provisões (*) 20,00
    (*) Outras Receitas Operacionais para fins tributários.

18. D – PIS – Dedução da Receita Bruta (ARE)
    C – PIS a Recolher 34,00

19. D – COFINS – Dedução da Receita Bruta (ARE)
    C – COFINS a Recolher 106,00

20. D – Despesas de Vendas (Apólice de Seguros)
    C – Seguros a Vencer 44,00
    (R$ 48,00 ÷ 12 × 11)

21. **Registro das Perdas Prováveis com Créditos de Liquidação Duvidosa no valor de R$ 185,00**
D – Despesa de Vendas (Desp. c/ Créd. Liq. Duv.)
C – Perdas Prováveis com Créditos de Liquidação Duvidosa 185,00

**Tabela 16.2** Cálculo da depreciação de 20X1

| CONTAS A DEPRECIAR | SALDOS A DEPRECIAR | TAXA | DESPESA DE DEPRECIAÇÃO |
|---|---|---|---|
| 1 | 2 | 3 | 4 = 2 × 3 |
| Veículos | 600,00 | 20% | 120,00 |
| Máquinas | 200,00 | 10% | 20,00 |
| Móveis e utensílios | 200,00 | 10% | 20,00 |
| **Total** | | | **160,00** |

22. D – Despesas Administrativas (Desp. de Depreciação)
C – Depreciação Acumulada 160,00

**Apuração de Compras Líquidas (CL)**
CL = CB – CA – Abs/c + Frs/c + Segs/c
CL = 2.040,00 – 204,00 – 360,00 + 410,00 + 240,00

**Cl = R$ 2.126,00**

23. D – Compras Líquidas (CL) 2.690,00
C – Compras Brutas (CB) 2.040,00
C – Fretes sobre Compras (Frs/c) 410,00
C – Seguros sobre Compras (Segs/c) 240,00

24. D – Devolução de Compras (CA) 204,00
D – Descontos Incondicionais Obtidos (Abs/c) 360,00
C – Compras Líquidas (CL) 564,00

**Apuração de Vendas Líquidas (VL)**
VL = VB – VA – Abs/V – Imp. s/V (*)
VL = 10.400,00 – 1.040,00 – 360,00 – 1.760,00 (*)

**VL = R$ 7.240,00**

(*) **Imp. s/ vendas** = ICMS s/Vendas + PIS + COFINS
1.760,00 = 1.620,00 + 34,00 + 106,00

25. D – Vendas Brutas (VB)
C – Vendas Líquidas (VL) 10.400,00

26. D – Vendas Líquidas (VL) 3.160,00
    C – Devolução de Vendas (VA) 1.040,00
    C – Abatimentos sobre Vendas (Abs/V) 360,00
    C – PIS – Dedução da Receita Bruta (Imp. s/V) 34,00
    C – COFINS – Dedução da Receita Bruta (Imp. s/V) 106,00
    C – ICMS sobre Vendas (ICMS s/Vendas) 1.620,00

**Apuração do CMV**

CMV = EI + CL – EF

CMV = 200,00 + 2.126,00 – 814,00

**CVM = R$ 1.512,00**

27. D – Custo das Mercadorias Vendidas (CMV) 2.326,00
    C – Mercadorias em Estoque (EI) 200,00
    C – Compras Líquidas (CL) 2.126,00

28. D – Mercadorias em Estoque (EF)
    C – Custo das Mercadorias Vendidas (CMV) 814,00

**Apuração do Lucro Bruto (LB)**

LB (RCM) = VL – CMV

LB (RCM) = 7.240,00 – 1.512,00

**LB (RCM) = R$ 5.728,00**

29. D – Vendas Líquidas
    C – LB (RCM) 7.240,00

30. D – LB (RCM)
    C – Custo das Mercadorias Vendidas 1.512,00

**Apuração do Resultado do Exercício de 20X1 antes dos tributos sobre os lucros**

ARE/X1 = LB (RCM) + OR – OD ARE/X1 = 5.728,00 + 30,00 – 719,00

**ARE/X1 = R$ 5.039,00**

31. D – Lucro Bruto (LB – RCM) 5.728,00
    D – Receita Financeira 10,00
    D – Reversão de Provisões 20,00
    C – ARE/20X1 5.758,00

32. D – ARE/20X1 719,00
    C – Despesas Financeiras 20,00
    C – Despesas de Vendas 439,00
    C – Despesas Administrativas 260,00

33. **Contribuição Social sobre Lucro Líquido (CSLL)**
    D – ARE/20X1
    C – CSLL a Recolher 239,00

34. **Provisão para IRPJ**
D – ARE/20X1
C – Provisão para o IR (PIR) 800,00

35. **Transferência do Resultado do Exercício/20X1 para Lucros**
D – ARE/20X1
C – Lucros ou Prejuízos Acumulados 4.000,00

- **Razonetes**

| **Caixa** | |
|---|---|
| **(s) 400,00** | 100,00 (13) |
| (4) 110,00 | 150,00 (14) |
| (5) 200,00 | |
| **(s) 710,00** | **250,00 (s)** |
| **(s) 460,00** | |

| **Bancos** | |
|---|---|
| **(s) 600,00** | 20,00 (11) |
| **(s) 580,00** | |

| **Duplicatas a Receber** | |
|---|---|
| **(s) 360,00** | 100,00 (4) |
| (2) 10.000,00 | 1.000,00 (9) |
| **(s) 10.360,00** | **1.100,00 (s)** |
| **(s) 9.260,00** | |

| **Provisão para Crédito de Liquidação Duvidosa** | |
|---|---|
| (17) 20,00 | **20,00 (s)** |
| | 185,00 (21) |

| **Adiantamento a Fornecedores** | |
|---|---|
| **(s) 60,00** | |

| **Mercadorias em Estoque** | |
|---|---|
| **(s) 200,00** | 200,00 (27) |
| (28) 814,00 | |

| **Seguros a Vencer** | |
|---|---|
| **(s) 48,00** | 44,00 (20) |
| **(s) 4,00** | |

| **Empréstimos Efetuados a Sócios** | |
|---|---|
| **(s) 192,00** | |

| **Quotas de Empresas** | |
|---|---|
| **(s) 100,00** | |

| **Veículos** | |
|---|---|
| **(s) 600,00** | |

| **Máquinas** | |
|---|---|
| **(s) 200,00** | |

| **Móveis e Utensílios** | |
|---|---|
| **(s) 200,00** | |

| **Depreciação Acumulada** | |
|---|---|
| | **180,00 (s)** |
| | 160,00 (22) |
| | **340,00 (s)** |

| **Marcas e Patentes** | |
|---|---|
| **(s) 100,00** | |

| **Fornecedores** | |
|---|---|
| (8) 200,00 | **200,00 (s)** |
| | 2.000,00 (1) |
| | 410,00 (11) |
| | 240,00 (12) |
| **(s) 200,00** | **2.850,00 (s)** |
| | **2.650,00 (s)** |

| Contas a Pagar | |
|---|---|
| | **20,00 (s)** |
| | 60,00 (15) |
| | **80,00 (s)** |

| Adiantamento de Clientes | |
|---|---|
| | **40,00 (s)** |

| C/C de ICMS | |
|---|---|
| (1) 360,00 | 1.800,00 (3) |
| **(10) 180,00** | **36,00 (8)** |
| **(s) 540,00** | **1.836,00 (s)** |
| | **1.296,00 (12)** |

| PIS a Recolher | |
|---|---|
| | 34,00 (18) |

| COFINS a Recolher | |
|---|---|
| | 106,00 (19) |

| Provisão para IR (PIR) | |
|---|---|
| | 800,00 (34) |

| CSLL a Recolher | |
|---|---|
| | 239,00 (33) |

| Empréstimos Concedidos por Coligadas | |
|---|---|
| | **40,00 (s)** |

| Empréstimos Bancários de Longo Prazo | |
|---|---|
| | **60,00 (s)** |

| Receitas Diferidas | |
|---|---|
| | **180,00 (s)** |

| Custos Diferidos | |
|---|---|
| **(s) 80,00** | |

| Capital Social | |
|---|---|
| | **1.400,00 (s)** |
| | 200,00 (7) |
| | **1.600,00 (s)** |

| Capital a Receber | |
|---|---|
| **(s) 200,00** | 200,00 (5) |

| Reservas de Capital | |
|---|---|
| | **400,00 (s)** |

| Reserva de Lucros | |
|---|---|
| | **200,00 (s)** |
| | 200,00 (6) |
| | **400,00 (s)** |

| Lucros ou Prejuízos Acumulados | |
|---|---|
| (6) 200,00 | **600,00 (s)** |
| (7) 200,00 | |
| **(s) 400,00** | **600,00 (s)** |
| | **200,00 (s)** |
| | 4.000,00 (35) |
| | **4.200,00 (s)** |

| Compras Brutas | |
|---|---|
| (1) 2.040,00 | 2.040,00 (23) |

| Devolução de Compras ou Compras Anuladas | |
|---|---|
| (24) 204,00 | 204,00 (8) |

| Descontos Incondicionais Obtidos | |
|---|---|
| (8) 40,00 | 400,00 (1) |
| (24) 360,00 | **360,00 (s)** |

| Fretes sobre Compras | |
|---|---|
| (11) 410,00 | 410,00 (23) |

| Seguro sobre Compras | |
|---|---|
| (12) 240,00 | 240,00 (23) |

**Compras Líquidas (CL)**

| | |
|---|---|
| (23) 2.690,00 | 564,00 (24) |
| **(s) 2.126,00** | 2.126,00 (27) |

**Vendas Brutas (VB)**

| | |
|---|---|
| (25) 10.400,00 | 10.400,00 (2) |

**Devolução de Vendas (VA)**

| | |
|---|---|
| (9) 1.040,00 | 1.040,00 (26) |

**Descontos Incondicionais Concedidos**

| | |
|---|---|
| (2) 400,00 | 40,00 (9) |
| **(s) 360,00** | 360,00 (26) |

**PIS – Dedução da Receita Bruta**

| | |
|---|---|
| (18) 34,00 | 34,00 (26) |

**ICMS sobre Vendas**

| | |
|---|---|
| (3) 1.800,00 | 180,00 (10) |
| (26) 1.620,00 | **1.620,00 (s)** |

**COFINS – Dedução da Receita Bruta**

| | |
|---|---|
| (19) 106,00 | 106,00 (26) |

**Reversão de Provisões**

| | |
|---|---|
| (31) 20,00 | 20,00 (17) |

**Receitas Financeiras**

| | |
|---|---|
| (31) 10,00 | 10,00 (4) |

**Vendas Líquidas (VL)**

| | |
|---|---|
| (26) 3.160,00 | 10.400,00 (25) |
| (29) 7.240,00 | **7.240,00 (s)** |

**Despesas Financeiras**

| | |
|---|---|
| (16) 20,00 | 20,00 (32) |

**Despesas de Vendas**

| | |
|---|---|
| (14) 150,00 | |
| (15) 60,00 | |
| (20) 44,00 | |
| (21) 185,00 | |
| **(s) 439,00** | 439,00 (34) |

**Despesas Administrativas**

| | |
|---|---|
| (13) 100,00 | |
| (22) 160,00 | |
| **(s) 260,00** | 260,00 (32) |

**CMV**

| | |
|---|---|
| (27) 2.326,00 | 814,00 (28) |
| **(s) 1.512,00** | 1.512,00 (s) |

**LB (RCM)**

| | |
|---|---|
| (30) 1.512,00 | 7.240,00 (29) |
| (31) 5.728,00 | **5.728,00 (s)** |

**ARE/20X1**

| | |
|---|---|
| (32) 719,00 | 5.758,00 (31) |
| (33) 239,00 | |
| (34) 800,00 | |
| **(s) 1.758,00** | **5.758,00 (s)** |
| (35) 4.000,00 | **4.000,00 (s)** |

(s) = Saldo.

**Tabela 16.3** Empresa Comercial SILPA LTDA.: Balanço Patrimonial encerrado em 31.12.20X1

| EMPRESA COMERCIAL SILPA LTDA. BALANÇO PATRIMONIAL ENCERRADO EM 31.12.20X1 | | | | | |
|---|---|---|---|---|---|
| **Ativo** | | | **Passivo** | | |
| **CIRCULANTE** | | | **CIRCULANTE** | | |
| **DISPONÍVEL** | | | Fornecedores | | 2.650 |
| Caixa | 460 | | Contas a Pagar | | 80 |
| Bancos | 580 | 1.040 | Adiantamentos de Clientes | | 40 |
| | | | ICMS a Recolher | | 1.296 |
| **CRÉDITOS** | | | Provisão para o IR | | 800 |
| Duplicatas a Receber | 9.260 | | PIS a Recolher | | 34 |
| (−) Perdas Estimadas Créditos | (185) | 9.075 | COFINS a Recolher | | 106 |
| Adiant. a Fornecedores | 60 | 9.135 | CSLL a Recolher | | 239 |
| | | | | | **PC 5.245** |
| **ESTOQUES** | | | | | |
| Mercadorias (EF) | | 814 | **NÃO CIRCULANTE** | | |
| | | | **EXIGÍVEL A LONGO PRAZO** | | |
| **DESPESAS ANTECIPADAS** | | | Empréstimos Concedidos | | |
| Seguros a Vencer | | 4 | por Coligadas | | 40 |
| | | **AC 10.993** | Empréstimos Bancários Longo Prazo... | | 60 |
| | | | | **PELP** | **100** |
| **NÃO CIRCULANTE** | | | | | |
| **REALIZÁVEL A LONGO PRAZO** | | | Receitas Diferidas | 180 | |
| Empréstimos Efetuados a Sócios | | **192** | (–) Custos Diferidos: | (80) | **100** |
| | | | | **PNC** | **200** |
| **INVESTIMENTOS** | | | | | |
| Quotas de Empresas | 100 | | **PATRIMÔNIO LÍQUIDO** | | |
| **IMOBILIZADO** | | | **CAPITAL SOCIAL** | | |
| Veículos | 600 | | Subscrito e Realizado | | 1.600 |
| Máquinas | 200 | | | | |
| Móveis e Utensílios | 200 | | | | |
| | **1.000** | | **RESERVAS** | | |
| (−) Depreciação Acumulada | (340) | | de Capital | 400 | |
| | **660** | | de Lucros | 400 | 800 |
| **INTANGÍVEL** | | | Lucros e Prejuízos Acumulados | | 4.200 |
| Marcas e Patentes | 100 | **860** | | **PL** | **6.600** |
| **TOTAL DO ATIVO** | | **12.045** | **TOTAL DO PASSIVO** | | **12.045** |

**Tabela 16.4** Comercial SILPA LTDA.

| DEMONSTRAÇÃO DO RESULTADO DO EXERCÍCIO (DRE) DE 31.12.20X1 | | |
|---|---|---|
| **RECEITA OPERACIONAL BRUTA (VB)** | | 10.400,00 |
| (–) DEDUÇÕES DA RECEITA BRUTA | | |
| Devoluções e Abatimentos | 1.400,00 | |
| Impostos Incidentes sobre Vendas | 1.760,00 | (3.160,00) |
| (=) **RECEITA OPERACIONAL LÍQUIDA (VL)** | | 7.240,00 |
| (–) Custo das Vendas = CMV / CPV / CSP | | (1.512,00) |
| (=) **LUCRO OPERACIONAL BRUTO (LB)** | | 5.728,00 |
| (–) **DESPESAS OPERACIONAIS:** | | |
| Despesas de Vendas | 439,00 | |
| Despesas Administrativas | 260,00 | |
| Despesas Financeiras Líquidas | 10,00 | |
| Outras Despesas Operacionais | –0– | (709,00) |
| (+) **OUTRAS RECEITAS OPERACIONAIS** | | |
| Reversão de Provisões | | 20,00 |
| (=) **LUCRO OPERACIONAL LÍQUIDO** | | 5.039,00 |
| (±) **OUTRAS RECEITAS E DESPESAS** | | –0– |
| (=) **RESULTADO DO EXERCÍCIO ANTES DA CONTRIBUIÇÃO SOCIAL** | | 5.039,00 |
| (–) Contribuição Social sobre Lucro Líquido (CSLL) | | (239,00) |
| (=) **RESULTADO ANTES DO IMPOSTO DE RENDA** | | 4.800,00 |
| (–) Provisão para o Imposto de Renda (PIR) | | (800,00) |
| (=) **RESULTADO DEPOIS DO IMPOSTO DE RENDA** | | 4.000,00 |
| (–) Participações e Contribuições | | –0– |
| (=) **LUCRO LÍQUIDO DO EXERCÍCIO (LLE)** | | 4.000,00 |

$$\text{LUCRO P/AÇÃO} = \frac{\text{LLE}}{\text{NA}} = \frac{4.000{,}00}{10.000} = \text{R\$ } 0{,}40$$

**Tabela 16.5** Comercial SILPA LTDA.

| DEMONSTRAÇÃO DE LUCROS OU PREJUÍZOS ACUMULADOS DE 31.12.20X1 | |
|---|---|
| Saldo no Início do Período | 600,00 |
| (±) Ajustes de Períodos Anteriores | –0– |
| (=) Saldo Inicial Ajustado | 600,00 |
| (–) Constituição de Reservas de Lucros | (200,00) |
| (–) Capitalização de Lucros | (200,00) |
| (+) Resultado Líquido do Exercício de 20X1 | 4.000,00 |
| (–) Dividendos Creditados (*) | –0– |
| (=) Saldo no Final do Período | 4.200,00 |

$$(*)\ \text{Dividendo por Ação} = \frac{\text{Dividendos Creditados}}{\text{NA (Número de Ações)}}$$

**Tabela 16.6** Demonstração das mutações do Patrimônio Líquido (DMPL) em 31.12.20X1

| ELEMENTOS | CAPITAL SOCIAL | RESERVAS | | LUCROS OU PREJUÍZOS ACUMULADOS | TOTAL |
|---|---|---|---|---|---|
| | | CAPITAL | LUCROS | | |
| Saldo no Início do Período (1)<br>(±) Ajustes de Períodos Anteriores | 1.200,00<br>– | 400,00<br>– | 200,00<br>– | 600,00<br>(±) | 2.400,00<br>(±) |
| Saldo Inicial Ajustado | **1.200,00** | **400,00** | **200,00** | **600,00** | **2.400,00** |
| Integralização do Capital a Realizar | 200,00 | – | – | – | 200,00 |
| Resultado Líquido do Exercício/20X1 | – | – | – | 4.000,00 | 4.000,00 |
| **Formação de Reservas de:** | | | | | |
| Lucros | – | – | 200,00 | (200,00) | – |
| Capital | – | – | – | – | – |
| **Capitalização de:** | | | | | |
| Reservas | – | – | – | – | – |
| Lucros | 200,00 | – | – | (200,00) | – |
| Dividendos ou Lucros Creditados(*) | – | – | – | – | – |
| (±) Outras mutações | – | – | – | – | – |
| Saldo Final do Período **(1)** | **1.600,00** | **400,00** | **400,00** | **4.200,00** | **6.600,00** |
| (*) Dividendo por Ação do Capital Social = $\frac{\text{Dividendos Creditados}}{\text{NA (N}^{\text{o}}\text{ de Ações)}}$ | | | | **DLPA** | |

**Tabela 16.7** Capital social no início do período

| (1) CAPITAL SOCIAL NO ÍNICIO DO PERÍODO | | |
|---|---|---|
| **Subscrito** | **A Realizar** | **Realizado** |
| 1.400,00 | (200,00) | 1.200,00 |
| INTEGRALIZAÇÃO | 200,00 | 200,00 |
| (+) AUMENTO DE CAPITAL | | 200,00 |
| Total | | **1.600,00** |

Veja a seguir a Demonstração dos Fluxos de Caixa pelo método direto e indireto.

**Tabela 16.8** Demonstração de Fluxos de Caixa em 31.12.20X1 pelo método indireto (R$)

| DEMONSTRAÇÃO DE FLUXOS DE CAIXA DE 31.12.20X1 – MÉTODO INDIRETO (R$) | | |
|---|---|---|
| 1. **FLUXOS DE CAIXA DAS ATIVIDADES OPERACIONAIS** | | |
| Lucro Líquido do Exercício | 4.000,00 | |
| (+) Despesas de Depreciação | 160,00 | |
| (+) Despesas com Créditos de Liquidação Duvidosa | 185,00 | |
| (+) Despesas Antecipadas a Curto Prazo | 44,00 | |
| (–) Reversão de Provisões | (20,00) | |
| (–) Acréscimo em Clientes | (8.900,00) | |
| (–) Acréscimo em Estoques | (614,00) | |
| (+) Acréscimo em Fornecedores | 2.450,00 | |
| (+) Acréscimo de Contas a Pagar | 60,00 | |
| (+) Acréscimo de Tributos a Pagar | 2.475,00 | **(160,00)** |
| 2. **FLUXOS DE CAIXA DAS ATIVIDADES DE FINANCIAMENTO** | | |
| Integralização de capital em dinheiro | | **200,00** |
| 3. **FLUXO DE CAIXA DAS ATIVIDADES DE INVESTIMENTO** | | **–0–** |
| 4. **VARIAÇÃO DO DISPONÍVEL (1 + 2 + 3)** | | **40,00** |
| 5. **(+) DISPONÍVEL EM 1º.01.20X1** | | **1.000,00** |
| 6. **(=) DISPONÍVEL EM 31.12.20X1 (4 + 5)** | | **1.040,00** |

**Tabela 16.9** Demonstração do Fluxo de Caixa pelo método direto (R$)

| DEMONSTRAÇÃO DO FLUXO DE CAIXA PELO MÉTODO DIRETO (R$) | |
|---|---|
| 1. **FLUXO DE CAIXA DA ATIVIDADE OPERACIONAL** | |
| (+) Recebimentos de Clientes | 100,00 |
| (+) Recebimento de Receitas Financeiras | 10,00 |
| (–) Pagamentos de Despesas Operacionais | (270,00) |
| (=) Caixa Consumido na Atividade | **(160,00)** |
| 2. **FLUXO DE CAIXA DAS ATIVIDADES DE INVESTIMENTO** | **–0–** |
| 3. **FLUXO DE CAIXA DAS ATIVIDADES DE FINANCIAMENTO** | |
| (+) Integralização de Capital | 200,00 |
| (=) Caixa Gerado na Atividade | **200,00** |
| 4. **CAIXA GERADO NAS ATIVIDADES (=) VARIAÇÃO DO DISPONÍVEL (1 + 2 + 3)** | **40,00** |
| 5. **SALDO DO DISPONÍVEL NO INÍCIO DO EXERCÍCIO** | **1.000,00** |
| 6. **SALDO DO DISPONÍVEL NO FINAL DO EXERCÍCIO (4 + 5)** | **1.040,00** |

## TESTES DE FIXAÇÃO

**Para responder às questões de nº 1 a 5, observe os dados abaixo:**

O Balancete de Verificação da SILPA LTDA., em 30 de novembro de 20X1, era composto pelo saldo das seguintes contas:

| Saldos Devedores | | Saldos Credores | |
|---|---|---|---|
| Caixa | 300,00 | Promissórias a Pagar | 800,00 |
| Mercadorias | 3.000,00 | Duplicatas Descontadas | 2.000,00 |
| Bancos Conta Movimento | 1.500,00 | Depreciação Acumulada de Veículos | 1.000,00 |
| Clientes | 18.000,00 | Perdas Prováveis com | |
| Compras | 10.000,00 | Créditos de Liquidação Duvidosa | 100,00 |
| Veículos | 2.000,00 | Vendas | 15.000,00 |
| Impostos | 600,00 | Lucros Acumulados | 1.200,00 |
| Aluguéis | 400,00 | Capital | 7.000,00 |
| Despesas Diversas | 100,00 | Fornecedores | 10.000,00 |
| Salários | 1.000,00 | | |
| Despesas de Juros | 200,00 | | |
| Total | 37.100,00 | Total | 37.100,00 |

Durante o mês de dezembro de 20X1, ocorreram as seguintes operações:

01-12 – Compra a prazo de mercadorias (50 dias) ........ 5.000,00
02-12 – Pagamento de fretes sobre a compra anterior ........ 100,00
03-12 – Venda à vista de mercadorias ........ 6.000,00
04-12 – Devolução de parte da venda anterior ........ 300,00
05-12 – Venda a prazo de mercadorias (30 dias) ........ 3.000,00

07-12 – Compra à vista de mercadorias ........ 2.000,00
08-12 – Devolução de parte da compra anterior ........ 1.000,00
10-12 – Pagamento a fornecedores no valor de ........ 2.500,00
15-12 – Empréstimo obtido no banco por meio de desconto de uma nota promissória nas seguintes condições:

- valor da nota promissória ........ 10.000,00
- prazo da operação ........ 90 dias
- despesas bancárias (fixas) ........ 30,00
- juros antecipados ........ 720,00

16-12 – Pagamento de apólices de seguros contra incêndios ........ 1.200,00
20-12 – Recebimento dos clientes ........ 11.000,00
26-12 – Pagamento de despesas diversas ........ 200,00

**Os dados para os ajustes são os seguintes:**

a) Salários do mês de dezembro de 20X1, a pagar em janeiro de 20X2 ........ 200,00
b) Seguros pagos têm validade de um ano, ou seja, até 15 de dezembro de 20X2.
c) A taxa de depreciação de veículos é de 20% a.a.
d) Ajuste para Perdas Prováveis com Créditos de Liquidação Duvidosa: taxa de 1,5%.
e) O Estoque Final apurado extracontabilmente é de ........ 8.000,00
f) Imposto de Renda sobre o Lucro Real ........ 2.242,00

**ATENÇÃO**

Os cálculos e ajustes necessários à apuração do Lucro Líquido do Exercício de 20X1 deverão ser efetuados **sem considerar** os impostos incidentes sobre compras e vendas.

**1.** O Resultado com Mercadorias (RCM) do período, encerrado em 31 de dezembro de 20X1, totalizou:
a) R$ 11.100,00.
b) R$ 12.000,00.
c) R$ 12.100,00.
d) R$ 12.600,00.
e) R$ 23.700,00.

**2.** O Custo das Mercadorias Vendidas (CMV) do período, encerrado em 31 de dezembro de 20X1, totalizou:
a) R$ 10.000,00.
b) R$ 11.100,00.
c) R$ 12.000,00.
d) R$ 12.100,00.
e) R$ 12.600,00.

3. O Lucro Líquido do Exercício encerrado em 31 de dezembro de 20X1, totalizou:
   a) R$ 7.000,00.
   b) R$ 9.242,00.
   c) R$ 10.242,00.
   d) R$ 12.600,00.
   e) R$ 13.358,00.

4. O Capital Circulante Líquido definido como a diferença entre o Ativo Circulante e o Passivo Circulante, em 31 de dezembro de 20X1, totalizou:
   a) R$ 7.000,00.
   b) R$ 8.200,00.
   c) R$ 8.600,00.
   d) R$ 14.600,00.
   e) R$ 15.200,00.

5. O valor total do Patrimônio Líquido, em 31 de dezembro de 20X1, é de :
   a) R$ 8.200,00.
   b) R$ 10.442,00.
   c) R$ 15.200,00.
   d) R$ 17.442,00.
   e) R$ 20.800,00.

6. Da Demonstração do Resultado do Exercício da Comercial SILPA Ltda., em 31 de dezembro de 20X1, foram extraídos os seguintes elementos:

| CONTAS | Valores (R$) |
|---|---|
| • Receita Bruta da Venda de Mercadorias | 77.000,00 |
| • Receitas Financeiras | 2.107,00 |
| • Despesas de Comissões sobre Vendas | 1.400,00 |
| • Outras Despesas Operacionais | 9.100,00 |
| • Custo das Mercadorias Vendidas | 36.918,00 |
| • Descontos Incondicionais Concedidos | 7.000,00 |
| • PIS Dedução da Receita Bruta | 462,00 |
| • COFINS Dedução da Receita Bruta | 2.100,00 |
| • Outras Receitas | 2.800,00 |
| • Outras Despesas | 350,00 |
| • ICMS sobre Vendas | 11.200,00 |
| • Despesas Financeiras | 700,00 |
| • Provisão para o Imposto de Renda (sobre Lucro Real) | 1.820,00 |
| • PIS – Despesa Operacional | 14,00 |
| • COFINS – Despesa Operacional | 63,00 |
| • Provisão para CSLL | 1.680,00 |

O Resultado com Mercadorias (Lucro Bruto) e o Lucro Líquido do Exercício (LLE) – após o Imposto de Renda – na referida demonstração, importaram, respectivamente, em:
a) R$ 16.238,00 e R$ 8.500,00.
b) R$ 19.320,00 e R$ 9.100,00.
c) R$ 2.100,00 e R$ 29.320,00.
d) R$ 29.600,00 e R$ 29.800,00.
e) R$ 29.800,00 e R$ 39.600,00.

**7.** A firma Zinho Ltda. apresenta as seguintes rubricas vinculadas ao resultado do exercício:

| ELEMENTOS | VALORES (R$) |
|---|---|
| COFINS sobre Faturamento (sobre a receita bruta) | 288,00 |
| Custo da Mercadoria Vendida (CMV) | 4.480,00 |
| Despesas Financeiras | 960,00 |
| ICMS sobre Vendas | 1.152,00 |
| PIS sobre Faturamento (sobre a receita bruta) | 96,00 |
| Receita Operacional Bruta | 9.600,00 |
| Salários e Ordenados | 1.600,00 |

Com base nos dados apresentados, pode-se dizer que a empresa apresenta:
a) Receita Líquida de Vendas de R$ 8.448,00.
b) Receita Líquida de Vendas de R$ 3.584,00.
c) Lucro Operacional Bruto de R$ 8.064,00.
d) Lucro Operacional Líquido de R$ 3.584,00.
e) Lucro Operacional Líquido de R$ 1.024,00.

**8.** Em cada círculo está inscrito o nome de uma empresa. A seta indica participação de uma empresa no capital de outra. No retângulo está o percentual de cada participação.

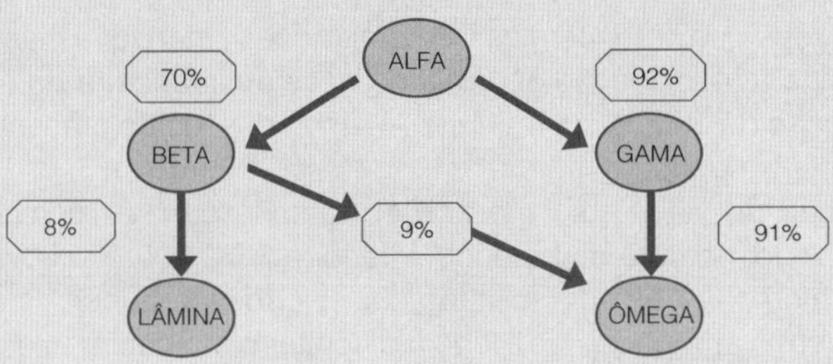


Assinale a opção correta:
a) A empresa Alfa controla indiretamente a empresa Ômega.
b) A empresa Alfa controla indiretamente a empresa Lâmina.
c) A empresa Beta controla a empresa Lâmina.
d) A empresa Beta controla a empresa Ômega.
e) A empresa Gama controla a empresa Beta.

**9.** No dia 2 de janeiro do ano-calendário, a empresa Participa Bem S.A. (investidora) adquiriu 80% do capital da empresa Construção Sólida Ltda. (investida), assumindo o seu controle com intenção de permanência, pelo valor de R$ 135.000,00. Os seguintes dados foram extraídos do balanço da investida do ano-calendário anterior:

| CONSTRUÇÃO SÓLIDA LTDA. | |
|---|---|
| **Balanço Patrimonial** | **Valores (R$)** |
| Capital Social | 75.000,00 |
| Reserva de Capital | 3.000,00 |
| Reserva Legal | 1.500,00 |
| Lucro Líquido do Exercício | 10.500,00 |
| **Total do Patrimônio Líquido (PL)** | **90.000,00** |

Assinale o lançamento que corresponde ao fato contábil a ser efetuado na contabilidade da investidora Participa Bem S.A.:

a) D – Carteira de Ações (Realizável LP)
C – Bancos Conta Movimento 135.000,00

b) D – Investimentos Avaliados pelo PL 72.000,00
D – Investimentos – Ágio 63.000,00
C – Bancos Conta Movimento 135.000,00

c) D – Investimentos Avaliados pelo PL 60.000,00
D – Investimentos – Ágio 75.000,00
C – Bancos Conta Movimento 135.000,00

d) D – Investimento em Ações
C – Bancos Conta Movimento 135.000,00

e) D – Bancos Conta Movimento 135.000,00
C – Investimentos Avaliados pelo PL 60.000,00
C – Investimentos – Ágio 75.000,00

**10.** Com relação às peças que compõem as Demonstrações Financeiras, assinale a opção correta:

a) A DRE evidencia a modificação ocorrida na posição financeira da empresa.
b) Na Demonstração de Lucros ou Prejuízos Acumulados, estão presentes todos os elementos da competência do período.
c) A Demonstração do Valor Adicionado é obrigatória para as companhias fechadas com Patrimônio Líquido, na data do balanço, inferior a R$ 2.000.000,00.
d) No Balanço Patrimonial, as contas serão classificadas segundo os elementos do patrimônio que registrem e agrupadas de modo a dificultar o conhecimento e a análise da situação financeira da companhia.
e) A Demonstração dos Fluxos de Caixa tornou-se peça obrigatória das Demonstrações Financeiras com a promulgação da Lei nº 11.638, de 2007.

**GABARITO**

| 1. D | 2. B | 3. A | 4. D | 5. C |
|---|---|---|---|---|
| 6. B | 7. E | 8. A | 9. B | 10. E |

# Apêndice

# Resolução dos testes de fixação

## CAPÍTULO 1

1. Alternativa **d**. A Contabilidade registra os fenômenos econômicos que afetam o patrimônio das ***aziendas*** (fatos contábeis), sejam eles provocados ou consentidos pela administração ou não. Por exemplo, se o estoque de mercadorias da empresa se deteriora em função de uma inundação decorrente do excesso de chuvas, tal fato será registrado pela contabilidade, porque reduz o patrimônio da entidade.

2. Alternativa **d**. O objeto da contabilidade é o **patrimônio,** e seu campo de aplicação, as ***aziendas.***

3. Alternativa **d**. Modernamente, a contabilidade constitui um instrumento essencial nas funções de planejamento e controle da empresa, fornecendo informações que auxiliam os executivos nas tomadas das decisões.

4. Alternativa **d**. Ver a resposta da questão nº 2.

5. Alternativa **c**. Como está explicitado no próprio enunciado da pergunta, na maioria das empresas comerciais, o valor dos bens e direitos (ativo) é maior que as obrigações com terceiros (Passivo), de forma que a representação mais comum da equação do patrimônio é:

   **ATIVO = PASSIVO + PATRIMÔNIO LÍQUIDO**

6. Alternativa **e**. O Patrimônio Líquido (ou Situação Líquida) da entidade é negativo quando o Passivo for maior que o Ativo, indicando que a empresa está insolvente, ou seja, mesmo que aliene todos os seus bens e direitos, não conseguirá honrar suas dívidas para com terceiros.

7. Alternativa **b**. A única situação patrimonial inconcebível é a Situação Líquida ser **maior** que o Ativo. Na melhor das hipóteses, a Situação Líquida é **igual** ao Ativo.

8. Alternativa **c**. O recebimento de duplicatas com juros aumenta o Patrimônio Líquido, pois é um fato **misto aumentativo** (veja Item 1.6.3 do Capítulo 1). Os demais fatos são **permutativos** e, portanto, não afetam a Situação Líquida da empresa.

9. Alternativa **a**. A função **econômica** da Contabilidade é apurar o resultado (lucro ou prejuízo) decorrente das atividades da empresa. As demais alternativas apresentadas na pergunta fazem parte da função **administrativa** da contabilidade de controlar o patrimônio. Para isso, é necessário efetuar o registro dos fatos contábeis, verificando se as operações são autênticas, se não houve erros ou fraudes etc.

10. Alternativa **e**. *Azienda* é sinônimo de patrimônio (conjunto de bens, direitos e obrigações), considerado juntamente com a pessoa natural (física) ou jurídica, que tem sobre ele poderes de administração e disponibilidade (veja o Item 1.2).

11. Alternativa **d**.
Capital Próprio = Patrimônio Líquido.
No caso, Capital Próprio = R$ 9.850,00.

12. Alternativa **a**. **Passivo a descoberto** ocorre quando o Passivo é maior que o Ativo, ou seja, quando as obrigações com terceiros são maiores que os bens e direitos de propriedade da empresa. Nesse caso, a Situação Líquida da empresa é negativa. O Passivo a descoberto está representado pelas alternativas 3 e 5. As demais (1, 2 e 4) representam a Situação Líquida Positiva (ou seja, A > P).

13. Alternativa **c**. Se os recursos do Ativo provêm de capital próprio (PL) e de terceiros (P), o Ativo é maior que o Passivo, e o Patrimônio Líquido é positivo.

14. Alternativa **c**. CTo = CP + CTe, conforme definições similares no Item 1.8 do Capítulo 1.

15. Alternativa **a**. O mapa das origens e aplicações de recursos da firma ABC pode ser representado da seguinte forma:

| ELEMENTOS | ORIGENS | APLICAÇÕES |
|---|---|---|
| Capital | 500,00 | |
| Empréstimos Obtidos | 300,00 | |
| Rendimentos (Receitas) | 150,00 | |
| Bens para revender | | 450,00 |
| Caderneta de poupança | | 180,00 |
| Empréstimos concedidos | | 240,00 |
| Despesas | | ? |
| Totais | **950,00** | **??** |

O valor total das aplicações será igual ao total das origens, ou seja, R$ 950,00. Logo, o valor total das despesas corresponderá:

Despesas = R$ 950,00 – R$ 450,00 – R$ 180,00 – R$ 240,00

**Despesas = R$ 80,00**

O lucro seria de **R$ 70,00**, ou seja, receitas de R$ 150,00 menos despesas de R$ 80,00.

No final do período, o patrimônio da empresa será:

| ATIVO | | PASSIVO + PL | | |
|---|---|---|---|---|
| | | **PASSIVO** | | |
| Bens de venda | 450 | Empréstimo Recebidos | | 300 |
| Caderneta de poupança | 180 | **PATRIMÔNIO LÍQUIDO** | | |
| | | Capital | 500 | |
| Direitos de crédito | 240 | Lucros acumulados | 70 | 570 |
| TOTAL | **870** | TOTAL | | **870** |

O total do Ativo (Patrimônio Bruto) é de **R$ 870,00**.

O Patrimônio Líquido é de **R$ 570,00**, pois o total do Ativo é de R$ 870,00, e o Passivo é de R$ 300,00.

**16.** Alternativa **b**. O recebimento de juros aumenta o Patrimônio Líquido, pois é uma receita, e o fato contábil é **modificativo aumentativo**. Se, além dos juros, a empresa tivesse recebido também a restituição do principal emprestado, o fato contábil seria **misto aumentativo**.

**17.** Alternativa **b**. A empresa pagou a obrigação acrescida de juros, portanto, trata-se de fato contábil **misto diminutivo**. Se tivesse pago a obrigação no vencimento (portanto, sem juros), o fato contábil seria permutativo.

**18.** a) Incorreta: R$ 1.000,00 (–) R$ 400,00 = R$ 600,00 SL positiva.
b) Incorreta: R$ 800,00 (–) R$ 600,00 = R$ 200,00 SL positiva.
**c) Correta: R$ 500,00 (–) R$ 600,00 = (R$ 100,00) SL negativa.**
d) Incorreta: veja acima.
e) Incorreta: veja a resposta da alternativa **a**.

**19.** Alternativa **c**. As contas patrimoniais que apresentaram modificações foram:

**Caixa** – aumentou de R$ 200,00 para R$ 320,00, evidenciando um ingresso líquido de numerário de R$ 120,00.

**Clientes** – aumentou de zero para R$ 40,00, mostrando a constituição de um direito de mesmo valor, decorrente de venda a prazo.

**Mercadorias** – diminuiu de R$ 800,00 para R$ 600,00, indicando que houve venda de mercadorias, cujo custo foi de R$ 200,00.

**Prejuízo** – houve o surgimento de um prejuízo de R$ 40,00.

Como o enunciado da questão informa que houve uma **única** operação, é fácil concluir que houve uma venda de mercadorias, que custaram R$ 200,00, por R$ 160,00 (sendo R$ 120,00 recebidos à vista e R$ 40,00 financiados), incorrendo a empresa num prejuízo (redução do Patrimônio Líquido) de R$ 40,00.

**20.** Alternativa **a**. O Ativo da empresa:

- aumentou em R$ 160,00 pela aquisição de mercadorias;
- reduziu-se em R$ 64,00 pelo pagamento, em dinheiro, de 50% do valor da compra das mercadorias (R$ 160,00 × 50% = R$ 80,00), com desconto de 20% (20% × R$ 80,00 = R$ 16,00).

Considerando-se a operação como um todo, o aumento do Ativo foi de R$ 160,00 – R$ 64,00 = **R$ 96,00**.

**21.** Alternativa **a**.

| ATIVO | | PASSIVO + PL | |
|---|---|---|---|
| Numerário | 100,00 | **PASSIVO** | |
| Bens de Venda | 700,00 | Dívidas com terceiros | 400,00 |
| Bens de Uso | 500,00 | | |
| Bens de Renda | 100,00 | **PATRIMÔNIO LÍQUIDO** | |
| Direitos | 200,00 | 1.600 – 400,00 = | 1.200,00 |
| TOTAL | 1.600,00 | TOTAL | 1.600,00 |

**22.** Alternativa **b**.
Dos itens do patrimônio da empresa, os que se referem a capital de terceiros são:

- Nota Promissória de sua emissão ........ 500,00
- Duplicatas de seu aceite ........ 1.500,00
- Fornecedores ........ 400,00

**R$ 2.400,00**

O lucro, portanto, é de R$ 480,00 (20% × R$ 2.400,00). Logo:

| ATIVO | | PASSIVO + PL | | |
|---|---|---|---|---|
| Caixa | 100,00 | **PASSIVO** | | 2.400,00 |
| Bancos | 200,00 | | | |
| Estoques | 3.000,00 | **PATRIMÔNIO LÍQUIDO** | | |
| Máquinas | 600,00 | Capital Social | ? | |
| | | Lucros | 480,00 | 1.500,00 |
| TOTAL | 3.900,00 | TOTAL | | 3.900,00 |

Logo, por dedução, o Capital Social é de **R$ 1.020,00** (R$ 1.500,00 – R$ 480,00).

**23.** Alternativa **e**. A única alternativa incorreta é a **e**, pois o Patrimônio é um conjunto de bens, direitos e obrigações.

**24.** Alternativa **e**. As alternativas de **a** a **d** estão corretas. Logo, a alternativa **incorreta** é a **e**, onde se afirma que as alternativas anteriores estão incorretas.

**25.** Alternativa **a**.
Venda com lucro – fato misto aumentativo;
Venda com prejuízo – fato misto diminutivo;
Venda sem lucro ou prejuízo – fato permutativo;
Aumento de capital em dinheiro – fato modificativo aumentativo;
Despesa com salários – fato modificativo diminutivo.

## CAPÍTULO 2

**1.** Alternativa **a**. A única conclusão falsa é **a** ao afirmar que a soma das receitas seja igual à soma das despesas. As receitas podem ser maiores, iguais ou menores que as despesas, hipóteses em que ocorrerão, respectivamente, lucro, resultado nulo e prejuízo.

**2.** Alternativa **b**. Segundo a teoria personalista, as contas são classificadas em contas dos proprietários, dos agentes consignatários e dos agentes correspondentes.

**3.** Alternativa **a**.
As contas:
- do Patrimônio Líquido aumentam por **crédito**;
- do Ativo aumentam por **débito**;
- do Passivo aumentam por **crédito**.

Se tiver dúvida, veja o quadro-resumo no Subitem 2.4.2.

**4.** Alternativa **d**.
a) Fornecedores – saldo credor
Honorários a pagar – saldo credor.
Ambas representam **obrigações** para com terceiros.
b) Capital Social Subscrito – saldo credor, porque representa a importância que os sócios colocarão à disposição da empresa.
ICMS a Recolher – saldo credor, porque representa uma obrigação para com terceiros (Fazenda Estadual).
c) Lucros Acumulados – saldo credor – "obrigação" para com os sócios
Contas a Pagar – saldo credor – obrigação para com terceiros
**d)** Duplicatas a Receber – **saldo devedor**
Móveis e Utensílios – **saldo devedor**
Representam direitos e bens de propriedade da empresa.
e) Duplicatas a Pagar – saldo credor
Aluguéis a Pagar – saldo credor
Representam obrigações para com terceiros.

**5.** Alternativa **c**. Na Apuração do Resultado do Exercício, as contas representativas de custos e despesas são creditadas em contrapartida de uma conta transitória de resultado. Observe que na incorrência de custos e despesas, as contas representativas são debitadas. Exemplo:
a) Incorrência e concomitante pagamento de despesas de energia elétrica (em dinheiro):
D – Despesas de Energia Elétrica
C – Caixa
b) Transferência da despesa para o resultado do exercício, no final do período:
D – ARE
C – Despesas de Energia Elétrica

**6.** Alternativa **a**. As contas devedoras (que têm saldo de natureza devedora) são:
Caixa, Duplicatas a Receber, Imóveis de Uso, Máquinas, Móveis e Utensílios, Veículos de Uso (representativas de bens e direitos de propriedade da empresa) e Despesas de Salários (representativa de despesas).
Observe que a questão pede para assinalar a opção que identifica exclusivamente contas que têm saldo de natureza devedor, e não as que contêm todas as contas desta natureza.

**7.** a) Incorreta. Salários a Pagar é conta de Passivo e representa a parte dos salários que ainda não foi paga; é constituída em contrapartida à despesa de salários:
D – Despesa de Salários
C – Salários a Pagar
b) **Correta**. Fornecedores tem saldo credor, porque representa um débito (obrigação) da empresa para com terceiros. Observe que as contas representativas de débitos (dívidas) para com terceiros têm saldo credor na contabilidade da empresa.
D – Mercadorias (bens)
C – Fornecedores (obrigação)

c) Incorreta. Clientes tem saldo devedor porque representa um crédito (direito) perante terceiros. Observe que as contas representativas de crédito perante terceiros têm saldo devedor na contabilidade da empresa.
d) Incorreta. Veja a resposta da alternativa b.
e) Incorreta. Veja a resposta da alternativa c.

**8.** Alternativa **e**. A finalidade principal do Balancete de Verificação é constatar se há erros na escrituração contábil por inversão de saldos devedores com credores e vice-versa, e, por isso, as contas e respectivos saldos são relacionados de forma a permitir a confrontação da soma dos saldos devedores e credores (pelo método das partidas dobradas, ambas as somas devem coincidir).

**9.** Alternativa **d**.
Pela equação patrimonial e com os dados fornecidos pelo problema, verifica-se que:

| ATIVO | | PASSIVO + PL | | |
|---|---|---|---|---|
| Mercadorias | 150.000 | **PASSIVO** | | |
| | | Fornecedores | | 50.000 |
| | | **PL** | | 150.000 |
| Outros Ativos | ? | Capital | ? | |
| | | Lucros ou Prejuízos Acumulados | ? | ______ |
| TOTAL | ? | TOTAL | | 200.000 |

As interrogações representam os valores que não foram informados, mas que serão obtidos por raciocínio dedutivo:

- o total do Ativo deve ser R$ 200.000,00, pois deve igualar o total do Passivo;
- em consequência, o valor de outros Ativos deve ser de R$ 50.000,00, pois, somado ao estoque de mercadorias R$ 150.000,00, deve perfazer R$ 200.000,00;
- não é possível determinar o valor do Capital e de Lucros ou Prejuízos Acumulados, por falta de informações, mas pode-se afirmar que sua soma é de R$ 150.000,00, correspondente ao valor enunciado do Patrimônio Líquido.

Observando-se as alternativas da questão, a única de acordo com os valores encontrados acima é a **d**, portanto, é a **correta**. Note que a soma do Capital com os Lucros ou Prejuízos Acumulados perfaz R$ 150.000,00 (R$ 100.000,00 + R$ 50.000,00).

**10.** Alternativa **a**. O lançamento descrito na alternativa **a** está incorreto, uma vez que, como foi efetuado o depósito bancário, a conta Bancos Conta Movimento teve o seu saldo aumentado e a conta Caixa, diminuído. Como são contas de Ativo e estas aumentam por débito e diminuem por crédito, o lançamento correto será:

D – Bancos Conta Movimento
C – Caixa 15.000,00

**11.** Alternativa **e**.
Os lançamentos serão:
1. Integralização de capital
   D – Caixa
   C – Capital Social 50.000,00

2. Pagamento da despesa com a constituição da empresa
   D – Despesas Administrativas
   C – Caixa 2.000,00

3. Aquisição da loja
   D – Imóveis de Uso 90.000,00
   C – Caixa 20.000,00
   C – Títulos a Pagar 70.000,00

4. Aquisição de móveis e utensílios
   D – Móveis e Utensílios
   C – Caixa 20.000,00

5. Compra de mercadorias a prazo
   D – Mercadorias
   C – Fornecedores 200.000,00

- **Razonetes**

**Caixa**

| | |
|---|---|
| (1) 50.000,00 | 2.000,00 (2) |
| | 20.000,00 (3) |
| | 20.000,00 (4) |
| (s) 50.000,00 | 42.000,00 (s) |
| **(s) 8.000,00** | |

**Capital Social**

| | |
|---|---|
| | 50.000,00 (1) |

**Despesas Administrativas**

| | |
|---|---|
| (2) 2.000,00 | |

**Imóveis de Uso**

| | |
|---|---|
| (3) 90.000,00 | |

**Títulos a Pagar**

| | |
|---|---|
| | 70.000,00 (3) |

**Móveis e Utensílios**

| | |
|---|---|
| (4) 20.000,00 | |

**Mercadorias**

| | |
|---|---|
| (5) 200.000,00 | |

**Fornecedores**

| | |
|---|---|
| | 200.000,00 (5) |

O balancete de verificação será:

| CONTAS | SALDOS | |
|---|---|---|
| | Devedores | Credores |
| Caixa | 8.000,00 | |
| Capital Social | | 50.000,00 |
| Despesas Administrativas | 2.000,00 | |
| Imóveis de Uso | 90.000,00 | |
| Títulos a Pagar | | 70.000,00 |
| Móveis e Utensílios | 20.000,00 | |
| Mercadorias | 200.000,00 | |
| Fornecedores | | 200.000,00 |
| Totais | **320.000,00** | **320.000,00** |

O somatório dos saldos devedores importou, portanto, em **R$ 320.000,00**.

**12.** Alternativa **e**.

| CONTAS | SALDO | NATUREZA |
|---|---|---|
| Caixa | Devedor | Patrimonial |
| Receitas de Juros | Credor | Resultado |
| Dividendos a Pagar | Credor | Patrimonial |
| Vendas | Credor | Resultado |
| Capital Social | Credor | Patrimonial |
| Salários | Devedor | Resultado |
| Despesas de Comissões | Devedor | Resultado |
| Contas a Receber | Devedor | Patrimonial |
| Lucros Acumulados | Credor | Patrimonial |
| Clientes | Devedor | Patrimonial |

Há, portanto, **seis contas patrimoniais e quatro de resultado**. Das dez contas, metade tem saldo devedor e metade, saldo credor.

**⚠ ATENÇÃO**

1. A conta Salários refere-se a despesas com salários, e não a obrigações de pagar os funcionários (expressa pela conta Salários a Pagar, que é patrimonial e tem saldo credor).
2. A conta Lucros ou Prejuízos Acumulados, quando apresenta saldo credor, é denominada usualmente apenas Lucros Acumulados; quando apresenta saldo devedor, apenas Prejuízos Acumulados.

**13.** Alternativa **e**.

a) Incorreta: aumentam por débito.
b) Incorreta: aumentam por crédito.
c) Incorreta: diminuem por débito.
d) Incorreta: diminuem por crédito.
e) **Correta**.

**14.** Alternativa **d**.

**Caixa**

| | |
|---|---|
| SI = 7.000,00 | 50.000,00 (2) |
| **(1) 58.000,00** | |
| (s) 65.000,00 | 50.000,00 (s) |
| (s) 15.000,00 | |

**Bancos com Movimento**

| | |
|---|---|
| SI = 74.000,00 | 58.000,00 (1) |
| (2) 50.000,00 | |
| (s) 124.000,00 | 58.000,00 (s) |
| **(s) 66.000,00** | |

SI = saldo inicial

- Total de débitos lançados no período à conta Caixa = **R$ 58.000,00**
- Saldo de bancos em 31 de maio de 20X0 = **R$ 66.000,00**

**15.** Lançamentos dos fatos

1. Compra de material de consumo a prazo
   D – Materiais de Consumo
   C – Contas a Pagar

2. Apropriação do consumo de energia elétrica
   D – Despesa de Energia Elétrica
   C – Contas a Pagar

3. Pagamento de duplicata com juros de mora
   D – Duplicatas a Pagar
   D – Juros Passivos (Despesa de Juros)
   C – Caixa (ou Bancos)

4. Pagamento de salários de período anterior
   D – Salários a Pagar
   C – Caixa (ou Bancos)

Portanto, a alternativa correta é a **b**, que contém o lançamento relativo à apropriação de despesa de energia elétrica.

**16.** Alternativa **e**. O lançamento se refere a pagamento de dívidas com desconto. Como a conta Duplicatas a Pagar foi debitada, houve uma diminuição do Passivo, o que indica pagamento de uma obrigação. Como a saída (desembolso) da conta-corrente bancária da empresa foi em valor menor que o da dívida, isso significa que esta foi paga com desconto.

**17.** Alternativa **b**. Se a entrada foi de 20% do valor do carro, a duplicata de R$ 20.000,00 corresponde a 80% do referido valor. Portanto, o carro custou R$ 25.000,00 (R$ 20.000,00 ÷ 80%), e este é o valor pelo qual deverá ser debitada a conta Veículos. A entrada de 20% de R$ 25.000,00, ou seja, R$ 5.000,00, diminuiu o saldo da conta Caixa, que, portanto, deverá ser creditada. A empresa incorreu numa dívida de R$ 20.000,00, que deverá ser registrada a crédito de uma conta representativa de obrigações a pagar, como Duplicatas a Pagar.
Logo, o lançamento correto é:

| | |
|---|---:|
| D – Veículos | 25.000,00 |
| C – Caixa | 5.000,00 |
| C – Duplicata a Pagar | 20.000,00 |

**18.** A emissão do cheque de R$ 500,00 reduz a conta-corrente bancária da empresa. Logo, a conta Bancos Conta Movimento deve ser creditada em igual importância. A duplicata foi paga com juros de 25% por meio do cheque de R$ 500,00. Deduz-se daí que R$ 500,00 representa 125% do valor da duplicata (100% do valor da duplicata mais juros de 25%) e que, portanto, a dívida original era de R$ 400,00, paga com juros de R$ 100,00 (25% × R$ 400,00).
O lançamento correto é o que consta na alternativa **a**.

**19.** A empresa emitente da duplicata é quem a recebeu. Nesse caso, o recebimento da duplicata reduz o saldo da conta Duplicatas a Receber em R$ 80.000,00, pois o direito de crédito contra terceiros se extinguiu com o pagamento da obrigação. A empresa auferiu R$ 4.000,00 de receita de juros, fato que deve ser registrado a crédito de conta de resultado, pois o Patrimônio Líquido da empresa aumentou em tal importância.
Por fim, a conta-corrente bancária da empresa aumentou em R$ 84.000,00, pelo que a conta Bancos Conta Movimento é debitada em tal valor. O lançamento correto, portanto, é o consignado na alternativa **b**.

**20.** Alternativa **c**. Indica ter sido apurado resultado negativo no exercício. Quando a empresa apresenta prejuízo, a conta ARE apresenta saldo devedor. Ao ser encerrada conta **Lucros ou Prejuízos Acumulados**, ela deve ser creditada.

## CAPÍTULO 3

**1.** Os lançamentos, no método das partidas dobradas, podem ser de quatro fórmulas, conforme exposto no Subitem 3.1.2.2 deste Capítulo. Alternativa **d**.

**2.** O lançamento representa um pagamento de financiamento bancário com acréscimo de juros e é de terceira fórmula (uma conta creditada e mais de uma conta debitada). Alternativa **c**.

**3.** Alternativa **b**.

**Caixa**

| | |
|---:|---:|
| SI = 500,00 | |
| (1) 2.500,00 | 800,00 (2) |
| (4) 4.000,00 | 1.600,00 (3) |
| (6) x = ? | 5.000,00 (5) |
| 7.000,00 + x | 7.400,00 |
| SF = 100,00 | |

A conta **Caixa** é creditada pelos pagamentos e debitada pelos recebimentos de numerário. Falta um lançamento de valor **x** a débito para que seu saldo final seja R$ 100,00. Por dedução, verifica-se que **x** é R$ 500,00, de modo que o lançamento faltante somente pode ter sido relativo a **vendas à vista** nesse montante.

**4.** O Patrimônio Líquido, no caso da Cia. SILPA, está constituído pelas seguintes contas, no balancete encerrado em 31 de dezembro de 20X2 (Alternativa **d**):

- Capital ............ 200.000,00
- Lucros Acumulados* ............ 40.000,00

Total do PL............ **240.000,00**

* Saldo da conta no balancete de verificação 30.000,00

| | | |
|---|---:|---:|
| (+) Resultado do Exercício | | |
| Receita de Vendas | 910.000,00 | |
| (–) Custo das Merc. Vendidas | (680.000,00) | |
| (–) Despesas Gerais | (220.000,00) | 10.000,00 |
| (=) Saldo do balanço em 31.12.20X2 | | 40.000,00 |

**5.** Alternativa **d**. O lançamento está errado porque, sendo a compra a prazo, a conta que deveria ser creditada é a de Fornecedores, e não a de Clientes. Para regularização do lançamento, deve-se debitar Clientes (anulando, portanto, o crédito feito anteriormente) e creditar-se Fornecedores.

**6.** Alternativa **a**. A conta Caixa não pode apresentar, em nenhuma hipótese, saldo credor em uma escrituração regular e correta, pois isto equivaleria a dizer que houve mais saídas (pagamentos) que entradas (recebimentos) de numerário, o que é fisicamente impossível. A sua existência, na contabilidade de uma empresa, é indicativo de que há incorreção nos lançamentos, motivada por erro de fato ou por omissão de registro de receitas.

**7.** Alternativa **d**. Não é atributo do Livro Diário a faculdade de ser escriturado em partidas mensais. O Livro, como o próprio nome indica, deve ser escriturado diariamente, admitindo-se excepcionalmente a escrituração em partidas mensais, desde que haja livros auxiliares que discriminem cronologicamente as operações de forma individualizada.

**8.** As técnicas utilizadas pela contabilidade são as apresentadas na alternativa **e**, conforme exposto neste Capítulo.

**9.** Alternativa **a**. A emissão do cheque de R$ 1.000,00 reduz a conta bancária da empresa, pelo que se deve creditar Bancos Conta Movimento por este valor. O pagamento de R$ 1.000,00 é equivalente a 125% do valor da duplicata (100% do principal mais 25% de juros), de modo que a conta Duplicatas a Pagar deve ser debitada em R$ 800,00 (R$ 1.000,00 ÷ 125%), e a conta Despesa de Juros, em R$ 200,00 (25% × R$ 800,00).

**10.** Alternativa **e**. O lançamento, por corresponder ao pagamento de uma obrigação acrescida de juros, representa um fato misto diminutivo.

**11.** Alternativa **c**. A incorreção no lançamento consistiu no crédito da conta Caixa em vez de Fornecedores, uma vez que se trata de compra a prazo. Para retificá-lo, debita-se Caixa (anulando o crédito efetuado erroneamente) e credita-se Fornecedores.

**12.** Alternativa **c**. É uma formalidade intrínseca prevista para livros obrigatórios (ver Subitem 3.1.4).

**13.** Assume a forma apresentada na alternativa **d**.

**14.** A única afirmativa **incorreta** é a constante da alternativa **e**, uma vez que a escrituração do Livro Diário obrigatoriamente deve seguir rigorosa ordem cronológica.

**15.** Alternativa **b**. São contas de Ativo: Bancos, Caixa, Edifícios de Uso, Máquinas Fabrís, Mercadorias em Estoque e Terrenos.
Observe que Adiantamento de Clientes é conta de Passivo, pois, caso a empresa não entregue a mercadoria, deverá devolver a respectiva importância ao cliente. **Adiantamento a Fornecedores** seria uma conta de Ativo (veja Subitem 11.1, do Capítulo 11).

**16.** Alternativa **c**. Os lançamentos de 1ª fórmula correspondentes são:

| | | |
|---|---|---|
| 1. | D – Depósitos Bancários | |
| | C – Despesa de Aluguéis | 2.000,00 |
| 2. | D – Despesa de Impostos | |
| | C – Despesa de Aluguéis | 1.000,00 |
| 3. | D – Receita de Juros | |
| | C – Depósitos Bancários | 1.000,00 |

Juntando-se esses três lançamentos em um de 3ª fórmula, tem-se que:

| | |
|---|---|
| D – Depósitos Bancários | 1.000,00 (2.000,00 – 1.000,00) |
| D – Despesa de Impostos | 1.000,00 |
| D – Receita de Juros | 1.000,00 |
| C – Despesa de Aluguéis | 3.000,00 (2.000,00 + 1.000,00) |

**17.** Alternativa **b**.
O novo balancete, após os estornos mencionados na questão anterior, será:

| CONTAS | Saldos (R$) | |
|---|---|---|
| | Devedores | Credores |
| Depósitos Bancários | 11.000,00 | – |
| Despesas de Aluguéis | 3.000,00 | – |
| Despesas de Impostos | 5.000,00 | – |
| Capital | – | 12.000,00 |
| Receita de Juros | – | 1.000,00 |
| Receita de Serviços | – | 6.000,00 |
| **Totais** | **19.000,00** | **19.000,00** |

**18.** Houve inversão de contas no lançamento visto que a conta **Banco Conta Movimento** deveria ter sido debitada e **Empréstimos Bancários**, creditada. Para correção, é preciso estornar o lançamento efetuado de forma incorreta e fazer o lançamento certo. Estes procedimentos correspondem aos descritos na alternativa **a**, que é a correta.

**19.** Mercadoria conta do Ativo .................... R$ 400,00
(–) Valor Pago (saída de dinheiro do Ativo):
60% do valor R$ 400,00 .................... R$ 240,00
(–) 10% de desconto .................... R$ (24,00) .................... R$ (216,00)
(=) Aumento no valor do Ativo .................... **R$ 184,00**

Alternativa **a**.

Observe que os 40% restantes no valor de R$ 160,00 correspondentes à duplicata a pagar serão classificados no Passivo Circulante.

**20.** A alternativa a ser assinalada é a **b**.
A empresa recebeu dos sócios o valor correspondente a R$ 900.000,00, sendo R$ 600.000,00 da integralização (pagamento) de capital e R$ 300.000,00 da amortização (pagamento) do prejuízo acumulado gerado na operação da empresa. O lançamento contábil correspondente a tal operação seria efetuado da seguinte forma:

| | |
|---|---|
| D – Caixa | 900.000,00 |
| C – Capital a Integralizar | 600.000,00 |
| C – Prejuízos Acumulados | 300.000,00 |

## CAPÍTULO 4

**1.** Alternativa **c**.
As mercadorias que estiveram disponíveis para venda durante o ano-calendário são representadas pela soma do estoque inicial com as compras realizadas no decorrer do exercício (veja a nota nº 4 no final do Subitem 4.4.4).

**2.** Alternativa **d**.
A empresa adquiriu 200 unidades a R$ 400,00 cada uma. Como foram vendidas 100, restaram 100 no Estoque Final do Exercício, que estarão avaliadas por R$ 40.000,00 (100 unidades × R$ 400,00 cada). O saldo da Conta de Estoques é devedor, porque representa o valor dos bens de venda que são de propriedade da empresa.

**3.** Alternativa **a**.
Se o Estoque Final estava subavaliado, idêntico fato ocorreu com o Lucro Bruto. Se por exemplo:

| ELEMENTOS | COM ERRO | SEM ERRO |
|---|---|---|
| Estoque Inicial | 20.000 | 20.000 |
| (+) Compras | 100.000 | 100.000 |
| (–) Estoque Final (Subavaliado) | (10.000) | (16.000) |
| (=) CMV | 110.000 | 104.000 |
| Vendas | 170.000 | 170.000 |
| (–) CMV | (110.000) | (104.000) |
| (=) Lucro Bruto | 60.000 | 66.000 |

A correção do valor implicará o **aumento do Lucro Bruto**.

**4.** Alternativa **e**.
Neste caso, a conta de Mercadorias é utilizada como conta mista. Conforme visto no Subitem 4.3.1, deste Capítulo, para obter-se o Resultado com Mercadorias (RCM) a partir do saldo da conta mista (SM), deve-se:

a) se SM for devedor, diminuir do valor do Estoque Final o saldo da Conta Mista.
RCM = EF (–) SM

b) se SM for credor, somar o Estoque Final com o saldo da Conta Mista.
RCM = EF + SM

Como SM = R$ 43.000,00 credor, então:
RCM = R$ 27.000,00 + R$ 43.000,00 = R$ 70.000,00
Como RCM é positivo, houve um lucro de R$ 70.000,00.

**5.** Alternativa **c.**
Os lançamentos efetuados correspondem à apuração do Custo das Mercadorias Vendidas (CMV) e do RCM em uma empresa que adota o sistema de inventário periódico de estoques, conforme exposto no Subitem 4.3.2, referente à utilização da conta de mercadorias com função desdobrada. Por meio dos lançamentos, deduz-se que:

| | | |
|---|---|---|
| Vendas de Período | | 125.000,00 |
| (–) CMV | | |
| Estoque Inicial | 20.000,00 | |
| (+) Compras | 80.000,00 | |
| (–) Estoque Final | (15.000,00) | (85.000,00) |
| (=) RCM (LB) | | **40.000,00** |

**6.** Alternativa **d**.
Segundo o art. 183, Inciso II, da Lei nº 6.404, de 1976 (Lei das S/As), os direitos que tiverem por objeto as mercadorias e matérias-primas devem ser avaliados pelo custo de aquisição, ajustado ao valor de mercado, se este for inferior. O Pronunciamento Técnico CPC nº 16 determina a avaliação pelo valor de custo ou pelo valor realizável líquido, dos dois o menor.

**7**. Alternativa **e**.

O saldo da conta Mercadorias registrado no Balancete de Verificação refere-se ao Estoque Inicial do Exercício. O estoque final, segundo o enunciado da questão, é de R$ 480,00. Logo:

| | | |
|---|---|---|
| Vendas | | 2.600,00 |
| (–) CMV | | |
| Estoque Inicial | 360,00 | |
| (+) Compras | 1.200,00 | |
| (–) Estoque Final | **(480,00)** | 1.080,00 |
| (=) Lucro Bruto | | 1.520,00 |

**8**. Alternativa **a.**

Pelos lançamentos efetuados, deduz-se que o custo da mercadoria vendida foi determinado na mesma data da venda. Logo, a empresa utiliza o sistema de inventário permanente para avaliação de seus estoques (ver Item 4.4).

O primeiro lançamento registra uma venda a prazo de mercadorias por R$ 10.000,00.

O segundo lançamento registra o Custo da Mercadoria Vendida (CMV) correspondente à citada operação de venda, que foi de R$ 5.000,00, obtido na ficha de estoque.

Portanto, foi auferido um lucro de 100% sobre o custo na operação de venda, pois a mercadoria foi vendida pelo dobro do preço de custo.

**9**. Alternativa **c.**

O CMV é de R$ 16.000,00, segundo o enunciado da questão. Logo:

| | |
|---|---|
| Estoque Inicial em 1º.01.20X3 | 8.000,00 |
| (+) Compras | 14.000,00 |
| (–) Estoque Final em 31.01.20X3 | ? |
| (=) CMV. | 6.000,00 |

Por dedução, o Estoque Final é de R$ 6.000,00. O Lucro Bruto foi de:

| | |
|---|---|
| Receita de Vendas | 21.000,00 |
| (–) CMV | 16.000,00 |
| (=) **Lucro Bruto** | **5.000,00** |

**10.** Alternativa **d**.

Ver resposta à questão nº 4. Basta somar o Estoque Final (R$ 39.000,00) ao saldo credor da Conta Mista (R$ 48.000,00) e se obterá o Resultado com Mercadorias de R$ 87.000,00 (positivo, logo, é lucro).

**11.** Alternativa **d**.

| DATA | ENTRADAS | | | SAÍDAS | | | SALDO | | |
|---|---|---|---|---|---|---|---|---|---|
| 20X2 | Q | P | Valor | Q | P | Valor | Q | P | Valor |
| 01.01 | | | | | | | 15 | 60,00 | 900,00 |
| 07.03 | 30 | 90,00 | 2.700,00 | | | | 45 | 80,00 | 3.600,00 |
| 10.05 | | | | 9 | 80,00 | 720,00 | 36 | 80,00 | 2.880,00 |
| 18.08 | 12 | 120,00 | 1.440,00 | | | | 48 | 90,00 | 4.320,00 |
| 05.12 | | | | 23 | 90,00 | 2.070,00 | 25 | 90,00 | 2.250,00 |
| TOTAIS | 42 | – | 4.140,00 | 32 | – | **2.790,00** | 25 | – | 2.250,00 |

O CMV é obtido no total da coluna de Valor das Saídas, ou seja, é R$ 2.790,00.

As vendas no período totalizaram:
10.05 .......... 9 unidades × R$ 110,00 .......................... R$ 990,00
05.12 ......... 23 unidades × R$ 150,00 .......................... R$ 3.450,00
R$ 4.440,00

O Lucro Bruto foi de R$ 1.650,00 (R$ 4.440,00 de vendas menos R$ 2.790,00 de CMV).

**12.** Alternativa **b**.
Veja a Ficha de Estoque da questão nº 11. O Estoque Final é de 25 unidades ao preço médio de R$ 90,00 e corresponde a R$ 2.250,00.

**13.** Alternativa **d**.
Se o método utilizado é o PEPS (Primeiro que Entra, Primeiro que Sai), as 60 unidades vendidas terão seu custo avaliado assim:

20 unidades (adquiridas em 1º.04) × R$ 15,00.............. R$ 300,00
25 unidades (adquiridas em 15.04) × R$ 12,00............. R$ 300,00
15 unidades (adquiridas em 15.05) × R$ 10,00............. R$ 150,00
60 unidades ................................................................... R$ 750,00

e o Lucro Bruto (Resultado com Mercadorias) será:

Receita de Vendas: 60 unidades × R$ 20,00 ............. R$ 1.200,00
(–) CMV......................................................................(R$ 750,00)
(=) Lucro Bruto (RCM)................................................**R$ 450,00**

**14.** Alternativa **b**.

| DATA | ENTRADAS | | | SAÍDAS | | | SALDO | | |
|---|---|---|---|---|---|---|---|---|---|
| 20X3 | Q | P | Valor | Q | P | Valor | Q | P | Valor |
| 31.01 | 30 | 10,00 | 300,00 | | | | 30 | 10,00 | 300,00 |
| 15.02 | 25 | 10,00 | 250,00 | | | | 55 | 10,00 | 550,00 |
| 28.02 | 25 | 12,00 | 300,00 | | | | 80 | 10,625 | 850,00 |
| 10.03 | | | | 60 | 10,625 | 637,50 | 20 | 10,625 | 212,50 |
| 15.03 | 20 | 15,00 | 300,00 | | | | 40 | 12,8125 | **512,50** |

O Estoque Final é de R$ 512,50.

**15.** Alternativa **e**. As fichas de estoque pelos três métodos são:

a) PEPS

| DATA | ENTRADAS | | | SAÍDAS | | | SALDO | | |
|---|---|---|---|---|---|---|---|---|---|
| | Q | P | Valor | Q | P | Valor | Q | P | Valor |
| E. Inicial | | | | | | | 100 | 2,00 | 200,00 |
| 1ª Compra | 150 | 3,00 | 450,00 | | | | 100<br>150<br>**250** | 2,00<br>3,00 | 200,00<br>450,00<br>**650,00** |
| Venda | | | | 100<br>100<br>**200** | 2,00<br>3,00 | 200,00<br>300,00<br>**500,00** | 50 | 3,00 | 150,00 |
| 2ª Compra | 50 | 3,50 | 175,00 | | | | 50<br>50<br>**100** | 2,00<br>3,50 | 150,00<br>175,00<br>**325,00** |
| **Total** | **200** | **2** | **625,00** | **200** | **2** | **500,00** | **100** | **2** | **325,00** |

b) PMPM

| DATA | ENTRADAS | | | SAÍDAS | | | SALDO | | |
|---|---|---|---|---|---|---|---|---|---|
| | Q | P | Valor | Q | P | Valor | Q | P | Valor |
| E. Inicial | | | | | | | 100 | 2,00 | 200,00 |
| 1ª Compra | 150 | 3,00 | 450,00 | | | | 250 | 2,60 | 650,00 |
| Venda | | | | 200 | 2,60 | 520,00 | 50 | 2,60 | 130,00 |
| 2ª Compra | 50 | 3,50 | 175,00 | | | | 100 | 3,05 | 305,00 |
| **Total** | **200** | **2** | **625,00** | **200** | **2** | **520,00** | **100** | **2** | **305,00** |

c) UEPS

| DATA | ENTRADAS | | | SAÍDAS | | | SALDO | | |
|---|---|---|---|---|---|---|---|---|---|
| | Q | P | Valor | Q | P | Valor | Q | P | Valor |
| E. Inicial | | | | | | | 100 | 2,00 | 200,00 |
| 1ª Compra | 150 | 3,00 | 450,00 | | | | 100<br>150<br>**250** | 2,00<br>3,00 | 200,00<br>450,00<br>**650,00** |
| Venda | | | | 150<br>50<br>**200** | 3,00<br>2,00 | 450,00<br>100,00<br>**550,00** | 50 | 2,00 | 100,00 |
| 2ª Compra | 50 | 3,50 | 175,00 | | | | 50<br>50<br>**100** | 2,00<br>3,50 | 100,00<br>175,00<br>**275,00** |
| **Total** | **200** | **2** | **625,00** | **200** | **2** | **550,00** | **100** | **2** | **275,00** |

# CAPÍTULO 5

**1.** Alternativa **b**.

A baixa da duplicata quitada implica no débito da conta Fornecedores pelo valor de R$ 7.000,00 (diminuição do Passivo exigível). A conta-corrente bancária da empresa se reduziu em R$ 6.300,00, portanto, a conta Banco Federal S/A – conta Movimento é creditada em igual importância. A diferença de R$ 700,00 entre a diminuição do Passivo e do Ativo corresponde ao desconto obtido, que aumenta o Patrimônio Líquido da empresa (crédito na conta de resultado correspondente). Logo, o lançamento correto é:

| | |
|---|---|
| D – Fornecedores. | 7.000,00 |
| C – Banco Federal S/A – conta Movimento | 6.300,00 |
| C – Descontos Obtidos | 700,00 |

**2.** Alternativa **d**.

Trata-se de desconto financeiro obtido na liquidação antecipada de obrigações, uma vez que o desconto refere-se ao pagamento antecipado da duplicata.

**3.** Alternativa **e**.

A única afirmação incorreta é a de que os descontos financeiros são computados na apuração do Lucro Bruto (Resultado com Mercadorias). Observe, entretanto, que esses descontos são considerados na Apuração do Resultado do Exercício (ARE), ou seja, na apuração do lucro ou prejuízo líquido da empresa.

**4.** Alternativa **c**.

| | |
|---|---|
| 1. Vendas Brutas | 87.000,00 |
| (–) Descontos Incondicionais sobre Vendas | (7.000,00) |
| (–) Abatimentos sobre Vendas | (3.000,00) |
| (=) Receita Líquida de Vendas | 77.000,00 |
| 2. Compras Brutas | 40.000,00 |
| (–) Descontos Incondicionais sobre Compras | (4.000,00) |
| (=) Custo Líquido de Compras (CMV*) | 36.000,00 |
| 3. Receita Líquida de Vendas | 77.000,00 |
| (–) Custo Líquido de Compras (CMV*) | (36.000,00) |
| (=) Lucro Bruto (RCM). | **41.000,00** |

(*) Visto que não existe EF.

Note que o desconto financeiro sobre o pagamento da duplicata não é computado na determinação do Lucro Bruto (RCM). Caso não houvesse outras despesas e receitas, o Lucro Líquido da companhia seria:

| | |
|---|---|
| Lucro Bruto | 41.000,00 |
| (+) Descontos Financeiros Obtidos | 2.000,00 |
| (=) Total | 43.000,00 |

**5.** Alternativa **a.**

| | | |
|---|---|---|
| Vendas | | 100.000,00 |
| (–) CMV | | |
| Compras Brutas | 140.000,00 | |
| (–) Desc. Incondicionais s/ Compras | (20.000,00) | |
| (–) Abatimento sobre Compras | (10.000,00) | |
| (=) Compras Líquidas | 110.000,00 | |
| CMV (60% × 110.000,00) | | (66.000,00) |
| (=) Lucro Bruto (RCM) | | **34.000,00** |

**6.** Alternativa **a**.

O cheque foi emitido no valor de R$ 54.000,00. Portanto, o valor correspondente está líquido do desconto de 10%. Logo, o cheque representa 90% da dívida, cujo valor total da dívida será:

$$\text{Fornecedores} = \frac{\text{R\$ 54.000,00}}{90\%} = \text{R\$ 60.000,00}$$

O desconto correspondente representa uma receita, por se tratar de uma redução no pagamento de dívidas. Dessa forma, o lançamento contábil está corretamente grafado na alternativa **a**.

| | |
|---|---:|
| D – Fornecedores | 60.000,00 |
| C – Bancos Conta Movimento | 54.000,00 |
| C – Descontos Financeiros Ativos (Receita de Descontos) | 6.000,00 |

## CAPÍTULO 6

**1.** Alternativa **d.**

1. **Apuração de Vendas Líquidas**

| | |
|---|---:|
| Vendas Brutas | 177.000,00 |
| (–) Devoluções de Vendas | (12.000,00) |
| (–) Abatimentos sobre Vendas | (5.000,00) |
| (–) Descontos Incondicionais sobre Vendas | (13.000,00) |
| (–) Impostos incidentes sobre Vendas | (42.000,00) |
| (=) Vendas Líquidas | 105.000,00 |

2. **Apuração de Compras Líquidas**

| | |
|---|---:|
| Compras Brutas | 85.000,00 |
| (–) Devoluções de compras | (9.000,00) |
| (–) Abatimentos sobre Compras | (2.000,00) |
| (–) Descontos Incondicionais sobre Compras | (5.000,00) |
| (+) Seguros sobre Compras | 3.500,00 |
| (+) Fretes sobre Compras | 7.500,00 |
| (=) Compras Líquidas | 80.000,00 |

3. **Apuração do CMV**

| | |
|---|---:|
| Estoque Inicial | 11.000,00 |
| (+) Compras Líquidas | 80.000,00 |
| (–) Estoque Final | (23.000,00) |
| (=) CMV | 68.000,00 |

4. **Apuração do RCM (Lucro Bruto)**

| | |
|---|---:|
| Vendas Líquidas | 105.000,00 |
| (–) CMV | (68.000,00) |
| (=) Resultado com Mercadorias (RCM) | **37.000,00** |

**2.** Alternativa **c.**

Se o Lucro Bruto é 30% das Vendas Brutas, estas são R$ 500.000,00 (R$ 150.000,00 – 30%). O ICMS sobre vendas será de R$ 70.000,00 (14% × R$ 500.000,00) e Vendas Líquidas, R$ 500.000,00 menos R$ 70.000,00 = R$ 430.000,00.

Resumindo:

Vendas Brutas ........ 500.000,00
(–) ICMS sobre vendas ........ (70.000,00) ⇒14% × R$ 500.000,00
**(=) Vendas Líquidas ........ 430.000,00**
(–) CMV ........ (280.000,00)*
(=) Lucro Bruto ........ 150.000,00 ⇒ 30% × R$ 500.000,00

* Obtido por diferença entre Vendas Líquidas e o Lucro Bruto R$ 280.000,00 (R$ 430.000,00 – R$ 150.000,00).

**3.** Alternativa **e**.

Receita Bruta de Vendas
de Mercadorias ........ 40.000,00
de Serviços ........ 12.000,00 ........ 52.000,00
(–) Deduções de Vendas
Vendas Canceladas ........ 3.000,00
ICMS sobre Vendas e Serviços ........ 10.000,00
Demais Impostos sobre Vendas ........ 2.000,00 ........ (15.000,00)
**(=) Receita Líquida de Vendas (VL) ........ 37.000,00**

Observe que as Receitas e Despesas Financeiras, bem como a receita de venda do Ativo Imobilizado, não são computadas no cálculo da Receita Líquida (Vendas Líquidas), porém, devem ser consideradas na Apuração do Resultado do Exercício (ARE).

**4.** Alternativa **d**.

A Comercial SILPA S/A não é contribuinte do IPI por ser uma empresa comercial, razão pela qual este tributo não é recuperável para ela e, por isso, deve integrar o custo de aquisição da mercadoria. Em relação ao ICMS, a empresa é contribuinte e o imposto é recuperável, não devendo integrar o custo da mercadoria adquirida.

As despesas de frete e seguro pagas pela adquirente devem integrar o custo de aquisição dos ventiladores. Portanto:

Custo de Aquisição dos Ventiladores
Valor da Compra ........ 6.000,00
(+) IPI não recuperável ........ 300,00
(–) ICMS recuperável ........ (1.020,00)
(+) Despesas de Frete e Seguro ........ 520,00
(=) CMV ........ 5.800,00

A Receita Líquida de Vendas e o Lucro Bruto são:

Receita Bruta de Vendas ........ 9.000,00
(–) Tributos incidentes sobre Vendas ........ (2.470,00)
(=) Receita Líquida de Vendas ........ 6.530,00
(–) Custo das Mercadorias Vendidas ........ (5.800,00)
**(=) Lucro Bruto (RCM = LB) ........ 730,00**

Observe que as despesas de vendas não entram no cômputo do Lucro Bruto, mas sim do Lucro Líquido (ver Capítulo 12 sobre a Demonstração do Resultado do Exercício).

5. Alternativa **b**.

| | | |
|---|---|---|
| Estoque Inicial | | 20.000,00 |
| (+) Compras Líquidas | | |
| Compras Brutas | 400.000,00 | |
| (–) Devoluções de Compras | (10.000,00) | 390.000,00 |
| **(=) Mercadorias Disponíveis para Venda** | | **410.000,00** |
| (–) Estoque Final | | 30.000,00 |
| **(=) CMV** | | **380.000,00** |

6. Alternativa **e**.

O valor bruto da compra corresponderá**:**

| | |
|---|---|
| 100 pares de calçados a R$ 20,00 | 2.000,00 |
| (+) IPI não recuperável | 240,00 |
| (–) ICMS recuperável | (340,00) |
| (=) Valor bruto da compra | 1.900,00 |

O registro contábil será:

| | |
|---|---|
| D – Compras | 1.900,00 |
| D – ICMS a Recuperar (ou ICMS a Recuperar) | 340,00 |
| C – Fornecedores | 2.240,00 |

7. Alternativa **e.**

a) **Contabilização das operações com mercadorias de dezembro/20X1:**

1. **05.12.20X1 – Compra a prazo de mercadorias** – R$ 4.000,00 + R$ 400,00 (IPI) = R$ 4.400,00

| | |
|---|---|
| D – Compras Brutas | 3.800,00 |
| D – ICMS a Recuperar | 600,00 |
| C – Fornecedores | 4.400,00 |

2. **08.12.20X1 – Devolução parcial da compra de 05.12.20X1**

| | |
|---|---|
| D – Fornecedores | 440,00 |
| C – Devolução de Compras | 380,00 |
| C – ICMS a Recolher | 60,00 |

3. **12.12.20X1 – Venda a prazo de mercadorias**

| | |
|---|---|
| D – Clientes | 8.000,00 |
| D – ICMS sobre Vendas | 1.200,00 |
| C – Receita de Vendas | 8.000,00 |
| C – ICMS a Recolher | 1.200,00 |

4. **23.12.20X1 – Devolução parcial da venda de 12.12.20X1**

| | |
|---|---|
| D – Devolução de Vendas | 500,00 |
| D – ICMS a Recuperar | 75,00 |
| C – Clientes | 500,00 |
| C – ICMS sobre Vendas | 75,00 |

5. **Apropriação da despesa com PIS e COFINS relativa a dezembro 20X1**

| | |
|---|---|
| D – PIS – Dedução da Receita Bruta | 48,75 |
| D – COFINS – Dedução da Receita Bruta | 225,00 |
| C – PIS a Recolher | 48,75 |
| C – COFINS a Recolher | 225,00 |

b) **Razonetes**

| **Mercadorias em Estoque** | |
|---|---|
| (EI) 5.000,00 | 400,00 (3) |

| **Receita de Vendas (VB)** | |
|---|---|
| | **126.000,00 (s)** |
| | 8.000,00 (3) |
| | **134.000,00 (s)** |

| **ICMS sobre Vendas** | |
|---|---|
| **(s) 21.420,00** | 75,00 (4) |
| (3) 1.200,00 | |
| **(s) 22.620,00** | **75,00 (s)** |
| **(s) 22.545,00** | |

| **PIS – Receita Bruta** | |
|---|---|
| **(s) 945,00** | |
| (5) 48,75 | |
| **(s) 993,75** | |

| **COFINS – Receita Bruta** | |
|---|---|
| **(s) 630,00** | |
| (5) 225,00 | |
| **(s) 855,00** | |

| **Devolução de Vendas** | |
|---|---|
| **(s) 2.000,00** | |
| (4) 500,00 | |
| **(s) 2.500,00** | |

| **Abat. sobre Vendas** | |
|---|---|
| **(s) 1.000,00** | |

| **Fretes sobre Compras** | |
|---|---|
| **(s) 500,00** | |

| **Seguros sobre Compras** | |
|---|---|
| **(s) 800,00** | |

| **Abat. sobre Compras** | |
|---|---|
| | **500,00 (s)** |

| **Compras Brutas** | |
|---|---|
| **(s) 8.000,00** | |
| (1) 3.800,00 | |
| **(s) 83.800,00** | |

| **Devolução de Compras** | |
|---|---|
| | **2.000,00 (s)** |
| | 380,00 (2) |
| | **2.380,00 (s)** |

| **ICMS a Recuperar** | |
|---|---|
| (1) 600,00 | |
| (4) 75,00 | |
| **(s) 675,00** | |

| **Fornecedores** | |
|---|---|
| (2) 440,00 | **Saldo** |
| | 4.400,00 (1) |

| **ICMS a Recolher** | |
|---|---|
| | 60,00 (2) |
| | 1.200,00 (3) |
| | **1.260,00 (s)** |

| **PIS a Recolher** | |
|---|---|
| | **48,75 (5)** |

| **COFINS a Recolher** | |
|---|---|
| | 225,00 (5) |

| **Clientes** | |
|---|---|
| **Saldo** | 500,00 (2) |
| (3) 8.000,00 | |

c) **Apuração do RCM**

| | | |
|---|---|---|
| Vendas Brutas (VB) | | **134.000,00** |
| (–) Devolução de Vendas | 2.500,00 | |
| (–) Abatimentos sobre Vendas | 1.000,00 | (3.500,00) |
| (–) Impostos sobre Vendas | | |
| ICMS sobre Vendas | (22.545,00) | |
| PIS | (993,75) | |
| COFINS | (855,00) | (24.393,75) |
| (=) Vendas Líquidas (VL) | | **106.106,25** |
| Compras Brutas | 83.800,00 | |
| (–) Devolução de Compras | (2.380,00) | |
| (–) Abatimentos sobre compras | (500,00) | |
| (+) Seguros s/ Compras | 800,00 | |
| (+) Fretes sobre Compras | 500,00 | |
| (=) Compras Líquidas | 82.220,00 | |
| (+) Estoque Inicial | 5.000,00 | |
| (–) Estoque Final | (15.000,00) | |
| (=) CMV | **72.220,00** | |
| Receita Operacional Líquida (Vendas Líquidas) | | 106.106,25 |
| (–) CMV | | (72.220,00) |
| (=) Lucro Bruto (Resultado Operacional Bruto ou RCM) | | **33.886,25** |

**8**. Alternativa **a**.

**9**. Alternativa **d**.

**10.** Alternativa **c**.

## CAPÍTULO 7

**1.** Alternativa **a**.
VL = VB – VA – Abs/v – Imp. s/v
VL = 10.000,00 – 829,00 – 0 – 1.941,00 = **7.230,00**
Imp s/v = 57,00 PIS + 264,00 COFINS + 1.620,00 ICMS = 1.941,00

Note que:
a) vendas canceladas do exercício anterior (R$ 200,00) são classificadas como Despesas de Vendas. (Consulte a respeito o Capítulo 8);
b) IPI sobre faturamento (R$ 1.000,00) não faz parte dos Impostos incidentes sobre vendas;
c) VA = vendas anuladas ou devolução de vendas;
d) PIS = Despesa Operacional e COFINS = Despesa Operacional são contas classificadas como Despesas Operacionais.

**2.** Alternativa **b**.
Faturamento Bruto = Vendas Brutas + IPI
**11.000,00** = 10.000,00 + 1.000,00

**3.** Alternativa **c.**
CMV = EI + CL – EF
CMV = 1.000,00 + 5.000,00 (–) 1.770,00 = **4.230,00**

**4.** Alternativa **d**.
RCM (LB) = VL – CMV
RCM (LB) = 7.230,00 (–) 4.230,00 = **3.000,00**
Resultado Operacional Bruto = Resultado em Mercadorias (RCM) ou Lucro Bruto (LB)

**5.** Alternativa **c**.
D – Devolução de Vendas
C – Clientes
D – Conta-Corrente – ICMS (ICMS a Recuperar)
C – ICMS sobre Vendas

**6.** Alternativa **b**.

| | | |
|---|---|---|
| Débito de Devolução de Vendas diminui o Lucro Bruto em | | (2.500,00) |
| Crédito (estorno) das contas que aumentam o Lucro Bruto: | | |
| Descontos Incondicionais | 500,00 | |
| ICMS sobre Vendas | 300,00 | |
| Custo de Mercadorias Vendidas | 1.200,00 | 2.000,00 |
| (=) **Variação no Lucro Bruto** | | **(500,00)** |

As demais contas não afetam a apuração do Lucro Bruto.

**7**. Alternativa **e**. São valores redutores da Receita Bruta para fins de apuração da Receita Líquida: PIS – Receita Bruta, COFINS – Receita Bruta e ICMS sobre Vendas. Note que Descontos Condicionais Concedidos são despesas financeiras e não valores redutores da receita bruta.

**8**. Alternativa **e**.

Nota Fiscal (NF)

| | |
|---|---|
| Compra 200 × 30,00 | 6.000,00 |
| (+) IPI (20%) | 1.200,00 |
| (=) Total da NF | 7.200,00 |
| (–) ICMS Destacado (18%) | (1.080,00) |
| (=) Custo da Mercadoria | 6.120,00 |

| | |
|---|---|
| D – Mercadorias | 6.120,00 |
| D – C/C de ICMS (ICMS a Recuperar) | 1.080,00 |
| C – Disponível | 7.200,00 |

**9**. Alternativa **a**.

Na Demonstração do Resultado do Exercício (DRE), deverá constar R$ 12.000,00 (ICMS sobre vendas) como Dedução da Receita Bruta de Vendas. Entretanto, a empresa deverá recolher apenas R$ 3.000,00 a título de ICMS, já que tem R$ 9.000,00 de ICMS a Recuperar (crédito do imposto).

**10.** Alternativa **c**.

NF de Compra

| | |
|---|---|
| Valor | R$ 30.000,00 |
| ICMS Destacado (18%) | R$ 5.400,00 |
| Valor da Mercadoria | R$ 24.600,00* |

* (30.000,00 – 5.400,00)

| | |
|---|---|
| D – Mercadorias | 24.600,00 |
| D – ICMS a Recuperar | 5.400,00 |
| C – Fornecedores | 30.000,00 |

**11 e 12.**

| CÁLCULO DO PIS NÃO CUMULATIVO – ABRIL DE 20X0 | | |
|---|---|---|
| **Elementos** | **Valores (R$)** | **Valores (R$)** |
| 1. **Débitos:** | | |
| Vendas 1,65% × R$ 5.775.000,00 | 95.287,50 | |
| Receita de Aluguel 1,65% × R$ 150.000,00 | 2.475,00 | **97.762,50** |
| 2. **(–) Créditos:** | | |
| Devolução de Vendas 1,65% × R$ 525.000,00 | 8.662,50 | |
| Compras 1,65% × R$ 3.150.000,00 | 51.975,00 | |
| Despesas de Aluguéis 1,65% × R$ 262.500,00 | 4.331,25 | |
| Arrendamento Mercantil 1,65% × R$ 52.500,00 | 866,25 | |
| Despesas Depreciação 1,65% × R$ 130.000,00 | 2.145,00 | **(67.980,00)** |
| 3. **PIS a Recolher em abril de 20X0 (1 – 2)** | | **29.782,50** |

| CÁLCULO DO COFINS NÃO CUMULATIVO – ABRIL DE 20X0 | | |
|---|---|---|
| 1. **Débitos:** | | |
| Vendas 7,60% × R$ 5.775.000,00 | 438.900,00 | |
| Receita de Aluguel 7,60% × R$ 150.000,00 | 11.400,00 | **450.300,00** |
| 2. **(–) Créditos:** | | |
| Devolução de Vendas 7,60% × R$ 525.000,00 | 39.900,00 | |
| Compras 7,60% × R$ 3.150.000,00 | 239.400,00 | |
| Despesas de Aluguéis 7,60% × R$ 262.500,00 | 19.950,00 | |
| Arrendamento Mercantil 7,60% × R$ 132.500,00 | 10.070,00 | |
| Despesa de Depreciação 7,60% × R$ 130.000,00 | 9.880,00 | **319.200,00** |
| (=) **COFINS a Recolher em abril de 20X0 (1 – 2)** | | **131.100,00** |

**11.** Alternativa **c**.

**12.** Alternativa **b**.

**13.** Alternativa **d**.

**Apuração do ICMS – abril de 20X0**

| CÁLCULO DO ICMS DE ABRIL DE 20X0 | | |
|---|---|---|
| Elementos | Valores (R$) | Valores (R$) |
| 1. **Débitos** = Vendas 18% × R$ 5.775.000,00 | | 1.039.500,00 |
| 2. (–) **Crédito** do ICMS sobre: | | |
| Devolução de Vendas 18% × R$ 525.000,00 | 94.500,00 | |
| Compras 18% × R$ 3.150.000,00 | 567.000,00 | |
| ICMS a Recuperar (Crédito) em 31.03.20X6 | 262.500,00 | (924.000,00) |
| **3.** Saldo a Recolher do ICMS a Recolher no mês de abril de 20X0 | | 115.500,00 |

**14 e 15.**

| DEMONSTRAÇÃO DA RECEITA LÍQUIDA – ABRIL DE 20X0 | | |
|---|---|---|
| Receita Operacional Bruta (VB) | | 5.775.000,00 |
| (–) Deduções da Receita Bruta: | | |
| Devolução e Abatimentos | 525.000,00 | |
| Impostos Incidentes sobre Vendas: | | |
| PIS + COFINS + ICMS | | |
| (R$ 86.625,00 + R$ 399.000,00 + R$ 945.000,00) | 1.430.625,00 | (1.955.625,00) |
| (=) Receita Operacional Líquida (VL) | | **3.819.375,00** |
| (–) Custo das Mercadorias Vendidas – CMV(*) | | (2.333.000,00) |
| (=) **Lucro Operacional Bruto (LB = RCM)** | | **1.486.375,00** |
| (–) Despesas Operacionais | | |
| PIS – Despesa operacional | R$ 2.475,00 | |
| COFINS – Despesa operacional | R$ 11.400,00 | 13.875,00 |
| (+) Receita de Aluguéis | | 150.000,00 |

Note que o ICMS, o PIS e a COFINS sobre o valor da Devolução de Vendas são deduzidos dos valores desses tributos incidentes sobre as vendas da seguinte forma:

a) ICMS: R$ 945.000,00 (R$ 1.039.500,00 – R$ 94.500,00).
b) PIS: R$ 86.625,00 (R$ 95.287,50 – R$ 8.662,50).
c) COFINS: R$ 399.000,00 (R$ 438.900,00 – R$ 39.900,00).

| (*) CUSTO DAS MERCADORIAS VENDIDAS (CMV) |
|---|
| ICMS PIS COFINS |
| **CL** = R$ 3.150.000,00 – R$ 567.000,00 – R$ 51.975,00 – R$ 239.400,00 |
| **CL = R$ 2.291.625,00** |
| **CL** = Compras Líquidas |
| **CMV** = EI + CL – EF |
| **CMV** = R$ 93.975,00 + R$ 2.291.625,00 – R$ 52.600,00 |
| **CMV = R$ 2.333.000,00** |

**14.** Alternativa **e**.

**15.** Alternativa **e**.

**Base de cálculo – 16 e 17**

Dados Relativos ao mês de Abril de 20X0:

| | | |
|---|---|---|
| Receita Operacional Bruta (VB) | | R$ 5.300.000,00 |
| (–) Devoluções de Vendas | R$ 210.000,00 | |
| (–) Descontos Incondicionais Concedidos | R$ 90.000,00 | **(R$ 300.000,00)** |
| (=) Subtotal (Base de Cálculo) | | **R$ 5.000.000,00** |
| (+) Receitas Financeiras | | R$ 200.000,00 |
| (=) Subtotal | | **R$ 5.200.000,00** |

**16.** Alternativa **a**: R$ 32.500,00 (0,65% × R$ 5.000.000,00).

**17.** Alternativa **d**: R$ 150.000,00 (3% × R$ 5.000.000,00).

**NOTA**

Após a edição da Lei nº 11.941, de 2009, e a consequente revogação do § 1º, art. 3º da Lei nº 9.718, de 1998, a base de cálculo das contribuições cumulativas (PIS e COFINS – testes nº 16 e 17) representará o faturamento bruto ajustado. Dessa forma, não integra a base de cálculo das contribuições cumulativas as receitas que não fazem parte das atividades principais da empresa. O Decreto nº 8.426, de 2015, retorna a cobrança de PIS e COFINS (alíquotas de 0,65% e 4%, respectivamente) sobre Receitas Financeiras a partir de 1º de janeiro de 2015.

**18.** Alternativa a – correta. (Veja o Subitem 7.10.1.)
Alternativa b – correta. (Veja o Subitem 7.9.3.)
Alternativa c – correta. Veja o Subitem 7.9.3.)
Alternativa d – correta. (Veja o Subitem 7.9.4.)
**Alternativa e – incorreta**. (Veja o Subitem 7.10.4.1.)

**19.** Alternativa **d**.

**Compras**

| | |
|---|---|
| Valor de Aquisição | R$ 60.000,00 |
| (–) ICMS sobre Compras | R$ (7.200,00) |
| (+) Fretes sobre Compras | R$ 5.000,00 |
| (=) Valor da Mercadoria comprada | R$ 57.800,00 |

**Custo das Mercadorias Vendidas (CMV)**

CMV = EI + C – EF

CMV = R$ 30.000,00 + R$ 57.800,00 – R$ 40.000,00

CMV = R$ 47.800,00

| DEMONSTRAÇÃO DO RESULTADO DO EXERCÍCIO (DRE) | |
|---|---|
| Receita Operacional Bruta (VB) | R$ 100.000,00 |
| (–) Deduções da Receita Bruta: | |
| Impostos Incidentes sobre Vendas | |
| ICMS sobre Vendas | R$ (12.000,00) |
| (=) Receita Operacional Líquida (VL) | R$ 88.000,00 |
| (–) Custo das Mercadorias Vendidas (CMV) | R$ (47.800,00) |
| (=) LUCRO OPERACIONAL BRUTO (LB) | **R$ 40.200,00** |

**20.** Alternativa **c**.

| COMPRA DE 100 LATAS DE TINTA PARA REVENDA | |
|---|---|
| 100 latas a R$ 120,00 por lata | R$ 12.000,00 |
| (+) IPI de 5% | R$ 600,00 |
| (=) Total | R$ 12.600,00 |
| ICMS Destacado de 12% | R$ 1.440,00 |
| Valor da Mercadoria para Revenda: R$ 12.600,00 – R$ 1.440,00 | **R$ 11.160,00** |

| COMPRA DE 100 LATAS DE TINTA PARA MATÉRIA-PRIMA |
|---|
| Nessa hipótese, a empresa recupera o ICMS e o IPI sobre a referida aquisição. Assim, o valor correspondente a aquisição dessas 100 latas será de R$ 10.560,00, ou seja, R$ 12.000,00 – R$ 1.440,00 do ICMS recuperável. Note que o IPI não foi computado como parte do preço em razão da sua recuperação. |

| INTERNO |
|---|
| Nesta hipótese, o ICMS e o IPI fazem parte do custo de aquisição. Como a aquisição de 100 latas tem o valor total de R$ 12.600,00 (vide cálculo anterior), logo, 50 latas correspondem a R$ 6.300,00, ou seja, 50% de R$ 12.600,00. Para fins de simplificação, considerou-se que o ICMS não incidiu sobre o IPI. |

| ESTOQUES DA EMPRESA | |
|---|---|
| • 50 latas de tintas para consumo interno | R$ 6.300,00 |
| • 100 latas de tintas destinadas a revenda | R$ 11.160,00 |
| • 100 latas de tintas destinadas como matéria-prima | R$ 10.560,00 |
| (–) Valor total do Estoque | **R$ 28.020,00** |

**21.** Alternativa **d**.

1. NF de entrada

   Aquisição de Mercadorias (200 x R$ R$ 200,00) ............ R$ 40.000,00

   (+) IPI (10%) ............ R$ 4.000,00

   (=) Valor total da NF............ R$ 44.000,00

   ICMS destacado = 18% R$ 40.000,00 = ............ R$ 7.200,00

2. Custo da Mercadoria Vendida (CMV)

| | |
|---|---|
| Valor total da NF | R$ 44.000,00 |
| (–) ICMS recuperável | (R$ 7.200,00) |
| (=) Custo de Aquisição | R$ 36.800,00 |
| (x) Percentagem Vendida | 60% |
| (=) CMV | R$ 22.080,00 |

3. Receita Líquida de Vendas e Lucro Bruto

| | |
|---|---|
| Receita Bruta de Vendas (120 unidades × R$ 400,00) | R$ 48.000,00 |
| (–) ICMS (12%) | (R$ 5.760,00) |
| (–) PIS (0,65) | (R$ 312,00) |
| (–) COFINS (3%) | (R$ 1.440,00) |
| (=) Receita Líquida de Vendas | R$ 40.488,00 |
| (–) CMV | R$ 22.080,00 |
| (=) Lucro Bruto | **R$ 18.408,00** |

**22 a 25.**

1. Custo de Aquisição de Mercadorias

| | | | |
|---|---|---|---|
| Valor da compra | | = | R$ 600.000,00 |
| (–) ICMS destacado | = 18% × R$ 600.000,00 | = | (R$ 108.000,00) |
| (–) PIS | = 1,65% × R$ 600.000,00 | = | (R$ 9.900,00) |
| (–) COFINS | = 7,6% × R$ 600.000,00 | = | (R$ 45.600,00) |
| (=) Custo do Estoque | | = | R$ 436.500,00 |

2. CMV

Como a empresa não tinha Estoque Inicial (EI) por ser o primeiro ano de suas atividades, o CMV corresponderá à diferença entre o custo de estoque e o valor final deste:

| | |
|---|---|
| Custo do Estoque | R$ 436.500,00 |
| (–) Estoque Final (EF) | (R$ 174.600,00) |
| (=) CMV | **R$ 261.900,00** |

3. Receita Líquida de Vendas

| | |
|---|---|
| Receita Bruta de Vendas | R$ 1.000.000,00 |
| (–) ICMS (18%) | (R$ 180.000,00) |
| (–) PIS (1,65%) | (R$ 16.500,00) |
| (–) COFINS (7,6%) | (R$ 76.000,00) |
| (=) Receita Líquida de Vendas | **R$ 727.500,00** |

4. COFINS a Recolher

| | |
|---|---|
| Débito de COFINS | R$ 76.000,00 |
| (–) Crédito de COFINS | (R$ 45.600,00) |
| (=) Valor a recolher | **R$ 30.400,00** |

5. PIS a Recolher

| | |
|---|---|
| Débito de PIS | R$ 16.500,00 |
| (–) Crédito de PIS | (R$ 9.900,00) |
| (=) Valor a recolher | **R$ 6.600,00** |

Logo:

**22.** Alternativa **a**.

**23.** Alternativa **b**.

**24.** Alternativa **d**.

**25.** Alternativa **b**.

| DEMONSTRAÇÃO DO RESULTADO DO EXERCÍCIO (DRE) | |
|---|---|
| **Elementos** | **Valores (R$)** |
| (=) Receita Operacional Bruta pela **legislação tributária** | **200.000,00** |
| (–) Tributos Incidentes sobre Vendas (**ICMS, PIS e COFINS**) | – 54.500,00 |
| (–) Devolução de Vendas (valor líquido): | |
| (R$ 20.000,000 – R$ 5.450,00 = Tributos s/ Devolução) | –14.550,00 |
| (=) Receita Operacional Líquida (tributária e societária) | **130.950,00** |
| (–) CMV (40% de R$ 130.950,00) | **–52.380,00** |
| (=) Lucro Operacional Bruto | **78.570,00** |

Foram considerados separadamente os valores dos tributos incidentes sobre as operações de vendas e de devolução de vendas.

**26.** Alternativa **a**.

**27.** Alternativa **d**.
**R$ 130.950,00**, ou seja, (R$ 100.000,00 + R$ 30.950,00).

**28.** Alternativa **d**.
A Receita Operacional Bruta pela legislação societária é igual ao montante da Receita Operacional Líquida pela legislação tributária.

**29.** Alternativa **e**.
CMV = R$ 52.380,00 (40% × R$ 130.950,00), ou seja, R$ 130.950,00 (R$ 100.000,00 + R$ 30.950,00) e LB = R$ 78.570,00 (R$ 130.950,00 – R$ 52.380,00).

**30.** Alternativa **e**.

| DEMONSTRAÇÃO DO RESULTADO DO EXERCÍCIO (DRE) | |
|---|---|
| **Elementos** | **Valores (R$)** |
| (=) Receita Operacional Bruta pela **legislação tributária** | **200.000,00** |
| (–) Tributos Incidentes sobre Vendas (**ICMS, PIS e COFINS**) | – 54.500,00 |
| (–) Devolução de Vendas (valor líquido): | |
| (R$ 20.000,000 – R$ 5.450,00 = Tributos s/ Devolução) | –14.550,00 |
| (–) Ajuste a Valor Presente | –30.950,00 |
| (=) Receita Operacional Líquida (tributária e societária) | **100.000,00** |
| (–) CMV (40% de R$ 100.000,00) | **40.000,00** |
| (=) Lucro Operacional Bruto | **60.000,00** |

O Ajuste a Valor Presente dos Ativos é conta redutora da Receita Bruta para fins de apuração da Receita Líquida. Consulte o Capítulo 9.

## CAPÍTULO 8

**1.** Alternativa **c**.

| DEMONSTRAÇÃO DO RESULTADO DO EXERCÍCIO (DRE) – 31.12.20X0 | | |
|---|---|---|
| Receita Bruta de Vendas | | 110.000,00 |
| (–) Deduções da Receita Bruta: | | |
| Descontos Incondicionais Concedidos | 10.000,00 | |
| PIS sobre Receita Bruta | 650,00 | |
| COFINS sobre Receita Bruta | 3.000,00 | |
| ICMS sobre Vendas | 16.000,00 | (29.650,00) |
| (=) Receita Líquida de Vendas | | (80.350,00) |
| (–) CMV | | (52.750,00) |
| (=) Lucro Bruto Operacional (LB) | | **27.600,00** |
| (+) Receitas Financeiras | | 3.000,00 |
| (–) Despesas Financeiras | | (1.000,00) |
| (–) Despesas de Comissões Sobre Vendas | | (2.000,00) |
| (–) PIS – Despesa Operacional | | (19,50) |
| (–) COFINS – Despesa Operacional | | (90,00) |
| (–) Outras Despesas Operacionais | | (12.990,50) |
| (=) Lucro Operacional Líquido | | 14.500,00 |
| (+) Receitas Não Operacionais (Outras Receitas) | | 4.000,00 |
| (–) Despesas Não Operacionais (Outras Despesas) | | (500,00) |
| (=) Lucro antes da CSLL e do IRPJ | | 18.000,00 |
| (–) Provisão para a CSLL | | (2.160,00) |
| (–) Provisão para o IRPJ | | (2.400,00) |
| (=) Lucro Líquido do Exercício | | **13.440,00** |

**2.** Alternativa **a**.

| **Receita Bruta** | | |
|---|---|---|
| da Revenda de Mercadorias | 1.000,00 | |
| da Prestação de Serviços | 600,00 | 1.600,00 |
| (–) Deduções da Receita Bruta: | | |
| Vendas Canceladas | 100,00 | |
| ICMS sobre Vendas | 150,00 | |
| Outros Impostos sobre Vendas | 87,00 | (337,00) |
| (=) Receita Operacional Líquida | | 1.263,00 |
| (–) Custo das Mercadorias Revendidas | 430,00 | |
| (–) Custo dos Serviços Vendidos | 310,00 | (740,00) |
| (=) Lucro Bruto (LB) | | **523,00** |

**3.** Alternativa **e**.

| Receita da Revenda de Mercadorias | | 20.000,00 |
|---|---|---|
| (–) Deduções da Receita Bruta | | |
| Vendas Canceladas de Mercadorias | 1.000,00 | |
| Abatimentos Incondicionais sobre vendas | 2.000,00 | |
| ICMS sobre vendas de Mercadorias | 3.000,00 | |
| Outros Impostos sobre Vendas de Mercadorias | 500,00 | (6.500,00) |
| (=) Receita Líquida (VL) | | 13.500,00 |
| (–) Custo das Mercadorias Revendidas | | (10.500,00) |
| (=) Lucro Bruto (RCM) | | **3.000,00** |

**4.** Alternativa **a**.

Venda

05.05.20X0: 15 kg × R$ 3,00 ............ R$ 45,00
10.05.20X0: 10 kg × R$ 4,00 ............ R$ 40,00
20.05.20X0: 8 kg × R$ 4,30 ............ R$ 34,40 ............ R$ 119,40
(–) CMV pelo PEPS ............ (R$ 68,60)
(=) Lucro Bruto ............ **R$ 50,80**

| FICHA DE CONTROLE DE ESTOQUE – SISTEMA PEPS | | | | | | | | | |
|---|---|---|---|---|---|---|---|---|---|
| **Ano 20X0** | **Entradas** | | | **Saídas** | | | **Saldo** | | |
| **Data** | **Qtd.** | **Preço Unit.** | **Preço Total** | **Qtd.** | **Preço Unit.** | **Preço Total** | **Qtd.** | **Preço Unit.** | **Preço Total** |
| **ESTOQUE INICIAL (EI)** | | | | | | | **20** | **2,00** | **40,00** |
| 03.05<br>(–) | ABATIMENTO<br>**20** | <br>**2,20** | 48,00<br>(4,00)<br>**44,00** | | | | 20<br>20<br>**40** | 2,00<br>2,20<br>– | 40,00<br>44,00<br>**84,00** |
| 05.05 | | | | 15 | 2,00 | 30,00 | 5<br>20<br>**25** | 2,00<br>2,20<br>– | 10,00<br>44,00<br>**54,00** |
| 07.05 | FRETE<br>**20** | **2,775** | 48,00<br>7,50<br>**55,50** | | | | 5<br>20<br>20<br>**45** | 2,00<br>2,20<br>2,775<br>– | 10,00<br>44,00<br>55,50<br>**109,50** |
| 10.05 | | | | 5<br>5<br>**10** | 2,00<br>2,20<br>– | 10,00<br>11,00<br>**21,00** | 15<br>20<br>**35** | 2,20<br>2,775<br>– | 33,00<br>55,50<br>**88,50** |
| 11.05 | DEVOLUÇÃO DA COMPRA<br>(10) | 2,775 | (27,75) | | | | 15<br>10<br>**25** | 2,20<br>2,775<br>– | 33,00<br>27,75<br>**60,75** |
| 20.05 | | | | 8 | 2,20 | 17,60 | 7<br>10<br>**17** | 2,20<br>2,775<br>– | 15,40<br>27,75<br>**43,15** |
| 25.05 | 23 | 2,80 | 64,40 | | | | 7<br>10<br>23<br>**40** | 2,20<br>2,775<br>2,80<br>– | 15,40<br>27,75<br>64,40<br>**107,55** |
| **TOTAIS** | **53** | **–0–** | **136,15** | **33** | **–0–** | **68,60<br>CMV** | **40** | **–** | **107,55** |

5. Alternativa **e**.
CMV pelo sistema UEPS: **R$ 77,75**.

| FICHA DE CONTROLE DE ESTOQUE – SISTEMA UEPS | | | | | | | | | |
|---|---|---|---|---|---|---|---|---|---|
| Ano 20X0 | Entradas | | | Saídas | | | Saldo | | |
| Data | Qtd. | Preço Unit. | Preço Total | Qtd. | Preço Unit. | Preço Total | Qtd. | Preço Unit. | Preço Total |
| **ESTOQUE INICIAL (EI)** | | | | | | | **20** | **2,00** | **40,00** |
| 03.05<br>(–) | ABATIMENTO<br>**20** | **2,20** | 48,00<br>(4,00)<br>**44,00** | | | | 20<br>20<br>**40** | 2,00<br>2,20<br>– | 40,00<br>44,00<br>**84,00** |
| 05.05 | | | | 15 | 2,00 | 33,00 | 20<br>5<br>**25** | 2,00<br>2,20<br>– | 40,00<br>11,00<br>**51,00** |
| 07.05 | FRETE<br>**20** | **2,775** | 48,00<br>7,50<br>**55,50** | | | | 20<br>5<br>20<br>**45** | 2,00<br>2,20<br>2,775<br>– | 40,00<br>11,00<br>55,50<br>**106,50** |
| 10.05 | | | | 10 | 2,775 | 27,75 | 20<br>5<br>10<br>**35** | 2,20<br>2,20<br>2,775<br>– | 40,00<br>11,00<br>27,75<br>**78,75** |
| 11.05 | DEVOLUÇÃO DA COMPRA<br>(10) | 2,775 | 27,75 | | | | 20<br>5<br>**25** | 2,20<br>2,20<br>– | 40,00<br>11,00<br>**51,00** |
| 20.05 | | | | 5<br>3<br>**8** | 2,20<br>2,00<br>– | 11,00<br>6,00<br>**17,00** | 17 | 2,00 | 34,00 |
| 25.05 | 23 | 2,80 | 64,40 | | | | 17<br>23<br>**40** | 2,00<br>2,80<br>– | 34,00<br>64,40<br>**98,40** |
| **TOTAIS** | **53** | **–0–** | **136,15** | **33** | **–0–** | 77,75<br>CMV | **40** | **–** | **98,40** |

6. Alternativa **d**.
EF em 25.05.20X3 é R$ 102,65.

| FICHA DE CONTROLE DE ESTOQUE – SISTEMA PMP | | | | | | | | | |
|---|---|---|---|---|---|---|---|---|---|
| Ano 20X0 | Entradas | | | Saídas | | | Saldo | | |
| Data | Qtd. | Preço Unit. | Preço Total | Qtd. | Preço Unit. | Preço Total | Qtd. | Preço Unit. | Preço Total |
| ESTOQUE INICIAL (EI) | | | | | | | **20** | **2,00** | **40,00** |
| 03.05<br>(–) | ABATIMENTO<br>**20** | **2,20** | 48,00<br>(4,00)<br>**44,00** | | | | 40 | 2,10 | 84,00 |
| 05.05 | | | | 15 | 2,10 | 31,50 | 25 | 2,10 | 52,50 |
| 07.05 | –<br>**20** | FRETE<br>2,775 | 48,00<br>7,50<br>**55,50** | | | | 45 | 2,40 | 108,00 |
| 10.05 | | | | 10 | 2,40 | 24,00 | 35 | 2,40 | 84,00 |
| 11.05 | DEVOLUÇÃO DA COMPRA de 07.05<br>(10) | 2,775 | (27,75) | | | | 25 | 2,25 | 56,25 |
| 20.05 | | | | **8** | 2,25 | 18,00 | 17 | 2,25 | 38,25 |
| 25.05 | 23 | 2,80 | 64,40 | | | | 40 | 2,566 | 102,65 |
| **TOTAIS** | **53** | **–0–** | **136,15** | **33** | **–0–** | 73,50<br>CMV | **40** | **–** | **102,65** |

**7.** Alternativa **c**.

**Compras Líquidas**

Compras.......................................800,00
(–) ICMS (20%).......................................(160,00)
(=) Mercadoria .......................................640,00

**CMV** = EI + Compras líquidas – EF
**CMV** = 200,00 + 640,00 – 160,00
**CMV** = 680,00

**Vendas** = 200% do CMV = 2 × 680,00 .......................................1.360,00
(–) Impostos sobre Vendas = 20% × 1.360,00 .......................................(272,00)
(=) Vendas Líquidas.......................................1.088,00
(–) CMV .......................................(680,00)
(=) Lucro Bruto .......................................**408,00**

**8.** Alternativa **b**.

EI de Mercadorias para revenda ....................................... – o –
– Compras (exceto ICMS de 20%) ....................................... 46,00 – 9,20 = 36,80
(–) Devolução de Compras (exceto ICMS) ....................................... 5,00 – 1,00 = (4,00)
(–) CMV....................................... = (24,00)
(=) EF de mercadorias para revenda....................................... = **8,80**

| | |
|---|---|
| Vendas Brutas | 60,00 |
| (–) Devoluções de Vendas | (10,00) |
| (–) Impostos sobre Vendas | (10,00)* |
| (=) Vendas Líquidas | 40,00 |
| (–) CMV | (24,00) |
| (=) Lucro Bruto | 16,00 |
| (–) Despesas Operacionais | (12,00) |
| (+) Ganho de Capital | 2,00 |
| (=) Lucro antes do IRPJ e da CSLL | **6,00** |

| | |
|---|---|
| * 20% × 60,00 (Vendas) | 12,00 |
| (–) 20% × 10,00 (Devolução de Vendas) | (2,00) |
| (=) Total | 10,00 |

**9**. Alternativa **a**.

| | |
|---|---|
| Vendas Brutas | 880,00 |
| (–) Devolução de Vendas | (80,00) |
| (–) Impostos sobre Vendas | (160,00) |
| (=) Vendas Líquidas | 640,00) |
| (–) CMV | ? |
| (=) Lucro Bruto | 330,00 |

Logo, CMV = 640,00 – 330,00 = 310,00

| | |
|---|---|
| Compras | 220,00 |
| (–) Devolução de compras | (20,00) |
| (–) Impostos | (40,00)* |
| (=) Compras Líquidas | 160,00 |

| * IMPOSTOS | |
|---|---|
| Sobre Compras = 20% × 220,00 | 44,00 |
| (–) sobre devolução de compras = 20% × 20,00 | ( 4,00) |
| (=) recuperáveis | 40,00 |

| | |
|---|---|
| EI = | **?** |
| (+) Compras Líquidas | = 160,00 |
| (–) EF | = (40,00) |
| (=) CMV | = 310,00 |
| **EI (?)** | = 310,00 – 160,00 + 40,00 = **190,00** |

**10.** Alternativa **c**.

As contas estão invertidas, entre outras imprecisões no lançamento. Valor do ICMS: 18% × R$ 800,00 = R$ 144,00

Valor da Mercadoria = R$ 920,00 – R$ 144,00 = R$ 776,00

A contabilização correta seria:

| | |
|---|---|
| D – Mercadorias em Estoque | 776,00 |
| D – ICMS a Recuperar | 144,00 |
| C – Caixa | 920,00 |

Logo, o lançamento não está correto.

**11.** O lançamento correto é o correspondente à alternativa **e**:
Vendas

- a crédito ........................ R$ 50,00
- à vista ........................ R$ 100,00

R$ 150,00

Custo = R$ 30,00 + R$ 60,00 = R$ 90,00

a) pelo Custo
D – Custo das Mercadorias Vendidas
C – Mercadorias em Estoque 90,00

b) pelas vendas
D – Caixa 100,00
D – Clientes 50,00
C – Vendas 150,00

**12.** Alternativa **d**.
O cliente adquiriu a mercadoria por R$ 80,00 (R$ 90,00 menos R$ 10,00 de desconto), mais o IPI de R$ 18,00, com um total de R$ 98,00. Logo, a conta Clientes é debitada por esse valor. A conta Descontos Incondicionais Concedidos é debitada por R$ 10,00. O ICMS sobre Vendas é debitado por R$ 20,00 por ser uma despesa redutora do valor da venda. Vendas é creditada por R$ 90,00. Note que o IPI, por não integrar a receita bruta da venda, não aparece como despesa redutora daquela. As contas C/C IPI e C/C ICMS são creditadas, representando a obrigação assumida pela empresa do pagamento dos impostos correspondentes. Esclarecimentos complementares podem ser encontrados nos Capítulos 5, 6 e 7 deste livro.

**13.** Alternativa **e**.

1. Cálculo do CMV (Custo das Mercadorias Vendidas)
EI ........................ 45,00
(+) Compras ........................ 273,00
(–) Devoluções de Compras ........................ (14,00)
(–) Abatimentos sobre Compras ........................ ( 7,00)
(–) EF. ........................ (42,00)
255,00

2. Cálculo de Vendas Líquidas (VL)
Vendas ........................ 336,00
(–) Devoluções de Vendas ........................ (9,00)
(–) Abatimentos sobre Vendas ........................ (6,00)
(–) Descontos Comerciais sobre Vendas ........................ (8,00)
(–) Tributos sobre Vendas ........................ ( 8,00)
305,00

3. Lucro Bruto = VL – CMV
Lucro Bruto = 305,00 – 255,00
Lucro Bruto = 50,00

**14.** Alternativa **e**.

1. Apuração do CMV

| | |
|---|---|
| EI | 190,00 |
| (+) Compras | 300,00 |
| (+) Fretes e Seguros | 280,00 |
| (–) EF | (230,00) |
| | 540,00 |

2. Lucro Bruto

| | |
|---|---|
| Receita Líquida | 1.500,00 |
| (–) CMV | (540,00) |
| | **960,00** |

**15.** Alternativa **e**.

As alternativas de **a** a **d** estão corretas, ou seja, todos os valores mencionados devem compor o custo de aquisição das mercadorias adquiridas para revenda. O gasto mencionado na alternativa **a** deve compor o custo de aquisição das mercadorias adquiridas para venda (estoques). Consulte a respeito o Item 5.1, Capítulo 5, bem como o Item 8.4, Capítulo 8.

## CAPÍTULO 9

**1.** a) Incorreta: todos os tributos devem ser excluídos.

b) Incorreta: todos os descontos incondicionais devem ser excluídos.

c) Incorreta: deve-se creditar como receita apenas a parcela correspondente à empresa principal, classificando-se a receita dos agentes como Passivo.

d) **Correta:** ver Subitem 9.1.5.

e) Incorreta: as devoluções de vendas devem ser debitadas da conta de provisão constituída especificamente para esse fim (ver Subitem 9.1.3).

**2.** Alternativa **c**.

Afirmação I – verdadeira. Os descontos incondicionais devem ser excluídos no cômputo da receita de vendas ou de prestação de serviços. (Veja o Subitem 9.1.2.)

Afirmação II – falsa. Todos os tributos sobre vendas devem ser excluídos no cômputo da receita de vendas ou de prestação de serviços.

Afirmação III – falsa. São considerados descontos incondicionais. (Veja o Subitem 9.1.2.)

Afirmação IV – verdadeira. (Veja o Subitem 9.1.5.)

Afirmação V – verdadeira. (Veja o Subitem 9.1.3.)

Logo, a sequência correta é: V, F, F, V, V.

**3.** Alternativa **a**.

| | |
|---|---|
| Valor da venda (sem IPI) | 1.200.000,00 |
| (–) Descontos incondicionais | (100.000,00) |
| (–) ICMS (18% × 1.100.000,00) | (198.000,00) |
| (–) PIS ( 1,65% × 1.100.000,00) | (18.150,00) |
| (–) COFINS (7,6% × 1.100.000,00) | (83.600,00) |
| (=) Receita de vendas | **800.250,00** |

**4.** Alternativa **b**.
A receita bruta de vendas, de acordo com as normas tributárias previstas na Lei nº 12.973/2014, corresponde a R$ 1.2000.000,00, ou seja, ao valor total da venda sem o IPI, que é um tributo cobrado por fora do preço de venda.

**5.** Alternativa **e**.

O comprador pagará o total da NF (incluído o IPI), excluído o valor do desconto incondicional. O IPI corresponde a 10% de R$ 1.100.000,00, ou seja, R$ 110.000,00.
Logo:

| | |
|---|---|
| Valor da venda | 1.200.000,00 |
| (–) Desconto incondicional | (100.000,00) |
| (+) IPI | 110.000,00 |
| (=) Valor a ser pago pelo comprador | **1.210.000,00** |

**6.** Alternativa **d**. (Veja o Subitem 9.1.3.)

**7.** Alternativa **e**.

O Valor Presente da venda corresponde a R$ 110.000,00/1,10 = R$ 100.000,00. O fator 1,10 corresponde a 110%. Como o valor nominal da venda foi R$ 110.000,00, o Ajuste a Valor Presente é R$ 10.000,00. Será uma conta redutora do recebível, que será classificado no Ativo Não Circulante em virtude do prazo de 13 meses. A receita de venda equivalerá a R$ 100.000,00 menos o valor dos tributos (R$ 23.815,00).

O lançamento correto é:

| | |
|---|---|
| D – Contas a Receber (Ativo Não Circulante – ANC) | 110.000,00 |
| C – Receita de Vendas | 76.185,00 |
| C – Receita Financeira a Apropriar (redutora do ANC) | 10.000,00 |
| C – Tributos a Recolher (Passivo Circulante) | 23.815,00 |

**8.** Alternativa **e**.
A receita bruta de vendas, para fins tributários, corresponde ao valor da venda (no caso, não há IPI, mas, se houvesse, ele não seria incluído por se tratar de tributo cobrado por fora), no caso, R$ 800.000,00. Observe que não se deduz o desconto incondicional da receita bruta de vendas, visto que ele será classificado como conta redutora dessa receita.

A receita líquida, **sem** a devolução de vendas, corresponderá a:

| | |
|---|---|
| Valor da venda | 800.000,00 |
| (–) Ajuste a Valor Presente | (80.000,00) |
| (–) Desconto incondicional | (40.000,00) |
| (–) ICMS | (136.800,00) |
| (–) PIS | (12.540,00) |
| (–) COFINS | (57.760,00) |
| (=) Receita Líquida de Vendas | **482.900,00** |

A receita líquida, **com** a devolução de vendas, corresponderá a:

| | |
|---|---|
| Venda | 800.000,00 |
| (–) Devolução de vendas | (80.000,00) |
| (–) Ajuste a Valor Presente (80.000,00 – 8.000,00) | (72.000,00) |
| (–) Desconto Incondicional (40.000,00 – 4.000,00) | (36.000,00) |
| (–) ICMS (136.800,00 – 13.680,00) | (123.120,00) |
| (–) PIS (12.540,00 – 1.254,00) | (11.286,00) |
| (–) COFINS (57.760,00 – 5.776,00) | (51.984,00) |
| (=) Receita Líquida de Vendas | **425.610,00** |

**9**. Alternativa **d**.

| | |
|---|---|
| ICMS | 123.120,00 |
| PIS | 11.286,00 |
| COFINS | 51.984,00 |
| (=) Tributos incidentes sobre vendas | **186.390,00** |

**10.** Alternativa **c**.

| | |
|---|---|
| Receita Líquida de Vendas | 425.610,00 |
| (–) CMV (360.000,00 – 36.000,00) | (324.000,00) |
| (=) Lucro Bruto | **101.610,00** |

**11.** Alternativa **b**.

A receita de vendas contábil (calculada de acordo com as normas societárias) corresponde a:

| | |
|---|---|
| Valor da venda | 800.000,00 |
| (–) Ajuste a Valor Presente | (80.000,00) |
| (–) Descontos Incondicionais | (40.000,00) |
| (–) ICMS sobre Vendas | (136.800,00) |
| (–) PIS sobre Vendas | (12.540,00) |
| (–) COFINS sobre Vendas | (57.760,00) |
| (=) Receita de Vendas | **472.900,00** |

Observe que a Receita de Vendas Contábil, R$ 472.900,00, é diferente da Receita Líquida de Vendas para fins tributários, R$ 425.610,00. A diferença entre as duas corresponde a R$ 47.290,00.

Esse valor corresponde ao valor líquido da devolução de vendas que, pela legislação societária, deve ser debitado contra a conta de provisão para tal fim (veja o Subitem 9.1.3):

| | |
|---|---|
| Devolução de Vendas | 80.000,00 |
| (–) Ajuste a Valor Presente | (8.000,00) |
| (–) Desconto incondicional concedido | (4.000,00) |
| (–) ICMS | (13.680,00) |
| (–) PIS sobre vendas | (1.254,00) |
| (–) COFINS sobre vendas | (5.776,00) |
| (=) Devolução de Vendas (Valor líquido) | **47.290,00** |

**⚠ ATENÇÃO**

Conforme o Subitem 9.1.3, muitas entidades preferirão adotar a antiga sistemática tributária e considerar a receita de vendas contábil (a ser apresentada na Demonstração do Resultado do Exercício – DRE) como igual à receita líquida de vendas para fins tributários.

**12.** Alternativa **a**.
O Lucro Bruto contábil será:

| | |
|---|---|
| Receita de Vendas | 472.900,00 |
| (–) Custo das Mercadorias Vendidas (360.000,00 – 36.000,00 = | 324.000,00) |
| (=) Lucro Bruto Contábil | **148.900,00** |

Reconciliação do Lucro Bruto Contábil e Fiscal

| | |
|---|---|
| Lucro Bruto Contábil | 148.900,00 |
| (–) Devolução de Vendas (líquida) | (47.290,00) |
| (=) Lucro Bruto Fiscal | **101.610,00** |

## CAPÍTULO 10

**1.** Alternativa **c**.
Veja o Item QC 11 da Estrutura Conceitual (EC).
a) Incorreta: as informações complexas devem ser divulgadas quando forem relevantes para tomada de decisão dos usuários. (Veja o Item QC 31 da EC.)
b) Incorreta: os itens incomuns, anormais e esporádicos devem ser divulgados separadamente para facilitar a previsão.
**c) Correta.**
d) Incorreta: veja os Itens QC 8 e 9 da EC.
e) Incorreta: veja o Item QC 15 da EC.

**2.** Alternativa **b**.
Veja o Item QC 5 da EC.
a) Incorreta: às vezes a informação é relevante, mas não é fidedigna. (Veja o Item QC 17 da EC).
**b) Correta.**
c) Incorreta: é o contrário, quanto mais neutra, mais confiável. (Veja o Item QC 14 da EC.)
d) Incorreta: não é empecilho, porque comparabilidade não significa mera uniformidade. (Veja o Item QC 23 da EC.)
e) Incorreta: a relação é inversa. A informação mais antiga é a menos útil. (Veja o Item QC 29 da EC.)

**3.** Alternativa **d**.
Veja os Itens 4.4 e 4.40 da EC.
a) Incorreta: às vezes o Ativo é recebido por doação do Governo. (Veja o Item 4.13 da EC.)
b) Incorreta: nem sempre os Ativos são de propriedade da entidade, bastando que ela tenha o controle sobre o Ativo e seus benefícios econômicos futuros. (Veja o Item 4.12 da EC.)

c) Incorreta: nem sempre o Ativo tem substância física, pode ser um bem incorpóreo como marcas ou patentes. (Veja o Item 4.11 da EC.)
e) Incorreta: resulta de um gasto feito no passado ou de uma doação. (Veja o Item 4.13 da EC.)

**4.** Alternativa **a**.
**a) Veja o Item 4.19 da EC.**
b) Incorreta: existem provisões sobre garantia de produtos, para contingências trabalhistas, para pagamento de férias etc., que não resultam de uma relação da entidade com o Fisco. (Veja o Item 4.19 da EC.)
c) Incorreta: há provisões que não são liquidadas integralmente (por exemplo, a provisão para garantia de produtos pode ser superestimada), e, mesmo nos casos em que ocorre sua liquidação, não é por meio da conversão em capital, mas da baixa de Ativos.
d) Incorreta: veja a resposta da alternativa b.
e) Incorreta: um fato nada tem a ver com o outro.

**5.** Alternativa **d**.
Veja o Item 4.23 da EC.
a) Incorreta: não é despesa, é apenas apropriação de lucro. (Veja o Item 4.21 da EC.)
b) Incorreta: não costuma coincidir. (Veja o Item 4.22 da EC.)
c) Incorreta: ao contrário, as sociedades por ações somente são obrigadas a distribuir o dividendo obrigatório de que trata o art. 202, da Lei das Sociedades por Ações (Lei nº 6.404/1976), e há reservas de lucros que são constituídas antes da proposta de distribuição de dividendos, como a reserva legal (art. 193 da mesma Lei). (Veja o Item 4.20 da EC.)
**d) Correta.**
e) Incorreta: não costuma coincidir. (Veja o Item 4.22 da EC.)

**6.** Alternativa **b**.
Veja o Item 4.25 da EC. O aumento do Ativo ou a redução do Passivo podem ocorrer por meio do aporte de capital pelos sócios da entidade, o que não é considerado receita.
a) Incorreta: é o contrário. (Veja o Item 4.25 da EC.)
**b) Correta.**
c) Incorreta: é o contrário. (Veja o Item 4.47 da EC.)
d) Incorreta: por exemplo, a entidade pode fornecer mercadorias e serviços em pagamento da obrigação, conforme explicado no Item 4.32 da EC.
e) Incorreta: é o contrário. O reconhecimento da receita implica no reconhecimento simultâneo das despesas a ela associadas. (Veja o Item 4.50 da EC.)

## CAPÍTULO 11

**1.** Alternativa **e**.
O recebimento de um adiantamento de um cliente representa uma obrigação para com ele, ou seja, aumenta o Passivo em R$ 3.000,00. Como o Ativo é aumentado em igual importância por meio do depósito do cheque, o Patrimônio Líquido fica inalterado.

**2.** Alternativa **c**.
Ações em Tesouraria – conta utilizada quando a companhia adquire suas próprias ações (Lei nº 6.404/1976, art. 30). (Veja o Subitem 11.8.2.)

**3.** Alternativa **a**.
A conta Adiantamento de Empregados representa um direito da entidade, é conta de Ativo e tem saldo devedor.

**4.** a) Alternativa correta: veja o Item 11.6.
b) Alternativa correta: veja os Itens 11.3 e 11.5.
c) Alternativa correta: veja o Item 11.4.
d) Alternativa correta: veja o Item 11.7.
e) Alternativa **incorreta** – é uma receita operacional, cujo lançamento contábil seria: Dívidas (Passivo) a Receitas (ARE)

**5.** Alternativa **d**.
Prêmio de seguro pago ........................................................................................ R$ 600,00
Prazo de vigência da apólice 12 meses a partir de 1º.09.20X0.

$$\text{Despesa mensal} = \frac{600{,}00}{12 \text{ meses}} = \text{R\$ } 50{,}00 \text{ por mês}$$

| | | |
|---|---|---|
| Em 20X2 | 4 meses × R$ 50,00 = | R$ 200,00 |
| Em 20X3 | 8 meses × R$ 50,00 = | **R$ 400,00** |
| Total | 12 meses × R$ 50,00 = | R$ 600,00 |

**ATENÇÃO**

Na apuração do resultado anual, encerrado em 31 de dezembro de 20X1, será considerado apenas o valor de R$ 400,00, uma vez que R$ 200,00 foram computados na apuração do resultado do exercício de 20X0.

**6.** Alternativa **e**.
No grupo de Resultados de Exercícios Futuros, até a vigência da Lei 11.941, de 2009, eram classificadas as receitas de exercícios futuros, diminuídas dos custos e despesas a elas referentes, ou seja, **Resultados Não Realizados**.

**7.** Alternativa **a**.
O saldo de R$ 14.000,00 que permanece na provisão após o débito de R$ 6.000,00 da duplicata não paga deve ser revertido em contrapartida de conta de receita. (Veja o Subitem baixa e reversão das provisões, do Capítulo 11.)

**8.** Alternativa **d**.
a) Prêmios de Seguro = Despesa.
b) Seguros Contratados = Contas de Compensação.[1]
c) Seguros a Vencer = AC ou ARLP (Despesa Antecipada).
d) **Seguros a Pagar = Obrigação.**
e) Seguros Pagos Antecipadamente = AC ou ARLP (Despesas Antecipadas).

[1] Veja definição no livro *Contabilidade avançada*, de nossa autoria.

**9**. Alternativa **b**.

**Receita diferida** representa uma receita recebida e ainda não ganha (não computada no resultado do exercício) por pertencer ao período de apuração futuro. É o mesmo que receita antecipada. No entanto, o termo receita antecipada é utilizado pelo fato de o recebimento anteceder o reconhecimento da receita e o termo receita diferida é utilizado para significar que o reconhecimento desse ingresso como receita é diferido (adiado) no tempo. (Veja o Item 11.5.)

**10.** Alternativa **b**.

**Capital Subscrito** representa o compromisso assumido pelos sócios ou acionistas de entregar à empresa determinado valor para formar o capital social. (Veja o Subitem 11.8.1.)

**11.** Alternativa **a**.

**Capital a Integralizar ou a Realizar** representa a parte do compromisso (capital subscrito) ainda não paga pelos sócios ou acionistas. (Veja o Subitem 11.8.1.)

**12.** Alternativa **b**.

A despesa de aluguel (6 meses) paga antecipadamente deve ser classificada no Ativo Circulante do Balanço Patrimonial. (Veja o Item 11.3.)

**13.** Alternativa **d**.

**Contabilização**

D – Despesa de Depreciação (Resultado do Exercício)
C – Depreciação Acumulada (retificadora do Ativo)

**14.** Alternativa **c**.

**Classificam-se no Ativo:**

2 – Adiantamento a Fornecedores. (Veja o Item 11.1.)
3 – Duplicatas Descontadas. (Veja o Subitem 11.7.2.)
5 – Depreciação Acumulada. (Veja o Subitem 11.7.4.)
7 – Amortização Acumulada. (Veja o Subitem 11.7.5.)
8 – Provisão para Créditos de Liquidação Duvidosa. (Veja o Subitem 11.7.3.)
12 – Terrenos.

**15.** Alternativa **c**.

A depreciação a ser contabilizada em 31 de dezembro de 20X4 será de R$ 40.000,00 = 20% de R$ 200.000,00, e o valor contábil do bem pode ser assim demonstrado:

Ativo Não Circulante Imobilizado (antigo Ativo Permanente)

| | |
|---|---|
| Veículos | 200.000,00 |
| (–) Depreciação Acumulada | (70.000,00) |
| (=) Valor Contábil do bem | 130.000,00 |

Ganho de Capital foi de:

Ganho = Venda (–) Custo contábil
Ganho = R$ 140.000,00 – R$ 130.000,00
**Ganho = R$ 10.000,00**

**16.** Alternativa **d**.

A companhia deverá efetuar os seguintes ajustes em seu extrato bancário para achar o valor correto do saldo da conta *Bancos*:

| CONCILIAÇÃO BANCÁRIA EM 31.12.20X0 | |
|---|---|
| **Descrição** | **Valores (R$)** |
| Saldo do Extrato Bancário | 40.000,00 |
| 1. Depósito a creditar | 2.000,00 |
| 2. Cheques a compensar | (6.000,00) |
| **Saldo da Conta Bancos (Balanço)** | **36.000,00** |

A Cia PVSN deverá também efetuar os seguintes **lançamentos de ajuste em sua contabilidade**, referentes à conciliação bancária:

3. D – Bancos Conta Movimento
   C – Duplicatas a Receber ........ 1.000,00
4. D – Caixa ou Fornecedores
   C – Bancos Conta Movimento ........ 5.000,00
5. D – Cheques em Cobrança (AC)
   C – Bancos Conta Movimento ........ 3.500,00
6. D – Despesas Bancárias (ARE)
   C – Bancos Conta Movimento ........ 500,00

**17.** Alternativa **b**.

Após os lançamentos de ajuste mencionados na questão anterior, o razonete da conta *Bancos* será apresentado da seguinte forma:

| SALDO DA CONTA BANCOS NO RAZÃO | |
|---|---|
| **Descrição** | **Valores (R$)** |
| Saldo do Razão antes dos ajustes | x |
| 3. Cobranças a contabilizar | 1.000,00 |
| 4. Cheque nº 010 a contabilizar | (5.000,00) |
| 5. Cheque de depósito devolvido a contabilizar | (3.500,00) |
| 6. Despesas Bancárias a contabilizar | (500,00) |
| **Saldo da Conta Bancos em 31.12.20X0** | **36.000,00** |

x + 1.000,00 – 5.000,00 – 3.500,00 – 500,00 = 36.000,00
x = 36.000,00 – 1.000,00 + 5.000,00 + 3.500,00 + 500,00
**x = 44.000,00**

**18.** Alternativa **e**.

Saldo credor do extrato bancário em 31.12.20X2 .......... 6.000,00
(–) cheques emitidos e não apresentados em banco
(300,00 + 1.500,00) .......... (1.800,00)
(+) depósito efetuado e não contabilizado pelo banco .......... 900,00
(+) cheque indevidamente debitado em nossa conta bancária .......... 2.100,00
(=) saldo devedor de nossa conta **Bancos c/ Movimento –**
**Banco Isaclélia S/A .......... 7.200,00**

Note que o crédito correspondente à cobrança simples de duplicata no valor de R$ 1.200,00 já fazia parte do saldo do extrato bancário.

O procedimento acima é denominado *conciliação bancária*. Normalmente o saldo apresentado no extrato bancário não coincide com o saldo registrado na contabilidade da empresa, em virtude de existirem cheques emitidos ainda não apresentados ao banco, créditos efetuados pelo banco como recebimento de duplicatas e que ainda não foram contabilizados pela empresa etc.

**19.** Alternativa **a**.
**Lançamentos de ajuste na contabilidade (nº I a VII).**

1. D – Duplicatas Descontadas
   C – Bancos Conta Movimento 60.000,00

2. D – Despesas com Telefones (ARE)
   C – Bancos Conta Movimento 148,20

3. D – Despesas Bancárias
   C – Bancos Conta Movimento 110,00

4. D – Bancos Conta Movimento
   C – Duplicatas a Receber 30.000,00

5. D – Bancos Conta Movimento
   C – Receita de Juros (ARE) 800,00

6. D – Cheques em Cobrança (AC)
   C – Bancos Conta Movimento 3.200,00

7. D – Despesas de Aluguel (ARE)
   C – Bancos Conta Movimento 90,00

**Lançamento nº 7** (explicação)
**R$ 90,00** = R$ 2.980,40 – R$ 2.890,40

Após os lançamentos de ajuste, o razonete da conta Bancos Conta Movimento será apresentado da seguinte forma:

| Bancos Conta Movimento | |
|---|---|
| (s) 81.327,40 | 60.000,00 (1) |
| (4) 30.000,00 | 148,20 (2) |
| (5) 800,00 | 110,00 (3) |
| | 3.200,00 (6) |
| | 90,00 (7) |
| (s) 112.127,40 | 63.548,20 (s) |
| **(s) 48.579,20** | |

**(s) = saldo**

A companhia também deverá efetuar os ajustes no extrato bancário:

| CONCILIAÇÃO BANCÁRIA EM 31.12.20X1 | |
|---|---|
| Descrição | Valores (R$) |
| Saldo do Extrato Bancário | 65.936,60 |
| (–) Cheques a compensar nº:<br>• 5.345 no valor de R$ 6.437,40<br>• 7.236 no valor de R$ 4.020,00<br>• 4.876 no valor de R$ 6.900,00 | (17.357,40) |
| Saldo da conta Bancos no Balanço de 31.12.20X1 | 48.579,20 |

Observe que o saldo correto de **R$ 48.579,20**, a ser consignado no balanço levantado em 31 de dezembro de 20X1, é obtido nos dois procedimentos utilizados.

**20.** Alternativa **d**.
Uma vez efetuados os lançamentos de ajuste mencionados na resposta da questão nº 24, os saldos patrimoniais ajustados apresentam a seguinte situação:

| SALDOS PATRIMONIAIS AJUSTADOS | |
|---|---|
| Saldos Devedores | Valores (R$) |
| Bancos Conta Movimento (ver questão nº 24) | 48.579,20 |
| Duplicatas a Receber (R$ 110.000,00 – R$ 30.000,00) | 80.000,00 |
| Estoques | 150.000,00 |
| Imobilizado | 560.000,00 |
| Diferido | 32.934,60 |
| Cheques em cobrança (ver lançamento nº 6) | 3.200,00 |
| TOTAL (Alternativa d) | 874.713,80 |

(*continua*)

| Saldos Credores | Valores (R$) |
|---|---|
| Duplicatas Descontadas (R$ 60.000,00 – R$ 60.000,00) | 0,00 |
| Fornecedores | 182.000,00 |
| Capital | 482.000,00 |
| Lucros Acumulados | 156.420,00 |
| Lucro do Exercício (53.842,00 – 148,20 – 110,00 – 90,00 + 800,00) | 54.293,80 |
| TOTAL | **874.713,80** |

**21.** Alternativa **c**.
A depreciação começa a ser efetuada a partir do mês de colocação em uso da máquina e não do mês de sua aquisição. De 1º de outubro a 31 de dezembro, há três meses. A taxa ajustada será:

$$10\% \times \frac{3}{12} = 2{,}5\%$$

A depreciação no exercício corresponderá a: R$ 48.000,00 × 2,5% = **R$ 1.200,00**

**22.** Alternativa **e**.
O crescimento do rebanho é uma superveniência ativa. (Veja o Subitem 11.13.1.2.)

**23.** Alternativa **b**.
A provisão é efetuada para ajustar o valor do bem ao seu valor provável de realização no mercado, sendo retificadora do Ativo. (Veja o Subitem 11.7.3.2.)

**24.** Alternativa **c**.
O valor das Duplicatas Descontadas é de R$ 60.000,00, embora a empresa receba R$ 55.000,00 em função da despesa financeira de R$ 5.000,00. O valor que deve retificar a Conta Duplicatas a Receber é de R$ 60.000,00. (Veja o Subitem 11.7.2.)

**25.** Alternativa **a**.
Caso o cliente da entidade não pague a Duplicata Descontada, o banco a devolverá à entidade, diminuindo seu saldo bancário em R$ 8.000,00 (observe que o banco não devolve os juros). Esta, por sua vez, ao receber a duplicata dará baixa na conta Duplicatas Descontadas, debitando-a. (Veja o Subitem 11.7.2.)

## CAPÍTULO 12

**1.** a) Errada – conta redutora do Ativo Circulante ou Ativo Realizável a Longo Prazo.
b) Errada – conta redutora do Ativo Imobilizado.
c) **Correta** – conta do Passivo Circulante.
d) Errada – conta redutora do Patrimônio Líquido.
e) Errada – conta redutora do Ativo Investimentos.

**2.** Alternativa **b**.
A conta **Provisão para Riscos Trabalhistas** representa um Passivo estimado e, portanto, não é classificada no Ativo.

**3.** Alternativa **e**.

Essa é a definição do antigo Ativo Diferido, que foi extinto em 31 de dezembro de 2008 (veja o Subitem 12.2.1.6).

**4.** Alternativa **a**.
Existem **duas contas de resultado** que representam receitas:

- Receitas Financeiras
- Receitas de Vendas

**Uma conta de resultado** que representa Despesa:

- Variações Monetárias Passivas e **duas contas patrimoniais**:
  - Receitas Recebidas Antecipadamente
  - Receitas Diferidas

Essas receitas são sinônimas e são atualmente classificadas no Passivo Não Circulante.

**5.** Alternativa **b**.
As ações adquiridas com intenção de permanência são classificadas no subgrupo Investimentos do Ativo Não Circulante (veja o Subitem 12.2.1.3). As ações em tesouraria, no Patrimônio Líquido (veja o Subitem 12.2.3.6), e o financiamento de longo prazo, no Passivo Não Circulante (veja o Subitem 12.2.2.2).

**6.** Alternativa **a.**

a) **Correta** – veja o Subitem 12.3.2.5.
b) Incorreta – essa é a definição de Resultado Abrangente Total (veja o Subitem 12.4.2).
c) Incorreta – faz parte do Resultado do Exercício (veja os Subitens 12.3.2.2 e 12.4.3).
d) Incorreta – após a convergência, todas as receitas e despesas são operacionais (veja o Subitem 12.3.2.3).
e) Incorreta – societariamente deve figurar pelo valor líquido dos tributos (veja o Subitem 12.3.2.1).

**7.** Alternativa **b**.
Chega-se à resposta mediante a elaboração de tabela, identificando os acréscimos e decréscimos ocorridos no PL no exercício em curso:

| | |
|---|---|
| Saldo Inicial do PL | 702.000,00 |
| (+) Lucro Líquido do Exercício = Acréscimo no LPA | 200.000,00 |
| (+) Lucro na venda de Ações em Tesouraria | 9.000,00 |
| (–) Outros Resultados Abrangentes negativos | – 8.000,00 |
| (+) Acréscimo de Reservas | 140.000,00 |
| (–) Decréscimo do LPA pelo acréscimo das Reservas | –140.000,00 |
| (–) Dividendos propostos | –60.000,00 |
| (+) Aumento de Capital | 150.000,00 |
| (=) Saldo Final do PL | **993.000,00** |

Observe que o acréscimo de reservas não altera o PL, pois ao mesmo tempo há uma contrapartida de igual valor representada pelo decréscimo da conta LPA.

**8.** Alternativa **b**.

a) **Venda de mercadorias à vista por R$ 400.000,00, com lucro de R$ 100.000,00**
D – Caixa (AC)
C – Receita de Vendas 400.000,00

Baixa de Mercadoria Vendida
D – CMV
C – Mercadoria em Estoque (AC) 300.000,00
Lucro na Venda = R$ 100.000,00 (400.000,00 – 300.000,00)

b) **Venda do único veículo a prazo (60 dias) por R$ 50.000,00**

1. Pela venda à vista
D – Duplicatas a Receber (AC)
C – Outras Receitas 50.000,00

2. Pela baixa do veículo vendido
D – Veículos (ANC – Imobilizado)
C – Outras Despesas 80.000,00

3. Baixa de Depreciação Acumulada
D – Depreciação Acumulada (ANC – Imobilizado)
C – Outras Despesas 20.000,00

Outras Receitas ........ R$ 50.000,00
(–) Outras Despesas ........ (80.000,00 – 20.000,00 = R$ 60.000,00)
(=) Prejuízo ........ (R$ 10.000,00)

c) **Depósito bancário em dinheiro – R$ 400.000,00**
D – Bancos Conta Movimento (AC)
C – Caixa (AC) 400.000,00

d) **Pagamento, em cheque, de Salários a Pagar e Impostos a Pagar**

| | |
|---|---|
| D – Salários a Pagar (PC) | 60.000,00 |
| D – Impostos a Pagar (PC) | 40.000,00 |
| C – Bancos Conta Movimento (AC) | 100.000,00 |

e) **Saldos do Ativo Circulante**

| | |
|---|---|
| Caixa = 20.000,00 + 400.000,00 – 400.000,00 | 20.000,00 |
| Bancos = 30.000,00 + 400.000,00 – 100.000,00 | 330.000,00 |
| Aplicações Financeiras de Curto Prazo | 200.000,00 |
| Mercadorias = 300.000,00 – 300.000,00 | – 0 – |
| Duplicatas a Receber = 50.000,00 + 50.000,00 | 100.000,00 |
| Ativo Circulante **(AC)** | **650.000,00** |

f) **Saldos do Passivo**

| | |
|---|---|
| Fornecedores | 200.000,00 |
| Salários a Pagar = 60.000,00 – 60.000,00 | – 0 – |
| Impostos a Pagar = 40.000,00 – 40.000,00 | – 0 – |
| Passivo Circulante **(PC)** | **200.000,00** |

g) **Saldo do Patrimônio Líquido**

| | |
|---|---|
| Capital | 300.000,00 |
| Lucros (60.000,00 + 100.000,00 – 10.000,00) | 150.000,00 |
| **PL** | **450.000,00** |

**9.** Alternativa **c**.

**Ativo Circulante**

| | | |
|---|---|---|
| Caixa | | 100,00 |
| Bancos Conta Movimento | | 900,00 |
| Duplicatas a Receber | 8.000,00 | |
| (–) Ajuste para Créditos da Liquidação Duvidosa | (3.000,00) | 5.000,00 |
| Estoque de Mercadorias | | 4.000,00 |
| **AC** | | **10.000,00** |

**10.** Alternativa **b**.

**Ativo Não Circulante**

| | |
|---|---|
| Marcas e Patentes | 800,00 |
| (–) Amortização Acumulada | (200,00) |
| | 600,00 |
| Móveis e Utensílios | 1.400,00 |
| (–) Depreciação Acumulada | (800,00) |
| | 600,00 |
| **AC** (600,00 + 600,00) | **1.200,00** |

**11.** Alternativa **a**.

I. Correta, veja o Subitem 12.3.1, alínea VII.

II. Correta, veja o Item 12.3.

III. Incorreta. A Demonstração do Valor Adicionado é apenas obrigatória para as **companhias abertas** (veja o Item 12.9).

IV. Incorreta. Desde que não ultrapassem 10% (um décimo) do valor do respectivo grupo de contas (veja o Subitem 12.1.1, nota 2).

**12.** Alternativa **c**.

Os investimentos (ações) sem intenção de permanência serão classificados no Ativo Circulante (veja o Subitem 12.2.1.1, alínea f) e os empréstimos a sócios ou acionistas, independentemente de seu prazo de vencimento, são classificados no Ativo Realizável a Longo Prazo, que é um subgrupo do Ativo Não Circulante.

**13.** Alternativa **c**.

Os itens I a III são contas que provocam alteração no Patrimônio Líquido. O ágio na emissão de ações é uma reserva de capital. Variação cambial de investimentos no exterior é um outro resultado abrangente. Ações em tesouraria é uma conta redutora do PL.

Os itens IV e V, não. Doações recebidas com restrições a serem cumpridas são classificadas como receitas diferidas no Passivo, tendo em vista que só integrarão o PL depois de cumpridas as referidas exigências. O pagamento de dividendos propostos, ou seja, já classificados no Passivo Circulante, não altera o PL, visto que é um fato contábil permutativo. O que altera o PL é a sua proposição, porque diminui o PL em contrapartida ao aumento do Passivo Circulante.

**14.** Alternativa **a**.

O Resultado Abrangente Total é a soma do Lucro Líquido do Exercício com Outros Resultados Abrangentes (veja o Item 12.4). Logo, **R$ 790.000,00** (R$ 672.000,00 + R$ 118.000,00).

**15.** Alternativa **e**.

**Ativo Circulante**

| | |
|---|---|
| Caixa | 450,00 |
| Bancos Conta Movimento | 2.732,00 |
| Duplicatas a Receber | 18.400,00 |
| (–) Perdas Prováveis com Créditos Liquidação Duvidosa | (552,00) |
| | 17.848,00 |
| Mercadorias | 3.860,00 |
| **AC** | **24.890,00** |

**16.** Alternativa **c**.

**Reservas de Lucros**

| | |
|---|---|
| Reserva para Contingência | 800,00 |
| Reserva Estatutária | 692,00 |
| Reserva Legal | 1.634,00 |
| Reserva de Prêmio na Emissão de Debêntures | 16.782,00 |
| Reserva de Lucros para Expansão | 19.128,00 |
| | **39.036,00** |

**17.** Alternativa **b**.

**Passivo Circulante**

| | |
|---|---|
| Salários a Pagar | 1.276,00 |
| Fornecedores | 3.475,00 |
| Duplicatas Descontadas | 2.500,00 |
| Conta-Corrente de ICMS ou ICMS a Recolher (Credor) | 529,00 |
| Contribuições Sociais a Recolher | 258,00 |
| Provisão para o Imposto de Renda | 1.864,00 |
| Impostos a Recolher | 319,00 |
| **PC** | **10.221,00** |

**18.** Alternativa **d**.

**Patrimônio Líquido**

| | |
|---|---|
| Capital Social Subscrito | 12.000,00 |
| (–) a Realizar | (1.500,00) |
| | 10.500,00 |
| Reserva de Lucros (Questão 16) | 39.036,00 |
| Reservas de Capital: | |
| Ágio sobre ações emitidas | 1.278,00 |
| **PL** | **50.814,00** |

**19.** Alternativa **a**.

**Total do ativo**

| | |
|---|---|
| Ativo Circulante (Questão 15) | 19.890,00 |
| Ativo Não Circulante (ANC) | |
| Ativo Realizável a Longo Prazo: | |
| • Empréstimo a Empresa Controlada | 2.500,00 |
| Investimentos: | |
| • Participação Societária em Controlada | 8.200,00 |
| • Permanentes em Outras Sociedades | 3.100,00 |
| (–) Perdas Prováveis com Investimentos | (1.600,00) |
| | 9.700,00 |
| Imobilizado | |
| Terrenos de uso | 10.679,00 |
| Edifícios de uso | 18.670,00 |
| (–) Depreciação Acumulada | (5.281,00) |
| Veículos | 2.765,00 |
| (–) Depreciação Acumulada | (1.382,00) |
| Móveis e Utensílios | 1.400,00 |
| (–) Depreciação Acumulada | (560,00) |
| | 26.291,00 |
| Intangível | |
| Marcas e Patentes | 740,00 |
| (–) Amortização Acumulada | (296,00) |
| | 444,00 |
| Total do Ativo | **58.825,00** |

**20.** Alternativa **d**.

| | |
|---|---|
| Contas retificadoras do Ativo Circulante | |
| Perdas Prováveis com Créditos de Liquidação Duvidosa | 552,00 |
| Ativo Não Circulante: | |
| • Perdas Estimadas com Investimentos | 1.600,00 |
| Depreciação Acumulada: | |
| • (5.281,00 + 1.382,00 + 560,00) | 7.223,00 |
| Amortização Acumulada | 296,00 |
| Total | **9.671,00** |

**21.** Alternativa **d**.

As Demonstrações Contábeis obrigatórias para as Companhias Abertas são (veja o Item 12.1):

- Balanço Patrimonial (BP)
- Demonstração do Resultado do Exercício (DRE)
- Demonstração das Mutações do PL – DMPL (Instrução CVM nº 59/1986)
- Demonstração dos Fluxos de Caixa (DFC)
- Demonstração do Valor Adicionado (DVA)

**22.** Alternativa **b**.
Serão classificadas (Lei nº 6.404/1976, arts. 179 e 182):

**AC** – as despesas antecipadas que vencem no exercício seguinte.

**Ativo Imobilizado** – os direitos que tenham por objeto bens destinados à manutenção das atividades da companhia e da empresa, ou exercidos com essa finalidade inclusive os de propriedade industrial e comercial.

**Patrimônio Líquido** – a conta Capital Social discriminará o montante subscrito e, por dedução, a parcela ainda não realizada.

**23.** Alternativa **c**.
Veja o Subitem 12.3.2.1.
Fator de Valor Presente = $(1{,}01)^3$ = 1,030301
Receita ajustada a Valor Presente = R$ 2.266.662,20/1,030301 = ........ R$ 2.200.000,00
(–) IPI (10% × R$ 2.060.602,00) .................... (R$ 206.060,20)
(–) ICMS (12% × R$ 2.060.602,00) .................... (R$ 247.272,24)
(–) PIS (0,65% × R$ 2.060.602,00) .................... (R$ 13.393,91)
(–) COFINS (3% × R$ 2.060.602,00) .................... (R$ 61.818,06)
(=) Receita de Vendas (Item da Demonstração do Resultado) .............. **R$ 1.671.455,59**

**24.** Alternativa **a**.
É uma adição (ajuste positivo), porque foi uma despesa que reduziu o lucro, mas que não implicou em desembolso de caixa. (Veja o Subitem 12.8.4.)

**25.** Resolvendo a equação, obtém-se **R$ 272.000,00**, portanto, alternativa **c**.

Saldo Inicial .................... 0,00
(+) Ajuste positivo de exercícios anteriores .................... 136.000,00
(+) Reversão de Reserva de Lucros .................... 38.000,00
(+) Lucro Líquido do Exercício .................... 380.000,00
(–) Acréscimo de Reserva de Lucros .................... –19.000,00
(–) Acréscimo de Reserva Estatutária .................... –107.000,00
(–) Acréscimo de Outras Reservas de Lucros .................... ?
(–) Dividendos Propostos .................... –156.000,00
(=) Saldo Final .................... 0,00

**26.** Alternativa **b**.
A integralização das ações emitidas pela companhia é uma entrada de caixa das **atividades de financiamento** (veja o Subitem 12.12.1).

**27.** Alternativa **c**.
A conta Dividendos a Pagar representa uma obrigação de curto prazo classificada no Passivo Circulante. O art. 205, parágrafo 3º, da Lei nº 6404/1976 (das S/As) dispõe: "O dividendo deverá ser pago, salvo deliberação em contrário da assembleia geral, no prazo de 60 (sessenta) dias da data em que for declarado e, em qualquer caso, dentro do exercício social".

**28.** Alternativa **d**.
A conta Duplicatas a Pagar pode ser classificada no Passivo Circulante (PC) e/ou no Passivo Exigível a Longo Prazo (PELP), dependendo dos prazos de vencimentos das duplicatas.

**29.** Alternativa **a**.
CMV = EI + C – EF
CMV = 200.000,00 + 700.000,00 – 300.000,00
CMV = 600.000,00
Demonstração do Resultado do Exercício

| | |
|---|---|
| Vendas | 900.000,00 |
| (–) CMV | 600.000,00 |
| (=) Lucro Operacional Bruto (LB) | **300.000,00** |
| (–) Despesas Gerais | (100.000,00) |
| (–) Despesas Financeiras Líquidas (100.000,00 – 50.000,00) | (50.000,00) |
| (=) Lucro Líquido do Exercício | **150.000,00** |

**30.** Alternativa **d**.
Veja o Item 12.9.

**31.** Alternativa **b**.
As marcas adquiridas em combinações de negócios podem ser classificadas no Ativo Intangível. As que não podem ser classificadas são aquelas desenvolvidas internamente pela companhia, por não haver estimativa confiável de seu valor (veja o Subitem 12.2.1.5).

**32.** Alternativa **a**.
O valor dos impostos, sejam recuperáveis ou não, deve ser incluído no valor da aquisição dos insumos (veja o Item 12.9).

**33.** Alternativa **a**.

| BALANÇO PATRIMONIAL – 31.12.20X0 – VALORES CORRETOS | | |
|---|---|---|
| Ativo | | |
| **CIRCULANTE (AC)** | | |
| Caixa | 20.000,00 | |
| Bancos Conta Movimento | 270.000,00 | |
| Clientes | 300.000,00 | |
| (–) Perdas Estimadas c/ Créd. Liq. Duvidosa | (9.000,00) | |
| Mercadorias em Estoque | 200.000,00 | **AC** |
| Seguros a Vencer | 8.000,00 | 789.000,00 |
| **NÃO CIRCULANTE (ANC) IMOBILIZADO** | | |
| Móveis e Utensílios | 110.000,00 | |
| Veículos | 80.000,00 | |
| Edificações | 210.000,00 | |
| Terrenos | 88.000,00 | **ANC** |
| (–) Depreciação Acumulada | (95.000,00) | 393.000,00 |
| TOTAL DO ATIVO | | **1.182.000,00** |

(*continua*)

| Passivo + PL | | | |
|---|---|---|---|
| **CIRCULANTE** | | | |
| Fornecedores | | 220.000,00 | |
| Duplicatas Descontadas | | (100.000,00) | |
| ICMS a Recolher | | 40.000,00 | |
| Encargos Sociais a Recolher | | 120.000,00 | |
| Provisão para o IR | | 38.000,00 | **PC** |
| Outros Tributos a Recolher | | 23.000,00 | 541.000,00 |
| **PATRIMÔNIO LÍQUIDO** | | | |
| Capital Social | | | |
| Subscrito | 460.000,00 | | |
| (–) a Realizar | (109.000,00) | 351.000,00 | |
| Reserva de Incentivos Fiscais | | 180.000,00 | **PL** |
| Reserva de Lucros para Expansão | | 110.000,00 | 541.000,00 |
| TOTAL DO PASSIVO + PL | | | **1.182.000,00** |

**34.** Alternativa **d**.
**Passivo = Ativo Imobilizado**
**Passivo** = R$ 15.000,00 (**Móveis e Utensílios**)
**Salários a Pagar** = R$ 15.000,00 – R$ 10.000,00 = **R$ 5.000,00**

**Total do Passivo** = 10.000,00 + 5.000,00 + 25.000,00 + 10.000,00 = R$ 50.000,00

**Mercadorias** = 50.000,00 – 2.700,00 – 6.300,00 – 15.000,00 – 10.000,00 = **R$ 16.000,00**

**35.** Alternativa **c**.

Apuração do Resultado

| | | |
|---|---|---|
| Vendas | | 420.000,00 |
| (–) Custos | 320.000,00 | |
| (–) Despesas | 60.000,00 | (380.000,00) |
| (=) Lucro | | 40.000,00 |

Patrimônio Líquido

| | |
|---|---|
| Capital | 200.000,00 |
| Lucros ou Prejuízos Acumulados (40.000,00 – 20.000,00) | 20.000,00 |
| | **220.000,00** |

**36.** Alternativa **c**.

a) Capital Próprio (PL) .................... 950.000,00
b) Capital de Terceiros (P)
P = PC + PNC = 200.000,00 + 150.000,00 .................... 350.000,00
c) **Bens e Direitos realizáveis a Curto Prazo (AC) .................... 300.000,00**

d) Capital Total à Disposição da Empresa é o valor total do Ativo:
300.000,00 + 100.000,00 + 900.000,00 ........ 1.300.000,00
e) Capital Próprio ........ 950.000,00
(–) Capital de Terceiros ........ (350.000,00)
600.000,00

**37.** Alternativa **d**.

Observando o balanço, constatamos:

1. Caixa – aumento de R$ 6.700,00 (R$ 7.400,00 – R$ 700,00).
2. Duplicatas a Receber – redução de R$ 2.400,00 (R$ 4.400,00 – R$ 2.000,00).
3. Veículos – redução de R$ 5.300,00.
4. Fornecedores – redução de R$ 1.000,00 (R$ 1.600,00 – R$ 600,00).
5. Não houve alteração nas contas do Patrimônio Líquido.

O fato acima representado é:

**Venda do Veículo: R$ 5.300,00** (Não afetou o resultado)
(+) Caixa ........ 5.300,00
(–) Veículos ........ 5.300,00
**Pagamento de Fornecedores: R$ 1.000,00**
(–) Fornecedores ........ 1.000,00
(–) Caixa ........ 1.000,00
**Recebimento de Duplicatas a Receber: R$ 2.400,00**
(+) Caixa ........ 2.400,00
(–) Duplicatas a Receber ........ 2.400,00

**CAIXA** = 700,00 + 5.300,00 + 2.400,00 – 1.000,00 = **R$ 7.400,00**

**38.** Alternativa **e**.

**Ativo Circulante**
Caixa ........ 15.000,00
Bancos Conta Movimento ........ 32.000,00
Duplicatas a Receber ........ 300.000,00
(–) Provisão para Créditos de Liquidação Duvidosa ........ (3.000,00)
Estoque de Mercadorias ........ 500.000,00
Seguros a Vencer ........ 26.000,00
Aplicações Financeiras ........ 149.000,00
Total ........ **R$ 1.019.000,00**

**39.** Alternativa **c**.

**Passivo Circulante**
Contas a Pagar ........ 8.000,00
Fornecedores ........ 330.000,00
Duplicatas Descontadas ........ 27.000,00
ICMS a Recolher (R$ 46.000,00 – R$ 9.000,00) ........ 37.000,00
Encargos Sociais a Recolher ........ 17.000,00
Contribuição Social a Recolher ........ 20.000,00
PIS e COFINS a Recolher ........ 16.000,00
Provisão para o Imposto de Renda ........ 60.000,00
Outros Tributos e Contribuições a Recolher ........ 6.000,00
Total ........ **R$ 521.000,00**

**40.** Alternativa **d**.

**Ativo Imobilizado**

| | |
|---|---|
| Móveis e Utensílios | 120.000,00 |
| (–) Dep. Acumulada de Móveis e Utensílios | (36.000,00) |
| Instalações | 100.000,00 |
| (–) Dep. Acumulada de Instalações | (30.000,00) |
| Total | **R$ 154.000,00** |

**41.** Alternativa **b**. Veja o Subitem 11.8.3.

Total de Entradas = 250.000,00 + 120.000,00 + 150.000,00 = 520.000,00

(–) Total de saídas = 220.000,00 + 140.000,00 + 180.000,00 = (540.000,00)

(=) Saída líquida de recursos do fluxo de caixa = **(20.000,00)**

**42.** Alternativa **d**.

| | |
|---|---|
| Lucro Líquido do Exercício | **(?)** |
| (+) Despesas de Depreciação | 30.000,00 |
| (–) Aumento de Duplicatas a Receber | (55.000,00) |
| (+) Diminuição de Estoques | 40.000,00 |
| (–) Diminuição de Fornecedores | (10.000,00) |
| (+) Aumento de Tributos a Pagar | 15.000,00 |
| (=) Caixa gerado pelas operações | 48.000,00 |

Lucro Líquido do Exercício **(?)** = **R$ 28.000,00** (48.000,00 – 30.000,00 + 55.000,00 – 40.000,00 + 10.000,00 –15.000,00).

**43.** Alternativa **a**. Veja o Subitem 12.2.4.

**44 e 45.**

| | |
|---|---|
| Receita Bruta de Vendas | 800.000,00 |
| (–) Custo das Mercadorias Vendidas | (360.000,00) |
| (–) Custo de Serviços de Terceiros | (34.000,00) |
| (–) Despesas com água, luz e telefone | (8.000,00) |
| (=) Valor Adicionado Bruto | 398.000,00 |
| (–) Despesas de Depreciação | (25.000,00) |
| (=) Valor Adicionado Líquido | **373.000,00** |
| (+) Receitas Financeiras | 12.000,00 |
| (=) Valor Adicionado a Transferir | 385.000,00 |
| 1. Empregados | 190.000,00 |
| 2. Tributos e Contribuições | 60.000,00 |
| 3. Juros pagos a terceiros | 20.000,00 |
| 4. Dividendos | 40.000,00 |
| 5. Lucros Retidos | **75.000,00** |
| (=) Valor Total | 385.000,00 |

**44.** Alternativa **e.**

**45.** Alternativa **c.**

**46 a 50**. Elaborando-se a Demonstração de Resultado e a Demonstração de Resultado Abrangente da Cia. Mares do Sul, em 20X0, obtém-se:

| DEMONSTRAÇÃO DO RESULTADO DO EXERCÍCIO | Valores (R$) |
|---|---|
| Receita de Vendas | 880.000,00 |
| (–) CMV | –350.000,00 |
| (=) Lucro Bruto | 530.000,00 |
| (–) Despesas Gerais | –60.000,00 |
| (–) Despesas Administrativas | –150.000,00 |
| (–) Outras Despesas (custo do bem do ANC) | –140.000,00 |
| (+) Outras Receitas (receita venda bem do ANC + reversão de provisões) | 185.000,00 |
| (+) Resultado Positivo na Equivalência Patrimonial | 100.000,00 |
| (=) Resultado antes das Despesas e Receitas Financeiras | 465.000,00 |
| (+) Receitas Financeiras | 65.000,00 |
| (–) Despesas Financeiras | – 80.000,00 |
| (=) Resultado antes dos Tributos sobre o Lucro | **450.000,00** |
| (–) Tributos sobre o Lucro | –160.000,00 |
| (=) Resultado das Operações Continuadas | 290.000,00 |
| (+) Resultado das Operações Descontinuadas depois dos Tributos | 30.000,00 |
| (=) Resultado do Exercício | **320.000,00** |
| **DEMONSTRAÇÃO DO RESULTADO ABRANGENTE** | **Valores (R$)** |
| Resultado do Exercício | 320.000,00 |
| (+) Parcela do Resultado Abrangente de Investida X reconhecida pelo MEP | **40.000,00** |
| (+) Ajuste de Conversão Cambial | **50.000,00** |
| (=) Resultado Abrangente do Exercício | **410.000,00** |

**46.** Alternativa **c**.

**47.** Alternativa **d**.

**48.** Alternativa **a**.
Corresponde à soma da Parcela do resultado abrangente de investida X, reconhecida pelo MEP (R$ 40.000,00), com o Ajuste de conversão cambial (R$ 50.000,00).

**49.** Alternativa **b**.

**50.** Alternativa **e**.
Somando-se o resultado positivo da equivalência patrimonial (R$ 100.000,00) e da parcela do resultado abrangente de investida X reconhecida pelo MEP (R$ 40.000,00), a Cia. Mares do Sul participou com R$ 140.000,00 do resultado abrangente da investida. Como essa importância representa 50% do resultado abrangente dessa última, ele equivaleu a **R$ 280.000,00.**

## CAPÍTULO 13

1. Alternativa **c.** Veja o Item 13.8.
   a) Incorreta – a sociedade empresária tem sempre finalidade lucrativa. (Veja os Itens 13.7 e 13.8.)
   b) Incorreta – a sociedade adquire personalidade jurídica com a inscrição de seus atos constitutivos no registro próprio e na forma da lei (veja o Subitem 13.8.1).
   **c) Correta.**
   d) Incorreta – a responsabilidade dos sócios é restrita ao valor de suas quotas, embora todos respondam solidariamente pela integralização do capital social (veja o Item 13.11).
   e) Incorreta – somente podem ser executados os bens particulares depois de executados os bens sociais (veja o Subitem 13.8.2.1).

2. Alternativa **e.** Veja o Subitem 13.8.3.1.
   a) Incorreta – somente o sócio ostensivo se obriga. (Veja o Subitem 13.8.3.)
   b) Incorreta – a sociedade em conta de participação não tem personalidade própria e o contrato social, se houver, somente produz efeito entre os sócios. (Veja o Subitem 13.8.3.)
   c) Incorreta – não há qualquer previsão constitucional e/ou legal nesse sentido.
   d) Incorreta – o contrato social somente produz efeitos entre os sócios. (Veja o Subitem 13.8.3.)
   **e) Correta.**

3. Alternativa **a.** Veja o Subitem 13.8.4.3.
   **a) Correta.**
   b) Incorreta – respondem (veja o Subitem 13.8.4.3).
   c) Incorreta – tem na proporção da média do valor das quotas (veja o Subitem 13.8.4.3).
   d) Incorreta – tem de haver estipulação em contrário para que não seja proporcional (veja o Subitem 13.8.4.3).
   e) Incorreta – não há qualquer previsão legal a respeito.

4. Alternativa **d.** Veja o trecho no Subitem 13.8.4.2.
   a) Incorreta – é necessário o consentimento dos demais (veja o Subitem 13.8.4.2).
   b) Incorreta – não tem eficácia (veja o Subitem 13.8.4.2).
   c) Incorreta – a exclusão não é automática (veja o Subitem 13.8.4.2).
   **d) Correta.**
   e) Incorreta – não pode (veja o Subitem 13.8.4.2).

5. Alternativa **b** – veja o Subitem Responsabilidade dos administradores.
   a) Incorreta – não podem, embora possam constituir mandatários. (Veja o Subitem Responsabilidade dos administradores.)
   **b) Correta.**
   c) Incorreta – não podem (veja o Subitem Responsabilidade dos administradores).
   d) Incorreta – têm (veja o Subitem Responsabilidade dos administradores).
   e) Incorreta – têm a obrigação de restituir ou pagar o equivalente. (Veja o Subitem Responsabilidade dos administradores.)

6. Alternativa **c**. Veja o Item 13.9.
   a) Incorreto – isso ocorre em sociedades limitadas (veja o Item 13.11). Nas sociedades em nome coletivo, a responsabilidade dos sócios é solidária e ilimitada em relação às obrigações sociais (veja o Item 13.9).
   b) Incorreto – a administração da sociedade compete exclusivamente aos sócios (Item 13.9).

c) **Correta.**
d) Incorreto – a afirmação não tem sentido.
e) Incorreto – somente pessoas físicas podem integrar esse tipo de sociedade (veja o Item 13.9).

**7.** Alternativa **e.** Veja o Subitem 13.11.4.2.
a) Incorreta – a aprovação de administrador não sócio exige a unanimidade dos votos (veja o Subitem 13.11.2).
b) Incorreta – somente os próprios sócios podem decidir sobre sua remuneração (Subitem 13.11.4, "d").
c) Incorreta – basta não haver oposição de titulares de mais de 25% do capital social (veja o Subitem 13.11.1.1).
d) Incorreta – o credor quirografário poderá se opor ao deliberado no prazo de 90 dias da data da publicação da assembleia (veja o Subitem 13.11.5).
e) **Correta.**

**8.** Alternativa **a.** Veja o Subitem 13.16.2.
a) **Correta.**
b) Incorreta – tem o prazo de 30 dias (veja o Subitem 13.16.3).
c) Incorreta – há necessidade de respeitar os direitos dos credores, ainda que o valor do Ativo exceda o do Passivo (veja a nota no Subitem 13.16.2).
d) Incorreta – não pode, a menos que expressamente autorizado pelo contrato social ou pela maioria dos sócios (veja o Subitem 13.16.1).
e) Incorreta – pode, sem qualquer responsabilidade solidária (veja o Subitem 13.16.1, letra "g").

**9.** Alternativa **d** – ver Subitem 13.18.2.
a) Incorreta – não há mais a figura da sociedade civil no Código Civil de 2002.
b) Incorreta – a sociedade em conta de participação não tem nome próprio (veja o Subitem 13.18.6).
c) Incorreta – deve ser retirado (veja o Subitem 13.18.1.3).
d) **Correta.**
e) Incorreta – não pode (veja o Subitem 13.18.1.2).

**10.** Alternativa **b** – ver Subitem 13.20.2.
a) Incorreta – a escrituração é feita em ordem cronológica (veja o Subitem 13.20.3).
b) **Correta.**
c) Incorreta – devem ser levantados anualmente (veja o Item 13.20).
d) Incorreta – o critério é custo ou mercado, o que for menor (veja o Subitem 13.20.6).
e) Incorreta – devem ser classificadas no Ativo como valores amortizáveis (veja o Subitem 13.20.7).

## CAPÍTULO 14

**1.** Alternativa **e.**
Se o saldo do Ativo Diferido, pela sua natureza, não puder ser alocado a outro grupo de contas, poderá permanecer no Ativo sob essa classificação até sua completa amortização, sujeito à análise sobre a recuperação de seu valor. (Veja o Subitem 14.3.1.)
a) Correta – veja o Item 14.3.
b) Correta – veja o Subitem 14.3.5.5.
c) Correta – veja o Subitem 14.3.4.
d) Correta – veja o Item 14.3.5.
e) **Incorreta.**

2. Alternativa **d**.

Afirmação I – verdadeira. (Veja o Subitem Prêmio na emissão de debêntures.)

Afirmação II – falsa.

Afirmação III – falsa. (Veja o Subitem Prêmio na emissão de debêntures.)

Afirmação IV – verdadeira. (Veja o Subitem Doações, subvenções para investimento e prêmio na emissão de debêntures.)

3. Alternativa **a**.

As demais alternativas estão incorretas. (Veja o Subitem Limite do saldo das reservas de lucro.)

4. Alternativa **b**.

Afirmação I – Verdadeira. (Veja o Subitem 14.3.5.4.)

Afirmação II – Falsa. Se forem estornados, não serão computados na base de cálculo do IRPJ e da CSLL. (Veja o Subitem 14.3.5.4.)

Afirmação III – Falsa. (Veja o Subitem 14.3.5.4.)

Afirmação IV – Verdadeira. (Veja o Subitem 14.3.5.4.)

5. Alternativa **c**. Veja o Item 14.4.
   a) Incorreta – veja o Item 14.4.
   b) Incorreta – veja o Item 14.4 e o Subitem 14.8.7.
   **c) Correta.**
   d) Incorreta – veja o Item 14.4.
   e) Incorreta – veja o Subitem 14.3.4.

6. Alternativa **b**. Veja o Item 14.5.
   a) Incorreta – veja o Item 14.5.
   **b) Correta.**
   c) Incorreta – veja o Item 14.5.
   d) Incorreta – veja o Item 14.5 e o Capítulo 12 deste livro.
   e) Incorreta – veja o Item 14.5 e o Capítulo 11 deste livro.

7. Alternativa **d**. Veja o Subitem 14.3.6.
   a) Incorreta – veja o Subitem 14.3.6.
   b) Incorreta – veja o Subitem 14.3.6.
   c) Incorreta – veja o Subitem 14.3.6.
   **d) Correta.**
   e) Incorreta – veja o Subitem 14.3.6.

8. Alternativa **a**.

São apenas as aplicações destinadas à negociação e disponíveis para venda. (Veja o Subitem 14.7.1.)

   **a) Incorreta.**
   b) Correta – veja o Subitem 14.7.1.
   c) Correta – veja o Item 14.7.
   d) Correta – veja o Subitem 14.7.2.
   e) Correta – veja o Subitem 14.7.1.

**9**. Alternativa **c**. Veja o Item 14.8.
a) Correta – veja o Item 14.8.
b) Correta – veja o Item 14.8.
**c) Incorreta.**
d) Correta – veja o Item 14.8.
e) Correta – veja o Item 14.8.

**10.** Alternativa **e.**
Afirmação I – Verdadeira. (Veja o Subitem 14.8.2.)
Afirmação II – Falsa. (Veja o Subitem 14.8.6.)
Afirmação III – Verdadeira. (Veja o Item 14.9.)
Afirmação IV – Falsa – (Veja o Subitem 14.8.3.1 e o Subitem 14.8.5.)

## CAPÍTULO 16

**1.** Alternativa **d**.
RCM = VL – CMV
RCM = 23.700,00 – 11.100,00 = **R$ 12.600,00**

**2.** Vendas
Vendas Líquidas = R$ 24.000,00 – R$ 300,00 = R$ 23.700,00

Alternativa **b**.
CVM = R$ 11.100,00 (Ver Razonete)

**3.** Alternativa **a**.
Lucro Líquido do Exercício: **R$ 7.000,00** (ver Razonete ARE/20X0)

**4.** Alternativa **d**.
CCL = AC – PC
CCL = R$ 41.750,00 – R$ 27.150,00
CCL = **R$ 14.600,00**

**5.** Alternativa **c**.
Patrimônio Líquido = Capital R$ 7.000,00 + Lucros R$ 8.200,00
Patrimônio Líquido = **R$ 15.200,00**

**⚠ ATENÇÃO**

Veja a seguir os cálculos, contabilização, razonetes e demonstrações financeiras que comprovam as alternativas assinaladas anteriormente.

**Contabilização**

1. **01-12 – Compra a Prazo (50 dias)**
D – Compras
C – Fornecedores 5.000,00

2. **02-12 – Pagamento de Fretes sobre Compras**
D – Compras
C – Caixa 100,00

3. **03-12 – Venda à Vista de Mercadorias**
D – Caixa
C – Vendas (ARE) 6.000,00

4. **04-12 – Devolução de parte da venda anterior**
D – Devolução de Vendas (ARE)
C – Caixa 300,00

5. **05-12 – Venda a Prazo**
D – Clientes
C – Vendas (ARE) 3.000,00

6. **07-12 Compra à Vista**
D – Compras
C – Caixa 2.000,00

7. **Devolução de parte da compra anterior**
D – Caixa
C – Compras 1.000,00

8. **10-12 – Pagamento a fornecedores**
D – Fornecedores
C – Caixa 2.500,00

9. **15-12 – Empréstimo obtido**

| | |
|---|---|
| D – Bancos Conta Movimento | 9.250,00 |
| D – Despesas Bancárias | 30,00 |
| D – Juros a Vencer | 720,00 |
| C – Promissórias a Pagar | 10.000,00 |

10. **Apropriação dos Juros de 20X1**

$$\frac{720,00}{90 \text{ dias}} = 8,00 \text{ por dia} \times 16 \text{ dias}^* = R\$\ 128,00$$

D – Despesas de Juros (ARE)
C – Juros a Vencer 128,00

*** Note que, entre 15 de dezembro de 20X1 (data do empréstimo) e 31 de dezembro de 20X1 (final do exercício), há 16 dias.**

11. **16-12 – Pagamento da Apólice de Seguros**
D – Seguros a Vencer
C – Caixa 1.200,00

12. **Apropriação dos Seguros de 20X1 (15 dias) ou 1/2 mês**
$\frac{R\$\ 1.200,00}{12\ meses}$ = R$ 100,00 de despesa para mês (metade = R$ 50,00)
D – Despesas de Seguros
C – Seguros a Vencer 50,00

13. **20-12 – Recebimento de Clientes**
D – Caixa
C – Clientes 11.000,00

14. **26-12 – Pagamento de Despesas Diversas**
D – Despesas Diversas
C – Caixa 200,00

15. **Salários de dez/20X1 a pagar jan/20X2**
D – Salários (ARE)
C – Salários a Pagar 200,00

16. **Depreciação de Veículos**
20% × R$ 2.000,00 = R$ 400,00
D – Despesa de Depreciação
C – Depreciação Acumulada 400,00

17. **Reversão do Saldo da Perdas Prováveis com Créditos de Liquidação Duvidosa R$ 100,00**
D – Perdas Prováveis com Créditos de Liquidação Duvidosa
C – Reversão de Provisões (Receita) 100,00

18. **Cálculo do Ajuste para Perdas com Créditos de Liquidação Duvidosa**
1,5% × R$ 10.000,00 = R$ 150,00
D – Despesas com Créditos de Liquidação Duvidosa
C – Ajuste para Perdas com Créditos de Liquidação Duvidosa 150,00

19. **Transferência do EI e Compras para CMV**
D – CMV 9.100,00
C – Mercadorias em Estoque (EI) 3.000,00
C – Compras 16.100,00

20. **Registro do EF inventariado**
D – Mercadorias em Estoque (EF) 8.000,00
C – CMV

21. **Transferências das vendas para ARE/20X1**
D – Vendas
C – ARE/20X1 24.000,00

22. **Transferências de Outras Receitas para ARE/20X1**

| | |
|---|---|
| D – Reversão de Provisões | |
| C – ARE/20X1 | 100,00 |

23. **Transferências das Despesas para ARE/20X1**

| | |
|---|---|
| D – ARE/20X1 | 14.858,00 |
| C – Devolução de Vendas | 300,00 |
| C – Impostos | 600,00 |
| C – Aluguéis | 400,00 |
| C – Despesas Diversas | 300,00 |
| C – Salários | 1.200,00 |
| C – Despesas de Juros | 328,00 |
| C – Despesas Bancárias | 30,00 |
| C – Despesas de Seguros | 50,00 |
| C – Despesas de Depreciação | 400,00 |
| C – Despesas com Créditos de Liquidação Duvidosa | 150,00 |
| C – CMV | 11.100,00 |

24. **Provisão para o Imposto de Renda**

| | |
|---|---|
| D – ARE/20X1 | |
| C – Provisão para o IR (PC) | 2.242,00 |

25. **Transferência de ARE/X1 para Lucros**

| | |
|---|---|
| D – ARE/20X1 | |
| C – Lucros Acumulados (PL) | 7.000,00 |

- **Razonetes**

| Caixa | |
|---|---|
| **(s) 300,00** | 100,00 (2) |
| (3) 6.000,00 | 300,00 (4) |
| (7) 1.000,00 | 2.000,00 (6) |
| (13) 11.000,00 | 2.500,00 (8) |
| | 1.200,00 (11) |
| | 200,00 (14) |
| **(s) 18.3000,00** | **6.300,00 (s)** |
| **(s) 12.000,00** | |

| Bancos | |
|---|---|
| **(s) 1.500,00** | |
| (9) 9.250,00 | |
| **(s) 10.750,00** | |

| Clientes | |
|---|---|
| **(s) 18.000,00** | 11.000,00 (13) |
| (5) 3.000,00 | |
| **(s) 21.000,00** | **11.000,00 (s)** |
| **(s) 10.000,00** | |

| Dupl. Descontadas | |
|---|---|
| | **2.000,00 (s)** |

| Perdas Prováveis com Cred. Liq. Duv. | |
|---|---|
| (17) 100,00 | **100,00 (s)** |
| | 150,00 (18) |

**Mercadorias**

| Débito | Crédito |
|---|---|
| **(s) 3.000,00** | 3.000,00 (19) |
| (20) 8.000,00 | |

**Seguros a Vencer**

| Débito | Crédito |
|---|---|
| (11) 1.200,00 | 50,00 (12) |
| **(s) 1.150,00** | |

**Veículos**

| Débito | Crédito |
|---|---|
| **(s) 2.000,00** | |

**Depreciação Acumulada**

| Débito | Crédito |
|---|---|
| | **1.000,00 (s)** |
| | 400,00 (16) |
| | **1.400,00 (s)** |

**Promissórias a Pagar**

| Débito | Crédito |
|---|---|
| | **800,00 (s)** |
| | 10.000,00 (9) |
| | **10.800,00 (s)** |

**Juros a Vencer**

| Débito | Crédito |
|---|---|
| (9) 720,00 | 128,00 (10) |
| **(s) 592,00** | |

**Fornecedores**

| Débito | Crédito |
|---|---|
| (8) 2.500,00 | **10.000,00 (s)** |
| | 5.000,00 (1) |
| **(s) 2.500,00** | **15.000,00 (s)** |

**Provisão para o IR**

| Débito | Crédito |
|---|---|
| | 2.242,00 (24) |

**Salários a Pagar**

| Débito | Crédito |
|---|---|
| | 200,00 15) |

**Capital Social**

| Débito | Crédito |
|---|---|
| | **7.000,00 (s)** |

**Lucros Acumulados**

| Débito | Crédito |
|---|---|
| | **1.200,00 (s)** |
| | 7.000,00 (25) |
| | **8.200,00 (s)** |

**Compras**

| Débito | Crédito |
|---|---|
| **(s) 10.000,00** | 1.000,00 (7) |
| (1) 5.000,00 | |
| (2) 100,00 | |
| (6) 2.000,00 | |
| **(s) 17.100,00** | **1.000,00 (s)** |
| **(s) 16.100,00** | 16.100,00 (19) |

**Impostos**

| Débito | Crédito |
|---|---|
| **(s) 600,00** | 600,00 (23) |

**Aluguéis**

| Débito | Crédito |
|---|---|
| **(s) 400,00** | 400,00 (23) |

**Despesas Diversas**

| Débito | Crédito |
|---|---|
| **(s) 100,00** | |
| (14) 200,00 | |
| **(s) 300,00** | 300,00 (23) |

**Salários**

| Débito | Crédito |
|---|---|
| **(s) 1.000,00** | |
| (15) 200,00 | |
| **(s) 1.200,00** | 1.200,00 (23) |

**Despesas de Juros**

| Débito | Crédito |
|---|---|
| **(s) 200,00** | |
| (10) 128,00 | |
| **(s) 328,00** | 328,00 (23) |

**Despesas Bancárias**

| D | C |
|---|---|
| (9) 30,00 | 30,00 (23) |

**Despesas de Seguros**

| D | C |
|---|---|
| (12) 50,00 | 50,00 (23) |

**Despesas de Depreciação**

| D | C |
|---|---|
| (16) 40,00 | 400,00 (23) |

**Despesas com Créd. Liq. Duv.**

| D | C |
|---|---|
| (18) 150,00 | 150,00 (23) |

**Devolução de Vendas**

| D | C |
|---|---|
| (4) 300,00 | 300,00 (23) |

**CMV**

| D | C |
|---|---|
| (19) 19.100,00 | 8.000,00 (20) |
| **(s) 11.100,00** | 11.100,00 (23) |

**Vendas**

| D | C |
|---|---|
| | 15.000,00 (s) |
| | 6.000,00 (3) |
| | 3.000,00 (5) |
| (21) 24.000,00 | **24.000,00 (s)** |

**Reversão de Provisões**

| D | C |
|---|---|
| (22) 100,00 | 100,00 (17) |

**ARE/X1**

| D | C |
|---|---|
| (23) 14.858,00 | 24.000,00 (21) |
| | 100,00 (22) |
| **(s) 14.858,00** | **24.100,00 (s)** |
| (24) 2.242,00 | **9.242,00 (s)** |
| (25) 7.000,00 | **7.000,00 (s)** |

(S) = Saldo.

| SILPA LTDA. – BALANÇO PATRIMONIAL – 31.12.20X0 | | | | |
|---|---|---|---|---|
| **ATIVO CIRCULANTE** | | | **PASSIVO CIRCULANTE** | |
| Caixa | | 12.000,00 | Promissórias a Pagar | 10.800,00 |
| Bancos | | 10.750,00 | (–) Juros a Vencer | (592,00) |
| Clientes | | 10.000,00 | Fornecedores | 12.500,00 |
| (–) Perdas com Créd. Liq. Duv. | | (150,00) | Provisão para IR | 2.242,00 |
| Mercadorias | | 8.000,00 | Salários a Pagar | 200,00 |
| Seguros a vencer | | 1.150,00 | Duplicatas Descontadas | 2.000,00 |
| | **AC** | **41.750,00** | **PC** | **27.150,00** |
| **NÃO CIRCULANTE** | | | **PATRIMÔNIO LÍQUIDO** | |
| **IMOBILIZADO** | | | Capital Social | 7.000,00 |
| Veículos | | 2.000,00 | Lucros Acumulados | 8.200,00 |
| (–) Dep. Acum. | (1.400,00) | **600,00** | **PL** | **15.200,00** |
| **Total** | | **42.350,00** | **Total** | **42.350,00** |

CCL = AC – PC
CCL = R$ 41.750,00 – R$ 27.150,00
**CCL = R$ 14.600,00**

| SILPA LTDA. – DEMONSTRAÇÃO DO RESULTADO DO EXERCÍCIO (DRE) – 31.12.20X1 | | |
|---|---|---|
| RECEITA DE VENDAS | | 24.000,00 |
| (–) Devolução de Vendas | | (300,00) |
| (–) Custo das Mercadorias Vendidas (CMV) | | **(11.100,00)** |
| (=) Lucro Bruto Operacional (RCM = LB) | | **12.600,00** |
| (–) Despesas Operacionais: | | |
| Impostos | 600,00 | |
| Aluguéis | 400,00 | |
| Diversas | 300,00 | |
| Salários | 1.200,00 | |
| Juros | 328,00 | |
| Bancárias | 30,00 | |
| Seguros | 50,00 | |
| Depreciação | 400,00 | |
| Créditos de Liquidação Duvidosa | 150,00 | (3.458,00) |
| (=) Resultado Operacional | | 9.142,00 |
| (+) Outras Receitas e Despesas: | | |
| Reversão de Provisões | | 100,00 |
| (=) Lucro Antes do Imposto de Renda | | 9.242,00 |
| (–) Provisão para o Imposto de Renda | | (2.242,00) |
| (=) Lucro Líquido do Exercício | | **7.000,00** |

**06.** Alternativa **b**.

| SILPA LTDA. – DEMONSTRAÇÃO DO RESULTADO DO EXERCÍCIO (DRE) – 31.12.20X1 | | |
|---|---|---|
| Receita Bruta de Vendas | | 77.000,00 |
| (–) Deduções da Receita Bruta: | | |
| Descontos Incondicionais Concedidos | 7.000,00 | |
| PIS Dedução da Receita Bruta | 462,00 | |
| COFINS Dedução da Receita Bruta | 2.100,00 | |
| ICMS sobre Vendas | 11.200,00 | (20.762,00) |
| (=) Receita Líquida de Vendas | | 56.238,00 |
| (–) CMV | | (36.918,00) |
| (=) Lucro Bruto Operacional (LB) | | **19.320,00** |
| (+) Receitas Financeiras | | 2.107,00 |
| (–) Despesas Financeiras | | (700,00) |
| (–) Despesas de Comissões sobre Vendas | | (1.400,00) |
| (–) PIS – Despesa Operacional | | (14,00) |
| (–) COFINS – Despesa Operacional | | (63,00) |
| (–) Outras Despesas Operacionais | | (9.100,00) |
| (=) Lucro Operacional Líquido (LOL) | | 10.150,00 |
| (+) Outras Receitas | | 2.800,00 |
| (–) Outras Despesas | | (350,00) |
| (=) Lucro Antes da CSLL e do IRPJ | | 12.600,00 |
| (–) Provisão para Contribuição Social sobre o Lucro Líquido – CSLL | | (1.680,00) |
| (–) Provisão para o IRPJ (PIR) | | (1.820,00) |
| (=) Lucro Líquido do Exercício (LLE) | | **9.100,00** |

**07.** Alternativa **e**.

| DEMONSTRAÇÃO DO RESULTADO DO EXERCÍCIO (DRE) | | |
|---|---|---|
| Receita Operacional Bruta (VB) | | 9.600,00 |
| (–) Deduções: | | |
| PIS – Dedução da Receita Bruta | 96,00 | |
| COFINS – Dedução da Rec. Bruta | 288,00 | |
| ICMS sobre Vendas | 1.152,00 | (1.536,00) |
| (=) Receita Operacional Líquida (VL) | | 8.064,00 |
| (–) Custo da Mercadoria Vendida – CMV | | (4.480,00) |
| (=) Lucro Operacional Bruto (LB) | | 3.584,00 |
| (–) Despesas: | | |
| Salários | 1.600,00 | |
| Financeiras | 960,00 | (2.560,00) |
| **(–) Lucro Operacional Líquido (LOL)** | | **1.024,00** |

**08.** Alternativa **a**.

Note que:

a) a empresa **Alfa** controla a empresa **Gama** diretamente;
b) a empresa **Gama** controla a empresa **Omega**, também diretamente.

Posto isto, podemos concluir que a empresa Alfa também controla a empresa Omega, porém, indiretamente.

Conceitos de coligação e controle:

1. **Coligação** – quando a investidora tem influência significativa na investida (art. 243, Lei nº 6.404/1976).
2. **Controle** – quando a investidora detém mais de 50% do capital votante de outra sociedade, denominada investida. O controle pode ser:
   a) **Direto** – quando a investidora detém diretamente 50% do capital votante da investida.
   b) **Indireto** – quando a investidora exerce o controle de uma sociedade através de outra, também controlada.

Para saber mais sobre o tema, consulte os Capítulos 11, 12 e 14.

**09.** Alternativa **b**.

| | |
|---|---|
| PL da Construção | R$ 90.000,00 |
| % da Participação | 80% |
| (=) Participação Societária | **R$ 72.000,00** |

| | |
|---|---|
| Pagamento da Participação Societária | R$ 135.000,00 |
| (–) Valor da Participação | R$ 72.000,00 |
| (=) Ágio de Participação Societária | **R$ 63.000,00** |

**Contabilização**

| | |
|---|---|
| D – Investimentos Avaliados pelo PL – Construção | 72.000,00 |
| D – Investimentos – Ágio – Construção | 63.000,00 |
| C – Bancos Conta Movimento | 135.000,00 |

**10.** Alternativa **e**.

As alternativas **a** a **d** estão incorretas. Para saber mais sobre o tema, consulte o Capítulo 12.

A Demonstração dos Fluxos de Caixa (DFC) tornou-se Demonstração Contábil obrigatória apenas com a promulgação da Lei nº 11.638, de 2007, que alterou a Lei nº 6.404, de 1976 (Lei das Sociedades por Ações).

# Índice remissivo

## J



## L



## M



## N



## O

## Q



## R

## S



## T

## U



## V